# Türkei

John Freely

# *Türkei*

Ein Führer

PRESTEL VERLAG

MÜNCHEN

FÜR TOOTS
zur Erinnerung
an anatolische Streifzüge


Die Originalausgabe
dieses Buches erschien unter dem Titel
›The Companion Guide to Turkey‹
bei William Collins Sons & Co. Ltd. in London.
Die Übersetzung besorgten
Regina und Stefan B. Polter.


© John Freely 1979
© Prestel-Verlag München 1984
deutsche Ausgabe
2. durchgesehene und verbesserte
Auflage 1986
3. Auflage 1988
4. Auflage 1992

Passavia Druckerei GmbH Passau
ISBN 3-7913-0788-6

# INHALT

## Einführung

10-12

## Istanbul: Hagia Sophia

13-29

Galatabrücke – Yeni Cami – Rüstem Paşa Camii
Çağaloğlu-Bäder – Basilike Zisterna
Hagia Sophia

## Istanbul: Topkapı Sarayı

30-47

Topkapı Sarayi – Harem – Hagia Eirene
Museum für altorientalische Kunst – Archäologisches Museum
Çinili Köşc – Alay Köşkü

## Istanbul: Rings um das Hippodrom

48-66

Blaue Moschee – Hippodrom – Palast des Ibrahim Paşa
Binbirdirek-Zisterne – Mosaikenmuseum
Moschee des Sokollu Mehmet Paşa
Kirche der Heiligen Sergios und Bakchos
Bukoleon-Palast bei den Seemauern

## Istanbul: Das Zentrum von Stambul

67-82

Moschee des Firuz Ağa – Palast des Antiochos
Türbe Mahmuts II. – Köprülü-Stiftungsbauten – Konstantinssäule
Moschee des Atik Ali Paşa – ›külliye‹ des Koca Sinan Paşa
›külliye‹ des Çorlulu Ali Paşa – ›külliye‹ des Kara Mustafa Paşa
Beyazıdiye – Gedeckter Basar – Beyazıt-Turm
Sülemaniye

## Istanbul: Auf den Hügeln entlang dem Goldenen Horn

83-106

Kyriótissa-Kirche (Kalenderhane Cami) – Şehzade Camii
Valens-Aquädukt – Moschee Mehmet des Eroberers (Fatih Camii)
Zisterne des Aspar – Moschee Selims I. – Pammakaristos-Kirche
(Fethiye Camii) – Chora-Kirche (Kariye Camii)
Theodosianische Landmauer – Tekfur Sarayi (Blachernen-Palast)
Moschee der Mihrimah

## Istanbul: Die moderne Stadt

107-120

Galata (Karaköy) – Pera (Beyoğlu) – Eyüp
Üsküdar Prinzeninseln
Am Bosporus

## Bithynien: Iznik und Bursa

125-142

Iznik (Nikäa): Hagia Sophia – Zaviye der Nilufer Hatun – Yeşil Cami
Bursa: Ulu Cami – Orhan Gazi Camii – Burghügel – Muradiye
Moschee Murats I. – Yeşil Cami – Yeşil Türbe
Moschee des Yıldırım Beyazıt

## Thrakien und die Dardanellen

143-160

Von Istanbul nach Edirne – Edirne: Rings um die Eski Camii
Üç Şerefeli Cami – Selimiye – Moschee Murats II. – Saraviçi
Moschee Beyazıts II. – Moschee Murats I. – Von Edirne nach
Gallipoli – Halbinsel von Gallipoli – Dardanellen
Soldatenfriedhöfe von Gallipoli

## An der nördlichen Ägäis

161-178

Çanakkale – Troja – Alexandria Troas – Assos
Edremit – Ayvalık

## Die äolische Küste und Pergamon

179-196

Pergamon – Asklepieion – Çandarlı – Foça
Larisa – Izmir

## Izmir und Umgebung

197-213

Izmir – Sardis – Teos – Klazomenä – Çeşme
Kolophon – Klaros – Notion

## Die ionische Küste

214-239

Von Izmir nach Ephesos – Kuşadası – Priene
Milet – Didyma

## Karien

### 240-254

Herakleia – Euromos – Milas – Bodrum-Halikarnassos
Knidos – Stratonikeia – Alabanda – Alinda – Ayidın

## Die lykische Küste

### 255-267

Marmaris – Fethiye – Xanthos – das Letoon – Patara – Kaş
Demre Myra – Finike – Limyra
Phaselis – Antalya

## Der Mäander und das Taurusgebirge

### 268-280

Aydın – Nysa – Aphrodisias – Pamukkale/Hierapolis – Burdur
Isparta – Termessos – Antalya

## Die pamphylische Küste

### 281-297

Antalya – Perge – Aspendos – Side
Manavgat – Alanya

## Die kilikische Küste

### 298-313

Alanya – Anamur – Silifke – Paradieses- und Höllenschlucht
Korykos – Ayaş – Kanlıdivane – Viranşehir
Mersin – Tarsus

## Karamanien

### 314-330

Tarsus – Silifke – Mut – Kloster Alahan
Karaman – Konya

## Kappadokien

### 331-349

Konya – Sultan Hanı – Aksaray – Peristrema-Tal
Nevşehir – Kaymaklı und Derinkuyu – Ürgüp
Göreme – Kayseri

## Zentralanatolien I

### 350-367

Kayseri – Kültepe – Sivas – Tokat
Turhal – Amasya

## Zentralanatolien II

368-383

Amasya – Boğazkale – Yazılıkaya – Alaca Höyük

## Ankara

384-405

Altes Parlament – Römische Thermen – Augustus-Tempel
Hacı Bayram Camii – Festung – Ala ed-Din Camii – Museum der
anatolischen Kulturen – Stiftungsbauten der Ahi-Sekte
Ethnographisches Museum – Atatürk-Mausoleum

## Westanatolien

406-422

Ankara – Gordion – Pessinus – Seyitgazi – Midas Şehir
Kütahya – Çavdarhisar – Söğüt
Bilecik – Istanbul

## Die Schwarzmeerküste

423-437

Amasya – Sinop – Samsun – Giresun – Trabzon
Rize – Hopa

## Das nordöstliche Anatolien

438-459

Trabzon – Maçka – Sumela – Kopdağı-Paß
Erzurum – Kars – Ani

## Die östlichen Grenzgebiete

460-475

Kars – Aras-Tal – Doğubayazıt – Ararat – Ishak Paşa Sarayı – Van-See
Van – Toprakkale – Hakkâri-Berge – Achtamar
Tatvan – Ahlat

## Die arabischen Grenzgebiete

476-492

Tatvan – Bitlis – Silvan – Diyarbakır
Mardin – Hasankeyf – Urfa – Sultantepe
Sumatar Harabesi – Harran

## Südanatolien und das Hatay-Gebiet

493-510

Birecik – Karkemiş – Gaziantep – Adıyaman – Nemrut Dağı
Antakya – Daphne – Iskenderun – Toprakkale – Geyhan – Karatepe
Yılan Kalesi – Adana – Tarsus

## Anhang

511-544

Zur türkischen Sprache – Praktische Hinweise – Glossar
Zeittafel – Byzantinische Kaiser – Osmanische Sultane
Register – Fotonachweis – Dank

## Karten

Istanbul nach Seite 104
Stammeslandschaften, auch Herrschaftsgebiete
bis in spätantike Zeit   Seite 180/181
Die Mittelmeerküste zwischen Izmir und Antalya nach Seite 244
Gesamtkarte der Türkei am Buchende

# Einführung

Reisende früherer Zeiten besuchten die Türkei hauptsächlich wegen ihres bedeutenden Erbes an archäologischen und
historischen Denkmälern, die Zeugnis geben von den zahlreichen Kulturen, die hier während zehn Jahrtausenden
blühten. In jüngerer Zeit kommen viele um des Landes selber
willen, handelt es sich doch um einen riesigen Subkontinent
von erstaunlich vielfältiger Topographie und Szenerie, mit
den weißen Sandstränden und grünen Uferstreifen entlang
der Ägäis- und Mittelmeerküste, den Regenwäldern und
Teeplantagen der Schwarzmeerküste, der gewaltigen Öde
des großen anatolischen Hochlands, mit der erodierten
Mondlandschaft Kappadokiens und den zerklüfteten Bergen
der Ostprovinzen. In allen Beschreibungen der Türkei wird
erwähnt, daß dieses Land zwei Kontinente und zwei Welten
verbindet. So mischen sich bei den Türken Einflüsse des
Ostens und des Westens, und sie stehen häufig mit einem
Bein in der orientalischen Vergangenheit und mit dem anderen in der westlichen Gegenwart; das erzeugt eine kulturelle
Spannung, die die Neugier der Reisenden um so mehr zu
wecken vermag. Daher soll in diesem Führer die Türkei
nicht als ein mit antiken Monumenten bestücktes Freilicht-
museum betrachtet werden, sondern ich werde versuchen,
ihre Bauten und künstlerischen Leistungen im Zusammenhang mit dem ungewöhnlichen Land zu beschreiben, in dem
sie hervorgebracht wurden.

In Istanbul möchte ich beginnen, einer der wahrhaft
großen Städte dieser Erde, geschmückt mit Monumenten der
Byzantiner und Osmanen, jener zwei Weltmächte, deren
Hauptstadt am Zusammenfluß des Bosporus und des Goldenen Horns lag. Von dort aus werden wir den Ostteil des

## EINFÜHRUNG

Marmarameeres in Richtung Iznik und Bursa überqueren, den beiden historischen Städten des alten Bithynien. Von dort geht es zurück über Istanbul durch Thrakien bis nach Edirne, dem alten Adrianopel, dann geht die Fahrt an der Gallipoli-Halbinsel entlang, bis wir bei Çanakkale über die Dardanellen auf das asiatische Ufer übersetzen. Von dort reisen wir entlang der türkischen Ägäis- und Mittelmeerküste und erreichen in einem Bogen durch Zentralanatolien die Hauptstadt Ankara.

Nach dem Besuch Ankaras können jene, deren Zeit drängt, über das westliche Anatolien nach Istanbul zurückkehren, und jene, die mehr Zeit zur Verfügung haben, in östlicher Richtung entlang der Schwarzmeerküste fahren und dann die lange Tour durch die östlichen und südlichen Grenzgebiete machen. Es ist räumlich ebenso wie zeitlich eine weite Reise, denn Anatolien ist seit dem Neolithikum übersät mit den Ruinen und Denkmälern der verschiedensten Kulturkreise, seien es die der Hurriter, Assyrer, Hattier, Hethiter, Phryger, Karer, Lyder, Urartäer, Armenier, Griechen, Römer, Byzantiner, Kreuzfahrer, Araber, Seldschuken, Mongolen, bis schließlich zu denen der osmanischen Türken, und so ist dieses Land zu einem wahren Palimpsest der Geschichte geworden.

Am besten erforscht man das Land mit dem Auto, und darauf sind auch die Routen dieses Führers abgestimmt. (Hinweise auf andere Reisemöglichkeiten finden sich im Anhang.) Jedes Kapitel entspricht etwa einer Tagestour. In Ostanatolien allerdings liegen die Städte oft so weit auseinander, daß man für die beschriebene Route mehrere Tage brauchen wird.

In den Städten jedoch und besonders in Istanbul bereitet es großes Vergnügen, zu Fuß durch die alten Stadtviertel zu streifen, und die entsprechenden Kapitel sind so angelegt, daß sie einen Vormittag oder Nachmittag ausfüllen und man noch Zeit zum Essen findet. Bei den Wegbeschreibungen wurde mit Ausnahme von Orientierungshilfen auf die Angabe von Straßennamen verzichtet, wie auch Stadtpläne wenig hilfreich sind, denn die Umgebung, in der die meisten der alten Monumente stehen, sind Labyrinthe von schmalen, verwinkelten Gassen mit Namen wie ›Elefantenpfad‹, ›Gasse des fluguntüchtigen Huhns‹, ›Gasse des weißen Schnurrbarts‹ oder ›Gasse des Ibrahim aus der schwarzen Hölle‹. Wer diese auf eigene Faust durchstreift, der wird mehr über die Türkei erfahren als von einem Touristenbus aus, der niemals in so ausgefallene Nebenwege wie die ›Gasse von Nafi mit dem goldenen Haar‹ einbiegen würde.

Die moderne Türkei mag auf den Reisenden zuerst wie ein ernstes und ruheloses Land wirken. Die verschiedenen Regierungen haben sich seit vielen Jahren mit unterschiedlichem Erfolg bemüht, der drängenden wirtschaftlichen, sozialen und politischen Probleme Herr zu werden; nach einer von schweren Unruhen geprägten Zeit haben sich die Verhältnisse inzwischen weitgehend beruhigt. Diese innenpolitischen Auseinandersetzungen haben aber nicht den geringsten Einfluß auf die echte Wärme und Herzlichkeit der Türken gehabt, deren Gastfreundschaft gegenüber Reisenden sprichwörtlich ist. Wir haben erlebt, wie arme Feldarbeiter und Schafhirten ihr karges Mahl aus Brot und Schafskäse mit uns teilen wollten, einmal wurde sogar meine ganze Familie im Haus eines Fischers untergebracht und verköstigt, der deshalb seine eigene vielköpfige Familie in einen einzigen Raum zwängte und jede Bezahlung ablehnte. »*Hoş geldiniz!*« (Willkommen!) entbot man uns als Gruß, und wir antworteten »*Hoş bulduk!*« (Wir freuen uns, hier zu sein!). Zweifellos werden Sie auf Ihrer Reise in die Türkei ähnliche Erfahrungen machen und ähnlich Erfreuliches erleben. Und damit *iyi Yolculuklar!* – Gute Reise!

# I

## Istanbul: Hagia Sophia

Galatabrücke – Yeni Cami – Rüstem Paşa Camii
Çağaloğlu-Bäder – Zisterna Basilike
Hagia Sophia

Prokop, Hofchronist unter Justinian dem Großen, sagte von seiner geliebten Stadt, sie sei mit einer Girlande aus Gewässern umgeben. Vieles hat sich in den vierzehn Jahrhunderten geändert, seit er sein Preislied auf Konstantinopel verfaßte, und sogar der Name der Stadt ist nicht mehr der alte, doch der Reiz des modernen Istanbul beruht noch immer zum großen Teil auf den Gewässern, die es umschließen und teilen. Der lieblichste Sproß in diesem Kranz ist der Bosporus, jene einzigartige Meerenge zwischen Schwarzem Meer und Marmarameer, die den europäischen Hauptteil der Stadt von seinen asiatischen Bezirken und Vororten trennt. An seinem südlichen Ende vereint er sich mit dem Goldenen Horn, jenem geschichtsträchtigen Gewässer, das von den ›Süßen Wassern Europas‹ zum Meer fließt und heute Abwässer der Industrie und Schmutz mit sich führt. Am Unterlauf des Goldenen Horns liegt am linken Ufer das levantinische Hafenviertel von Galata, und zur Rechten erstreckt sich die Kaiserstadt auf den Sieben Hügeln, die von manchen wie ehedem Stambul genannt wird.

Der beste Ausgangspunkt für einen Rundgang durch die Stadt ist die **Galatabrücke**, die über das Goldene Horn hinweg Galata und Stambul miteinander verbindet. Hier gewinnt man einen Überblick und spürt zum ersten Mal etwas von dem ganz eigenen Charakter Istanbuls, denn die Brücke und die angrenzenden Uferpartien am Goldenen Horn bilden den Brennpunkt des alltäglichen Treibens der Stadt. Ununterbrochen manövrieren Fähren rings um die Pontons der Brücke und die Anlegestellen am Ufer und haben dabei ständig auf die Lastkähne zu achten, hochbeladen mit der Fracht für die bunten Obst- und Gemüsemärkte Stambuls, und auf die am Kai schaukelnden Ruderboote, in denen Fischer ihren Fang auf Kohleöfen braten und den hungrigen Passanten verkaufen. In der vorbeiströmenden Menge stehen Straßenhändler, die bei aufziehendem Gewitter Regenschirme, bei strahlendem Wetter Sonnenbrillen anbieten. Sobald die Fischschwärme das Goldene Horn hinaufziehen, verlegen sie sich auf Angelschnüre und -haken, und wenn Ofenrohre in ihrem Repertoire auftauchen, steht der Winter vor der Tür.

Von der Brücke aus erblickt man in südöstlicher Richtung den *Ersten Hügel*, eine bewaldete Akropolis am Zusammenfluß von Bosporus und Goldenem Horn. Hier soll der Überlieferung nach Byzas aus Megara im 7. Jh. v. Chr. die griechische Kolonie Byzanz gegründet haben. Das alte Byzanz umfaßte kaum mehr als die Akropolis selber, die zur Landseite hin durch eine Schutzmauer abgeschirmt wurde, die vom Goldenen Horn bis zum Marmarameer reichte. Nachdem der römische Kaiser Septimius Severus die Stadt 196 n. Chr. erobert hatte, wurde sie vergrößert und mit einer längeren Verteidigungsmauer umgeben. Im Jahr 330 erhob Konstantin der Große Byzanz zur Hauptstadt des Römischen Reichs und ernannte sie zum Neuen Rom; wenig später hieß sie Konstantinopel, die Stadt des Konstantin. Die neue Hauptstadt übertraf an Umfang und Pracht das alte Byzanz bei weitem, und der Verlauf der beträchtlich verlängerten Verteidigungsmauern, den der Kaiser selber skizziert hatte, soll von einer Vision Christi inspiriert worden sein. In dem Jahrhundert nach Konstantins Tod wuchs die Stadt rapide und reichte bald über die von ihrem Gründer bezeichneten Grenzen hinaus. In der ersten Hälfte des 5. Jhs. baute man eine neue und wesentlich stärkere Verteidigungsmauer fast eine Meile tiefer in thrakisches Gebiet hinein, die jene aus konstantinischer Zeit ersetzte. Diese neue Mauer markierte bis in unser Jahrhundert die Grenzen des Stadtbereichs.

Mehr als tausend Jahre lang war Konstantinopel die Hauptstadt des später als ›byzantinisch‹ bezeichneten Reiches, des östlichen Nachfolgestaates des früheren Römischen Reichs. Dann war es für fast fünf Jahrhunderte die

## YENI CAMI

Hauptstadt des Osmanischen Reichs, jenes weiträumigen und mächtigen Kriegerstaates, der 1453 mit der Eroberung Konstantinopels die Nachfolge von Byzanz antrat. Die Türken begannen nun, ihre Hauptstadt Istanbul zu nennen, eine Korrumpierung des griechischen ›stin Poli‹ (in der Stadt), wobei ›Polis‹ (die Stadt) stets groß geschrieben wurde wie ein unverwechselbarer Eigenname, denn in jener Zeit konnte – auch wenn man von ›stin Poli‹ sprach – nur die eine großartige Stadt gemeint sein, die über jedem Vergleich mit anderen stand.

Von 1453 bis 1923 war Istanbul die Hauptstadt des Osmanischen Reichs, und mit Gründung der türkischen Republik wurde Ankara Sitz der Regierung. Damit war zum ersten Mal seit sechzehn Jahrhunderten die antike Stadt am Goldenen Horn nicht mehr Mittelpunkt eines Weltreichs, und einzig die herrlichen Monumente geben nun Zeugnis von ihrer imperialen Vergangenheit.

*Eminönü*, der Stadtteil um die Galatabrücke auf der Stambulseite, war schon in frühester Zeit ein Marktviertel, und wenn man sich ein Herz faßt zum Streifzug durch seine kopfsteingepflasterten Gassen, findet man sich bald im Tumult des bunten Getriebes. Der riesige Marktplatz wird von der **Yeni Cami**, der Neuen Moschee, beherrscht, einem der vertrautesten Wahrzeichen der Stadt. Die erste Moschee an dieser Stelle hatte 1597 die Valide Sultan (Sultansmutter) Safiye in Auftrag gegeben, die Ehefrau von Murat III., Mutter Mehmets III. Die Bauarbeiten wurden 1603 abgebrochen, als mit dem Tod Mehmets III. seine Mutter ihren Einfluß im Harem verlor. So stand der halbfertige Bau über ein halbes Jahrhundert lang verloren am Ufer des Goldenen Horns, bis er im Jahr 1660 niederbrannte. Noch im selben Jahr beschloß Turhan Hadice, die Mutter Mehmets IV., die Moschee wieder aufzubauen. Sie wurde 1663 vollendet und am 6. November jenes Jahres als ›Neue Moschee der Valide Sultan‹ eingeweiht. Der französische Reisende Grelot, der den Eröffnungszeremonien beiwohnte, charakterisierte Turhan Hadice als *»eine der größten und vergeistigsten Frauen, die je das Serail betreten haben«,* und empfand es als ihr angemessen, daß sie »*der Nachwelt ein Juwel osmanischer Architektur hinterließ, als ewiges Denkmal ihres großmütigen Unternehmungsgeistes*«.

Wie alle großen osmanischen Moscheen war auch die Yeni Cami Mittelpunkt einer ›külliye‹, einer zusammengehörigen Reihe von Bauten für religiöse und philanthropische Aufgaben. Zur ursprünglichen ›külliye‹ der Yeni Cami gehörten ein Krankenhaus, eine Grundschule, ein Mausoleum, zwei öffentliche Brunnen, ein öffentliches Bad und ein Markt, wobei die Einnahmen aus den beiden letztgenannten Unternehmen der Moschee und den anderen religiösen Institutionen zugute kamen. Hospital, Schule und Bad sind zerstört, die übrigen Gebäude aber stehen noch. Der zur Yeni Cami gehörende Markt ist ein ansehnlicher L-förmiger Trakt, dessen Haupttor dem Außenhof der Moschee gegenüberliegt. Beim Volk heißt er ›Mısır Çarşısı‹ (Ägyptischer Markt), aber die Fremden kannten ihn von jeher wegen der dort erhältlichen Spezereien und Heilkräuter als ›Gewürzbasar‹. Heute ist dort noch vieles andere zu haben, und von den Gewürz- und Kräuterhändlern haben sich viele in anderen Vierteln niedergelassen. Trotzdem ist er einer der malerischsten Märkte der Stadt und hat noch manches von der alten orientalischen Atmosphäre bewahrt. In den kuppelgedeckten Räumen über dem Eingang des Gewürzbasars befindet sich das ausgezeichnete Restaurant ›Pandelis‹; dort läßt sich gut speisen, während man den Blick auf die Galatabrücke und das Goldene Horn genießt.

Nicht weit entfernt, im Nordwesten der Yeni Cami, steht die **Rüstem Paşa Camii,** eine der schönsten unter den kleineren Moscheen Sinans, des Architekten so vieler wundervoller Bauten in Istanbul und andernorts im Osmanischen Reich. Rüstem Paşa war unter Süleyman dem Prächtigen zweimal Großwesir und war mit der Lieblingstochter des Sultans, der Prinzessin Mihrimah, verheiratet. Die Moschee ist zu Recht wegen ihrer herrlichen Fliesen aus Iznik, dem alten Nikäa, berühmt, die zur Zeit der Hochblüte der osmanischen Keramikkunst hergestellt wurden, etwa zwischen 1555 und 1620. Mit allen nur denkbaren vegetabilen und geometrischen Mu-

## MARKTSTRASSEN

stern bedecken sie nicht nur die Wände und Säulen des Innenraums, sondern auch den Mimbar (Kanzel) und die Fassade der Vorhalle.

Bei einem Gang durch die Marktstraßen zwischen der Yeni Cami und der Rüstem Paşa Camii stößt man auf viele pittoreske alte Hans (Karawansereien) mit von Arkaden eingefaßten Innenhöfen. Die meisten wurden von den Osmanen erbaut, einige wenige aber sind noch byzantinisch, und ein oder zwei mögen aus der Zeit stammen, als in diesem Viertel verschiedene italienische Stadtstaaten Niederlassungen besaßen, die ihnen in spätbyzantinischer Zeit zugesprochen worden waren. Im Quartier um die Rüstem Paşa Camii saßen die Venezianer, weiter stromabwärts am Goldenen Horn waren die Niederlassungen von Amalfi, Pisa und Genua.

Eingezwängt zwischen die Besitzungen Venedigs und Amalfis, dort, wo sich heute die Yeni Cami befindet, lag früher das Judenviertel. Diese Juden waren Angehörige der schismatischen Karäer-Sekte, die sich im 8. Jh. vom Hauptstrom des orthodoxen Judentums losgesagt hatte. Die Karäer scheinen sich in dieser Gegend bereits im 11. Jh. angesiedelt zu haben, etwa gleichzeitig mit der Etablierung der ersten italienischen Niederlassung. Sie lebten hier bis zu ihrer Ausweisung im Jahr 1660, als das Areal für die endgültige Errichtung der Yeni Cami geräumt wurde und sie in dem Dorf Hasköy angesiedelt wurden, etwa vier Kilometer stromaufwärts am Goldenen Horn. Dort leben ihre Nachkommen noch heute.

Der kürzeste Weg von Eminönü zum Ersten Hügel beginnt an der *Hamidiye Caddesi,* der Straße zwischen Yeni Cami und Gewürzbasar. Das Areal hinter der Moschee wird vom größten Blumenmarkt der Stadt eingenommen, und auf dem Trottoir haben Schreiber reihenweise ihre Tische aufgebaut, um für die anatolischen Bauern Briefe auf der Schreibmaschine zu tippen.

Die Hamidiye Caddesi führt bald zum Vorplatz des Bahnhofs Sirkeci, der 1888 als Endstation für den Orientexpreß gebaut wurde, welcher in jenem Jahr zum erstenmal die volle Strecke bis Istanbul zurücklegte. Gegenüber befindet sich die ›Konyalı Lokantası‹, eines der besten Restaurants der Stadt.

Hier wenden wir uns rechts zur *Ankara Caddesi,* die angeblich den gleichen Verlauf nimmt wie die 202 n. Chr. von Septimius Severus errichteten Verteidigungsmauern. Die dritte Straße linker Hand, *Hilaliahmer Caddesi,* läuft geradewegs auf den breiten Gipfel des Ersten Hügels zu. Etwas weiter unten an der Straße liegt linker Hand **Çağaloğlu Hamamı,** eines der schönsten öffentlichen Bäder Istanbuls. Dieser ›hamam‹ wurde von Sultan Mahmut I. 1741 erbaut, und es ist ein besonders gelungenes Beispiel türkischer Barockarchitektur. Wie fast alle größeren ›hamams‹ in Istanbul hat er zwei für Männer und Frauen getrennte Bäder, jedes mit eigenem Eingang.

Fast am Ende der Straße steht rechts ein kleines Gebäude, der Eingang zum Yerebatan Saray (Unterirdischer Palast). Es handelt sich um eine großartige, riesige unterirdische **Zisterne.** Zur byzantinischen Zeit hieß sie ›Zisterna Basilike‹, denn sie lag unter der ›Stoa Basilike‹, einem von Wandelhallen umgebenen öffentlichen Platz. Die Zisterne wurde 532 unter Kaiser Justinian dem Großen angelegt und war möglicherweise die Rekonstruktion eines aus konstantinischer Zeit. Ihre Maße betragen 140 Meter in der Länge und 65 Meter in der Breite, und ihre 336 Säulen stehen zu je 28 in zwölf Reihen. Von den hinabführenden Stufen aus kann man jedoch nur einen kleinen Teil dieser ungeheuren Substruktionen erkennen, weil das Licht nur auf die ersten Säulenreihen fällt und der Rest sich in Dunkelheit verliert. Es überrascht dann auch nicht, daß sich um diesen Ort die romantische Phantasie von Reisenden und Schriftstellern rankte, seit ihn der französische Gelehrte Petrus Gyllius im Jahre 1545 wiederentdeckt hat.

Nach dem Verlassen der Zisterne geht man hinauf bis zum Ende der Straße, die auf den großen freien Platz des Ersten Hügels mündet. Zur Rechten sieht man die Sultansmoschee Ahmets I. und zur Linken die ehrwürdige **Hagia Sophia.**

## HAGIA SOPHIA

Der heutige Bau der Hagia Sophia, von den Türken ›Aya Sofya‹ genannt, ist die dritte Kirche dieses Namens an dieser Stelle; ihre beiden Vorgängerinnen fielen bei Volksaufständen den Flammen zum Opfer. Die Zerstörung der zweiten Kirche, die Theodosius II. 415 errichtet hatte, geschah im Verlauf des berühmten Nika-Aufstands im Januar 532 (s. S. 57), durch den Justinian der Große beinahe den Thron verloren hätte. Kurz nach der endgültigen Niederwerfung des Aufstands entschloß sich der Kaiser, die Kirche in noch gewaltigeren Ausmaßen wieder aufzubauen, und ließ dafür Arbeiter und Handwerker aus allen Teilen seines Großreiches kommen. Als führenden Architekten bestimmte er Anthemios von Tralleis, den angesehensten Mathematiker und Physiker der damaligen Zeit, und ihm zur Seite Isidoros von Milet, den bedeutendsten Geometer des späten Altertums, damals Haupt der Platonischen Akademie von Athen. Nach dem Tod von Anthemios im Jahre 532 übernahm Isidoros die Leitung. Die feierliche Einweihung der neuen Kirche fand am 26. Dezember 537, dem Tag des hl. Stephanus, in Gegenwart Justinians statt, und in bewegender Zeremonie stellte man sie unter den Schutz der Hagia Sophia, der Göttlichen Weisheit.

Zwar waren in byzantinischer und osmanischer Zeit mehrfach Erneuerungen und Restaurationen notwendig, doch in ihren wesentlichen Teilen blieb die Kirche das Bauwerk der Zeit des Justinian. Als auffallende Ergänzung sind die gewaltigen Stützkonstruktionen zu nennen, die im Norden, Westen und Süden den Schub der großen Kuppel auf die Außenmauern abfangen. Sie wurden erstmals 1317 aufgezogen und in der Mitte des 16. Jhs. erneuert. Die vier Minarette an den Ecken des Bauwerks datieren aus unterschiedlichen Perioden nach der Umwandlung der Kirche in eine Moschee (1453). Die letzten umfangreicheren Restaurierungsarbeiten gab Sultan Abdül Mecit in Auftrag, und sie wurden 1847 von Schweizer Architekten, den Brüdern Fossati, ausgeführt.

Ehe man die Kirche selbst betritt, schreitet man (früher von einem Atrium im Westen, nicht mehr existent) durch

fünf Portale in eine äußere, dann in die innere **Vorhalle**
(Exonarthex und Narthex). Von den Deckengewölben funkeln dort Abertausende der goldenen ›tesserae‹ – Mosaiksteinchen –, Teil des originalen Schmuckes aus justinianischer Zeit, der sich auch an den Gewölben der Seitenschiffe, der Emporen und Teilen der großen Kuppel erhalten
hat. Im gesamten Kirchenraum waren 16 000 Quadratmeter
von den goldenen und farbigen Mosaiksteinchen belegt.

Höchstwahrscheinlich gab es zur justinianischen Zeit keinerlei figürliche Mosaikdarstellungen, und zur Zeit der Ikonoklasten wären keine erlaubt gewesen, da die Verehrung
von Bildwerken untersagt war. Deshalb können die figürlichen Mosaiken, die wir heute dort finden, erst nach der
Mitte des 9. Jhs. entstanden sein. Kurz nach der türkischen
Eroberung wurden sie mit Verputz und Tünche ganz
überdeckt; während der Restaurierungsarbeiten im 19. Jh.
wurden sie für kurze Zeit freigelegt und wieder verputzt.
Nach Schließung der Moschee im Jahr 1933 begann Thomas
Whittemore vom Byzantinischen Institut der Vereinigten
Staaten die noch erhaltenen Mosaiken zu lokalisieren, freizulegen und auszubessern; dieses Projekt konnte schließlich in
den sechziger Jahren abgeschlossen werden. Was heute an
figürlichen Mosaiken zu sehen ist, ist nur ein Teil des ursprünglichen Bildreichtums, mit dem die Kirche einst ausgeschmückt war, und doch vermögen sie noch den einstigen
Glanz zu byzantinischen Zeiten zu beschwören.

Heute wird der Besucher – je nach Dafürhalten des Amtes
für Denkmalpflege – den Narthex an seinem Nordwest- oder
Südwestende betreten. Der Zugang von Südwesten scheint
auch in früher Zeit bei weniger offiziellen Anlässen bevor-
zugt worden zu sein, denn am Südportal ist noch ein kurzer,
doch hoher mit Marmorplatten verkleideter Seitennarthex
vorgelegt. Im Bogenfeld über dem marmornen Türsturz sieht
man nun das erste der großen **Mosaiken:** Der thronenden
Gottesmutter mit dem Christuskind auf dem Schoß bringt –
rechts – Kaiser Konstantin das Modell seiner mit Mauern,
Zinnen und Türmen bewehrten Stadt dar; Kaiser Justinian
entbietet ihr – links – das Modell seiner Hagia Sophia. Da-

tiert hat man das Mosaik in das letzte Viertel des 10. Jhs., in die Regierungszeit also von Basilios II., dem ›Bulgarentöter‹.

Man betritt nun den Narthex, einen langgestreckten, hohen Raum. Neun Kreuzgewölbe zwischen den breiten Gurt-

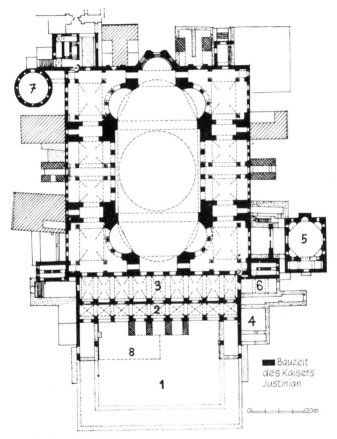

*Istanbul, Hagia Sophia*
1 Atrium, 2 Exonarthex, 3 Narthex, 4 Horologion, 5 Baptisterium,
6 südl. Vorhalle, 7 Schatzkammer (Skevophylakion),
8 theodosianische Vorhalle

bögen reihen sich aneinander. Zur Seite des Exonarthex öffnen sich fünf Bronzetüren, zur Seite des Kirchenraumes sind es neun. Das Mittelportal, besonders hoch, auch breiter, war die *Kaisertüre,* nur dem Herrscher und dem ihn begleitenden Patriarchen vorbehalten. Auf dem mit Bronzeblech umkleideten Türsturz wird man ein kleines, flaches Relief erkennen (den einzigen plastischen Schmuck, noch aus justinianischer Zeit): Ein Thron steht auf einem von Pilastern getragenen Bogen, darauf ein Buch, auf das die Taube, Symbol des Heiligen Geistes, der Weisheit – Hagia Sophia –, herniederschwebt. Zu lesen ist auf den aufgeschlagenen Seiten: »*Es spricht der Herr: ich bin die Tür der Schafe. So jemand durch mich eingeht, wird er ein- und ausgehn und Weide finden.*« Allem Glanz, allem Licht, allem Kostbaren, das den Eintretenden im Kirchenraum erwartet, waren Worte des 10. Kapitels des Johannes-Evangeliums vorangestellt.

Im Bogenfeld über dem Türsturz: Das Mosaik mit dem segnenden Christus auf herrscherlichem Thron; in den Medaillons zu beiden Seiten das Brustbild Mariens und eines Engels; zu Füßen von Christus ein Kaiser in Proskynese, wahrscheinlich Leo VI. der Weise (886-912), der seinem himmlischen Herrn huldigt. Man datiert dieses Relief in die Anfangszeit seiner Herrschaft.

Die ungeheure Weite des **Hauptraumes** wird von schräg einfallenden Lichtstrahlen zerteilt, die durch einige der vierzig Fenster am Kuppelrand dringen. Je nach Sonnenstand ändern sie ihre Bahn und lassen, wo sie streifen, Gold und Farben aufleuchten. – Den Raum unter der Kuppel, mit einer Seitenlänge von 31 Metern im Quadrat, legen die gewaltigen Vierungspfeiler fest. Von ihnen steigen vier hohe Gurtbögen auf, dazwischen jeweils sphärische Zwickel, ›Pendentifs‹, um den Übergang zu dem fast kreisförmigen Kuppelrand herzustellen. Die Kuppel selbst, deren Scheitel sich 56 Meter über dem Fußboden erhebt, scheint wie entmaterialisiert auf ihrem Unterbau zu schweben. Bildhaft hieß es im alten Byzanz, sie hinge an einer goldenen Kette vom Himmel herab. Im Osten und Westen tragen je zwei weitere Stützpfeiler die beiden großen Halbkuppeln. Diese erweitern das

Hauptschiff zu seiner ungeheuren Länge von etwa 80 Metern und ermöglichen es dem Betrachter, schon vom Eingang aus die fast schwerelos wirkende Kuppel in ihrem vollen Ausmaß zu erfassen. Im Norden und Süden werden die hohen Gurtbögen von Bogenfeldern, ›Tympana‹, gefüllt, deren goldene Mosaikflächen zwölf Fenster durchbrechen. – An der Nord- und Südseite öffnen sich auf hohen Monolith-Säulen aus ›verde antico‹ fünfbogige Arkaden zu den Seitenschiffen, und darüber, leichter und zierlicher, siebenbogige Arkaden zu den Emporen. In den Ecken gewinnt das Hauptschiff an Weite durch die vier halbkreisförmigen Exedren zwischen den Hauptpfeilern und den Stützpfeilern im Osten und Westen; auch hier eindrucksvolle Monolithe, je zwei Porphyr-Säulen, auf denen dreibogige Arkaden der Einbuchtung der Rundnischen folgen; darüber im Halbkreis sechs kleinere, leichtere ›verde antico‹-Säulen mit siebenbogiger Arkatur, durch die die Galerie in den Hauptraum miteinbezogen bleibt. Eine weitere Funktion der Exedren für den Bau nehmen ihre sie oben abschließenden Halbkuppeln wahr, auf deren Gurtbögen das Halbrund der beiden großen Halbkuppeln östlich und westlich der Hauptkuppel ruht. Hauptlast übernehmen hier jedoch die Bögen der großen Apsiskonche im Osten und der breiten Rechtecknische über dem Eingang im Westen. Zusammenfassend: zweigeschossige Arkaden auf kostbaren Monolithen fassen den Hauptraum ein. (Ihre rhythmische Abfolge verglich Prokop – er gab im 6. Jh. die erste Baubeschreibung – mit Reihen von Tänzern während des Chortanzes.) Bei dieser ›durchsichtigen‹ Gliederung bleiben Seitenhallen, Emporen, Galerien, besonders auch die lichtspendenden Öffnungen immer mitwirkend für den Gesamteindruck des Raumes.

Der *Bauschmuck* ist zurückhaltend und prachtvoll zugleich. Ausgesuchte Marmorplatten, farbig geädert, mit weißen, ornamentierten Marmorleisten gerahmt, verkleiden die Wandflächen. Farbige Steinintarsien, ›opus sectile‹, schmücken die oberen, durchbrochene Marmorinkrustationen die unteren Arkaden. Die Kapitelle sind Wunderwerke der Steinschneidekunst. Viele tragen, von durchbrochenem

Akanthusblattwerk umspielt, die Monogramme von Justinian und Theodora. Nicht die Kostbarkeit des Materials, seine souveräne Wahl und die kunstvolle Bearbeitung bei der Umkleidung des massiven Mauerwerks nehmen dem Bau alle Schwere.

Unter den **Mosaiken,** die sich im *Hauptraum* erhalten haben, ragt das in der Halbkuppel der *Apsis* hervor. Umgeben von dem Goldgrund der justinianischen und ikonoklastischen Zeit thront Maria in dunkelblauem Gewand, den Christusknaben auf dem Schoß. Er ist golden gewandt, hat die rechte Hand erhoben und hält in der linken eine Buchrolle. In der rechten Konchenhälfte die großartige Erscheinung eines Erzengels in langem weißem Gewand und mit weit ausgebreiteten Flügeln; der Gesichtsausdruck ist ernst, durchgeistigt, fast abwesend. Da er zur Linken der Gottesmutter schwebt, ist es Gabriel. Seine Darstellung zählt man zu den bedeutendsten Werken byzantinischer Kunst überhaupt. Von Michael, dem Erzengel auf der rechten Seite Mariens, ist leider fast nichts mehr erhalten. Die fragmentarische Inschrift am unteren Konchenrand erinnert daran, daß zwei »fromme Kaiser« diese Mosaikarbeit in Auftrag gaben. Es waren Michael III. der ›Trunkenbold‹ und sein Günstling und Mitregent Basileios I. – Das Apsismosaik wurde vom Patriarchen Photios am Ostersonntag 867 enthüllt. Historisch gesehen, war dies eine höchst bedeutsame Zeremonie, da sie manifestierte, daß die Orthodoxe Partei endgültig über die Ikonoklasten triumphiert hatte. Von nun an konnten die Kirchen des Byzantinischen Reichs wieder mit figürlichen Darstellungen ausgeschmückt werden. Sechs Monate später wurde Michael III. brutal von Basileios ermordet, der den Thron usurpierte und damit der Dynastie der Makedonen zur Herrschaft verhalf, die fast zwei Jahrhunderte lang das Reich regieren sollte.

Auf dem *nördlichen Tympanon* unter der Kuppel sind in den sieben Blendbögen unter den Fenstern drei Mosaiken erhalten geblieben. Dargestellt waren hier heilige Bischöfe. Von Westen gesehen: der hl. Ignatios, Patriarch von Konstantinopel in der 2. Hälfte des 9. Jhs.; der hl. Johannes

## HAGIA SOPHIA

Chrysostomos, Patriarch von Konstantinopel im 4. Jh., der die Liturgie der Ostkirche festlegte; der hl. Ignatios Theophoros, Patriarch von Antiocheia um das Jahr 100. Die würdigen Gestalten sind in die langen kirchlichen Gewänder gekleidet. Graue und weiße Töne herrschen vor. Alle tragen die Stola mit den drei Andreaskreuzen, und alle halten ein juwelenbesetztes Evangelienbuch in Händen.

Die einzigen Mosaiken, die man außerdem vom Hauptschiff aus sehen kann, sind die Engel in den *Dreieckzwickeln* unter der Kuppel: vier sechsflügelige Seraphim oder zwei Seraphim und zwei vierflügelige Cherubim. Die Unterscheidung ist nicht leicht (wurde zudem auch von byzantinischen Künstlern nicht allzu genau vorgenommen). Noch sind die Pendentifs nicht endgültig gereinigt. Bei ihrer Restaurierung (1847-49) haben die Brüder Fossati die Engelsgesichter mit Goldsternen bedeckt und die teilweise Übertünchung der westlichen Zwickel ergänzend übermalt. Bis zur endgültigen Untersuchung schlägt man eine Datierung ins 14. Jh. vor.

Am Nordende des Narthex führt ein Aufgang zu den *Emporen*. In der Mitte der Westempore stand der Thron der Kaiserin von Byzanz; eine Scheibe aus grünem thessalischen Marmor und vier zierliche kleine Kandelabersäulen auf der Brüstung davor zeichnete die Stelle aus.

Von hier wenden wir uns am besten nach links zur *Nordgalerie,* um das einzige dort noch vorhandene Mosaik zu betrachten; es zählt zu den sogenannten Bildnis-Mosaiken und ist unter den bisher freigelegten das älteste dieser Art. Dargestellt ist Kaiser Alexander, der seinem älteren Bruder Leo VI. im Mai 912 auf den Thron folgte. »Hier kommt der Mann der dreizehn Monate«, soll der todkranke Leo gesagt haben, als ihn der verachtete Bruder zum letztenmal besuchte. Diese Prophezeiung erfüllte sich im Juni des folgenden Jahres, als Alexander, im Rausch Polo spielend, einen Gehirnschlag erlitt und starb. Man glaubt, daß der stets unbeliebte Alexander das Mosaik zwischen 895 und 913 selbst in Auftrag gab.

Alle übrigen Mosaiken befinden sich in der *Südgalerie.* Man tritt dort durch eine schmale Tür zwischen zwei marmornen Scheinportalen mit kunstvoll gearbeiteten Paneelen, den sogenannten ›Türen des Himmels und der Hölle‹. Die Schranke wurde wohl in späterer Zeit aufgestellt, um den der kaiserlichen Familie vorbehaltenen Teil der Südgalerie abzuschirmen. Nach der Schranke sind wir im mittleren Raum der Südgalerie und sehen dort an der Südwestwand das späteste der Emporenmosaiken, die *Deesis,* eine der schönsten und menschlich bewegendsten Werke byzantinischer Kunst, obwohl nurmehr das obere Drittel erhalten ist. Neben dem thronenden Christus mit einem Ausdruck trauernden Wissens, die Rechte segnend erhoben, stehen Johannes der Täufer, der ›Prodomos‹ (Vorläufer Christi), und eine jugendliche Maria. Beide blicken wie nach innen schauend, als sei die Erscheinung zwischen ihnen nur ihrem geistigen Auge sichtbar. Beide wohl hielten die Hände erhoben in fürsprechender Bitte um die Rettung der Menschheit. Die mit kleinsten Steinchen ›malerisch‹ gesetzten Flächen, der Adel des Ausdrucks bezeugen eindrucksvoll die kulturelle Renaissance Konstantinopels unter den Palaiologen. Man datiert das Mosaik zu Beginn des 14. Jhs.

In den Bodenbelag gegenüber der Deesis ist eine (gesprungene) Grabplatte eingelassen, die den stolzen Namen *Henricus Dandolo* trägt. Enrico Dandolo, Doge Venedigs, war einer der Führer des Vierten Kreuzzuges; schon über 90 Jahre alt und fast erblindet, leitete er persönlich den endgültigen Sturm auf Konstantinopel, das am 17. April 1204 fiel und brutal geplündert wurde. Nach dem Sieg der Kreuzfahrer wurden drei Achtel der Stadt einschließlich der Hagia Sophia den Venezianern zugesprochen und von Dandolo regiert. Der greise Doge fügte nun seinem Namen den Titel ›Despot‹ hinzu und nannte sich seither » Herr über ein Viertel und die Hälfte [d. h. $^3/_8$] des gesamten Römischen Reichs«. Dandolo herrschte über seinen Teil bis zu seinem Tod am 16. Juni 1205. Er wurde in der Galerie der Hagia Sophia beigesetzt, die damals als lateinische Kathedrale diente. Dandolos Grabmal scheint nach der Wiedereinnahme der Stadt durch die Byzantiner 1261 unbehelligt geblieben zu sein, aber einer wenig wahrscheinlichen Überlieferung zufolge sollen

## HAGIA SOPHIA

es die Türken nach ihrer Eroberung 1453 aufgebrochen und die Gebeine den Hunden vorgeworfen haben.

Am Ostende der Südgalerie, nahe der Apsis, befinden sich zwei weitere Bildnis-Mosaiken zu beiden Seiten eines Fensters, das einst Zugang zu einer privaten Treppe hinunter zum Großen Palast von Byzanz gewährte. Das ›Buch der Zeremonien‹, ein byzantinisches Handbuch des höfischen Rituals aus dem 10. Jh., spricht davon, daß an dieser Stelle der Kaiser und die Kaiserin jedes Mal nach einem Privatbesuch der Hagia Sophia niederknieten und mit brennenden Kerzen in den Händen ein letztes Gebet sprachen, bevor sie zum Palast hinuntergingen.

Das Mosaik links neben dem Fenster zeigt ein königliches Paar kniend zu beiden Seiten des thronenden Christus. Zur Linken Christi steht die Kaiserin Zoë, eine der wenigen Frauen, die aus eigener Machtvollkommenheit in Byzanz herrschten, und gegenüber ihr dritter Ehemann Konstantin IX. Der Kopf des Kaisers ist offensichtlich später hinzugefügt, anstelle des Hauptes eines oder beider ihrer vorhergehenden Ehemänner, Michael IV. und Romanus III. Dieses Bildnis erhielt seine endgültige Gestalt wahrscheinlich bald nach Zoës Vermählung mit Konstantin im Jahr 1042. Die Kaiserin starb 1050 im Alter von 72 Jahren, betrauert vom einfachen Volk der Stadt, das in ihr eine geliebte ›Mama‹ gesehen hatte. Michael Psellos, der Historiograph des 10. Jhs. aus Konstantinopel, hat uns in seiner ›Chronographia‹ eine Beschreibung der Kaiserin hinterlassen: »*Obwohl sie die Siebzig überschritten hatte, war kein Fältchen auf ihrem Antlitz. Sie sah so frisch aus wie zur Blütezeit ihrer Jugend. Zugegeben, ihre Hände zitterten, sie war Opfer von Schüttelanfällen und ihr Rücken war gekrümmt...*«

Das Mosaik rechts neben dem Fenster zeigt die Bildnisse von Johannes II. Komnenos und seiner Gemahlin Irene, Tochter des Königs Ladislaus von Ungarn; in ihrer Mitte steht Maria, die den segnenden Christusknaben auf dem Arm hält. Der Kaiser bringt einen mit Goldstücken gefüllten Beutel dar, die Kaiserin hält die Schenkungsurkunde in Händen. Beide tragen die prachtvollen Zeremonialgewänder, der

Kaiser die Perlenkrone mit den langen Gehängen, Irene die hohe Frauenkrone. Das Mosaik setzt sich rechts an dem vorspringenden Pfeiler fort, wo beider Sohn, der 1122 zum Mitkaiser gekrönte Alexios, erscheint, der kurz darauf starb. So wird es in diesem Jahr entstanden sein. – Johannes II., der von 1118 bis 1143 regierte, wurde schon zu Lebzeiten ›Kalojannis‹ genannt: Johannes der Gute. Niketas Choniates, der byzantinische Chronist, schrieb über ihn: »*Sein Sinn war fest und seinen Launen ließ er nie die Zügel schießen. ... da er während seiner Regierungszeit niemanden hinrichten oder verstümmeln ließ, gilt er bis auf den heutigen Tag bei allen als vorbildlicher Herrscher – wenn ich diesen Ausdruck hier gebrauchen darf – als die Krone aller Kaiser aus dem Hause der Komnenen.*« Seine Frau, die Kaiserin Irene, wurde wegen ihrer Frömmigkeit und Wohltätigkeit gerühmt und wird in der griechisch-orthodoxen Kirche als Heilige verehrt.

In späteren Jahrhunderten, als die ›Aya Sofya‹ als Sultansmoschee diente, war sie bei den osmanischen Herrschern so hoch geachtet, daß sich fünf von ihnen im Garten vor den Südmauern der Kirche **Grabbauten** setzen ließen. Für die Sultane Mustafa I. und den wahnsinnigen Ibrahim, die beide im 17. Jh. regierten, hat man das justinianische Baptisterium in der ›Türbe‹ umgestaltet, da – wie Evliya Çelebi, der türkische Chronist des 17. Jhs., berichtet – kein eigener Grabbau vorbereitet war. Er teilt uns außerdem mit, daß zu seiner Zeit das Grabmal ein beliebter Wallfahrtsort der Frauen Istanbuls war, die es dorthin zog, weil »*Ibrahim in außergewöhnlichem Maß dem schönen Geschlecht zugetan war*«. Zur Zeit ist das Baptisterium der Öffentlichkeit nicht zugänglich.

Von den anderen Türben ist die Sultan Selims II., der 1574 starb, die älteste. Sie verdient besondere Aufmerksamkeit, weil es sich um ein Werk Sinans handelt und weil außerdem sowohl die Außenseite des Eingangs als auch der Innenraum mit prächtigen Iznik-Fliesen geschmückt sind. Selims Türbe wird von den Grabstätten seiner beiden unmittelbaren Nachfolger flankiert, seines Sohnes Murat III. (1574-1595) und seines Enkels Mehmet III., der 1603 starb; um ihre Särge gruppieren sich die ihrer Lieblings- und Nebenfrauen und die winzigen Särge ihrer zahlreichen Kinder. Die meisten der hier beigesetzten kleinen Prinzen wurden umgebracht, als ihr ältester Bruder den Thron bestieg; auf diese Weise wollte man jene Erbfolgekämpfe unterbinden, die in früherer Zeit das Osmanische Reich erschüttert hatten.

Vor der Nordwestseite der Hagia Sophia hat man im Garten die vielen Architekturfragmente zusammengetragen, die bei Grabungen und Erdaushebungen im Stadtbereich zutage gefördert wurden. Auch vor der Nordwestecke der Hagia Sophia wird man auf eine Ausgrabung stoßen; 1935 wurde hier der Eingang zur *theodosianischen Kirche,* den Vorgänger-Bau der Hagia Sophia, freigelegt. Betrachtet man den Portikus und die reich reliefierten Bauglieder seiner Bekrönung, wird man sich einen Bau von ebenfalls großartigen Abmessungen vorstellen müssen.

# 2

## Istanbul: Topkapı Sarayı

Topkapı Sarayı – Harem – Hagia Eirene
Museum für Altorientalische Kunst – Archäologisches Museum
Çinili Köşk – Alay Köşkü

*Topkapı Sarayı*, der große Palast der osmanischen Sultane, umfaßt das Areal der einstigen Akropolis von Byzanz; der Palast selber steht auf dem Hügelrücken, seine Gärten und Terrassen ziehen sich bis zum Meeresufer hinab. Zur Landseite hin war der Palast von einer massiven Verteidigungsmauer geschützt und auf der Meerseite von den byzantinischen Seemauern, die am Saray Burnu enden, dort wo Bosporus und Goldenes Horn zusammenfließen und vereint ins Marmarameer münden. Evliya Çelebi beschrieb die schöne Lage dieser märchenhaften Residenz mit folgenden Worten: »*Nie hat die Kunst des Menschen einen reizvolleren Herrschersitz erschaffen; er wirkt nicht wie ein bloßer Palast, sondern wie eine ganze Stadt am Zusammenfluß zweier Meere.*«

In seinen Grundzügen wurde der Palast von Sultan Mehmet II. in den Jahren 1459 bis 1465 angelegt, die meisten heute dort stehenden Bauten stammen aber aus der zweiten Hälfte des 16. Jhs., wobei noch bis ins letzte Jahrhundert Renovierungsarbeiten durchgeführt und Neubauten angelegt wurden. Fast vier Jahrhunderte lang war Topkapı Sarayı die Hauptresidenz des Sultans und die Verwaltungszentrale des Osmanischen Reichs und stellte eine eigentümliche und von der Außenwelt weitgehend abgeschlossene Welt dar, die im Laufe der Zeit in Europa und Asien zum Gegenstand pikanter Geschichten und romantischer Erzählungen wurde. Bis 1853 war Topkapı Sarayı Sitz der Macht, dann zog Sultan Abdül Mecit mit dem gesamten Hausstand in den neuen Palast Dolmabahçe am Bosporus und gab die alte Residenz am Goldenen Horn auf. Im Serail blieben die unerwünschten Frauen verstorbener Sultane zurück, und der alte Palast verfiel zusehends, so wie seine vereinsamten Bewohner.

## TOPKAPI SARAYI

Selbst diese letzten, ärmlich Überlebenden wurden 1909 aus-
gewiesen, als der Harem des Sultans offiziell aufgelöst
wurde. Schließlich lebten in den Ruinen nur noch einige
Eunuchen, die von der Welt vergessen waren, bis man auch
sie 1924, bei der Umwandlung des Palastes in ein Museum,
vertrieb. Seitdem wurde das Serail weitgehend restauriert,
so daß es heute nahezu das gleiche Bild bietet wie zur Blütezeit des Osmanischen Reichs – nur fehlen der Sultan und
sein Hofstaat. Der Besucher dieses ganz ungewöhnlichen
Palastes wird verstehen, weshalb er einstmals ›Dar-us
Saadet‹ genannt wurde, Haus der Glückseligkeit.

Der Haupteingang des Serail ist das *Bab-ı Hümayun,* das
*Kaisertor,* das der nordöstlichen Ecke der Hagia Sophia
gegenüberliegt. Bevor man es erreicht, sieht man rechter
Hand den schönen, von Sultan Ahmet III. im Jahr 1728 erbauten barocken Straßenbrunnen. Das Torgebäude ist eine
Art Miniaturfestung und beherbergte eine Mannschaft von
fünfzig bewaffneten Wächtern (›kapıcılar‹). In den Nischen
zu beiden Seiten des Eingangs wurden oft die Köpfe jener
zur Schau gestellt, die im Serail enthauptet worden waren.

Durch das Kaisertor tritt man in den **Ersten Hof,** der
auch ›Hof der Janitscharen‹ hieß, weil dieses militärische
Elitecorps sich früher hier versammelte. Während des Nie-
dergangs des Osmanischen Reichs im 17. und 18. Jh. büßten
die Janitscharen zwar ihre Durchschlagskraft bei militärischen Unternehmungen ein, bestanden aber weiter als ein
schwerbewaffneter Haufen, der bei seinen periodischen Aus-
fällen die Stadt und den Palast terrorisierte. Mehrere Sultane
wurden durch Janitscharenaufstände abgesetzt und zwei regierende von ihnen umgebracht. 1826 wurde den Janitscharen durch Mahmut II. in einer ganztägigen Schlacht im Zentrum von Stambul schließlich ein Ende bereitet, eine Tat, die
von den zeitgenössischen türkischen Chronisten als
»glückliches Ereignis« gefeiert wurde.

Gleich hinter dem Kaisertor steht zur Linken der ehrwürdige byzantinische Kirchenbau der Hagia Eirene, der von
den meisten Reisenden im Anschluß an eine Besichtigung
des Serail besucht wird.

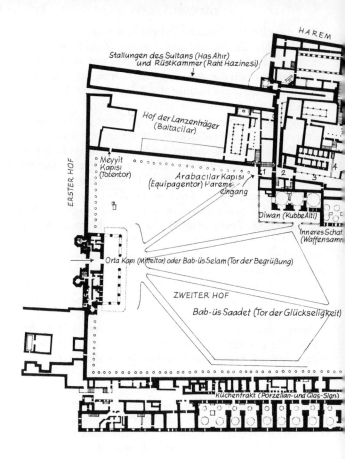

*Istanbul, Topkapı Sarayı*

1 Dolaplı Kubbe (Schrankkuppel)
2 Wachraum
3 Hof der Schwarzen Eunuchen
4 Wohnräume der Schwarzen Eunuchen
5 Gümle Kapısı (Haupttor des Harem)
6 Wachraum
7 Hof der Cariyeler, der weiblichen Sklaven
8 Hof der Sultaninmutter
9 Ocaklı Oda (Kaminraum)

10 Çeşmeli Oda (Brunnenzimmer)
11 Hünkâr Sofası
   (Saal des Großherrn)
12 Vorzimmer
13 Saal Murats III.
14 Bibliothek Ahmets I.
15 Yemiş Oda (Früchtezimmer)
16 Durchgang
17/18 Doppel-Pavillon
19 Treffplatz der Djinnen
20 Goldene Straße
21 Kuşhane Kapısı
   (Vogelkäfigtor)

Der Hof der Janitscharen bildete den äußeren Bereich des Serail und bot Platz für verschiedene mit dem sogenannten Äußeren Dienst zusammenhängende Einrichtungen wie die Münze, die Äußere Schatzkammer, die Bäckerei und das Brennholzlager für die Palastöfen – Bauten, die heute alle verschwunden sind. Der Hof war in gewisser Weise öffentlich und galt generell nicht als Teil des eigentlichen Palastes. Er ist vom inneren Palastbezirk ebenfalls durch eine Festungsmauer getrennt, deren Hauptportal, das *Bab-üs Selam, das Tor der Begrüßung,* heute der Eingang zum Topkapı Sarayı-Museum ist.

Das Tor der Begrüßung ist noch gewaltiger als das Kaisertor. Es ist ebenfalls als ein kleiner Festungsbau konzipiert und wird von zwei Türmen mit spitzen Dächern flankiert, was ihm ein reizvolles mittelalterliches Aussehen gibt. Hier lebte in der Wachstube der Oberste Scharfrichter des Serail, ein Posten, den normalerweise der Obergärtner innehatte. In die Mauern seitlich neben dem Tor ist der ›Cellat Çeşmesi‹, der Henkersbrunnen, eingelassen, in dem der Obergärtner nach einer Enthauptung das Schwert säuberte und sich die Hände wusch.

Durch das Tor der Begrüßung betritt man den freundlichen **Zweiten Hof,** den ›Hof des Diwan‹ (des Reichsrats), so benannt nach der ›Halle des Diwan‹, einem der Bauwerke am Fuß des Turms in der linken hinteren Ecke. Diese Halle stellte einst das Zentrum der Verwaltung dar: Viermal in der Woche kamen hier der Großwesir und andere hohe Staatsbeamte zusammen, um Reichsangelegenheiten zu beraten.

In den *Amtsgemächern des Großwesirs,* zu denen heute ein eigener Eingang unter dem Portikus führt, ist eine interessante Sammlung alter Uhren aus dem Serail ausgestellt. Daneben liegt das *Innere Schatzhaus,* ein langgestreckter Raum, den vier Kuppelpaare decken; hier wurden Steuerabgaben und Tributgelder gelagert, die aus den verschiedenen Provinzen des Reichs zusammenkamen. Viermal im Jahr wurden vom Rat des Diwan mit diesem Reichsschatz Gehälter und andere öffentliche Ausgaben beglichen, und der Rest wurde

TOPKAPI SARAYI

in der Schatzkammer im Dritten Hof verwahrt. Heute beherbergt das Innere Schatzhaus alte Waffen und Rüstungen aus dem Bestand des Serail.

Nach Verlassen des Diwan gehen wir nun unter dem Säulenumgang zum Südende dieser Hofseite und kommen zum *Meyyit Kapısı, › Totentor‹,* durch welches die im Serail Verstorbenen zur Beisetzung hinausgetragen wurden. Es führt zu den *Königlichen Stallungen,* wo einst die Pferde des Sultans und seiner Pagen untergebracht waren. Sie wurden von Mehmet dem Eroberer erbaut und gehören zu den ältesten Gebäuden des Serail. Die Anlage besteht aus zwei Teilen: zum einen aus den langgestreckten eigentlichen Stallungen, und dann am hinteren Ende noch aus zwei kleineren Kammern, eine für den Großstallmeister, die andere als Rüstkammer, wo die juwelenbesetzten Pferdegeschirre und das Zaumzeug aufbewahrt wurden. In diesen beiden Räumen sind heute eine Reihe solcher Geschirre zu besichtigen, und in den ehemaligen Stallungen stehen verschiedene Staatskarossen, von denen die meisten aus dem 19. Jh. stammen.

Wir überqueren nun den Hof und gehen schräg gegenüber zur Nordostecke. Man kommt dort zu einem schmalen, gepflasterten Durchgangshof; auf ihn hin öffnen sich auf der einen Seite die zehn großräumigen *Küchen,* jede überkuppelt; die Reihe dieser Bleihauben ist schon bei der Annäherung vom Marmarameer her bezeichnend für das Stadtbild Istanbuls. Zudem hatte Sinan für jeden Raum den Kamin auf konisch sich verjüngendem Unterbau konstruiert, der für guten Dunstabzug sorgte. – Auf der anderen Seite des Pflasterganges liegen die Vorratskammern und Unterkünfte des Küchenpersonals. In acht der zehn alten Küchen werden heute die einzigartigen Bestände des Serail an chinesischem und japanischem Porzellan ausgestellt. Die ersten beiden Küchen nahe dem Eingang wurden mit ihrer ursprünglichen Einrichtung wiederhergestellt und bewahren – interessant und amüsant – eine Sammlung alten türkischen Küchengeräts, das einst hier Verwendung fand. Das kleine Gebäude am Nordende des Ganges ist die *Moschee des*

*Zuckerbäckers;* hier findet sich eine Sammlung türkischer Glaswaren aus dem 18. und 19. Jh.

Das breit ausladende Tor, das den Diwan-Hof mit dem **Dritten Hof,** dem des Inneren Palastes verbindet, ist das *Bab-üs Saadet,* das › Tor der Glückseligkeit ‹. Es ist keines der wehrhaften, die den Ersten und Zweiten Hof sichern, sondern ein mit schattenspendendem Vordach, mit eleganten Arkaden und mit Dekorationen nach Rokoko-Art des 18. Jhs. geschmücktes Portal. Es wurde jedoch noch schärfer bewacht als die anderen Tore, denn dies war der Zugang zum Haus der Glückseligkeit, den höchst privaten Gemächern des Sultans und seines Haushalts. Das Tor der Glückseligkeit wurde von den Weißen Eunuchen bewacht, deren Oberster in den Räumen des Wachhauses lebte. Er war für den Inneren Dienst des Serail verantwortlich, mit Ausnahme des Harem, der von dem Obersten Schwarzen Eunuchen und seinem Stab bewacht wurde.

Unmittelbar hinter dem Tor der Glückseligkeit befindet sich der *Arz Odasi,* der Audienzsaal, ein eleganter Pavillon mit ausladendem Dach, das auf einem umlaufenden Kranz schlanker Marmorsäulen ruht. Dies war der einzige Bau des Inneren Palastes, zu dem nicht dem Serail angehörende Personen Zutritt hatten. Die Gesandten fremder Mächte machten hier nach ihrer Ankunft dem Sultan ihre Aufwartung. Hier auch legten der Großwesir und die anderen Würdenträger nach jeder Ratssitzung dem Sultan ihre Berichte vor und erhielten seine formale Zustimmung zu den von ihnen gefaßten Beschlüssen.

Die meisten Gebäude, die den Dritten Hof umgeben, dienten dem Inneren Dienst. Es waren die Schulen für junge Prinzen, für die Pagen, für die besonders Begabten unter ihnen, die auf den Staatsdienst vorbereitet wurden, sowie Räume für die Amtsträger der verschiedenen Einrichtungen am Hofe. In den Räumen der ehemaligen Palastschule findet man heute die drei berühmtesten Sammlungen des Topkapı Sarayı. Da ist zunächst die *Kleiderkammer,* wo die Gewänder der Sultane, ihrer Frauen, der kleinen Prinzen aus dem Zeitraum seit der Eroberung Konstantinopels bis zum Ende des Osmanischen Reichs in großen Vitrinen ausgebreitet liegen. Oft glaubt man beim Betrachten den Träger selbst in dem Gewand zu sehen. So wird man auch die Spuren der Gewaltanwendung an dem Kaftan bemerken, den Osman II. 1622 trug, als Janitscharen ihn ermordeten. – Als nächstes ist die *Schatzkammer* zu nennen, eine überwältigende Darbietung aus dem Besitz der Sultane: edelsteinbesetzte Throne, Gürtel, Schwerter; Geräte, Gefäße, Schatullen aus edelsten Materialien; Geschmeide in überreicher Fülle. Und doch, so heißt es, ist dies nur ein Teil, der hier zur Ausstellung gelangt. – Schließlich die *Sammlung der Miniaturen,* der Einzelblätter und illustrierten Bücher. Es ist die qualitätvollste und umfangreichste Sammlung türkischer und persischer Kalligraphie und Buchmalerei auf der Welt. Einzelnes hier auszuwählen, aufzuzählen, käme reiner Willkür gleich. Daher lasse man sich selbst von der Subtilität der Darstellungen, Genauigkeit der Beobachtung, der ästhetischen Schönheit gefangennehmen, faszinieren. – Die beiden erstgenannten Sammlungen befinden sich in Räumen auf der rechten Hofseite, die dritte an der Stirnseite. In der linken hinteren Ecke des Hofs liegt der Eingang zum *Hırka-i Saadet Dairesi,* dem ›*Pavillon des Heiligen Mantels*‹, wo Reliquien des Propheten Mohamed erst seit 1962 öffentlich zu sehen sind und den gläubigen Moslem oft zu wahrer Ergriffenheit zu bewegen vermögen.

Neben dem Eingang zum Pavillon des Heiligen Mantels schließen sich links ein großes Privatgemach des Sultans, die Hauptmoschee des Serail (Ağalar Cami) und einer der beiden Hauptzugänge zum Harem an. Rechts vom Pavillon ist in der Nordwestecke ein Durchgang, der zu einem L-förmigen Gang mit doppelten Arkaden führt, die sich zu der großen Terrasse öffnen. Gleich rechter Hand steht der *Revan Köskü,* den Murat IV. 1636 zum Gedenken an die Einnahme der Stadt Revan errichten ließ, des heutigen Eriwan im sowjetischen Armenien. Am anderen Ende des Arkadengangs befindet sich der *Sünnet Odasi,* wo die jungen Prinzen beschnitten wurden; dieser reizvolle Raum wurde 1641 im Auftrag des wahnsinnigen Sultans Ibrahim gebaut.

Als Ibrahim 1640 seinem Bruder Murat IV. auf den Thron folgte, war man besorgt, daß die Osmanen-Dynastie aussterben könnte, da er als ihr letzter Vertreter noch keinen männlichen Erben hatte. Schließlich, 1642, zeugte er einen Sohn und scheint, allen Chronisten zufolge, in den letzten sechs Jahren seines kurzen Lebens fast ununterbrochen Orgien gefeiert zu haben.

Wir treten nun auf die *Marmorterrasse* mit dem herrlichen Blick über das Goldene Horn. Etwa in der Mitte wird die Balustrade durchbrochen von einem kleinen Balkon mit dem strahlend vergoldeten Baldachin darüber: die *Iftariye,* errichtet 1640 für Ibrahim den Wahnsinnigen. Der Name leitet sich von dem Wort ›iftar‹ ab, der Bezeichnung für jenes Mahl, das während des heiligen Monats Ramadan kurz nach Sonnenuntergang das tägliche Fasten seit dem Aufgang der Sonne beendet. Unter den Miniaturen des Serail findet sich eine Darstellung des wahnsinnigen Sultans, wie er in diesem Pavillon sitzt und mit seinen zahlreichen Kindern spielt; es ist einer der ganz wenigen Einblicke in das von den Palastmauern abgeschirmte Privatleben des Sultans.

Am Ende der Marmorterrasse steht der mit Fliesen verkleidete *Bağdad Köskü.* Diesen ließ Murat IV. 1639 bauen, aus Anlaß der Rückeroberung Baghdads, eines der letzten großen militärischen Siege der Osmanen. Die prächtige Innenausstattung des ›köşk‹ (Kiosk) wird des strengen, auch grausamen Murat Gefallen gefunden haben, der nur ein Jahr später, erst dreißig Jahre alt, starb.

Die Marmorterrasse ist zugleich Übergang vom Dritten zum **Vierten Hof;** dieser ist jedoch kein eigentlicher Innenhof, sondern ein Garten mit Pavillons oder Kiosken. An der Ostseite steht der erst im 19. Jh. errichtete *Mecidiye Köşkü.* Von der Terrasse des vorzüglichen Restaurants im Erdgeschoß hat man einen überwältigenden Blick über das Marmarameer hinweg auf das asiatische Ufer.

Wir kehren jetzt zum Zweiten Hof zurück und betreten den **Harem** durch das *Equipagentor.* Nur ein kleiner Teil dieses labyrinthischen Palastes im Palast ist bisher wieder hergerichtet worden, und um die der Öffentlichkeit zugänglichen Räume zu besichtigen, muß man sich einer von Museumsführern geleiteten Gruppe anschließen.

Hinter dem Equipagentor und den sich anschließenden Wachräumen stößt man auf eine Mosaikpassage, die sich über die ganze Länge des Harems hinweg erstreckt und der *Goldene Weg* genannt wird. Gleich links kommt man an einer Arkade vorbei, hinter der sich die *Halle der Schwarzen Eunuchen* befindet. Normalerweise oblag es den jüngeren Schwarzen Eunuchen, die Frauen des Harems zu bewachen und zu bedienen, während die älteren hohe Positionen im Innendienst innehatten; der Oberste Schwarze Eunuch war zuweilen die einflußreichste Persönlichkeit des Reiches.

Die Wohnräume des Obersten Schwarzen Eunuchen befanden sich am Ende des Innenhofes hinter dem Equipagentor, gerade jenseits der Halle der Schwarzen Eunuchen. Das Stockwerk über seiner Wohnung diente als Prinzenschule. Von ihrem fünften bis elften Lebensjahr erhielten die jungen Prinzen ihre Erziehung unter der Aufsicht des Obersten Schwarzen Eunuchen, und während dieser Jahre lebten sie bei ihren Müttern im Harem. Anschließend, nach der Beschneidungszeremonie, zogen sie in den Selamlık, den den Männern vorbehaltenen Bereich des Palastes, und erhielten ihre weitere Ausbildung in der Palastschule.

Jenseits der Gemächer des Obersten Schwarzen Eunuchen führte der Goldene Weg am *Cümle Kapısı* vorbei, dem Haupteingang zum eigentlichen Harem zur osmanischen Zeit. Es folgt ein Wachraum, an dessen linker Seite ein langer schmaler Gang zum *Hof der Caryeler* abzweigt, der Sklavinnen, die im Harem die Hausarbeiten zu verrichten hatten. Von dem Wachraum führt ein Tor in den *Hof der Valide Sultan,* der Mutter des regierenden Sultans, die das offizielle Oberhaupt der Hierarchie des Harem war; ihre ausgedehnten Wohnräume nehmen über zwei Etagen hinweg fast die ganze Westseite des Hofes ein. Man überquert den Hof und gelangt zum *Ocaklı Oda,* einem mit Fliesen verkleideten Raum, dessen Name sich von dem dortigen ›ocak‹, einem wundervollen bronzeverkleideten Kamin, herleitet. Dieser war eine Art Vorzimmer, in dem Harems- und Sultansgemächer zusammentrafen, rechts führt eine Tür zu den *Gemächern der Ersten und Zweiten Kadın,* der ersten beiden der vier Gemahlinnen des Sultans. Links kommt man zu einem weiteren gefliesten Vorraum, dem *Çeşmeli Oda* (Brunnenzimmer), der sich durch einen eleganten Wandbrunnen auszeichnet.

Nun betreten wir den *Hünkâr Sofası* (Saal des Großherrn), den größten und imposantesten Raum im Serail. Ihn bezeichnet man auch als den ›inneren Thronraum‹, denn hier hielt der Sultan privaten Hof im Haus der Glückseligkeit.

Vom Hünkâr Sofası leitet wiederum ein Vorzimmer in den *Saal Murats III.* Dies ist der prächtigste Raum im ganzen Palast, vor allem, weil die ursprüngliche Dekoration noch vollständig erhalten ist. Die Wände sind mit Fayencen aus der Blütezeit der Iznik-Manufakturen gefliest, die eine Seite des Raumes schmückt ein hübscher Bronzekamin, die andere ein kunstvoll gearbeiteter dreistufiger Kaskadenbrunnen aus mehrfarbigem Marmor vor einer marmorverkleideten Wandnische. Dieser schöne Raum mit seiner erlesenen Dekoration wurde 1578 von Sinan fertiggestellt, in den ersten Jahren von Murats Herrschaft. Mag Murat auch ein schwacher und glückloser Herrscher gewesen sein, im Harem jedenfalls war er tüchtig genug und ist mit 103 Kindern der fruchtbarste aller Sultane gewesen.

Hinter Murats Saal befinden sich zwei sehr kleine, aber besonders kostbare Räume: die *Bücherei Ahmets I.,* 1608/9 erbaut, und das *Yemis Oda* (Früchtezimmer), dessen Dekoration aus Paneelen mit gemalten Früchten und Blumen besteht. Dieser Raum wurde 1705/6 für Ahmet III. eingerichtet, seine Malereien sind das früheste bekannte Beispiel des türkischen Rokoko. Die Regierungszeit Ahmets III. nennt man ›lale devrisi‹, Tulpenzeit, denn jährlich wurde das Aufblühen der Tulpen mit einem Blumenfest in den Palastgärten gefeiert. Alle Staatsgeschäfte kamen dann zum Stillstand, und die Lustbarkeiten, an denen der ganze Hof teilnahm, liefen unter persönlicher Aufsicht des Sultans ab, der den Beinamen ›Tulpenkönig‹ trug.

Wir gehen nun wieder zurück durch den Saal Murats III.

## TOPKAPI SARAYI

und die anschließenden Vorzimmer. Dabei gelangen wir zu zwei Räumen, die man noch bis vor kurzem für den berüchtigten ›kafes‹ oder Käfig hielt, in dem die jüngeren Brüder des Sultans in Abgeschiedenheit leben mußten. Auf diese Maßnahme verfiel man zu Anfang des 17. Jhs. und beendete damit das blutige Verfahren, die jüngeren Brüder des Sultans bei seiner Inthronisation umzubringen. Heute nimmt man an, daß der ›kafes‹ anderswo lag, vielleicht in jenem finsteren Trakt, der dieser herrlichen, aus zwei Zimmern bestehender Suite gegenüberliegt. Die Suite wird jetzt *Prinzengemach* genannt und soll aus dem frühen 17. Jh. stammen. Sie wurde in den letzten Jahren ausgezeichnet instand gesetzt und gilt als besonders schöne Raumfolge im Serail.

Der Säulengang, der an dem Prinzengemach vorbeiführt, trägt den Namen *Treffplatz der Djinnen*. Die Hintergründe für diese Namensgebung verlieren sich im Dunkel der Haremsgeschichte, doch der Ursprung ist unschwer zu erraten – Geisterhaftes ist damit gemeint; im Licht eines Spätnachmittags, wenn die Schatten länger werden und kein Geräusch zu hören ist, wirken die düsteren Räume hinter den Säulen wirklich verwunschen. Der Säulengang endet an einer großen Freiterrasse, von der aus man auf die heute verlassenen Gärten des Serail blickt, wo einst der Tulpenkönig seine Feste feierte. Dies ist die *Gözdeler Taslığı*, die Terrasse der Lieblingsfrauen; die Frauen selber wohnten in den Zimmern im ersten Stock des Gebäudes am Ende der Terrasse. Der Zutritt zu diesen Zimmern ist nicht gestattet, denn sie befinden sich noch in demselben Zustand wie 1909, als die letzten Frauen den Harem verließen.

Hier enden die Führungen durch den Harem. Der Rückweg zum Ausgang führt über den Goldenen Weg. Auf halber Strecke sieht man die Stiege, wo 1809 das Sklavenmädchen Cevri Kalfa den Attentätern Widerstand leistete, die es auf den Prinzen Mahmut abgesehen hatten, den späteren Sultan Mahmut II. Hinter dem Cümle Kapısı treffen wir dann auf das *Kuşhane Kapısı*, das Vogelbauer-Tor, wo im Jahr 1651 der Oberste Schwarze Eunuch, der ›lange Süleyman‹, die Valide Sultan Kösem ermordete. Hier nun verläßt man den

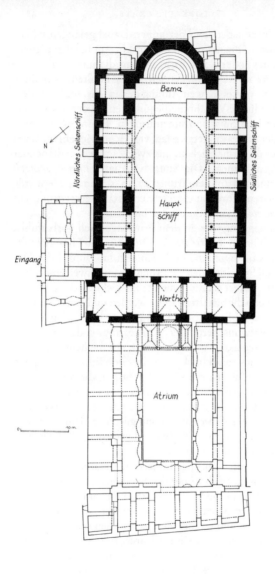

Istanbul, Hagia Eirene

## HAGIA EIRENE 43

Harem und findet sich im Dritten Hof wieder – die Besichtigung des Hauses der Glückseligkeit ist zu Ende.

Vielleicht kehren wir jetzt zu dem Ersten Hof zurück und besuchen die Kirche **Hagia Eirene,** an der wir auf dem Weg zum Serail vorbeigegangen sind. Sie gehört zu den justinianischen Gründungen und steht an der Stelle einer früheren, konstantinischen Kirche gleichen Namens, die während des Nika-Aufstandes (siehe S. 57) zerstört wurde. Der neue Bau wurde 539 vollendet, also etwa zur gleichen Zeit wie die Hagia Sophia, und der Kaiser weihte sie wieder Hagia Eirene, dem Himmlischen Frieden. Die Hagia Eirene ist eine der nur zwei byzantinischen Kirchen in Istanbul, die nie in eine Moschee umgewandelt wurden, da die Janitscharen sie nach der Eroberung der Stadt übernommen hatten und als Waffenkammer benutzten. In den Jahren nach der Niederwerfung der Janitscharen (1826) diente sie zeitweilig als Lagerraum für Altertümer und später als Armeemuseum – bei einer dem Himmlischen Frieden geweihten Kirche eine Ironie des Schicksals.

In ihren Grundzügen ist die Hagia Eirene eine dreischiffige Kuppelbasilika mit Emporen. Mächtige Vierungspfeiler, darüber mächtige Gurtbögen, tragen die Kuppel. Säulen mit hohen Arkaden trennen an der Nord- und Südseite das breite Mittelschiff von den Seitenschiffen und stützen das Emporengeschoß. Die halbkreisförmige Apsis, in die sich das mehrstufige Synthronon einfügt, schließt den Hauptraum im Osten. Das Mosaik in der Apsiswölbung, ein schwarz umrandetes Kreuz auf goldenem Grund, scheint weniger Schmuck des justinianischen Baus als eine Veränderung während der ersten Periode des Bilderstreites (726-780) zu sein, zumal nach 740 auch bauliche Eingriffe notwendig wurden. Damals sind über der oberen Kämpferlinie die Vierungspfeiler, wie auch die Stützpfeiler im westlichen Kirchenteil, bis zu der nördlichen und südlichen Außenmauer verstärkt und die dortigen Gurtbögen als Tonnengewölbe aufgeführt worden. Dies gebot die Sicherung der Hauptkuppel und ermöglichte die neue flachere Kuppelwölbung über dem Westteil.

44          ISTANBUL

Den Bauzustand dieser Renovierungen, die aus der Hagia Eirene eine Basilika mit eingeschriebenem Kreuz machten, sehen wir heute. Vor mehreren Jahren wurde die Kirche hervorragend instand gesetzt, und die lichte Würde des alten Mittelschiffs eignet sich vorzüglich für die Konzerte des alljährlichen Festivals von Istanbul, das meist Ende Juni beginnt.

Nach Verlassen der Hagia Eirene folgen wir nun dem Pfad, der zu dem Tor an der Westseite des Ersten Hofes hinabführt. Durch dieses Portal – *Kız Bekçiler Kapısı, ›Tor der Mädchenaufseher‹* – verlassen wir jetzt den Bereich des eigentlichen Palastes und wenden uns den der Öffentlichkeit leichter zugänglichen Gärten an der Westseite des Ersten Hügels zu.

Nach wenigen Schritten gelangen wir rechter Hand zu einem Hof, den drei der wichtigsten Museen Istanbuls einrahmen: das Museum für altorientalische Kunst, das Archäologische Museum, und der Çinili Köşk, das Fayencen-Museum.

Das **Museum für Altorientalische Kunst** bewahrt eine bemerkenswerte Sammlung sumerischer, babylonischer, assyrischer, hethitischer und vorgeschichtlicher anatolischer Funde. Es wurde nach umfangreichen Renovierungsarbeiten vor einigen Jahren wieder geöffnet und bietet seine einzigartigen Schätze dem Besucher nun attraktiv dar. Das historisch gesehen vielleicht wichtigste Stück ist eine *Keilschrifttafel*, ein Fragment des Vertrages von Kadeş (südwestlich von Homs in Syrien). Er wurde im Jahr 1269 v. Chr. geschlossen und beendete die kriegerischen Auseinandersetzungen zwischen den Heeren von Ramses II. von Ägypten und Hattuşili III., dem Großkönig der Hethiter. Als der früheste bekannte Vertrag der Weltgeschichte auf Grundlage gegenseitiger Anerkennung und völliger Gleichberechtigung fand er in einem Abguß seinen Platz im Gebäude der Vereinten Nationen in New York. – Ein weiterer interessanter Gegenstand aus hethitischer Zeit ist eine mit Hieroglyphen beschriftete Kalksteinsäule aus dem 10. Jh. v. Chr. Andere se-

MUSEEN 45

henswerte Ausstellungsstücke sind Votivstatuetten und die
Plastik eines Kopfes aus einer südarabischen Nekropole;
diese Arbeiten aus dem 1. Jh. v. Chr. gehören zu den äußerst
seltenen Zeugnissen vorislamischen Kunstschaffens in jener
Gegend. Vielleicht die eindrucksvollsten der im Museum
ausgestellten Altertümer sind die farbig glasierten *Tonziegel-
Reliefs* mit – vorwiegend in Gelbtönen – Löwen und Fabel-
tieren auf leuchtend blauem Grund. Seit der Zeit Nebukad-
nezars II. (605-562 v. Chr.) rahmten sie den Prozessionsweg
vom Ischtar-Tor in Babylon zum Heiligtum der Göttin
außerhalb der Stadt, wo das Neujahrsfest feierlich begangen
wurde.

Vor dem **Archäologischen Museum,** einem langgestreckten Bau, sind einige der Sarkophage und Kapitelle aufgereiht,
die man im letzten Jahrhundert in Istanbul zutage gefördert
hat. Hinter dem alten Museumstrakt wird augenblicklich
ein neues Gebäude errichtet, und wahrscheinlich wird die
Antikensammlung dorthin übersiedeln und bald der Öffentlichkeit zugänglich sein. Weil das Museum momentan umgestaltet wird, sei hier nur ein kurzer Überblick über die wichtigsten Ausstellungsgegenstände gegeben.

Weltgeltung besitzt das Museum wegen seiner außergewöhnlichen Sammlung von Sarkophagen, die zum großen
Teil gegen Ende des letzten Jahrhunderts von Hamdi Bey
entdeckt wurden, dem Initiator des modernen Museumsbe-
triebs. Das berühmteste Stück ist der *Alexander-Sarkophag,*
den Hamdi Bey 1887 in der Königsnekropole von Sidon
freilegte. Der Sarkophag wurde nicht nach Alexander benannt, weil er etwa dessen Leiche geborgen hätte, sondern
weil er mit Szenen in hohem, fast vollplastischem Relief
bedeckt ist, die ihn bei der Jagd und in der Schlacht darstel-
len. Diese wunderbare Arbeit, eines der Meisterwerke hellenistischer Kunst, ist in das letzte Viertel des 4. vorchristlichen
Jhs. datiert worden. Von den anderen berühmten und großartigen Sarkophagen des Museums wollen wir jenen der
Klagefrauen nennen, den des Meleager sowie jene aus Sida-
mara, Lykien und Sarıgüzel und den des Tabnit. Dieser letzte
ist eigentlich ein Mumiensarg aus Alabaster, welcher die

46                              ISTANBUL

sterblichen Reste des Tabnit enthielt, des Vaters von Pharao
Eschmunazar II.

Ein eindrucksvolles Ausstellungsstück ist die *Kollossalsta-
tue des Bes,* eines aus Ägypten stammenden Gottes, der eine
geköpfte Löwin an den Hintertatzen hält; an der großen
Bruchstelle zwischen seinen Lenden mag sich einst das deutlich phallische Wasserrohr eines Brunnens befunden haben.

Ein weiteres Meisterwerk ist der berühmte *Ephebe von
Tralleis.* Die Statue zeigt einen Knaben nach den gymnasti-
schen Übungen; entspannt steht er da, der über die Schulter
geworfene Umhang schützt ihn vor der Kälte, und in den
Zügen des leicht gesenkten Kopfes spielt ein versonnenes
Lächeln. Diese Figur, ein Werk des 3. Jhs. v. Chr., war früher
wahrscheinlich in einem Gymnasion in Tralleis aufgestellt.

Ein nicht weniger berühmtes Werk aus jener Zeit ist das
*Haupt Alexanders des Großen,* eine Kopie aus dem 3. Jh.
v. Chr. nach einer Arbeit des Lysippos. Die Art und Weise,
in der Alexander dargestellt ist, wurde zum Vorbild aller
späteren Bildnisse und zeigt den von Plutarch so genannten
›Silberblick‹ und die ›Löwenmähne‹; der Mund ist leicht
geöffnet, der Kopf nach links geneigt.

In der Nähe steht – und dieses Arrangement wird man
sicher im neuen Museumsbau so belassen – eine lebensgroße
Statue des *Alexander als junger Herakles;* auch sie gehört
zu den archetypischen Darstellungen des jungen Gottkönigs.
Diese edle Arbeit stammt aus dem 2. Jh. v. Chr.

Zu den weltbekannten Objekten des Museums zählt auch
eine reizvolle *Porträtbüste des Kaisers Arkadios* (395-408),
die man vor dreißig Jahren in Istanbul fand. Arkadios ist als
hübscher junger Mann mit feinen Zügen porträtiert, dessen
Krone aus einem schlichten Diadem mit zwei Reihen großer
Perlen besteht. Es ist vielleicht das schönste Werk spätrömischer Bildhauerei aus Konstantinopel.

Unvollständig wäre eine Aufzählung der wichtigsten Mu-
seumsschätze, bei der die beiden großen *Marmorsockel vom
Hippodrom* von Konstantinopel fehlen. Sie trugen einst
Bronzestatuen des berühmten Wagenlenkers Porphyrios und
waren von Kaiser Anastasios (491-518) in Auftrag gegeben,

## FAYENCEN-PAVILLON

einem seiner größten Mäzene: Interessant sind die Sockel vor allem wegen der Reliefs mit Darstellungen von Wagenrennen und anderen Szenen aus dem alten Hippodrom.

Nach Verlassen des Archäologischen Museums gehen wir am besten zu dem schmucken, sehr persisch anmutenden Gebäude in der Ecke des Hofes hinüber, dem **Çinili Köşk** (Fayencen-Pavillon). Der Çinili Köşk gehört zu den wenigen Bauten des Serail, die noch aus der Zeit Mehmet des Eroberers stammen, der ihn 1472 als Lustschloß außerhalb des Palastes errichten ließ. Ursprünglich diente er dem Eroberer als Aussichtspavillon, von wo aus er den jungen Prinzen und Pagen beim ›cirit‹, der türkischen Variante des Polospiels, zusah. Heute beherbergt der Köşk eine Sammlung türkischer Fliesen und anderer Fayencen aus verschiedenen Perioden.

Nun lenken wir die Schritte vom Museumshof bergab zum Gülhane-Park. Neben dem Eingang zum Park sieht man aus der äußeren Serailmauer ein geschwungenes Dach über einem Portal vortreten; es ist die berühmte *Hohe Pforte* (heute allerdings in der Gestaltung des 19. Jhs.), durch die Persönlichkeiten mit wichtigen Anliegen, Botschafter ausländischer Mächte zum Amtssitz des Großwesirs geleitet wurden. Gegenüber, ebenfalls in die Serailmauern eingebunden, steht ein barocker Aussichtsraum. Dies ist der *Alay Köşkü*, der ›*Pavillon der Prozessionen*‹, von wo aus der Sultan den Militärparaden und den Umzügen der Gilden zuschaute, die bei den Osmanen von Zeit zu Zeit abgehalten wurden; es war der einzige Ort des von Mauern umgebenen Palastes, von dem aus der Sultan das alltägliche Treiben seiner Stadt betrachten konnte. (Ibrahim der Wahnsinnige zielte von hier mit der Armbrust auf Passanten.) Heute ist im Alay Köşkü eine Sammlung türkischer Teppiche und Stickereien untergebracht.

# 3

## Istanbul:
## Rings um das Hippodrom

Blaue Moschee – Hippodrom – Palast des Ibrahim Paşa
Binbirdirek-Zisterne – Mosaikenmuseum
Moschee des Sokollu Mehmet Paşa
Kirche der Heiligen Sergios und Bakchos
Bukoleon-Palast bei den Seemauern

Der große Platz neben der Hagia Sophia war der Mittelpunkt des byzantinischen Konstantinopel. Früher war dies das Augustaeum, der öffentliche Vorhof des Großen Palastes von Byzanz. Den nördlichen Abschluß des Augustaeums bildeten die Hagia Sophia und der Palast des Patriarchen, in der südöstlichen Ecke erhob sich die Chalke, das ›Eherne Haus‹, der monumentale Vorraum des Großen Palastes. Im Westen des Augustaeums lag die Stoa Basilike, ein von Säulengängen umgrenzter Platz, an dem sich einige der wichtigen öffentlichen Einrichtungen der Stadt befanden (Bibliothek, Universität), und im Südwesten erhob sich das berühmte Hippodrom. Diese Gegend blieb das Stadtzentrum auch noch nach der Eroberung Konstantinopels, um so mehr, als Topkapı Sarayı zur Sultansresidenz wurde. Nachdem jedoch um die Mitte des letzten Jahrhunderts das Serail als Residenz aufgegeben wurde, verlor dieser Bezirk an Bedeutung; neue Zentren entstanden in anderen Teilen Stambuls und auf der anderen Seite des Goldenen Horns in Pera. Jetzt ist das Areal vor der Hagia Sophia lediglich ein Zentrum des Tourismus, wo Reisebusse in langen Reihen halten und Führer, Andenkenhändler und Postkartenverkäufer sich um die Touristen-

Istanbul

1  Wo Bosporus, Goldenes Horn und Marmarameer sich vereinen: der Kiz Kulesı, der ›Mädchenturm‹, irreführend auch ›Leanderturm‹ genannt

2  In der Blauen Moschee, 1609-1616

3  Blick von der Süleymaniye auf die Galatabrücke und den Bosporus

## BLAUE MOSCHEE

gruppen scharen, die alle wegen der großartigen Baudenkmäler des Ersten Hügels hierher gekommen sind.

Der Hagia Sophia gegenüber, am Ende des Gartens, der sich von ihr bis zur Moschee Sultan Ahmets I. erstreckt, steht ein bedeutendes Gebäude, das den meisten Touristen vielleicht deshalb nicht auffällt, weil es von den beiden mächtigen Bauwerken so weit überragt wird. Es ist der **Hamam der Haseki Hürrem,** von Süleyman dem Prächtigen zu Ehren seiner im Westen als ›Roxelane‹ besser bekannten Gemahlin 1556 erbaut. Er gehört zu den vielen Meisterwerken des Sinan und ist vielleicht das schönste der öffentlichen Bäder, die er während seiner langen und von vielen Erfolgen gekrönten Laufbahn entworfen hat. Vor nicht allzu langer Zeit wurde der Bau restauriert, und es ist zu hoffen, daß er in naher Zukunft in ein Museum umgewandelt und der Öffentlichkeit wieder zugänglich gemacht wird.

Die **Sultan Ahmet Camii** mit ihren sechs prächtigen Minaretten und dem harmonischen Schwung ihrer Kuppeln und Halbkuppeln ist eines der imposantesten Bauwerke in der Silhouette von Stambul. Der Bau – den Touristen eher unter

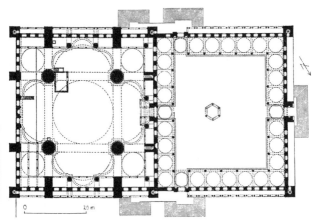

*Istanbul, Sultan Ahmet Camii (Blaue Moschee)*

54          ISTANBUL

dem Namen ›Blaue Moschee‹ bekannt – wurde von Ahmet I.
in Auftrag gegeben und von dem Baumeister Mehmet Ağa
zwischen 1609 und 1616 errichtet. Es heißt, der junge Sultan
sei so von Begeisterung für seine Moschee erfüllt gewesen,
daß er auf der Baustelle oft mitgeholfen hat, um die Arbeit
voranzutreiben; bei der Einweihungszeremonie trug er einen
Turban, der den Schuh des Propheten darstellte – ein Zeichen
großer Demut. Es war ihm jedoch nicht vergönnt, sich lange
an seinem neuen Bauwerk zu erfreuen, denn er starb ein Jahr
nach dessen Vollendung.

Wie alle Sultansmoscheen Istanbuls ähnelt auch diese von
Ahmet I. im Grundriß wie in der Innenausstattung der Hagia
Sophia. Ihr ist ein Innenhof mit Arkaden vorgelagert, der an
das heute verschwundene Atrium der Hagia Sophia denken
läßt, und in der Mitte des Hofes steht ein hübscher
›şadırvan‹, ein Reinigungsbrunnen. Im Innenraum (Taf. 2)
sieht man die Hauptkuppel der Moschee auf vier mächtigen
freistehenden Stützpfeilern ruhen – auch dies eine Konzeption, die sich schon bei der Hagia Sophia findet; den Übergang von der runden Kranzleiste stellen vier Spitzbögen und
vier Pendentifs her, und an den Seiten des Gebäudes finden
sich von kleineren Stützkuppeln umgebene Halbkuppeln.
Doch statt der bei der Hagia Sophia eingezogenen Bogenwände an der Längsachse hat man hier zwei weitere Halbkuppeln angelegt, so daß der Grundriß einem vierblättrigen
Kleeblatt gleichkommt. Es handelt sich hier um eine Spielart
des Zentralbaus, der die klassischen osmanischen Moscheen
kennzeichnet; die Aufgabe des Architekten bestand darin,
einen durchgängigen und von Pfeilern und Arkaden mög-
lichst wenig zerschnittenen Mittelteil zu entwerfen, damit
der Innenraum der Moschee aus fast jedem Winkel über-
blickbar war.

In ihrer Ausstattung gleicht die Sultan Ahmet Camii den
anderen Sultansmoscheen von Istanbul. Das wichtigste Element in jeder Moschee ist der ›mihrab‹, eine Nische in der
Mitte der Stirnwand. Er zeigt die ›kıbla‹ an, die Richtung,
in der Mekka liegt und in die sich der Gläubige beim Gebet
zu verneigen hat. Rechts vom Mihrab erhebt sich der

›mimbar‹, die Kanzel, von der der Imam jeden Freitag zur Mittagsstunde sowie an hohen Festtagen das Gebet spricht. Links vom Mihrab, an dem Hauptpfeiler jener Seite, befindet sich der ›kuran kürsü‹, der Sitz des Imam, wenn er den Gläubigen aus dem Koran vorliest. An dem rechten Pfeiler gegenüber sieht man die ›müezzin mahfili‹, eine erhöhte Marmorplattform, auf der der Chor der Muezzine kniet und den Gebeten des Imam in einer Art Gesang antwortet. Am äußersten Ende der linken Galerie befindet sich die ›hünkâr mahfili‹, die Sultansloge, in der der Sultan und seine Begleitung der Andacht beiwohnten.

Die unteren Wandteile und die Galerien sind mit Iznik-Fliesen von großer Schönheit verkleidet. Die herrlichen floralen Muster zeigen die traditionellen Motive Lilie, Nelke, Tulpe und Rose, dazu Zypressen und andere Bäume, wobei zarte Grün- und Blautöne überwiegen. Die aufgemalten Arabesken in der Kuppel und an den oberen Wandflächen sind schwache neuere Nachahmungen der ursprünglichen Ausschmückung, und der volkstümliche Name der Moschee rührt von ihrer Hauptfarbe her, einem leuchtenden Blau. Mihrab und Mimbar sind aus weißem Marmor und Teil der ursprünglichen Ausstattung; sie sind vorzügliche Werke der damaligen Steinmetzkunst. Man beachte auch die hervorragende Bronzearbeit an den großen Toren zum Vorhof sowie die Bearbeitung der mit Elfenbein und Perlmutt eingelegten Hölzer an Türen und Fensterverschlägen im Innenraum der Moschee. Die Holzdecke unter der Sultansloge ist in herrlichen kräftigen Farben mit floralen und geometrischen Arabesken bemalt und ist eines der wenigen erhaltenen Beispiele jenes edlen frühen Stils.

Der Platz vor der Moschee, der *At Meydanı,* liegt über dem antiken **Hippodrom.** Am Südende verläuft die heutige Straße über der Südkurve der einstigen Rennbahn. Die Geschichte des Hippodroms reicht zurück bis in die Gründungszeit der Stadt. Mit dem Bau wurde unter Septimius Severus im Jahr 203 n. Chr. begonnen, und Konstantin ließ ihn später beträchtlich erweitern; einer Schätzung nach sollen hier

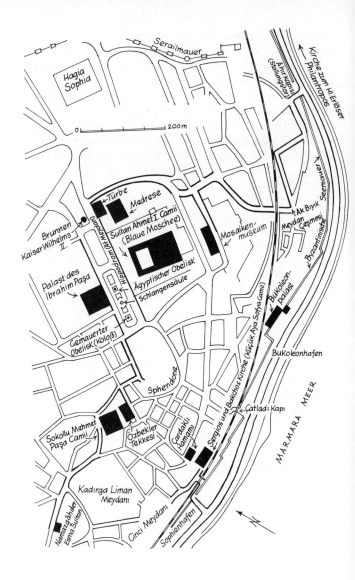

*Istanbul, rings um die Blaue Moschee und das Hippodrom*

100 000 Zuschauer Platz gefunden haben. Während der ersten Jahrhunderte des Byzantinischen Reichs war das Hippodrom Mittelpunkt des unruhigen und oft gewalttätigen Treibens von Konstantinopel. Viele wichtige historische Ereignisse spielten sich hier ab, angefangen mit den feierlichen Zeremonien am 11. Mai 330 bei der Weihe der Stadt zum ›Neuen Rom‹. Hier wurden nach römischem Vorbild siegreichen Generälen und Kaisern triumphale Empfänge bereitet, und ebenso wurden hier Patriarchen und Kaiser hingerichtet.

Die wichtigsten Veranstaltungen im Hippodrom waren die Wagenrennen, bei denen zwischen den einzelnen Läufen die Zuschauer mit Musik, Tänzen und Zirkusnummern unterhalten wurden. (Justinians Gattin, die Kaiserin Theodora, war die Tochter eines Bärenführers im Hippodrom, wo sie ihre später berüchtigte Karriere als Tänzerin begann.)

Die Massen im Hippodrom waren aufgrund sozialer, wirtschaftlicher und politischer Unterschiede in vier Gruppen gespalten: die Weißen, Roten, Blauen und Grünen, von denen die beiden letzteren schon früh die Oberhand gewannen und die anderen beiden in sich aufnahmen. Ein Streit zwischen den Blauen und Grünen gab den Anlaß zur *Nika-Revolte* im Jahr 532, in der die beiden Gruppen sich zuletzt gegen den Kaiser verbündeten. Der Aufstand wurde schließlich dadurch beendet, daß Justinians General Belisar die Aufständischen im Hippodrom einschloß und dreißigtausend von ihnen umbringen ließ. Lange ging in Konstantinopel die Fama, daß man die Aufständischen in einem Massengrab in der Arena verscharrt habe und ihre Seelen an diesem Ort umherspukten.

Das Hippodrom wurde, wie viele andere Bauwerke Konstantinopels, während der lateinischen Besetzung (1204-1261) geplündert und zerstört. Als die Türken die Stadt 1453 eroberten, war es nur mehr eine Ruine, die dann zwischen 1609 und 1616 völlig verschwand, als man die Baureste zur Errichtung der Sultan Ahmet Camii abtrug. Wo einst die Arena gestanden hatte, war nun ein freier Platz, At Meydanı (Pferdeplatz) genannt, weil er von den Palastpagen zum ›cirit‹, dem Polospiel, benützt wurde. Erhalten haben sich

von der historischen Anlage wenig mehr als die Fundamente
sowie drei Denkmale, die entlang der ›spina‹, der Längsachse
der einstigen Arena, stehen.

Als erstes, von Norden beginnend, sei der *Ägyptische
Obelisk* genannt. Pharao Thutmosis III. (1549-1503 v. Chr.)
hatte ihn anfertigen und dem oberägyptischen Theben gegenüber aufstellen lassen. Was man hier vor sich sieht, sind
nur etwa die oberen zwei Drittel jenes Obelisken. Er gelangte
zu Anfang des 4. Jhs. nach Konstantinopel, und 390 n. Chr.
ließ Theodosios der Große ihn an seinem heutigen Ort aufrichten. Er erhebt sich über vier Bronzequadern auf einer
Basis aus zwei Marmorblöcken, die eine Zwischenlage und
an den Ecken vier Granitwürfel voneinander trennen. Alle
vier Seiten zieren Flachreliefs, die den Kaiser und seinen
Hofstaat in der ›kathisma‹, der Kaiserloge (diese befand sich
in der Mitte der östlichen Langseite des Hippodrom), dem
Volk präsentieren: Auf der Südseite der Basis schaut er den
Rennen zu; im Osten krönt er den Sieger mit einem
Lorbeerkranz; im Norden überwacht er die Aufstellung des
Obelisken; im Westen empfängt er die Huldigung besiegter
Feinde. Griechische und lateinische Inschriften an der Basis
preisen Theodosios und den Präfekten Proklos ob der
schwierigen Aufstellung des Obelisken; der lateinischen Inschrift zufolge hat die Arbeit 30 Tage gedauert, die griechi-
sche Inschrift hingegen gibt 32 Tage dafür an.

Es folgt die *Schlangensäule,* die drei sich umeinander
schlingende bronzene Schlangenleiber bilden. Sie stand einst
vor dem Apollon-Tempel zu Delphi, gestiftet als Dankeszei-
chen der 31 griechischen Städte, die vereint die Perser in
der Schlacht von Plataiai 479 entscheidend besiegt hatten.
Damals ruhte auf den drei Schlangenköpfen noch das Weihegeschenk eines großen vergoldeten Dreifußkessels. Konstantin der Große ließ die Säule von Delphi nach Konstantinopel
transportieren, und später wurde sie im Hippodrom aufgestellt. Die drei Schlangenköpfe brachen nach der türkischen
Eroberung einer nach dem anderen ab und gingen verloren,
einen jedoch hat man inzwischen wieder gefunden und nun
im Archäologischen Museum ausgestellt.

## PALAST DES IBRAHIM PAŞA

Das dritte Monument auf der ›spina‹, ein aus Quadern *gemauerter Obelisk,* steht am Südende des Hippodroms. Gelegentlich wird er als ›Säule des Konstantin Porphyrogennetos‹ bezeichnet, doch beruht diese Assoziation nur auf einer Sockelinschrift, der zufolge der Kaiser im 10. Jh. den Obelisken mit vergoldeten Bronzeplatten umkleiden ließ. Es ist durchaus möglich, daß er schon zur Zeit Konstantins des Großen hier stand und zu den Monumenten gehörte, die dieser anläßlich der Erbauung des Hippodroms entlang der Längsachse aufrichten ließ. Auf einem der erhaltenen Bodenmosaike aus dem Großen Palast glaubt man erkennen zu können, daß dieser Obelisk in der Arena den südlichen Wendepunkt bei den Wagenrennen markierte.

Die Westseite des At Meydanı nimmt zum großen Teil ein sehr herrschaftlicher osmanischer Palast ein, der kürzlich erst restauriert und Besuchern als *Museum für Türkisches und Islamisches Kunsthandwerk* zugänglich gemacht wurde. Einst war es der berühmte *Palast des Ibrahim Paşa.* Der Hausherr war ein zum Islam übergetretener Grieche, Günstling Süleymans des Prächtigen, der schließlich bis zum Großwesir aufstieg. In späteren Jahren seiner Herrschaft ließ sich der Sultan von seiner Gattin Roxelane davon überzeugen, daß Ibrahim Paşa zu mächtig zu werden begann. Und als sich Ibrahim 1536 nach einem Nachtmahl im kleinen Kreis in den Privatgemächern Süleymans in einen der Nebenräume zurückzog, wurde er im Schlaf umgebracht. Sein Besitz, darunter auch der Palast am Hippodrom, wurde vom Staat konfisziert. Den großen Saal, von dessen Fenstern man das Hippodrom überblicken konnte, scheinen Sultane dann öfters aufgesucht zu haben, um Darbietungen und Festlichkeiten auf dem At Meydanı verfolgen zu können.

Wenn wir nun vom Ibrahim Paşa-Palast in Richtung Hagia Sophia gehen, kommen wir linker Hand bald zu einem großen freien Platz, an dessen Südseite ein kleineres Gebäude steht. Dies ist der Eingang zu einer weiteren alten unterirdischen Zisterne Istanbuls, der *Binbirdirek Sarnıcı,* ›Zisterne der Tausendundeinen Säule‹. Binbirdirek ist der zweitgrößte Wasserspeicher der Stadt, umfaßt nur etwa ein Drittel der

Fläche der Zisterna Basilike und wirkt doch wesentlich größer. Im Unterschied zu ihr steht nämlich in der Binbirdirek kein Wasser mehr, und so kann man zwischen ihren Kolonnaden aus 224 Säulen umherwandeln und die gewaltigen Ausmaße auf sich wirken lassen. Man nimmt an, daß die Zisterne unter Konstantin dem Großen angelegt wurde, wenn auch einzelne Bauteile aus dem 5. oder 6. Jh. stammen dürften.

Nun gehen wir am besten zurück und folgen der Straße, die am Südende des Hippodroms hinter der Blauen Moschee vorbeiführt. Damit gelangen wir zum sogenannten *Mosaikenmuseum,* in dessen Garten verstreut Säulen, Kapitelle, Sarkophage und andere Fragmente alter Bauwerke liegen. Ebenso wie die im Museum zu besichtigenden Bodenmosaiken kamen diese bei den 1935 begonnenen Ausgrabungen ans Licht. Es handelt sich um Reste des Großen Palastes von Byzanz, dessen Gebäude und Gärten sich über den ganzen Hang vom Gipfel des Ersten Hügels bis hinunter zum Marmarameer erstreckten. Hinter dem Eingangstor findet man sich in einer verträumten kleinen Passage, zu beiden Seiten von Arkaden mit Buden gesäumt. Das ist ein Stück der *Kabasakal Sokağı,* der Gasse des ›buschigen Bartes‹, die zur ›külliye‹ der Sultan Ahmet Camii gehörte. Einige der Läden, deren Miete zur Instandhaltung der anderen Stiftungseinrichtungen beitrug, dienen heute als Ausstellungsräume für Teile der hier freigelegten Bodenmosaiken. Am Ende der Passage steigt man hinunter und sieht unter Schutzdächern große Flächen der noch in situ erhaltenen geschmückten Böden. Man befindet sich hier an der Nordostecke eines zum Großen Palast gehörenden Pavillons, des *Mosaiken-Peristyls.* Diese Mosaiken werden in das zweite Viertel des 6. Jhs. datiert, also in die Regierungszeit Justinians des Großen. Wir dürfen annehmen, daß sie entstanden, als Justinian nach dem Nika-Aufstand von 532 den Großen Palast in erweiterter Form wieder aufbauen ließ.

Wir gehen wieder zurück zur Südkurve des Hippodrom und folgen dort hügelabwärts den Sträßchen, die zur **Sokollu Mehmet Paşa Camii** führen. Sie gleicht einem Juwel unter

## SOKOLLU MEHMET PAŞA CAMII

Sinans kleineren Moscheen. Erbaut wurde sie 1571-72 für Esmahan Sultan, Tochter Sultan Selims II., des Trunkenbolds, und Gemahlin von Sokollu Mehmet Paşa, nach dem die Moschee benannt ist. Sokollu Mehmet war einer der bedeutendsten Großwesire der osmanischen Zeit. In Bosnien als Sohn eines Priesters der orthodoxen Kirche geboren, gelangte er über die ›devşirme‹ (Knabenlese) in den Topkapı Sarayı, wo er in der Palastschule erzogen wurde. Seine ungewöhnliche Begabung trug ihm bald bevorzugte Stellungen ein, und in kürzester Zeit erklomm er die höchsten Ränge im Osmanischen Reich, bis ihn Süleyman der Prächtige 1564

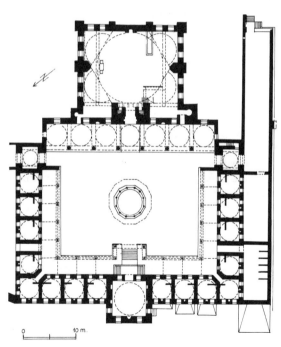

*Istanbul, Sokollu Mehmet Paşa Camii*

62    ISTANBUL

schließlich zum Großwesir ernannte. Dieses Amt führte er unter Süleymans Sohn und Nachfolger Selim II. fort und heiratete dessen Tochter Esmahan, eine Zwergin. Nach Selims Tod diente Sokollu noch als Großwesir unter Murat III., bis er 1579 bei einer Diwansitzung von einem geistesgestörten Soldaten getötet wurde.

Der *Innenhof* der Moschee, mit einem Arkadengang an drei Seiten und einem grazil überdachten ›şadirvan‹ in der Mitte, zählt zu den schönsten in Istanbul. Wie bei vielen Moscheen gehörten die Räume hinter dem Umgang zur ›medrese‹ (Religionsschule), deren kuppelgedeckte Zellen alle ein Fenster, einen eigenen Kamin und Nischen in den Wänden hatten, in denen die Studenten Bücher und Schlafdecken unterbringen konnten. Der Unterricht fand im ›dershane‹ statt, dem großen Raum über dem Treppenaufgang des Haupteingangs, und wurde auch in der Moschee selbst abgehalten. Die Moschee ist als Sechseck innerhalb eines fast quadratischen Rechtecks konzipiert, über das sich die Kuppel wölbt, und diese wiederum wird von vier kleineren Halbkuppeln abgefangen, die sich von den Ecken her zu ihr aufrichten. An drei Seiten läuft eine niedrige Galerie um die Moschee, auf schlanken Säulen mit osmanischen Rautenkapitellen. Der Farbwechsel an den Bögen durch Gewölbesteine aus grünem und weißem Marmor ist typisch für die klassische Periode der osmanischen Architektur. Vor allem ist die Moschee wegen ihrer erlesenen Ausstattung mit vorwiegend türkisblauen *Iznik-Fliesen* berühmt; besonders die Flächen der Pendentifs unter der Hauptkuppel, die herrliche Mihrab-Wand an der Südostseite sowie der Fries mit Blumenmustern unter den Galerien verdienen Bewunderung. Über dem Eingangsportal sieht man noch einen kleinen Teil der wunderbaren Dekormalerei jener Zeit, deren verschlungene Arabesken in kräftigen und lebhaften Farben leuchten. Ebenfalls über dem Tor kann man ein Bruchstück vom schwarzen Stein der heiligen Kaaba in Mekka in goldener Fassung sehen; weitere Steinsplitter sind im Mihrab und Mimbar zu entdecken, beides feine Arbeiten aus geschnittenem Marmor und Fayencen.

Nach Verlassen der Moschee durch das Hauptportal des Hofes halten wir uns stets links, in Richtung zum Marmarameer hin. Das Viertel gehört zu den malerischsten der Stadt: Zu beiden Seiten der verwinkelten kopfsteingepflasterten Gassen stehen ehrwürdige Holzhäuser, die im letzten Jahrhundert oder früher errichtet wurden und den Betrachter in ein älteres, sehr viel gemächlicheres Stambul versetzen. Blickt man zurück den Hügel hinauf, so fallen die massiven ›sphendone‹ auf, der Unterbau der hochgezogenen Zuschauerränge in der Südkurve des Hippodroms. Sie ziehen sich in großem Bogen an der Marmaraseite des Ersten Hügels entlang.

Schließlich erreichen wir die **Kirche der Heiligen Sergios und Bakchos,** die zu den schönsten und architekturhistorisch interessantesten frühen Kirchen Istanbuls zählt. In der Stadt nennt man sie ›Küçük Aya Sofya Camii‹, Kleine Hagia Sophia. Den Bau begann Justinian 527, noch im ersten Jahr seiner Herrschaft; sie ist den beiden Schutzheiligen der im römischen Heer dienenden Christen geweiht, beide im Rang eines Centurio (Führer einer Hundertschaft), die den Märtyrertod erleiden mußten. Justinian verehrte diese Heiligen, weil sie ihm, so glaubte er, einige Jahre vor seiner Thronbesteigung das Leben gerettet hatten: Anscheinend hatte man Justinian der Verschwörung gegen Kaiser Anastasios angeklagt und zum Tode verurteilt; da erschienen Sergios und Bakchos dem Anastasios im Traum und setzten sich für Justinian ein. Sobald Justinian selber Kaiser wurde, weihte er den Heiligen diese Kirche als Zeichen seiner Dankbarkeit, die erste von vielen, mit denen er die Stadt schmückte.

Der Grundriß ist recht kompliziert: ein unregelmäßiges Achteck, leicht aus der Zentrierung gerückt, das in ein sehr unregelmäßiges Rechteck gesetzt ist. Zwischen den acht Pfeilern des Oktogons stehen unten wie auf den Emporen je zwei Säulen, abwechselnd aus ›verde antico‹ und rotem Marmor. Die Mehrkantpfeiler begleiten die beiden Hauptachsen mit etwa rechtwinkligen Flächen, zu den Ecken hin jedoch gerundet, den Bögen der Exedren folgend, und fördern so die Harmonie des schwungvollen Wechsels zwischen den geraden und halbrunden Raumteilen unter den Gurtbögen. Die hohe Kuppel darüber läßt den Mittelraum wie den eines Zentralbaus erscheinen. Emporen- und Erdgeschoß trennt ein breites antikisches Gebälk. Sein Dekor in durchbrochenem Steinschnitt wie auch der der unteren Säulenkapitelle sind prachtvolle Beispiele für das wie unter einer Filigranspitze entmaterialisierte Baumaterial – eine Schmuckform, die für das 6. Jh. bezeichnend ist. Auf einigen Kapitellen wird man die – schon aus der Hagia Sophia vertrauten – Monogramme von Justinian und Theodora erkennen, auch auf dem Schriftband zwischen den Ornamentleisten des Gebälks ehren zwölf griechische Hexameter Justinian, Theodora und den hl. Sergios; der hl. Bakchos bleibt seltsamer-

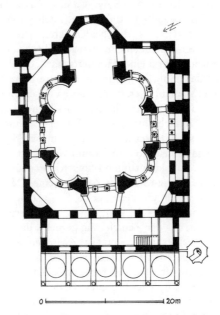

*Istanbul, Kirche der Heiligen Sergios und Bakchos (Küçük Aya Sofya Camii)*

## BUKOLEON-PALAST

weise unerwähnt. – Läßt man die Proportionen des Innenraumes, seine offene, helle Weite auf sich wirken, so ist gewiß wichtig, sich vorzustellen, daß der ursprüngliche Fußboden um mehrere Stufen, nicht nur um die eine Stufe zur Apsis hin, tiefer lag als heute.

Wenn wir nun den Vorhof der Kirche durch das südliche Tor verlassen und uns zuerst nach rechts und dann nach links wenden, kommen wir auf eine windungsreiche Gasse, die unter der Bahnlinie hindurch zum Ufer des Marmarameers führt. Hier gehen wir links und folgen dem Verlauf der alten byzantinischen **Seemauern** bis zur Serailspitze.

Diese Seemauern wurden noch unter Konstantin dem Großen errichtet, und als im nächsten Jahrhundert die Theodosianische Landmauer gebaut wurde, verlängerte man die Seemauern, bis sie sich mit der Landmauer trafen. Im zweiten Viertel des 9. Jhs. ließ Kaiser Theophilos die Marmaramauern neu erbauen, um die Stadt besser vor arabischen Angriffen schützen zu können. In den letzten Jahren sind zwar weite Teile der Fortifikationen am Marmarameer zerstört worden, doch was erhalten geblieben ist, wirkt nach wie vor gewaltig und eindrucksvoll, vor allem die Mauerabschnitte und Türme zwischen der Kirche der Heiligen Sergios und Bakchos und der Serailspitze.

Etwa 300 Meter von der Kirche entfernt sieht man, in die Seemauer integriert, die verfallene *Fassade* des **Bukoleon-Palastes,** des frühesten unter den schönen Seepalästen späterer Zeit. Theodosios II. (408–450) soll ihn für sich errichten haben lassen, zugehörig zum Großen Palast, den Kaiser Konstantin zu bauen begonnen hatte, als er Byzanz zur neuen Hauptstadt machte, und der sich im Lauf der Jahrhunderte durch Bauten, Anbauten, Höfe und Gärten zu einem großen Areal ausweitete (heute, auch wegen der Überbauungen, fast unüberschaubar). Die Zerstörungen des Nika-Aufstandes (siehe S. 57) suchte Justinian durch Wiederaufbau und Erweiterungen vergessen zu machen. Wahrscheinlich stammt auch die über das Marmarameer blickende Fassade des Bukoleon-Palastes aus jener Zeit. Spätere Kaiser, besonders aus der Makedonen-Dynastie, erneuerten, vergrößerten ihn und

bereicherten ihn mit Kunstwerken, luxuriösen Einrichtungs-
gegenständen und raffinierten mechanischen Erfindungen.
Die berühmteste dieser Spielereien war der legendäre goldene Baum mit mechanischen Singvögeln, von dem uns Reisende des Mittelalters tief beeindruckt Berichte hinterlassen
haben, und der später in W. B. Yeats' Gedicht ›Sailing to
Byzantium‹ zum Symbol für dieses untergegangene Reich
wurde.

Während der lateinischen Besetzung Konstantinopels
wurden der Große Palast, die kleineren Palais, so auch das
Bukoleon-Palais geplündert und baulicher Verfall, der schon
eingesetzt hatte, nie behoben. Als dann die Byzantiner nach
1261 ihr Reich wieder in der Hand hatten, verlegten die
Kaiser ihre Residenz in den neueren Blachernenpalast, der
gerade noch innerhalb der Theodosianischen Mauern über
dem Goldenen Horn stand, und dieser blieb ihr Hauptsitz
während der letzten zwei Jahrhunderte von Byzanz. Der
Verfall des Großen Palastes schritt derweilen immer weiter
fort, und als die Türken die Stadt eroberten, war er nur
mehr eine Ruine. Kurz nach seinem Einzug in die Stadt
(1453) schritt Mehmet der Eroberer durch die Hallen des
Bukoleonpalastes und wurde von großer Trauer erfaßt, die
ihn einen melancholischen Zweizeiler des persischen Dichters Saadi zitieren ließ:

*Den Vorhang rafft die Spinne in des Kaisers Haus*
*Die Eule ruft vom Turm des Afrosiâb die Nachtzeit aus.*

# 4

## Istanbul: Das Zentrum von Stambul

Moschee des Firuz Ağa – Palast des Antiochos
Türbe Mahmuts II. – Köprülü-Stiftungsbauten – Konstantinssäule
Moschee des Atik Ali Paşa – ›külliye‹ des Koca Sinan Paşa
›külliye‹ des Çorlulu Ali Paşa – ›külliye‹ des Kara Mustafa Paşa
Beyazıdiye – Gedeckter Basar – Beyazıt-Turm
Süleymaniye

Die breite Straße, *Divan Yolu,* die uns vom ersten zum dritten
der Stadthügel führt, nimmt fast den gleichen Verlauf wie
die alte ›Mese‹, die Hauptverkehrsader des byzantinischen
Konstantinopel. Auch in osmanischer Zeit war dies der
wichtigste Verkehrsweg, verband er doch das Topkapı Sarayı
mit dem Beyazıt Meydanı, einem der wichtigen Plätze Stambuls. Daher stehen entlang dem Divan Yolu Denkmäler aus
allen Jahrhunderten des osmanischen Reichs ebenso wie
verfallene Überreste aus den Tagen von Byzanz.

Gleich am Anfang des Divan Yolu liegt linker Hand eine
kleine, aber elegante Moschee, die **Firuz Ağa Camii.** Erbaut
wurde sie 1491 für Firuz Ağa, den Oberschatzmeister
Beyazıts II. Sie ist eine der ganz wenigen Moscheen Istanbuls
aus der sogenannten vorklassischen Periode, d.h. aus der
Zeit vor 1500. Der Stifter ist in einem Marmorsarkophag
neben seiner Moschee bestattet.

Hinter der Moschee befindet sich ein Gelände, das vor
mehreren Jahren ausgegraben wurde. Man hat den größten
Teil der Ruinen dem **Palast des Antiochos** zugeordnet, eines
römischen Adligen des 5. Jhs. Zwei Jahrhunderte später
wurde aus dem Palast die Grabkirche für die Gebeine der
hl. Euphemia aus Chalkedon, die 303 für ihren Glauben
starb. Reliquienpartikel bewahrt heute die griechisch-ortho-
doxe Patriarchatskirche Hagios Georgios.

Nach ungefähr 200 Metern sieht man zur Rechten die
große **Türbe Sultan Mahmuts II.,** der von 1803 bis 1839

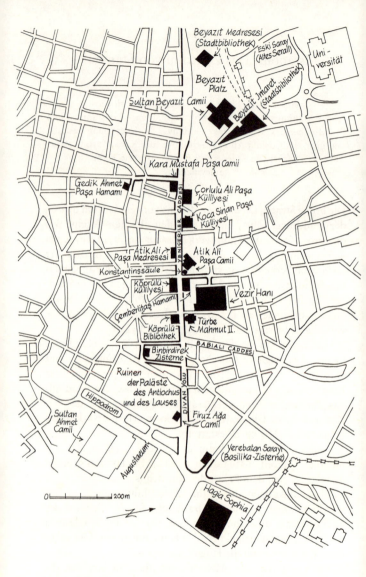

*Istanbul, das Zentrum von Stambul*

## STIFTUNGSANLAGE DER KÖPRÜLÜS 69

regierte. Mahmut bemühte sich in den späteren Jahren seiner Herrschaft, nach der Vernichtung der Janitscharen 1826, um eine Reform der Reichsinstitutionen und ihre Modernisierung nach westlichem Muster. Doch der Zerfall des Staatswesens war bereits zu weit fortgeschritten, und seine Reformen wurden zu spät und zu zaghaft angepackt, als daß sie den endgültigen Niedergang des Reiches ein Jahrhundert später hätten aufhalten können.

Gegenüber auf der anderen Straßenseite liegt ein eleganter Bibliotheksbau. Er ist Teil der Stiftungsanlage **Köprülü külliyesi,** die 1659-60 von Mehmet Paşa und seinem Sohn Ahmet Paşa begonnen wurde. Sie waren aus der Familie der Köprülü, die allgemein als hochverdient um die Belange des Osmanischen Reichs geachtet ist. Fünf ihrer Mitglieder waren Großwesire im späten 17. und frühen 18. Jh. Die Bibliothek birgt eine bedeutende Sammlung von Büchern und Dokumenten aus dem Besitz der Köprülüs. – Einen Häuserblock weiter auf derselben Straßenseite befinden sich zwei zu einem Stiftungskomplex gehörende Anlagen, die Moschee und der Familienfriedhof. Dort liegen auch die beiden Stiftsherrn der ›külliye‹ bestattet: Mehmet der Gestrenge und Ahmet der Registerführer.

Auf der Straßenseite gegenüber der Köprülü-Moschee steht eines der berühmtesten öffentlichen Bäder Istanbuls, der **Cemberlitaş Hamamı.** Gegründet hat ihn einige Zeit vor ihrem Tod (1583) die Valide Sultan Nur Banu, Gattin Selims II. (Trunkenbold) und Mutter Murats III.; ursprünglich war der ›hamam‹ ein Doppelbad, doch nur die Männerabteilung ist jetzt noch erhalten. Obwohl das Gebäude von außen recht heruntergekommen aussieht und von einer modernen Fassade verdeckt wird, wird der Besucher sehr schnell feststellen, daß es sich hier um einen der schönsten aller türkischen Bäderbauten handelt.

Gleich hinter dem Bad sieht man eines der markantesten und geschichtsträchtigsten Monumente der Stadt, die **Konstantinssäule.** Im Volksmund heißt sie ›Çemberlitaş‹, die ›umgürtete‹ Säule; der Name bezieht sich auf die Eisenbänder, welche die sechs Porphyrtrommeln des Säulenschaftes zusammenhalten. Engländer bezeichnen sie als ›Burnt Column‹, die verbrannte Säule, wegen der schwärzlichen Brandspuren von der großen Feuersbrunst, die 1779 in diesem Stadtviertel vieles zerstörte. Die Säule kennzeichnet das einstige Forum von Konstantin dem Großen, der sie zu den Feierlichkeiten errichten ließ, die am 11. Mai 330 anläßlich der Erhebung der Stadt zum ›Neuen Rom‹ stattfanden. Ursprünglich trug sie ein Standbild Konstantins in der Gestalt des Apollon, doch dieses wurde 1106 bei einem Sturm von seinem hohen Sockel gestürzt.

Auf der anderen Straßenseite gegenüber der Konstantinssäule steht eine schöne alte Moschee, die **Atik Ali Paşa Camii.** Erbaut wurde sie 1496 für den Weißen Eunuchen Atik Ali Paşa, der unter Beyazıt II. zum Großwesir aufstieg.

An dieser Stelle geht der Divan Yolu in die *Yeniçeriler Caddesi* über, die Straße der Janitscharen. Bald sieht man rechts die **külliye des Koca Sinan Paşa.** Zu diesem von einer wohlgestalteten Marmormauer mit Eisengitter eingefaßten Stiftungskomplex gehört eine Medrese, die schöne Stifterttürbe und ein ›sebil‹ (Brunnenbau), wo jedermann kostenlos Wasser holen konnte. Der 1595 verstorbene Koca Sinan diente als Großwesir unter Murat III. und Mehmet III.; die türkische Geschichte feiert ihn als Eroberer des Jemen.

Auf die ›külliye‹ des Sinan Paşa folgt jene des **Çorlulu Ali Paşa.** Dieser Ali Paşa war Großwesir des Tulpenkönigs Ahmet III., auf dessen Befehl er 1711 während eines Feldzugs im ägäischen Raum enthauptet wurde. Später brachte man das Haupt des Ali Paşa nach Istanbul zurück und begrub es im Friedhof seiner ›külliye‹, die drei Jahre zuvor fertiggestellt worden war; sie besteht aus einer ›mescid‹, einer kleinen Moschee, und einer Medrese, in der jetzt Studenten der Universität wohnen.

Auf der anderen Straßenseite gegenüber der ›külliye‹ Ali Paşas liegt jene des **Kara Mustafa Paşa von Merzifon.** Innerhalb dieser kleinen Anlage liegen Moschee, Brunnenhaus und Friedhof – dort ist der Kopf des Stifters beigesetzt. Kara Mustafa war Großwesir unter Sultan Mehmet IV.; seine Enthauptung war die Strafe für seine erfolglose Belagerung der

## BEYAZIT MEYDANI 71

Stadt Wien im Jahr 1683, die allgemein als der Wendepunkt der Geschichte des osmanischen Militärwesens gewertet wird. Kara Mustafa begann mit dem Bau der ›külliye‹ 1669, vollendet hat sie sein Sohn schließlich 1690. Heute beherbergt die Medrese eine Bibliothek und ein Institut, die dem Andenken des berühmten türkischen Dichters Yahya Kemal (1884-1958) gewidmet sind, den ein Bewunderer mit dem englischen Schriftsteller G. K. Chesterton verglichen hat.

Von hier aus sind es noch etwa hundert Meter bis zum *Beyazıt Meydanı,* dem turbulenten, chaotischen Mittelpunkt des modernen Stambul. Schon seit den frühen Jahren Konstantinopels war dies einer der wichtigsten öffentlichen Plätze der Stadt. Die Byzantiner kannten ihn als das Forum des Kaisers Theodosios I., der den Platz 393 anlegen und sich dort einen Triumphbogen errichten ließ. Kolossale Bruchstücke des **Theodosiosbogens** hat man in den letzten Jahren im Boden gefunden; sie liegen jetzt am Rand der Straße, die am anderen Ende von dem Platz wegführt.

Der Beyazıt Meydanı erhält seinen Namen von der **Beyazıdiye,** dem Moscheekomplex des Sultans Beyazıt II.; die verschiedenen frommen Stiftungen liegen an der Nordseite des Platzes. Bauherr der zwischen 1501 und 1506 errichteten Anlage war der Sohn und Nachfolger Mehmet des Eroberers, und neben der Sultansmoschee gehören dazu eine Medrese, eine Armenküche (›imaret‹), eine Grundschule (›mektep‹), ein Bad, ein Markt und mehrere Mausoleen. Vor nicht allzu langer Zeit hat man die meisten dieser Gebäude renoviert. Sie beherbergen heute zumeist Bibliotheken und Forschungsinstitute.

In der Sultan Beyazıt Camii begegnen wir den Anfängen der klassischen osmanischen Baukunst, welche in den folgenden zwei Jahrhunderten einige der schönsten Bauwerke des Reichs hervorbrachte. Vor der Moschee liegt ein *Innenhof,* der mit seinen ringsum laufenden Arkaden auf alten Säulenschäften und dem schönen ›şadirvan‹ vielleicht der nobelste der ganzen Stadt ist. Die *Moschee* selber ist eine verkleinerte und vereinfachte Version der Hagia Sophia. Die große Hauptkuppel und die Halbkuppeln entlang der Hauptachse bilden eine Art Mittelschiff zwischen zwei Seitenschiffen. Die Seitenschiffe – hier ohne Emporen – öffnen sich weit zum Mittelschiff, das nur durch ein Pfeilerpaar auf beiden Seiten und eine einzige Säule dazwischen von ihnen getrennt ist; darin können wir einen Schritt hin zur Verwirklichung eines Zentralraumes erkennen, der für die klassische osmanische Architektur bezeichnend wurde.

Der Stifter, Sultan Beyazıt II., liegt in einer sehr schönen Türbe im Garten hinter der Moschee begraben. Er war der erste Sultan, der in Istanbul den Thron bestieg; 36 Jahre lang regierte er dort und starb 1512 im Alter von 65 Jahren. Seinem Vater, dem Kriegsherrn und ›Eroberer‹ Mehmet II. Fatih, in Charakter und Neigung wenig verwandt, schenkte er dem Osmanischen Reich während seiner langen Herrschaft eine willkommene Periode des Wohlstands und Friedens. Das Volk, über das er herrschte, nannte ihn ›Sufi‹, den Mystiker.

Den Außenhof der Beyazıdiye verläßt man im Nordosten durch das Tor der Löffelmacher, an dem früher die Werkstätten dieser Gilde lagen, und gelangt so zum **Sahaflar Çarşısı**, dem Markt der Antiquare, einem der stimmungsvollsten Winkel der Stadt, wo Weinlaub-Pergolen Schatten spenden und die Sonnenstrahlen nur tupfenweise durchbrechen, ein kleiner Platz rings umgeben von unlängst frisch gezimmerten Buchläden. Der Sahaflar gehört zu den ältesten Märkten der Stadt: Schon im byzantinischen Konstantinopel wurden hier Bücher und Schreibwaren verkauft.

Wir verlassen den Sahaflar Çarşısı durch das Tor der Metallgraveure, die bis zum Anfang des 18. Jhs. hier ihre Werkstätten hatten, bevor die Buchhändler den Markt übernahmen. Nach rechts gewendet stehen wir nach wenigen Schritten vor einem der Eingänge zum **Kapalı Çarşı**, dem **Gedeckten Basar**. Der Kapali Çarşı ist einer der größten und faszinierendsten Marktbauten der Welt. Er ist eine Stadt in der Stadt mit Tausenden von Läden, Ständen, Werkstätten und Lagerhäusern, dazu einem halben Dutzend Lokalen, unzähligen Kaffee- und Teehäusern, zwei Banken, einer Polizeiwache, einem Grabmal und einem Informationsstand für

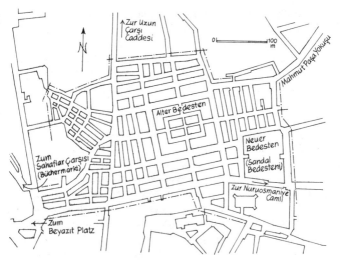

*Istanbul, Kapalı Çarşı (Gedeckter Basar)*

verirrte Touristen. Auf den ersten Blick scheint es einfach unvermeidlich, daß der Neuling sich in diesem riesigen Labyrinth verirrt. Aber nachdem man eine Weile im Basar umhergewandert ist, stellt man fest, daß dieser ›Stadt‹ tatsächlich ein wohldurchdachter Plan zugrunde liegt und daß die Straßen und Plätze einem festen rechtwinkligen Schema folgen. Geschäfte mit gleich gearteten Waren befinden sich meist in derselben Straße, und sogar in den Straßennamen tauchen oft die Gilden auf, die dort seit Jahrhunderten ihre Waren anbieten. Einige dieser Namen, wie die ›Gasse der Turbanmacher‹, erinnern an längst verschwundene Gewerbe und machen bewußt, daß in den letzten Jahrzehnten viel von der orientalischen Atmosphäre des Gedeckten Basars verlorenging. Doch immer noch bezaubert er Touristen und Einheimische in gleichem Maß, die dort jeden Tag der Woche (außer sonntags) in Scharen an den Auslagen entlangbummeln und bei einer Tasse Mokka oder einem kleinen Glas Tee den Kaufpreis aushandeln.

Sultan Mehmet II. ließ den Kapalı Çarşı kurz nach der Eroberung der Stadt im Jahre 1453 erbauen, und schon damals scheint er nahezu dasselbe Areal bedeckt zu haben wie heute. Obwohl er mehrmals durch Brände zerstört wurde – das letzte Feuer wütete 1954 –, sind doch Aufbau und Erscheinungsbild im wesentlichen seit fünfhundert Jahren unverändert geblieben. Das ehrwürdige Alter des Marktes wird besonders augenfällig im *Alten Bedesten,* der kuppelgekrönten Halle im Zentrum des Basars. Er gehört noch zu dem Baubestand aus der Zeit des Eroberers; wie damals kommen auch heute hier die kostbarsten Waren zum Verkauf, denn er kann nachts sicher verriegelt und bewacht werden. So manche der interessantesten und wertvollsten Stücke im Basar werden hier angeboten, auch Kupfer- und Messingwaren wie Antiquitäten aller Art, von denen viele echt sind.

Die vier Eingänge zum Alten Bedesten befinden sich in der Mitte jeder Seite und tragen die Namen der Gilde, deren Läden außen unmittelbar vor dem Tor liegen. So führt das *Tor der Goldschmiede* auf eine Gasse, in der es funkelt und glitzert und wo man den schönsten Gold- und Silberschmuck des Basars kaufen kann. Viele der besten Geschäfte befinden sich in den Gassen nahe dem Bedesten; besonders erwähnt seien die Kolonnadengassen der Teppichhändler, Juweliere und Antiquitätenhändler.

Auf dem Gelände des Basars finden sich auch verschiedene interessante alte Hans, die man nicht versäumen sollte zu besuchen. Der älteste ist der *Neue Bedesten* (Sandal Bedesteni), eine riesige von einem Kuppeldach überwölbte Halle nahe jenem Basarausgang, von dem man zur Nuru Osmaniye Cami gelangt. Diese Halle errichtete man im frühen 16. Jh., als durch den gewaltigen Aufschwung von Handel und Gewerbe unter Beyazıt II. ein zusätzliches Markt- und Lagergebäude für kostbarere Güter notwendig wurde. Im Neuen Bedesten wird zweimal in der Woche eine Teppichauktion abgehalten, die zum Interessantesten gehört, was der Basar zu bieten hat. Auch den *Zincirli Han* sollte man sich nicht entgehen lassen, der ganz versteckt an einer kleinen Passage

## SÜLEYMANIYE

in der Nähe eines der unteren Ausgänge des Basars liegt. Der
Innenhof dieser reizvollen Herberge aus dem 16. Jh. ist von
einer doppelstöckigen Arkade in verblichenen Rosa- und
Ockertönen umzogen, und auf der Erde liegen verstreut
Bruchstücke von Standbildern. Es ist ein außerordentlich
malerischer Platz, und in den Geschäften unter den Arkaden
kann man einige der besten Antiquitäten des Basars erstehen.

Nun wendet man die Schritte zurück zum *Beyazıtplatz*
und mag von dort aus vielleicht den auf dem Gelände der
Universität gelegenen **Beyazıt-Turm** besteigen. Errichtet
wurde er 1823 von Sultan Mahmut II. als Observationsstelle
für die Brandwache, und diesem Zweck dient er noch heute.

Hinauf führt eine hölzerne Stiege mit 150 Stufen, und der
Blick von der fünfzig Meter hoch gelegenen Aussichts-
plattform ist überwältigend: Nahezu ganz Istanbul und die
Wasser, die es rings umgeben, liegen ausgebreitet unter uns.

Am besten verläßt man den Universitätsbereich durch das
westliche Tor. Dann wendet man sich nach rechts, macht
einen Bogen um das Universitätsanwesen, gelangt zu dessen
nördlichen Ausläufern und steht schließlich unmittelbar vor
der Moschee und den frommen Stiftungsbauten von Sultan
Süleyman dem Prächtigen.

Die **Süleymaniye** (Tafel 3) ist ein würdiges Denkmal für den
Bauherrn und ein Meisterwerk des großen Architekten Sinan. Mit dem Bau wurde 1550 begonnen; die Moschee selber
war 1557 vollendet, doch bis zur Fertigstellung aller zum
Stiftungskomplex gehörenden Einrichtungen dauerte es
noch mehrere Jahre. Die Moschee liegt inmitten eines ungewöhnlich breiten Außenhofs, während die übrigen zugeord-
neten Bauwerke die Nebenstraßen säumen. Außerordentlich
prächtig wirkt der *Innenhof* mit Arkaden vor der Moschee,
an dessen vier Ecken die vier Minarette emporragen. Der
Überlieferung zufolge sollen die Zahl der Minarette und
die zehn ›şerife‹, die Umgänge für den Müezzin, darauf
hinweisen, daß Süleyman der vierte der in Istanbul herr-
schenden Sultane war und der zehnte aus dem Geschlecht
Osmans.

# ISTANBUL

Der *Bauplan der Moschee* stellt eine weitere einfallsreiche Variante des Grundrisses der Hagia Sophia dar; auch hier wird das Mittelschiff von einer Kuppel überwölbt und in Längsrichtung von zwei Halbkuppeln erweitert. Die Kuppel ruht auf einem Kranzgesims, von vier großen Bögen und

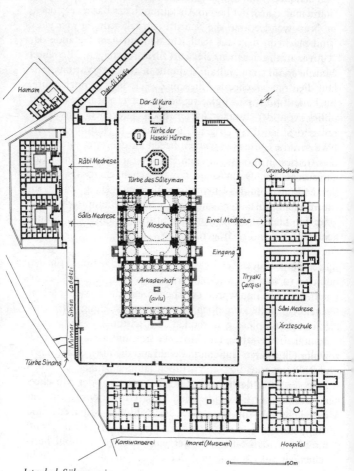

*Istanbul, Süleymaniye*

## SÜLEYMANIYE

Pendentifs gestützt, die wiederum von mächtigen Pfeilern getragen werden. An beiden Seiten stehen zwei Porphyrsäulen, kräftige Monolithe, zwischen den Pfeilern und tragen die seitlichen Bogenwände. Die Seitenschiffe sind vom Mittelschiff nur durch die eleganten Arkaden getrennt, die sich von den Pfeilern über die Säulen schwingen. Dem Betrachter bietet sich dadurch das Innere der Moschee als ein großer in sich geschlossener Raum dar, dessen Einheit kaum von Trennflächen gestört wird.

Ausstattung und Ausschmückung des *Innenraums* der Moschee sind von klassischer Schlichtheit und großer Schönheit. Das Schnitzwerk an den Türen und Fensterläden, den Bücherkabinetten und am ›kürsü‹ ist sorgfältigst gearbeitet und mit Einlagen aus Elfenbein und Perlmutt verziert. Mihrab und Sultansloge sind aus einer Marmorart, die auf der Insel Prokonnesos im Marmarameer abgebaut wird und die man leicht an ihrem mit schwarzen Wellenlinien schwach gemaserten fahlen Weiß erkennen kann. Zu beiden Seiten des Mihrab befinden sich Paneele herrlicher Iznik-Fliesen mit Blumenmotiven; die zwei Inschriftentafeln darüber mit goldenen Lettern auf blauem Grund sind Beispiele hervorragender Kalligraphie. Die ›kibla‹-Wand ist von zwanzig Fensteröffnungen in drei Reihen durchbrochen, die mit seltenen und außergewöhnlich schönen osmanischen Buntglasscheiben des 16. Jhs. verglast sind. Die Inschriften der Kalligraphen Ahmet Karahisarı und Hasan Çelebi und die Buntglasfenster von Ibrahim dem Trunkenbold sind Arbeiten dreier großer Künstler aus dem Goldenen Zeitalter des Süleyman.

Hinter der ›kibla‹-Wand der Moschee liegt ein mauerumzogener Garten mit den schönen *Grabmälern von Süleyman und Roxelane*. Süleymans Türbe ist die größere. Ihre Innenwände sind mit herrlichen Iznik-Fliesen verkleidet, von denen dieser kleine Raum doppelt so viele enthält wie die ganze Moschee. An der Innenfläche der Türbekuppel sind die ursprünglichen Wandmalereien in wunderbaren Schattierungen von Weinrot, Schwarz und Gold erhalten; sie gehören zu den ganz wenigen noch vorhandenen Beispielen dieser Kunstgattung, der die Osmanen eine ganz eigene Ausprägung gaben. In der Mitte des Raumes erhebt sich der mächtige Sarkophag Süleymans des Prächtigen mit dem übergroßen Sultansturban am Kopfende.

Unter der Herrschaft Süleymans erreichte das Osmanische Reich seine höchste Blüte. Süleyman bestieg den Thron 1520 im Alter von 25 Jahren und regierte bis 1566, als er während einer Kampagne starb. Es ist dies die längste und bei weitem glanzvollste Regierungsperiode in der Geschichte des Osmanenreichs, während der er sein Heer in dreizehn siegreichen Feldzügen anführte und seine Herrschaft bis Bagdad und Budapest ausdehnte; es gelang ihm aber nicht, Wien und Korfu einzunehmen, die beide der türkischen Expansion nach Norden und Westen Grenzen setzten.

Unter seiner Herrschaft erlangte auch die Stadt ihre alte Größe wieder und wurde ein zweites Mal glänzender Mittelpunkt eines Weltreichs. Süleyman und sein oberster Baumeister Sinan schmückten Istanbul mit einer Vielzahl von Moscheen, Palästen und frommen Stiftungen; es wurde damals zur größten Hauptstadt der Zeit. Eintausend Jahre nach der ersten Blüte unter der Herrschaft Justinians erlebte Istanbul nun ein zweites Goldenes Zeitalter.

Neben dem Sultan liegt seine Lieblingstochter Mihrimah begraben, die wohl bekannteste unter den Prinzessinnen der Osmanen. Und auch zwei spätere Sultane sind in dieser Türbe beigesetzt: Süleyman II. und Ahmet II. Das wenig bemerkenswerte Brüderpaar verbrachte den längsten Teil seines Lebens eingeschlossen im Harem in dem berüchtigten Käfig, erlebte am Ende seiner Tage eine kurze und wirkungslose Zeit der Herrschaft und landete schließlich in der Grabstätte seines großen Vorfahren – eine eigene Türbe für die Brüder gab es nicht.

Roxelanes Türbe ist kleiner und einfacher als die Süleymans, aber die Iznik-Fayencen im Innern sind von noch vorzüglicherer Qualität. Der Besucher wird sich unwillkürlich das Schicksal der hier zu ihrer letzten Ruhe Gebetteten ins Gedächtnis rufen, einer der mächtigsten und unheilvollsten Frauengestalten in der Geschichte des Serail. Süleyman verliebte sich zu Beginn seiner Regierung in Roxelane und

## SÜLEYMANIYE 79

machte sie bald zu seiner rechtmäßigen Gattin, unter Hint-
ansetzung der anderen Frauen des Harems. Designierter
Thronfolger war damals Prinz Mustafa, Süleymans ältester
Sohn, der sehr intelligent und tüchtig war und versprach,
ein würdiger Nachfolger seines Vaters zu werden. Roxelane
und ihr Schwiegersohn aber, der Großwesir Rüstem Paşa,
redeten Süleyman ein, daß Mustafa den Thron zu usurpieren
plane. Süleyman schenkte ihnen schließlich Glauben und
ließ im Herbst 1553 Mustafa erwürgen. Damit gelangte nach
Süleymans Tod Roxelanes eigener Sohn Selim II. auf den
Thron. Die Historiker betrachten dieses Ereignis als den
Wendepunkt in der Geschichte der Osmanen, denn mit der
Herrschaft des ›Trunkenbolds‹ begann der langsame und
fast stetige Niedergang des Reiches.

Die **Stiftungsbauten** der Süleymaniye befinden sich an den
Straßen, die den Außenhof der Moschee umgeben. Einige
stehen gegenüber der südlichen Hofmauer, heute die Eingangsseite zur Moschee, an dem ›Markt der Opiumge-
nießer‹, *Tiryaki Çarşısı*. Der sonderbare Name stammt aus
den Tagen, als die Teehäuser entlang der Straße von den
Angehörigen der höheren Geistlichkeit (›ulema‹) frequen-
tiert wurden, die gerne mit dem Genuß von Haschisch oder
Opium ihr ›kontemplatives Sinnieren‹ (›keyıf‹) vertieften.

Am Ostende des Tiryaki Çarşısı liegt die ehemalige
›mektep‹, die Grundschule, in der die Dienstbotenkinder der
Süleymaniye ihren ersten Unterricht bekamen. Schulgebäude
dieser Art mit einem einzigen Raum gab es noch bis zum
Ende des letzten Jahrhunderts, und sie waren eines der cha-
rakteristischsten Elemente im Leben des osmanischen Stambul. Diese ›mektep‹ ist ausgezeichnet restauriert und enthält
heute eine Kinderbücherei.

Der Rückweg über den Tiryaki Çarşısı führt an den Evvel-
und Sâni-Medresen vorbei, zwei der vier zur ›külliye‹ gehörenden Lehranstalten für islamisches Recht. Darin befindet
sich heute die berühmte *Bibliothek der Süleymaniye*, die eine
der wichtigsten Sammlungen alter islamischer Bücher und
Manuskripte in Istanbul enthält.

Gleich hinter den Theologenschulen liegt die einstige Tıp

Medresesi, die Ärzteschule, die zu den besten im Osmanischen Reich zählte. Von ihr sind heute nur noch eine Reihe von Kammern an der Straßenseite erhalten; die übrigen drei Seiten des Baus sind schon lange verschwunden. An ihrer Stelle erhebt sich ein moderner Bau, der wie sein Vorläufer im Dienst der Bevölkerung von Istanbul steht, denn es ist ein Entbindungsheim.

Das Gebäude am Westende des Tiryaki Çarşısı war einstmals das Krankenhaus mit einer eigenen Abteilung für die Pflege von Geisteskranken (›dar-üş-şifa‹). Frühe Istanbul-Reisende erwähnten in lobenden Worten die dort praktizierte menschenfreundliche Behandlungsweise. Evliya Çelebi schreibt über die Pflege der Geistesgestörten zu seiner Zeit (Mitte des 17. Jhs.): »*Zweimal am Tag bekommen sie ausgezeichnete Speisen; sogar Fasanen, Rebhühner und anderes Geflügel gibt man ihnen. Sänger und Musikanten sind angestellt, um die Kranken und Irren zu unterhalten und von ihrem Wahnsinn zu heilen.*«

Nun wenden wir uns nach rechts zur *Şifahane Sokağı*, die am westlichen Ende des Moscheehofes entlangführt. Das erste Gebäude am Weg ist die frühere Armenküche (›imaret‹), in der heute das **Museum für Türkische und Islamische Kunst** untergebracht ist. Unter den ausgestellten Gegenständen befinden sich Keramiken und Glaswaren aus seldschukischer und frühosmanischer Zeit, mittelalterliche türkische Teppiche, Metallarbeiten, Gold- und Silberschmuck, Koraneinbände mit Einlegearbeiten sowie alte Bildmappen mit herrlichen Kalligraphien und Miniaturen. Der Innenhof der ›imaret‹ ist ganz bezaubernd: In der Mitte steht ein herrlicher Marmorbrunnen unter Platanen und Palmen.

An die Armenküche schließt der einstige ›tabhane‹, eine Karawanserei, an. Sein Grundriß entspricht dem der übrigen Stiftungsbauten; ein nicht überdachtes Quadrat mit Wohnzellen unter Arkaden, die auf einen Innenhof blicken. In früherer Zeit gehörten eine Küche dazu, eine Backstube, eine Olivenpresse, ein Refektorium, Schlafgemächer für die Reisenden, Stallungen für ihre Pferde und Kamele und Lager-

## SÜLEYMANIYE 81

räume für das Gepäck. Gemäß islamischer Sitte bekamen alle Reisenden, wenn sie sich ausweisen konnten, bei ihrer Ankunft in Istanbul in dieser und in anderen Unterkünften für drei Tage kostenlose Verpflegung und Unterkunft.

Die übrigen zur Süleymaniye gehörenden Gebäude stehen an der Straße nördlich des Moscheehofs, der *Mimar Sinan Caddesi*, der Straße des Architekten Sinan. Auf der Moscheeseite sind es Arkaden mit Geschäften, die sich in den Stützgewölben unterhalb des Hofes eingerichtet haben. Auch sie waren Teil der ›külliye‹, und die Mieteinnahmen wurden für die Instandhaltung der Moschee und der ihr angeschlossenen Einrichtungen verwendet. Auf der gegenüberliegenden Seite stehen die Sâlis- und die Râbi-Medrese, Gegenstücke zu den beiden bereits erwähnten Theologieschulen. Es ist besonders bedauerlich, daß sie der Öffentlichkeit nicht zugänglich sind, denn ihr durchdachter Bauplan für Unterricht und Unterkunft der Studierenden, kühn und zugleich einfach durchgeführt, würde sie unter alles Sehenswerte in Istanbul einreihen. An der Ecke dahinter steht das einstige Bad der ›külliye‹, das heute verfallen ist und als Warenlager benutzt wird. Oberhalb des Badehauses befindet sich an der Ecke des Moscheehofes das ›dar-ül hadis‹, die Schule der Heiligen Überlieferung, ein weiteres zum Stiftungskomplex gehörendes Unterrichtsgebäude.

Dieses also ist die große Moscheeanlage von Süleyman dem Prächtigen. Gewiß gibt es auf der Welt nur wenige dem Gemeinwohl bestimmte Einrichtungen, die an Ausdehnung, Großzügigkeit der Planung, architektonischem Einfallsreichtum und an harmonischer Abgestimmtheit der Teile diesem Bautenkomplex gleichkommen.

Vor dem Verlassen der Süleymaniye wollen wir einen Moment bei *Sinans Türbe* verweilen, die sich in einem kleinen dreieckigen Friedhofsgarten gegenüber der Nordwestecke des äußeren Moscheehofes befindet. Hier hatte der Architekt viele Jahre lang gelebt, und als er starb, begrub man ihn in seinem Garten in einer noch von ihm selbst entworfenen und ausgeführten Grabstätte. An der Mauer des Türbegartens liest man eine lange Inschrift, die sein Freund, der

Dichter Mustafa Sa'i, über diesen Mann der Renaissance verfaßt hat. Sinan wurde als Kind griechischer Eltern um 1491 in der mittelanatolischen Region Karaman geboren. Als Junge wurde er von der Knabenlese (›devşirme‹) erfaßt, der Zwangsverpflichtung christlicher Jugendlicher für die Dienste des Sultans, woraufhin er zum Islam übertrat und auf eine der Palastschulen nach Istanbul geschickt wurde. Zuerst den Janitscharen als Kriegsingenieur zugewiesen, stieg er schnell zu höheren Ämtern auf und wurde 1538 Chefarchitekt. Während des nächsten halben Jahrhunderts bereicherte er das Osmanische Reich um mehr als dreihundert Bauwerke jeder nur denkbaren Bestimmung (so auch Aquädukte, Lagerhallen, Bäder). Allein 24 seiner Werke sind in Istanbul noch erhalten. Er war 85 Jahre alt, als er die Süleymaniye schuf. Gestorben ist er 1588 im 97. Lebensjahr (nach dem moslemischen Mondkalender war es sein hundertstes!). Im Goldenen Zeitalter Süleymans I. war er *der* Architekt, und er wird so lange im Gedächtnis bleiben, wie die wunderbaren Werke stehen, mit denen er Istanbul und andere Städte des einstigen Osmanischen Reichs beschenkte.

# 5

## Istanbul:
## Auf den Hügeln entlang dem Goldenen Horn

Kyriótissa-Kirche (Kalenderhane Cami) – Şehzade Camii –
Valens-Aquädukt – Moschee Mehmet des Eroberers (Fatih Camii)
Zisterne des Aspar – Moschee Selims I. – Pammakaristos-Kirche
(Fethiye Camii) – Chora-Kirche (Kariye Camii) –
Theodosianische Landmauer – Tekfur Sarayi
(Blachernen-Palast) – Moschee der Mihrimah

Viele Baudenkmäler Istanbuls kann man nur in abgelegene-
ren Gegenden kennenlernen. Die meisten Besucher lassen
sich vom Bus oder Taxi dorthin bringen. Wer aber etwas
Mut hat und sich auf eigene Faust den Weg durch die Nebenstraßen und Gassen bahnt, wird sich dann zu den Glücklichen zählen können, die hier nicht nur Bauwerke besichtig-
ten, sondern ganz unumgänglich auch etwas vom Fluidum
der alten Stadt zu spüren bekommen haben.

Ein recht langer, aber sehr lohnenswerter Spaziergang
führt von der Süleymaniye entlang dem Hügelrücken, der
sich parallel zum Goldenen Horn zieht. Dieser Teil ist von
der modernen Stadt ganz unberührt, und man schlendert
durch stille Viertel mit kopfsteingepflasterten Straßen und
ehrwürdigen alten Holzhäusern, wo sich seit den Tagen der
Osmanen nichts verändert zu haben scheint. Hie und da
trifft man auf ein einladendes Teehaus an einem mit wildem
Wein bewachsenen Platz, wo man sich ausruhen und neue
Kräfte sammeln mag.

Wir verlassen den Bereich der Süleymaniye auf derselben
Straße, auf der wir gekommen sind, kehren aber nicht zum
Universitätsbereich zurück, sondern zum Ostende des von
weitem sichtbaren Valens-Aquäduktes (zu dem wir zurückkommen werden). Dort gehen wir durch einen der Bogen
auf einen Platz und sehen uns vor einer stattlichen byzantinischen Kirche. Bei den Türken ist sie als *Kalenderhane Camii*

84 ISTANBUL

bekannt, da sie bald nach der Eroberung den Wandermön-
chen des Ordens der Kalenderiye zugeteilt war. Bei Byzanti-
nisten galt sie lange als Kirche der ›Maria Diakonissa‹ oder
dem Akataleptos-Kloster zugehörig, bis sie vor kurzem von
Professor Lee Striker von der Dumbarton Oaks Society
gründlich restauriert und wissenschaftlich aufgenommen
worden ist. Man hat sie als **Kirche der Maria Theotókos
Kyriótissa** identifiziert und ins 9. Jh. datiert. Doch besonders
zu Beginn des 13. Jhs., als sie dem lateinischen Ritus diente,
wie auch in osmanischer Zeit sind noch tief eingreifende
Umbauten vorgenommen worden. – In der Kirche hat sich
noch manches von der alten feingearbeiteten Marmorplat-
ten-Verkleidung erhalten. Professor Strikers archäologische
Arbeiten haben Mosaiken, darunter das der ›Kyriótissa‹,
und bedeutende *Fresken* ans Tageslicht gebracht. Ein Zyklus
mit Darstellungen aus dem Leben des hl. Franz von Assisi
scheint von besonderem Interesse, da er nur wenige Jahre
nach seinem Tod (1226) entstanden sein muß, jedenfalls
während der späteren Jahre der lateinischen Herrschaft
(1204-1261). Nach abgeschlossener Restaurierung und der
Darlegung aller Einsichten wird die Kirche wohl zu einem
wichtigen Glied in der Kette des byzantinischen Erbes der
Stadt.

Wir biegen dann rechts in die *Sehzadebaşı Caddesi* ein.
Diese Straße, deren Name mehrfach wechselt, folgt der ehe-
maligen nordwestlichen Abzweigung der alten Mese, der
Hauptverkehrsader des byzantinischen Konstantinopel. In

4 Izmir, Fenster der Konak-Moschee
5 Edirne, Selimiye, 1567-1574
6 Konya, Mewlana-Türbe, 13./16. Jh.

## ŞEHZADE CAMII

der Nähe erblickt man den eindrucksvollen Bau der **Şehzade Camii,** der ›Prinzen‹-Moschee. Zusammen mit ihren umliegenden frommen Stiftungen ließ sie Süleyman der Prächtige zum Andenken an seinen Lieblingssohn, den Prinzen Mehmet, erbauen, der 1543 im Alter von 21 Jahren starb. Baumeister war der große Sinan. Nach der Ernennung zum obersten Architekten war diese Sultansmoschee sein erster großer Auftrag. Er bewältigte ihn in den Jahren zwischen 1544 und 1548.

Vor der Moschee liegt ein freundlicher Innenhof mit Arkaden entlang der vier Seiten und mit dem vertrauten ›şadirvan‹ in der Mitte. Die beiden *Minarette* an den Enden der ›kibla‹-Wand sind wahrscheinlich die schönsten in ganz Istanbul; man beachte den feinteiligen plastischen Schmuck, das filigranhafte Maßwerk an den Umgängen und die vereinzelten Terrakottaeinlagen. Die Außengestaltung dieser Moschee ist eine von Sinans schönsten und wirkungsvollsten Arbeiten.

Der *Innenraum* der Moschee wird von einer großen Kuppel gedeckt, der an beiden Hauptachsen Halbkuppeln zugeordnet sind. Außer vier Pfeilern, die im Innern die Kuppel

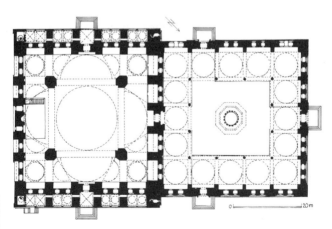

*Istanbul, Şehzade Camii (Prinzenmoschee)*

tragen, gibt es keine weiteren Stützen, auch keine Galerien. Es ist Sinans erster Versuch, einen Zentralraum zu schaffen, und er erzielt eine Wirkung von herber Schlichtheit, die beeindruckt.

In dem mauerumzogenen Garten hinter der Moschee stehen mehrere sehr reizvolle und ungewöhnliche Türben. Leider sind diese herrlichen Grabmäler nicht allgemein zugänglich, jedoch kann man bei der Kommission für Altertümer eine Sondererlaubnis zu einem Besuch beantragen. Die größte Türbe wurde für den Prinzen erbaut; die Iznik-Fliesen, mit denen sie verkleidet ist, sind die schönsten erhaltenen Exemplare überhaupt.

Gegenüber dem Osttor des Şehzade-Hofs steht eine *Medrese* mit einem außergewöhnlich hübschen ›sebil‹ (Brunnenhaus) an der Ecke. Diese freundliche Stiftung ging 1720 von dem Großwesir und Schwiegersohn Achmets III., Nevşehirli Ibrahim Paşa, aus, den man hinrichtete, als die Janitscharen 1730 den Sultan absetzten und der heiteren Tulpenperiode ein trauriges Ende bereiteten.

Gehen wir nun die *Şehzadebaşı Caddesi* entlang an der Şehzade Camii vorbei, so treffen wir kurz hinter dem äußeren Moscheehof auf eine kleine Moschee mit einem auffälligen Spiral-Minarett. Das ist die **Burmalı Cami** (›burmalı‹: spiralig), um 1550 von Emin Nureddin Osman Efendi erbaut, dem Kadi (Landesrichter) von Ägypten unter Süleyman dem Prächtigen. Das Minarett mit dem spiralförmig verlegten Ziegeldekor, das einzige seiner Art in Istanbul, ist ein später Nachzügler einer älteren Bautradition, von der noch mehrere Beispiele in Anatolien zu sehen sind.

So erreichen wir den *Atatürk Bulvarı,* die breite Durchfahrtsstraße, die vom Goldenen Horn geradewegs über den Stambuler Hügelkamm zum Marmarameer führt. Rechter Hand erblickt man den imposantesten Abschnitt des **Valensaquädukts,** der mit seinen zwei Bogenreihen majestätisch das tiefe Tal zwischen dem Dritten und Vierten Hügel überspannt. Erbaut wurde die gewaltige Anlage um 375 n. Chr. von Kaiser Valens, um das Wasser über diesen Taleinschnitt zum ›nymphaeum maximum‹ zu leiten, der großen Zisterne

## KIRCHE DES HL. POLYEUKTOS                    91

nahe dem Forum des Theodosios. Den Aquädukt haben
die byzantinischen Kaiser und nach ihnen die osmanischen
Sultane instand gehalten; noch im letzten Jahrhundert hat
man ihn genutzt.

Wo der Aquädukt den Atatürk Bulvarı überquert, liegt
ihm zu Füßen die kleine Medrese des Gazanfer Ağa aus dem
Jahr 1599. Er war Oberster der Weißen Eunuchen und in
dieser Position der letzte, der Einfluß auf die Politik im
Topkapı Sarayı hatte; nach ihm spielten die Obersten
Schwarzen Eunuchen die beherrschende Rolle. In der Medrese ist heute das *Stadtmuseum* untergebracht.

Etwas weiter entlang dem Atatürk Bulvarı sieht man auf
der anderen Straßenseite ein Grabungsgelände, wo vor einigen Jahren die Reste der alten **Kirche des hl. Polyeuktos**
freigelegt wurden. Der Bau, den die Prinzessin Anicia Juliana
in Auftrag gab, wurde 527 fertiggestellt. Er war eine der
Großen Kirchen in Konstantinopel, übertroffen nur von der
Hagia Sophia und von der Apostelkirche (von der sich nicht
die geringste Spur erhalten hat). Wie der kostbare Bauschmuck an Säulen, Pfeilern, Kapitellen, Bogenfragmenten
zeigt, war die Kirche künstlerisch hervorragend ausgestattet.
Überrascht erkannte man, daß die beiden schönen Marmor-
pfeiler vor der Südseite von San Marco in Venedig von hier,
nachdem ein Brand die Kirche zerstört hatte, mitgenommen
worden sein müssen. Bis in kleinste Einzelheiten stimmt der
subtile Steinschnitt-Dekor an beiden Orten überein und läßt
keine Zweifel mehr zu über die Herkunft, die man bisher,
einer alten Überlieferung folgend, im syrischen Raum (Ptole-
mais) vermutet hatte.

Ein Stück hinter diesen Ruinen steht eine kleine ›külliye‹,
die **Amcazade Hüseyin Paşa** 1698 erbauen ließ, ein Großwesir unter Mustafa II. Dies ist eine der kostbaren kleineren
Stiftungsanlagen, mit Moschee, Medrese, einer Bücherei,
einer Grundschule, einem ›şadirvan‹, einem öffentlichen
Brunnen sowie einer Ladenzeile und zwei Friedhöfen. Der
Stifter Hüseyin der Weise war einer der Großwesire aus der
Familie der Köprülü, die dem Reich so gute Dienste geleistet
hat.

Zwei Häuserblocks weiter erhebt sich zur Linken in der Mitte eines kleinen Platzes eine antike Säule. Dies ist eine der beiden noch erhaltenen römischen Ehrensäulen der Stadt; einer Inschrift zufolge wurde sie für Kaiser Marcian errichtet, der von 450 bis 457 regierte. Bei den Türken heißt sie *Kız Taşı,* Mädchensäule, wegen der zwei Niken auf dem Sockelrelief.

Noch einmal zwei Häuserblocks weiter befindet sich zur Linken ein kleiner Stiftungskomplex aus etwa derselben Zeit wie jener des Amcazade Hüseyin Paşa. Die Medrese wurde 1700 von Feyzullah Efendi gegründet, dem Şeyh-ül Islam, dem religiösen Oberhaupt in der Hierarchie des Islam und einer der aufgeklärtesten Gelehrten der osmanischen Geschichte. Er lehnte die mystischen, wissenschaftsfeindlichen Strömungen der osmanischen Zeit grundsätzlich ab und ließ sogar ein Observatorium auf dem Galataturm errichten, um mit eigenen Augen die Bewegungen der Himmelskörper zu verfolgen, statt sich wie alle anderen dem »Unsinn« der astrologischen Handbücher zu überlassen. Die ›ulema‹ (höhere Geistlichkeit) ließ sein Observatorium zerstören, und er selber wurde für sein Bestreben öffentlich gedemütigt. Die Medrese steht jetzt als Volksbücherei den Bürgern offen.

Damit sind wir nun auf der Höhe des weiträumigen Moscheekomplexes angelangt, der unter Sultan Mehmet Fatih, dem ›Eroberer‹, erbaut wurde. Die **Fatih Camii,** deren Bauzeit von 1463 bis 1470 dauerte, ist die weitläufigste und ehrgeizigste Moscheeanlage, die je von den Osmanen erstellt wurde. Die Moschee in ihrer ursprünglichen Gestalt wurde 1766 durch ein Erdbeben zerstört; ihre heutige Form datiert von 1771 und ist architektonisch von geringem Interesse. Doch die meisten der zugehörigen anderen Bauten stammen aus der Zeit des Eroberers. Es sind acht Medresen mit ihren Anbauten sowie ein Hospiz, eine Volksküche, eine Karawanserei, eine Grundschule, eine Bibliothek und ein Hamam. Für mich gehört die Anlage als Ganzes zu den prächtigsten und eindrucksvollsten Baumonumenten in Istanbul.

Wir verlassen den Vorhof der Fatih Camii durch das Tor an der Nordostecke und befinden uns nun auf der Darüşşa-

## SULTAN SELIM CAMII                    93

faka Caddesi, die in einer Nordkurve zur Höhe des Fünften
Hügels hinaufführt. Die Straße verläuft durch das belebte
Stadtviertel *Carşamba,* das seinen Namen von dem geschäf-
tigen ›Mittwochs‹-Markt erhält. Es ist ein wandernder
Markt, der seine Stände und Karren an jedem Tag der Woche
in einem anderen Stadtteil aufbaut, weshalb es in Istanbul
mehrere nach den verschiedenen Wochentagen benannte
Stadtteile gibt.

Nach ungefähr 400 Metern biegen wir nach rechts in die
*Yavuz Selim Caddesi* und sehen uns sofort dem mächtigen
Moscheekomplex von Sultan Selim I. gegenüber. Auf dem
Weg dorthin kommen wir an einer riesigen offenen Zisterne
vorbei, dem größten der drei römischen Wasserreservoirs
der Stadt. Es handelt sich um die *Zisterne des Aspar,* eines
Goten-Generals, den Kaiser Leo I. im Jahr 471 hinrichten
ließ. Seit spätbyzantinischer Zeit ist diese Zisterne trocken
und bietet heute einem malerischen kleinen Dorf Platz, dessen Dachspitzen kaum das Niveau der umliegenden Straßen
erreichen. Die Türken nennen diesen reizenden Ort Çukur-
bostan, den ›versunkenen Garten‹.

Wir betreten nun das Gelände der **Sultan Selim Camii,** die
von ihrer hohen Terrasse über den mittleren Abschnitt des
Goldenen Horns blickt. Süleyman der Prächtige ließ sie für
seinen Vater Selim I. bauen; 1522 war sie vollendet. Der
Innenhof mit seinem herrlichen Säulengang und dem von
schlanken Zypressen umstandenen ›şadirvan‹ hat die heitere
Würde, die von Wohlgestaltetem ausgehen kann. Dem Innenraum der Moschee liegt der äußerst schlichte Plan eines
kuppelüberwölbten Quadrats zugrunde, doch beeindruckt
er sehr durch seine Größe, die Harmonie der Proportionen
und die Auskleidung mit wundervollen Iznik-Fliesen.

Im Garten hinter der Moschee steht die *Türbe Selims I.*
Mit 42 Jahren bestieg Selim, Sohn und Nachfolger
Beyazıts II., den Thron und regierte nur acht Jahre (1512-
1520). In dieser kurzen Zeit eroberte er den westlichen Teil
Persiens, Syrien, Palästina, Arabien und Ägypten und ver-
doppelte so das Gebiet osmanischer Herrschaft. Nach der
Einnahme Kairos im Jahr 1517 nahm Selim den Kalifentitel

an, und seit jener Zeit beanspruchten die osmanischen Sultane, als Führer der islamischen Völker betrachtet zu werden. Der Sultan hieß beim Volk ›Yavuz Selim‹, Selim der Gestrenge, böse Zungen sagen, weil er etwa jedes Jahr einen seiner Großwesire enthaupten ließ, doch eher waren es wohl Achtung und Respekt, die man ihm damit entgegenbrachte. In den letzten beiden Jahren seiner Herrschaft beanspruchte ihn die Vorbereitung für einen großen Feldzug nach Europa, aber sein Tod 1520 setzte allem ein Ende. Noch lange Zeit danach lautete ein zynisches türkisches Sprichwort: »*Selim starb an einem Blutgeschwür, Ungarn blieb noch draußen vor der Tür.*«

Nun sollten wir zurückkehren zur Darüşşafaka Caddesi und dort weitergehen, wo wir vorher abgebogen sind. Folgen wir ein kurzes Stück dieser windungsreichen Straße, deren Namen mehrmals wechselt, so gelangen wir zu der interessanten *Pammakaristos-Klosterkirche,* der ›allerseligsten‹ Gottesmutter geweiht und von Murat III. (1574-1595) nach der Eroberung Georgiens und Aserbeidschans umgewandelt in die **Fethiye Camii,** die Moschee der Eroberung.

Der ursprüngliche Bau stammt aus dem 12. Jh., und ein Parekklesion (Nebenkirche) wurde im 14. Jh. angefügt. Bei den ausgedehnten Restaurierungsarbeiten des Parekklesions kamen eine Reihe von Mosaiken zum Vorschein, die nur von jenen in der Chora-Kirche (Kariye Camii) übertroffen werden. Ursprünglich war der Kirchenraum vollkommen mit Mosaiken ausgelegt. In der Kuppel sieht man noch den von den Propheten umstandenen Christus als Pantokrator (Allherrscher), und in der Apsis ist Christus mit Maria, Johannes dem Täufer und Engeln dargestellt. Nur eine der Mosaikszenen, die ›Taufe Christi‹, blieb erhalten; bei den Einzelgestalten handelt es sich um Heilige der griechisch-orthodoxen Kirche. Der musivische Schmuck wurde, wie jener der Chora-Kirche, in der ersten Hälfte des 14. Jhs. geschaffen und ist ein Werk aus der letzten großen Blütezeit der byzantinischen Kunst.

Bevor man das Gelände der Pammakaristos-Kirche verläßt, sollte man auf die Terrasse hinter der Kirche hinaustreten und den weiten Blick über den Oberlauf des Goldenen Horns in sich aufnehmen; zu Füßen sieht man Gelände und Gebäude des griechisch-orthodoxen Patriarchats. Etwas unterhalb steht die alte Klosterkirche der Theotókos Pana-giótissa. Seit dem 13. Jh. heißt sie allgemein *Muchliótissa,* ›Maria der Mongolen‹, da eine Tochter des Palaiologen Michael VIII., Witwe eines Mongolenkhans, in dem Kloster lebte und es mit Stiftungen bedachte. Heute ist sie das letzte byzantinische Gotteshaus, das sich noch im Besitz des grie-chisch-orthodoxen Patriarchats befindet. – Das Quartier in Ufernähe heißt **Fener** (Leuchtturm). In seinen malerischen Gassen liegen halbversteckt Dutzende kleiner griechischer Kirchen, deren Geschichte sich in vielen Fällen bis in die Zeit vor der türkischen Eroberung zurückverfolgen läßt. Obwohl die meisten im 18. oder 19. Jh. ihre heutige Gestalt erhielten, lassen sie doch noch etwas von dem vergangenen Byzanz erahnen, mit ihren flackernden Öllampen und den vom Alter geschwärzten geweihten Ikonen und mit einer Gemeinde, die dort zusammenkommt, zwar in ständig ab-nehmender Zahl, doch so tief gläubig wie in all den Jahrhun-derten zuvor. Am Goldenen Horn stromaufwärts, zu den Theodosianischen Mauern hin, liegt das ehrwürdige Viertel **Balat**. Auch hier wird man auf viele griechische und mehrere armenische alte Gotteshäuser stoßen. Vereinzelt sieht man in den kopfsteingepflasterten Hintergassen von Balat alte Synagogen, die zum Teil auf byzantinische Zeit zurückgehen und deren Gemeinde noch das ›Ladino‹ spricht, jenen mittel-alterlichen Dialekt, den die Sephardim vor fünfhundert Jah-ren aus Spanien mitbrachten.

Von der Pammakaristos-Kirche kehren wir nun zur Hauptstraße zurück, die jetzt *Fethiye Caddesi* heißt, und gehen in gleicher Richtung weiter. Bald ändert sich der Stra-ßenname in *Drağman Caddesi,* und diese führt schließlich in die Gegend der Kariye Camii.

Die **Chora-Kirche** des Erlösers ›in den Feldern‹ (mone tes choras), die türkisch *Kariye Camii* heißt, ist nach der Hagia Sophia die bedeutendste unter den noch erhaltenen byzanti-

96 ISTANBUL

nischen Kirchen der Stadt. Sie ist dies weniger wegen ihrer
Architektur, wie ansprechend diese auch sein mag, sondern
wegen ihrer großartigen Zyklen von Fresken und Mosaiken,
die durch das ›Byzantine Institute of America‹ hervorragend
gereinigt und restauriert worden sind*. Der Beiname ›in den
Feldern‹ erklärt sich durch die Lage der Kirche außerhalb
des besiedelten Stadtgebiets. Das Kloster, dem sie angehörte,
lag vor den konstantinischen Mauern. Man blieb dann bei
dem alten Namen, auch als es nach der Erweiterung des
Stadtgebiets durch Theodosius II. innerhalb der Mauern lag.

Von den frühesten Bauten ist nichts mehr erhalten. An
diesem Ort ließ Maria Dukaina, die Schwiegermutter des
Kaisers Alexios I. Komnenos, zwischen 1077 und 1081 eine
neue Kirche bauen. Infolge Erdbeben oder sonstiger Schäden
waren dann schon bald Veränderungen nötig, die ihr Enkel,
Isaak Komnenos, ein jüngerer Bruder von Kaiser Johannes II. (1118-1143), durchführen ließ.

Eine dritte Periode baulicher Tätigkeit setzte zweihundert
Jahre später ein, während des letzten Aufblühens byzantinischer Kunst nach dem Rückzug der Kreuzfahrer. Zwischen
1315 und 1321 entstand die Kirche in ihrer heutigen Gestalt.
Zwar blieb der Zentralraum bis auf die erneuerte Dekoration der Wandflächen unverändert, aber der Esonarthex (innere Narthex) erhielt eine neue Form, und Exonarthex (äußere Narthex) wie Parekklesion (Seitenkapelle) traten als
Anbauten hinzu. Im Zuge der architektonischen Veränderungen ist auch der Innendekor der Kirche – Marmorverklei-
dungen, Mosaiken und Fresken – entstanden. Diese hoch-
herzige Erneuerung der Kirche war das persönliche Anliegen
des Großlogotheten (Kanzler) Theodoros Metochítes, dem

---

* Die vorliegende Beschreibung (sehr viel eingehender in Freely/
Sumner-Boyd: Istanbul, 2., durchges. Aufl., München 1984) stützt
sich fast ganz auf den umfassenden Arbeitsbericht dieser Restaurierung, wie ihn Paul A. Underwood, The Cariye Djami, 3 Bde., New
York 1966, gegeben hat. Einbezogen sind auch die Vorberichte in
den Dumbarton Oaks Papers, 1956-60. Alles, was zuvor über die
Kariye Camii geschrieben wurde, ist durch diese Publikationen weitgehend überholt.

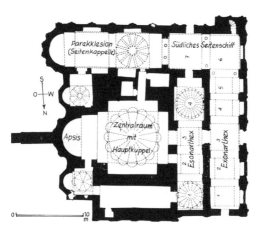

*Istanbul, Chora-Kirche (Kariye Cami)*

man auf dem Mosaik über dem Portal zwischen Esonarthex und Zentralraum begegnet. Als man im frühen 16. Jh. die Kirche in eine Moschee, die Kariye Camii, umwandelte, sind die Malereien und Mosaiken nicht gänzlich zerstört, sondern nur durch Übertünchung unsichtbar gemacht worden. Allerdings haben wiederholtes Überstreichen, auch das Übermalen mit ornamentalem Dekor und die natürliche Verschmutzung schließlich doch bewirkt, daß große Partien gelitten haben, während andere durch Erdbeben schweren Schaden nahmen. Durch die Restaurierung ist es aber gelungen, den ursprünglichen Eindruck soweit wie möglich wiedererstehen zu lassen.

Die Mosaiken und Fresken stellen den reichhaltigsten und wichtigsten Bestand byzantinischer Bildschöpfungen dar, der in Istanbul noch existiert. Der Stil der Bilderfolgen hat sich weit entfernt von der strengen, hieratischen Darstellung der älteren byzantinischen Malerei. Will der Besucher sie so sehen, wie die Künstler und Gläubigen sie verstanden haben und gesehen wissen wollten, muß er sie ihrer ikonographischen Anordnung folgend betrachten.

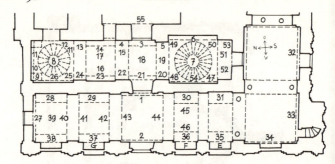

*Istanbul, Chora-Kirche. Die Mosaiken im Exo- und Esonarthex*

Alle **Mosaiken** befinden sich im äußeren und inneren Narthex und im Hauptraum. Aus ihrer Plazierung wie aus dem thematischen Zusammenhang ergeben sich sechs Gruppen:

### I Andachts- und Stifterbilder

**Exo- und Esonarthex:**
1 Christus als Pantokrator.
  Beischrift; Jesus Christus, das Land der Lebendigen (chora = Land, Stätte; Anspielung auf den Namen der Kirche).
2 Betende Maria Theotókos (Gottesgebärerin) mit zwei Engeln.
  Beischrift: Muttergottes, die Heimstatt des nicht zu Haltenden (chora = Land, Ort).
3 Segnender Christus und Theodoros Metochítes, das Modell seiner Kirche darbringend.
4 Hl. Petrus.
5 Hl. Paulus.
6 Deesis. Christus und Maria (Fragment, Johannes d. Täufer nicht erhalten).
  Links neben Maria: Isaak Komnenos als Sebastokrator, Erneuerer der Kirche.

### II Die Vorfahren Christi

**Esonarthex – in der Süd- und Nordkuppel:**
7 Christus Pantokrator.
  Stammbaum Christi – Von Adam bis Jakob, darunter Jakobs Söhne u. a.
8 Maria Theotókos.
  Darunter 16 Könige aus dem Hause David.

# PRESTEL-LANDSCHAFTSBÜCHER

3-7913-0443-7. DM 42,–

3-7913-0768-1. DM 48,–

3-7913-0444-5. DM 42,–

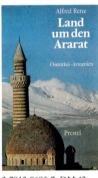

3-7913-0605-7. DM 42,–

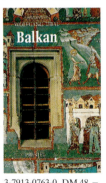

3-7913-0763-0. DM 48,–

3-7913-0896-3. DM 44,–

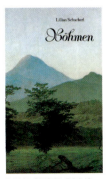

3-7913-0240-X. DM 42,–

3-7913-0758-4. DM 42,–

3-7913-0277-9. DM 42,–

# PRESTEL-LANDSCHAFTSBÜCHER

3-7913-0582-4. DM 42,–

3-7913-0869-6. DM 44,–

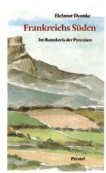

3-7913-0617-0. DM 42,–

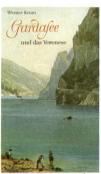

3-7913-0460-7. DM 42,–

3-7913-1044-5. DM 44,–

3-7913-0101-2. DM 42,–

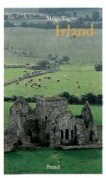

3-7913-1120-4. DM 48,-

3-7913-0297-3. DM 48,–

3-7913-0486-0. DM 44,–

CHORA-KIRCHE – MOSAIKEN 99

## III  Zyklus aus der Kindheit Mariens

**Esonarthex – die (von Norden) ersten drei Joche:**
Die Szenen gehen auf das apokryphe Protoevangelium (2. Jh.) des
Jakobus d. J. zurück.
Die Abfolge beginnt in der Westecke der Nordwand:

 9 Zurückweisung der Opfergaben des kinderlosen Paares Joachim
    und Anna durch den Hohenpriester Zacharias (Fragment).
10 Heimkehr Joachims und Annas (Fragment).
11 Joachim betet in der Wildnis um Nachkommen.
12 Verkündigung des Engels an Anna (Fragment).
13 Joachims Heimkehr, von Anna an der Goldenen Pforte erwartet.
    Inschrift: Empfängnis der Gottesgebärerin.
14 Mariae Geburt.
15 Die ersten sieben Schritte Mariens.
16 Segnung Mariens durch drei Priester.
17 Joachim und Anna liebkosen Maria.
18 Tempelgang Mariens.
19 Wundersame Speisung Mariens durch einen Engel.
20 Unterweisung Mariens im Tempel (Fragment).
21 Maria erhält den purpurnen Wollstrang.
    Die ›Königsfarbe‹ fiel Maria durch das Los zu, als die Priester
    die Tempelmägde zum Weben eines Vorhangs anstellten.
22 Zacharias kniet vor dem Altar mit den 12 Stäben.
    Als Maria verlobt werden sollte, rief der Hohepriester Zacharias
    die Witwer aus zwölf Stämmen Israels zusammen und betete um
    ein Zeichen, wem er Maria geben solle.
23 Maria wird Joseph angetraut.
    Zacharias nimmt als Zeichen, daß der Stab Josephs (aus dem
    Stamme Juda, dem Haus Davids) zu grünen begann und vertraut
    ihm Maria an.
24 Joseph nimmt Maria zu sich in sein Haus.
    Gezeigt sind beide beim Verlassen des Tempels (und ein kleiner
    Sohn Josephs aus vorangegangener Ehe).
25 Mariae Verkündigung am Brunnen durch den Erzengel Gabriel.
26 Joseph beschuldigt Maria ob der Schwangerschaft und verläßt
    sie.

## IV  Zyklus aus der Kindheit Christi

**Exonarthex und südliches Seitenschiff:**
In den Gewölben: der Zyklus des Heilswirkens Christi (s. unter V).
Entlang der Gurtbögen: Einzeldarstellungen von Heiligen.
Die meisten Szenen stützen sich auf die kanonischen Evangelien, so
auch die begleitenden Zitate. Beginnend im Bogenfeld der Exonar-
thex-Nordwand, setzen sie sich im Uhrzeigersinn in allen folgenden
Bogenfeldern fort:

100 ISTANBUL

27 Josephs Traum. Matth. 1,20.
Marias Besuch bei Elisabeth, Frau des Zacharias. Ohne Beischrift.
Reise nach Bethlehem. Luk. 2,4.
28 Schätzung in Bethlehem vor dem römischen Statthalter Quirinus. Luk. 2,1-5.
29 Geburt Christi. Der Engel spricht zu den Hirten. Luk. 2,10.
30 Die Weisen aus dem Morgenland.
Die Weisen vor Herodes. Matth. 2,1-2.
31 Herodes befragt Hohepriester und Schriftgelehrte (Fragment). Matth. 2,4.

Um die Ecke gehend, steht man im südlichen Seitenschiff. Dort ist über dem Durchgang zum Esonarthex die (vermutete) ›Anbetung der drei Weisen‹ verloren. Reste der ›Heimkehr der Weisen‹ sind über den Säulen und dem Durchgangsbogen zum Parekklesion noch zu erkennen. Im Bogenfeld der Südwand:

32 Die Flucht nach Ägypten (Fragment).
Sturz der Götzenbilder von den Mauern, als die Hl. Familie vorbeizieht. Aus den Apokryphen.
33 Bethlehemitischer Kindermord. Matth. 2,16.
34 Bethlehemitischer Kindermord (Fragment).
35 Klage der Mütter. Matth. 2,18.
36 Die Flucht der Elisabeth.
Auch sie mußte mit dem Johannesknaben vor den Häschern Schutz suchen. Protoevangelium des Jakobus.
37 Rückkehr aus Ägypten. Matth. 2,22-23.
38 Der zwölfjährige Christus wird von den Eltern zum Osterfest nach Jerusalem mitgenommen. Luk. 2,42.

## V  Szenen aus dem Heilswirken Christi

**Exonarthex, südliches Seitenschiff und südliches Joch des Esonarthex:**
Die Darstellungen befinden sich fast ausschließlich in den Gewölben, doch gerade diese waren meist stark mitgenommen. Beginn im nördlichen Jochgewölbe des Exonarthex:

39 Christus unter den Schriftgelehrten (Fragment). Matth. 2,46-47.
40 Johannes d. Täufer legt Zeugnis ab für Christus (Fragment).
41 Johannes d. Täufer legt Zeugnis ab für Christus. Joh. 1,15.
42 Versuchung Christi.
Vier Szenen in nicht biblischer Reihenfolge. Matth. 4,3-10.
43 Hochzeit zu Kana (Fragment). Joh. 2,1-11.
44 Speisung der Fünftausend (Fragment). Matth. 15,32-39.
45 Heilung des Aussätzigen (Fragment).
46 Christus wandelt auf dem Meer (Fragment).

In den folgenden Gewölben haben die Mosaiken schweren Schaden genommen (die ›Heilung des Kranken am Bethesdateich‹, Joh. 5,5-

## CHORA-KIRCHE – MOSAIKEN 101

8, ist zu erkennen). Man gehe daher wieder in den Esonarthex, wo unter der Südkuppel die Folge der Wundertaten abschließt:

47 Christus heilt den Besessenen, der stumm und blind war. Matth. 12,22.
48 Christus heilt die beiden Blinden. Matth. 20,30-34.
49 Christus heilt Petri Schwiegermutter. Matth. 8,14-15.
50 Christus heilt das Weib, das am Blutfluß litt. Matth. 9,20-22.
51 Christus heilt den Mann mit der verdorrten Hand. Matth. 12,10-13.
52 Christus heilt den Aussätzigen. Matth. 8,2-3.
53 Christus heilt... (Bibelzitat und Mosaikhälfte zerstört).
54 Christus heilt viele Kranke. Matth. 15,30-31.

### VI  Die Mosaiken im Hauptraum

**An der Westwand über dem mittleren Eingang:**
55 Marientod (Koimesis, Dormitio).
Inmitten der Trauernden erscheint Christus in der Mandorla, die Seele der Gottesmutter aufnehmend. Über ihm ein Seraph mit den sechs Flügeln.
Linke Ecke vor der Apsis:
Christus.
Inschrift: Kommet her zu mir... Matth. 11,28.
Rechte Ecke vor der Apsis:
Maria Hodegetria (Wegweiserin).
Die Überlieferung legt diesem Darstellungstypus eine Ikone zugrunde, die der Evangelist Lukas gemalt haben soll.

Die großartigen **Fresken** im Parekklesion der südlichen Seitenkapelle, die wohl in den Jahren 1320-1321 entstanden sind, beschlossen das von Metochítes unternommene Werk der Neugestaltung der Kirche. Die Wandbilder sind von der Hand eines großen Künstlers, zu dessen Person leider nichts überliefert ist. Vermutlich war es derselbe Mann, der auch die Vorlagen für die Mosaiken der Kirche entworfen hatte. Die Darstellungen der Seitenkapelle geben anschauliche Hinweise auf ihre Bestimmung als Grabkapelle. Oberhalb des Gesimses finden wir Bilder der Auferstehung und des Ewigen Lebens, des Jüngsten Gerichts, des Himmels und der Hölle, sowie der Gottesmutter als einer Mittlerin zwischen Erde und Himmel. Unterhalb des Gesimses erscheinen Prozessionen von Heiligen und Märtyrern. Zwischen ihnen liegen die Grabstätten.

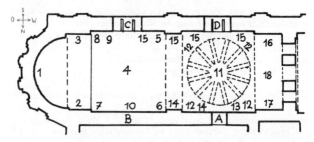

*Istanbul, Chora-Kirche. Die Fresken im Parekklesion*

Hier seien zuerst die Fresken der oberen Zone, von Osten beginnend, besprochen:

## I Auferstehung

**Apsis und ihr vorliegende Bogenwölbung:**
1 Die Anastasis – Auferstehung.
  Christus in der Glorie über den zerbrochenen Pforten der Hölle (zwischen denen der gefesselte Satan liegt) befreit Adam und Eva aus den Gräbern. Überlieferung der Ostkirche.
2 Erweckung des Jünglings von Naim. Luk. 7,11-15.
3 Erweckung der Tochter des Jairus. Mark. 5,22-24.

Im Bogenscheitel:
  Medaillon mit Erzengel Michael.

## II Jüngstes Gericht – Himmel und Hölle

**Gewölbe des östlichen Jochs:**
4 Parousia – Wiederkunft Christi am Ende der Zeiten.
  Im Gewölbescheitel trägt ein Engel im Fluge die Spirale des vergangenen Weltalls (mit Sonne, Mond und Sternen). Apokalypse 6,14ff.: »Und der Himmel entwich, wie ein Buch zusammengerollt wird...« In der dem Altarraum zugewandten Zone thront Christus als Weltenrichter in der Glorie auf dem Regenbogen; ihm zu Seiten Maria, Johannes d. T., die zwölf Apostel (Luk. 25,30), Heilige.
  Unter dem Weltenrichter die ›etimasía‹, der bereitete Thron mit dem Buch des Lebens, gehütet von zwei Cherubim, kniend davor Adam und Eva. Darunter das Wägen der Seelen. Zu seiten Adams die Seelen der Gesegneten (Matth. 25,34), zu seiten Evas der Feuerstrom, dessen Glut »bereitet ist dem Teufel und seinen Engeln« (Matth. 25,41).

CHORA-KIRCHE – FRESKEN    103

In der westlichen Gewölbezone:
Die Chöre der Erwählten.
**In den Pendentifs – SW, NW, NO, SO:**
5 Land und Meer geben die Toten wieder. Apok. 20,13.
6 Ein Engel führt die Seele des Lazarus in den Himmel.
7 Die Seele des Bettlers Lazarus in Abrahams Schoß.
8 Der reiche Mann in der Hölle.
Die Szenen 6, 7, 8 beziehen sich auf das Gleichnis vom reichen
Prasser und dem armen Lazarus. Luk. 16,19-26.
Die beiden östlichen Pendentifs (7 und 8) schließen an das Weltge-
richt im Gewölbe darüber an: Abrahams Schoß – Sinnbild ewiger
Seligkeit auf der Seite der Gesegneten –, Höllenqual auf der Seite
der Verdammten.
**Bogenfeld der Südwand, östliche Hälfte:**
9 Die Qualen der Verdammten.
Vier Szenen: das Zähneknirschen; die ewige Finsternis; der
Wurm, der nicht schläft; das unauslöschbare Feuer.
**Bogenfeld der Nordwand:**
10 Einzug der Auserwählten ins Paradies.
Von Petrus geleitet, vom guten Schächer empfangen, der auf die
Gottesmutter weist.


## III  Maria und ihre Präfigurationen

**In der Kuppel:**
11 Maria mit dem Jesuskind.
In den Kuppelrippen:
Zwölf Engel, stellvertretend für die zwölf Chöre der Engel.
**Die Kuppelpendentifs:**
12 Vier Hymnographen.
Ihre Verse auf den Schriftrollen künden von der Präfiguration
Mariens.
NO Hl. Damaskinos
SO Hl. Kosmas Hagiopolites von Jerusalem
SW Hl. Joseph Poietes
NW Hl. Theophanes
**Nördliches Bogenfeld, Westhälfte:**
13 Jakob ringt mit dem Engel. Gen. 32,25-32.
Jakobs Traum. Die Himmelsleiter. Gen. 28,11-13.
Die Leiter als Himmelsbrücke ist Hinweis auf das spätere Wirken
Mariens.
**Nördliches Bogenfeld, Osthälfte und östliche Bogenwölbung:**
14 Moses und der brennende Dornbusch. 2 Mose 3,2 ff.
Auch der brennende Dornbusch, der unberührt blieb, ist Hinweis
auf die Muttergottes.

**Südwand und östliche Bogenwölbung:**
15  Weihe des Tempels Salomos. 1 Kön. 8, 1-6.
Vier Szenen, in denen die zu ehrende wie zu schützende Bundes-
lade als Hindeutung auf Maria galt.
**Westliche Bogenwölbung zur Südwand:**
16  Jesaja und der Engel. Jes. 37, 33
Die uneinnehmbare Stadt Jerusalem wird hier ebenfalls im Hin-
blick auf Maria gesehen.
**Westliche Bogenwölbung zur Nordwand:**
17  Aaron mit seinem Sohn vor dem Altar. 3 Mose 2, 9, 7.
Der Altar, Symbol der Mittlerschaft, gilt als Präfiguration.
**Westlicher Bogenscheitel:**
18  Die Seelen der Gerechten in Gottes Hand. Fragment.
**Untere Wandzonen:**
Hier erscheinen viele Heilige und Märtyrer der Ostkirche, darun-
ter Basilios der Große, Johannes Chrysostomos, Nikolaus von
Myra, Gregor von Nazianz, Demetrios von Thessalonike – doch
in Westeuropa sind sie nie heimisch geworden.
Auf eine Maria Eleousa, die ›Barmherzige‹, an der Südseite der
Apsis sollte man achten.
**Die Grabmale:**
Vier tiefe Nischen befinden sich im Parekklesion, vier weitere
in den Narthizes, in denen Sarkophage standen, umgeben von
Fresken und Mosaiken. Einer barg die Gebeine des Theodoros
Metochítes, in den anderen waren Freunde und Verwandte beige-
setzt – alle verbunden mit den Palaiologen oder der hohen Beam-
tenschaft dieser spätbyzantinischen Dynastie.

Man sollte die Chora-Kirche nicht verlassen, ohne kurz vor
dem *Bildnis des Theodoros Metochítes* (über dem Durchgang zum Zentralraum der Kirche) zu verweilen, des Mannes, dem wir diese Kirche und ihre einzigartigen Kunstwerke
verdanken. Theodoros war die überragende Gestalt seiner
Zeit; von Beruf Diplomat und hoher Hofwürdenträger, war
er gleichzeitig kenntnisreicher Philosoph, Historiker, Astronom, Dichter, Mäzen und führender Kopf der intellektuellen
Renaissance des späten Byzanz. Es mag jedoch nachdenklich
stimmen, daß ihm in seinen letzten Jahren ein neuer Kaiser
die Gunst entzog. Als Andronikos III. 1328 die Herrschaft
übernahm, entkleidete er Theodoros Metochítes aller Ämter, allen Besitzes und ließ ihn einkerkern. Erst gegen Ende
seiner Tage wurde ihm gestattet, sich in das Kloster des
›Erlösers in den Feldern‹ zurückzuziehen, wo er im März

## THEODOSIANISCHE LANDMAUER 105

1331 starb. Zuvor noch hatte er von seiner Hoffnung geschrieben, daß dieser Bau ihm »ein ruhmvolles Andenken bei der Nachwelt bis zum Ende der Zeiten« sichern möge. So ist es auch gekommen; doch seine Kirche hält nicht nur das Andenken an ihn wach, sondern darüber hinaus an seine Zeit, in der es zu einer letzten Hochblüte byzantinischer Kunst kam, während sich der Niedergang des großen Reiches unaufhaltsam ankündigte.

Von der Chora-Kirche ist es nicht weit bis zur **Theodosianischen Landmauer.** Die massive Wehranlage erstreckt sich über ungefähr sechseinhalb Kilometer zwischen Marmarameer und Goldenem Horn. Heute ist der Mauergürtel zur Ruine geworden, und doch ist es großartig und eindrucksvoll zu verfolgen, wie sich ihre Zinnen, Türme und Tore quer über die Hügel und Täler Thrakiens ziehen. Der Hauptteil der Mauern zwischen dem Marmarameer und dem Sechsten Hügel im Nordwesten der Stadt wurde Mitte des 5. Jhs. unter Theodosios II. erbaut. Der Abschnitt von dort bis hinab zum Goldenen Horn stammt aus verschiedenen Perioden zwischen dem 7. und 10. Jh. und ersetzte die älteren Teile der Theodosianischen Mauer in diesem Abschnitt. Wo beide Mauern zusammentreffen, stehen die beeindruckenden Außenmauern eines dreigeschossigen byzantinischen Palastes, der auf türkisch *Tekfur Saray,* ›Palast des Herrschers‹, genannt wird. Vermutlich wurde er im 13. Jh. erbaut und war eines der kaiserlichen Palais, die zum Blachernen-Palast gehörten, der Hauptresidenz der Kaiser während der letzten zwei Jahrhunderte der byzantinischen Herrschaft.

Das **Blachernenviertel** hier im nordwestlichen Teil Stambuls ist eines der malerischsten der Stadt; Feldwege führen durch die Gärten im Schatten der zerfallenen Mauern, und hin und wieder hat ein alter Pfeiler als Eingangsstufe oder ein korinthisches Kapitell als Brunneneinfassung Verwendung gefunden.

Fast alle Stadttore sind nach wie vor in Benutzung, waren bis zu Beginn unseres Jahrhunderts einziger Zugang in die mauerumzogene Stadt. Im Westen, unweit der Kariye Camii, befindet sich das historische *Edirne-Tor,* durch das Mehmet der Eroberer nach dem Fall Konstantinopels seinen triumphalen Einzug hielt. Neben dem Edirne-Tor sieht man die **Mihrimah Camii** auf der Kuppe des Sechsten Hügels, der höchsten Erhebung Stambuls. Als ein weiteres Meisterwerk des großen Sinan wurde sie in den Jahren 1563-65 für Süleymans Lieblingstochter erbaut, deren früher Tod die letzten Lebensjahre des Sultans überschattete. Außer der Moschee gehören zu der ›külliye‹ eine Medrese, eine Grundschule, eine Türbe, ein Doppelhamam sowie eine lange Ladenzeile in den Gewölben der den Bau tragenden Terrasse.

Der Hauptraum der Moschee ist ein Quadrat, über dem sich eine große Kuppel auf breit ausgezogenen Pendentifs zwischen den in hohen Bögen endenden Außenmauern wölbt. Die Bogenfelder, hier ›Schildmauern‹, sind von drei Fensterreihen so dicht durchbrochen, daß sie fast einer Fensterfläche gleichkommen. Auf der Nord- und Südseite ruhen die Außenmauern auf jeweils dreibogigen Arkaden über zwei mächtigen Granitsäulen. Hier auch weitet sich das Grundquadrat durch die zu beiden Seiten nach außen gelegten Seitenschiffe. Durch die dreibogigen Arkaden vorbestimmt, gliedern sie sich, die Emporen einbeziehend, in jeweils drei überkuppelte Raumeinheiten. Harmonie der Proportionen, Lichte und Weite des Raumes reihen die Mihrimah Moschee nicht von ungefähr unter die wohlgelungenen Werke Sinans.

Es gibt im alten Stambul noch sehr viel mehr zu sehen: schöne und historisch bedeutsame byzantinische Kirchen sowie von Stiftungsgebäuden umstandene osmanische Moscheen, die sich zum großen Teil halb versteckt in den Nebengassen abgelegener Stadtviertel befinden. Für mich gibt es nichts Angenehmeres als einen Tag in Istanbul damit zu verbringen, durch die verwinkelten Gassen der Altstadt einem dieser alten Bauwerke nachzuspüren und dann im Hof einer römischen Basilika oder im Garten eines Derwischklosters zu rasten. Wessen Zeit aber drängt, der wird solche vergnüglichen Spaziergänge vielleicht bei einem späteren Besuch nachholen: Es bleibt noch vieles zu entdecken in Istanbul und andernorts in diesem weiten und geschichtsbewegten Land.

# 6

# Istanbul: Die moderne Stadt

Galata (Karaköy) – Pera (Beyoğlu) – Eyüp
Üsküdar – Prinzeninseln – Am Bosporus

Auch wenn sich die meisten der großen Monumente im alten
Stadtkern konzentrieren, gibt es in und um Istanbul doch
überall Sehenswertes. Dies gilt vor allem für Galata und
Pera, die alten levantinischen Viertel auf der anderen Seite
des Goldenen Horns.

Historisch lassen sich Galata und Pera ebensoweit zurückverfolgen wie das eigentliche Konstantinopel. Als Konstantin seine neue Hauptstadt gründete, befand sich auf der
anderen Seite des Goldenen Horns bereits eine Ansiedlung
von beträchtlicher Größe. Dieser Ort namens Sykai wurde
gegen Mitte des 4. Jhs. n. Chr. in die Stadtgrenzen Konstantinopels einbezogen. Im Lauf der Zeit verschwand allmählich
der Name Sykai, und dafür bürgerten sich ›Galata‹ und
›Pera‹ ein; Galata bezeichnete das Hafenviertel entlang dem
Goldenen Horn und dem Bosporus, und Pera das Gebiet auf
den Hügeln über dem Hafen. Beide Stadtteile wurden im
letzten halben Jahrhundert umbenannt: Pera heißt jetzt offiziell ›Beyoğlu‹ und Galata ›Karaköy‹, aber viele Bewohner
verwenden aus Gewohnheit noch die alten Namen.

Das Hafenviertel **Galata** trat erstmals hervor, als sich
dort im 11. Jahrhundert Kaufleute aus Genua niederließen.
Während der letzten Jahrhunderte der byzantinischen Herr-
schaft war Galata im Grunde genommen ein selbständiger
Stadtstaat, an dessen Spitze ein jährlich von der Mutterstadt
Genua ernannter Bürgermeister stand. Nach der Eroberung
durch die Türken behielten die Einwohner von Galata und
Pera auch unter den Türken noch bis ins späte 17. Jh. ein
gewisses Maß an Autonomie und bezeichneten sich als die
›Hehre Stadtgemeinde von Pera‹.

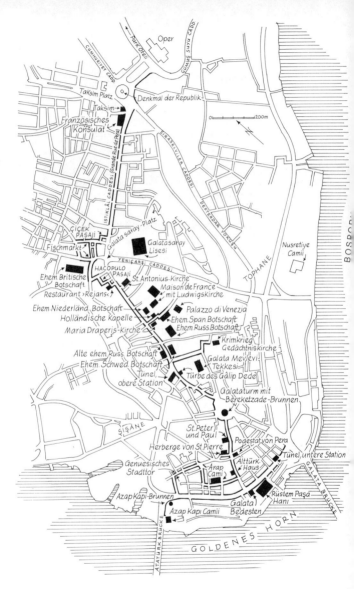

Istanbul, Galata (Karaköy) und Pera (Beyoğlu)

## GALATA – PERA

Fast alles, was heute von der mittelalterlichen Genuesen-
stadt blieb, ist der **Galataturm,** das Wahrzeichen auf jener
Seite des Goldenen Horns. Der über fünfzig Meter hohe
Turm steht an der höchsten Stelle der Altstadt. Er hieß
ursprünglich ›Christusturm‹ und entstand 1348 als Mittelpunkt der Verteidigungsmauern um die genuesische Kolonie.
Zur Zeit der Eroberung bestand die genuesische Stadt aus
sechs befestigten Bezirken, die von einer äußeren Verteidigungsmauer und einem Graben umzogen waren. Einen Teil
des Grabens kann man noch heute in unmittelbarer Nähe
des Turmes sehen, ferner ein Stück der Mauer und einige
Verteidigungstürme hinter den Häusern der *Galata Kulesi
Sokağı.* Den besten Überblick und zugleich die schönste
Aussicht auf Istanbul und die ›Girlande aus Gewässern‹
gewinnt man von der Höhe des Galataturmes, der, mit einem
Restaurant im obersten Stockwerk, in den letzten Jahren
wiederhergestellt wurde.

Hinter Galata steigt man hinauf nach *Beyoğlu,* dem alten
**Pera.** Zu Fuß führt der kürzeste Weg über die *Yüksek Kal-
dırım,* eine belebte Straße, die vom großen Platz vor der
Brücke auf halbem Weg hügelan am Galataturm vorbeiführt.
Oder man fährt in einer Minute und zehn Sekunden mit dem
*Tünel* hinauf, jener wunderlichen unterirdischen Schienen-
seilbahn, die bei den alten Perioten immer noch als
›Mäuseloch‹ bekannt ist. Welche Route man auch wählt,
beide führen sie zum Tünel Meydanı, der großen Straßenkreuzung auf der Hügelkuppe. Von hier spaziert man die
*Istiklal Caddesi* entlang, der Hauptgeschäftsstraße von Beyoğlu. Es ist dies die früher so berühmte ›Grande Rue de
Pera‹ der osmanischen Zeit, von welcher der gelehrte Historiker Josef von Hammer-Purgstall sagte: »*Sie ist so eng wie
das Begriffsvermögen ihrer Bewohner und so lang wie der Band-
wurm ihrer Intrigen.*«

Das als ›Pera‹ bekannte Gebiet war noch in der zweiten
Hälfte des 16. Jhs. freies Feld. Damals begannen die europäischen Gesandten die engen Quartiere Stambuls zu verlassen
und in die ländlichen Regionen an den Hügeln oberhalb von
Galata überzusiedeln, wo sie ihre palastartigen Residenzen

an der späteren ›Grande Rue‹ erbauten. Mehrere dieser alten Botschaftsgebäude (die heute zu Konsulaten herabgestuft sind) stehen noch auf der rechten Straßenseite; so auch die Kirchen, die für die Christen der verschiedenen europäischen Nationen erbaut wurden. Schräg gegenüber dem Tünelausgang befindet sich seit Ende des 17. Jhs. die Schwedische Botschaft. Es folgt die Russische Botschaft, ein Bauwerk der Gebrüder Fossati von 1837; zehn Jahre später wurden sie mit der Restaurierung der Hagia Sophia beauftragt. Unmittelbar an das Gelände der Russischen Botschaft schließt sich die katholische Franziskanerkirche ›Maria Draperis‹ an; sie wurde 1678 gegründet, der heutige Bau geht auf das Jahr 1789 zurück.

Seitlich an der Russischen Botschaft vorbei hügelabwärts führt die Postacılar Sokağı zum *Palazzo Venezia,* worin sich die Botschaft der Serenissima befand. Der Bau stammt aus dem Jahr 1695, doch bereits lange zuvor residierten hier die venezianischen Gesandten. Aus den Erinnerungen von Giacomo Casanova erfährt man, daß im Sommer 1744 auch er hier zu Gast war. Dem großen Liebhaber gelang während seines dreimonatigen Aufenthaltes keine einzige Eroberung, hingegen wurde er selber von einem gewissen Ismail Efendi verführt.

Wir kehren wieder zur *Istiklâl Caddesi* zurück und kommen als nächstes an der Holländischen und der Französischen Botschaft vorbei, die sich 1612 bzw. 1580 hier niederließen, deren heutige Gebäude jedoch in der ersten Hälfte des 19. Jhs. errichtet wurden. Zwei Häuserblocks entfernt steht eine große Kirche in einem tiefergelegenen Hof; dies ist die Franziskanerkirche des hl. Antonius von Padua, deren Grundstein 1725 an dieser Stelle gelegt wurde. Das heutige Gebäude von 1913 ist ein gutes Beispiel für die italienische Neogotik.

Nun erreichen wir den *Galatasaray-Platz,* den Knotenpunkt des Geschäftsviertels von Beyoğlu. Der Platz ist nach dem Galatasaray Lisesi (Lyceum) benannt, dessen reich geschmücktes Portal man gegenüber auf der rechten Seite sieht. Das Galatasaray Lisesi war ursprünglich eine Dependance

## UM DEN GALATASARAY-PLATZ

der Palastschule des Topkapı Sarayı. In der Mitte des 19. Jhs. wurde es nach europäischem Vorbild als die erste moderne Oberschule des Osmanischen Reichs reorganisiert. Unter seinen ehemaligen Schülern befinden sich viele Schriftsteller, Gelehrte und Politiker, die an der Gründung der türkischen Republik beteiligt waren.

Auf der vom Galatasaray-Platz links wegführenden Straße gelangt man zur ehemaligen Britischen Botschaft, einem gefälligen Bauwerk aus der Mitte des 19. Jhs. Ihm gegenüber liegt der *Fischmarkt von Galatasaray,* der interessanteste und malerischste Teil Beyoğlus. Nur hier hat sich noch etwas vom levantinischen Treiben des alten Pera erhalten. In seinen halbdunklen Gassen findet man unzählige lärmende Kneipen, Treffpunkte der rauhen, aber liebenswerten Bewohner des Viertels. Die nettesten Kneipen liegen in der *Cicek Pasajı,* der Blumenpassage, einem turbulenten Durchgang, der kurz hinter dem Galatasaray-Platz links von der Istiklâl Caddesi abgeht. In der Passage reihen sich dicht an dicht einfache Schänken (›meyhane‹), in denen es hoch hergeht und wo man zu einem einfachen Mahl Bier vom Faß trinken kann, das in riesigen Gläsern, den ›Argentiniern‹, serviert wird. Bei schönem Wetter sitzen die Gäste an Bierfässern mit marmornen Tischplatten draußen vor den Lokalen, kaufen bei Straßenhändlern kleine Leckerbissen und werden oft von Straßenmusikanten angesungen und -gespielt. Weil die Passage den Fischmarkt und den Blumenmarkt verbindet, bietet sie ein wahres Panoptikum an Szenen, Geräuschen und Gerüchen des Istanbuler Alltagslebens, und man kann sicher sein, im Laufe eines Abends dort die merkwürdigsten und interessantesten Gestalten der Stadt vorbeikommen zu sehen.

Hinter dem Galatasaray-Platz wird die Istiklâl Caddesi vorwiegend von Geschäften, Kinos, Theatern, Restaurants und Cafés gesäumt, denn hier ist das Geschäftszentrum Istanbuls. Schließlich erreicht man den *Taksim-Platz,* den architektonisch reizlosen Mittelpunkt der Neustadt, dessen Eintönigkeit nur durch die glitzernde Fassade des neuen Opernhauses aufgelockert wird. Rechts führt die Inönü Cad-

desi hinunter zum Bosporus in die Nähe des Dolmabahçe-
Palastes. Geradeaus gelangt man auf der *Cumhuriyet Caddesi* zu den modernen Stadtvierteln Harbiye, Şişli und Nişan-
taş. Am Anfang dieser breiten Allee gibt es viele Cafés,
Reisebüros, elegante Lokale und Hotels, von denen das
›Hilton‹, das luxuriöseste ist. Genau dahinter steht das *Armeemuseum* mit einer interessanten Sammlung osmanischer
Waffen und Uniformen. Fast regelmäßig jeden Nachmittag
bekommt man vor dem Museum osmanische Marschmusik
zu hören, dargebracht von der berühmten Mehter-Kapelle,
die 1830 von Donizetti Paşa gegründet wurde, einem älteren
Bruder des berühmten Komponisten Gaetano Donizetti. An
der *Halaskargazi Caddesi,* der Verlängerung der Cumhuriyet
Caddesi, ist das *Atatürk-Museum* in den früheren Wohnräu-
men Kemal Atatürks eingerichtet, des Vaters der modernen
Türkei und ersten Präsidenten der türkischen Republik.

Viele der faszinierenden Vororte von Istanbul, wo immer sie
an die Ufer reichen, sucht man am besten mit der Fähre auf;
an beiden Kais der Galatabrücke sind die verschiedenen
Anlagestellen.

Oberhalb der Brücke legen die Fähren nach **Eyüp** ab,
einem kleinen Dorf von sehr konservativem Charakter
stromaufwärts am Goldenen Horn. Dies ist eine der heiligsten Pilgerstätten der islamischen Welt, denn hier soll der
Fahnenträger des Propheten Mohammed, Eyüp Ensari, begraben liegen, der während der Belagerung Konstantinopels
durch die Araber zwischen 674 und 678 angeblich dort gestorben ist. Auf wundersame Weise entdeckte Sultan
Mehmet II. während der Belagerung 1453 Eyüps Grab und
errichtete nach der Eroberung eine dem **Heiligen geweihte
Moschee und Türbe.** Die erste Moschee wurde durch ein
Erdbeben 1766 zerstört, der heutige Bau stammt von 1800.
Die beiden Höfe der Moschee sind voller Zauber und Leben;
in den knorrigen alten Platanen hausen lahme Störche, die
den Zug nach Afrika nicht mehr mitmachen können, und
darunter drängen sich fromme Pilger und Devotionalien-
händler. Im Innenhof steht die mit herrlichen Iznik-Fliesen

verkleidete Türbe des Heiligen. An dem Hügel oberhalb
liegt der große Friedhof von Eyüp mit den von Turbanen
gekrönten Grabsteinen und schattenspendenden Zypressen
von gespensterhafter Gestalt. Auf der Höhe des Hügels liegt
das berühmte Teehaus, wo der französische Romancier
Pierre Loti verkehrt haben soll. Vor allem bei Sonnenuntergang bietet sich von hier ein romantischer Ausblick, wenn
der Widerschein der untergehenden Sonne das trübe Wasser
des Goldenen Horns in changierende Pastellfarben taucht.

Am rechten und linken Ufer unterhalb der Galatabrücke
legen die Fähren ab, die Istanbul mit seinen Vororten am
asiatischen Ufer und den Prinzeninseln verbinden.

**Üsküdar**, gegenüber von Stambul, liegt am Ausgang des
Bosporus und ist der interessanteste der asiatischen Orts-
teile. In byzantinischer Zeit hieß es ›Chrysopolis‹ (Gold-
stadt); der Überlieferung nach soll es zu Anfang des 7. Jhs.
v. Chr. gegründet worden sein, ungefähr zwei Jahrzehnte
vor der ersten Besiedlung Byzantions. Unter byzantinischer
Herrschaft blieb Chrysopolis stets ein Vorort Konstantinopels, und somit teilte es weitgehend das Schicksal der Mutterstadt. Infolge seiner exponierten Lage jedoch konnte es
sich weniger gut verteidigen und wurde mehrmals von feindlichen Armeen erobert und zerstört, während Konstantinopel hinter seinen großen Festungsmauern geschützt blieb.
Aus diesem Grund findet der Besucher heute in Üsküdar
kein einziges Bauwerk aus byzantinischer Zeit. Die Türken
konnten die Stadt bereits im 14. Jh. erobern, mehr als hundert Jahre vor der Einnahme Konstantinopels. Unter den
Osmanen ließen verschiedene Angehörige der Herrscherfa-
milie in Üsküdar herrliche Moscheen und Stiftungsbauten
errichten, die zum größten Teil noch erhalten sind.

Bevor das Fährboot Üsküdar erreicht, gleitet es am sagenumwobenen ›Mädchenturm‹, dem *Kiz Kulesı* vorbei, der
einer alten, doch irreführenden Gewohnheit folgend, im
Abendland als ›Leanderturm‹ bekannt ist (Taf. 1). In byzantinischer Zeit befand sich auf dem Felsen eine kleine Festung,
von der in Zeiten der Belagerung zur Sicherung des Hafens
eine Sperrkette bis zur Serailspitze gelegt wurde. Später

diente sie als Leuchtturm, Semaphorenstation, Lazarett und Zollgebäude. Der heutige Bau wurde im 18. Jh. erstellt.

Die Anlegestelle der Fähre in Üsküdar wird von der auf hoher Terrasse gelegenen stattlichen *Iskele Camii* beherrscht. Diese schöne Moschee ›am Landungsplatz‹ wurde in den Jahren 1547-48 von Sinan für die Prinzessin Mihrimah, die Lieblingstochter Süleymans, erbaut. Auf dem Vorplatz steht ein ansprechender Barockbrunnen aus dem Jahr 1726, der *Brunnen Ahmets III.* Auf der anderen Seite des Platzes sieht man den ausgedehnten Gebäudekomplex der *Yeni Valide Camii;* dieser wurde zwischen 1708 und 1710 von Ahmet III. erbaut und dem Gedächtnis seiner Mutter, der Valide Sultan (Sultanmutter) Gülnuş Emetullah, geweiht.

Rechter Hand vor dem Anlegeplatz befinden sich noch verschiedene sehenswerte Moscheen älteren Datums. Für die *Şemsi Ahmet Paşa Camii,* die schönste dieser Gegend, fand Evliya Çelebi das treffliche Bild einer »kleinen meerumspülten Perle«. Erbaut wurde sie 1580 von Sinan für den berühmten Wesir Şemsi Ahmet Paşa, dessen Türbe ungewöhnlicherweise einen Seitenraum der Moschee selbst einnimmt.

Üsküdars größtes und eindrucksvollstes Baudenkmal ist die **Atik Valide Camii,** die sich auf den Hügeln über der Unterstadt erhebt. Dieser mächtige Moscheenkomplex wurde von Sinan 1583 für die Valide Sultan Nurbanu gebaut, die Gemahlin Selims II. und Mutter Murats III. Kein Bauwerk Sinans in Istanbul – die Süleymaniye ausgenommen – ist prächtiger oder beeindruckender. Neben der Moschee gehören zur Stiftungsanlage eine Medrese, eine Koranschule, eine Armenküche, ein Hospital, ein ›hamam‹ und eine Karawanserei; alle Bauten sind noch erhalten. Die Anlage als Ganzes muß zu den hervorragendsten Leistungen osmanischer Architektur in der gesamten Türkei gezählt werden.

Unter den vielen schönen Orten rund um Istanbul sind die **Prinzeninseln** wohl das beliebteste Ziel – eine kleine der Stadt vorgelagerte Gruppe von neun Inseln im Marmarameer, von denen vier eine gewisse Größe haben, die andern sind winzig. Das Fährschiff von der Galatabrücke steuert zuerst Kınalı Ada an, dann Burgazada, Heybeliada und zuletzt Büyük Ada (mit dem Schnellboot in ungefähr einer Stunde von Istanbul aus zu erreichen). *Büyük Ada,* griechisch ›Prinkipo‹, ist das größte und schönste der Eilande und hat mehrere gute Hotels und Restaurants. Auf allen vier Inseln gibt es herrliche Wälder und Pinienhaine, schroff ins Meer abfallende Klippen, einsame Sandbuchten, die zum Schwimmen einladen, und man findet geruhsame Erholung von der großartigen, aber manchmal geradezu nervenaufreibenden Stadt am Goldenen Horn.

Die Fährschiffe in Richtung *Bosporus* legen von der Stambuler Seite des Goldenen Horns ab, und zwar ein kurzes Stück unterhalb der Galatabrücke. Die verschiedenen Linien nehmen einen recht willkürlichen Verlauf. Im Zickzack verkehren die Dampfer die Meerenge hinauf und hinab zwischen den Ufern zweier Erdteile. Daher sei geraten, vor dem Ablegen die Fahrpläne an der Endstation eingehend zu konsultieren; am besten wählt man vielleicht für die Fahrt den Bosporus aufwärts ein Boot, das vornehmlich die Stationen am europäischen Ufer ansteuert, unterbricht für einen Landgang und fährt an der asiatischen Küste zurück.

Der **Bosporus** gehört zu den geschichtlich bedeutendsten Wasserstraßen der Alten Welt und seit Jahrhunderten preisen die Reisenden seine Schönheit. Beidseitig bieten die Ufer ein lebhaftes Bild mit den vielen Ankerplätzen und Buchten, die meist einem malerischen kleinen Dorf Schutz bieten, das sich in den Faltenwurf der dahinter aufsteigenden grünen Hügel schmiegt. Die Höhen zu beiden Seiten sind bewaldet, besonders mit Zypressen, Aleppokiefern, Roßkastanien, Terebinthen und Judasbäumen. Wenn im Frühling der Judasbaum rosarot erblüht und dazu die blaßlila Blüten der Glyzinien und die roten und weißen Kerzen der Kastanien leuchten, dann hat der Bosporus seine schönste Zeit.

Am Unterlauf auf der europäischen Seite gibt es eine Reihe interessanter Moscheen, auf die man von der Fähre aus aber nur einen flüchtigen Blick werfen kann. Als erste taucht etwa fünfhundert Meter von der Galatabrücke entfernt die *Kılıç*

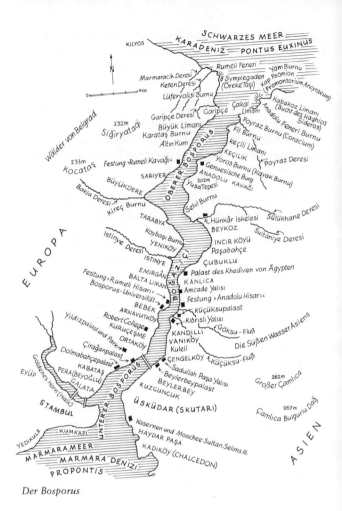

*Der Bosporus*

Ali Paşa Camii auf. Dies war Sinans letzter Moscheebau in monumentalem Ausmaß; er stellte ihn 1580 am Vorabend seines 90. Geburtstages fertig. Ihr Gründer Kılıç (Krummschwert) Ali Paşa war einer der großen Piratenadmirale der osmanischen Geschichte, zweimal entriß er Tunis den Händen der Spanier, das zweite Mal für immer. Während er dort als Stadtkommandant herrschte, gab er dem eingekerkerten Cervantes die Freiheit zurück und sorgte für dessen Rückkehr nach Spanien. Als Kılıç Ali 1587 starb, war er einer der reichsten Männer des Landes und bis zuletzt den Sinnenfreuden zugetan. »*Obwohl schon im neunzigsten Lebensjahr, hatte er es nicht über sich gebracht, den Freuden des Harems zu entsagen, und so starb er in den Armen einer Konkubine*«, schreibt der Historiker von Hammer-Purgstall.

Kurz hinter Kılıç Alis Moschee kommt die *Nusretiye Cami* in den Blick, ein Werk Sultan Mahmuts II. aus den Jahren zwischen 1822 und 1826. Der Sultan gab der Moschee den Namen › Nusretiye‹ (Sieg), weil sie kurz nach seiner erfolgreichen Beseitigung der Janitscharen fertiggestellt wurde.

Achthundert Meter stromaufwärts hinter der Nusretiye steht die *Molla Çelebi Camii,* die 1561-62 für einen von Süleymans obersten Richtern erbaut wurde. Der Bau reicht unmittelbar bis an das Wasser und bietet in seiner Lage und eleganten Linienführung einen höchst malerischen Anblick.

Das mächtigste Bauwerk am unteren Bosporus ist der *Dolmabahçe-Palast,* der etwa zwei Kilometer von der Galatabrücke entfernt am europäischen Ufer liegt. Der Palast wurde für Sultan Abdül Mecit I. gebaut und diente fast allen der letzten Sultane als Residenz. Hier starb am 10. November 1938 Kemal Atatürk, der große Staatsmann und Gründer der modernen Türkei, und lag feierlich aufgebahrt, bevor er unter der trauernden Anteilnahme des gesamten Volkes in Ankara beigesetzt wurde.

Nach etwa drei Kilometern fährt das Schiff unter der neuen Bosporusbrücke hindurch, der viertlängsten Hängebrücke der Welt. Sie wurde am 30. September 1973, dem 50. Jahrestag der Gründung der türkischen Republik, für den Verkehr freigegeben.

Im Schatten der Brückenpylone auf der asiatischen Seite steht der *Beylerbey-Palast,* 1865 für Sultan Abdül Aziz erbaut. Abdül Hamit II., der letzte der autokratischen Sultane des Osmanischen Reichs, starb hier 1918, seines Thrones verlustig und eigentlich als ein Gefangener.

118 ISTANBUL

Wir haben nun den mittleren Bosporus erreicht. Der erste Ort auf der europäischen Seite, bei dem die Fähre anlegt, ist **Arnavutköy**, das ›Albanerdorf‹, dessen Wasserfront einige der malerischsten alten Holzhäuser des Bosporus zieren. Nachdem die Fähre die Landzunge hinter Arnavutköy umrundet hat, läuft sie in die **Bucht von Bebek** ein, eine der schönsten am Bosporus. Hinter der Bucht steigen schwungvoll die weich umrissenen, üppig mit Pinien und Zypressen bestandenen Hügel empor – ein grüner Fries zwischen den blauen Bändern des Himmels und des Wassers.

Dies ist der lieblichste und geschichtsträchtigste Teil des Bosporus und es lohnt sehr, die Fahrt hier zu unterbrechen. Den ersten Überblick bekommt man von der Terrasse der *Universität des Bosporus* (Boğaziçi Üniversitesi), die sich auf dem Hügel zwischen Bebek und Rumeli Hisari niedergelassen hat. Diese angesehene türkische Universität ist Nachfolgeinstitution des alten Robert College, das seinerzeit die beste höhere Lehranstalt der Türkei war. Es wurde 1863 von Cyrus Hamlin gegründet, einem amerikanischen Missionar, der als Brotbäcker und Weißwäscher im Hospital der Florence Nightingale in Üsküdar gearbeitet hatte.

Von der Terrasse der Universität blickt man über die Meerenge hinweg auf das außergewöhnlich schöne Tal der *Süßen Wasser Asiens,* das in den letzten Jahren des Osmanischen Reichs als Erholungsgebiet der ›beau monde‹ berühmt war. *Küçüksu,* der kleine Uferpalast zwischen den Mündungsarmen der Süßen Wasser, wurde von Sultan Abdül Mecit I. 1856 erbaut. Einige hundert Meter rechts davon stehen drei jener ›yalıs‹, herrschaftliche Holzbauten, einst gepflegte Sommervillen am Wasser, die früher in großer Zahl zu beiden Seiten der Meerenge standen und von denen nur wenige noch erhalten sind. Das erste rechter Hand ist das Kıbrıslı Yalı von 1760, daneben steht das Hüseyin Bey Yalısı von 1790, und etwas weiter fällt das schöne rote Ostrorog Yalısı auf (vom Beginn des 19. Jhs.).

Hinter Bebek verengt sich der Bosporus jäh zu seiner schmalsten Stelle. Auf dem asiatischen Ufer steht hier die Festung *Anadolu Hisarı,* die Anatolische Burg, von Sultan

## AM BOSPORUS 119

Beyazıt I. um etwa 1390 errichtet. Bei den Türken heißt sie auch ›Güzelce‹ (Schönchen), und man versteht auch warum, denn die alte Festung in ihrer malerischen Lage gehört zu dem Reizvollsten, was am Bosporus zu erblicken ist. Das europäische Gegenstück an dieser engen Stelle ist **Rumeli Hisarı**, die Burg von Rumelien (dem europäischen Landesteil des Osmanischen Reichs), eine Anlage Sultan Mehmets II. von 1452; im Zusammenwirken konnten diese beiden Festungen während der Vorbereitungen der Eroberung von Konstantinopel (1453) der Stadt den Zugang zum Schwarzen Meer versperren. Rumeli Hisarı ist ein imposanter Festungsbau des späten Mittelalters; er überspannt einen tiefen Taleinschnitt, wobei zwei mächtige Türme sich auf den Hügeln gegenüberstehen und ein dritter sich am Talausgang unmittelbar am Wasser erhebt, dort, wo das Seetor hinter einem Vorwerk geschützt liegt. Eine mit drei kleineren Türmen geschützte Kurtine verbindet die drei gewaltigen Verteidigungstürme und umfaßt ein irreguläres Areal von etwa 250 Metern in der Breite und einer maximalen Tiefe von 125 Metern. Die Burg wurde 1953 zur Fünfhundertjahrfeier der türkischen Eroberung restauriert. Den inneren Bezirk hat man als Park angelegt, mit einem Theater ausgestattet, und während der Sommermonate werden Volksstücke und türkische Volkstänze aufgeführt. Die Szenerie dafür ist großartig mit der imposanten Kulisse der Burgmauern und Festungstürme und den flackernden Lichtern der Dörfer am jenseitigen asiatischen Ufer.

Nicht weit entfernt ist eine neue Europa und Asien verbindende Brücke im Bau, deren Fertigstellung für 1990 erwartet wird und deren Gestaltung mit der vorhandenen Bosporusbrücke harmonieren wird.

Hinter den beiden Burgen wird der Bosporus wieder breiter, und die Fähre zieht vorüber zwischen den Dörfern an beiden Ufern. Der bekannteste Ort auf der europäischen Seite ist **Tarabaya** mit seiner halbmondförmigen Bucht, in der dicht gedrängt luxuriöse Jachten vor Anker liegen und sich nie vom Fleck zu rühren scheinen; an der Uferpromenade findet man ausgezeichnete, aber teure Lokale. Tarabya gegenüber am anderen Ufer liegt die größere Ortschaft **Bey-koz,** von wo aus Taxis zum Ferienort Şile am Schwarzen Meer fahren, der sich der schönsten Strände in der Umgebung Istanbuls rühmen kann. Weiter stromaufwärts legt die Fähre am europäischen Ufer in **Sarıyer** an, einem sehr lebendigen kleinen Ort und dem wichtigsten Hafen für die Fischereiflotte des Schwarzen Meeres. Hier mag man das Fährschiff verlassen und mit dem Taxi durch den Belgrader Wald zum Urlaubsort Kilyos fahren, der den schönsten Badestrand im europäischen Teil der türkischen Schwarzmeerküste besitzt.

Die letzte Fährstation auf der europäischen Seite ist **Rumeli Kavağı,** wo sich im Umkreis der am Wasser gelegenen türkischen Festung verschiedene gute und preiswerte Fischlokale finden. Gegenüber liegt **Anadolu Kavağı,** die Endstation der Fähre an Asiens Küste. Auf dem Hügel oberhalb der Ortschaft erheben sich die Ruinen der *Burg von Yoros,* die in spätbyzantinischer Zeit erbaut und später von Genuesen und Türken besetzt wurde. Wer den oberen Ausgang des Bosporus erkunden möchte, muß sich hier ein Boot mieten und auf das Meer hinausfahren. Ein solcher Ausflug wird größtes Vergnügen bereiten, denn die Landschaft ist wild, zerklüftet und menschenleer – und von außergewöhnlicher Schönheit.

7 Dorf bei Çanakkale an der nördlichen Ägäis

8 Olivenverkäufer

9 Markt in dem Hafenstädtchen Ordu am Schwarzen Meer

10 Ankara, anatolische Kleinstadtidylle in der Metropole

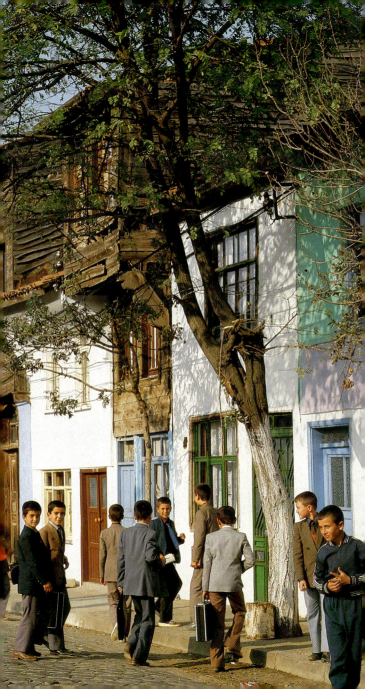

# 7

## Bithynien: Iznik und Bursa

Iznik (Nikäa): Hagia Sophia – Zaviye der Nilufer Hatun –
Yeşil Cami-Bursa: Ulu Cami – Orhan Gazi Camii – Burghügel
Muradiye-Moschee Murats I. – Yeşil Cami – Yeşil Türbe
Moschee des Yıldırım Beyazıt

Im Altertum nannte man den nordwestlichen Teil Klein-
asiens Bithynien, ein lieblicher Landstrich der gemäßigten
Klimazone, auf dessen sanft ansteigenden grünen Hügeln
Pinien und Zypressen stehen und dessen Hänge und Täler
dicht mit Olivenhainen und Weinbergen bedeckt sind,
»Geschenke des gabenreichen Dionysos«.

Bithynien erreicht man von Istanbul am besten auf dem
Seeweg mit der Autofähre ab Kartal, einer Istanbuler Vorstadt am anatolischen Marmara-Ufer, eine halbe Stunde vom
Zentrum entfernt. Die Fähre überquert den Golf von Izmit
und legt nach eineinhalb Stunden in Yalova an, einem Ferienort, der schon im Altertum als Kurbad berühmt war.

Eine angenehme Fahrt von weniger als einer halben
Stunde führt durch hügeliges Land zum Dorf Orhangazi, wo
wir links nach Iznik abbiegen. Nun verläuft die Straße am
Nordufer des Iznik Gölü entlang, des griechischen Askanios-
Sees. Dies ist der reizvollste Teil Bithyniens, wo sich Oliven-
haine und Weinberge an den Hängen bis unmittelbar zum
Seeufer hinab erstrecken und der Weg sich gemächlich durch
ein Spalier von Pappeln und Weißbirken schlängelt.

Der erste Blick auf **Iznik**, das antike **Nikäa**, ist sehr eindrucksvoll, denn nach einer Weile lichtet sich der Wald am
Ostende des Sees, und man sieht sich plötzlich dem herrlichen Rund einer alten mit mächtigen Türmen gekrönten
Festungsmauer gegenüber, einer Vision aus dem Mittelalter
gleich. Als Raimond de Aguilers mit den Rittern des ersten
Kreuzzuges im Juni 1097 das erste Mal vor diesen Mauern
stand, bemerkte er: »*Ein von Natur und Menschenhand mäch-*

*tig geschützter Ort… von Mauern umgeben, die weder den Ansturm von Kampftruppen noch den Beschuß von Kriegsmaschinen zu fürchten brauchen.*« Aber was weder Menschen noch Mächten gelang, vermochte der Lauf der Zeit: Diese einstmals mächtige Stadt, Metropole dreier Königreiche und eines Kaiserreichs ist heute wenig mehr als eine Geisterstadt, die zwischen ihren Mauern und Ruinen wie in einer zu groß gewordenen Haut lebt.

Die Stadtbefestigung wurde zu hellenistischer Zeit angelegt, während der spätbyzantinischen Periode erneuert, und auch von Seldschuken und Osmanen ausgebessert. Die Stadtbegründung im Jahr 316 v. Chr. geht auf Antigonos den Einäugigen zurück, einen Feldherrn Alexanders des Großen und späteren Herrscher über weite Teile des Diadochenreichs. Um 300 v. Chr. geriet die Stadt unter die Herrschaft des thrakischen Königs Lysimachos, der sie nach seiner verstorbenen Gemahlin Nikaia, einer Tochter des Antipatros, benannte. Bald nach Lysimachos' Tod im Jahr 281 v. Chr. wurde Nikäa von Nikomedes I. von Bithynien erobert und für eine Weile Hauptstadt seines Königreichs. Zwei Jahrhunderte danach vermachte Antiochos, Bithyniens letzter König, die Stadt dem römischen Volk, und sie wurde Hauptstadt der römischen Provinz Bithynia. In der Folgezeit gehörte Nikäa zu den wichtigsten Städten des Oströmischen und später des Byzantinischen Reichs. Valentinian I. und Valens erhielten hier während ihrer Residenzzeit die römische Kaiserwürde; auch Diokletian, Kostantin und Justinian residierten an diesem Ort. Konstantin ließ 325 in Nikäa das erste ökumenische Konzil zusammentreten, und im Jahr 787 tagte hier das von Kaiserin Eirene einberufene siebente Konzil; beide Konzilien bedeuteten Wendepunkte in der Geschichte des Christentums.

Doch es war ein unruhiges und gefahrvolles Zeitalter, und auch Nikäa war mehrfach Opfer der Eroberungszüge, die während des Mittelalters Kleinasien verwüsteten; nacheinander fiel es an die Goten, Perser, Mongolen und Türken. Von 1081, als die Seldschuken die Stadt eroberten, bis 1097, als diese von den verbündeten Truppen der Byzantiner und

## NIKÄA 127

Kreuzritter vertrieben wurden, war Nikäa Hauptstadt des Sultanats Rumelien. Nach der Einnahme Konstantinopels 1204 durch die Kreuzritter des vierten Kreuzzuges wurde Nikäa Hauptstadt eines der verbliebenen Teile des Byzantinischen Reichs, über das Theodor I. Laskaris herrschte. Das nächste halbe Jahrhundert sah eine glänzende Herrschaft der Laskariden in Nikäa, denen es schließlich 1261 gelang, dem Byzantinischen Reich seine alte Hauptstadt Konstantinopel wiederzugewinnen.

Das Goldene Zeitalter, das die Laskariden Nikäa geschenkt hatten, überdauerte nicht die Zeit, in der sie regierten. 1331 fiel die Stadt an Orhan Gazi, den ersten osmanischen Herrscher, der den Sultanstitel trug. Die Türken gaben ihr den Namen Iznik, und Orhan Gazi benützte sie eine Zeitlang als Residenz. Der Ort wurde 1402 von Tamerlan (Timur Lenk) geplündert, eine Katastrophe, von der damals viele Städte Anatoliens heimgesucht wurden. Doch Iznik erholte sich rasch und gehörte bald wieder zu den wichtigsten Städten in Westanatolien, über das nun die osmanischen Türken regierten. Während der folgenden zwei Jahrhunderte gründete sich sein weitreichender Ruhm auf die herrlichen Keramikfliesen, welche bei der Ausschmückung von Moscheen, Palästen und frommen Stiftungen Verwendung fanden und zu den bedeutendsten Beiträgen der Osmanen zur islamischen Kunst gehören. Doch in späteren Jahrhunderten begann die Stadt wie so vieles andere im Osmanischen Reich zu verfallen, bis aus ihr schließlich zu Anfang unseres Jahrhunderts ein anatolisches Bauerndorf geworden war, dahinträumend inmitten dessen, was die fast gänzlich der Vergessenheit anheimgefallene Vergangenheit belassen hatte. Der letzte Schicksalsschlag kam im Jahr 1922, als noch in den letzten Tagen des griechisch-türkischen Krieges der Ort fast völlig zerstört wurde und nur die traurigen Ruinen übrigblieben, die heute zu sehen sind.

Die moderne Autostraße führt nach Iznik durch einen Mauerdurchbruch neben dem *Istanbul Kapısı,* einem der vier Haupttore in den Verteidigungsmauern. Dies ist ein Doppeltor, denn die Stadt war von zwei konzentrischen

Mauerzügen umgeben, deren jeder von mehr als einhundert Festungstürmen bewacht wurde. Zwischen den beiden Mauern steht ein Triumphbogen, der an den Besuch Kaiser Hadrians im Jahr 123 n. Chr. erinnert.

Wie die meisten hellenistischen Städte ist auch Nikäa von Stadtplanern angelegt worden, und seine Straßenzüge sind

*Iznik-Nikäa*

1 Istanbul-Tor
2 Yenişehir-Tor
3 See-Tor
4 Lefke-Tor
5 Hagia Sophia
6 Esref Rumi-Moschee
7 Yeşil Cami (Grüne Moschee)
8 Zaviye der Nilüfer Hatun (Archäologisches Museum)
9 Süleyman Paşa-Moschee
10 Bäder
11 Mahmut Çelebi-Moschee
12 Koimesis-Kirche
13 römisches Theater
14 Stadion

## HAGIA SOPHIA

alle nach den vier Richtungen der Windrose orientiert. Die Hauptstraße, die *Atatürk Caddesi,* verläuft vom Istanbul Kapısı (1) in südlicher Richtung zum Yenişehir Kapısı (2), und die *Mazharbey Caddesi* bildet die Ost-West-Achse zwischen dem See-Tor (3) und dem Lefke Kapısı (4).

Im Zentrum, an der Kreuzung von Mazharbey Caddesi und Atatürk Caddesi, stehen die Überreste der **Hagia Sophia** (5), den bedeutenden Bauwerks Izniks aus byzantinischer Zeit. Bei Ausgrabungen im Jahr 1935 stellte man fest, daß der erste Kirchenbau an dieser Stelle wahrscheinlich zur Zeit Justinians errichtet, 1065 durch ein Erdbeben zerstört und kurze Zeit danach der heutige Bau fertiggestellt wurde. Nachdem Orhan Gazi unter dem Banner der Osmanen die Stadt 1331 erobert hatte, wandelte man die Hagia Sophia in ein islamisches Gebetshaus um, sie wurde zur ›Ulu Cami‹ oder Großen Moschee. Der Bau wurde 1402 von Tamerlan verwüstet und in der Mitte des 16. Jhs. wiederum stark beschädigt, woraufhin Süleyman seinen Architekten Sinan mit der Neugestaltung beauftragte. Die Instandhaltung hat man in späterer Zeit sehr vernachlässigt; schließlich wurde es während der Kämpfe von 1922 völlig zerstört. Die Ruinen der Hagia Sophia sind von gewissem Interesse, vor allem der Mosaikboden und Reste der Fresken; tiefer aber berühren den Besucher die historischen Assoziationen an einer Stätte, die fünfmal eine Kaiserkrönung erlebte während Nikäa die damalige Hauptstadt des Byzantinischen Reiches war.

Die wichtigsten Bauwerke Izniks aus türkischer Zeit liegen im Osten der Stadt; wir folgen der *Mazharbey Caddesi* in östlicher Richtung bis zum monumentalen Torbau der *Lefke Kapısı,* das auch für den Besuch Kaiser Hadrians errichtet wurde. An der letzten Kreuzung vor dem Tor wenden wir uns nach links, und an der nächsten Häuserecke erblicken wir linker Hand die Zaviye (Derwischhospiz) der Nilufer Hatun und rechts die Yeşil Cami.

Die **Yeşil Cami** (7) oder Grüne Moschee wurde in den Jahren 1378 bis 1391 zu Ehren von Çandarlı Halil Paşa errichtet, dem Stadtrichter von Iznik unter Orhan Gazi und Großwesir unter Sultan Murat I. Ihren Namen verdankt sie dem türkisfarbenen Fliesenschmuck, der einst das herrliche suldschukische Minarett zierte; die Fliesen gehörten zu den schönsten Erzeugnissen aus den Brennöfen von Iznik, aber heute befinden sich an ihrer Stelle armselige Imitationen aus Kütahya.

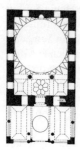

Yeşil Cami

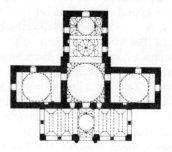

Zaviye der Nilüfer Hatun

Die **Zaviye der Nilüfer Hatun** (8) ließ Sultan Murat I. 1388 zu Ehren seiner Mutter errichten. Nilufer Hatun war die Tochter des griechischen Kaisers Johannes VI. Kantakuzenos und wurde zur Festigung der byzantinisch-osmanischen Bande mit Orhan Gazi verheiratet. Sie war eine der fähigsten Frauengestalten der osmanischen Geschichte, und während der Eroberungsfeldzüge ihres Gemahls leitete sie die Reichsgeschäfte. Ihre ›zaviye‹ bietet heute dem lokalen *archäologischen Museum* Platz, in dem Funde aus Iznik und der Umgebung ausgestellt sind. (Wer den ausgemalten Grabbau aus der Römerzeit vor dem Istanbuler Tor besichtigen möchte, wende sich an den Museumsleiter.)

Wir gehen nun die Mazharbey Caddesi zurück, durchqueren das Ortszentrum und begeben uns zum einstmaligen Seetor. Wer ein wenig am Ufer des Izniksees entlangspaziert, wird mehrere einfache, aber gute Lokale finden, die frischgefangene Flußfische anbieten.

Zurückgekehrt zur Ortsmitte folgen wir der *Atatürk Caddesi* nach Süden in Richtung des Yenişehir-Tors. Etwa auf halbem Weg biegen wir nach links ein und kommen bald zu der **Zaviye des Yakub Sultan,** einem Bau des ausgehenden 14. Jhs. Stifter dieses Derwischhospizes war ein jüngerer Bruder Sultan Beyazits I., den der Sultan bei seiner Thronbesteigung umbringen ließ. Beyazıt rechtfertige den Brudermord mit dem Argument, daß er dadurch der Gefahr eines Thronfolgekampfes vorbeugen wollte, denn gemäß dem Koran ist »Tod besser als Aufruhr«.

Wir kehren nun wieder um, gehen auf der anderen Straßenseite der Atatürk Caddesi zurück und gelangen zu den mächtigen Ruinen eines **antiken Theaters** (13). Der Bau wurde von Plinius dem Jüngeren errichtet, als er in den Jahren 111 bis 112 Gouverneur von Bithynien war. Er konnte 15 000 Zuschauer fassen. Heute ist die Ruine fast völlig von Gras und Unkraut überwuchert, und nur hier und dort stößt man auf antike Reste.

Wieder auf der Atatürk Caddesi halten wir uns rechts und erreichen bald das **Yenişehir Kapısı** (2), das Haupttor im Süden des Ortes. Die Inschrift nennt Kaiser Claudius, der es 268 n. Chr. errichten ließ. Sein zerfallener Zustand läßt an die heftigen Kämpfe denken, in deren Brennpunkt es zweimal stand: 1081, als die Seldschuken anrückten, denen Kaiser Alexios I. Komnenos die Stadt aber wieder abringen konnte und 1097 hier triumphalen Einzug hielt; und 1331, als die Byzantiner Nikäa an die Osmanen unter Orhan Gazi verloren. – Die moderne Autostraße führt an diesem geschichtsträchtigen Tor vorbei, das jetzt nur noch von jenen Bewohnern benutzt wird, die nahe vor den Stadtmauern ihre Landwirtschaft betreiben.

Wir verlassen Iznik durch das Yenişehir Kapısı und fahren am Südufer des Sees entlang. Hier ist die Landschaft noch schöner als bei der Anfahrt von Norden: Die Straße windet sich durch Haine von Olivenbäumen, Zypressen, Pappeln und Weißbirken, während wir immer tiefer in das alte Königreich Bithynien vordringen.

Bald nachdem wir das Westufer des Sees verlassen haben, kommen wir nach *Gemlik,* einer kleinen Hafenstadt am Ende einer fjordartigen Bucht.

Vorbei an Gemlik geht der Weg aufwärts in hügeliges Land. Nach etwa einer halben Stunde senkt sich die Strecke zur weiten Ebene unterhalb des *Ulu Dağ,* des Großen Bergs, dessen edler Zinnenkranz sich schon von weither dem Blick darbietet. Es ist der antike Olympos in Bithynien, und ihm zu Füßen erstreckt sich die schöne und geschichtsträchtige Stadt **Bursa.**

Den Reisenden früherer Zeiten war die Stadt als Prusa (oder Brussa) bekannt, nach König Prusias I. von Bithynien, der sie 183 v. Chr. gegründet hat. Nachdem es schon im Altertum eine gewichtige Rolle gespielt hatte, erlebte Bursa im 14. Jh. erneut eine Blütezeit, als die osmanischen Türken es nach der Vertreibung der Byzantiner 1326 zu ihrer Hauptstadt machten. Diesen Rang bewahrte es bis zum Anfang des 15. Jhs., dann wurde der Regierungssitz des sich ständig vergrößernden Osmanischen Reichs nach Edirne verlegt. Aber Bursa blieb weiterhin der Kern des alten osmanischen Mutterlandes in Anatolien und behauptete seine Stellung

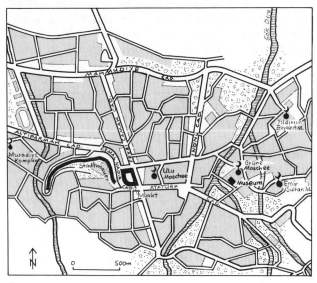

*Bursa*

## ULU CAMI

noch in den Anfangsjahren des Großreichs. Osman Gazi, Gründer des osmanischen Herrscherhauses, und die ersten fünf Sultane liegen hier begraben. Ihre kaiserlichen Moscheen, Grabmäler und frommen Stiftungen schmücken noch immer die grünen Hügel dieser reizvollen alten Stadt und rufen ihre bedeutende Vergangenheit ins Gedächtnis zurück.

Die von Gemlik kommende Straße führt zum *Cumhuriyet Meydanı,* dem Zentrum des neuen Bursa. Von hier aus beginnen wir unseren Rundgang in der *Atatürk Caddesi* in westlicher Richtung; bald stehen wir vor der **Ulu Cami** der Großen Moschee, die im alten Marktviertel unterhalb des Burghügels liegt.

Die Ulu Cami wurde 1396-99 von Sultan Beyazıt ı. erbaut, den man › Yıldırım‹, den Wetterstrahl, nannte. Die Kosten für die Erbauung deckte der Sultan mit dem Beuteschatz, der ihm nach der Schlacht bei Nikopolis am 24. September 1396 zugefallen war, wo er über ein Kreuzfahrerheer unter König Sigismund von Ungarn gesiegt hatte. Dies ist die mächtigste aller Sultansmoscheen, die während der hundert Jahre vor der Eroberung Konstantinopels in Anatolien erbaut wurden, und in ihr symbolisiert sich die allmähliche Vormachtstellung der Osmanen gegenüber ihren Rivalen unter den türkischen Emiren.

Zwölf große Pfeiler unterteilen den gewaltigen Innenraum der Moschee in zwanzig gleichgroße überkuppelte Raumeinheiten. Die Höhe der Kuppeln steigert sich unmerklich zur Mitte hin. Unter der zweiten, vom Hauptportal aus gesehen, befindet sich ein › şadirvan‹ mit einer sprudelnden Fontäne in der Mitte. Wie bei anderen Moscheen in Bursa war auch bei der Ulu Cami der oberste Teil der Kuppel über dem › şadirvan‹ ursprünglich offen, doch hat man vor einigen Jahren diese Öffnung zum Schutz gegen die Elemente mit Glas gedeckt. Trotzdem wirkt der Raum noch höchst anziehend und hinterläßt den Eindruck eines lichtdurchfluteten Innenhofes, in dem sich die Gläubigen drängen und die vorgeschriebenen Waschungen verrichten.

Vor Verlassen der Moschee sollte man sich den wunderbaren aus Walnußholz geschnitzten *Mimbar* ansehen, den schönsten seiner Art. Und dann lohnt es sich, im Vorhof stehenzubleiben und die *Fassade* der Moschee zu betrachten, deren honigfarbener Kalkstein am Berg Olympos gebrochen wurde. Das eindrucksvolle Haupttor war offenbar nicht Teil der ursprünglichen Anlage, und manches deutet darauf hin, daß es von Tamerlan 1402-03 während seiner Besetzung Bursas errichtet wurde. Damals durchlitt Beyazıt das letzte Jahr seiner Gefangenschaft, nachdem er in der verlorenen Schlacht von Ankara im Jahr 1401 in Tamerlans Hände gefallen war: »Der Sohn Osmans geriet einem Jäger in die Falle und wurde wie der Vogel im Käfig gefangengehalten.« So der Chronist Arabshah in seiner Lebensbeschreibung des mongolischen Eroberers.

Ein kurzes Stück weiter an der Atatürk Caddesi liegt hinter der Ulu Cami die älteste der Sultansmoscheen von Bursa, die **Orhan Gazi Camii.** Orhan I., der Eroberer von Bursa, ließ sie 1336 errichten. Obwohl sie zweimal zerstört und zweimal wiederaufgebaut wurde – zuerst im 15. und dann im 18. Jh. –, bewahrte sie ihre ursprüngliche Bauge-stalt. Sie ist das früheste Beispiel einer Moschee mit T-förmig angeordneten Liwanen. (Ein Liwan, auch Iwan oder ›eyvan‹, ist ein gewölbter oder überkuppelter Raumteil, der sich zu einem Hof oder einem Raum öffnet.) Hier flankieren die beiden Seitenliwane den Zentralraum, und der drei Stufen erhöht liegende Hauptliwan bildet den Gebetsraum mit Mihrab und Mimbar. Zu beiden Seiten des Eingangs liegen zwei kleine Räume, die einst als ›tabhane‹ oder ›zaviye‹ Wanderderwischen Unterkunft boten.

Bursas **Hauptmarkt** liegt im Rücken der eben erwähnten beiden Moscheen. Ein Großfeuer hat ihn 1955 verwüstet, aber er ist inzwischen wieder originalgetreu hergerichtet worden. Etwas vom früheren Charme und Charakter hat es dabei zwar eingebüßt, trotzdem aber spürt man noch das Fluidum eines alten osmanischen Marktes. Man könnte gut einen Teil des Tages damit verbringen, durch seine labyrin-thischen Arkaden zu streifen – vielleicht daß der günstige Kauf einer Rarität einen solchen Bummel krönt.

Den Mittelpunkt des Marktes bildet hier, wie in Istanbul,

FESTUNG    135

der *Bedesten.* Er wurde während der Regierungszeit des Yıldırım Beyazıt errichtet und war der Lagerung und dem Verkauf nur der kostbarsten Waren vorbehalten wie Brokatstoffen, Schmuck und Gold- und Silberwaren. An den Bedesten schließt sich der *Sipahilar Çarşısı* an, ein gedeckter Basar, von Mehmet I. in der ersten Hälfte des 15. Jhs. erbaut. Hinter diesen beiden Marktanlagen stehen rund ein Dutzend herrlicher alter ›hans‹, die zumeist aus dem 15. Jh. stammen. Der reizvollste ist der Koza Han von 1451, der kürzlich restauriert wurde.

Jenseits der Ulu Cami gabelt sich die Hauptstraße in zwei Seitenstraßen, von denen die eine den Burghügel umrundet, die andere, *Yiğitler Caddesi,* zur **Festung** hinaufführt. Entlang des ersten steilen Abschnitts der Yiğitler Caddesi erheben sich die mächtigen alten Festungsmauern aus hellenistischer Zeit, die dann Byzantiner und später Osmanen erneuert haben.

Auf dem Gipfel des Burghügels befindet sich ein ummauertes Areal mit den *Grabmälern Osman Gazis und Orhan Gazis.* Osman Gazi, der Stammvater der gleichnamigen Dynastie, starb 1324 in der nahegelegenen Stadt Söğüt und wurde erst zwei Jahre später, nach der Einnahme Bursas, hierher überführt. Sein Sohn Orhan ließ ihn im früheren Baptisterium der Kirche ›Profitis Elias‹ beisetzen, nachdem sie in eine Moschee umgewandelt worden war. Er selbst wurde im einstigen Schiff der Kirche bestattet (1359). Beide Gebäudeteile sind mehrfach zerstört und wieder aufgebaut worden. Alles, was von der alten Kirche blieb, sind Fragmente des Bodenbelags um den Sarkophag Sultan Orhans. Hinter den Grabstätten liegt eine breite Terrasse, von der aus man den weiten Blick über die Unterstadt von Bursa und die Hügel der Umgebung genießen kann.

Nun verläuft die Straße im Schatten der Festungsmauern, und bald sehen wir im Tal die Kuppeln des Moscheekomplexes der Muradiye, unser nächstes Besuchsziel. Bevor wir aber der Zitadelle den Rücken kehren, wollen wir einen Gang durch die angrenzenden malerischen Gassen unternehmen, wo einige der hübschesten Wohnhäuser der Türkei

stehen. Diese alten Privathäuser von Bursa sind zumeist aus
Stein und himmelblau, grün, ocker oder rosa gestrichen,
wobei die oberen Stockwerke über die Straße hinausragen.
Mit etwas Glück erhaschen wir durch eine offene Küchentür
einen Blick auf den Innengarten, wo aus Benzinkanistern
kräftig-farbige Blumen sprießen, oder wir entdecken einen
Alten, der es sich auf seinem weinbelaubten Balkon gut
gehen läßt und genüßlich wie ein Sultan an seiner Wasser-
pfeife zieht.

Das prächtigste dieser altosmanischen Häuser steht einen
Häuserblock von der Muradiye entfernt. Es stammt aus dem
frühen 18. Jh., wurde fachmännisch restauriert und beherbergt heute ein Museum, in dem manche Räume im Stil der
Osmanenzeit eingerichtet sind.

Die **Muradiye** ist ein Bau aus den Jahren 1424-26, gestiftet
von Sultan Murat II., dem Vater Mehmet des Eroberers. Sie
war die letzte in Bursa von einem Sultan errichtete
Moscheeanlage; zu ihr gehörten eine Armenküche, eine Medrese und die Stiftertürbe. Im Grundriß wiederholt die Moschee den Plan der Orhan Gazi Camii mit ihrer T-förmigen
Anordnung der Liwane und den zwei Derwischunterkünften
rechts und links des Eingangs.

Im Garten hinter der Moschee stehen neben dem *Mausoleum Murats II.* ein Dutzend Türben aus dem Jahrhundert
nach seinem Tod. Der große Krieger, der 1451 in Edirne
starb, ist der letzte Sultan, der in der alten Hauptstadt Bursa
begraben wurde. Das Grabmal ist von schlichter Größe,
und der mit Erde gefüllte Marmorzenotaph ruht unter dem
offenen Rundfenster des Kuppelgewölbes.

Drei weitere herrscherliche Moscheeanlagen gibt es in
Bursa, die jedoch in den Außenbezirken liegen. Während der
ersten anderthalb Jahrhunderte des Osmanischen Reichs, als
zuerst Bursa und dann Edirne Residenzstadt waren, zogen
die Sultane für ihre Paläste und Moscheen die Ruhe und
Abgeschiedenheit der Außenbezirke den dichtbewohnten
Stadtzentren vor.

Die älteste der drei Anlagen ist die ›**Külliye**‹ **Murats** I.
Hŭdavendigar. (Hŭdavendigar bedeutet wörtlich ›Schöpfer

## MURAT I. HŬDAVENDIGAR 137

des All‹, ein wahrlich hochgreifender Herrschertitel.) Der
Komplex aus den Jahren 1365-85 steht in dem schönen
Vorort Çekirge auf einer Anhöhe im Nordwesten der Stadt.
Die lange Bauzeit erklärt sich aus der langen Regierungszeit
des Sultans, in der er meist auf Kriegszügen war und selten
Zeit fand, sich um den Fortschritt seiner Moschee zu küm-
mern. Ein Jahr bevor er seinem Vater Orhan Gazi auf den
Thron folgte, gelang Murat die Einnahme Edirnes, und während der folgenden drei Jahrzehnte führte er sein Heer zu
einer Reihe wichtiger Siege im südlichen Balkan. Seinen
letzten und größten Triumph errang er in der Schlacht von
Kossowo am 27. August 1389, als die türkischen Truppen
die vereinten Armeen unter Fürst Lazar von Serbien schlugen
und das Serbische Königreich dem Osmanischen Reich ein-
verleibten. Noch auf dem Schlachtfeld, dem ›Amselfeld‹, fiel
der Sultan einem Meuchelmord zum Opfer, verschied wenige
Stunden nach dem großen Sieg und wurde bald darauf neben
seiner Moschee in Bursa beigesetzt.

Die Moschee des Hŭdavendigar ist zweigeschossig: im
Erdgeschoß der Moscheeraum mit Seitenräumen für wan-
dernde Mönche; im Obergeschoß eine Medrese – eine Anordnung, die wir in der osmanischen Architektur sonst nirgends finden. Von den Stiftungsgebäuden ist nur noch die
Türbe des Sultans erhalten sowie ein kleiner Hamam, das
›Bad der Hinterbliebenen‹.

Das älteste Thermalbad in Bursa, der berühmte **Eski Kaplıca Hamam,** steht am Fuß des *Çekirge-Hügels* etwas unterhalb der Moschee Murats I. Der Überlieferung zufolge ließen
Kaiser Justinian und Kaiserin Theodora die Badeanlage errichten. Der heutige Bau geht auf Murat I. zurück, doch die
Spolien antiker Säulen und Kapitelle lassen vermuten, daß
die ersten Thermen schon in römischer Zeit angelegt worden
sein könnten.

Beim Rückweg in die Stadt sehen wir in den Feldern
unterhalb des Weges den *Yeni Kaplıca Hamam* liegen, ein
Werk Rüstem Paşas aus der Mitte des 16. Jhs. Evliya Çelebi
berichtet, wie an jenem Ort Sultan Süleyman beim Baden in
einer heißen Quelle von der Gicht kuriert wurde und

daraufhin seinen Großwesir anwies, über den sprudelnden Wassern einen Hamam zu erbauen.

Der **Kulturpark** zur Linken ist im Sommer ein Treffpunkt der Stadtbewohner, mit Straßencafés, Spielhallen und dem Budenzauber eines Jahrmarkts. Im Parkbereich befindet sich das neue *Archäologische Museum*, das Funde aus Bursa und Umgebung und auch eine größere Anzahl von Grabstelen aus römischer und byzantinischer Zeit zeigt.

Die beiden anderen herrscherlichen Moscheekomplexe liegen an einem Hügel im Südosten der Stadt. Am einfachsten ist es, wenn wir uns wieder am *Cumhuriyet Meydanı* einfinden und von dort die *Atatürk Caddesi* entlang nach Osten gehen. Unterwegs überqueren wir eine Brücke über den Gök Dere, dessen Wasser vom Ulu Dağ herabströmen. Hinter der Brücke biegen wir in die zweite Straße auf der linken Seite ein, die *Yeşil Caddesi,* und bald darauf stehen wir vor der **Yeşil Cami,** der Grünen Moschee.

Den Bauauftrag für die Yeşil Cami gab Sultan Mehmet I. Çelebi im Jahr seiner Thronbesteigung 1413, dem ein langwährender Bürgerkrieg im Anschluß an den Tod seines Vaters Yıldırım Beyazıt vorausgegangen war. Als Mehmet 1421

*Bursa, Yeşil Cami (Grüne Moschee)*

## YEŞIL CAMI

starb, waren die Bauarbeiten noch nicht abgeschlossen, und obwohl noch drei Jahre lang an der Moschee gearbeitet wurde, blieb sie unvollendet und ohne die übliche Vorhalle. Dennoch ist die Yeşil Cami aufgrund der harmonischen Durchgestaltung des Entwurfs und der prunkvollen Innenausstattung die großartigste und schönste der Sultansmoscheen in Bursa.

Der Grundriß stellt eine weitere Variante des T-förmigen Liwantyps dar. Ein kleiner tonnengewölbter Eingangsliwan führt zu einem überdachten Innenhof mit einem ›şadirvan‹ in der Mitte, der durch eine Laterne auf der Kuppel Tageslicht empfängt. Die flankierenden Seitenliwane sind um eine Stufe gegenüber dem Haupthof erhöht, und zum Hauptliwan, dem Gebetsraum, führt ein vierstufiger Marmoraufgang. Zweifellos weist sie die schönste Innenausstattung aller Moscheen in Bursa auf, wo der herrliche Mihrab vom weiten Bogen des Gebetsliwans optisch eingefaßt wird und sich auf der stillen Wasseroberfläche des Brunnens die gleißenden Farbstrahlen aus den Buntglasfenstern der ›kibla‹-Wand brechen.

Wenn wir uns die edlen Keramikfliesen an den Wänden des Hauptliwans in Ruhe angesehen haben, wenden wir den Blick zum Eingangsportal. Über dem Eingangsliwan ist die mit herrlichen Fliesen ausgekleidete Sultansloge zu sehen und ihr zur Seite die durch Gitterwerk abgeschirmten Balkone für die Angehörigen des Sultans; die abgeteilten Räume darunter waren dem Gefolge vorbehalten. Die zwei Liwane zu beiden Seiten dienten wandernden Derwischen als ›zaviye‹ (Unterkunft).

Die *Yeşil Türbe*, das Mausoleum Sultan Mehmets I., erhebt sich auf dem Hügel gegenüber der Moschee. Ursprünglich waren die Außenwände mit jenen türkisfarbigen Fliesen verkleidet, die der Türbe und der Moschee ihren Namen gaben, doch wurden sie bei dem Erdbeben 1855 zerstört und durch moderne aus Kütahya ersetzt. Der Innenraum der Türbe ist nicht minder prachtvoll als jener der Moschee. Bemerkenswert sind hier vor allem die feingeschnitzten Türflügel, die Fayenceverkleidung der Wände, der herrlich deko-

*Bursa, Yeşil Külliye*
1 Medrese
2 Moschee
3 Imaret
4 Hamam
5 Türbe

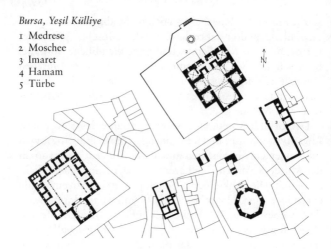

rierte Mimbar und der Sultanssarkophag mit einer verschlungenen Inschrift in Gold auf blauem Grund.

Zum Stiftungskomplex der Moschee Mehmets I. gehörten ursprünglich auch eine Medrese, ein Imaret und ein Hamam, doch nur noch die Medrese ist erhalten. Vor einigen Jahren wurde dort ein *Museum für Türkische und Islamische Kunst* eingerichtet, wo unter anderem osmanische Waffen ausgestellt sind, Küchengerät, Schmuckstücke, Kalligraphien und handgeschriebene osmanische Bücher.

Die vierte Sultansmoschee in Bursa, eine Stiftung des Yıldırım Beyazıt, liegt auf einem Hügel nordöstlich der Yeşil Cami. Es ist ratsam, zuerst ihre Lage vom Außenhof der Yeşil Cami her auszumachen und dann dem Verlauf der Straßen dorthin zu folgen. Es ist ein längerer Spaziergang, führt aber durch ein sehr interessantes Viertel mit kopfsteingepflasterten Gassen und ähnlich schönen und alten Wohnhäusern wie um die Zitadelle.

Die **Moscheeanlage des Yıldırım Beyazıt** wurde 1391 begonnen und 1395 fertiggestellt. Wie die meisten Moscheen in Bursa wurde auch sie durch das Erdbeben von 1855 sehr in Mitleidenschaft gezogen; seither ist der Baukomplex zweimal restauriert worden, 1878 und 1948, ohne daß dabei anscheinend etwas von der ursprünglichen Gestalt und Eigenart verlorengegangen ist. Es handelt sich um eine der frühesten der größeren Moscheeanlagen des Osmanischen Reichs. Zur ›külliye‹ gehörten die Moschee mit Derwischhospiz, zwei Medresen, ein Imaret, ein Krankenhaus, ein Palast und die Türbe des Stifters. Von all' dem stehen heute noch die Moschee, die Türbe und eine der Medresen, die jetzt der Krankenpflege dient. Im Grundriß folgt die Moschee der schon öfter erwähnten T-förmigen Anordnung der Liwane. Auch hier boten die Seitenliwane Unterkunft für Pilger. Der Außenbau der Moschee wirkt besonders ansprechend mit der kraftvoll proportionierten, fünfjochigen Vorhalle und der durch den Wechsel von Marmor- und Steinquadern lebendigen Fassade.

Die schönste Zeit für einen Besuch Bursas ist der Frühling, wenn über den weiten Ebenen unter dem Ulu Dağ ein grüner Schimmer liegt und auf den Berghängen wilde Blumen und blühende Bäume leuchten. Befreit liegt die Landschaft von den Wolken und Nebeln des Winters, und klar erhebt sich

*Bursa, Külliye des Yıldırım Beyazıt*

1 Medrese
2 Türbe
3 Brunnen
4 Moschee

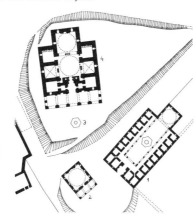

hinter der Stadt die von Abhängen und Felsspitzen modellierte Kulisse des majestätischen Berges. Natürlich bliebe jeder Besuch der Stadt unvollständig ohne eine Fahrt hinauf zum *bithynischen Olympos*. Der nicht motorisierte Besucher nehme die Seilbahn, deren Talstation sich unweit der Yeşil Cami an einem Hügel im Osten der Stadt befindet; mit dem Auto benützt man die vom Stadtteil Çekirge ausgehende Bergstraße. Der Gipfel bietet einen überwältigenden Ausblick: Ganz Bithynien liegt ausgebreitet unter uns, und an klaren Tagen funkeln in der Ferne die Kuppeln und Minarette Istanbuls.

# 8

## Thrakien und die Dardanellen

Von Istanbul nach Edirne – Edirne: Rings um die Eski Camii
Üç Şerefeli Cami – Selimiye – Moschee Murats ıı. – Sarayiçi
Moschee Beyazıts ıı. – Moschee Murats ı. – Von Edirne nach
Gallipoli – Halbinsel von Gallipoli – Dardanellen
Soldatenfriedhöfe von Gallipoli

Die breite Ausfallstraße nach Thrakien, der berüchtigte Londra Asfalt, beginnt in Istanbul unmittelbar rechts vom Edirnetor an einem Durchbruch in der Theodosianischen Mauer.
Die Streckenführung entspricht dem Verlauf der antiken Via
Egnatia, der zur römischen Zeit wichtigsten Verbindung
Istanbuls mit dem Westen. Liegt nach dem Istanbuler Flughafen der dichteste Autoverkehr erst einmal hinter uns, dann
können wir wieder aufmerksamer die Landschaft betrachten
und werden hier und da alte Brücken bemerken, die einst
zum Straßennetz der Via Egnatia gehörten. Manche stammen aus römischer, manche aus byzantinischer und andere
aus osmanischer Zeit, denn seit zweitausend Jahren verläuft
hier die Hauptdurchgangsschneise durch Thrakien. Kurz
hinter dem Dorf *Küçük (Bü) Çekmece,* am Ende einer Einbuchtung des Marmarameers, liegt die eleganteste dieser
Konstruktionen, ein sehr hübscher *osmanischer Brückenzug*
auf vier Bögen, 1563 vom Hofarchitekten Sinan für Sultan
Süleyman entworfen.

Bald darauf passieren wir *Silivri* (griechisch Silembria),
das im Altertum nach Byzanz die größte Stadt am Nordufer
des Marmarameers war.

Etwa zehn Kilometer hinter Silivri gabelt sich die Straße:
Links folgt sie der einstigen Via Egnatia an der Marmaraküste entlang bis nach Tekirdağ und wendet sich dann landeinwärts in Richtung auf die Grenze nach Griechenland. Wir
entscheiden uns für die rechte Strecke, die geradewegs durch
Thrakien über Edirne bis an die türkisch-griechische Grenze
führt.

Die Orte die man unterwegs berührt, sind Gründungen aus römischer Zeit und markieren Wegstationen an dieser Nebenstrecke der Via Egnatia. Unter den Osmanen spielten sie wieder eine bedeutende Rolle als Garnisonsstützpunkte, standen sie doch an der einzigen Verbindungsstraße zu den Reichsgebieten auf europäischem Boden. In Çorlu (Cenopurio), der ersten größeren Ortschaft, wurde 275 n. Chr. Kaiser Aurelian umgebracht. Es folgen *Lüleburgaz* (Arkadiopolis), *Babaeski* und *Havsa*. Alle drei Orte sind mit Moscheen des Sinan geschmückt, die er in seinen späteren Jahren gleichzeitig mit der Arbeit an dem großen Selimiye-Komplex in Edirne schuf. In Lüleburgaz erbaute er eine Moschee für Sokollu Mehmet Paşa, in Babaeski für Semiz Ali Paşa und in Havsa für Kasım Paşa. Den Ortschaften, die ohne sie nicht mehr wären als Außenposten in den einsamen Ebenen Thrakiens, verleihen die schönen alten Bauten Charakter und Würde.

Schließlich erreichen wir **Edirne,** wo die Hauptstraße Mithat Paşa Caddesi zum Mittelpunkt der Stadt, dem *Cumhu-*

*Edirne*

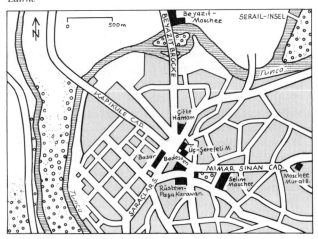

## HADRIANOPOLIS – EDIRNE

*riyet Meydanı,* führt. Während wir auf den großen Platz einschwenken, liegt uns gegenüber die Üç Şerefeli Cami, zur Linken die Eski Cami und der Bedesten, und etwas weiter zur Rechten die Selimiye, das bedeutendste Bauwerk in Edirne, dem Adrianopel des Altertums.

Hadrianopolis, die ›Stadt des Hadrian‹, wurde von dem großen Kaiser im Jahr 125 n. Chr. gegründet und ist seither stets die bedeutendste Stadt Thrakiens gewesen. In byzantinischer Zeit fand sie hauptsächlich im Zusammenhang mit den großen Schlachten Erwähnung. In ihrer Nähe besiegte Konstantin der Große Licinius im Jahr 323, ein Jahr vor seinem entscheidenden Sieg vor den Toren von Byzanz; Kaiser Valens fiel in der Schlacht gegen die Goten 378; und im Jahr 811 starb Nikephoros I. im Kampf gegen den Bulgarenkhan Krum, der aus dem Kaiserschädel einen Pokal anfertigen ließ und daraus beim Siegesumtrunk seinen Heerführern Bier kredenzte. In den nächsten fünf Jahrhunderten wurde die Stadt nacheinander von den Byzantinern, Awaren, Bulgaren, Kreuzrittern und Türken umkämpft und erobert, bis sie zuletzt 1361 an Murat I. fiel. Edirne, wie es seither heißt, wurde bald darauf Hauptstadt des expandierenden Osmanischen Reichs und blieb es bis zur Eroberung Konstantinopels 1453. Doch selbst viele Jahre nach Verlegung der Hauptstadt hatte Edirne kaum etwas von seinem Ansehen und Glanz eingebüßt, weil es von mehreren Sultanen und Paşas weiterhin als zweite Heimat betrachtet und mit prachtvollen Bauwerken ausgestattet wurde. Als in späteren Jahrhunderten das Osmanische Reich zunehmend schwächer wurde, begann auch Edirnes Niedergang, und im 19. und 20. Jh. geschah der Stadt Schreckliches durch die Hand fremder Armeen: 1829 und 1878 besetzten die Russen die Stadt, 1913 die Bulgaren, und von 1919 bis 1922 gehörte sie zu Griechenland; im Lausanner Vertrag wurde sie 1923 endgültig der Türkei zugesprochen. Die Kriegswunden sind inzwischen verheilt, und Edirne macht heute den Eindruck einer lebendigen und freundlichen Geschäftsstadt, die sich darüber hinaus einer Vielzahl kaiserlicher Baudenkmäler aus der Osmanenzeit rühmen kann.

Die **Eski Cami** (Alte Moschee) wurde in den Jahren 1402-13 von drei Söhnen Yıldırım Beyazıts errichtet, dem Emir Süleyman sowie Musa Çelebi und Mehmet Çelebi, die nach dem Tod ihres Vaters als Gefangener Tamerlans 1402 in Bruderzwist um die Alleinherrschaft des Osmanischen Reiches entbrannten. Als Sieger aus diesen Kämpfen ging schließlich Mehmet Çelebi hervor, der 1413 als Mehmet I. alleiniger Throninhaber wurde. In jenem Jahr feierte er den Beginn seines Sultanats mit der Einweihung der Moschee, die von seinen ermordeten Brüdern begonnen worden war.

Der Grundriß zeigt ein Quadrat mit neun gleich großen Raumeinheiten, deren neun Kuppeln auf vier mächtigen Stützpfeilern ruhen. Dem Typus der Ulu Cami in Bursa verwandt, erscheint hier der Innenraum wegen der geringeren Zahl der Pfeiler und dem weiteren Schwung der Bögen größer und lichter.

Bevor wir den Platz überqueren, um die Üç Şerefeli Cami zu besichtigen, schlendern wir noch ein wenig durch das Marktviertel im Schatten der Eski Cami. Es ist weder so groß noch so abwechslungsreich wie jenes in Bursa, weist aber drei sehenswerte osmanische Bauwerke auf.

Genau südwestlich der Eski Cami steht die **Karawanserei des Rüstem Paşa,** ein Werk Sinans um 1560. Der imposante zweistöckige Bau umschließt zwei Arkadenhöfe, von denen der kleinere einst zur Unterbringung der Pferde und Kamele der hier rastenden Reisenden diente. Seit ihrer Restaurierung vor einigen Jahren ist aus der alten Karawanserei eine moderne Touristenherberge geworden.

Neben der Eski Cami ließ Mehmet I. unmittelbar nach Fertigstellung der Moschee den **Bedesten** von Edirne anlegen. Wie es bei osmanischen Märkten üblich war, flossen bestimmte Abgaben aus den Geschäftserträgen in die Aufrechterhaltung der Moschee und die Entlohnung der Moscheediener. Der unlängst wiederhergestellte Bedesten besteht aus zwei die Haupthalle säumenden Ladenreihen mit je sieben überkuppelten Einheiten.

Am Ende der *Saraçlar Caddesi,* der ersten größeren Straße im Westen der Eski Cami, liegt eine zweite alte osmanische

Marktanlage: der **Markt des Semiz Ali Paşa,** den Sinan 1568 für einen Großwesir Süleymans entwarf. Gegenüber auf der anderen Seite des Talat Paşa Asfaltı erhebt sich ein Turmbau, Kule Kapısı genannt. Heute eine Ruine, bewachte er einst das Haupttor der Burgmauer aus der Zeit, als Hadrian die Stadt gründete. Bei der Erneuerung der äußeren Stadtmauer 1123 ließ Johannes II. Komnenos auch den Turm restaurieren. Wer den Straßen westlich von Ali Paşas Markt folgt, wird verstreute Reste der byzantinischen Festungsanlagen finden.

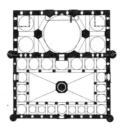

*Edirne, Üç Şerefeli Cami*

Nun kehren wir zum *Cumhuriyet Meydanı* zurück und besichtigen die **Üç Şerefeli Cami.** Bauherr dieser in den Jahren 1437-47 errichteten Sultansmoschee war Murat II.; er schuf damit das monumentalste Bauwerk des Reichs vor der Eroberung Konstantinopels, das gleichzeitig den Höhepunkt der frühosmanischen Architektur verkörpert. Der Moschee ist ein großer arkadengesäumter Hof mit einem ›şadirvan‹ in der Mitte vorgelagert, und an den vier Ecken erheben sich vier Minarette, von denen das in der südwestlichen Ecke drei Umgänge, auf Türkisch ›üç şerif‹ besitzt. Nach ihnen ist die Moschee benannt. Mit einer Höhe von 67 Metern war es seinerzeit das höchste Minarett im gesamten Osmanischen Reich, und nur die Minarette der später errichteten Selimiye sind noch höher.

Die Moschee selber besteht aus einem kuppelgedeckten Gebetsraum und Seitenflügeln mit jeweils einem Kuppelpaar. Die *Hauptkuppel* mit einem Durchmesser von 24 Metern war zu ihrer Zeit das größte Kuppelgewölbe im Reich;

sie ruht auf Eingangs- und Mihrabwand und zwei sechseckigen Pfeilern. Diese stellen das einzige raumunterteilende Bauelement dar, und die dadurch erzielte enorme Weite ermöglicht den Gläubigen von fast jedem Winkel aus einen unbehinderten Blick auf Mihrab und Mimbar. Das war ein bedeutender Schritt auf den klassischen Zentralbau des 16. Jhs. zu, mit dem die osmanische Baukunst ihre Vollendung finden sollte.

Dieser Gipfel war erreicht mit dem Bau der **Selimiye** (Taf. 5). Sie steht wenige hundert Meter weiter an der Mimar Sinan Caddesi, die benannt ist nach dem großen Architekten der Moschee. Sinan erbaute sie für Selim II. während der Jahre 1569 bis 1575. Er stand im 85. Lebensjahr, als sie vollendet wurde; bis an das Ende seiner Tage betrachtete er sie als

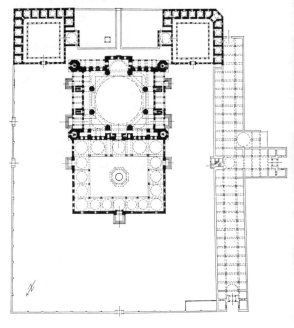

*Edirne, Selimiye*

sein Meisterwerk, in ihrer Erhabenheit sogar die Sülemaniye in Istanbul übertreffend.

Ein weitflächiger Außenhof umzieht die Moschee auf drei Seiten. Von dort vermag der Besucher einen ungestörten Blick auf das wunderbare Bauwerk zu tun, dessen vier schlanke Minarette mehr als siebzig Meter hoch sind und jeweils von drei Stalaktiten-Galerien geschmückt werden. Im *Vorhof* wird der Blick gefangen von den stattlichen Hofarkaden mit byzantinischen Säulen, die Gewölbesteine der Bögen abwechselnd aus rotem Stein und weißem Marmor, und dem anmutigen ›şadirvan‹ in der Mitte.

Wir durchschreiten nun die hohe Vorhalle und verhalten im großen Portal, um den **Kuppelsaal** auf uns wirken zu lassen, dieses vollendetste Werk der osmanischen Architektur, an Schönheit und Großartigkeit sogar mit der Hagia Sophia wetteifernd. Das gewaltige Kuppelrund, dessen Durchmesser etwas größer als jenes der Hagia Sophia ist, wird von acht massiven, nur scheinbar freistehenden Säulen getragen, die über Bögen mit den Außenwänden verwachsen. Zwei davon flankieren den Eingang, zwei weitere rahmen den Mihrab. Er steht, den Hauptraum vertiefend, in einer Exedra, Halbkuppel-überwölbt, und damit den Eindruck des ›Heiligen‹, des religiös Bedeutenden steigernd. Unterhalb der großen Kuppel befindet sich die Muezzin-Tribüne, eine auf rechteckigen Pfeilern ruhende Marmorterrasse über einem Marmorpatio mit einem hübschen Brunnen in der Mitte. Aus Marmor ist auch der *Mihrab*, ebenso der *Mimbar* – der vielleicht schönste seiner Art in der ganzen Türkei – mit seinen durchbrochenen Ornamenten, die sich über die Seitenwände breiten. Die unteren Wandflächen der apsisähnlichen Mihrab-Nische sind mit schönen Iznik-Fliesen verkleidet, darüber befindet sich eine kalligraphische Inschrift mit schwungvollen weißen Lettern auf blauem Grund. In der Südostecke der Ostgalerie tritt die *Sultansloge* auf vierbogigem Unterbau hervor in den Moscheeraum. Auch sie ist zweifellos eine der prächtigsten im ganzen Land; die Kostbarkeit ihrer Fliesenausstattung wird nicht einmal im Topkapı-Sarayı übertroffen. Auch den Mihrab in der Sultansloge schmückt ein hervorragender Fliesendekor und – in dessen Mitte – zwei wundervolle Holzläden; geöffnet, zeigt sich ein Fenster, das einen Blick weit über die Stadt und die umliegende Landschaft gewährt.

Überraschend ist bei den gewaltigen Ausmaßen der Moschee die geringe Zahl der zur Selimiye gehörenden *Stiftungsgebäude*. Die gesamte Länge der Westseite nimmt die *Kavaflar Arasta* ein, die ›Schusterzeile‹. Diesen Markt mit 124 Läden für Schuster und Schuhhändler hat zehn Jahre nach Fertigstellung der Selimiye Davut Ağa, Sinans Schüler und Nachfolger als Hofarchitekt der osmanischen Sultane, gebaut. In der Mitte liegt eine zur Gesamtanlage gehörende Grundschule mit reizvoller Bogenhalle. Im Süden grenzt eine Koranschule an, neben der ein Friedhof liegt. In der Medrese auf der anderen Seite des Friedhofs ist heute das *Museum für Altertümer* untergebracht. Das neue Gebäude gegenüber der Medrese ist das *Museum für Archäologie und Ethnographie,* zu dessen interessantesten Ausstellungsobjekten türkische Stickereien, Kelims, Gebrauchsgegenstände, antike Waffen und Münzen sowie einige römische Skulpturen, antiker Schmuck und Keramik zählen.

Die übrigen Sultansmoscheen Edirnes liegen in den Außenbezirken der Stadt. Das gewährte dem Herrscher Ruhe und Zurückgezogenheit und führte außerdem dazu, daß um die neuen Bauanlagen allmählich ein neues Stadtviertel entstand, ein kalkulierter Prozeß, der zu den glücklichen Einfällen osmanischer Stadtplanung gehört.

Zuerst statten wir der **Muradiye** einen Besuch ab, die auf einem Hügel im Nordosten der Stadt steht. Der beste Weg dorthin führt über die *Mimar Sinan Caddesi.* Die Muradiye ist aus einer ›zaviye‹ für Derwische des Mewlewi-Ordens hervorgegangen, einer Stiftung aus dem Jahre 1435 von Sultan Murat II., dem der Ordensstifter Celattin Rumi des Nachts im Traum erschien und die Errichtung dieses Hospizes nahelegte. Später ließ Murat die ›zaviye‹ zu einer Moschee erweitern und errichtete den Derwischen eine eigene ›tekke‹ (Kloster) im Garten der Moschee. – Der Moschee selbst liegt der Bautyp der T-förmig ausgerichteten Liwane

## PALAST-INSEL    151

zugrunde, wobei sich hier die beiden Seitenliwane zum Innenhof öffnen und der Mihrab-Liwan um sechs Stufen erhöht liegt. Besondere Aufmerksamkeit verdient der Mihrab, weil er mit einigen der schönsten erhaltenen Iznik-Fliesen des frühen 15. Jhs. geschmückt ist.

Die anderen beiden Sultansmoscheen liegen jenseits der *Tunca,* einem Flüßchen, das die westliche Hälfte von Edirne umfließt, ehe es im Süden in die Meriç (die von Bulgarien kommende Maritza) mündet. Wir gehen erst die Mimar Sinan Caddesi entlang und folgen dann ihrer Verlängerung, die sich windungsreich und generell in Nordost-Richtung dem Fluß nähert. Die Tunca hat an dieser Stelle zwei Arme, und wir überqueren den ersten auf der *Brücke Süleymans des Prächtigen,* die Sinan 1554 baute. Wir befinden uns dann auf der **Sarayiçi** (Serail-Insel) der Tunca, wo einst der berühmte Sultanspalast von Edirne stand, den Murat II. 1450 zu erbauen begann und Mehmet der Eroberer vollendete. Bedauerlicherweise wurde der Palast 1877 zerstört, und nichts ist mehr von ihm erhalten.

Seit nunmehr fünfzig Jahren werden auf Sarayiçi alljährlich gegen Mitte Juni die berühmten Kırkpınar-Ringwettkämpfe ausgetragen. Die Ursprünge des Festes liegen sechs Jahrhunderte zurück; dabei werden der Überlieferung zufolge jene von Süleyman Paşa, dem Sohn des Orhan Gazi, veranstalteten Ringkämpfe nachvollzogen, mit denen der Sultan seinen vierzig Getreuen die Wartezeit zwischen den Feldzügen verkürzen wollte. Heute finden sich zu diesen Festtagen bis zu 100000 Besucher in Edirne ein; für eine Woche drängen sich fröhliche, ausgelassene Menschenmengen durch die Gassen, und überall am Straßenrand sieht man die Wohnwagen der Zigeuner stehen, die dem Treiben etwas vom Charakter eines mittelalterlichen Jahrmarkts verleihen.

Wir verlassen Sarayiçi und überqueren den zweiten Arm der Tunca auf der *Brücke des Eroberers,* mit der Mehmet II. sich eine direkte Verbindung vom Palast zum freien Land schuf. Hinter der Brücke wenden wir uns nach links und folgen dann entweder der Hauptstraße oder einer jener Gassen, die parallel zum Fluß verlaufen. Wozu wir uns auch

*Edirne, Külliye Beyazıts II.*
1 Moschee
2 Trakt der Geisteskranken
3 Medizinschule
4 Wirtschaftsgebäude

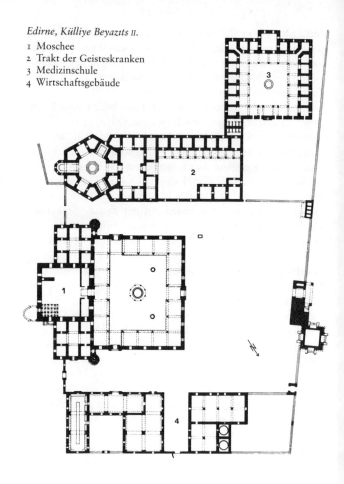

entscheiden, alle Wege führen zur **Külliye Beyazıts** II., die der Großbaumeister Hayreddin in den Jahren 1484 bis 1488 errichtete. Die Weiträumigkeit der Planung spiegelt den rasch zunehmenden Wohlstand des Osmanischen Reichs unter der Herrschaft Beyazıts wieder, dessen Politik weniger auf Eroberungen ausgerichtet war als auf eine Konsolidie-

## MOSCHEEANLAGE BEYAZITS II.    153

rung der von den Vorgängern erkämpften neuen Reichsgebiete.

Die *Stiftungsgebäude* gruppieren sich um den Außenhof,
wo einst die Pferde und Kamele der hier Quartier machenden
Karawanen angebunden wurden. An der Nordostseite des
Hofes liegen Imaret (öffentliche Küche) und Vorratskammern, außer für die Herbergsgäste wurde hier auch für die
Patienten und Angestellten des Hospitals gekocht (4). Die
verschiedenen zum Hospital gehörenden Bauten befinden
sich an der Südwestseite des Moscheehofes. Der Kuppelbau
neben der Moschee ist das einstige Krankenhaus. Daneben
lag der ›timarhane‹, Irrenanstalt (2), und zurückgesetzt dahinter die ›tip medrese‹, Medizinschule (3). Evliya Çelebi
erzählt, wie dreimal in der Woche im Hospital Musikanten
aufspielten, »... um die Kranken zu heilen, den Gebrechli-
chen zu helfen, die Wahnsinnigen seelisch zu stärken und die
Trübsinnigen zu erheitern«.

Der *Moschee* (1) ist ein Arkadenhof mit einem ›şadirvan‹
in der Mitte vorgelagert. Durch die Vorhalle mit ihren sieben
Nischen gehen wir in das Innere der Moschee, einen streng
quadratischen kuppelüberwölbten Raum. Die beiden Der-
wischherbergen sind Anbauten an die Moschee, nicht mit
ihr verbunden und können nur vom Arkadenhof oder vom
Außenhof aus betreten werden.

Die älteste der Sultansmoscheen Edirnes liegt südöstlich
des Beyazıt-Komplexes auf derselben Seite der Tunca etwas
weiter stromabwärts. Bis vor kurzem wurde die Errichtung
dieser Moschee Yıldırım Beyazıt zugeschrieben und in seine
Herrschaft datiert, doch ist sie jetzt als eine **Stiftung
Murats I. Hüdavendigar** identifiziert und wohl nicht lange
nach der Einnahme Edirnes 1361 erbaut worden. Die Moschee wurde zweifellos über einer älteren griechischen Kirche errichtet, denn die Fundamente und unteren Mauerteile
sind eindeutig byzantinischen Ursprungs. Die Baustruktur
ist recht brüchig und bedarf dringend der Restaurierung,
trotzdem versammeln sich hier jeden Tag die Gläubigen aus
der Umgebung zum Gebet wie nun schon seit mehr als sechs
Jahrhunderten.

Auf dem Rückweg in die Stadt befinden wir uns auf der Straße, die von der bulgarischen Grenze herkommt. In Höhe der Tunca erblickt man zur Rechten die *Moschee des Mihal Gazi,* 1421 für einen Angehörigen der griechischen Oberschicht erbaut, der zum Islam übertrat und ein ›gazi‹, ein Kämpfer für den Glauben, wurde. Auch die über die Tunca geschlagene *Brücke des Mihal Gazi* erinnert an ihn, wurde aber schon von den Byzantinern in der zweiten Hälfte des 13. Jhs. gebaut, verschiedentlich von den Türken ausgebessert, am gründlichsten von dem Großwesir Kara Mustafa Paşa im 17. Jh.

Auf der anderen Uferseite steht zur Linken der verfallene ›hamam‹ des Mihal Gazi. Die kleine Moschee rechts davon ist eine Stiftung Şahmelek Paşas aus dem Jahr 1428. In östlicher Richtung gehen wir von hier aus den Talat Paşa Asfaltı entlang und erreichen schließlich wieder Cumhuriyet Meydanı, unseren Ausgangspunkt in der Stadtmitte.

Wenn man einen ganzen Tag lang die Straßen und Gassen Edirnes durchstreift hat, mag es eine Wohltat bedeuten, in einem der vielen ›hamams‹ der Stadt zu entspannen. Das berühmteste türkische Bad in der Stadt ist der kürzlich restaurierte *Sokollu Mehmet Paşa Hamamı* neben der Üç Şerefeli Cami, der schönste in Edirne, ein Werk des Sinan aus dem Jahr 1579.

Erfrischt und vom Staub der Stadt befreit, mag sich nun mancher mit neuem Elan zu einem Spaziergang durch die Hintergassen der Stadt entschließen, wo es außer den erwähnten Monumenten noch mehr als fünfzig ältere Bauwerke gibt, darunter osmanische Moscheen, Medresen, Hamams, Karawansereien, Brücken und Brunnen sowie verstreute Reste byzantinischer und römischer Mauern – Monumente aus der ruhmreichen Geschichte Edirnes.

Wir kehren Edirne schließlich den Rücken und fahren auf der Schnellstraße in Richtung Istanbul bis Havsa; dort biegen wir von der Hauptstraße rechts ab und bewegen uns parallel zur griechischen Grenze in Richtung Keşan, um nach Gelibolu zu kommen. Hinter Keşan geht es durch eine

## HALBINSEL VON GALLIPOLI

reizvolle Hügellandschaft mit pinienbestandenen Hängen, und später im Flachland schlängelt sich die Straße an Weinbergen und Obstplantagen vorbei am Golf von Saros entlang.

Wo die **Halbinsel von Gallipoli** beginnt, liegt das Dorf **Bolayır**; die Landzunge ist hier so schmal, daß ein Drehen des Kopfes genügt, um vom Golf von Saros (rechts) zur Dardanelleneinfahrt (links) zu schauen. Am Ausgang des Dorfes ragt aus einem Zypressenwäldchen hoch über der Ebene eine mächtige Türbe heraus. Es ist das *Grabmal des Kronprinzen Süleyman*, jenes ältesten Sohnes Orhan Gazis, dem 1354 die Eroberung der Dardanellen-Festung Gallipoli gelang. Damit hatten die Türken zum erstenmal auf europäischem Boden Fuß gefaßt, und im darauffolgenden halben Jahrhundert zogen die osmanischen Truppen durch das Balkangebiet bis hinauf nach Mitteleuropa. Jedoch war es Prinz Süleyman nicht vergönnt, das Reichserbe seines Vaters anzutreten; auf der Falkenjagd stürzte er vom Pferd und starb an dieser Stelle im Jahr 1359. In dem Garten neben seiner Türbe liegt der Dichter Namık Kemal begraben, eine der führenden Persönlichkeiten der ›Jungen Osmanen‹, die sich im ausgehenden 19. Jh. für die Erneuerung und Erstarkung des alten Reichs einsetzten.

Bei **Gelibolu,** dem früheren Gallipoli, dem wichtigsten Hafen der Meeresstraße auf europäischer Seite, erreichen wir das Meer. Das Hafenviertel hat einen fröhlichen und malerischen Charakter. Unterhalb der mittelalterlichen Festung liegen in leuchtenden Farben bemalte Fischkutter vor Anker. Die Turmruine am inneren Hafenbecken ist letztes Zeugnis der früheren Stadt- und Hafenmauern. Nach griechischer Überlieferung war der erste Bauherr der Festung von Gallipoli der Armenier Philippikos Bardanes, der von 711 bis 713 als Kaiser von Byzanz regierte. Nach der Einnahme Gallipolis im Jahr 1354 verstärkten die Osmanen den Festungsbau; seither wird hier – durch die lange Geschichte des Osmanischen Reichs hindurch ununterbrochen bis zum heutigen Tag – der Schiffsverkehr durch die Dardanellen überwacht.

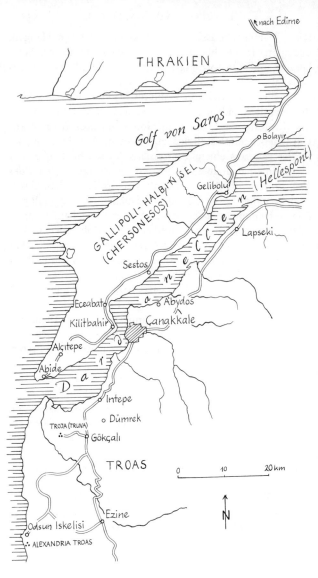

*Die Dardanellen (Hellespont)*

## SESTOS – ABYDOS

Gelibolu gegenüber liegt am asiatischen Ufer **Lapseki** (griechisch Lampsakos). Zwischen Gelibolu und Lapseki verkehrt regelmäßig ein Fährschiff, und viele Reisende setzen lieber hier über als in der Hafenstadt Eceabat, gegenüber von Çanakkale. Die Fahrt von Lapseki nach Çanakkale ist sehr reizvoll: Die Straße windet sich durch eine liebliche Landschaft mit üppigen Rebenhängen, deren Wein die Gegend seit alters berühmt gemacht hat.

Auf der europäischen Seite verläuft die Straße ab Gelibolu zunächst in einiger Entfernung vom Meer der Halbinsel entlang. Dreizehn Kilometer hinter Gelibolu überqueren wir einen kleinen Fluß und fahren hinab zu der Bucht namens *Ince Liman* (Hafen der Perle). Der Fluß hieß bei den Griechen *Aigospotamoi,* und in der Bucht, in die er mündet, wurde eine der wichtigsten Seeschlachten der Geschichte ausgetragen: Im August des Jahres 405 v. Chr. brachten hier die Spartaner unter Lysander der von Konon und Perikles kommandierten athenischen Flotte eine entscheidende Niederlage bei, womit der lange und bittere Peloponnesische Krieg endete.

Auf der Landspitze am Ende der Bucht lag das antike *Sestos,* von den Dichtern gefeiert als Schauplatz der legendären Romanze von Hero und Leander. Hero, Priesterin des Tempels der Aphrodite in Sestos, begegnete während einer Feier zu Ehren der Göttin Leander und verliebte sich in ihn; er, der am jenseitigen Ufer in Abydos lebte, schwamm jede Nacht durch den Hellespont, wobei ein von ihr entzündetes Licht ihm die Richtung wies. Doch in einer Winternacht erhob sich ein Sturm und löschte das Licht; Leander verlor die Orientierung und ertrank, und als sein lebloser Körper in Sestos an Land gespült wurde, stürzte auch Hero sich in die Fluten und folgte ihm in den Tod. – Am 3. Mai 1810 durchschwamm der englische Dichter Byron an dieser Stelle die Meerenge, und kurz danach entstand sein Gedicht ›Written After Swimming from Sestos to Abydos‹.

Das alte *Abydos* lag hoch auf den Klippen von Maltepe, gegenüber von Sestos. An dieser Stelle überschritt im Mai des Jahres 480 v. Chr. das Heer der Perser den Hellespont, während Xerxes auf einem weißen Marmorthron hoch oben von Abydos aus das Unternehmen verfolgte:

*»Der ganze Hellespontos war mit Schiffen bedeckt, und die ganze Küste und das Flachland von Abydos war voller Menschen. Xerxes pries sich glücklich, dann weinte er... ›Mich überkommt das Mitleid‹ [antwortete er seinem Onkel Artabanos] ›wenn ich daran denke, wie kurz das menschliche Leben ist. Von allen diesen Menschen wird nach hundert Jahren keiner mehr leben‹.«* (Herodot)

Hinter Akbaşı Liman geht der Weg für einige Zeit über Land und kommt bei Kilia Liman wieder an die Küste. Noch eine kurze Fahrt und wir sind in Eceabat, wo die Autofähre nach Çanakkale übersetzt.

Der nächste Ort hinter Eceabat ist **Kilitbahir** (Schlüssel zur See), das Çanakkale direkt gegenüberliegt. Der Name des Dorfes verweist auf das mittelalterliche Osmanenkastell, das hier die Meerenge bewacht. Kilitbahir war eine der Festungen, die Mehmet der Eroberer 1452 bauen ließ, um für die geplante Belagerung Konstantinopels der Stadt die Zufahrtswege zum Meer abzuschneiden. Es ist die am besten erhaltene und malerischste der alten Wehrburgen an den Dardanellen.

Hier zwischen Kilitbahier und Çanakkale sind die Dardanellen nur 1300 Meter breit, und den strategisch wichtigen Punkt suchten alle Mächte zu gewinnen, die je in diesen Wassern gegeneinander kämpften. Das Vorgebirge oberhalb von Kilitbahir hieß bei den Griechen Kynossema, so auch die Seeschlacht von 411 v. Chr., mit der Athen einen wichtigen Sieg über Sparta errang. Mit der Beschreibung dieser Schlacht bricht Thukydides seine Geschichte des Peloponnesischen Krieges unvermittelt ab, sechs Jahre vor der endgültigen Niederlage Athens einige Meilen weiter oberhalb an der Küste. Hier wurde auch am 18. März 1915 die Flotte der Alliierten bei ihrem Versuch, sich die Durchfahrt durch die Dardanellen zu erzwingen, von türkischen Geschützen zurückgeschlagen; dabei sanken mehrere französische und britische Kriegsschiffe, und Hunderte von Soldaten ließen ihr Leben.

## SCHLACHTFELDER

Hinter Kilitbahir zieht die Straße für einige Zeit an der Küste entlang, vorbei an verschiedenen Gedenkstätten für jene türkischen Soldaten, die während der Gallipoli-Schlachten 1915 an ihren Geschützen starben. Dann steigt der Weg hügelaufwärts durch einen Pinienhain und läuft auf der Kammlinie der Halbinsel weiter. Bald ist das Dorf **Alçıtepe** erreicht, wo an der Kreuzung ein Wegweiser die verschiedenen in der Nähe gelegenen Soldatenfriedhöfe nennt. Die Hauptstraße führt an der Kreuzung links weiter bis zum Ende der Halbinsel, wo in Abide der türkische Kriegsfriedhof und am Kap Ilyas (Cape Helles) jener Großbritanniens und des Commonwealth liegen. Besucher finden sich hier selten ein, auf diesen düsteren Schlachtfeldern, wo mehr als hunderttausend Mann der beiden feindlichen Armeen an der Stelle begraben sind, an der sie im Kampf fielen. Eine Gruppe britischer, neuseeländischer und australischer Kriegsveteranen ging am 25. April 1975 ein zweites Mal hier an Land, genau sechzig Jahre nach dem Tag, da sie sich vom Kohlendampfer ›River Clyde‹ an die Küste vorgekämpft hatten. Diesmal wurden sie bei ihrer Ankunft nur von einer Handvoll vom Alter gebeugter Türken erwartet, und die alten Männer umarmten einander und vergossen Tränen an eben jener Stelle, wo sie in ihrer Jugend einander umzubringen versucht hatten.

Sicher gehört dieser Boden zu den geschichtsträchtigsten Schlachtfeldern der Welt, denn seine Ruinen, Überlieferungen und Sagen umgreifen einen Zeitraum von mehr als drei Jahrtausenden. Die Landspitze nahe dem türkischen Kriegerdenkmal wird ›Eski Kale‹ (Alte Burg) genannt. Hier lag das antike *Elaius*, Schauplatz mehrerer Seeschlachten des Peloponnesischen Krieges und der Überlieferung nach die letzte Ruhestätte des Protesilaos, des ersten Kriegers aus Agamemnons Reihen, der bei der Belagerung Trojas fiel. Hier am Grabhügel des heldenhaften Argiven brachte Alexander der Große 334 v. Chr. ein Weiheopfer dar, bevor er über den Hellespont setzte und den epochalen Eroberungszug durch Kleinasien begann. Sein Biograph Arrian vermerkt dazu, daß er diese Opferzeremonie vollzogen habe, um sich eines günstigeren Schicksals als Protesilaos zu versichern.

Wir fahren zurück nach Eceabat und nehmen die Autofähre hinüber nach Çanakkale. Hier schiffte sich auch Alexander ein und begab sich auf jene große Expedition, durch welche die antike Welt in ihrem Geschichtsverlauf grundlegend verändert werden sollte. Arrian teilt uns mit, wie er »... *auf halbem Weg als Opfergabe an Poseidon einen Stier schlachtete und aus einer goldenen Schale Wein in die Wellen goß, um die Nereiden freundlich zu stimmen ... in voller Rüstung entstieg er als erster dem Schiff und setzte den Fuß auf den Boden Asiens und ließ einen Altar errichten an der Stelle, wo er das europäische Ufer verlassen, und einen anderen, wo er das andere Ufer betreten hatte, die beide Zeus geweiht waren, dem Gott der glücklichen Überfahrt, sowie Athene und Herakles*«.

# 9

## An der nördlichen Ägäis

Çanakkale – Troja – Alexandria Troas
Assos – Edremit – Ayvalık

Für die meisten Reisenden ist **Çanakkale** lediglich Ausgangspunkt für einen Besuch Trojas und der nördlichen Ägäisküste, und sie beachten die Stadt selber kaum. Es lohnt sich aber, Çanakkale etwas näher zu erkunden, denn besonders die Gegend um den Hafen ist reizvoll und ungewöhnlich. Einige der stattlichen, allmählich verfallenden Wohnhäuser wurden um die Jahrhundertwende oder früher errichtet, als in Çanakkale die Zoll- und Einwanderungsbehörden ihre Büros hatten und vor den Konsulatsgebäuden an der Uferpromenade die Flaggen vieler Nationen wehten. Heute sieht es im Stadtbereich schäbig aus, bar des einstigen internationalen Glanzes, doch im Hafengebiet scheint es so lebendig und bunt herzugehen wie eh und je. Die Cafés und Restaurants entlang dem Ufer blicken auf den unablässigen Zug der Dampfer und Frachtkähne, die stromauf, stromab durch die Meerenge gleiten, während dicht an den gepflasterten Kais die Ruderboote (›kayık‹) und Fährschiffe in ständiger Bewegung auf den Wellen tanzen – ein heiteres, faszinierendes Bild.

Von Çanakkale folgt die Straße der Küstenlinie der Dardanellen bis nach Güzel Yalı, wo es am Seeufer mehrere angenehme Hotels gibt. Weiter geht es bergauf durch einen Kiefernwald, vorbei an einer Reihe türkischer Gedenkstätten für die gefallenen Helden der Gallipoli-Schlachten. Bei Intepe hat die Straße den Rücken des Hügelzugs erreicht; von dort können wir den ersten Blick auf die trojanische Ebene werfen. Nun geht es wieder bergab zum Dümrek Su, der bei Homer Simoeis heißt, und weiter bis zum Dorf Gökçalı, wo wir nach **Hisarlık,** der Stelle des alten **Troja** (Truva) abzweigen.

162 AN DER NÖRDLICHEN ÄGÄIS

Auf den ersten Blick wirkt Troja auf viele Besucher enttäuschend, denn der Berghügel, auf dem sich die alte Stadt erhob, ist heute nur noch ein ungestalter Erdhaufen, durchfurcht von den Gräben der Archäologen, ein Schuttplatz der Reste aus drei Jahrtausenden menschlicher Siedlungstätigkeit. Und doch ist die Stätte von ungeheurer geschichtlicher Bedeutung. Wer *Homer* gelesen hat, für den kommt ein Besuch Trojas einer geistigen Pilgerfahrt zu den Anfängen der westlichen Literatur gleich. Man mag sich nur auf eine der verfallenen Mauern setzen und in der ›Ilias‹ blättern – schon werden sich die winddurchwehten Ebenen Trojas von neuem mit den Göttern und Helden bevölkern, von deren Schicksal Homer erzählt.

Die Identität Hisarlıks mit dem homerischen Troja ist heute fast einwandfrei belegt. Die Stadt, die sich an dieser Stelle erhob, war in der Antike als ›Ilium Novum‹ bekannt und noch im 4. Jh. n. Chr. bewohnt. Trotzdem gab es während des 19. Jhs. Gelehrte, die hauptsächlich aufgrund topographischer Angaben in der Ilias das Troja Homers auf den Anhöhen von Burnabaşı suchten, ungefähr zehn Kilometer südlich von Hisarlık. Es bleibt das Verdienst Heinrich Schliemanns, durch seine 1870 begonnenen bahnbrechenden Ausgrabungen Hisarlık eindeutig als die Stätte des homerischen Troja identifiziert zu haben, und seine Thesen wurden durch die späteren Grabungsarbeiten von Dörpfeld, Blegen und anderen gänzlich bestätigt.

Die Ergebnisse der archäologischen Forschung der letzten hundert Jahre addieren sich zu einem stratigraphischen Bild, einem von der Geschichte geschriebenen Palimpsest einer Stätte, die fast ohne Unterbrechung von der frühen Bronzezeit bis ins späte Altertum besiedelt war, wobei jede neue Ansiedlung auf den Resten und Trümmern der vorherigen errichtet wurde, die, sei es durch Feuer oder Erdbeben, sei es durch feindliche Heere, zerstört worden war. Selbst der Laie vermag die Trennlinien von einer Kulturschicht zur anderen festzustellen, und obwohl das Gesamtbild dem ungeübten Auge verwirrend erscheint, konnten die Archäologen neun siedlungsgeschichtliche Hauptschichten ausmachen, von denen fast jede wiederum aus mehreren Lagen besteht. (Die Veröffentlichung der Archäologen der Universität von Cincinnati unterscheidet insgesamt 46 Schichten. Die Funde der Grabungen wurden auf verschiedene archäologische Museen verteilt, die der deutschen gelangten nach Athen, Berlin und Istanbul, die der amerikanischen nach Istanbul. Kleinfunde der verschiedenen Siedlungsschichten sind auch in Troja selbst zu sehen, in einem kleinen Museum am Osttor.)

*Troja I bis V* wurden der frühen Bronzezeit zugeordnet, das heißt etwa dem Zeitraum von 3000 bis 1800 v. Chr.; *Troja VI* existierte während der mittleren und späten Bronzezeit, also von etwa 1800 bis 1300 v. Chr., als es durch ein

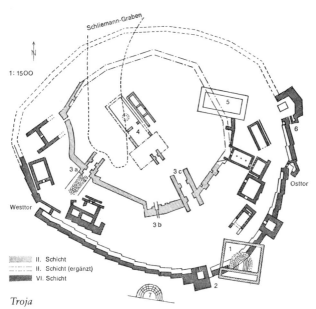

*Troja*

1 Bouleuterion (Theater B), 2 Südtor der VI. Schicht, 3 a Rampe, 3 b und c Toranlagen der II. Schicht, 4 Megaron der II. Schicht, 5 Athena-Tempel, 6 Nordostturm der VI. Schicht, 7 griechisch-römisches Theater der IX. Schicht

Erdbeben zerstört wurde; die verschiedenen Lagen von *Troja VII* gehören dem Zeitraum von etwa 1300 bis 1100 v. Chr. an. Danach, da das antike Griechenland seine ›dunklen Jahre‹ erlebte, scheint der Ort etwa vier Jahrhunderte lang unbesiedelt geblieben zu sein; um 700 v. Chr. ließen sich Äoler, aus Thessalien und Lesbos kommend, hier nieder, ihre Stadt wird als *Troja VIII* bezeichnet; und *Troja IX* ist das Ilium Novum der hellenistischen und römischen Zeit, heute meist als ›Ilion‹ bezeichnet. Den Ergebnissen der Wissenschaftler unter Leitung Professor Blegens zufolge war *Troja VIIa* die Stadt des Priamos und wurde ungefähr 1260 v. Chr. zerstört, etwa zur gleichen Zeit wie Mykene, Tiryns, Pylos und andere Städte der mykenischen Zeit, von welchen Homer im Kapitel ›Aufzählung der Schiffe‹ der Ilias sagt, sie hätten bei der Belagerung Trojas auf Agamemnons Seite gekämpft. Die türkischen Altertumsforscher haben dazu ihre eigene Meinung und identifizieren Priamos' Stadt mit einer der Lagen von *Troja VI*, und dementsprechend sind die Hinweisschilder an den Ruinen markiert.

Die Archäologen haben herausgefunden, daß sich die Haupttore von Troja stets im südlichen Teil der Stadt befanden und somit die Akropolis zur Ebene hin öffneten. Schliemann glaubte, das Skaiische Tor Homers in dem eindrucksvollen Eingangsbau im Südosten wiedergefunden zu haben, wo eine aus großen Kalksteinblöcken errichtete Rampe zum Festungshügel führt; und als er in einem Megaron-Haus innerhalb des Torbaus einen Goldschatz entdeckte, glaubte er, auf den Palast des Priamos und den benachbarten großen Turm von Ilion gestoßen zu sein. Voller Begeisterung schrieb er damals: »*Man kann sich keine herrlichere Lage in ganz Troja vorstellen als diese, und so schien mir dies der große Turm von Ilion gewesen zu sein, den Andromache hinaufsteigt, ›da sie vernommen, wie die Troer in Not und die Kraft der Achäer so riesig‹. Möge dieses heilige und herrliche Denkmal griechischen Heldentums für immer die Augen jener auf sich ziehen, die den Hellespont durchfahren!*«

Nun sind aber aufgrund späterer Forschungen die von Schliemann ausgegrabenen Mauern an jener Stelle *Troja II* zugeordnet worden, das tausend Jahre früher als die Stadt des Priamos zerstört wurde. Von den Archäologen der Universität von Cincinnati wurden inzwischen Gebiete weiter südlich und westlich der Akropolis freigelegt und dabei sehr beachtliche Fundamente aufgedeckt, die Professor Blegen *Troja VIIa* zuordnet, der von Homer besungenen Stadt. Diese Siedlung umgab eine mächtige Verteidigungsmauer mit mehreren massiven Türmen und zwei großen Torbauten, von denen das größere **Südtor** der Hauptzugang von der Ebene her war. Gleich innerhalb des Südtores steht das eindrucksvolle sogenannte **Pfeilerhaus,** ein nach mykenischen Maßstäben palastartiges Gebäude. Ungewiß ist, ob diese Monumente zu Homers Zeiten sichtbar waren, aber romantisch veranlagten Gemütern soll der Glaube nicht genommen werden, daß wir hier das *Skaiische Tor* und den *Palast des Priamos* vor uns haben. Damit wäre dies der Ort, den eine der ergreifendsten Schilderungen aus der ›Ilias‹ (Dritter Gesang) zum Schauplatz hat, als Priamos und die Stadtoberen von ihrer Warte auf dem großen Turm Trojas über die Ebene vor der Stadt schauen, wo sich die feindlichen Heere der Trojaner und Achäer gegenüberstehen und Paris und Menelaos sich gerade zum Zweikampf rüsten. Helena, der die Göttin Iris die bevorstehende Schlacht vorhergesagt hatte, stürzt hinunter zum Skaiischen Tor und entzückt dort Priamos und die anderen Männer durch ihre Schönheit:

*»Diese kämpften nicht mehr, vom Alter gebeugt, doch im*
      *Rate*
*Sprachen sie trefflich, den Grillen vergleichbar, welche im Haine*
*Hoch aus der Bäume Geäst die zarten Stimmen ergießen:*
*Also saßen die Fürsten der Troer dort auf dem Turme.*
*Wie sie Helena sahen, die eben dem Turme sich nahte,*
*Sprachen sie sacht, zu einander gewandt, die geflügelten Worte:*
*Tadelt mitnichten die Troer und hellumschienten Achaier,*
*Daß sie um solch ein Weib so lang schon Leiden erdulden!*
*Unaussprechlich gleicht sie fürwahr einer Göttin von Ansehn!*
*Dennoch segle sie fort, wie schön sie immer gestaltet,*
*Ehe sie ferner noch uns und den Söhnen Jammer bereitet!«*

166 AN DER NÖRDLICHEN ÄGÄIS

Vom Gipfel der Anhöhe geht der Blick über die weite, fruchtbare trojanische Ebene und die **Stätten des homerischen
Epos**. An klaren Tagen lassen sich fern im Südosten die
Gipfel des *Berges Ida* ausmachen, von wo aus Zeus der
Belagerung Trojas als Zuschauer beiwohnte. Im Südwesten
liegt die Ägäisinsel *Bozcaada* (Tenedos), die Heimat des Mu-
sengottes Apollon, im Nordwesten *Gökçeada* (Imbros) und
dahinter die griechische Insel *Samothrake,* von deren Ge-
birgshöhen Poseidon, der Erderschütterer, den Verlauf der
Schlacht verfolgte. In der Ebene sieht man da und dort den
mäandernden *Küçük Menderes* (Skamander) schimmern,
mit dem Achilles einst wutentbrannt kämpfte, als der Fluß-
gott ihn zu ertränken suchte aus Zorn darüber, daß jener ihm
seine klaren Wasser mit den Leichen erschlagener Trojaner
getrübt hatte. Der Skamander mündet in den Hellespont,
kurz bevor dieser bei *Kumkale,* dem *Achilleion* des Altertums, in die Ägäis übergeht. Auf dem Vorland nördlich vom
Achilleion hatten die Achäer ihre Lager aufgeschlagen, und
dort am Strand lagen während der neunjährigen Belagerung
Trojas ihre Schiffe mit den schnabelförmigen Enden. Dort
auch läßt Homer die › Ilias ‹ beginnen, als er vom Streit zwischen Achilles und Agamemnon über das schöne Sklavenmädchen Chryseis berichtet:

*» Singe, Göttin, den Zorn des Peleiaden Achilleus*
*Der zum Verhängnis unendliche Leiden schuf den Achaiern*
*Und die Seelen so vieler gewaltiger Helden zum Hades*
*Sandte, aber sie selbst zum Raub den Hunden gewährte*
*Und den Vögeln zum Fraß – ...«*

Ungefähr eine Meile südlich von Kumkale ragt die im
Altertum als *Kap Sigeion* bekannte Landzunge in das ägäische Meer; an ihrer Nordseite gibt es zwei Erdhügel, bei
denen es sich der Überlieferung nach um die *Grabhügel
des Patroklos und des Achilles* handelt. Die Bestattung des
Achilles wird im letzten Buch der › Odyssee ‹ geschildert, als
auf einer Asphodelen-Wiese der Unterwelt Agamemnons
Schatten dem des Achill begegnet und diesem berichtet:

*»Siebenzehn Nächte beweinten wir so und siebenzehn Tage*
*Deinen Tod, der Unsterblichen Chor und die sterblichen*
   *Menschen.*
*Am achtzehnten gaben wir dich dem Feuer und viele*
*Fette Schafe schlachteten wir und üppige Rinder.*
*Du aber branntest im Kleid der Götter, im Dufte der Salben,*
*Lieblichen Honigs auch; und viele Helden Achaias*
*Tummelten sich gewappnet rings ums flammende Feuer,*
*Männer zu Fuß und zu Pferd, und gewaltiges Tosen erhob sich.*
*Als dich Hephaistos' Flamme verzehrt, da bargen am Morgen*
*Wir dein bleiches Gebein, Achilleus, sprengten mit lauterm*
*Wein und mit Salböl die Asche; es gab die göttliche Mutter*
*Uns ein golden Henkelgefäß, von Dionysos – sagt sie –*
*Ein Geschenk, ein Werk des gepriesenen Meisters Hephaistos.*
*Darin ruht dein weißes Gebein, ruhmvoller Achilleus,*
*Mit des Menoitios-Sohnes, Patroklos', Gebeinen vereinigt,*
*Aber gesondert vom Staub des Antilochos, den du vor allen*
*Anderen Freunden ehrtest, nachdem Patroklos gestorben.*
*Und das heilige Heer der Lanzenschwinger Achaias*
*Türmte für euch den Hügel auf, gewaltig und ruhmvoll*
*Auf der Spitze des Landes am breiten Hellespontos,*
*Daß es weit übers Meer die Vorüberfahrenden sehen,*
*Alle, die heute sind und in künftigen Zeiten.«*

Hinter Troja führt die Straße südwärts durch einen Landstrich, der im Altertum ›Troas‹ genannt wurde. Die Trassenführung nimmt ungefähr denselben Verlauf wie die römische
Straße, die bald nach Etablierung der römischen Provinz
Asia 133 v. Chr. angelegt wurde. Bei der Fahrt entlang den
dicht bewaldeten Ausläufern und Vorgebirgen des Ida fällt
auf, wieviel grüner und üppiger diese Landschaft im Unterschied zu Thrakien ist, von dem es nur durch die schmale
Meerenge der Dardanellen getrennt ist. Als das Gebiet an
Rom fiel, zeigten sich auch die Römer von der Fruchtbarkeit
ihrer neuen Provinz beeindruckt, so sagt Cicero in einer
seiner Reden: »*Reicher ist der Boden, vielfältiger sind die Arten,*
*ausgedehnter die Weidegründe und zahlreicher die Erzeugnisse*
*als in allen anderen Landesteilen.*«

Der wichtigste Ort der mittleren Troas ist *Ezine,* wo ein Weg rechts zur Küste abzweigt. Dieser Weg erreicht das Meer bei dem Dorf Odun Iskelisi, dem Zubringerhafen der Insel Bozcaada. Von dort ist es nicht weit bis zum antiken **Alexandria Troas,** dessen weitverteilte Ruinen zu beiden Seiten der wieder zum Meer führenden Straße liegen.

Die Stadt wurde gegen Ende des 4. Jhs. v. Chr. von dem Diadochen-König Antigonos dem Einäugigen gegründet, der sie sich selbst zu Ehren ›Antigonia‹ taufte und mit den Bewohnern umliegender Troas-Städte besiedelte. Antigonos wurde in der Schlacht von Ipsos 301 v. Chr. von seinem Gegenspieler, dem Diadochen-König Lysimachos, besiegt und getötet; Lysimachos gliederte die Troas seinem Herrschaftsgebiet an und gab der Hauptstadt den Namen ›Alexandria Troas‹, nach dem Kaiser, dem er einst gedient hatte. Die Stadt entwickelte sich in hellenistischer Zeit zu einem der reichsten und wichtigsten Handelszentren Kleinasiens, konnte sie doch aufgrund ihrer günstigen strategischen Lage nahe dem Eingang des Hellespont den gesamten Handelsverkehr überwachen, der zwischen der Ägäis, der Propontis und dem Schwarzen Meer stattfand. Viele der mächtigen Bauwerke, die man heute dort sieht, stammen aus römischer Zeit; besonders eindrucksvoll sind die ausgedehnten **Thermen,** um 135 n. Chr. von jenem Herodes Atticus erbaut, der später in Athen das bekannte und heute während der Festspielwochen wieder benutzte Odeion stiftete.

Nachdem Konstantinopel zur Hauptstadt des Oströmischen Reichs geworden war, verlor Alexandria Troas viel von seiner Bedeutung, und wir finden es nur noch selten erwähnt. Unter den Osmanen hieß es ›Eski Stambul‹ (Alte Stadt), und Reisende des 19. Jhs. berichten uns, wie es zu ihrer Zeit zu einem armseligen Weiler verkommen war, dessen Hütten in die schützenden Mauerreste des weiten Ruinenfeldes gebaut waren. Die Bäder des Herodes Atticus und andere Gebäude der Stadt wurden als Steinbrüche benutzt, um Material für einige der Sultansmoscheen in Istanbul zu liefern, vor allem für die Moschee Sultan Ahmets I. und die

Yeni Cami. Geht man hinunter zu der Stelle, wo einst der Hafen war, sieht man am Strand noch riesige Steinblöcke liegen, die beim Verladen auf die nach Istanbul auslaufenden Schiffe zu Bruch gingen.

Eine halbe Autostunde von Ezine entfernt liegt Ayvacık; dort führt eine Abzweigung rechts nach **Behram Kale** und dem antiken **Assos**. Schon die Anfahrt nach Behram Kale ist sehr eindrucksvoll: Während es einst über eine osmanische Buckelbrücke, heute über eine moderne geht, sieht man das Dorf an einen Hang der Akropolis geschmiegt, diesen mächtigen konischen Basalthügel mit abgeflachter Krone, der sich stolz aus dem Küstengebirgszug aufreckt. Die Straße windet sich am Dorf vorbei nach Westen bis zu einer Nekropole aus griechischer und römischer Zeit, deren geplünderte Sarkophage so umher gestreut liegen, wie die Grabräuber sie zurückgelassen haben. ›Sarkophag‹ heißt wörtlich ›Fleischfresser‹, denn man nahm an, daß der Stein das Fleisch der Verstorbenen verzehre; sie waren Assos' wichtigster Exportartikel und finden sich in ganz Kleinasien.

Siedlungsgeschichtlich geht Assos in das frühe erste Jahrtausend v. Chr. zurück, als Bewohner der äolischen Stadt Methymna auf Lesbos sich hier niederließen. Einst diente die Stadt als Verladehafen für Güter, die man lieber auf dem Landweg transportieren wollte als sie den tückischen Strömungen und Gegenwinden des Hellespont auszusetzen. Aber durch Verbesserungen im Navigationswesen und die Errichtung einer Hafenanlage in Alexandria Troas büßte Assos viel an Bedeutung ein und entwickelte sich zu einem hauptsächlich von der Landwirtschaft lebenden Stadtwesen.

Seine große Zeit erlebte Assos um die Mitte des 4. Jhs. v. Chr., als Lesbos und die Troas eine Zeitlang von dem Eunuchen Hermeias regiert wurden, dem Tyrannen von Atarneus. Hermeias hatte die berühmte Akademie zu Athen besucht und war von Platon beraten worden, wie sich in seinem Reich der ideale Stadtstaat verwirklichen ließe. Zwei von Platos Schülern, Erastos und Koriskos, gründeten in Assos einen Zweig der platonischen Akademie und konnten als Lehrer zahlreiche der hervorragendsten Wissenschaftler und Philosophen jener Zeit gewinnen, von denen die bekanntesten Aristoteles und Theophrastos waren. Während seiner Zeit in Assos (347-344 v. Chr.) widmete sich *Aristoteles* in Zusammenarbeit mit Theophrastos der Erforschung grundlegender Probleme der Zoologie, Botanik und Biologie und legte das Fundament für diese drei naturwissenschaftlichen Disziplinen. Aristoteles war seinem ersten Mäzen Hermeias auch als enger Freund und Berater verbunden und ehelichte bald nach seiner Ankunft Pythia, die Nichte des Tyrannen, die ihm im Jahr darauf eine Tochter gebar.

Die **Stadtmauern** von Assos, die man in das 4. Jh. v. Chr. datiert hat, wurden wahrscheinlich unter Hermeias aufgezogen. Mit einer Länge von drei Kilometern gehören sie zu den eindrucksvollen Mauerkonstruktionen in Kleinasien. Sehenswert ist besonders jener zur Westflanke der Akropolis führende Abschnitt. Der hinter der Nekropole gelegene große Torbau bildete den Eingang zur Unterstadt; dort befand sich die Mehrzahl der öffentlichen Gebäude von Assos, darunter die Agora, das Theater, das Gymnasium und das Bouleuterion (Senat). Was dort heute an Ruinen steht, stammt aus dem 3. oder 2. Jh. v. Chr.

Die Zitadelle auf der Akropolis war mit einer inneren Verteidigungsmauer geschützt, die etwa zur selben Zeit wie die äußeren Festungsanlagen errichtet wurde. Innerhalb des Mauerrings befinden sich an der höchsten Stelle die Ruinen des **Athena-Tempels** (um 530 v. Chr.). Erhalten sind von diesem einst berühmten Bau noch der Stylobat (Säulenunterbau) sowie verstreut einige dorische Kapitelle, Säulen- und andere Architekturfragmente. Viele Teile des Bauschmuckes, die man im 19. Jh. noch im Gelände sehen konnte, sind inzwischen abgetragen, etwa die Reliefs der Metopen oder des – hier auf dem Architrav – umlaufenden Frieses. Von ihm sind noch Teile mit Kentaurenszenen oder Gelagen in den Museen in Istanbul, auch in Paris und Boston bewahrt. Es ist zu bedauern, daß bisher kein Versuch unternommen wurde, den Bau zu restaurieren, handelt es sich doch um den einzigen in Kleinasien erhaltenen archaischen dorischen Tempel.

## JAHRMARKT IN AYVACIK 171

Die Ruinen nördlich der Akropolis gehören zu einer frühen osmanischen Moschee aus der Zeit nach der türkischen Einnahme der Stadt im Jahr 1306. Sie soll eine Stiftung Sultan Murats 1. sein; das Kreuz und die griechische Inschrift über dem Portal lassen vermuten, daß die Moschee aus Bauresten einer byzantinischen Kirche auf der Akropolis errichtet wurde, welche ihrerseits mit Baumaterial aus Trümmern des Athena-Tempels erbaut worden sein mag – eine christliche Gemeinde hatte sich hier schon bald nach dem Besuch des Apostels Paulus anläßlich seiner zweiten Missionsreise 56/57 n. Chr. gebildet.

Von den Höhen der Akropolis hat man einen großartigen Rundblick über die Ägäis, das bergige Hinterland und die Bucht von Edremit. Jenseits der Meerenge liegt die griechische Insel Lesbos, Heimat jener Einwohner von Methymna, die sich vor drei Jahrtausenden gen Assos aufmachten, um dort zu siedeln. Am südöstlichen Rund der Bucht beginnt der Landstrich, der den Griechen als Äolien bekannt war und der das nächste Reiseziel auf unserer Fahrt entlang der türkischen Ägäisküste sein wird.

Zunächst fahren wir zurück nach **Ayvacık** und gelangen dort wieder auf die große Fernstraße. Jene Glücklichen, die sich Ende April in Ayvacık aufhalten, werden das ungewöhnlichste aller türkischen Feste zu sehen bekommen, das jedes Jahr stattfindende ›*paniyir*‹. Zu diesem Jahrmarkt und Karneval strömt aus allen Teilen der Troas das Volk zusammen und feiert eine Woche lang mit Musik und Tanz, Gesang und Trinkgelagen – wie man es in einem abstinenten Land des Islams kaum erwarten würde. (Das Wort ›paniyir‹ leitet sich von dem griechischen ›panegyri‹, die Festversammlung, ab.) Es überrascht kaum, daß sich hier auch die Zigeuner zu den Festtagen einfinden und man überall auf den Straßen und Wiesen ihre buntbemalten Wohnwagen sieht. Auch die Nomaden können dem ›paniyir‹ nicht widerstehen, die seit unvordenklicher Zeit ihren Lebensunterhalt mit der Holzfällerei an den Hängen des Ida verdienen und nun zu dieser Gelegenheit den langen Abstieg ins Flachland unternehmen. Sie sind ein stolzer und unabhängiger Schlag mit wenig

172 AN DER NÖRDLICHEN ÄGÄIS

Kontakt zur modernen Zivilisation, bewegen sich zu Pferd hoch in den Bergen von einem Feldlager zum anderen und schlagen in Lichtungen ihre schwarzen Ziegenhaarzelte auf. Es sind wohlgebaute Menschen in eigenartigen Trachten; die Frauen gehen unverschleiert und schmücken sich mit Halsketten aus schweren Goldstücken, die verwegen dreinblickenden Männer zu Pferd, mit umgehängten Flinten und Patronengurten, ähneln den kriegerischen Klephten, die wir von alten Stichen kennen. Man nennt sie ›yürük‹ (Wanderer), es sind die letzten Vertreter einer rasch dahinschwindenden frühen anatolischen Kultur.

Hinter Ayvacık nehmen wir die Hauptstraße in Richtung auf die **Bucht von Edremit,** und bald machen die Kiefern und Eichenwälder – letztere liefern die Galläpfel, deren Galle als Gerbmittel verwendet wird – sanft geschwungenen, mit Ölbäumen bestandenen Hängen Platz. Dann passiert die Straße den Scheitelpunkt der Küstenhügelkette und senkt sich durch eine prächtige Schlucht, an deren Ausgang sich plötzlich ein wunderbares Panorama bietet: der Golf von Edremit mit den Hügelkuppen auf der anderen Seite der Bucht und in der Ferne die blaugrünen Berge der Insel Lesbos aus den türkisfarbenen Wassern der Ägäis aufsteigend.

Die Landschaft ist überaus reizvoll: Die Straße am Meer führt an Olivenhainen vorbei, an rosafarbigen Sandstränden und pinienbestandenen Landzungen. Links erheben sich die majestätischen Gipfel des Kaz Dağı, des Berges Ida, auf dessen Steilhängen hoch oben weißgetünchte Dörfer sitzen, die den Bergdörfern der vorgelagerten ägäischen Inseln ähneln.

11 Ephesos, Hadrianstempel an der Straße der Kureten

12 Pergamon, Theater

13 Myra, Lykische Felsgräber

## BUCHT VON EDREMIT

An der Küste gibt es eine Reihe kleinerer Orte mit guten Hotels, und man kann Bungalows am Meer mieten oder auf Campingplätzen übernachten; dieser Küstenabschnitt entwickelt sich immer mehr zu einem sehr beliebten Urlaubsziel. Der größte Ferienort ist das Dorf *Akçay* nahe der Spitze der Bucht, und genau dort oder ganz in der Nähe soll sich *Antandros* befunden haben, eine der antiken Städte der Troas. Berühmt ist Antandros vor allem, weil Äneas und die übrigen Trojaner, die sich nach der Zerstörung der Stadt retten konnten, von hier zu ihrer eigenen Odyssee aufgebrochen sein sollen. Im dritten Buch von Vergils ›Aeneis‹ heißt es:

» ... *Iliums stolze Stadt sank hin, rings raucht am Boden Neptunia Troja. Fern in die Fremde versprengt, verlassene Lande zu suchen, treiben Sprüche der Götter uns fort; wir bauen die Flotte nah bei Antandros am Fuß der Berge des Phrygischen Ida, ungewiß über des Schicksals Ziel, wo Bleiben vergönnt wird...*«

Vom Kopfende der Bucht führt die Straße ein wenig landeinwärts nach **Edremit,** das sich der schönsten öffentlichen Gartenanlagen der Türkei rühmen kann. Edremit erhebt sich auf der Stelle des einstigen Adramyttion, das spurlos verschwunden ist. Adramyttion gehörte zu den Städten, die Achilles im 9. Jahr des Trojanischen Krieges beim Angriff auf das Küstengebiet überrannte – dies geschah, kurz bevor die ›Ilias‹ einsetzt –, und hier geriet Chryseis »mit den lieblichen Wangen« in seine Gefangenschaft, die er später Agamemnon zum Preisgeschenk machte. Als aber Chryseis von ihrem Vater zurückgefordert wurde, verlangte Agamemnon als Entschädigung des Achilles' Sklavin, die schöne Briseis, und so entstand jener folgenschwere Streit, der im Mittelpunkt von Homers epischem Gedicht steht.

Hinter Edremit macht die Straße einen Bogen nach Südwesten und folgt dem Südufer der Bucht, begleitet von der Bergkette des Ida-Massivs, die sich in der Ägäis spiegelt. Mehrfach zweigen rechts von der Straße Wege zu Strandorten ab, von denen der beliebteste das kurz hinter Edremit gelegene *Ören* ist. Besucher aus dem Ausland ziehen zumeist den großen Urlaubsort **Ayvalık** vor, der am Ende der Bucht liegt, über zahlreiche gute Hotels und Restaurants verfügt und ausgezeichnete, kilometerlange Strände hat.

Die Gegend um Ayvalık ist herrlich, mit einem Band grün schimmernder Inselchen, die draußen wie Jadestücke auf dem flimmernden Wasser der Bucht liegen. Die größte ist Alibey Adası, ein sybaritisches Eiland, das über einen schmalen Wasserstreifen nach Lesbos schaut – scheinbar so nah und doch weit entfernt wegen der politischen Abgründe, die zwischen den beiden sich in die märchenhafte Ägäis teilenden Ländern bestehen.

# 10

## Die äolische Küste und Pergamon

Pergamon – Çandarlı – Eski Foça
Larisa – Izmir

Wir verlassen Ayvalık und fahren weiter gen Süden durch
das Äolien des Altertums. Dieses Gebiet reicht von der Bucht
von Adramyttion bis zur Bucht von Smyrna (Izmir); die
erste Besiedlung fand im 10. Jh. v. Chr. statt, als Äoler aus
Thessalien und Böotien von im Norden Griechenlands einge-
fallenen Dorern vertrieben wurden und hier eine neue Heimat fanden. Auf ihrer Wanderung gründeten sie zwölf äolische Städte, von denen man einige auf einer Fahrt entlang
der nördlichen Ägäisküste der Türkei passiert. Die Namen
der meisten dieser Orte sind heute nur noch Historikern und
Archäologen geläufig, denn Äolien konnte sich nie mit den
ungewöhnlich begabten und schöpferischen Ioniern und ihren Städten weiter im Süden messen. Dies mag seinen Grund
in der unterschiedlichen sozialen Organisation der beiden
Völker gehabt haben: Die Ionier waren Seefahrer und Kaufleute, während die Äoler in ihrer Heimat meist Ackerbau
betrieben und sich in den fruchtbarsten Landstrichen an der
Ostküste der Ägäis niederließen. Herodot bemerkt dazu:
*»Der von ihnen besiedelte Landstrich hat besseren Boden als der
der Ionier, kommt ihm aber im Klima nicht gleich.«* Dem fügt
der humorige Athenaios in den ›Deipnosophistai‹ (dem
›Gelehrtengastmahl‹) hinzu: *»Und deshalb zeigen die Äolier
eine Vorliebe für Wein, Weib und Wohlleben.«*

Das sehr bedeutende und machtvolle Zentrum in diesem
Gebiet war nicht äolischen Ursprungs; es war ein hellenisier-
ter anatolischer Stadtstaat – Pergamon –, der sich etwas
tiefer im Landesinnern befand. Um dorthin zu gelangen,
biegen wir etwa eine halbe Stunde hinter Ayvalık von der
Hauptstraße nach links ab und folgen dem Tal des Bakır
Çayı, des Kaikos der Antike.

*Stammeslandschaften, auch Herrschaftsgebiete bis in spätantike Zeit*

DIE ÄOLISCHE KÜSTE

Der größte Teil der Ruinen des alten **Pergamon** erhebt sich auf dem Burgfelsen oberhalb der modernen Stadt **Bergama**. Die Lage der antiken Stadt ist beeindruckend: Abrupt erhebt sich aus der Ebene die Akropolis auf einem Felsplateau, dessen Wände an drei Seiten fast 400 Meter steil abfallen. Zwei Nebenflüsse des Kaikos umlaufen bogenförmig den Burgberg: im Westen der Selinus und im Osten der Ketios. Bei diesem Anblick nimmt es nicht wunder, daß die hoch gelegene Stadt im Altertum das umliegende Gebiet beherrschen konnte, in einer Lage, die geradezu geschaffen war für eine hellenistische Königsstadt.

Wir durchfahren das moderne Bergama, überqueren am Ortsende den Selinus und kommen zu den mächtigen Ziegelsteinruinen der *Kızıl Avlu*, der ›Roten Halle‹. Das gewaltige Gebäude datiert aus dem 2. Jh. n. Chr. und soll ein den ägyptischen Göttern Isis, Serapis und dem Hermokrates geweihtes Heiligtum gewesen sein. In frühchristlicher Zeit wurde der Bau in eine Kirche umgewandelt und dem Apostel Johannes geweiht. Die christliche Gemeinde in Pergamon gehörte zu jenen, die Johannes in seinen Sendschreiben an die sieben Gemeinden zu Beginn der ›Offenbarung‹ anspricht.

Hinter dem Fluß steigt die Straße an und führt in vielen Windungen zur Akropolis hinauf. Sie endet beim Parkplatz auf einer Terrasse nahe dem Gipfel; das letzte Stück legen wir zu Fuß zurück und betreten durch ein Portal des inneren Mauerrings die eigentliche Zitadelle. Von der oberen Terrasse, umgeben von den Ruinen einer der mächtigsten Städte des griechischen Altertums, haben wir einen unvergleichlichen Blick über das Tal des Kaikos bis hin zu den Gestaden der Ägäis.

Die meisten Bauwerke der Akropolis stammen aus der Zeit der Attaliden, jener Könige, die Pergamon im 3. und 2. Jh. in der glanzvollsten Zeit seiner Geschichte regierten. Der Gründer der Dynastie war ein Mann aus Paphlagonien namens Philetairos, den König Lysimachos zum Statthalter Pergamons bestimmt hatte und zum Wächter der ungeheuren Schätze, die er auf seinen Kriegszügen erbeutet hatte.

## PERGAMON

Als aber Seleukos 281 v. Chr. in Kleinasien einfiel, verbündete sich Philetairos mit ihm und wandte sich gegen seinen König. Als kurz darauf im selben Jahr Lysimachos in der Schlacht von Kurupedion besiegt und getötet wurde, erhielt Philetairos von Seleukos die Herrschaftsgewalt über Pergamon und den Beuteschatz bestätigt. Umsichtig verwalteten Philetairos und seine Nachfolger ihren Reichtum. Den griechischen Nachbarstädten an der Küste sandten sie großartige Freundschaftsgaben, festigten dadurch die Beziehungen und erreichten schließlich die Vormachtstellung in diesem Landesteil. Außerdem benutzten sie ihr Vermögen dazu, Pergamon mit herrlichen Palästen, Tempeln und anderen öffentlichen Gebäuden zu schmücken, so daß die Stadt und ihr glanzvolles Kulturleben sich bald mit Athen und Alexandria messen konnten.

Zwei Jahre nach dem Tod des Philetairos im Jahr 263 v. Chr. gelangte sein Neffe und Adoptivsohn Eumenes auf den pergamenischen Thron; durch seinen Sieg über König Antiochos I. von Syrien, den Nachfolger von Seleukos, bewies er sich als unabhängiger Machthaber. Auf Eumenes I. folgte 241 v. Chr. sein Verwandter und Adoptivsohn Attalos I., der während seiner langen Regierungszeit von 44 Jahren Macht und Einfluß Pergamons beträchtlich vergrößerte. Seine bedeutendste Leistung war der Sieg über die Galater (Keltenstämme) bei Pergamon im Jahr 230 v. Chr. Nach diesem Sieg bezeichnete sich Attalos als König und Retter (›soter‹) und galt als Beschützer des Hellenentums gegenüber den Barbaren. Kurz nach seinem Sieg über die Galater schloß Attalos ein Bündnis mit Rom, das die nachhaltigsten Folgen für die Geschichte Pergamons und der anderen Städte Kleinasiens haben sollte.

Nachfolger des Attalos war sein ältester Sohn Eumenes II., der in seinen 38 Regierungsjahren nahezu das gesamte westliche Kleinasien für das pergamenische Königreich erobern konnte. Auch vergrößerte er den Stadtbereich, der bis dahin nur den obersten Teil der Akropolis eingenommen hatte, und schuf dort und auf tiefergelegenen Terrassen des Stadthanges große öffentliche Gebäude, so die untere Agora, das große

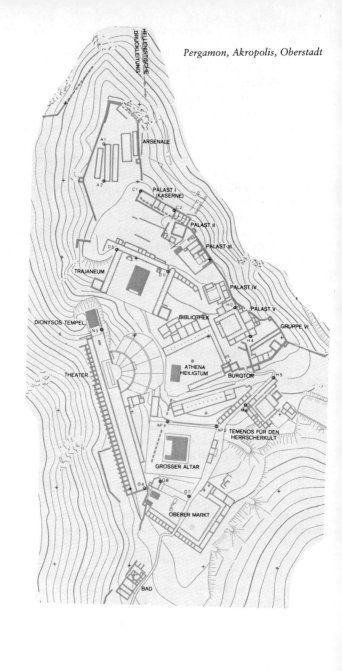
*Pergamon, Akropolis, Oberstadt*

## PERGAMON

Gymnasium, den weltbekannten Zeus-Altar und die berühmte Bibliothek.

Eumenes starb 159 v. Chr., und ihm folgte sein ältester Sohn Attalos II. auf den Thron. Obwohl zu dieser Zeit schon im 60. Lebensjahr stehend, regierte er noch 21 Jahre lang, wobei er fast ununterbrochen auf Kriegszügen unterwegs war. An Attalos II. erinnert heute vor allem die Stoa (Säulenhalle), die er für die Agora in Athen stiftete; sie wurde vor einiger Zeit renoviert und symbolisiert die Macht und kulturelle Größe Pergamons während seiner Goldenen Zeit.

Doch diese Blütezeit überdauerte den letzten der großen Attaliden nicht lange. Auf Attalos II. folgte 138 v. Chr. sein überspannter Neffe Attalos III., der die Regierungsgeschäfte zugunsten alchimistischer und botanischer Studien vernachlässigte und sein Königreich immer mehr unter römischen Einfluß geraten ließ. Gegen Ende seines Lebens hatte Rom in Kleinasien so stark Fuß gefaßt, daß die baldige Einverleibung Pergamons unausweichlich schien. Daher vermachte er in seinem Testament Besitz und Herrschaftsanspruch dem römischen Volk. Diese Übereignung wurde nach seinem Tod rasch in die Tat umgesetzt, und aus dem Königreich der Attaliden wurde die römische Provinz Asia mit Pergamon als Hauptstadt. Unter den Römern und noch bis in die ersten Jahrhunderte der christlichen Zeitrechnung blieb Pergamon eine reiche und mächtige Stadt, erlangte aber nie wieder die hohe kulturelle Bedeutung, die ihr unter den Attaliden zu eigen war.

Die frühesten Bauten der Attaliden-Stadt liegen am höchsten Punkt der Akropolis. Dort gewährt das *Königstor* der burgähnlichen Anlage Zutritt auf einen breiten Weg, der parallel zum Gipfelgrad von Süden nach Norden verläuft. Rechts dieses ansteigenden Weges stehen die Ruinen der **Königspaläste:** Den südlichen Abschluß bildet der von Eumenes II., dann folgen die von Attalos II., Eumenes I., Attalos I. und zuletzt jener des Philetairos.

Links vom Königstor liegt die **Temenos** (Heiliger Bezirk) **der Athena Polias Nikephoros,** der ›siegbringenden‹ Stadtgöttin, und an dessen Südwestgrenze – ehemals weithin

186    DIE ÄOLISCHE KÜSTE

sichtbar über dem Felsabsturz – die spärlichen Grundmauern ihres Tempels, einem der beiden frühesten in Pergamon, der noch aus der Zeit des Philetairos stammen mag. Ungefähr ein Jahrhundert später fügte Eumenes II. an der Ostseite des Athena-Bezirkes eine *Stoa* und ein stattliches *Propylon* (Eingangstor) hinzu und ließ auch an der Nordseite eine *Halle* und die dahinterliegende *Bibliothek* errichten. Sie war eine der berühmtesten kulturellen Institutionen der hellenistischen Welt und stand der großen Bibliothek der Ptolemäer in Alexandria um nichts nach. Zudem sollen die Pergamener darauf gekommen sein, anstatt auf Papyrus auf Pergament (feine Tierhaut) zu schreiben – mit dem bis auf den heutigen Tag folgereichen Ergebnis, daß das Buch aus zusammengebundenen Seiten die Papyrus-Rolle ablöste.

Nördlich des Athena-Heiligtums erheben sich die gewaltigen Überreste des **Trajaneums**, des größten Tempels von Pergamon. Er wurde für Trajan (98-117 n. Chr.), den vergöttlichten Kaiser, errichtet und unter Hadrian (117-128 n. Chr.) vollendet, den man hier zusammen mit seinem kaiserlichen Vorgänger ehrte. Die Kolossalstatuen beider standen im Heiligen Bezirk. Dieser erstreckte sich über eine große Terrasse, die durch Substruktionen erweitert und durch gewaltige Stützmauern an der senkrecht abfallenden Felswand gesichert werden mußte. Sah man in römischer Zeit von der Ebene aus hinauf, so beherrschte das Trajaneum die Stadt.

Das bekannteste Monument – spricht man heute von Pergamon – ist sein großes **Theater**. Es ist das eindrucksvollste aus hellenistischer Zeit in Kleinasien (Taf. 12). Das Auditorium fügt sich in eine Mulde des Hanges unter der Akropolis. So bleiben die beiden hochgelegenen großen Tempel – südlich der der Athena, nördlich das Trajaneum – vom Theater aus immer im Blickfeld. Mit einem Höhenunterschied von 40 Metern zwischen der ersten und der 87. Sitzreihe ist es ungewöhnlich steil und wegen der Geländebedingungen weniger tief gerundet als bei griechischen und römischen Theatern üblich. Die Sitzreihen gliedern zwei ›diazomata‹ (horizontale Umgänge) in drei Ränge, die wiederum durch schmale, radiale Stufenaufgänge in sieben und sechs Sekto-

## PERGAMON

ren aufgeteilt werden. Orchestra und ›proskenion‹ (Bühne) greifen aus auf eine schmale, etwa 250 Meter lange **Terrasse,** die zur Tal- und zur Bergseite je eine Stoa begrenzte. Am Nordende der Terrasse stehen die Reste eines ionischen Heiligtums, möglicherweise ein *Dionysos-Tempel* für den Gott des Tanzes und der Schauspielkunst. Zur Zeit der Attaliden war diese Theaterterrasse vermutlich ein beliebter Platz für die Pergamener, um auf und ab promenierend den Tag ausklingen zu lassen: Auf der einen Seite sahen sie auf den Hang mit ihrem Theater, den Palästen ihrer Könige, den Heiligtümern ihrer Götter, auf der anderen Seite lag ihr fruchtbarer Landbesitz im breiten Tal des Kaikos.

Vom Südende der Theaterterrasse gehen wir hinüber zum Hofbezirk des großen **Zeus-Altars.** Eumenes II. ließ diesen Altar um 190 v. Chr. errichten, als Pergamon sich auf dem Gipfel seiner Macht befand. Auf dem großen Relieffries an den Außenseiten über dem Podium entwickelte sich die Gigantomachie, der legendäre Kampf der Götter mit den Riesen, bei dem sich die Pergamener nach ihrem Sieg über die Galater symbolisch dargestellt fanden und zugleich in den Attaliden die Retter der hellenistischen Zivilisation vor dem Ansturm des Barbarentums erkannten. – Auf den Innenseiten der Altarummauerung berichtet ein Fries von den Taten des Telephos. Auf diesen Sohn des halbgöttlichen Herakles führten die Attaliden ihr Geschlecht zurück und ehrten somit die Geschichte ihres Hauses. – Vom Zeus-Altar ist an Ort und Stelle nur noch der *Unterbau* zu sehen. Die im Verlauf der Ausgrabungen (seit 1878) wiedergefundenen Friesteile, Höhepunkte pergamenischer Kunst, wurden nach Berlin gebracht, wo man im Pergamonmuseum den Zeus-Altar rekonstruierte und heute noch bewundern kann.

Die **Obere Agora** von Pergamon stand auf einer etwas tiefer als der Zeus-Altar angelegten Terrasse und war mit dem Südende der Theaterpromenade verbunden. Dies war der wichtigste Versammlungsort des antiken Pergamon, wo die Bewohner der unteren Stadt mit jener der höher gelegenen Zitadelle zusammenkamen. Man kann noch die tief eingegrabenen Fahrspuren auf einer alten Straße erkennen,

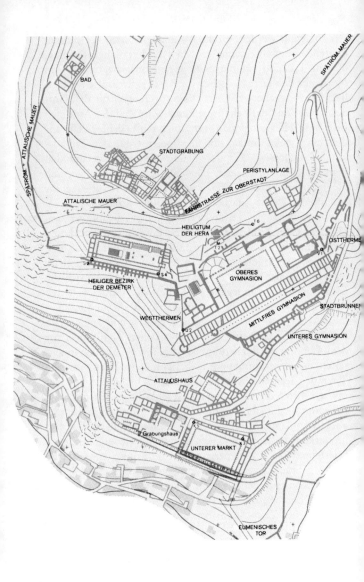

*Pergamon, Unterstadt*

die vom oberen Burgtor herabführt und den Markt kreuzt. Sie wendet sich dann zum unteren Teil der Stadt und endet am **Eumeneïschen Tor,** dem großen Südtor, das Eumenes II. in dem starken – ebenfalls von ihm veranlaßten – Abschnitt der Stadtmauern anlegen ließ. Von hier wird man zurückgehen wollen und kann so auf dem Weg zum Parkplatz die *Monumente der Unterstadt* kennen lernen.

Wenden wir uns also hier beim großen Torbau um. Die antike Straße führt uns dort zur **Unteren Agora,** auch unter Eumenes II. ausgebaut. Mitten auf dem Marktplatz ist Katapultmunition säuberlich gestapelt, die, ursprünglich im Arsenal auf dem Gipfel der Akropolis deponiert, hier zur Verteidigung der Mauern bereit war. Die Umgebung scheint ein bevorzugtes Wohngebiet wohlhabender Pergamener gewesen zu sein. Als besonders stattlich fällt das *Haus des Attalos* auf. Es gehörte, wie eine Inschrift wissen läßt, einem römischen Konsul dieses Namens. Nach dem ›Peristyl‹-Schema angelegt, öffneten sich die einzelnen Räume auf einen von Säulenhallen umgebenen Hof.

Hinter den Stadthäusern führt die Straße bald zur untersten Terrassenstufe der Gymnasien; der Eingang liegt genau westlich des riesigen Stadtbrunnens. Der **Gymnasienkomplex** ist die größte säkulare Bauanlage Pergamons und eine der schönsten ihrer Art in der griechischen Welt. Sie breitet sich auf drei übereinanderliegenden Terrassen aus, von denen jede nächsthöhere größer und aufwendiger ausgestattet ist als die vorhergehende. Die untere Terrasse war Spiel-, auch Übungsplatz für Knaben; die mittlere war für die Epheben, Jünglinge, die dort trainierten (auch im Hinblick auf den Kriegsdienst); das große obere Gymnasion war den jungen Bürgern vorbehalten, Männern zwischen neunzehn und dreißig Jahren. Alls drei Gymnasien waren eine zusammengeschlossene Einheit, die über Laufbahnen, Übungsplätze, Umkleideräume und ein Auditorium für Vorträge und Konzerte verfügte; die meisten dieser Einrichtungen befanden sich auf der obersten Plattform. Auch zwei Tempel gehörten zu dem Komplex: Am östlichen Ende der mittleren Terrasse stand ein *Heiligtum für Hermes und Herakles*, am

Westende der oberen Terrasse ein *Asklepios-Tempel.* Von
ihm sind nur noch die Grundmauern zu sehen. Den großen
Platz, die *Palästra* des oberen Gymnasions, faßten an den
vier Seiten Säulenhallen ein, hinter denen sich die obenge-
nannten, bei der Nutzung der Gymnasien wichtigen Bauten
anschlossen. Zu den bedeutenden zählte das *Ephebion,* etwa
in der Mitte der nördlichen Halle. Hier fanden religiöse
Zeremonien statt, wie auch die kommunalpolitisch wichtigen für die jungen Bürger. – Was man heute noch von der
großzügigen Anlage der Gymnasien erkennen kann, entstand im 2. Jh. v. Chr., wurde jedoch in römischer Zeit, besonders auf der oberen Terrasse, umfassend und auch prachtvoll neu ausgebaut.

Über dem oberen Gymnasion lag das *Heiligtum der Hera,*
einer Weiheinschrift am kleinen Tempel zufolge während der
Regierungszeit von Attalos II. (159-138 v. Chr.) entstanden.
Westlich davon liegt das **Demeter-Heiligtum,** dessen Tempel
– wie der Tempel der Athena (S. 185) – aus der Frühzeit des
hellenistischen Pergamon stammt. Auch hier soll Philetairos
(283-263 v. Chr.), Begründer der Attaliden-Dynastie, mit
dem Bau begonnen haben. Der Kult der Demeter und ihrer
Tochter Persephone, gefeiert vor allem während der
›Mysterien‹ in Eleusis, sprach in Pergamon besonders Frauen
an. In seiner Hymne an Demeter folgt der Dichter Lasos von
Hermione mit seinen Worten den Gesängen der nächtlichen
Kulthandlungen in Eleusis: »*Ich besinge Demeter und das
Mädchen Persephone, Gemahlin des Klymenos, und erhebe die
Stimme zu einer honigsanften Hymne in der tiefen äolischen
Tonart.*«

Im Westen Pergamons, etwa einen Kilometer außerhalb
der Stadt liegt das **Asklepieion,** von deutschen Archäologen
ausgegraben. Dem Heiligtum nähert man sich auf der *via
tecta* (1), der römischen, von Säulenhallen mit dahinterliegenden Läden für den Bedarf eines Wallfahrtsortes gesäumten Prachtstraße. Pilger und Patienten waren hier auf dem
Weg zu einer der berühmtesten Heilstätten der Alten Welt.
Der Kult des Asklepios, des Gottes der Heilkunst, scheint
sich von Epidauros ausgebreitet und seit dem frühen 4. Jh.

v. Chr. hier Fuß gefaßt zu haben. Mehrmals vergrößert und baulich verändert, entstand das meiste, das man heute sieht, in der ersten Hälfte des 2. Jhs. n. Chr.

Den Höhepunkt seines Ansehens erlangte das Asklepieion in der zweiten Hälfte des 2. Jhs. n. Chr., als es – sogar Epidauros überflügelnd – die wichtigste Heilstätte der griechisch-römischen Welt war. Den hohen Rang verdankte diese vor allem dem Ruf und Können des Mediziners *Galen,* der 129 n. Chr. in Pergamon zur Welt kam. Er war der größte Heilkundige und medizinische Schriftsteller des Altertums, begann seine medizinische Ausbildung am Asklepieion und kehrte nach Beendigung seiner Studien für einige Zeit als Arzt nach Pergamon zurück, wo er auch Gladiatoren der

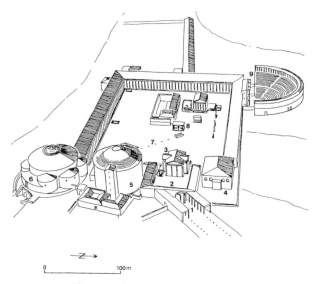

*Pergamon, Asklepieion (Skizze nach einem Modell von H. Schleif)*
1 ›via tecta‹, 2 Vorhof, 3 Propylon, 4 Bibliothek,
5 Tempel des Zeus-Asklepios, 6 Krankenhaus,
7 unterirdischer Gang, 8 Heilige Quelle, 9 Theater

192 DIE ÄOLISCHE KÜSTE

Arena chirurgisch behandelte. Galens Schriften trugen ihm im Mittelalter den Beinamen ›Fürst der Heilkundigen‹ ein und bildeten bis zur Renaissance die Grundlage des medizinischen Wissens.

Wir betreten das Asklepieion auf einem Vorhof (2) zum *Propylon* (3), dem repräsentativen Torbau. Gleich rechts stehen die Mauerreste der ehemaligen medizinischen *Bibliothek* (4), ein quadratischer Raum mit einer Nische für das Standbild Kaiser Hadrians. – Links vom Propylon stehen die Ruinen zweier Rundbauten: die erste (um 150 n. Chr.), eine verkleinerte Nachbildung des Pantheon in Rom, war der *Tempel des Zeus Asklepios* (5); die zweite war vermutlich das große *Krankenhaus* (6). Aus dem Untergeschoß dieses Rundbaus führte ein Tunnel mit nur geringer Steigung auf einer Strecke von 80 Metern zur Mitte des Haupthofes, wo die *Heilige Quelle* (8) das Wasser spendete, von dem die Besucher sich Heilung ihrer körperlichen wie auch seelischen Leiden erhofften. (Durch eine Analyse ist kürzlich schwacher Radiumgehalt im Quellwasser festgestellt worden.)

Zu den im Krankenhaus angewandten Heilmethoden gehörten sowohl Behandlungsweisen der praktischen Medizin, mit gesunder Ernährung, Schlammbädern und zur Winterszeit einem Sprung in die eisigen Wasser der Heiligen Quelle, wie auch psychotherapeutische Verfahren, welche eine phantasievolle Traumdeutung miteinschlossen – zweitausend Jahre vor Siegmund Freud. Zu den psychischen Störungen, die Galen erkannte, gehörte zum Beispiel der Liebeskummer, den er für die Hauptursache von Schlaflosigkeit hielt. Dazu findet sich unter seinen medizinischen Notizen die Bemerkung: »Daß sich bei der Namensnennung des Geliebten der Pulsschlag beschleunigt, das ist der Schlüssel.«

Der große Hof des Asklepieions war auf drei Seiten von Säulenhallen umgeben. Den großzügigen Gesamteindruck dieses Platzes vermögen die noch in situ aufrechten, schlanken ionischen Säulen der Nordkapelle zu verlebendigen. Hinter ihrem westlichen Ende liegt das schöne römische *Theater* (9), wohltuend gut erhalten (und restauriert). Einer Inschrift zufolge war es dem Asklepios und der Athena

## BERGAMA

Hygieia geweiht. Es konnte 3500 Zuschauer fassen und war deshalb wohl nicht nur für die Patienten und die sie pflegenden Angehörigen gedacht, sondern stand auch Besuchern aus der Stadt offen, denn im Asklepieion von Pergamon – wie auch von Epidauros – muß man an einen Kurbetrieb denken, wie etwa im Karlsbad oder Baden-Baden zu Ende des 19. Jhs.: Während die Patienten ihrer Genesung harrten, wurden sie mit Schauspielen im Theater und mit mancherlei Darbietungen, auch Gladiatorenkämpfen, im nicht zu weit entfernten Amphitheater unterhalten.

Man sollte Bergama nicht verlassen, ohne das dortige **Archäologische Museum** besichtigt zu haben. Es war das erste größere Museum in der Provinz, in dem die in der Stadt und Umgebung gefundenen Objekte ausgestellt sind. Es zählt, besonders nach seiner kürzlichen Neugestaltung, zu den attraktivsten kleineren Museen des Landes.

Das alte **Türkenviertel** von Bergama lohnt ebenfalls einen Besuch, denn in seinen malerischen Gassen stehen verschiedene osmanische Bauwerke von historischem Interesse. Das bedeutendste ist die Yıldırım Camii von Sultan Beyazıt I. aus dem Jahr 1399.

Wir suchen jetzt wieder den Anschluß zur küstennahen Hauptstraße und fahren dann gen Süden Richtung Izmir. Jenen Reisenden, die sich ein gemächlicheres Tempo erlauben können, bieten sich entlang der Hauptstraße kleinere Abstecher zu den antiken Niederlassungen der Äoler in dieser Gegend an. Doch gegen die prachtvollen Monumente von Pergamon verblassen die äolischen Stätten, zumal von ihnen meist nicht mehr als einige zerfallene Mauern erhalten sind und verstreute Bruchstücke von Marmorsäulen und Kapitellen; doch die Küstenlandschaft selbst ist sehr reizvoll, und die Stätten befinden sich oft auf weit ins Meer reichenden Landzungen, wo man herrlich picknicken und schwimmen kann.

Die ersten äolischen Siedlungsreste finden wir, wenn wir nach ungefähr sechszehn Kilometern Fahrt auf der Hauptstraße rechts nach **Çandarlı** abbiegen, das wir nach weiteren zehn Kilometern auf dieser guten Nebenstraße erreichen: ein einfaches kleines Küstendorf am Ende einer Bucht mit Sandstrand. Beherrscht wird der Ort von einer schönen und sehr gut erhaltenen genuesischen Festung aus dem späten 13. oder frühen 14. Jh., deren fünf Haupttürme durch Kurtinen verbunden sind. Bei der Festung, am Ende einer langen schmalen Halbinsel, lag einst das äolische *Pitane*. Kaum etwas ist von dieser antiken Stadt übriggeblieben, doch lassen sich in den Burgmauern und Hauswänden mitverarbeitete Baufragmente entdecken, und hier gefundene Keramikscherben werden bis in das 3. Jahrtausend v. Chr. datiert.

Wir fahren zur Hauptküstenstraße zurück und acht Kilometer weiter in südlicher Richtung, bis wir kurz hinter dem Dorf Yenişakran eine kleine Landzunge ins Meer hinausreichen sehen. Dies ist **Temaşalik Burnu,** wo einst die äolische Stadt **Gryneion** stand, im Altertum berühmt wegen ihres Apollon-Tempels aus weißem Marmor und der dort lebenden Orakelpriester. Nahe der Landspitze erinnert an diese Zeiten nur noch ein abgeflachter Erdhügel, um den verstreut kannelierte Säulentrommeln in den Feldern liegen. Der große griechische Reiseschriftsteller Pausanias hielt sich hier um die Mitte des 2. Jhs. n. Chr. auf und hat uns eine Beschreibung des Heiligtums hinterlassen: »... *auch im Gryneion, wo ein herrlicher Hain des Apollo ist von Fruchtbäumen und von solchen fruchtlosen, die durch Geruch oder Anblick erfreuen* ...«

Als ich im April 1975 Gryneion und die kleine Landspitze aufsuchte, schien seit Pausanias' Besuch vor achtzehnhundert Jahren kein einziger Tag vergangen: die Obstbäume waren über und über mit Blüten bedeckt, und dem antiken Heiligtum des Apollon spendeten einige knorrige Olivenbäume Schatten.

Nach einigen weiteren Kilometern gelangen wir zur Brücke über den Güzelhisar Çayı, den ›Fluß der Schönen Burg‹. Dies ist der Pythikos der Antike, der südlich der äolischen Stadt Myrina in die Ägäis mündet. Der Weg dorthin ist beschwerlich, und ein Besuch scheint nicht der Mühe wert, denn von der alten, von Erdbeben heimgesuchten Stadt gibt es – außer einigen Sarkophagen, die um die einstige

## ESKI FOÇA – PHOKÄA

Akropolis verstreut liegen – kaum noch Spuren. Romantische Gemüter mag der Ort jedoch ansprechen, ist er doch mit der Amazonenkönigin Myrina assoziiert, von der Strabon uns berichtet, sie habe die Stadt gegründet. Hier wurden auch die sogenannten Myrina-Terrakotten ausgegraben, an die tausend Grabbeigaben, die den Tanagra-Figuren durchaus ebenbürtig sind.

Die Fahrt geht nun an einer herrlichen Bucht vorbei, an deren südlichem Ende der Ort *Aliağa* liegt, der aus Baufragmenten der äolischen Städte Myrina und Kyme errichtet wurde. Wieder ist es umständlich, die Stätte des alten Kyme zu erreichen. Man verläßt die Küstenstraße und fährt sechs Kilometer bis zu dem Stranddorf *Namurtköy* am Namurt Limanı (Hafen des Nimrod). Auch von dieser griechischen Stadt ist kaum noch etwas erhalten, die einst, nach Strabon, die größte und beste der äolischen Städte war.

Hinter Aliağa trennt sich die Hauptstraße von der Küstenlinie, die nach Westen zu der Halbinsel ausschwingt, die den nördlichen Abschluß des Golfs von Izmir bildet. Von Aliağa geht nach 16 Kilometern eine Abzweigung rechts zu den angenehmen Badeorten *Eski Foça* und *Yeni Foça,* und in der Nähe liegt ein vom Club Méditerranée verwaltetes Feriendorf. Auf dem Weg nach Eski Foça fällt rechter Hand ein merkwürdiges Monument auf, das im Volksmund ›Taş Kule‹ heißt, Steinturm. Es deutet manches darauf hin, daß es sich um ein phrygisches Grabmal aus dem 8. Jh. v. Chr. handelt, möglicherweise aus der Zeit des König Midas.

**Eski Foça** erhebt sich an der Stelle des alten **Phokäa** und bewahrt dessen Namen. Obwohl in der Gegend um Phokäa ausschließlich Äoler lebten, war die Stadt selber stets von Ioniern besiedelt und Mitglied des alten Ionischen Bundes. Nach Diogenes Laertius war es eine Stadt mittlerer Größe, die im Rufe stand, tapfere Männer heranzubilden. Und Herodot vermerkt im Ersten Buch der ›Historien‹: »*Die Bewohner dieser Stadt Phokaia sind die ersten Hellenen gewesen, die weite Seefahrten unternahmen. Sie entdeckten das Adriatische Meer, Tyrsenien, Iberien und Tartessos. Sie fuhren nicht in runden Handelsschiffen, sondern in Fünfzigruderern...*«

Die Phokäer gründeten mehr als ein Dutzend Kolonien am Schwarzen Meer, am Hellespont und am Mittelmeer, von denen eine namens Massalia sich zum heutigen Marseille entwickelte. Noch im Mittelalter, nicht nur zu antiker Zeit, war Phokäa eine wichtige Hafenstadt, die nacheinander an die Perser, Römer, Byzantiner, Mongolen und an Genua fiel, bis im Jahr 1455 die genuesischen Besatzer von den osmanischen Türken vertrieben wurden. Nur noch die Hafenfestung der Genuesen aus dem 13. Jh. erinnert heute daran.

Zur Hauptstraße zurückgekehrt, fahren wir zwei Kilometer bis *Buruncuk,* einem bescheidenen Dorf am Fuß eines steilen Bergfelsens. Bei den Ruinen auf dem Gipfel handelt es sich wahrscheinlich um das alte **Larisa,** der südlichsten der äolischen Stadtsiedlungen. Wer die Mühen eines Aufstiegs nicht scheut, wird dort Reste von Festungsmauern aus dem 4. Jh. v. Chr. finden sowie die Fundamente zweier Tempel und eines Palastes. Larisa gehört zu den wenigen Städten Äoliens, die Homer erwähnt, der unter den Verbündeten Trojas auch »... *die speergewohnten Pelasger, deren Stämme die scholligen Fluren Larisas bestellten* ...« aufführt. Der Überlieferung nach erhielt die Stadt ihren Namen von der Tochter eines Herrschers aus dem legendären pelasgischen Königshaus, von dem Strabon folgende Geschichte zu erzählen weiß: »*Piasos* ... *hatte sich in seine eigene Tochter Larisa verliebt und ihr Gewalt angetan, aber auch die Strafe der Schändung gebüßt. Denn als jene sah, daß er sich über ein Weinfaß bückte, faßte sie ihn bei den Beinen, hob ihn empor und stürzte ihn in das Faß.*«

Kurz hinter Larisa überqueren wir das Flußbett des Gediz Çayı, der bei den Griechen Hermos hieß. In alter Zeit markierte er die Südgrenze Äoliens; jenseits begann das Land der Ionier. Bald kommen wir durch Menemen, und eine halbe Stunde später erreichen wir die Vororte von Izmir, das uns von den Hängen am Ende der herrlichen Bucht entgegenleuchtet.

# 11

## Izmir und Umgebung

Izmir – Sardis – Teos – Klazomenä – Çeşme
Kolophon – Klaros – Notion

**Izmir,** das griechische **Smyrna,** war wegen seiner schönen Lage schon im Altertum berühmt. Am Ende des gleichnamigen tiefen ägäischen Meerbusens gelegen, erstreckt es sich kilometerlang an einem zu jeder Jahreszeit sonnenbeschienenen Küstenstreifen und entlang den Hängen jenes abgeflachten Berghügels, der mit der Kadifekale, der › Samtenen Burg ‹, das südliche Stadtgebiet überragt.

Obwohl Izmir so alt ist wie jede andere Stadt an der ägäischen Küste, sind fast alle greifbaren Bindungen an die Vergangenheit abgerissen. Der letzte von vielen Schicksalsschlägen ereilte die Stadt im Jahr 1922, am Ende des griechisch-türkischen Krieges, als fast die gesamte Altstadt von einem Großbrand zerstört wurde. Dieses Unglück und dazu die Ausweisung des griechischen Bevölkerungsteils, dessen Lebensformen das Stadtbild des alten Smyrna so stark geprägt hatten, haben den Charakter dieser einst belebtesten Hafenstadt Kleinasiens vollständig verändert. Während der letzten fünfzig Jahre ist Izmir zum größten Teil neu aufgebaut und besiedelt worden; heute ist es eine sehr betriebsame Hafen- und Touristenstadt mit einer Uferpromenade, auf der sich luxuriöse Apartmenthäuser und Hotels aneinanderreihen – von der bewegten Vergangenheit aber findet sich kaum eine Spur. Die meisten Reisenden halten sich nur vorübergehend in Izmir auf und betrachten es im wesentlichen als einen Ausgangspunkt für Ausflüge zu den klassischen Stätten der Ägäisküste.

Und doch hat Izmir selber einiges Interessante zu bieten, und man kann noch etwas vom Zauber einer levantinischen Stadt aus spätosmanischer Zeit aufspüren. Am besten beginnen wir vielleicht mit einer Fahrt hinauf zur **Kadifekale,** dem **Pagos-Hügel** der Griechen, von wo wir eine herrliche

Aussicht haben und beginnen können, uns etwas mit ihrer Geschichte vertraut zu machen.

Die Stadt entwickelte sich von der Stelle aus, wo heute das Dorf Bayraklı liegt, dem Pagos gegenüber, nahe dem Nordost-Ende der Bucht. Dort, wo sich seit der ersten Hälfte des 3. Jahrtausends eine anatolische Ansiedlung befunden hatte, wurde etwa im 10. Jh. v. Chr. eine äolische Kolonie gegründet. Von Herodot erfahren wir, daß ausgewanderte Ionier aus Kolophon sich Smyrnas bemächtigten, als die äolischen Bewohner gerade vor den Toren der Stadt eine Dionysos-Feier begingen. Sie fanden als Flüchtlinge Aufnahme bei anderen äolischen Kolonien weiter im Norden. Seitdem galt Smyrna als Teil Ioniens, wenngleich seinem Gesuch um Aufnahme in das ›Panionion‹, den Zusammenschluß der zwölf ionischen Städte, erst im 3. Jh. v. Chr. stattgegeben wurde.

Die Siedlung **Bayraklı** haben türkische Archäologen vor kurzem erforscht; die Ruinen sind, obwohl auf den ersten Blick nicht allzu ansprechend, doch von hohem Interesse, insbesondere die Grundmauern eines *Athena-Tempels* vom Ende des 7. Jhs. v. Chr. Doch vielleicht werden sich die meisten Besucher weniger für die Baureste, als deren Beziehung zu *Homer* interessieren, da viele Orte ihn als einen der Ihren beanspruchen. Seit klassischer, wie auch wieder in moderner Zeit hat jedoch die Auffassung Vorrang, daß er eben hier, in Smyrna, zur Welt kam, an den Gestaden des Flusses Meles. Der griechische Meles ist identisch mit dem türkischen Halkpınar Suyu, der zwischen Bayraklı und Aslanacak in den Golf von Izmir mündet. Reichlich einen Kilometer stromaufwärts fließt er durch das Areal der Wasserversorgungsgesellschaft von Izmir; dort bildet er einen hübschen baumumstandenen kleinen See, auf dessen Grund sich mehrere antike Säulenbasen und Quader ausmachen lassen. Vor einigen Jahren hob man hier eine antike Statue, die als Artemis identifiziert wurde. Deshalb wird heute das Wasserbecken als *Bad der Diana* bezeichnet. Vielleicht ist diese Wasserstelle gemeint, wenn in dem homerischen Hymnos an Artemis davon die Rede ist, wie die göttliche Jägerin

## SMYRNA

»... *tränkt ihre Rosse im dicht mit Binsen bestandenen Meles,
rast auf goldenem Wagen in Eile durch Smyrna und Klaros fort
ins Rebengelände* ...«.

Bayraklı war so gut wie aufgegeben, als am Ende des
4. Jhs. v. Chr. Alexander der Große eine neue und leichter zu
verteidigende Stadt an den Hängen des Pagos gründete. Der
Ausbau der neuen Stadt wurde Antigonos dem Einäugigen
anvertraut und von Lysimachos vollendet, der die ersten
Befestigungsanlagen auf dem Berg Pagos errichten ließ. Von
der Festung liefen zwei Verteidigungsmauern hinunter zum
Meeresufer; das von ihnen umschlossene Areal ist ungefähr
mit dem heutigen Stadtzentrum von Izmir identisch. Von
den Mauerzügen ist bis auf wenige Bruchstücke nichts mehr
erhalten, und die Festung in ihrer heutigen Gestalt ist im
wesentlichen ein Werk aus spätbyzantinischer und osmanischer Zeit.

Vom ›römischen Smyrna‹ blieb der Marktplatz, die **Agora**,
unterhalb der Kadifekale. Sie wurde ursprünglich in der
Mitte des 2. Jhs. n. Chr. angelegt, aber bei einem Erdbeben
178 n. Chr. zerstört; kurz darauf ließ Faustina II., die Gemahlin des Kaisers Marc Aurel, sie wieder aufbauen. Erhalten
sind Teile der nördlichen und westlichen Säulenhallen sowie
– ebenfalls an der Nordseite – ein wunderbares gewölbtes
Untergeschoß. In der Nordwestecke befindet sich eine kleine
Einfriedung für ein überlebensgroßes Hochrelief, auf dem
Demeter und Poseidon dargestellt sind. Es konnte aus den
vielen Bruchstücken zusammengesetzt werden, die während
der Ausgrabungen 1932-41 ans Licht kamen. Ursprünglich
dürfte diese Göttergruppe zum großen Fries eines Altares
inmitten der Agora gehört haben.

Eine mit der Agora in Zusammenhang stehende Episode
gibt einen anschaulichen Eindruck vom Leben im antiken
Smyrna. In der zweiten Hälfte des 3. Jhs. v. Chr. – so die
Überlieferung – segelte eine Flotte von Chios hierher, mit
dem Ziel, Smyrna zu erobern. Bei der Landung fanden die
Männer von Chios die Stadt menschenleer, denn die Bevölkerung war hoch auf den Pagos gezogen, um wie jedes Jahr
das Fest des Dionysos zu feiern. In dem Augenblick aber, da

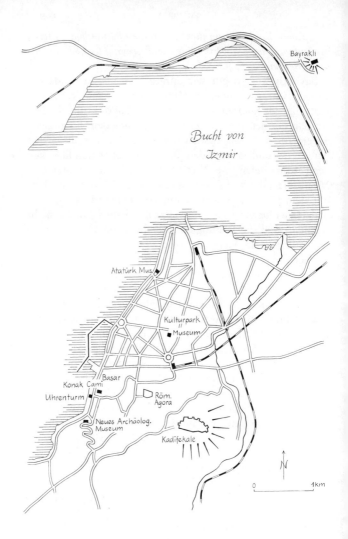

Izmir

sie von der Invasion erfuhren, stürzten die Männer hinunter zum Strand, schlugen die Angreifer in die Flucht und bemächtigten sich ihrer Schiffe. Nach gewonnener Schlacht kehrten die Smyrner zu den Festlichkeiten auf dem Pagos zurück und vollführten ihre bakchischen Tänze und ihre Gelage noch ausgelassener als zuvor. Noch Jahrhunderte danach feierte man diesen Sieg gleichzeitig mit dem Dionysos-Fest, bei dem die Männer von Smyrna auf ihren Schultern eine Triere vom Meer bis zur Agora trugen und der Oberpriester des Dionysos dem Zug vorstand.

Es sei sehr geraten, sich für den Besuch des **Archäologischen Museums** etwas Zeit zu nehmen – und ein Taxi, um auf dem Weg hügelan zum Fuße des Pagos nicht schon vorzeitig zu ermüden. Die bedeutendsten Funde – kurz gesagt, zwischen Pergamon und Didyma – werden hier bewahrt und in dem modernen, großen Museumsneubau gezeigt. Von prähistorischer bis in spätrömische und byzantinische Zeit bieten sich dem Interessierten Entwicklungsketten, Stilabfolgen dar. Es sind ausgewählte Beispiele der Keramik (auch klazomenäische reliefierte oder bemalte Tonsarkophage); der archaisch-ionischen, hellenistischen, römischen Plastik; der seltenen oder architektonisch bedeutsamen Bauglieder (zwei äolische Blattkranzkapitelle, profilierte Schmuckbänder, Giebelkrönungen etc.). Wo immer man bereits an der ägäischen Küste gereist ist oder noch reisen wird: die Vorstellung an Ort und Stelle wird sich durch das hier zu Sehende anschaulich beleben.

Sehenswert im heutigen Izmir ist auch der **Basar,** wo sich noch einige wenige Spuren aus spätosmanischer Zeit finden lassen. Am besten beginnen wir unseren Spaziergang unmittelbar am Wasser bei dem *Uhrturm,* einem der bekanntesten Wahrzeichen der Stadt. Uhrturm und Meer im Rücken, folgt man der Straße, von der sich meist linker Hand die Gassen im Marktviertel verzweigen. Zwar ist der Basar von Izmir auch nicht annähernd so interessant wie jener von Istanbul, aber es herrscht dort ein buntes vielfältiges Treiben, vor allem nahe dem oberen Ende, und mit ein wenig Glück findet man immer wieder handwerklich Gediegenes.

Eine der interessantesten archäologischen Stätten östlich von Izmir ist Sardis (Sardes, Sart), das nach ungefähr eineinhalb Fahrstunden auf der Verbindungsstraße (E 23) nach Ankara zu erreichen ist.

Auf der Strecke dorthin treffen wir nach achtzehn Kilometern auf den kleinen Ort *Kemalpaşa,* das antike Nymphäum. Kurz vor der Ortseinfahrt sieht man links die Ruinen des byzantinischen Bauwerks, welches der Stadt ihren Namen gab. Es handelt sich um den *Palast von Nymphäum,* den Andronikos I. Komnenos während seiner kurzen Herrschaft erbauen ließ (1183-85) und der dann als eine der kaiserlichen Residenzen der Laskariden-Dynastie diente, die während der lateinischen Besetzung Konstantinopels das Byzantinische Reich von Nikäa aus regierte.

Der nächste größere Ort, *Turgutlu,* liegt links der Straße inmitten fruchtbarer Obstplantagen. Hinter Turgutlu läuft die Straße fast gradlinig durch die Flußebene des Gediz Nehri, des Hermos des Altertums. Schließlich überqueren wir 94 Kilometer von Izmir entfernt den Ecelkapız, den griechischen Paktolos, und gelangen in das Dörfchen **Sart**;

*Sardis, Lageplan*

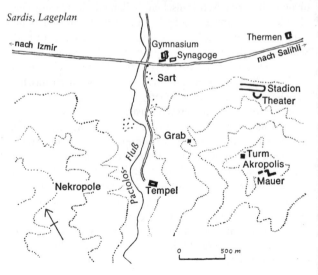

## SARDIS

im Dorf selbst und in der näheren Umgebung liegen verstreut die Ruinen des alten **Sardis.**

Sardis war einst die Hauptstadt des Königreichs Lydien. Zu seiner glanzvollsten Zeit, als etwa zwischen 650 und 550 v. Chr. das lydische Reich fast das gesamte westliche Kleinasien umfaßte, war Sardis die reichste Stadt der Welt. Quelle dieses Reichtums war der Goldsand, den der Paktolos vom Tmolos-Gebirge (Boz Dağlari) hinabschwemmte; Herodot berichtet, wie die Lyder mit Schafshäuten, die sie an seichten Stellen des Flußbettes anbrachten, das Gold abfingen, eine Technik, die Ursprung für die Legende vom Goldenen Vlies gewesen sein mag. Mit großem Geschick setzten die Lyder das Gold zur Ausweitung ihrer Handelsbeziehungen ein, indem sie das Münzsystem erfanden, dessen früheste Prägestücke von etwa 600 v. Chr. stammen.

Die Goldene Zeit erlebte Lydien unter der glänzenden Herrschaft der Mermnaden-Dynastie, die mit Gyges (680-645) begann und mit Kroisos (561-546) endete. Kroisos (Krösus) gab dem lydischen Königreich seine größte Ausdehnung, als er die griechischen Städte Kleinasiens unterwarf und auf sie seine wohlwollende und aufgeklärte Herrschaftsweise ausdehnte. Dadurch begannen die Schriftsteller und Gelehrten der erwachenden griechischen Welt an der reichen Hauptstadt dieses mächtigen Nachbarstaates Interesse zu finden. Bei Herodot handelt fast das gesamte Erste Buch der ›Historien‹ vom Aufstieg des Kroisos und seiner schließlichen Niederlage 546 v. Chr. durch den persischen König Kyros. Das war das Ende des lydischen Königreichs und seiner toleranten Herrschaft über die Städte Ioniens; wenige Jahre später gehörten sie und das übrige Kleinasien zum Weltreich der Perser. Im Jahr 499 v. Chr. revoltierten die Ionier und eroberten, plünderten und zerstörten Sardis, das inzwischen zur Residenz eines persischen Satrapen geworden war. Nach fünf langen Jahren gelang es den Persern schließlich, den Aufstand niederzuschlagen. Damit konnte der nächste Akt der Geschichte beginnen: die persische Invasion Griechenlands, an deren Ende der Sieg der Griechen im Jahr 479 v. Chr. steht.

Sardis erholte sich rasch von den Verwüstungen der Ionier und wuchs bald wieder zu einer wohlhabenden Handelsstadt; in erster Linie dank seiner günstigen Lage am westlichen Endpunkt der ›Königsstraße‹, dem großen Überlandweg, der in der persischen Hauptstadt Susa begann. Nach der Eroberung durch Alexander den Großen im Jahr 334 v. Chr. erhielt Sardis ein durch und durch griechisches Gepräge, und die alte lydische Kultur verschwand, fast ohne Spuren zu hinterlassen. Sardis blieb auch in griechischer, römischer und byzantinischer Zeit eine wohlhabende Handelsstadt, wurde ein bedeutender Bischofssitz des sich ausbreitenden Christentums und zählte zu den sieben in der ›Offenbarung‹ des Johannes genannten Gemeinden. Die Stadt erlebte ihren Untergang im Jahr 1401, als sie, wie so viele andere mächtige Zentren in Anatolien, von Tamerlan (Timur Lenk) geplündert und vollständig zerstört wurde. Während der darauffolgenden Jahrhunderte, zur Zeit der Osmanen, lag sie fast völlig verlassen. Das Dorf Sart entstand erst zu Beginn unseres Jahrhunderts. In der langen Zeit dazwischen waren sogar die Ruinen fast völlig verschwunden, überlagert von den Erdmassen und den Gesteinsbrokken, die von der Akropolis herunterbrachen. Die archäologischen Arbeiten begannen in den Jahren 1910-14 und wurden 1958 von Professor G. M. A. Hanfmann und seinen Mitarbeitern wieder aufgenommen; durch ihre Bemühungen ist diese antike Stätte inzwischen völlig verwandelt, und die ›Goldene Stadt‹ des Krösus entsteht allmählich wieder vor unseren Augen.

Das bedeutende Monument des alten Sardis ist der **Artemis-Tempel,** der wenige hundert Meter südlich des Dorfes im Paktolos-Tal steht. Auf dem Weg dorthin sehen wir rechts eine byzantinische Kirche aus dem 13. Jh. Der tiefe Graben neben der Straße rührt von den Grabungstätigkeiten und hat viel interessante Information über das alte Sardis freigegeben. So haben die Archäologen einige Werkstätten erkannt, in denen das aus dem Paktolos gewonnene Gold geschmolzen und gereinigt wurde.

Der Tempel der Artemis, unmittelbar vor dem verwitter-

## SARDIS

ten, gelbgrauen Steilhang des Burgberges im Osten, ist ein
überaus eindrucksvoller antiker Bau. Vor Beginn der Ausgrabungen (1902-1914) waren zwei Säulen mit herrlichen ionischen Kapitellen – wie sich zeigte, von der Südostecke des
Tempels – alles, was man dort sah. Inzwischen wurden gewaltige Mengen an Erde und Steinen – stellenweise bis zu
einer Tiefe von zehn Metern – abgetragen, zusätzlich dreizehn Säulen wiederaufgestellt, der Stylobat und Teile der
Cellawand freigelegt, so daß der Tempel in seinen Ausmaßen
jetzt klar erkennbar ist.

Sorgfältige Untersuchungen deckten einen Bauvorgang in
drei Etappen auf. Bereits vorher gab es jedoch den *Altar der
Artemis*, dessen Fundamentblöcke aus rotem Sandstein vor
der Westseite des Tempels liegen – man nimmt an, seit der
Wende vom 5. zum 4. Jh. v. Chr. Mit dem Tempel selbst
wurde um 300 v. Chr. begonnen, als nach der Eroberung
durch Alexander den Großen Sardis hellenisiert war. Die
zweite Bauphase datiert man in das 2. Viertel des 2. Jhs.
v. Chr., die Zeit, als Eumenes II. (197-159) von Pergamon
über Sardis als Herrscher und auch als Bauherr bestimmte.
Die dritte, letzte Bauphase in der Mitte des 2. Jhs. n. Chr. fiel
in die Regierungszeit des Kaisers Antoninus Pius (138-161).
Er ließ in dem Tempel die Cella in zwei Hälften unterteilen,
wobei die westliche Hälfte der Göttin Artemis geweiht blieb;
die östliche bestimmte er zur Verehrung seiner nach ihrem
Tod (191 n. Chr.) vergöttlichten Gemahlin Faustina I. – Südöstlich des Tempels steht die Ruine einer frühchristlichen
Kirche aus dem 4. Jh., deren Bauzeit zusammenfällt mit der
Verdrängung der älteren Religionen Anatoliens durch das
Christentum.

Wir kehren nun zum Dorf Sart zurück, um die Ausgrabungen der jüngsten Zeit zu besichtigen, die nördlich der Hauptstraße in Richtung Salihli liegen. Man findet sich dort vor
dem weitläufig angelegten **Gymnasium,** mit von Säulenhallen umgebener *Palästra* (Übungsplatz) und einem sogenannten ›*Marmorhof*‹ für festliche Anlässe, den eine reich, doch
subtil gegliederte römische Prunkfassade dreiseitig um-
schloß. Die an die Palästra angegliederte Südhalle sei beson-

ders erwähnt, da sie vom 3. Jh. n. Chr. bis zur Plünderung
der Stadt durch die Perser im Jahr 616 als *Synagoge* diente.
Aus Inschriften geht hervor, daß der gesamte Komplex, zu
dem auch großzügige *Thermen*-Anlagen gehören, zwischen
166 und 211 n. Chr. entstand. – Nach Beendigung der Grabungen wurden alle Bauten auf das sorgfältigste restauriert
und stellen sich heute als großartiges und sehr interessantes
Beispiel römischer öffentlicher Bauten dar.

Den Bädern und der Synagoge gegenüber, auf der anderen
Straßenseite, ist ein als ›*Haus der Bronzen*‹ bezeichnetes
Gebäude freigelegt. Um 550 n. Chr. entstanden, war es vermutlich die Residenz eines hohen christlichen Würdenträ-
gers, vielleicht des Bischofs von Sardis. In diesem Grabungs-
bereich liegt auch der ›lydische Graben‹, der die Lage des
Marktplatzes von Sardis aus der Zeit von 700 bis 300 v. Chr.
kennzeichnet.

Weitere antike Bauten befinden sich rechts und links der
Straße gegen Osten. Sie gehörten ebenfalls zu den öffentli-
chen Einrichtungen des römischen Sardis. – Südlich der
Straße stößt man im Schatten der Akropolis auf das römische
*Stadion* und das *Theater.*

Zuletzt bleibt noch der Weg auf die **Akropolis**, die wir am
besten vom Artemis-Tempel her angehen. Der Aufstieg vom
Tempel zum Gipfel dauert ungefähr 45 Minuten und bietet
keine Schwierigkeiten; ein oder zwei Stellen gibt es, die
wohl Schwindelgefühle hervorrufen können und gleichzeitig
deutlich machen, wie nahezu uneinnehmbar diese Festung
gewesen sein muß. Die erhaltenen Verteidigungsanlagen sind
byzantinischen Ursprungs, wenngleich viel Baumaterial von
älteren Mauern mitverwandt worden ist. Ausgrabungen auf
der Hügelkuppe haben Baureste aus lydischer, griechischer
und römischer Zeit zutage gebracht und byzantinischer Ter-
rassenhäuser, die nicht vor dem 7. Jh. n. Chr. errichtet wurden, so daß wir hier Zeugnisse menschlicher Besiedlung über
einen Zeitraum von fünfzehn Jahrhunderten vor uns haben.
Seit mehr als 580 Jahren ist die große Hauptstadt öde und
menschenleer, und von der einstmals reichsten Stadt der Welt
sind nur diese wenigen Ruinen übriggeblieben.

Auf der Halbinsel, die den Golf von Izmir von Süden her umfaßt, gibt es vielerlei Spuren antiker Besiedlung. Zwar sind die Zeugnisse weniger interessant als die berühmten klassischen Stätten weiter südlich, bieten aber reizvolle Ausflugsziele in Izmirs nähere Umgebung.

Wir verlassen Izmir in westlicher Richtung und finden an der Küstenstraße nach fünf Kilometern rechts eine Abzweigung nach *Inciraltı,* einem sehr beliebten Badeort. Links führt eine Nebenstraße zu den Thermalquellen bei den *Agamemnon-Thermen,* die seit dem Altertum von den ortsansässigen Hypochondern aufgesucht werden.

In der gleichen Richtung liegt neunzehn Kilometer hinter Izmir Güzelbahçe, wo wir in der Nähe auf eine Nebenstraße gen Süden nach *Sığaçık* abzweigen. Dieser Küstenort, dem noch etwas Mittelalterliches anhaftet, liegt nicht weit vom antiken **Teos,** einer der zwölf Städte im Ionischen Bund. Wenn auch die Ruinen selber nicht besonders bemerkenswert sind, entschädigen doch die ungewöhnlich schöne Landschaft, der romantisch in einem Olivenhain versteckte Dionysos-Tempel sowie Fragmente antiker Mauern, Säulen und Kapitele, die in der Hafengegend und an dem herrlichen Sandstrand verstreut liegen. Während seiner Blütezeit war Teos als Hafenstadt bedeutender als Smyrna.

*Anakreon* war der berühmte Sohn dieser Stadt, einer der großen lyrischen Dichter des alten Griechenland. Er kam um 572 n. Chr. in Teos zur Welt und starb dort 85 Jahre später nach einem ereignisreichen und erfüllten Leben: Während eines Banketts erstickte er an einem Weintraubenkern. Nachdem Anakreon das letzte Liebesgedicht geschrieben, den letzten Vers gesungen hatte, pries Kritias von Athen den alten Dichter:

» *Teos gebar dich freundlichen alten Weber zärtlicher Reime, Anstifter bei Gelagen, Betörer der Frauen, den Flötenklängen abhold, aber die Leier liebend, freudvoll, leidlos. Niemals wird die Liebe in dir altern oder sterben, solange Wasser mit Wein vermischt in den Bechern der Schenkknabe durch die Reihen schickt, den Zutrunk nach rechts hin verteilend, und nächtliche Feiern, die heilige, weibliche Chöre begehen ...«*

Ganz in diesem Sinn sollten wir uns jetzt am Tempel des Dionysos unter einen Olivenbaum setzen und nach einem einfachen Mahl mit einem Glas Weißwein aus den erhaltenen Fragmenten des Anakreon das eine oder andere Gedicht lesen, als erstes vielleicht ›An eine Jungfrau‹.

> » *Thrakerfüllen, warum blickst du schief / auf mich, und warum fliehst du mitleidlos vor mir, und ahnst nicht / wie geschickt und klug ich bin?*
>
> *Höre denn, ich kann dir trefflich / einen guten Zaum anlegen und die Hügel führen und dich lenken / in der Bahn zum Ziel.*
>
> *Du statt dessen weidest kindisch noch / auf Wiesen, spielst und springst nur, weil du keinen Pferdekenner / als gewandten Reiter hast.* «

Sieben Kilometer hinter der Abzweigung nach Teos erreichen wir über die Hauptstraße die Ruinen des alten **Klazomenä,** das ebenfalls zum Ionischen Bund gehörte. Der antike Ort entfaltete sich ursprünglich um den Hügel der Akropolis an der Küste. Im weiten Umfeld fand man die zahlreichen *Tonsarkophage* mit den bemalten, auch reliefierten Schmuckbändern, typisch für Klazomenä und daher mit dem Namen der Stadt gekennzeichnet. Später zog man die nahe kleine Insel in das Stadtgebiet mit ein, und zur Zeit Alexander des Großen ward sie mit dem Festland durch einen Damm verbunden, von dem einige wenige, aus dem Wasser ragende Steinblöcke noch zu sehen sind. Auch auf der Insel stößt man allenthalben auf antike Mauerreste. Kürzlich von türkischen Archäologen wieder aufgenommene Grabungen werden die erste Sichtung (1921-22) vertiefen und klären. In die Geschichte ist Klazomenä als Geburtsort des *Anaxagoras* eingegangen, eines der großen und wirkungsreichen Philosophen der griechischen Antike. Anaxagoras, zu Beginn des 5. Jhs. v. Chr. geboren, war der letzte aus der Reihe jener außergewöhnlichen naturwissenschaftlichen Denker Ioniens, die sich als erste darum bemühten, die materielle Welt mit vernunftgemäßen Überlegungen zu verstehen und zu erklären. Plutarch schrieb über ihn:

# KLAZOMENÄ

»*Die Zeitgenossen hatten Anaxagoras den Beinamen ›Nus‹ (›Geist‹) gegeben, vielleicht aus Bewunderung für seine ungewöhnlich tiefe Einsicht in das Wesen der Natur, vielleicht aber auch deshalb, weil er als erster als Prinzip der Weltordnung nicht den Zufall noch die Notwendigkeit annahm, sondern den reinen, lauteren Geist, der aus dem chaotischen Durcheinander aller Elemente die gleichgearteten Teile aussondert.*«

Nach weiteren sechzehn Kilometern führt von der Hauptküstenstraße rechts ein Weg zum nördlichen Zipfel der Halbinsel nach Karaburun ab. Es ist eine lange und beschwerliche Wegstrecke, doch lohnt sie sich wegen der berückenden

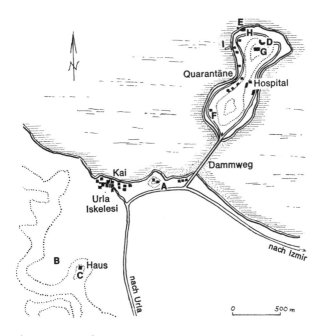

*Klazomenä, Lageplan*

A vorgriechische Siedlung, B archaisch-griechische Siedlung, C archaische Akropolis, D Theater, E Kai, F Ayazma-Höhle, G Tempel, H Ecke der Stadtmauer, I Mole

Landschaft. Die Hauptstraße selber führt weiter zum Ferienort **Çeşme** an der Westspitze der Halbinsel, wo uns nur eine schmale Meerenge von der griechischen Insel Chios trennt. Die stolze Festung an der Küste, eine genuesische Anlage aus dem 14. Jh., wurde im Jahr 1400 von Beyazıt 1. erobert. Ihren letzten Auftritt auf der Bühne der Geschichte hatte sie am 5. Juli 1770, als sie unter den Beschuß russischer Kriegsschiffe geriet, die im Hafen von Çeşme die osmanische Flotte vernichteten.

Am Ende der Halbinsel in der Nähe von Çeşme gibt es mehrere Badeorte. Den beliebtesten, *Ilıca,* erreicht man, wenn man etwa fünf Kilometer auf der Hauptstraße zurück in Richtung Izmir fährt. Von dort sind es acht Kilometer in nordwestlicher Richtung entlang der Küste bis zum Dorf *Ildır,* wo die Straße endet. Hier lag einst *Erythrä*, ebenfalls Mitglied des Ionischen Städtebundes. Die Schönheit der Landschaft entschädigt reichlich für die Spärlichkeit der Ruinen.

Ein weiteres empfehlenswertes Ausflugsziel von Izmir aus ist der Südteil der Halbinsel, wo drei ionische Städte liegen: Kolophon, Klaros und Notion. Wir verlassen Izmir auf der großen Ausfallstraße in Richtung Süden und biegen nach fünfzehn Kilometern rechts ab. Nach zwanzig Kilometern kommen wir in *Değirmendere* an; unmittelbar hinter dem Ort lag das alte **Kolophon,** von dem nur wenige verfallene Mauerreste noch erhalten sind.

Im Altertum war Kolophon wegen seiner Reiterei berühmt, die sich die weite Ebene südlich von Smyrna untertan machte und bei ihren Attacken trainierte Hunde als Hilfstruppen einsetzte. Auch unterhielt die Stadt eine schlagkräftige Flotte, wie sich bei dem Überfall auf das damals noch äolische Smyrna zeigte. Mit solchen Streitkräften und einem fruchtbaren Ackerboden brachte es Kolophon schnell zu großem Reichtum. Gleichzeitig aber verfielen die Kolophonier in einen ausschweifenden Lebenswandel, der sie mit der Zeit derartig schwächte, daß ihre Stadt eine leichte Beute des lydischen Königs Gyges wurde. Eine anschauliche Schilderung von der Dekadenz der Kolophonier gab der Dichter

*Xenophanes,* der 565 v. Chr. in Kolophon zur Welt kam und vor den einfallenden Persern nach Süditalien floh. In einem noch erhaltenen Gedicht, das ›Frohe Tage im asiatischen Kolophon‹ überschrieben ist, tadelt er seine Mitbürger ob ihrer verderbten Sitten:

> *» Bis die verhaßte Tyrannis sie knechtete, zogen die Bürger*
> *zu Versammlung und Rat alle im Purpurgewand,*
> *nach dem Vorbild der Lyder mit nutzlos üppigem Prangen,*
> *tausend Herren zumal, stolz und erhobenen Haupts,*
> *prunkend im Schmuck der Locken und ziervoll wallender Haarflut;*
> *künstlicher Salben Schmelz tränkte die duftende Haut.«*

Eine weitere Quelle des kolophonischen Reichtums war das berühmte Heiligtum im nahegelegenen **Klaros,** das jedes Jahr Tausende von Besuchern anzog. Klaros war keine Stadt, sondern Stätte des Apollon-Tempels und -Orakels mit den zu dem Heiligtum gehörenden Nebengebäuden. Hier erwarten uns wesentlich mehr antike Zeugnisse als in Kolophon, großenteils dank der in jüngster Zeit vorgenommenen Anstrengungen.

Um nach Klaros zu gelangen, fahren wir auf derselben Straße siebzehn Kilometer über Değirmendere hinaus. Das Heiligtum findet man in einem Flußtal einige hundert Meter links von der Straße. Da die erhaltenen Mauern und Fundamente unterhalb des Grundwasserspiegels liegen, sind ständig Pumpen in Betrieb, damit die Besucher die Stätte trockenen Fußes besichtigen können. Trotz Motorengeräuschs wirkt dieser Ort mit seinen herrlichen (außer in trockenen Sommern) halb im Wasser versunkenen Ruinen sehr eindrucksvoll. Imponierend sind vor allem die weit überlebensgroßen Fragmente einer monumentalen Kultstatue des Apollon, die vielen hellenistischen Architekturteile, der große Altartisch von fast zwanzig Metern Länge, sowie die unterirdischen Kammern, wo das Orakel auf die Fragen und Anrufungen der Wallfahrer seine mehrdeutigen Antworten gab. Bei Tacitus findet sich eine Beschreibung dieses Orakels im Zusammenhang mit einem Besuch, den der Adoptivsohn des Kaisers Tiberius, Germanicus, im Jahr 18 n. Chr. unternahm:

»*Dort weissagt keine Frau wie in Delphi, sondern ein aus bestimmten Familien, in der Regel milesischen, entnommener Priester, der sich nur die Anzahl und die Namen der Orakelsuchenden sagen läßt. Dann steigt er in die Grotte hinab, trinkt Wasser aus der heiligen Quelle und erteilt nun, obwohl er meist der Schrift und Dichtkunst unkundig ist, in Versen Orakel über Dinge, die der Fragende in der Stille mit sich herumträgt.*«

Der **Apollon-Tempel** ist ein Werk des späten 4. oder frühen 3. Jhs. v. Chr. und eines der ganz wenigen dorischen Baudenkmäler in Ionien. Wie so häufig bei ihm geweihten Heiligtümern, muß Apollon sich auch dieses mit Dionysos teilen. Ein kleinerer Tempel war Artemis, der Schwester des Apollon, geweiht. – Als geheiligter Ort ist Klaros jedoch viel älter, als es die heute erhaltenen Baureste bekunden. Schon in den Homerischen Hymnen finden wir das ›*strahlende Klaros*‹ erwähnt als einen der heiligen Zufluchtsorte der Leto, als sie mit Apollon und Artemis schwanger ging.

Nun führt uns die Straße hinunter zum Meer und an einen zum Baden lockenden Sandstrand, und nach drei Kilometern erreichen wir das antike **Notion**. Weit über das Gelände verstreut finden sich hier die Ruinen auf den Gipfeln und an den Abhängen der beiden Hügel, die man, wenn man aufs Meer hinausschaut, zur Linken hat. Zu den Ruinen von Notion gehören die Überreste eines Athena-Tempels und zwei weiterer Heiligtümer sowie eine Agora, ein Senatsgebäude, ein Theater und Trümmer einer Verteidigungsmauer, die ursprünglich vier Kilometer lang war; die Baureste befinden sich in schlechtem Erhaltungszustand. Notion war der Hafen Kolophons; beide Orte standen unter gleicher Verwaltungshoheit. Als der Seehandel immer mehr an Bedeutung gewann, siedelte ein großer Teil der Bevölkerung Kolophons in die tiefergelegene Hafenstadt über, die bald ›Neu-Kolophon‹ genannt wurde, während der landeinwärts gelegene Ort die ›Altstadt‹ hieß.

Hier war es wohl auch, wo im Alter von 25 Jahren Xenophanes, der Dichter aus Kolophon, zur Flucht aus der Heimat aufbrach, worüber der 92jährige Emigrant in seinem letzten Lebensjahr voller Trauer schreibt:

»Sieben Jahre sind es bereits und sechzig, die ruhelos meinen denkenden Kopf treiben durch griechisches Land. Zwanzig Jahr war ich alt und fünf dazu, als es anfing, falls ich dieses genau richtig zu sagen vermag.«

Und man merkt, wie sich der greise Dichter beim Nachsinnen über die lange Zeit im Exil voll Heimweh ins ferne Ionien zurückversetzt:

»Winters am Feuer, gelagert auf weichem Ruhebett, soll man solchermaßen Gespräche beginnen, gesättigt vom Essen, trinkend vom süßen Weine, und Kerne knabbernd dazwischen: › Wer, wessen Sohn bist du? Und wie alt bist du, mein Geselle? Sag mir, wie alt warst du zu der Zeit als der Meder ins Land kam?‹ «

# 12

## Die ionische Küste

Von Izmir nach Ephesos – Kuşadası – Priene
Milet – Didyma

»... *Das Land der Ionier besitzt die günstigste Klimamischung und hat auch Heiligtümer, wie es anderswo keine gibt, ... Ionien bietet außer den Heiligtümern und seinem Klima auch sonst Bemerkenswertes* ...«

So heißt es bei Pausanias im Siebenten Buch seiner ›Beschreibung Griechenlands‹. Obwohl achtzehn Jahrhunderte vergangen sind, seit er diese Zeilen schrieb, haben sie nichts von ihrer Gültigkeit verloren. Ionien war schon immer der schönste Teil Anatoliens, und nicht einmal das griechische Festland kann sich so vieler Monumente klassischer Architektur rühmen. Wir werden bei unserer Fahrt entlang der Küste rasch merken, warum Ionien die Geburtsstätte so vieler Elemente der griechischen Kultur war: Das Klima ist mild, aber belebend; die Landschaft ist von unübertrefflicher Schönheit, wo die blaue Ägäis hinter sanften, mit Pinien, Zypressen, Ölbäumen und Weinreben bestandenen Hügeln durchschimmert und nie vollständig aus dem Blickfeld gerät; seine zentrale Lage zwischen dem Mittelmeer und Anatolien machte es zu einem Marktplatz für Güter und Ideen; und die jungen ionischen Stadtstaaten waren aufgeschlossen und unabhängig, befreit von den Zwängen der konservativen Vergangenheit – all diese Faktoren trugen sicherlich zu der außergewöhnlichen kulturellen Hochblüte bei, welche Ionien im 6. und 5. Jh. v. Chr. erlebte. Noch heute ist dies die angenehmste und aufgeschlossenste Gegend der Türkei, und ihre sonnengebadeten Küstenorte gehören zu den schönsten im gesamten ägäischen Raum.

Wir verlassen Izmir wieder auf der nach Süden führenden Ausfallstraße, biegen diesmal aber nicht nach Kolophon ab. Liegt erst einmal das städtische Ballungsgebiet von Izmir hinter uns, wird die Landschaft zunehmend reizvoller: In

## EPHESOS

den fruchtbaren Feldern liegen kleine Waldstücke mit Strandkiefern, und die Straße wird von Zypressen und Weißbirken gesäumt. Kamelkarawanen ziehen vorbei und Schäfer in Schaffellumhängen. Die Landschaft wird sogar noch schöner, sobald die Straße in südwestlicher Richtung dem Flußtal des Küçük Menderes, dem antiken Kaystros, folgt, einem Seitenarm des alten Mäander. Während sich am Ausgang des Tals die grün bewachsenen Felshänge schluchtartig verengen, tauchen zu unserer Rechten hoch oben auf einer Bergkuppe die Ruinen einer byzantinischen Burg auf, die einst den nördlichen Zugang nach Ephesos bewachte.

Auch **Ephesos** selbst war geschützt durch die byzantinische Festung auf dem Ayasoluk-Hügel über der Stadt. Alle Bauten dort gehören der nachantiken Zeit an, während sich die antiken Stätten am Nordosthang des Panayır-Berges, des antiken Koressos, und in der Ebene zwischen Koressos und dem Bülbül-Höhenzug, dem antiken Pion, im Südwesten befinden.

Die ersten Griechen, die um 1000 v.Chr. nach Ephesos kamen, waren, wie Pausanias und Strabon sagen, Ionier. Sie ließen sich am nördlichen Hang des Panayır, dem alten Koressos-Berg, nieder, als das Meer noch weiter ins Land bis an die Stelle reichte, wo jetzt Selçuk liegt. Zuvor hatten jedoch schon Karer und Lyder hier gesiedelt und in ihrem frühen Heiligtum die anatolische Muttergöttin Kybele verehrt. Die Ionier übernahmen das Heiligtum für sich und weihten es der griechischen Artemis, der jungfräulichen Göttin und Geburtshelferin, der ›Herrin der Tiere‹.

Wegen seines hervorragenden Hafens und als westlicher Endpunkt der durch Anatolien führenden persischen Königsstraße erlangte Ephesos bald großen Reichtum und erregte deshalb vor allen anderen ionischen Kolonien die Aufmerksamkeit des lydischen Königs Kroisos. Nach der Einnahme der Stadt im Jahr 550 v.Chr. ließ Kroisos die Gebäude und Festungsanlagen an den Hängen des Koressos zerstören und befahl den Ephesern, in die Ebene umzusiedeln. Dort auf dem flachen Land befand sich die Stadt zur Zeit des klassischen Altertums bis zum Anfang des 3. Jhs.

v. Chr. Als Lysimachos 301 v. Chr. das westliche Kleinasien unter seine Herrschaft brachte, verpflanzte er die Stadt ein weiteres Mal, und zwar auf ein von ihm befestigtes Areal am seewärts blickenden Westhang des Koressos und in das Tal zwischen Koressos und Pion. Zu jener Zeit hatte der vom Fluß Kaystros mitgeführte Schwemmsand das Meer bereits weit zurückgedrängt.

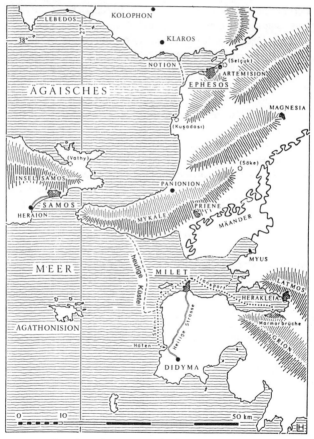

*Ionien (südl. Teil, antiker Küstenverlauf)*

EPHESOS 217

Als am Ende der Diadochenkämpfe um die Nachfolge Alexanders des Großen Ephesos zur Hauptstadt der römischen Provinz Asia erklärt wurde, begann seine größte Blütezeit. Die Stadt wuchs zum wichtigsten Finanz- und Handelszentrum Kleinasiens und zählte zeitweilig eine Viertelmillion Einwohner. In griechischer und römischer Zeit war Ephesos' berühmtestes Baumonument der große Tempel der Artemis, zu dem Besucher aus allen Teilen der griechisch-römischen Welt strömten. Doch das Christentum schlug schon sehr früh in Kleinasien Wurzeln, vor allem in Ephesos. Als der *Apostel Paulus* im Jahr 53 n. Chr. in die Stadt kam, fand er bereits eine christliche Gemeinde vor, und während seines zweijährigen Aufenthaltes legte er dann die Grundlagen für die Entwicklung, durch die Ephesos später zum Mittelpunkt des Christentums in Kleinasien wurde. Etwa um dieselbe Zeit kam der Evangelist Johannes hierher, möglicherweise von Maria, der Gottesmutter, begleitet; jedenfalls rührt seither die Überlieferung von ihrem Aufenthalt in Ephesos, die den Ort später zu einer der größten christlichen Wallfahrtsstätten der Welt werden ließ, wobei die Muttergottes die hier früher verehrte anatolische Erdmutter verdrängte.

Die Ruine des **Artemis-Tempels** (32), des frühesten noch erhaltenen Bauwerks in Ephesos, befindet sich am Fuß des Ayasoluk unmittelbar rechts der Straße nach Kuşadası. Das älteste Heiligtum, von dem man an dieser Stelle Spuren gefunden hat, ist in das 8. Jh. v. Chr. zu datieren; es wurde anscheinend während der Invasion der Kimmerier im 7. Jh. zerstört. In der ersten Hälfte des 6. Jhs. begannen die Arbeiten an einem neuen und wesentlich prachtvolleren Artemis-Tempel; es war dies der erste ausschließlich aus Marmor errichtete monumentale Bau, und als er um 550 v. Chr. fertiggestellt war, konnte sich Ephesos des größten und imposantesten Tempels in der griechischen Welt rühmen. Doch im Jahr 356 v. Chr. fiel er den Flammen zum Opfer; wie es heißt, soll der geistesgestörte Herostratos den Brand gelegt haben, um damit seinen Namen unsterblich zu machen. Bald wurde mit dem Wiederaufbau begonnen, und das Ergebnis war ein noch gewaltigeres Bauwerk, das die vierfache Fläche des

*Ephesos, Lageplan*

1 Vedius-Gymnasium, 2 Stadion, 3 byzantinische Bäder,
4 Marienkirche, 5 byzantinische Stadtmauern, 6 Theatergymnasium, 7 Arkadiané, 8 Hafengymnasium, 9 Hafenthermen,
10 hellenistischer Brunnen, 11 Theater, 12 Handelsagora,
13 Serapis-Tempel, 14 Celsus-Bibliothek, 15 Marmorstraße,
16 Kuretenstraße, 17 Stadtmauern des Lysimachos (oder
hellenistische Stadtmauern), 18 Thermen der Scholastikia,
19 Tempel des Hadrian, 20 ›Hanghäuser‹, 21 Nymphäum des
Trajan, 22 Domitian-Tempel, 23 Marktbasilika (Nordstoa),
24 Staatsagora, 25 Prytaneion, 26 Odeion, 27 großer Stadtbrunnen,
28 Varius-Bad, 29 Ostgymnasium, 30 Magnesia-Tor, 31 vor- und
frühgriechische Siedlung, 32 Artemis-Tempel, 33 Isa Bey Camii,
34 Johannes-Basilika, 35 Grotte der Sieben Schläfer

EPHESOS – ARTEMIS-TEMPEL   219

Parthenon benötigte und schließlich in der 1. Hälfte des
3. Jhs. v. Chr. fertiggestellt war.

Dieser schier überwältigende Baukörper mit einem Wald
aus 127 beinahe zwanzig Meter hohen Säulen galt als eine der
berühmtesten architektonischen Leistungen des Altertums,
und Philon von Byzanz zählte ihn mit den Pyramiden zu den
Sieben Weltwundern. Als die Goten 263 n. Chr. die Stadt
plünderten, zerstörten sie auch das Artemision, und obwohl
man später an einen teilweisen Wiederaufbau ging, neigte
sich die Zeit seiner hervorragenden Bedeutung doch unwie-
derbringlich dem Ende zu. Der Artemis-Kult wurde vom
Christentum immer rascher verdrängt, und zu Beginn des
6. Jhs. lag der Tempel völlig verfallen, hatte man ihn doch
als Steinbruch für die Errichtung der Kirchenbauten des
Byzantinischen Reichs benutzt. Seit dem frühen Mittelalter
war von dem Tempel nichts mehr zu sehen, seine Ruine lag
begraben unter den Sandanschwemmungen des Kaystros.
Die ersten archäologischen Untersuchungen in Ephesos
nahm im Jahr 1863 der englische Ingenieur J. T. Wood vor,
der sich die Entdeckung des verschwundenen Artemis-Tempels zum Lebensziel gemacht hatte; 1869 stieß er schließlich
auf die Baureste. Inzwischen sind die Fundamente ganz freigelegt worden; erschwerend war dabei, daß sie tiefer lagen
als das Flußbett des Kaystros. Obwohl die Ruinen in ihrer
heutigen Gestalt recht unscheinbar sind, lassen sie noch
etwas von der Pracht dieses sagenumwobenen Tempels erahnen, der einer entthronten Göttin geweiht war, die einst die
Glaubenswelt Anatoliens und Griechenlands beherrschte.

Wir fahren nun einen Kilometer in Richtung Kuşadası
und biegen ab auf den großen Parkplatz vor dem Eingang zu
dem archäologischen Gebiet*. Linker Hand sind wir bereits
vorbeigefahren an den ausgedehnten Bauresten des *Vedius-
Gymnasiums* (1), um 150 v. Chr. entstanden, und an der

---

* Reisende auf dem Weg von oder nach Aydin oder Mylas werden den
anderen Zugang (und Parkplatz) im Südosten der umzäunten antiken
Stadt bevorzugen, nahe dem Variusbad (28). Für sie beginnt die folgende
Beschreibung auf S. 223/4. Sie mögen dann bitte zurückblättern.

## DIE IONISCHE KÜSTE

Torruine, die auf den Eingang zum *Stadion* (2) aufmerksam macht, von Kaiser Nero (37-61 n. Chr.) vergrößert und ausgebaut, heute nur noch eine langgestreckte Vertiefung im Gelände.

Wir beginnen nun unseren Weg durch die antike Stadt, biegen bald rechts in einen Seitenweg, kommen an der Ruine eines byzantinischen *Badehauses* (3) vorbei zur **Marienkirche** (4), einer langen, sehr schmalen Basilika aus der ersten Hälfte des 2. Jhs. n. Chr. Ursprünglich diente der Bau als Handelshaus, das im 4. Jh. in eine Kirche umgewandelt und Maria geweiht wurde, soweit man weiß, die erste, die ihren Namen trägt. Hier berief Theodosius II. 431 das dritte ökumenische Konzil ein, das die Gottesmutterschaft Mariens feststellte und die Nestorianer der Irrlehre bezichtigte, die die Wesensgleichheit Gottvaters mit dem Sohn bezweifelten zugunsten der menschlichen Natur Christi.

Wir gehen zur Straße zurück und setzen den Weg in gleicher Richtung fort, vorbei an der Ruine des kleinen *Theater-Gymnasiums* aus dem 2. Jh. n. Chr. (6) und stoßen auf die

*Ephesos, Celsus-Bibliothek und Südosttor zur Handelsagora (Rekonstruktionszeichnung von F. Hueber)*

## EPHESOS                                                221

**Arkadiané** (7), die nach Kaiser Arkadios (395-408 n. Chr.) benannte großartige Arkaden-Straße, die auf den einstigen Hafen des hellenistischen Ephesos zuführt. Die stattlichen Bauten gegen Ende dieser Prachtstraße waren *Hafengymnasium* (8) und *-thermen* (9), 81-98 n. Chr.

An ihrem Beginn (unter dem Westhang des Pion) liegt das *Theater* (11), ein großes, eindrucksvolles Monument des hellenistischen Ephesos aus dem 3. Jh. v. Chr. In römischer Zeit wurde es verschiedentlich erneuert und vergrößert und faßte zuletzt 24000 Zuschauer. Hier predigte Paulus den Ephesern.

Nahe dem Theater erstreckt sich die weite Fläche der **Handelsagora** (12); hier arbeiten gegenwärtig die Archäologen, und deshalb ist der Zugang für Besucher gesperrt. Auch die Agora stammt aus dem 3. Jh. v. Chr. und wurde von den Römern mehrfach umgebaut und vergrößert. Westlich der Agora liegen die beeindruckenden Ruinen des *Serapis-Tempels,* eines Bauwerks aus der Zeit des römischen Kaisers Antoninus Pius (138-161 n. Chr.).

An die Südseite der Agora schließt eines der interessantesten Gebäude von Ephesos an: die **Bibliothek des Celsus** (14). Den Grundstein zu diesem reizvollen Bauwerk legte im Jahr 110 n. Chr. der Konsul Gaius Julius Aquila, und fertiggestellt wurde es im Jahr 135. Der Bauherr weihte die Bibliothek dem Andenken seines Vaters Gaius Julius Celsus Ptolemaeanus, einem Prokonsul von Asia in den Jahren 106-107 n. Chr. Er hatte nicht nur den Bau, sondern auch – wie inschriftlich festgehalten – das Grundkapital für Unterhaltung und Neuerwerbungen der Bibliothek gestiftet.

In den achtziger Jahren unseres Jahrhunderts gelang österreichischen Bauforschern die Wiederaufrichtung der Ädikulen, Nischen, Säulen, Gesimsbänder, die – vom rechtwinkligen Konstruktionsprinzip abweichend – verkürzt, bzw. gedehnt oder überhöht versetzt waren. Das Ergebnis: eine kaum merkliche vertikale wie horizontale Kurvatur, die den Eindruck der Geschlossenheit wie der Plastizität steigert. So kann man jetzt das eindrucksvolle Beispiel der Nutzung aller architektonischen Möglichkeiten und Spielarten bewun-

## DIE IONISCHE KÜSTE

dern, die den Typus der ›römischen Prachtfassade‹ verlebendigen.

Die Bibliothek liegt an der Kreuzung der Marmorstraße (15) und der **Straße der Kureten** (16), eine Benennung, die an die das Artemision verwaltende Priesterschaft erinnert. Diese Straße führt leicht aufwärts in das Tal zwischen Koressos und Pion, auf dessen Höhen die *Verteidigungsmauern des Lysimachos* (17) sichtbar werden. Es war die Hauptstraße von Ephesos, gesäumt von allen Einrichtungen, die man im Zentrum einer wohlhabenden hellenistischen Stadt zu finden hofft.

Am Anfang der Kureten-Straße stehen zur Linken die *Thermen der Scholastikia* (18). Diese große Anlage wurde um 200 n. Chr. errichtet und im 4. Jh. von der Christin Scholastikia neu erbaut, möglicherweise nach einem Erdbeben. Eine kopflose Statue dieser Frau ist in der wohl einstmals als Empfangsraum dienenden Halle aufgestellt. Zu dem Stiftungsbau der Scholastikia gehörten öffentliche Bäder, Latrinen, ein großer Speiseraum und im Obergeschoß ein Schlafsaal. Sgraffiti an den Wänden der Thermen lassen vermuten, daß das Gebäude zwischenzeitlich als Freudenhaus diente.

Neben den Thermen steht der kleine, aber elegante *Tempel des Hadrian* (19). Ein reicher Epheser namens P. Quintilius ließ ihn im 2. Jh. n. Chr. errichten und dem vergöttlichten Hadrian weihen (Taf. 11). Vor einigen Jahren renoviert, bietet sich der Tempel nun als kleines Meisterwerk dar. Die interessanten Reliefs, die ihn einst schmückten, sind im Archäologischen Museum in Selçuk ausgestellt, bei den Reliefplatten in situ handelt es sich um Gipsabgüsse.

Dem Hadrian-Tempel direkt gegenüber befinden sich mehrere antike Läden, in einem von ihnen scheint eine Taverne gewesen zu sein. Oberhalb davon stoßen wir auf ein kleines *Stadtviertel am Hang,* das kürzlich freigelegt wurde: viele großzügig konzipierte Privathäuser (20) mit Terrassen und Pavillons, deren Wände mit Fresken und Mosaiken dekoriert sind. Hier wohnten wahrscheinlich die reichen Kaufleute. Man hat die Gebäude unterschiedlich zwischen das 1. und 6. Jh. n. Chr. datiert.

Weitergehend sehen wir links, was von dem *Nymphäum des Trajan* (21) blieb, beziehungsweise wieder aufgerichtet werden konnte. Mehrere Statuen, die einst die Nischen des prächtigen, dem Kaiser um 114 n. Chr. geweihten Brunnenhauses füllten, kann man jetzt im Archäologischen Museum von Selçuk sehen. Von der Kolossalstatue des Kaisers, die aus der zwei Geschosse beanspruchenden Mittelnische herabblickte, hat sich nur die Basis erhalten, und so sehen wir noch, wie einer der beiden riesigen Füße gebieterisch auf einer Weltkugel ruht.

Von hier bis zu ihrem Ende ist die Straße auf beiden Seiten mit antiken Brunnen, Säulenschäften und Sockeln geschmückt, dazwischen stehen mehrere Gedenkstatuen an ihren ursprünglichen Plätzen. Etwas weiter oben zweigt von der Straße der Kureten eine Nebenstraße ab, die zu der Ruine des gewaltigen *Domitian-Tempels* (22) führt, einem dem vergöttlichten Kaiser geweihten Heiligtum vom Ende des 1. Jhs. n. Chr.

Zum Kreuzungspunkt auf die Kureten-Straße, die hier endet, zurückkehrend, geht man zwischen Säulenstellungen weiter. Man befindet sich hier in der Nordstoa, besser: *Marktbasilika* (23), einer ehemals dreischiffigen gedeckten Halle, die nach Süden hin zu dem weiten, gestrüppüberwachsenden Gelände des Oberen Marktes, der **Staatsagora** (24), offen war. An ihrer Nordseite kommen wir zunächst zum *Prytaneion* (25) aus dem Beginn des 1. Jhs. n. Chr., das bei den autonomen Ephesern Sitz der Stadtoberen war. Daneben liegt das *Odeion* (26), das etwa 1400 Bürgern bei öffentlichen Versammlungen Platz bot, aber auch für musikalische Darbietungen genutzt wurde.

Gegenüber dem Odeion, auf der Gegenseite des Marktplatzes, lag ein repräsentatives Brunnenhaus (27) mit großem Wasserbecken (2. Jh. n. Chr.), der Endpunkt eines 3,5 km langen Aquäduktes, dessen Wasser von hier in die Stadt verteilt wurde. – Vom Odeion aus weitergehend, sehen wir die Ruinen von zwei weiteren römischen Bauten derselben Periode; das *Variusbad* (28), dessen unterschiedlich temperierte Thermen sich kreisförmig aneinanderreihten (allgemein trifft man auf axiale Anordnungen) und das *Ostgymnasium* (29), dessen gewaltige Ausmaße auf den Reichtum der Stadt zur Römerzeit schließen lassen, als sie die ›Metropolis von Asia‹ genannt wurde.

So gelangen wir zu den Resten des *Magnesia-Tores* (30), einem der beiden Hauptzugänge des hellenistischen Ephesos. Von hier verlief früher der Weg am Osthang des Koressos vorbei auf das Artemesion zu, und fast den gleichen Verlauf nimmt die heutige Straße: wir folgen ihr, um zu den Bauwerken auf dem sogenannten **Ayasoluk-Hügel,** dem Burgberg über dem Städtchen *Selçuk,* zu gelangen. Alles dort stammt aus nachantiker Zeit, als das alte Ephesos wegen der zunehmenden Versandung des Hafens und wegen der grassierenden Malaria aufgegeben wurde. Außerdem war das eine unsichere und unruhige Periode, und der Ayasoluk-Hügel war leichter zu verteidigen als die baufällige Altstadt in der Ebene.

Am Fuß des Festungshügels steht die *Isa Bey Camii* (33), die 1375 für den Emir der Aydiniden erbaut wurde. Die Aydiniden, einer der turkmenischen Stämme, waren seit 1304 Herren über einen Großteil des westlichen Kleinasien, auch über Selçuk. Die Moschee mit ihrer herben, großartigen Fassade und dem von Arkaden umgebenen Innenhof vor dem querschiffartigen Gebetsraum gilt als bedeutendes Bindeglied zwischen seldschukischer und osmanischer Architektur.

Wir gehen hügelan und treten durch ein Portal, das aus unerklärlichen Gründen *Tor der Verfolgung* heißt; damit befinden wir uns auf dem Gelände der *Johannes-Basilika* (34). Der Evangelist soll während seines Aufenthaltes in Ephesos an diesem Ort gewohnt haben; nach seinem Tod wurde über dem Grab eine Kapelle errichtet, die im 4. Jh.

14 Aspendos in Pamphylien, Römischer Aquädukt

15 Kappadokische ›Mondlandschaft‹ bei Göreme

16 Marienkapelle, einer der etwa 150 Felskirchen bei Ürgüp und Göreme, 11. Jahrhundert

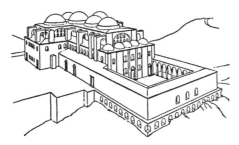

*Ephesos, Johannes-Basilika (Rekonstruktion)*

einer größeren Basilika Platz machte, die zwei Jahrhunderte später wieder abgerissen und durch eine monumentale Kreuzkuppelkirche ersetzt wurde, deren Reste heute vor uns liegen. Sie wurde unter Justinian (527-565) ungefähr zur selben Zeit wie die Hagia Sophia errichtet, und archäologischen Erkenntnissen aus den letzten Jahren zufolge war das von Kuppeln überdachte Hauptschiff von je zwei Seitenschiffen begleitet und schloß im Osten mit einer halbrunden Apsis. Über der Vierung, in der ein weißer Marmorblock das vorgebliche Grab des Apostels deckt, wölbte sich die Hauptkuppel, umgeben von je einer Nebenkuppel über dem nördlichen, östlichen und südlichen Kreuzarm; zwei querovale Kuppeln saßen über dem langen Westarm. Bei Ausgrabungen nordöstlich an die Basilika anschließend, stieß man auf das *Baptisterium*. Freskenreste, die sich dort erhalten haben, datiert man vorläufig in das 10. Jh.

Wenn die Zeit es erlaubt, sollte man noch zur *Zitadelle von Ayasoluk* hinaufsteigen. Die Schutzmauern sind ein Werk der Byzantiner und wurden später von den Türken neu gebaut. Bei Grabungsarbeiten auf dem Burgberg sind Töpferwaren und andere Gegenstände aus mykenischer Zeit zum Vorschein gekommen, was darauf hindeutet, daß Anatolier hier gesiedelt haben mögen, bevor die Ionier nach Ephesos kamen.

Das **Archäologische Museum** von Selçuk ist eines der freundlichsten und interessantesten kleineren Museen in der

Türkei. Glanzstücke seiner Sammlung sind zwei im Pryta-neion gefundene Statuen der *Artemis*. Eine davon ist die weltberühmte wunderbare Alabasterstatue der Göttin, die dem Eingang gegenüber aufgestellt ist; man bezeichnet sie als › Artemis Polymastros‹, mit den vielen Brüsten (oder sind es Stierhoden?), Attributen der Fruchtbarkeit. Das Standbild ist ein Werk aus der Zeit Kaiser Domitians (81-96 n. Chr.), eine Kopie des heute verlorenen Kultbildes aus dem Arte-mision.

Ephesos wird heute als Wallfahrtsstätte nicht weniger be-sucht als im Altertum. Das hat seinen Grund in der › wunder-baren‹ Entdeckung des **Hauses der Maria** (türkisch: Meryem Ana) in der Nähe von Selçuk. Das Haus steht in *Panaya Kapulu,* acht Kilometer südlich von Selçuk, und um dorthin zu gelangen, biegen wir einen Kilometer hinter dem Ortsaus-gang in Richtung Aydın nach rechts ab. Schon lange, bevor man das Haus als das der Gottesmutter, der › Panagia‹, er-kannte, war dieser Ort ein besonderer; feierte doch hier die ortsansässige griechische Bevölkerung über Jahrhunderte hinweg, bis zu ihrer Vertreibung aus Anatolien im Jahr 1923, alljährlich am 15. August › Mariae Himmelfahrt‹ mit einer festlichen Prozession, die zweifellos ein Nachklang des ural-ten Fruchtbarkeitsritus war, welcher der anatolischen Mut-tergottheit Kybele-Artemis galt, deren mythischer Geburts-ort den Namen › Ortygia‹ trug und unweit von Panaya Ka-pulu an den Hängen des Koressos liegt.

*» Heil dir, selige Leto! Gebarst du doch strahlende Kinder – Denn Apollon ist Herrscher und Artemis fröhliche Schützin – Diese dort in Ortygia, ihn auf der steinigen Delos ...«,* heißt es in der Homerischen Hymne an den Apollon von Delos.

Wir verlassen nun Ephesos und fahren in Richtung Kuşadası; die Straße führt hinab durch das Kaystros-Tal und erreicht das Meer ungefähr fünf Kilometer hinter Ephesos. Sobald wir das Vorgebirge überquert haben, breitet sich plötzlich eine der herrlichsten Buchten der türkischen Ägäisküste vor unseren Augen aus. Sie wird gerahmt von zwei Landzungen, deren diesseitige **Kuşadası,** Vogelinsel, heißt, und so hat man in neuerer Zeit auch das reizvolle Städtchen in der Bucht getauft, das in den letzten Jahren zu einer wichtigen Station der Mittelmeer-Kreuzfahrten geworden ist. Kuşadası bietet kaum Sehenswürdigkeiten außer der malerisch auf einer kleinen Insel vor der Stadt gelegenen genuesischen Festung und der Karawanserei des Ökuz Mehmet Paşa aus dem 17. Jh., die hervorragend restauriert wurde und jetzt ein vom Club Méditerranée verwaltetes Hotel beherbergt. An der Uferpromenade laden mehrere Fischlokale zum Nachtmahl ein – unter bestirntem Himmel an der tiefblauen Ägäis.

Hinter Kuşadası verläßt die Hauptstraße die Küste und führt durch Ioniens lieblichste Gegend. Kurvenreich windet sich die Straße über Hügel mit Olivenhainen und an leuchtend grünen Feldern vorbei, in die Baumgruppen aus Pinien und gespenstigen Zypressen eingetupft sind, während im Süden das mächtige Bergmassiv der Mykale (Samsun Dağı) aufragt. Hinter Söke verläuft die Straße südwärts und macht einen Bogen um den östlichen Ausläufer der Mykale. Liegt dieser erst einmal hinter uns, biegen wir rechts auf eine Landstraße ein, die an seinem Südhang entlangführt und zum Dorf *Güllübahçe* (Rosengarten) führt. Von dort steigt die Straße entlang der Verteidigungsmauern zum antiken **Priene** an, ebenfalls einem Mitglied des Ionischen Bundes.

Von allen ionischen Städten hat Priene die großartigste Lage auf einem schmalen Felsabsatz hoch über dem Flußtal des Mäander, mit den schroffen Abhängen eines mächtigen Mykale-Gipfels im Rücken. Die ursprüngliche Siedlung lag weiter landeinwärts. In der Mitte des 4. Jhs. v. Chr. siedelten sich die Bewohner an der heutigen Stelle an, um in der Nähe des zurückweichenden Meeres zu bleiben, dessen Uferlinie sich infolge der Schwemmlandablagerungen des Mäander (Büyük Menderes) ständig weiter nach Westen verschob. Priene war im Altertum vor allem deshalb berühmt, weil sich auf seinem Boden das Panionion befand, die Versammlungsstätte, sowie das Heiligtum des Ionischen Städtebundes.

Prienes bedeutendes Heiligtum war der **Athena-Tempel** (A) in einer damals das Stadtbild beherrschenden Lage. Pytheos, der Architekt des Mausoleums von Halikarnassos, war auch hier der Baumeister (zwischen 350-330 v. Chr.). Der Tempel galt hinfort als Vorbild für die gesamte ionische Architektur. Als Alexander der Große und seine Truppen im Jahr 334 v. Chr. in Priene Station machten, waren die Bauarbeiten noch nicht abgeschlossen, und Alexander machte den Bewohnern das Angebot, für die Kosten der Erstellung aufzukommen, wenn man ihn dafür als Stifter nennen würde. Die Widmungsschrift, die bei den Grabungsarbeiten im 19. Jh. zum Vorschein kam, lautet: »*König Alexander weihte diesen Tempel der Athena Polias.*«

Unterhalb des Tempels befindet sich eine langgestreckte Stoa, einst sicherlich eine bevorzugte Promenade der Priener, denn sie bietet einen weiten Ausblick über das heutige Flußbett des Mäander, wo im Altertum die Meereswellen der Ägäis spielten. An ihrem Ostende gibt das abfallende Terrain

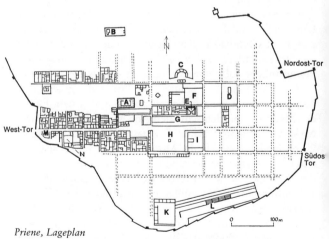

*Priene, Lageplan*

A Athena-Tempel, B Heiligtum von Demeter und Kore, C Theater, D Heiligtum der ägyptischen Götter, E Bouleuterion (Ratshalle), F oberes Gymnasium, G Säulenhalle, H Agora, I Zeus-Heiligtum, K unteres Gymnasium, L Stadion, M Heiligtum der Kybele, Heiliges Haus, N Haus Alexanders d. Gr.

Raum für die *Heilige Stoa* (G); sie bildet den nördlichen Abschluß der einst von Statuen umstellten **Agora** (H), des wichtigsten Markt- und Versammlungsplatzes der Stadt. An der Ostseite der Agora lag der *Temenos des Zeus Olympios* (I), der Tempelbezirk des zweitwichtigsten Heiligtums von Priene. Oberhalb der Agora stehen die Ruinen des *Bouleuterion* (E), Ratshalle, das von allen antiken Bauwerken Prienes am besten erhalten ist; etwas höher liegen das *römische Gymnasium* (F) und das *Theater*. Unterhalb der Agora liegen dicht am Felsabhang das *untere Gymnasium* (K) und das *Stadion* (L). Westlich der Agora ist ein eigenes Wohnviertel mit zum Teil recht stattlichen Häusern erhalten. Eines der großen, ein Herrenhaus (N), scheint ein Ort der Verehrung gewesen zu sein; die Entdeckung einer kleinen Marmorstatue des Alexander mag bedeuten, daß dieses Gebäude dem vergöttlichten Kaiser geweiht war. Es ist durchaus möglich, daß Alexander hier wohnte, als er von Priene aus die Belagerung der Stadt Milet beaufsichtigte.

Ein weiteres bemerkenswertes Bauwerk ist das **Heiligtum von Demeter und Kore** (B), zu dem wir vom Athena-Tempel aus nach einem kurzen Aufstieg gelangen. Dies ist der älteste Tempel in Priene, und bis zur Errichtung des Athena-Tempels war er das wichtigste Heiligtum der Stadt.

Da Priene bereits in römischer Zeit zu relativer Bedeutungslosigkeit herabgesunken war, wurden damals auch keine nennenswerten Bauten mehr errichtet. Deshalb bietet es das beste in der Anlage noch erhaltene Beispiel für eine sorgfältig geplante griechische Stadt, deren rechtwinklig verlaufende Straßenzüge von großartigen Gebäuden öffentlichen und privaten Charakters gesäumt waren, die noch gut erkennbar sind. Die Stadt liegt heute verlassen in erhabener Höhe und gibt ein beredtes Zeugnis von der großzügigen Lebensart und Kultur, die sich einst an dieser wunderschönen Küste entfalteten.

Nach der Besichtigung Prienes begeben wir uns zurück auf die Hauptstraße, die nun auf ihrem Weg nach Süden das ebene Mündungsdelta des Mäander durchquert. In klassi-

234　　　DIE IONISCHE KÜSTE

scher Zeit wogten hier noch die Wasser des Latmischen Meerbusens, den im Norden der Bergstock der Mykale und im Süden die vor uns liegenden flachen Hügelketten umrahmten. Sobald wir diese Hügel erreicht haben, wenden wir uns nach rechts und folgen dem Mäander auf dem südlichen

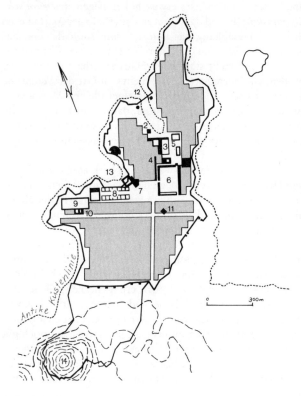

*Milet, Lageplan*

1 Theater, 2 Großes Hafenmonument, 3 Nordmarkt, 4 Bouleuterion, 5 Delphinion, 6 Südmarkt, 7 Faustina-Thermen, 8 Stadion, 9 alter Westmarkt, 10 Athena-Tempel, 11 Ilyas Bey Camii, 12 Porto Leonas, dort zwei Wächterlöwen, 13 Theaterhafen, 14 Kalabaktepe

## MILET

Flußufer. Nach kurzer Zeit gelangen wir in das Dörfchen Akköy, wo wir rechts nach Balat abbiegen; von dort ist es nicht mehr weit bis zu den Ruinen des alten **Milet.**

Obwohl Ephesos heute berühmter ist, war Milet – gemessen an seinem Beitrag zur Entwicklung der griechischen Zivilisation – die bedeutendste aller ionischen Städte. Hier lag die wichtigste Hafenstadt und der reichste Handelsplatz der ägäischen Küste. Das Netz der Handelsbeziehungen brachte milesische Seeleute bis zu den fernsten Küsten der ›Oikumne‹, des den Griechen bekannten bewohnten Teils der Erde. Während des 8. und 7. Jhs. v. Chr. gründete Milet beinahe einhundert Kolonien an den Ufern des Mittelmeers, des Marmarameers und des Schwarzen Meers und war damit eine treibende Kraft bei der Hellenisierung Anatoliens. Hier erhielten am Anfang des 6. Jhs. v. Chr. die Naturwissenschaft und Naturphilosophie ihre erste systematische Grundlage, als *Thales von Milet* das Wesen der physischen Erscheinungen zu ergründen suchte. Thales nahm eine grundlegende Einheit hinter der scheinbaren Widersprüchlichkeit und Vielfalt der Natur an und betrachtete das Wasser als Grundsubstanz aller Dinge. Seine Ideen wurden in Milet von seinem Schüler Anaximander und dessen Schüler Anaximenes weiterentwickelt; ihre Lehrsätze über die Natur der Dinge und des Kosmos bezeichnen den Übergang im griechischen Denken vom Mythos zur verstandesgemäßen Erkenntnis und formulieren grundsätzliche Fragen, um deren Lösung sich die moderne Wissenschaft und Philosophie noch immer bemühen.

Die älteste städtische Siedlung Milets wurde von den Persern während des ionischen Aufstands 494 v. Chr. vollständig zerstört, und Überlebende des Blutbads wurden als Gefangene verschleppt und am Persischen Golf angesiedelt. (Als später in Athen bei einer Aufführung des Theaterstücks ›Das Ende von Milet‹ die Zuschauer in Tränen ausbrachen, wurde der Autor verurteilt, tausend Drachmen Strafe zu zahlen.) Obwohl die Griechen nach ihrem Sieg über die Perser die Stadt neu erbauten und besiedelten, vermochte der Ort seine einstige Größe nie wieder zu erlangen. Doch war Milet auch in hellenistischer Zeit eine reiche Handelsstadt von beträchtlicher Größe, wie man an der Weitläufigkeit der aus jener Zeit erhaltenen Ruinen erkennen kann. Und bis ins ausgehende Altertum konnte sich Milet genialer Söhne rühmen, deren bekanntester der große Physiker und Miterbauer der Hagia Sophia, Isidoros von Milet, war.

Das **Theater** von Milet ist das bei weitem eindrucksvollste der noch erhaltenen Monumente. In seiner heutigen Gestalt stammt es vom Anfang des 2. Jhs. n. Chr. und steht an der Stelle eines älteren Theaters aus hellenistischer Zeit. Obwohl es im westlichen Kleinasien größere und berühmtere Theater gibt, ist dieses von allen doch das prachtvollste.

Wir steigen die Steinstufen des Auditoriums hoch bis zum obersten Umgang und genießen von dort den weiten Blick auf das antike Milet. Auf dem Hügel hinter dem Theater erheben sich die Ruinen eines byzantinischen Kastells. Zu unserer Rechten liegen weitverstreut die Reste der griechischen und römischen Bauten: das Rathaus und das Senatsgebäude, Marktplätze, Tempelbezirke und Thermen. Ich habe mir vorzustellen versucht, wie Milet in seiner Blütezeit ausgesehen haben mag, aber eine derartige gedankliche Rekonstruktion fällt hier schwerer als anderswo in Ionien, weil in der Zwischenzeit das Hafengebiet durch die Anschwemmungen des Mäander vollständig versandet ist, und deshalb die Ruinen heute melancholisch und vereinsamt weit entfernt vom Meer auf sumpfigem Gelände stehen. Ein Spaziergang hinter dem Theater bringt uns bald zum einstigen *Porto Leonas,* so genannt nach seinen zwei marmornen Löwenskulpturen, welche die Einfahrt zum inneren Hafen bewachten. Sie stehen heute halb im Sumpfboden versunken und erinnern uns daran, daß von hier milesische Schiffe in alle Teile der Alten Welt aufbrachen und dabei neben Handelsauch Gedankengut mitführten, aus dem die Grundlagen der westlichen Zivilisation entstanden.

In dem nahe Milet gelegenen Dorf **Balat** steht ein interessantes islamisches Bauwerk. Die *Ilyas Bey Camii* stiftete ein Prinz der Menteşe, jenes turkmenischen Emirates, das vor dem Aufstieg der Osmanen im südwestlichen Teil Anatoliens regierte. Ilyas Bey ließ den schönen Moscheebau 1404 errichten, im Jahr seiner Rückkehr vom Hof Tamerlans, wo er als Geisel des Mongolen-Khan gelebt hatte.

Wir kehren nach Akköy zurück und fahren diesmal an der Straßenkreuzung geradeaus in Richtung auf das antike Didyma. Jetzt wird die Landschaft immer lieblicher und reizvoller, und wir kommen an einer Reihe verlockender Sandstrände vorbei. Den schönsten Badestrand dieser Gegend finden wir bei *Altınkum* an Ende der Halbinsel hinter Didyma. In Altınkum gibt es auch mehrere gute Restaurants und Hotels, und hier sollten wir nach unserem Besuch Didymas die Nacht verbringen.

Wie Klaros war auch **Didyma** keine eigenständige Stadt, vielmehr der Ort des milesischen **Apollon-Heiligtums,** nur von den Tempeldienern und Priestern bewohnt, vorübergehend allerdings auch von den vielen Ratsuchenden des ältesten den Griechen bekannten Orakels in Kleinasien. Pausanias erwähnt, daß es schon vor der Ankunft der Ionier exi-

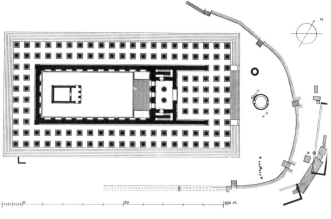

*Didyma bei Milet*

Grundriß des Apollon-Tempels, um 300 v. Chr. begonnen.
Vor der Eingangsseite: Rundaltar, Brunnen, archaische Stützmauern

238          DIE IONISCHE KÜSTE

stierte. Nach der Zerstörung des archaischen Apollon-Tempels während der persischen Plünderung im Jahr 494 v. Chr. blieb die heilige Stätte zweihundert Jahre lang eine Ruine. Um 300 v. Chr. gab Seleukos I. den Auftrag zu jenem monumentalen Tempel, den wir heute vor uns sehen; die Bauarbeiten erstreckten sich über fünf Jahrhunderte, ohne daß der Bau je fertiggestellt wurde.

Der Bauplan folgt der ionischen Ordnung, ist ein ›dipteraler Dekastylos‹, das heißt, die Cella war von zwei Säulenreihen umringt; an den Schmalseiten waren es je 10, an den Längsseiten 21 Säulen; 12 Säulen standen in drei Reihen mit je 4 Säulen in der Vorhalle (Pronaos); im ganzen waren es also 120 Säulen, die den Hauptraum, die Cella, umgaben. Zwischen Pronaos und Hauptraum liegt noch ein Vorraum mit zwei korinthischen Säulen; von hier gelangt man durch drei Tore und über eine Freitreppe hinunter in die große Cella – in Didyma ›Adyton‹ genannt –, zu der auch seitlich zwei überwölbte Tunnelgänge hinabführen. Sie war nie überdacht geplant, war also ein zum Himmel offener Innenraum (›sekos‹), dessen Wände mehr als 20 Meter hoch sind. Im hinteren Teil des Adyton liegen die Fundamente eines kleinen ionischen Tempelhauses (›naïskos‹), wo wahrscheinlich das heilige Kultbild des Apollon aufgestellt war.

Im Gegensatz zu Milet stimmen diese Ruinen durchaus nicht melancholisch, denn das herrliche Bauwerk erhebt sich würdevoll im Mittelpunkt eines belebten Dorfes, das teilweise aus seinen Überresten erbaut wurde. Meist erreicht man Didyma recht spät am Tag und kommt erschöpft an, was nach einer Besichtigung der Hälfte aller antiken Stätten Ioniens wohl selbstverständlich ist. Für den Tempel ist das die schönste Zeit des Tages, wenn seine gewaltigen Ruinen in die blassen Pastellfarben der langsam versinkenden Sonne getaucht sind und die wuchtigen Säulentrommeln tief-violette Schatten auf die alte Weihestätte werfen. Ohne große Mühe lassen sich da Bilder heraufbeschwören, wie es in alter Zeit hier während der ›Didymeia‹, den Festspielen zu Ehren Apollons, ausgesehen haben mag, die im Abstand von fünf Jahren stattfanden. So heißt es in der Homerischen Hymne:

## DIDYMA

»... Dies ist der Ort, wo Ioniens Söhne in wallenden Kleidern
Dir zu Ehren sich sammeln samt Kindern und züchtigen
  Weibern.
Freude bereiten sie dir, denn sie denken an dich, wenn der
  Wettstreit
Anhebt mit Tänzen und Liedern und Faustkampf. Mancher der
Gäste meint wohl, wenn er Ioniens Söhnen dort allen begegnet,
Daß es Unsterbliche seien und solche, die nimmermehr altern.
Säh er bei allen doch Anmut, schwelgte sein Herz doch in
  Freuden,
Wenn er die Männer erblickt und die schön gegürteten Frauen,
Schiffe in eilender Fahrt und die Fülle ihres Besitztums ...«

# 13

## Karien

Herakleia – Euromos – Milas – Bodrum (Halikarnassos)
Knidos – Stratonikeia – Alabanda
Alinda – Aydın

Nach dem Besuch von Didyma kehren wir auf die Hauptstraße zurück und fahren weiter gen Süden; die Straße verläßt nun das Tal des Mäander und schlängelt sich hinauf zu den Hügeln. Hier beginnt das alte Karien, das Ionien an landschaftlicher Schönheit und historischer Bedeutung kaum nachsteht.

Im Altertum breitete sich Karien über den gesamten Südwesten Anatoliens, ein gebirgig zergliederter Landstrich, der sogar heute noch von den übrigen Landesteilen isoliert ist. Lange war der ethnische Hintergrund der Karer eine Streitfrage, doch tendieren die Historiker heute allgemein dazu, sie als einen einheimischen anatolischen Volksstamm zu betrachten, der schon lange vor der Einwanderung der Äoler und Ionier am Anfang des 1. Jahrtausends v. Chr. in dieser Gegend lebte. Wie fast alle übrigen einheimischen westanatolischen Völker wurden auch die Karer im Anschluß an Alexanders Eroberungen mehr oder minder stark hellenisiert, und seit jener Zeit hat diese Region eine ähnliche Geschichte gehabt wie das übrige Kleinasien.

Bald nach unserem Aufstieg in die Hügellandschaft erblicken wir den **Bafa-See** der im Altertum die Spitze des Latmischen Meerbusens bildete. Durch die Versandung der Mäandermündung wurde vor vielen hundert Jahren die Verbindung mit dem offenen Meer unterbrochen, und mit der Zeit entstand ein Süßwassersee. Hier bietet sich dem Besucher einer der schönsten Anblicke des Landes: die himmelblauen Wasser des Sees, in denen sich, gleich Mondbergen, die Felsrücken und -abhänge des Latmos-Gebirges spiegeln. Ungefähr auf halber Strecke liegt an der Uferstraße ein sehr ange-

## HERAKLEIA AM LATMOS

nehmer Campingplatz inmitten eines Olivenhains. Unterbrechen wir hier kurz die Fahrt, um in einem der beiden einfachen, aber ausgezeichneten Lokale etwas zu uns zu nehmen und das atemberaubende Panorama mit dem See und den steil aufsteigenden Felshängen dahinter zu genießen.

Am Ausgang des Bafa-Sees findet sich eine der faszinierendsten Ruinenstätten der Türkei: **Herakleia am Latmos.** Zwei Möglichkeiten gibt es, um dorthin zu gelangen: Wir können am Campingplatz ein Motorboot heuern, oder wir legen die ganze Strecke mit dem Auto zurück. Vielleicht ist die Bootsfahrt vorzuziehen, denn die langsame, erwartungsvolle Annäherung an die dramatischen Latmos-Wände erhöht das Abenteuer, zu diesem antiken Ort zu kommen.

Herakleia war nie eine bedeutende Stadt, und selbst zu seiner Blütezeit war es nicht mehr als ein befestigter Außenposten an der karischen Nordgrenze. Dennoch sind die Ruinen recht weitläufig und im höchsten Grad malerisch: Da klammert sich die Cella eines *Athena-Tempels* an einen Felsvorsprung über dem See, darunter liegen am Ufer weit verstreut antike Säulenfragmente und Sarkophage, und an der Flanke dieses Zauberbergs verläuft ein mächtiger mit Wachtürmen besetzter Mauerzug aus hellenistischer Zeit.

Die sich um Herakleia rankenden Sagen sind so romantisch wie der Ort selbst. Hier soll die Mondgöttin Selene sich in den hübschen Hirtenknaben Endymion verliebt haben, als sie ihn eines Nachts am Berge Latmos schlafen sah. Also beschloß Zeus, daß Endymion nie erwachen, sondern in ewiger Jugend weiterschlafen sollte, und während er träumte, legte sich Selene an seine Seite und gebar ihm im Lauf der Zeit fünfzig Töchter. Anscheinend war der Mythos in christlicher Zeit noch lebendig, da Endymion hier als mysteriöser Heiliger verehrt wurde. Der Überlieferung zufolge fanden christliche Einsiedler, als sie sich in frühbyzantinischer Zeit auf den Latmos zurückzogen, dort ein altes Grab, welches sie für das des Endymion hielten, und machten daraus ein kleines Heiligtum. Einmal im Jahr sollen die Einsiedler den Deckel des Sarkophags gehoben haben, und stets sei von den Gebeinen ein seltsamer Summton ausgegangen, der sie glauben machte, daß Endymion auf diese Weise den Menschen den Namen des Gottes mitzuteilen versuchte, den ihm Selene zugeflüstert hatte, als sie zusammen am Latmos schliefen. Und tatsächlich haben Archäologen in Herakleia etwa dreihundert Meter südöstlich des Athena-Tempels, auf dem Weg zum Seeufer, ein interessantes, ganz ungewöhnliches Heiligtum entdeckt, es einstweilen auch als *Heiligtum des Endymion* bezeichnet, auch wenn bisher niemand summende Geräusche aus dem Sarkophag vernommen hat.

Die an den unteren Hängen des Latmos verstreuten Ruinen stammen zum größten Teil aus frühhellenistischer Zeit, als sich in Herakleia der Übergang von der karischen zur griechischen Kultur vollzog. Auch verschiedene Bauwerke aus der byzantinischen Periode finden sich hier, von denen die interessantesten jene Kirchen und Klöster sind, die auf verschiedenen Inselchen stehen und zum Teil halb versunken sind. Herakleia ist ein unvergeßlicher und zauberhafter Ort, vor allem zu jener Stunde, wenn der Vollmond über den Bergzacken des Latmos aufsteigt und die Säulen und Sarkophage am Ufer in silbernes Licht taucht; da erwacht aufs neue die Legende von jenem Hirtenjungen, der hier in alter Zeit verzaubert schlief.

Zwanzig Kilometer hinter dem Bafa-See sehen wir links die Ruinen von **Euromos.** In dieser karischen, einst wichtigen Stadt stand ein *Zeus-Tempel,* den wir einige hundert Meter abseits der Straße in einem Olivenhain finden. Dieser korinthische Tempel aus der ersten Hälfte des 2. Jhs. n. Chr. gehört zu den besonders gut erhaltenen in Kleinasien. Sechzehn seiner Säulen mit zum Teil aufliegendem Architrav stehen noch aufrecht.

Vor einigen Jahren wurde ein Feldweg angelegt, so daß man mit dem Auto unmittelbar bis zum Tempel fahren kann; das bedeutet jedoch keinen Gewinn, denn es beeinträchtigt den Zauber des Zusammenklangs von einstigem Heiligtum und Natur gerade hier sehr empfindlich. Als ich mit Freunden vor vielen Jahren das erste Mal hierherkam, ruhte der Tempel einsam und friedlich inmitten des Olivenhains, und

## EUROMOS – MILAS 243

ein knorriger alter Ölbaum wand sich um eine der schwärz-
lich-verfleckten Säulen, als ob er sie umarme. Wir saßen im
Gras unter dem Laubschatten eines Ölbaumes und betrach-
teten das Heiligtum, wobei unsere Heraufbeschwörung vergangener Zeiten von einer großen Flasche Rotwein aus Bodrum angenehm beflügelt wurde. Zwei betagte türkische
Schäferinnen ließen sich bei uns nieder und teilten mit uns
freizügig ihr Mahl aus Brot, Schafskäse und Oliven, lehnten
den angebotenen Wein jedoch höflich ab. Auf die Frage, ob
sie das Alter des Tempels wüßten, schüttelte eine der Frauen
den Kopf und sagte voll Ehrfurcht: »Er ist alt – sehr, sehr
alt.« »Ja«, fügte die andere hinzu, »er stand schon da, als
wir noch ganz klein waren.«

Kurz hinter Euromos führt ein Feldweg rechts ab zum
antiken **Iasos**. In den letzten Jahren haben hier umfangreiche
archäologische Grabungen stattgefunden, und seither ist es
als alte karische Stadt sehr interessant geworden. Ungefähr
vier Kilometer hinter der Abzweigung nach Iasos sehen wir
eine alte Buckelbrücke und ein Stück der römischen Straße,
die heute noch zu seiten der modernen benutzt wird. So
kommen wir nach **Milas**, einem lebhaften Ort, seit dem
Altertum die am dichtesten bevölkerte Stadt dieser Region.
Um die Mitte des 4. Jhs. v. Chr. war Milas als **Mylasa** eine
Zeitlang karische Hauptstadt, als der persische Statthalter
(Satrap) Mausolos sich im Südwesten Kleinasiens ein halb-
autonomes Reich aufbaute. Mausolos verlegte später seine
Hauptstadt in das leichter zu verteidigende Halikarnassos,
das heutige Bodrum, doch blieb Mylasa die bedeutendste
Stadt Kariens.

Vom antiken Mylasa ist wenig erhalten, nicht nur weil die
moderne Stadt sich über der alten ausbreitet, sondern weil
man die Ruinen als Steinbruch für die neuen Häuser benutzte, wie es so häufig in Anatolien geschehen ist. Von den
Stadtmauern ist allein ein eindrucksvoller römischer Torbau
zu sehen, das *Baltalı Kapı* (›Axt-Tor‹), benannt nach der
Reliefdarstellung einer Doppelaxt auf dem Schlußstein des
Torbogens an der Außenseite. Die Doppelaxt war das Attribut des Zeus, um dessen großen Tempel sich das von Mylasa

unterhaltene Heiligtum *Labraynda* (Labranda, Labaunda) gruppierte. Mausolos ließ vom Axt-Tor eine gepflasterte Heilige Straße zu der 14 Kilometer nördlich in einem Bergwald gelegenen Tempelstadt anlegen.

Auch Labraynda ist in den letzten Jahren ausgegraben worden und bietet jetzt ein eindrucksvolles und interessantes Bild, aber wiederum wird der vorwärtseilende Tourist einen Besuch auf später verschieben wollen.

Außer dem Baltalı Kapı gibt es zwei weitere antike Monumente in Milas. Das sind zum einen die Ruinen vom *Tempel des Zeus Karios,* von dem nur noch eine einzige Säule steht, auf deren korinthischem Kapitell ein Storch sein Nest gebaut hat. Und am westlichen Stadtrand finden wir ein elegantes römisches Grabmonument, das die Einwohner *Gümüskesen,* ›Silberkästchen‹, nennen. Der Marmorbau aus dem 2. Jh. n. Chr. wird als verkleinerte Wiedergabe des Mausoleums von Halikarnassos angesehen (von welchem nur noch die Grundmauern geblieben sind); ob die Grabkammer unter den preziösen korinthischen Säulen und Pfeilern wohl auch noch heute einem Bauern als Kuhstall dient?

Milas blieb von den Schicksalsschlägen verschont, von denen die meisten anderen antiken Stätten Kleinasiens getroffen wurden, und konnte unter Byzantinern und Osmanen seine bedeutende Stellung behaupten. Noch einmal erlangte es im Jahr 1291 hauptstädtische Ehren, als es zum Mittelpunkt des Emirats der Menteşe gemacht wurde, jenes Kleinstaates, der sich vor dem Aufstieg der Osmanen im Südwesten Anatoliens gebildet hatte. Die Menteşe, ein turkmenischer Volksstamm, der im 13. Jh. in Anatolien einfiel, gehörte zu einem der vielen zentralasiatischen Nomadenstämme, die sich der einst byzantinischen Besitzungen bemächtigten. Drei schöne alte Moscheen aus der Zeit des Menteşe-Emirats können wir uns in Milas ansehen: Die *Ulu Cami* und *Orhan Bey Camii* wurden in der ersten Hälfte des 14. Jhs. erbaut, und der gefällige Bau der *Firuz Bey Camii* wurde 1392 fertiggestellt.

Fünf Kilometer südlich von Milas ragt ein abgeplatteter Felsen fast 250 Meter hoch aus dem umliegenden Flachland.

## BUCHT VON GÜLLÜK

Dies ist die **Peçin Kale,** im 14. Jh. die Hauptfestung der Menteşe. Am wichtigsten ist hier das Kastell der Turkmenen, doch es gibt auch Spuren, die von hellenistischer Zeit bis zur Bronzezeit zurückreichen.

Am Fuß der Peçin Kale gabelt sich die Straße; links geht es nach Muğla und rechts nach Bodrum. Wir nehmen die Straße nach Bodrum, die hinauf in die mit Olivenhainen bewaldeten Hügel führt. Ab und zu sieht man zwischen den Hügeln merkwürdige überkuppelte Bauten, die türkischen Grabmälern ähneln; dies sind jedoch Zisternen, in denen das für die Bewässerung des Bodens benötigte Regenwasser gespeichert wird.

Nach fünfzehn Kilometern Fahrt in westlicher Richtung erreichen wir die Abzweigung nach dem hübschen Küstendorf **Güllük.** Hier kann man ein Motorboot mieten, um die reizvollen Ufer der Bucht von Güllük auszukundschaften, die zu den ursprünglichsten Küstenstrichen der Ägäis gehören.

Die Hauptstraße verläuft noch eine Weile südwärts und führt dann in westlicher Richtung auf die Halbinsel von *Myndos.* Lang und beschwerlich ist diese Strecke, denn die Straße windet sich um die zahllosen Vorberge des Kaplan Dağı (Tigerberg). Am Ende aber werden wir mit einem der wunderbarsten Rundblicke des Landes entschädigt: auf den zauberhaften Hafen und die Stadt **Bodrum** – das antike **Halikarnassos** –, wo das mächtige Kastell von St. Peter auf felsigem Unterbau über der Ägäis thront.

*Herodot* kam in Halikarnassos um das Jahr 485 v. Chr. zur Welt und brach von hier zu seinen weiten Reisen auf, bis er schließlich im süditalienischen Thuri sein Leben beschloß. Dort beendete er auch die Arbeit an den großen ›Historien‹, die mit folgenden Worten beginnen:

*»Herodotos, ein Bürger von Halikarnassos, hat diese Historien aufgezeichnet, damit bei der Nachwelt nicht in Vergessenheit gerate, was unter Menschen einst geschehen ist; auch soll das Andenken an große und wunderbare Taten nicht erlöschen, die die Hellenen und Barbaren getan haben, besonders aber soll man die Ursachen wissen, weshalb sie gegeneinander Kriege führten.«*

Die glänzendste Zeit begann für Halikarnassos im zweiten Viertel des 4. Jhs. v. Chr., als Mausolos die Stadt neu erbaute und befestigte und zur Hauptstadt Kariens machte. Mausolos regierte von 377 bis zu seinem Tod im Jahr 353 v. Chr., und unter seiner tatkräftigen Herrschaft entwickelte sich Karien zu einem mächtigen und fast unabhängigen Staat. Ihm folgte seine Gemahlin und älteste Schwester Artemisia auf den Thron, die mit dem Bau des monumentalen Grabmales begann, das seinen Namen unsterblich machte. (Nach dem Tod ihres Bruders und Ehemannes schüttete sich Artemisia täglich etwas Asche aus seiner Graburne in den Wein, was sie bis zu ihrem eigenen Tod zwei Jahre später beibehielt). Philon von Byzanz (6. Jh. n. Chr.) rechnete das **Mausoleum von Halikarnassos** zu den Sieben Weltwundern. Baumeister war der Ostionier Pytheos, der danach auch den Athena-Tempel in Priene errichtet hatte. Das Mausoleum war nicht nur der eindrucksvollste Grabbau der griechischen Welt, sondern wohl auch der schönste, waren doch die vier Seitenwände mit Friesen aus den Werkstätten der vier berühmtesten Bildhauer jener Zeit geschmückt, zu denen Skopas gehörte. Es überstand die Belagerung der Stadt durch Alexander den Großen, bei der ein großer Teil des alten Halikarnassos zerstört wurde, und überdauerte noch mehr als siebzehn Jahrhunderte. Als die Ritter des Johanniterordens im Jahr 1402 hierherkamen, fanden sie das Mausoleum zur Ruine zerfallen und benutzten es als Steinbruch bei der Erbauung des Kastells St. Peter. Erste Ausgrabungen unternahm in der Mitte des 19. Jhs. Sir Charles Newton, der die meisten der noch erhaltenen Reliefs und die Standbilder des Mausolos und der Artemisia nach London in das Britische Museum brachte. In den letzten Jahren ist wissenschaftlich gegraben worden, und der größte Teil der Grundmauern ist jetzt freigelegt; die gewaltigen Ausmaße machen verständlich, weshalb das Bauwerk als eines der Weltwunder galt.

Sonst ist fast nichts von der Stadt des Mausolos erhalten. Von der Verteidigungsmauer sind einzelne Teile und ein Torbogen zu sehen, und vom Theater einige Reste, doch alles Übrige liegt unter dem modernen Bodrum begraben. Bo-

## BODRUM 247

drum ist deshalb besonders reizvoll, weil es eine Art architektonisches Palimpsest darstellt: Antike Marmorstücke sind in Hauswänden verarbeitet, Kapitelle dienen als Brunnenschalen und Säulenschäfte als Türpfosten – das Gegenwärtige geschaffen aus den Ruinen des Vergangenen.

Die großartige **Festung St.Peter** beherrscht die Lage von Bodrum und trägt viel zu seiner Schönheit und historischen Bedeutung bei. Mit dem Bau der Burg wurde nach 1402 begonnen, dem Jahr, in dem Tamerlan Smyrna einnahm und die Johanniter ihre dortige Festung verloren. Als erstes wurde der ›Französische Turm‹ (8) errichtet, dem man im Lauf des nächsten Jahrhunderts Mauerzüge und weitere Turmbauten hinzufügte. Als Rhodos im Jahr 1522 in die Hände Sultan Süleymans des Prächtigen fiel, verloren damit die Johanniter ihren Hauptstützpunkt, und im nächsten Jahr evakuierten sie ihr Kastell in Bodrum und segelten gen Malta.

Wir betreten die Anlage durch das äußere Festungstor und gelangen zum *Nordgraben* (3), wo osmanische Geschütze und Fragmente antiker Architektur und Skulpturen aufgestellt sind. Wir überqueren einen Hof und befinden uns dann am *Westgraben* (2), wo sich zu unserer Linken die Mauer der Zitadelle, zur Rechten die Kontereskarpe (a) erhebt. Von der Höhe dieser gelangen wir über eine Zugbrücke zur Eskarpe (b), und von da in den *äußeren Burghof* (4). In die Mauern und über den Torbögen sind zahlreiche Bruchstücke von den Reliefplatten und Architekturteilen des Mausoleums versetzt, auch Reliefs mit christlichen Darstellungen und Steinschilde, auf denen die Wappenzeichen der verschiedenen Großmeister der Johanniter und Festungskommandanten sind.

Gleich nach Betreten des äußeren Burghofs sehen wir rechts die *Kapelle der Kreuzritter* (5). Heute beherbergt sie einen Teil der *Antikensammlung des Bodrumer Museums,* darunter interessante mykenische Keramik und eine Reliefplatte des Frieses vom Mausoleum. Neben der Kapelle führt ein Treppenaufgang zu den beiden Gebäuden, in denen die übrigen Bestände des Museums untergebracht sind, zu der

›Karischen Halle‹ und der ›Halle der Unterwasserarchäologie‹. Wie schon der Name sagt, sind in der Karischen Halle antike Funde von Grabungen in Bodrum und anderen Teilen Kariens ausgestellt. Zum Teil handelt es sich um faszinierende Funde, die bei der bahnbrechenden Unterwasserexpedition geborgen wurden, welche ein Archäologenteam der

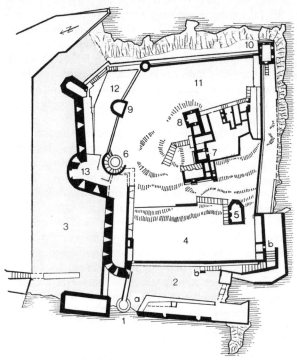

*Bodrum, Festung St. Peter*

1 Wasserturm, 2 Westgraben, a Kontereskarpe, b Eskarpe,
3 Nordgraben, 4 äußerer Burghof, 5 Kapelle der Kreuzritter,
6 Schlangenturm, 7 Italienischer Turm, 8 Französischer Turm,
9 Deutscher Turm, 10 Englischer Turm, 11 innerer Burghof,
12 innerer Graben, 13 befestigte Außenmauer

Pennsylvania University unter Leitung von Professor George Bass vor der Küste durchführte.

Wir stehen nun im *inneren Burghof* (11) der Festungsanlage und sehen in der Runde die Turmbauten der verschiedenen Nationen, denen die Johanniter angehörten: Die Türme Frankreichs (8) und Italiens (7) erheben sich am höchsten Punkt des Burgfelsens, der Turm Englands (10) steht tiefer, an der äußersten Südostecke, der Turm Deutschlands (9) und der Schlangenturm (6) an der Nordseite. Ihnen vorgesetzt, gegen die Landseite absichernd, wachen die mächtigen Bastionen der Außenmauer (13). In der Westwand des ›Englischen Turms‹ befindet sich ein Relief mit dem Wappen Edward Plantagenets und einem Marmorlöwen darunter, und in die Fensterrahmen sind die Namen verschiedener englischer Kreuzritter eingeritzt, die fern der Heimat ihre Tage in diesem herrlichen Kastell zubringen mußten.

Die höher gelegenen Türme der Festung gewähren einen weiten Ausblick auf die Stadt und die Umgebung. Im Osten liegen die berühmten Werften von Bodrum, wo nach Plänen, die sich im Laufe der Jahrhunderte kaum verändert haben, herrliche ›kayıks‹ (Fischer- und Frachtboote) gebaut werden. Westlich unterhalb der Burgfestung erstreckt sich der große *Hafen,* wo die Boote der einheimischen Fischer und Schwammtaucher vertäut liegen und die Luxusjachten der Reisenden, die in den letzten Jahren Bodrum zum wichtigsten Jachthafen der Türkei gemacht haben. Die Uferpromenade säumen freundliche Cafés und Restaurants wie ›Korfez‹ oder ›Han‹, das letztere in einer ausgezeichnet restaurierten Karawanserei des 18. Jhs.

Vor mehreren Jahren noch konnte man damit rechnen, hier an der Promenade dem Altmeister der türkischen Literatur zu begegnen, Cevat Şakir Kabaağaç, besser bekannt als ›Fischer von Halikarnassos‹. 1908 nach Bodrum verbannt, blieb Cevat dort fast sein ganzes Leben lang und machte mit seinen Büchern und Geschichten über die einheimischen Fischer und ihre Lebensweisen die Stadt berühmt. Doch inzwischen ist der Fischer gestorben und in jenes Paradies eingegangen, das den Wortschmieden offensteht. Als Nachruf sei ihm ein Epigramm gewidmet, das Kallimachos von Kyrene vor zweitausendundzweihundert Jahren als letzten Gruß an einen Dichter aus Halikarnassos schrieb:

»*Jemand erzählte von deinem Tod, Heraklit; da gedacht ich,*
  *Tränen im Auge, wie oft, wenn im Gespräch wir vertieft,*
*Uns gemeinsam die Sonne gesunken. Nun bist du vielleicht schon*
  *Längst vergangen zu Staub, Freund aus Halikarnaß.*
*Doch deine nachtigallgleichen Lieder bleiben; vergeblich*
  *Suchet, der alles entrückt, sie zu ergreifen: der Tod.*«
(übersetzt von E. Howald)

Wer genug Zeit hat, sollte über Bodrum hinaus an die Spitze der Halbinsel fahren, wohin besonders der herrliche Badestrand von **Gümüşlük** lockt. Andere wunderbare Buchten kann man von Bodrum aus nur mit dem Motorboot erreichen; einzigartig ist jener verschwiegene Sandstrand mit dem treffenden Namen ›Cennet‹, Paradies. Wenn man dort einen Nachmittag mit Baden und Picknicken verbracht hat, wird man sich fragen – wie der ›Fischer von Halikarnassos‹ einmal fragte –, ob es im Paradies noch schöner sein kann als an diesem sybaritischen Gestade.

Von Bodrum geht regelmäßig ein Fährschiff zu der griechischen Insel Kos – sofern die politische Situation es erlaubt. Man kann sich auch ein ›kayık‹ mieten und zu einigen der interessantesten archäologischen Fundorte an der Südküste Kariens fahren, die vom Land aus meist schwer zu erreichen sind. Die berühmteste der antiken Stätten ist **Knidos** am Ende der langen drachenförmigen Halbinsel, die Bodrum gegenüber am anderen Ufer des keramischen Meerbusens liegt; für einen Besuch in Knidos sollte man sich auf eine lange Tagestour vorbereiten.

Das antike Knidos war wegen einer Statue und eines Wissenschaftlers berühmt. Die Statue war die *Aphrodite von Knidos,* ein Werk des Praxiteles, des großen griechischen Bildhauers im 4. Jh. v. Chr.; sein Modell war die schöne Phryne, die berühmteste Hetäre ihrer Zeit. Das Standbild, das für die Antike den Inbegriff weiblicher Schönheit verkör-

## KNIDOS 251

perte, war im Rundtempel der Aphrodite Euploia (der guten Überfahrt) zu Knidos aufgestellt, und augenscheinlich war sie wohl eher zum Schmuck der Stadt, denn als Kultbild geschaffen worden; jedenfalls war sie eine große Attraktion, und Reisende kamen von weit herbei. (Der Überlieferung zufolge war ein Besucher von der Schönheit der Aphrodite so überwältigt, daß er eines Nachts in das Heiligtum schlich und die Statue umarmte, welche seitdem einen dunklen Fleck an der Innenseite des Schenkels trägt, dort, wo er sie voll Verlangen geküßt hatte.) Eine Forschergruppe unter Professor Iris Love hat vor einiger Zeit den runden Unterbau des Aphrodite-Tempels freigelegt und sogar ein Marmorfragment gefunden, auf dem die Anfangsbuchstaben vom Namen des Praxiteles und der Göttin stehen, wodurch die Identifikation eindeutig wird. Umstritten jedoch ist die Behauptung von Professor Love, das Haupt der Aphrodite in den Lagerräumen des Britischen Museums unter den Fragmenten der von Newton 1859 nach London gebrachten Teile entdeckt zu haben. Im Britischen Museum ist man der Überzeugung, daß es sich bei dem fraglichen Stück um das recht lädierte Haupt des Persephone vom Demeter-Tempel zu Knidos handelt.

Der berühmte Wissenschaftler aus Knidos war *Eudoxos,* der sich in Athen in der ersten Hälfte des 4. Jhs. v. Chr. zur gleichen Zeit wie Praxiteles einen Namen machte. Eudoxos war ein Schüler Platons und gilt zusammen mit Theaitetos als Begründer der griechischen Geometrie. Eudoxos wandte auch als erster mathematische Kriterien auf die Astronomie an. In seinen späten Jahren kehrte er nach Knidos zurück und errichtete dort ein astronomisches Observatorium, das erste seiner Art im griechischen Raum.

Wir können Bodrum nur auf derselben Straße verlassen, auf der wir gekommen sind, und fahren bis zu der Kreuzung südlich von Milas unterhalb der Peçin Kale. Hier nehmen wir die Hauptstraße in Richtung *Muğla* und dringen bei unserer Fahrt ostwärts immer tiefer in das karische Binnenland vor.

Die erste Ortschaft von nennenswerter Größe ist **Eskihi-sar,** das nach dem Erdbeben von 1958 wieder neu aufgebaut worden ist. Der Ort erhebt sich über dem antiken **Stratoni-keia,** einer hellenistischen Stadt, die Antiochos I. (281-261 v. Chr.) aus der Dynastie der Seleukiden um 200 v. Chr. auf den Resten einer älteren karischen Stadt erbauen ließ. Stra-tonikeia war im Altertum bedeutsam, weil sich innerhalb seines Gebietes der *Tempel des Zeus Chrysaoreus* befand, Heiligtum und Versammlungsstätte des karischen Städte-bundes.

Zur griechischen und römischen Zeit war dies eine reiche und dichtbesiedelte Stadt, aber heute ist von ihr nur noch sehr wenig erhalten. Von den antiken Bauresten sind haupt-sächlich der *Serapis-Tempel* und ein Stadttor zu nennen, neben dem eine einsame korinthische Säule aufragt.

Unweit von Eskihisar kommen wir in der Nähe von Ya-tağan an eine große Straßenkreuzung; die nördliche Strecke führt nach Aydın, die südliche nach Muğla und weiter nach Marmaris und an die lykische Küste. Hier muß sich der Reisende entscheiden, ob er lieber nach Marmaris und von dort an der lykischen Küste entlang bis Antalya fahren möchte, oder ob er die nördliche Route vorzieht, die nach Aydın und von dort durch das Tal des Mäander und über das Taurus-Gebirge nach Antalya führt. Wir folgen der letzteren Route und werden unsere Reise durch Karien mit einem Besuch in Aydın abschließen; in den zwei folgenden Kapiteln werden dann die beiden Reiserouten – einmal entlang der lykischen Küste, zum andern durch das Mäandertal und das Taurusgebirge – nach Antalya beschrieben.

Bei Yatağan wenden wir uns also nach Norden und fahren das Tal des *Çine Çayı* hinauf, des antiken *Marsyas,* durch Schluchten von wilder Schönheit. Der alte Flußname bezieht sich auf den Satyr Marsyas aus dem Gefolge der Göttin Kybele. Marsyas fand eines Tages eine Doppelflöte, die Athene aus den Knochen eines Hirsches gefertigt hatte, und als er sie an die Lippen setzte, fing sie von selber zu spielen an und ließ jene Melodien hören, die Athene bei einem Festmahl der Götter vorgetragen hatte. Marsyas zog in Ky-

beles Gefolge durch Karien, und mit seinem Flötenspiel erfreute er die Bauern, die seine Töne noch lieblicher fanden
als Apollons Leierklang. Darüber erbost, forderte Apollon
Marsyas zum Wettstreit vor den Musen auf; dem Sieger
sollte freigestellt sein, den Verlierer auf beliebige Weise zu
bestrafen. Als Apollon dann zum Sieger erklärt wurde, nahm
er an Marsyas fürchterliche Rache, häutete ihn bei lebendi-
gem Leib und nagelte ihn an eine Pinie nahe der Quelle des
karischen Flusses, der seither den Namen des Unglücklichen
trägt.

Etwa zehn Kilometer hinter Yatağan führt eine antike
Steinbrücke über die Schlucht und zwei Kilometer weiter
erreichen wir den Gökbel-Paß, der etwa vierhundert Meter
über dem Meeresspiegel liegt. Nun senkt sich die Straße
hinunter auf eine fruchtbare Hochebene, das Kernland des
alten Karien. Schließlich fahren wir in die belebte Marktstadt Çine ein, die reichste und größte Ortschaft der Gegend.

Çine ist ein günstiger Ausgangspunkt für Ausflüge zu
den beiden sehr interessanten karischen Städten **Alabanda**
(Araphisar) und **Alinda** (Karpüzlü). Nach Alabanda, das
sieben Kilometer westlich von Çine liegt, nehmen wir den
Feldweg, der links von der Hauptstraße des Ortes abzweigt.
Um Alinda zu erreichen, fahren wir noch sieben Kilometer
auf der Strecke nach Aydın weiter und biegen dann nach
links ab; nach 25 Kilometern in westlicher Richtung sind
wir am Ziel. Alabanda und Alinda waren einst wichtige
Städte in Karien, eine jede war für einige Zeit Hauptstadt.
Wie alle karischen Städte erlebten auch diese beiden ihre
Blütezeit in der Mitte des 4. Jhs. unter der Herrschaft des
Königs Mausolos. Als Alexander auf seinem Feldzug in diese
Gegend kam, wurden beide Städte von der Königin Ada
regiert, einer jüngeren Schwester des Mausolos und der Artemisia. Bevor Alexander 334 v. Chr. mit der Belagerung von
Halikarnassos begann, führte er seine Truppen nach Alinda,
das sich ihm auf Adas Befehl kampflos ergab. Alexander
verweilte für einige Zeit in Alinda und beschäftigte sich
mit den Vorbereitungen für die Belagerung. In dieser Zeit
verband ihn mit Ada eine sehr enge Freundschaft, und er

254 KARIEN

nannte die in ihren mittleren Jahren stehende Königin ›Mama‹, während sie ihn gar als Sohn zu adoptieren gedachte. Während der Belagerung befehligte Ada das karische Truppenkontingent in Alexanders Armee und eroberte die letzten beiden Bollwerke, nachdem er die Hauptfestung eingenommen hatte. Vor seinem Abzug übergab Alexander die Satrapie Karien in Adas Hände, und nachdem sie in Halikarnassos den persischen Widerstand endgültig beseitigt hatte, kehrte sie nach Alinda zurück, das nun ihre Hauptstadt wurde. Als sie einige Jahre später starb, erlangte Alabanda hauptstädtische Ehren, doch das Ende der außergewöhnlichen Sippe des Mausolos war gleichzeitig das Ende von Kariens Goldener Zeit.

Die antiken Stätten von Alabanda und Alinda sind bisher nicht von Archäologen erforscht und freigelegt worden. Dadurch wird ihr ohnedies schon beträchtlicher Reiz zweifellos erhöht. An beiden Orten stößt man im Dorf und auf den umliegenden Feldern auf antike Bauruinen: Auf der Agora grasen Schafe, in der Cavea eines Theaters sprießt ein Kräutergarten, Kinder spielen in den Ruinen der Markthalle, ein Bauer wohnt in einem Grabbau, und überall sind Bruchstücke von Skulpturen, Inschriftentafeln, Säulen und Kapitellen in die Wohnhäuser eingebaut; ein solcher Anblick erinnert an die Kupferstiche, mit denen frühe Reiseberichte über das Osmanische Reich illustriert sind.

Nach einem Spaziergang durch Alabanda und Alinda kehren wir zur Hauptstraße zurück und fahren weiter nach Aydın. 27 Kilometer hinter der Abzweigung nach Alinda überqueren wir den schlammbraunen Büyük Menderes, den Hauptarm des alten Mäander, und nach weiteren sieben Kilometern erreichen wir die große Ortschaft Aydın.

# 14

## Die lykische Küste

Marmaris – Fethiye – Xanthos – das Letoon – Patara – Kaş
Demre – Myra – Finike – Limyra
Phaselis – Antalya

Auf unserer Fahrt von Yatağan nach Marmaris kommen wir
an **Muğla** vorbei, einer reizvollen alten Stadt mit male-
rischem Basar und mehreren osmanischen Wohnhäusern, die
zu den schönsten in der Türkei erhaltenen zählen. Hinter
Muğla zieht sich die Straße in südlicher Richtung über dicht
bewaldete Hügelketten und durch rauhe Felsschluchten, an
deren Ende sich als Lohn ein überwältigender Blick auf den
Keramischen Meerbusen bietet. Dann fahren wir durch die
Ebene am Ende des Meerbusens, durchqueren die Halbinsel
Loryma und erreichen schließlich **Marmaris.**

Marmaris muß einst eine herrliche Stadt gewesen sein,
doch hat sie sich nie völlig von dem verheerenden Erdbeben
des Jahres 1958 erholt und bietet heute lediglich den Reiz
des Verfallenen. Ihre Lage aber ist einzigartig: Die in Weiß
und Ockerfarbe getönte Ortschaft mit der auf einem Felsvorsprung erbauten mittelalterlichen Festungsruine liegt am
Ende einer tief eingeschnittenen Bucht mit leuchtend grünen
Abhängen. (Admiral Nelson ließ hier 1798 die englische
Flotte ankern.) Gegenüber von Marmaris erhebt sich die
griechische Insel *Rhodos* aus dem Meer, und bei günstigem
politischem Klima gibt es eine Fährverbindung dorthin. Gegen Westen spaltet sich die Halbinsel und bildet die Gestalt
eines riesigen Drachenmauls: mit Knidos an der Spitze der
nördlichen und dem antiken Loryma am Ende der südlichen
Kieferlade, und der griechischen Insel Syme wahrhaftig in
dem Rachen des Drachens. Im Altertum nannte man diesen
Küstenstreifen Peraea, die ›Vorstadt‹ von Rhodos, weil er
verschiedene Male unter die Herrschaft von Rhodos geriet.
Pindar besingt die herrliche Küstenlandschaft und die ihr

vorgelagerten Inseln als »... *meerumschlungenes Rhodos, Sproß der Aphrodite und Braut des Helios ... nahe dem Vorgebirge des weiten Asien«.*

Marmaris liegt in der Nähe der Stelle, wo die Küste des alten Karien endet und jene Lykiens beginnt, die auf der Landkarte durch ihre gewaltige Ausbuchtung in Südwestanatolien erkennbar ist. Lykien ist noch abgelegener und schwerer zu erreichen als Karien, und sein wichtigster Verbindungsweg zur Außenwelt führt heute wie schon im Altertum über das Meer. Bis Fethiye gibt es eine passable Küstenstraße (mit einigen bösen Abschnitten), aber dahinter befindet sich die Straße in sehr schlechtem Zustand und ist streckenweise wirklich halsbrecherisch. Dies kann sich zwar in unserer raschlebigen Zeit auch schnell ändern; ratsam ist daher, sich jeweils zu erkundigen. Doch wer genug Zeit hat, sollte sich unbedingt die Küstenstrecke mittels eines in Marmaris gemieteten Kayıks anschauen; im Mietpreis sind Kapitän und Mannschaft inbegriffen, und die Seeleute sind gerne bereit, einige Fische für den Abendbrottisch zu fangen und bei der Leerung von Wein- und Rakıflaschen mit von der Partie zu sein: Die angenehmste Art, einen Urlaub in der Türkei zu verbringen, ist eine solche Tour entlang der lykischen Küste, in einem soliden alten Boot mit guten Freunden; ab und zu geht man vor Anker, um zu baden oder an Land eine antike Stätte zu besichtigen und in einer einsamen Bucht unter dem Sternenhimmel zu Abend zu essen.

Die erste größere Ortschaft östlich von Marmaris ist **Fethiye,** das alte **Telmessos,** seit dem Altertum der bedeutendste Hafen Lykiens. Den Grund dafür können wir gleich bei unserer Anfahrt zu der großen Reede feststellen: Eine Kette pinienbestandener Inselchen bilden die natürlichen Wellenbrecher für den Hafen, die einstige ›Bucht des Glaukos‹. Ihr Name rührt von einem der beiden Anführer der lykischen Truppen, die auf der Seite der Trojaner kämpften:

*» Aber die Lykier führte Sarpedon mit Glaukos, dem Helden, fern aus Lykien her, von des Xanthos wirbelnden Fluten.«*

Der hier von Homer (im zweiten Buch der ›Ilias‹) erwähnte Sarpedon ist der legendäre Gründer Milets. Von

## TELMESSOS 257

seinem älteren Bruder Minos, König von Kreta, des Landes
verwiesen, führte er seine Gefolgsleute nach Ionien, und
ihre Nachkommen zogen Jahrhunderte später nach Lykien
weiter und errichteten dort die ersten Städte. Obwohl eine
solche Wanderbewegung tatsächlich stattgefunden haben
mag, neigt man heute zu der Auffassung, daß hier wie auch
anderswo an der kleinasiatischen Küste die ursprünglichen
Bewohner einheimische anatolische Volksgruppen waren,
welche später durch Kontakte mit den griechischen Siedlern
hellenisiert wurden.

Das heutige Fethiye ist ein angenehmer, aber farbloser
Ort, denn dem Erdbeben, das Marmaris zerstörte, fielen
auch hier alle möglicherweise bedeutsamen Monumente
zum Opfer. Vom antiken Telmessos ist einzig die **Nekropole**
erhalten; diese allerdings bietet einen faszinierenden Anblick
mit ihren einzigartigen lykischen Sarkophagen und den ungewöhnlichen, in den Fels geschlagenen Grabnischen. Einer
der Sarkophage ist neben dem heutigen Rathaus auf einem
hohen Steinsockel aufgestellt: Mit seinem reliefgeschmück-
ten Spitzbogendach ähnelt die ›ewige Heimstatt‹ des Verstorbenen dem alten lykischen Holzhaus, das er zu Lebzeiten
bewohnte. Auf einen anderen Grabtypus trifft man hinter
der Stadt. Dort sind die Grabkammern in die steil aufragende
Felswand gehauen, bei manchen imitiert die Fassade die
Front eines Wohnhauses oder eines Tempels. Am bekanntesten ist das *Grab des Amyntas* aus dem 4. Jh. v. Chr., eine
große Bestattungskammer hinter einer Fassade wie bei einem
ionischen Antentempel, bei dem sich ein Säulenpaar auf
gleicher Höhe mit dem Abschluß der Anten, der verlängerten
Cellaseitenwände, befindet. Diese merkwürdigen lykischen
Grabstätten wirken gespenstisch und unheimlich, vor allem
in düsterem Dämmerlicht, wenn die Nekropole wirklich wie
eine Stadt der Toten erscheint.

Von Fethiye bis Kemer verläuft die Straße landeinwärts,
dann nimmt sie wieder die Richtung zur Küste hin und führt
durch das Tal des Koca Çayı, des antiken Xanthos. Ungefähr
zwanzig Kilometer hinter Kemer geht rechts ein zur Zeit
nicht beschilderter Weg zu der alten lykischen Stadt **Pinara,**

258 DIE LYKISCHE KÜSTE

deren Ruinen sich auf einem spektakulären Felskegel erheben, der zu den Ausläufern der Antikragoskette gehört. Die
Stätte liegt unweit des Dörfchens Minare Köy, das man von
der Hauptstraße mit dem Landrover erreichen kann.

Ungefähr vierzig Kilometer hinter Kemer liegt *Kınık,* ein
Dorf am Koca Çayı nahe der Ruinenstätte des alten **Xanthos,**
der einstmals größten Stadt Lykiens. Homer nennt Xanthos
die älteste lykische Siedlung, und fast während allen Zeiten
der Antike war es die regionale Hauptstadt. Die Bewohner
von Xanthos waren berühmt für den hartnäckigen Widerstand, den sie jedem Angreifer entgegensetzten, um ihre
Unabhängigkeit zu bewahren; zweimal kämpften sie sprichwörtlich bis zum letzten Mann und opferten ihre Stadt eher
den Flammen als sie in die Hände der Fremden fallen zu
lassen. Zum erstenmal boten sie derart heroischen Widerstand, als in der Mitte des 6. Jhs. v. Chr. der persische General
Harpagos an der Spitze der Armee Kyros des Großen nach
Lykien vorrückte. Herodot hat darüber berichtet:

*» Als Harpakos dann weiter gegen die Lykier zog und im Tal
des Xanthos erschien, traten ihm die Lykier entgegen, und ihr
kleines Häuflein kämpfte tapfer gegen das große Heer. Sie mußten weichen und wurden in ihrer Stadt eingeschlossen. Da ließen
sie ihre Frauen und Kinder, ihre Habe und ihre Sklaven auf die
Burg schaffen, zündeten sie an und ließen alles miteinander
verbrennen. Darauf weihten sie sich selber durch furchtbare
Schwüre dem Tode, machten einen Ausfall, und alle Männer des
Xanthostales fielen im Kampf.«*

Auch den Römern boten die Einwohner von Xanthos
tapferen Widerstand, als im Jahr 42 v. Chr. römische Truppen unter Brutus die Stadt belagerten. Wieder kämpften sie
bis zum bitteren Ende, und als sie jede Hoffnung auf einen
Sieg aufgeben mußten, zündeten sie ihre Stadt an. Plutarchs
Schilderung des Geschehens in seiner Brutus-Biographie
klingt aus:

*» Es war ein tragisches Schauspiel, Brutus vermochte es nicht
mit anzusehen, er weinte, als er davon hörte. ... So fügten sich
die Xanthier nach einem langen Zeitraum in eine gleichsam über*

## XANTHOS

*sie verhängte Wiederkehr der Vernichtung und riefen mit ihrem wilden Mut die Erinnerung an das Schicksal ihrer Vorfahren wieder herauf. Denn auch diese hatten einst in der Perserzeit auf die gleiche Weise ihre Stadt angezündet und sich selbst den Tod gegeben.«*

Die Ruinen von Xanthos wurden im Jahr 1838 von Sir Charles Fellows entdeckt, der damals alle zutage liegenden Reliefs nach London brachte, wo sie im Lykischen Saal des Britischen Museums zu sehen sind. Seit 1950 wird hier wissenschaftlich gegraben; die Funde datieren aus allen Epochen der Stadtgeschichte, von den ersten lykischen Ansiedlungen des 8. Jhs. v. Chr. über die frühgriechische, hellenistische, römische und byzantinische Zeit bis hin zum 12. Jh. n. Chr. – ein Zeitraum von insgesamt zweitausend Jahren. Wie fast überall in Lykien, so sind auch hier in Xanthos die **Grabdenkmäler** die interessanteste antike Hinterlassenschaft, wenngleich heute leider bar ihres ursprünglichen Reliefschmucks.

Zwei der bedeutenden Grabmonumente stehen Seite an Seite neben dem römischen Theater (8). Das eine ist ein freistehender *lykischer Sarkophag* (10) mit gewölbtem Deckel auf hohem Unterbau aus dem 4. Jh. v. Chr. Daneben steht das berühmte *Harpyiengrab* (11), ein hoher Pfeiler, ein mächtiger Monolith, darauf die truhen-artige Grabkammer, an den vier Seiten mit Reliefszenen der Totenehrung geschmückt (in situ sind es Abgüsse der im Britischen Museum bewahrten Originale). Die vermeintlichen Harpyien, die dem Grabmal den Namen gaben, sind jedoch Sirenen – halb Frauen, halb Vögel –, freundliche Wesen, die hier die Seele des Verstorbenen in die jenseitige, die Unterwelt geleiten. (Man datiert die Reliefs in das 1. Viertel des 5. Jhs. v. Chr.).

An der Nordostecke der *römischen Agora* (12), die sich gegen Norden an das Theater anschließt, steht der *Inschriftenpfeiler* (13), der untere Teil eines Grabmals. Ein lykischer Herrscher war hier bestattet. Die in lykischer Sprache abgefaßte Inschrift ist bisher nicht vollständig gedeutet worden, doch aus einem griechischen Epigramm auf der Nordseite ist zu erschließen, daß dieses Denkmal des Königs Khäräi

*Xanthos, Lageplan*

A lykische Akropolis
B römische Akropolis
1 Stadttor
2 Vespasiansbogen
3 Fundamente des Nereidenmonuments
4 hellenistische Mauer
5 Polygonalmauer des 5. Jhs. v. Chr.
6 byzantinische Kirche
7 lykisches Pfeilergrab
8 Theater
9 römisches Pfeilergrab
10 lykisches Pfeilergrab
11 ›Harpyiengrab‹
12 römische Agora
13 ›Inschriftenpfeiler‹
14 ›Löwengrab‹
15 ›Pfeilergrab‹
16 Grab des Payava

seinem Vater Harpagos und einem Sieg über die Athener galt. Wahrscheinlich ist damit jene Schlacht in Lykien von 430 v. Chr. gemeint, im zweiten Jahr des Peloponnesischen Krieges, über die Thukydides uns folgendes berichtet:

## XANTHOS 261

»... *und weitere sechs Schiffe gingen unter dem Feldherrn
Melesandros gegen Karien und Lykien ab, um dort zu brand-
schatzen und zu verhindern, daß von dort aus peloponnesische
Seeräuber den Verkehr der Frachtschiffe von Phaselis, Phönizien
und dem dortigen Festland störten. Aber auf einem Heerzug
landeinwärts nach Lykien, den er mit Athenern von den Schiffen
und mit Verbündeten unternahm, verlor Melesandros in einer
unglücklichen Schlacht einen Teil seines Heeres und fand selbst
den Tod.*«

Das Theater (8) befindet sich am Nordhang der **lykischen
Akropolis** (A). Die ältesten Ruinen stammen von dem lykischen Königspalast, den die Perser bei der Eroberung der
Stadt zerstörten. Auf der Akropolis haben alle lykischen
Bauwerke, so auch der Artemis-Tempel, im Lauf der Zeit
den byzantinischen Monumenten Platz machen müssen, die
heute dort stehen.

Blickt man von dem lykischen Burgberg nach Nordosten,
so fällt eine zweite Erhebung auf: Dort lag in griechischer,
römischer und byzantinischer Zeit das Zentrum von Xanthos. Am Südosthang jener **römischen Akropolis** (B) lag
wohl in lykischer Zeit die Hauptnekropole von Xanthos,
worauf die zahlreichen Sarkophage und Felsengräber hin-
deuten. Eindrucksvoll ist hier das fast vollständig erhaltene
*Pfeilergrab* (15) mit seinem Grabkasten aus weißen Marmorplatten (4. Jh. v. Chr.); es steht oberhalb der Reste des berühmten *Payava-Sarkophags* (16), dessen Reliefschmuck
jetzt auch im Lykischen Saal des Britischen Museums ausgestellt ist. Der Aufstieg zur römischen Akropolis durch dichtes
Unterholz ist recht anstrengend, lohnt aber wegen der herrlichen Aussicht auf die Ruinenstätte und die umliegende
Landschaft mit dem mächtigen Bergmassiv des Ak Daği im
Nordosten und dem Fluß Xanthos im Süden, wie er sich auf
seinem Weg zum Meer hin schlängelt.

Links an der Straße aus Richtung Fethiye steht der einzige
erhaltene **Torbau** (1) der hellenistischen Stadt. Das Stadttor
trägt eine Ehreninschrift für Antiochos III. (223-187 v. Chr.),
den größten der seleukidischen Könige. Die Inschrift stammt
wahrscheinlich aus dem Jahr 197 v. Chr., als Antiochos mit

einer Flotte vor der Küste Kleinasiens segelte und die Kapitulation der Städte annahm, die vorher zum Herrschaftsbereich des Ptolemäus v. Epiphanes von Ägypten gehört hatten. Außerhalb des Stadttors steht ein Ehrenportal für Vespasian (2), das sehr wahrscheinlich errichtet wurde, kurz nachdem seine Truppen ihn in Caesarea (dem heutigen Kayseri) am 1. Juli 69 n. Chr. zum römischen Kaiser ausgerufen hatten.

Wir lassen Xanthos in Richtung Kaş hinter uns und biegen nach zwei Kilometern auf der Hauptstraße rechts ab; bald kommt das **Letoon** in Sicht, der heilige Bezirk der Göttin Leto, zudem Versammlungsort der Lyker. Das Letoon wurde vor einigen Jahren freigelegt. Dabei kamen Reste von drei Tempeln, einem römischen Nymphäum und einer frühbyzantinischen Kirche mit schönem Mosaikboden zum Vorschein. Das römische Nymphäum scheint ein älteres Heiligtum ähnlichen Charakters abgelöst zu haben, dessen Brunnen sein Wasser aus jener heiligen Quelle bezog, die Ovid im Sechsten Buch der ›Metamorphosen‹ erwähnt. Ovids Version des Quellmythos erzählt, wie Leto, die Geliebte des Zeus, nachdem sie Apollon und Artemis geboren hatte, auf der Flucht vor Heras Zorn an diesen Ort gelangte. Erschöpft und durstig ruhte sie sich hier aus und trank mit ihren zwei göttlichen Kindern von der frischen Quelle. Die ansässigen Bauern aber versuchten, sie davonzujagen, sprangen in das Wasser und tanzten darin herum, um den klaren Quellfluß zu trüben; dafür rächte sich Leto und verwandelte die ungastlichen Bauern in Frösche.

Zehn Kilometer weiter liegt das Dorf *Kelemis;* hier können wir einen Jeep mieten und die Ruinen von **Patara** besichtigen, der alten Hafenstadt von Xanthos. Seine größte Zeit erlebte Patara unter den Römern, als es der wichtigste Hafen an der lykischen Küste war. Die meisten erhaltenen Ruinen stammen aus jener Epoche. Hier kam der lykische hl. Nikolaus, Bischof von Myra, zur Welt. Zu den großen Gestalten, die Patara zu seiner Blütezeit besuchten, gehören Hannibal, der Apostel Paulus und Kaiser Hadrian, der den riesigen noch erhaltenen Getreidespeicher anlegen ließ.

Patara traf das gleiche Schicksal wie viele andere antike Hafenorte an der Küste Kleinasiens: Es versandete durch die alluvialen Anschwemmungen des Xanthos. Heute haben sich riesige Sanddünen des Theaters bemächtigt, das alte Hafengebiet ist ein großer Sumpf, und die gespenstische Stille wird nur unterbrochen von der Meeresbrise, die durch die Steineichen zwischen den Ruinen seufzt.

Bei Kalkan, dem nächsten Küstenhafen östlich von Fehtiye, erreichen wir wieder das Meer. Von hier folgt die Hauptstraße der Uferlinie bis **Kaş,** dem alten **Antiphellos.** Die hübsche Stadt in wunderbarer Lage schmiegt sich in die halbmondförmige Bucht am Ende eines tiefgrünen fjordartigen Einschnitts, dessen Nordseite von einer langen Halbinsel in Form einer Eidechse gebildet wird, und der zum Meer hin von der herrlichen griechischen Insel Kastellorizo geschützt wird. In der Stadt und der Umgebung finden sich die charakteristischen lykischen Sarkophage und Felsengräber, welche diesem gesamten Küstenstrich den Anschein einer einzigen weitgestreckten Nekropole geben, wo die antiken Stätten der Toten großartiger sind als die modernen Städte der Lebenden. Das einzige noch erhaltene größere Bauwerk aus dem alten Antiphellos ist das **hellenistische Theater,** das westlich etwas außerhalb der Stadt liegt. Der Bau ist gut erhalten und liegt sehr schön: Man blickt über einen Olivenhain hinweg auf das blaue Mittelmeer und sieht in der Ferne die Insel Kastellorizo als grünen Farbtupfer im Wasser liegen.

Hinter Kaş verläuft die Straße zuerst landeinwärts und senkt sich bei dem Dorf **Demre** dann wieder zum Meer hinab. Demre (heute *Kocademre*) liegt drei Kilometer von der Küste entfernt in der Nähe des Ortes Myra, der als Bischofssitz des hl. Nikolaus berühmt war, des Schutzpatrons der Pfandleiher und Seeleute und der legendäre ›Sankt Nikolaus‹ der Kinder. In Demre steht ein dem Heiligen geweihter aufgelassener Kirchenbau; es ist ein stark restauriertes Bauwerk aus dem 11. Jh., das sich über einem älteren, ebenfalls Nikolaus geweihten Vorgängerbau erhebt. Nikolaus erlitt hier im Jahr 655 den Märtyrertod, und sein Grab wurde bald zu einem berühmten Wallfahrtsort. Im Jahr 1072 raubten Kaufleute aus Bari seine Gebeine. Nun ruhen sie in der ehrwürdigen ihm geweihten Basilika San Nicolo in Apulien. – Die Ruinen des antiken **Myra** liegen etwa eineinhalb Kilometer außerhalb von Demre. Vor allem das großartige spätrömische *Theater* ist sehenswert; es liegt am Fuß einer imposanten Felswand, die einige der bedeutendsten *lykischen Felsengräber* (Taf. 13) birgt. Bei vielen ist noch der großartige Reliefschmuck erhalten; es sind aus dem anstehenden Gestein geschnittene figürliche Friese, meist den Toten und seine Familie darstellend.

Von Demre aus können wir einen Ausflug an die Küste zu den Ruinen von **Andriake** und **Aperlae** machen; Aperlae ist heute ein kleines Dorf am Fuß eines verfallenen mittelalterlichen Kastells. Draußen im Meer gegenüber den beiden Orten liegt die kleine Insel Kekova, die bei den Griechen Asthene hieß. Eine eigenartige Schönheit geht von der Insel und dem nahen Küstenstreifen aus mit den halbversunkenen lykischen Sarkophagen; wie hingestreut über die einsamen Strände lassen sie die Buchten noch verlassener scheinen.

Von Demre aus sind es dreißig Kilometer bis *Finike,* dem alten Phoinikos. Finike selbst hat dem Reisenden wenig zu bieten, eignet sich aber als Startpunkt für Ausflüge zu verschiedenen archäologischen Stätten im Osten Lykiens.

Zwei Straßen führen von Finike nach Antalya. Die eine führt nördlich durch das Gebirge über Elmalı nach Korkuteli, und von dort gibt es eine bequeme Asphaltstraße hinunter bis Antalya. Die andere Route, die teilweise sehr schlecht und streckenweise noch im Bau ist, verläuft die Ostküste Lykiens entlang unmittelbar zu Füßen der atemberaubenden Gipfelkette des *Beydağları,* die im Westen die Bucht von Antalya abschließt. Jeder etwas abenteuerlich gesonnene Reisende wird sich für die zweite Route entscheiden, die zwar mühevoller und gefährlicher ist, aber auch schöner; doch auch der Überlandweg hat seine Reize.

Die alte lykische Stadt **Limyra** liegt sechs Kilometer nördlich von Finike an der Straße nach Elmalı. Während der ersten Hälfte des 4. Jhs. v. Chr. war Limyra eine Zeitlang die mächtigste Stadt Lykiens, insbesondere unter der Herrschaft

## LIMYRA

von König Perikle, dem letzten der lokalen Regenten. Die **Nekropole** von Limyra, die weitläufigste in Lykien, hat die schönsten Gräber und Sarkophage mit den charakteristisch lykischen Eigenarten. Ein wunderbarer Grabbau, das **Heroon,** wurde vor einigen Jahren an der höchsten Stelle der Akropolis freigelegt, gerade oberhalb des römischen Theaters. Er ist einem ionischen Tempel nachempfunden. Seine vier Säulen an den beiden Schmalseiten lassen an den Nike-Tempel auf der Athener Akropolis denken, während die Form dieser Stützen – es sind Mädchenfiguren – an die Karyatiden der Südhalle des Erechtheions erinnern, wenngleich sie hier steifer und schwerfälliger sind. Der limyrische Grabbau barg wahrscheinlich die sterblichen Überreste des Königs Perikle. Der Gipfel der Felskuppe gewährt einen Blick über die lange Küstenlinie vom Kap Finike bis zum Kap Chelidonia, dem südöstlichen Zipfel Lykiens.

Die Küstenstraße verläuft zuerst parallel zur Einbuchtung des Golfs von Finike, überquert dann das Vorgebirge, an dessen Spitze Kap Chelidonia liegt, und wendet sich schließlich nach Norden, wobei sie dem Verlauf der lykischen Ostküste folgt. Wir befinden uns in der abgelegensten und unzugänglichsten Küstenregion der Türkei; senkrecht stürzen die Felswände ins Meer hinab, und im Hintergrund türmen sich die gewaltigen Zinnen der lykischen Berge.

Wir erreichen den Golf von Antalya bei dem *Porto Genovese,* einer kleinen Bucht, auf deren Vorland halb von Gestrüpp und Bäumen überwachsene unförmige Ruinen stehen. Etwas weiter nördlich liegt **Olympos,** das im Altertum einer der beiden Hauptorte an der Ostküste Lykiens war. Zwar sind die Ruinen sehr zerfallen, doch die Lage ist malerisch.

In den Bergen nordwestlich von Olympos kann man ein ganz erstaunliches Naturphänomen beobachten: Es ist ein aus einer Erdspalte hervorflackerndes Feuer, tagsüber kaum sichtbar, doch nachts vom Meer aus schon von weitem zu sehen, fast als sei es ein aktiver Vulkan. Man ist diesem Phänomen bisher nicht auf den Grund gekommen, wahrscheinlich handelt es sich um die unterirdische Verbrennung

266 DIE LYKISCHE KÜSTE

von Kohlengas. Hier liegt zweifellos der Ursprung des griechischen Mythos von der Chimäre, jenem feuerschnaubenden Ungeheuer, dessen Heimat Lykien gewesen sein soll und das Homer im Sechsten Gesang der ›Ilias‹ beschreibt:

»... *die ungeheure Chimaira,*
*die, göttlicher Art, nicht sterblichen Menschen entstammte.*
*Vorn ein Leu, und hinten ein Drach', und Geiß in der Mitte,*
*Hauchte sie aus die schreckliche Glut des lodernden Feuers.*«

Fünfundzwanzig Kilometer nördlich von Olympos liegt **Phaselis,** das in der Antike die größte Stadt Ostlykiens war. Der Überlieferung nach wurde Phaselis 690 v. Chr. von Siedlern aus Rhodos gegründet. Es gehörte bald zum Lykischen Bund und trug tausend Jahre lang zur Geschichte und Kultur dieses Landesteils bei. Wie die übrigen lykischen Städte verteidigte auch Phaselis tapfer seine Freiheit, doch im Jahr 333 v. Chr. übergaben die Bewohner vernünftigerweise ihre Stadt kampflos Alexander dem Großen und überreichten ihm am Stadttor eine goldene Krone. Nach Alexanders Tod wurden Phaselis und die anderen lykischen Städte von seinen Nachfolgern hart umkämpft, doch keinem gelang es, sich die freiheitsliebende Bevölkerung untertan zu machen. So hartnäckig verteidigten sie ihre Unabhängigkeit, daß sich im Jahr 167 v. Chr. der römische Senat gezwungen sah, Lykien den Rang eines selbständigen Bundesstaates zuzusprechen, den es sich länger als jede andere Region Kleinasiens erhalten konnte.

Phaselis ist nie systematisch ausgegraben worden, und seine Ruinen sind völlig überwachsen; doch ist es ein äußerst reizvoller Flecken an der türkischen Mittelmeerküste. In schlichter Erhabenheit stehen die Ruinen am Ufer vor dem gewaltigen Bergmassiv des *Tahtalı Dağı,* dem antiken *Solymos.* Von dessen Gipfel aus beobachtete Poseidon die Abfahrt des Odysseus von Kalypsos Insel, wie es Homer im Fünften Gesang der ›Odyssee‹ beschreibt:

»*Da aber kam aus dem Lande der Äthiopen Poseidon*
*Und erblickte fern von den Solymer Bergen Odysseus,*
*Welcher die Wogen befuhr. Da ergrimmt' er noch stärker im*
  *Geiste, ...*«

Von Phaselis ist es nicht mehr weit bis *Kemer,* einem freundlichen Küstenort, der sich langsam zu einem beliebten Ferienort entwickelt und mit Antalya durch eine gute Straße verbunden ist. Hier nun verlassen wir Lykien und seine an Gräbern so reichen Ufer und kommen an die, wie die Seeleute des Mittelalters sagten: Piratenküste Pamphiliens.

# 15

## Der Mäander und das Taurusgebirge

Aydın – Nysa – Aphrodisias – Pamukkale/Hierapolis – Burdur
Isparta – Termessos – Antalya

Das Tal des *Büyük Menderes,* des griechischen *Mäander,*
gehört zu den fruchtbaren Regionen der Türkei; die alluviale
Ebene ist Bauernland, reich an Feldern, Olivenhainen, Obst-
und Weingärten. Im Altertum führte einer der Hauptwege
von der Ägäis nach Anatolien durch dieses Tal, in das griechische Kultur tief und dauerhaft vordrang. Bis zu den Quell-
wassern im Taurus, und darüber hinaus, zeugen Stadtgründungen davon, die heute noch bestehen und von denen manche den berühmten Stätten an der Ägäisküste an Schönheit
und Bedeutung durchaus ebenbürtig sind.

**Aydın** ist der geeignete Ausgangspunkt für jene Reisenden,
die durch das Flußtal und über den Taurus nach Antalya
gelangen wollen. In Aydın selber gibt es wenig zu sehen,
denn das meiste ist hier neueren Datums. Die antike Siedlung
**Tralleis** liegt nordöstlich der modernen Stadt auf einem Plateau namens Güzel Hisar (Schöne Burg). Die Ruinen sind
nicht sonderlich eindrucksvoll und lohnen kaum einen
Besuch; weil sie in militärischem Sperrgebiet liegen, muß
man außerdem eine Sondergenehmigung für die Besichtigung einholen. Bevor wir Tralleis den Rücken kehren, gedenken wir des letzten großen Mathematikers und Physikers des
Altertums, der hier um 500 n. Chr. zur Welt kam: *Anthemios
von Tralleis,* einer der Baumeister der Hagia Sophia, der
einer der begabtesten Wissenschaftler seiner Zeit war.

Hinter Aydın fahren wir auf der Europastraße 24 durch
das Menderes-Tal in Richtung Osten. Nach etwa dreißig
Kilometern biegen wir bei Sultanhisar nach links ab und
erreichen nach einem Kilometer das alte **Nysa.** In wildro-
mantischer Lage erheben sich die überwucherten Ruinen zu

## NYSA

beiden Seiten einer tiefen Schlucht, die von den Abhängen des Berges Mesogis gebildet wird. Der große Geograph Strabon, der in der zweiten Hälfte des 1. Jhs. v. Chr. als Student hier einige Zeit verbrachte, bezeichnete Nysa als eine Doppelstadt, durchtrennt von dem reißenden Wildwasser, das im Winter und Frühling vom Mesogis durch den Felseinschnitt herabstürzt. Er beschrieb drei Bauwerke, die an oder über der Schlucht erbaut waren: eine Brücke (2), einen langen Wassertunnel (3) zur Kanalisierung des Flusses und das Amphitheater (9), eine kühne bautechnische Konstruktion, die das Flußbett überspannte und beide Hälften der Stadt ver-

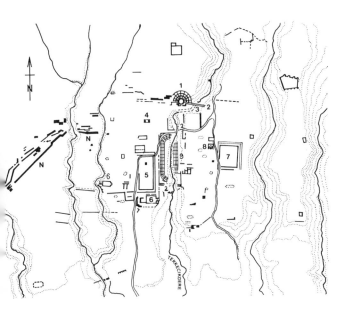

*Nysa, Lageplan*

1 Theater
2 römische Brücken
3 antiker Tunnel
4 Bibliothek
5 Gymnasium
6 byzantinische Kirchen
7 Agora
8 Gerontikon
9 Amphitheater
N Nekropole

270 DER MÄANDER UND DAS TAURUSGEBIRGE

band. Von jedem dieser Bauwerke sind noch Reste erhalten, neben anderen beachtlichen Ruinen verschiedener öffentlicher Gebäude, wie sie in römischen Siedlungen Kleinasiens üblich waren. Das **Theater** (1), das man gleich erkennen wird, schmückt sich heute besonders reizvoll mit den alten Ölbäumen, die zwischen den Sitzreihen Wurzeln geschlagen haben; der **Bibliotheksbau** (4) ist nach jenem des Celsus in Ephesos der besterhaltene in Kleinasien. Alle Bauten sind römischen Ursprungs.

Zwölf Kilometer hinter Sultanhisar liegt Nazilli, und noch etwas weiter zweigt rechts ein Weg nach Karacasu und dem alten **Aphrodisias** ab, das etwa eine Stunde entfernt in südlicher Richtung liegt. Die Straße führt an den Abhängen eines Hochplateaus entlang durch eine herrliche Landschaft mit reichen Bauernhöfen und Olivenhainen und den schneebedeckten Gipfeln des majestätischen Baba Dağı (Berg des Vaters) im Hintergrund.

Die Ruinen von Aphrodisias liegen in dem Dorf **Geyre** und der Umgebung verstreut; das Dorf selber wurde nach einem Erdbeben etwas weiter entfernt wieder aufgebaut. (›Geyre‹ ist eine türkische Version von ›Karia‹, wie Aphrodisias in byzantinischer Zeit hieß, als es die Hauptstadt der Provinz Karien war.) Seit 1961 wird das Gelände von Professor Kenan Erim von der Universität New York sehr gründlich archäologisch erforscht und freigelegt, mit dem Ergebnis, daß die schon immer sehenswerten Ruinen zu einer der wichtigen und interessanten archäologischen Stätten in Anatolien geworden ist. Bei der Ausgrabung und Restauration der Baudenkmäler entdeckten Professor Erim und seine Mitarbeiter auch eine große Zahl hervorragender Kunstwerke, die in dem modernen Museumsbau besichtigt werden können. In römischer Zeit hat es hier eine Schule für Steinmetzen und Bildhauer gegeben. Die Handwerkerzeichen der einheimischen Künstler hat man auch an Standbildern in Griechenland, Italien und anderswo entdeckt. Es läßt sich heute sagen, daß Aphrodisias eine Art Florenz der griechisch-römischen Welt darstellte und die Werke der ortsansässigen Künstler nicht nur am Ort gefragt waren, sondern

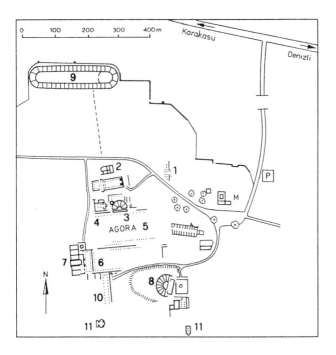

*Aphrodisias, Lageplan*

| | |
|---|---|
| 1 Propylon | 7 Thermen des Hadrian |
| 2 Aphrodite-Tempel | 8 Theater |
| 3 Odeion/Bouleuterion | 9 Stadion |
| 4 Bischofspalast | 10 Basilika |
| 5 Agora | 11 byzantinische Kirchen |
| 6 Platz mit Portikus des Tiberius | M Museum |

die meisterhaften Arbeiten auch in andere Städte des Mittelmeerraums exportiert wurden.

Vom Dorfplatz von Geyre führt ein Weg rechts zu der Grabungsstätte; dabei kommt man an dem wiederaufgerichteten *Propylon* (1) vorbei, einem schönen monumentalen Torbau aus dem 2. Jh. n. Chr. Der Weg biegt dann nach links, und bald stehen wir vor dem **Tempel der Aphrodite** (2).

Der früheste Bau soll auf das 7. Jh. v. Chr. zurückgehen, doch man hat bisher nur spärliche Reste gefunden. Der heilige Bezirk und die dazugehörigen Gebäude scheinen sich im 2. Jh. v. Chr. zu einer eigenen Stadt ausgeweitet zu haben, der man den Namen ihrer Hauptgottheit gab, »*der goldenen Aphrodite, ... süßes Verlangen weckt sie den Göttern, überwältigt der sterblichen Menschen Geschlechter ...*« (Homerische Hymne). Der heutige Tempel ist wohl um 100 v. Chr. errichtet worden. Nach ionischer Ordnung umgibt ein Säulenkranz von dreizehn Säulen an den Langseiten und acht an den Schmalseiten die Cella. Der Abstand der Säulen von der Cellawand ist doppelt so weit wie es den geltenden Proportionsregeln entspräche. Es war also ein ›Pseudo-Dipteros‹, von dem jetzt vierzehn Säulen noch aufrecht stehen. Bis auf eine tragen alle ihre ionischen Kapitelle, und über zwei Säulengruppen liegt noch das Gebälk (Architrav). – Im 5. Jh. n. Chr., als der Tempel in eine byzantinische Basilika umgebaut wurde, erhielt er im Osten eine Apsis. Etwa 100 Meter weiter östlich des Tempels stehen zwei gedrehte Säulen mit einem Architrav, die zu einem monumentalen Tor (oder Propylon) gehört haben mögen. Doch da dieses nicht auf den Tempel hin geortet ist, bleibt seine Bestimmung noch unklar.

Die meisten anderen Monumente befinden sich südlich des Aphrodite-Tempels, so auch das **Odeion** (3); es wurde im 2. Jh. n. Chr. errichtet und ist sehr gut erhalten. Der Boden der Orchestra war mit Mosaiken belegt, das Bühnenhaus mit Reliefs und Statuen geschmückt; dahinter führte ein schmaler Gang auf einen säulenumstandenen Hof, wo Standbilder prominenter Bürger von Aphrodisias aufgestellt waren; viele dieser Kunstwerke sind erhalten und im lokalen Museum ausgestellt. – Unmittelbar angrenzend an die Odeion-Westseite lag ein Rundbau, das *Heroon* für einen vergöttlichten Toten; in seiner Mitte stand ein reich geschmückter Altar und ein mit figürlichen Reliefs verzierter Sarkophag – beides ist noch erhalten. Etwas weiter im Westen gruppieren sich verschiedene Ruinen um einen Hof mit Peristyl. Einige der Säulen aus bläulichem Marmor wurden

## APHRODISIAS

wieder aufgestellt; vermutlich war dies in frühbyzantinischer Zeit die Residenz des Bischofs (4) von Aphrodisias.

Unmittelbar südlich vom Odeion befinden sich die weitläufigen Spuren der alten, noch nicht freigelegten Agora (5). Eine herrliche Säulenreihe mit Kapitellen und Architrav zwischen lichten Pappeln läßt noch etwas von der vergangenen Größe in römischer Zeit ahnen. Südlich an die Agora schließt sich die Säulenhalle mit dem *Portikus des Tiberius* (6) an, die gegen Westen auf die gewaltigen *Badeanlagen* des Hadrian (7) blickt. Noch etwas weiter südlich liegt das gut erhaltene ungewöhnlich große **Theater** (8) am Osthang eines Hügels, der anscheinend aus dem Schutt frühgeschichtlicher Siedlungen seit dem 3. Jh. v. Chr. besteht. Im alten Dorf Geyre, das östlich des Theaters liegt, hat man unter einem zweiten Hügel ebenfalls zahlreiche Spuren bronzezeitlicher Besiedlung festgestellt.

Etwa einen halben Kilometer nördlich des Aphrodite-Tempels liegt in den Feldern das **Stadion** (9). Es ist eines der größten und besterhaltenen Stadien aus griechisch-römischer Zeit und bot etwa 30000 Zuschauern Platz. Am östlichen Ende war es mit einer niedrigen Mauer abgeschlossen, so daß für Gladiatorenkämpfe und andere ähnlich barbarische römische Darbietungen eine rundum geschlossene Arena zur Verfügung stand. Als ›Stadion‹ war sie bei religiösen wie säkularen Festen Schauplatz für athletische Wettkämpfe und -spiele, für Wettbewerbe verschiedenster Art (Musik, auch Bildhauerei) – kurz, für das ganze bunte Gepränge des Lebens während der guten alten Tage im römischen Kleinasien. Einige Ölbäume haben auf dem obersten Rang Wurzeln geschlagen und spenden willkommenen Schatten dem, der sich dort zum Picknick niederläßt und dabei weit über die Ruinen dieser einst bedeutenden Stadt blickt.

Man sollte Aphrodisias nicht verlassen, ohne eine Weile die Stimmung auf dem hübschen Dorfplatz von Geyre genossen zu haben. Ich hatte eines Spätnachmittags dieses Vergnügen, als die Dorfbewohner von ihrer Arbeit auf den umliegenden Feldern zurückkamen, die Männer stolz zu Pferd,

die schüchternen Frauen farbenprächtig in trachtenartige
Gewänder gekleidet, einige mit Babies auf den Rücken
gebunden; und am Dorfbrunnen standen junge Mädchen,
die Amphoren graziös auf die Schultern gesetzt – wie Gestalten auf einem attischen Fries.

Nach unserem Besuch in Aphrodisias kehren wir auf die
Überlandstraße zurück und fahren nach *Denizli,* einem
großen freundlichen Ort nahe dem Ausgang des Mäander-
tals. Denizli selber bietet kaum Sehenswertes, eignet sich
aber als Ausgangspunkt für einen Abstecher nach Pamukkale, einer der größten Touristenattraktionen in der Türkei.
   Wir verlassen Denizli in Richtung Burdur und Isparta
und biegen nach drei Kilometern links nach Pamukkale ab.
Gleich links steht ein Wegweiser nach **Laodikeia,** das wir
nach vier Kilometern auf einem unebenen Feldweg erreichen. Bisher wurde nur ein kleiner Teil der antiken Stätte
freigelegt, und die Ruinen sind recht dürftig. Die meisten
Reisenden kommen hierher, weil Laodikeia eine der Sieben
Städte war, an die Johannes in der Offenbarung ein
›Sendschreiben‹ gerichtet hatte. Auch Paulus schrieb an die
Laodikäer und spielt auf die laue Haltung der wohlhabenden
Bürger dem Christentum gegenüber an: »*Ich weiß um dich,
daß du weder kalt noch warm bist. Ach, daß du kalt oder warm
wärest! Weil du aber lau bist und weder warm noch kalt, werde
ich dich ausspeien aus meinem Munde.*«
   Nachdem wir hinter der Abzweigung vierzehn Kilometer
in nördlicher Richtung gefahren sind, hat man einen ersten
Blick auf **Pamukkale** (Baumwollschloß) und damit auf eine
der bizarrsten Naturerscheinungen der Türkei. Beim Näher-
kommen sehen wir eine Felsterrasse, die über hundert Meter
hoch unvermittelt aus der Ebene emporragt und deren Ab-
hänge mit einer Unmenge gleißend weißer und phantastisch
geformter Stalaktiten überzogen sind. Unablässig fließt
dampfend heißes Wasser über stufenartig versetzte, sich nach
unten verbreiternde muschelförmige Bassins und blumen-
blattähnliche ›Elfenteiche‹, deren Oberfläche aus glitzern-
dem Sintergestein besteht. Dieses eindrucksvolle Schauspiel

## PAMUKKALE – HIERAPOLIS

ist ein Werk des Quellwassers, das an den unteren Hängen des Çal Dağı entspringt; während es über Terrassen und Felsstufen herabfließt, lagern sich die baumwollweißen Kalkrückstände ab, die ständig die Sinterflächen verändern und immer ausgefallenere Formen bilden (Taf. 25). ›Baumwollschloß‹ – der Name klingt wie aus einem Märchen, scheint hier aber die Wirklichkeit zu erfassen.

Oberhalb dieses Märchenland-Plateaus liegen die Ruinen des alten **Hierapolis**, der ›Heiligen Stadt‹, die wahrscheinlich wegen ihrer vielen Tempel so genannt worden war. Leider aber ist diese Heilige Stadt in den letzten Jahren durch den Tourismus profaniert worden: Die meisten der wunderbaren Thermalquellen sind heute von Luxushotels umbaut, Andenkenbuden und Postkartenhändler verstellen den Zugang zu den Ruinen, verderben die einst verzaubernde Szenerie.

Hierapolis wurde im 2. Jh. v. Chr. von den pergamenischen Königen gegründet, wahrscheinlich von Eumenes II., und 133 v. Chr. hat sie Attalos III., zusammen mit dem übrigen Teil seines Reiches, der Stadt Rom übereignet. Abgesehen von den Grabmälern der Nekropole, ist kaum etwas von der hellenistischen Stadt erhalten. Fast alles noch Sichtbare ist römischen Ursprungs. In den Tagen des kaiserlichen Rom muß Hierapolis ähnlich anziehend gewesen sein wie heute. Man weiß, daß mindestens drei Kaiser hierher kamen, um in den heißen Quellen zu baden und sich jenes außergewöhnliche Naturphänomen anzusehen. Der erste Gebäudekomplex, auf den man bei der Ankunft stößt, sind rechts vom Parkplatz die großartigen **römischen Thermen** (10); sie stammen aus dem 2. Jh. n. Chr. In einer der Badekammern werden augenblicklich die bei den jüngsten Ausgrabungen entdeckten Skulpturen und anderen Fundstücke aufbewahrt, und man möchte hoffen, daß dieses Depot bald als Museum der Öffentlichkeit zugänglich sein wird.

An den Bädern vorbei führt der Weg zu einem modernen Hotel mit dem sicherlich ungewöhnlichsten und reizvollsten Schwimmbecken, das man sich als Hotelgast denken kann: Es heißt, es sei von der Heiligen Quelle gespeist. Seine geschwungene Einfassung wird umgeben von einem üppigen

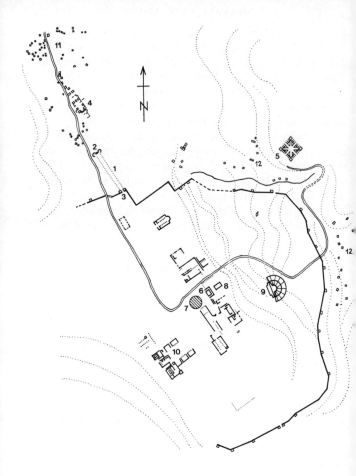

*Hierapolis, Lageplan*

1 Kolonnadenstraße
2 Torbogen des Domitian
3 byzantinisches Tor
4 frühchristliche Kirche, zuvor Thermen
5 ›Martyrium‹ des Apostels Philippus
6 römische Brunnenanlage
7 ›Heilige Quelle‹
8 Apollon-Tempel und ›Plutonion‹
9 römisches Theater
10 Thermen
11 nördliche Nekropole
12 östliche Nekropolen

## HIERAPOLIS

farbenprächtigen Garten mit Rosensträuchern, Hibiskus, Oleander, Maulbeerbäumen, Zedern und Zypressen. Auf dem Grund sieht man kannelierte Säulenschäfte und korinthische Kapitelle von einem alten Nymphäum, vielleicht der Fassung der Heiligen Quelle (7); man glaubt, über den versunkenen Ruinen einer verzauberten Königsstadt zu schwimmen. Weil das kalkhaltige Wasser etwas wärmer ist als die normale Körpertemperatur, kann man hier noch mitten im Winter angenehm baden, wenn durch das Fernbleiben der Fremden die Heilige Stadt etwas von ihrem antiken Zauber wiedergewinnt.

Östlich vom Hotel und Schwimmbecken war eine monumentale römische Brunnenanlage (6), aus dem 4. Jh. n. Chr. – In gleicher Richtung weitergehend, kommt man zum Podium des **Apollon-Tempels** (8). Seine aufragenden Teile stammen aus dem 3. Jh. n. Chr., die Grundmauern jedoch wurden in pergamenischer Zeit gelegt. An der Südseite des Tempels entdeckte man bei neueren Grabungen eine unterirdische Kammer, die man als das *Plutonion* identifiziert hat, ein schon vor der Errichtung des Tempels dem Unterweltgott Pluton geweihtes Heiligtum (über einer Thermal-Wasserader, von der betäubende Gase entwichen). Die Magie des Ortes ließ Besucher aus allen Landesteilen nach Hierapolis ziehen; die Einheimischen nennen es heute noch den ›Platz der bösen Geister‹.

Am Hügel hinter dem Hotel liegt das **römische Theater** (9), eine herrliche Anlage, die kürzlich restauriert wurde. Einige schöne Statuen und Reliefs von dort werden in dem Depot in den römischen Thermen aufbewahrt, darunter auch eine Reliefszene mit Kaiser Septimus Severus, in dessen Regierungsperiode (193-211 n. Chr.) die Errichtung des Theaters datiert wird.

Hinter dem Theater erblickt man die römischen Verteidigungsmauern, die sich in einem unregelmäßigen Halbkreis um die Stadt bis hin zum Ende des Plateaus ziehen. Außerhalb der Mauern nordöstlich des Theaters wurde unlängst ein eindrucksvoller Grabbau, das sogenannte **Martyrium des Apostels Philippus** (5) freigelegt. Man weiß von dem

Apostel, daß er die letzten Lebensjahre bis zu seinem Ende in Hierapolis verbrachte.

Wichtigste Verkehrsader im alten Hierapolis war die *Kolonnadenstraße* (1), die sich parallel zum Felshang über zwei Kilometer Länge erstreckte. Die Endpunkte, jeweils 200 Meter außerhalb des Mauerrings, waren durch monumentale Torbögen markiert. Nur das **Nordtor** (2) ist noch großenteils mit seinen drei Bogendurchlässen und den seitlichen Rundtürmen erhalten. Die Inschrift an dem Torbogen besagt, daß er in den Jahren 84-85 n. Chr. zu Ehren des Kaisers Domitian errichtet wurde. – Die ausgedehnten **Nekropolen** (11, 12) liegen im Osten und Norden außerhalb der Stadtmauern. Besonders die nördliche, beiderseits der beim Domitianstor weiterführenden Straße beeindruckt durch die Fülle der Sarkophage, Grabtempelchen und von Tumuli gedeckten Grabkammern.

Nach dem Besuch von Pamukkale-Hierapolis kehren wir auf die Europastraße zurück, um in östlicher Richtung am Oberlauf des Lykos entlang weiterzufahren, dann nach Süden einzubiegen und über Burdur und Isparta und nach Überquerung des Taurus die Mittelmeerküste zu erreichen.

Kurz nachdem wir also wieder auf der Europastraße sind – wir befinden uns hier nicht weit hinter dem Zusammenfluß von Mäander und Lykos, wo in der Antike die Grenzen von Karien, Phrygien und Pisidien zusammentrafen –, sehen wir linker Hand eine stattliche seldschukische Karawanserei liegen, den **Ak Han.** Eine Inschrift oberhalb des äußeren Torbogens verzeichnet, daß sie am 19. Juli 1254 fertiggestellt wurde, während der Regierungszeit des seldschukischen Sultans Izz ed-Din Kaikaus II. Es gibt noch mehr als fünfzig solcher seldschukischer Karawansereien an den großen Karawanenstraßen durch Zentralanatolien, und alle stammen aus dem 13. Jh. Das war die Zeit, als die türkischen Seldschuken Anatolien beherrschten und ihre Städte und deren Umgebung mit prächtigen Moscheen und Medresen schmückten, mit Grabmälern und Brücken und mit Hans für müde Reisende.

## LEBENDIGE GEBIRGSORTE

Wir befinden uns jetzt in einem tiefergelegenen Teil der großen anatolischen Hochebene, wo die Landschaft nach Süden von den mächtigen Gipfeln des Honaz Dağı beherrscht wird. Etwa eine Fahrstunde hinter dem Ak Han kommen wir durch das hübsche Städtchen *Çardak,* das in einem Pinienhain an der Westspitze des *Acı Göl* (Bittersee) liegt. Die Straße schlägt einen Bogen um die schlammigen Untiefen seines Nordufers, und von hier hat man einen großartigen Blick über den See auf die schroffen Felswände, die seine abweisende nördliche Begrenzung bilden.

Vom Acı Göl sind wir in einer Stunde in der Gegend von Dinar, wo wir nach Süden in Richtung *Burdur* und *Isparta* abbiegen. Nach einer weiteren halben Stunde kommen wir an eine Gabelung; rechts geht es nach Burdur, links nach Isparta. Da sich die beiden Straßen etwa eine Autostunde südlich der beiden Städte wieder treffen, wird man sich, über die Landkarte gebeugt, den Kopf zerbrechen, für welche Route man sich entscheiden soll. Burdur und Isparta sind beides interessante und lebendige Gebirgsorte, und beide Strecken führen durch reizvolle Landschaften. Auf der Straße über Isparta kommt man durch *Ağlasun,* von wo aus in der Nähe die Ruinen von **Sagalassos** inmitten von Obst-, Walnußbäumen und Pappeln zu besichtigen sind. Von Isparta aus bietet sich auch ein Besuch des nordöstlich gelegenen **Eğridir** an, einer entzückenden alten türkischen Stadt am Südende des schönsten der pisidischen Seen. Von Burdur läuft eine Straße in südwestlicher Richtung am Ufer des silberblauen, im Norden von einer Hügelkette gesäumten Burdur Gölü entlang nach **Hacılar,** einer der wichtigen bronzezeitlichen Siedlungen in der Türkei.

Nachdem die Straßen von Burdur und Isparta wieder zusammengetroffen sind, kommen wir etwas weiter südlich in eine der schönsten Gebirgsgegenden Westanatoliens mit dichtbewaldeten smaragdgrünen Flußtälern und saftigen Bergwiesen, ringsum von den schneebedeckten majestätischen Gipfeln und Zinnen des Taurus überragt. Bei dem Dorf *Dağ* (was schlicht ›Berg‹ bedeutet) fahren wir in die tiefe Schlucht ein, und die Straße klettert zum *Çubuk Boğazı,* dem wichtigsten Paß auf dieser Route über den Taurus. Jenseits der Paßhöhe windet sie sich rasch wieder hinab, und kurz hinter dem Randabsturz des Plateaus, dem Austritt aus der Schlucht, sehen wir, wenn wir achtgeben, zur Linken eine weitere seldschukische Karawanserei, den *Kirkgöz Han* des Sultans Ghiath ed-Din Kaihosrau (1236-46). Etwas weiter zeigt ein Wegweiser die Abzweigung zur *Karain-Höhle* an, dem wichtigsten steinzeitlichen Fundort in der Türkei. Und vor uns liegen ausgebreitet die stufenartig absteigenden Hochflächen der pamphylischen Küste, des schmalen Landstreifens mit subtropischer Vegetation zwischen den Bergen des Taurus und dem Mittelmeer.

Etwa zehn Kilometer vor der Küste biegen wir rechts nach Korkuteli ab. Nach achtzehn Kilometern nehmen wir links einen Landweg und fahren steil bergauf zum alten **Termessos.** Diese Ruinenstätte ist nie gründlich erforscht und freigelegt worden, was die alte Bergfeste um so romantischer erscheinen läßt. Die Lage ist einzigartig: Die verfallene lykische Festungsstadt liegt in einem Sattel zwischen dem Güllül Dağ (dem Rosenroten Berg) und einem benachbarten Gipfel; die eindrucksvollen Ruinen des antiken Ortes sind von Bäumen und Büschen überwuchert, die urwaldhaft bewachsenen Steilhänge mit verstreut liegenden zersprungenen Sarkophagen und erbrochenen Grabstätten übersät. Im Altertum gehörte Termessos zu den uneinnehmbaren Festungen Kleinasiens, vor der sogar Alexander der Große auf seinem Marsch über den Taurus im Jahr 333 v. Chr. kapitulieren mußte. Wen die Zeit nicht drängt, der wird den Umweg über Termessos nicht bereuen, denn an der ganzen Südküste der Türkei gibt es kaum eine eindrucksvollere antike Stätte.

Nicht weit hinter der Abzweigung nach Korkuteli führt die Hauptstraße über die letzte Abstufung des dem Taurus vorgelagerten Plateaus. Nach kurzer Fahrt durch die zunehmend tropischer werdende Landschaft gelangen wir in die Vororte von Antalya, der wichtigsten Hafenstadt an der Küste Pamphyliens.

# 16

## Die pamphylische Küste

Antalya – Perge – Aspendos – Side
Manavgat – Alanya

Keine Stadt an der türkischen Mittelmeerküste ist schöner gelegen als **Antalya.** Vor ihr breitet sich die ausgedehnte Bucht gleichen Namens aus, im Süden und Westen ragen die mächtigen lykischen Berge empor, weit im Norden prangt die Gebirgskette des Taurus, und im Osten erstreckt sich die fruchtbare subtropische Ebene Pamphyliens, die sich mit leuchtend weißen Sandstränden bis an die Grenze Kilikiens fortsetzt.

Bei den Griechen war Antalya als **Attaleia** bekannt; der pergamenische König Attalos II. hatte sie nach sich selbst benannt, als er sie im Jahr 158 v. Chr. gründete, um an der Südküste einen eigenen Mittelmeerhafen zu haben. Gegen Ende des Jahrhunderts wurde die Stadt, wie der gesamte Küstenstrich, von Rom annektiert, blieb aber während der nächsten tausend Jahre die wichtigste Hafenstadt an der pamphylischen Küste. Zur Zeit der Kreuzzüge benutzten die Lateiner Antalya als Einschiffungshafen und segelten von hier zur Levante, um die lange und schwierige Durchquerung Anatoliens zu vermeiden. Die türkischen Seldschuken eroberten Antalya erstmals im Jahr 1207 unter Sultan Kaihosrau I. Die Stadt blieb ungefähr einhundert Jahre in seldschukischer Hand, bis sie an die Hamitoğlu-Emire von Eğridir fiel; 1387 wurde sie schließlich von Sultan Murat I. eingenommen und gehörte seitdem zum Osmanischen Reich.

Das überragende Bauwerk Antalyas ist das **Yivli Minare,** das ›gefurchte' Minarett‹, das sich etwas unterhalb des Hauptplatzes der modernen Stadt befindet. Der von senkrechten Rillen eingekerbte Schaft dieses ungewöhnlichen Minaretts besteht aus rosaroten Ziegeln, die mit kleinen Stücken türkisfarbener seldschukischer Fayencen inkrustiert

282 DIE PAMPHYLISCHE KÜSTE

sind. Der seldschukische Sultan Ala ed-Din Kaikobad I. ließ
es 1219 neben einer byzantinischen Kirche errichten, die
nach der seldschukischen Eroberung Antalyas in eine Moschee umgewandelt worden war. Im Jahr 1373 baute man
auf ihren Grundmauern die heutige **Moschee**, deren drei
Kuppelpaare von zwölf Säulen getragen werden, die zum
Teil mit alten ionischen und korinthischen Kapitellen bekrönt sind. Stifter der Moschee war der Hamitoğlu-Emir
Mehmet Bey, der vor der osmanischen Eroberung in Antalya
regierte. Mehmet Bey ist auch der Stifter jener *Türbe* mit
dem Pyramidendach, die wir in dem Innenhof oberhalb der
Moschee sehen. Diese wurde 1377 für Mehmet Beys ältesten
Sohn errichtet, der starb, bevor er sein Erbe antreten konnte.
Das zweite Gebäude im oberen Hof ist eine ›tekke‹ aus dem
18. Jh., in der einst Derwische des Mewlewi-Ordens lebten.

Die Moschee beim Yivli Minare beherbergt heute das
*Ethnologische Museum* von Antalya, das zu den interessantesten seiner Art in der Türkei gehört. Die meisten Ausstellungsstücke stammen aus dem Kulturkreis der Yürük, jenes
Nomadenvolks, das seit Jahrhunderten kreuz und quer
durch Anatolien wandert, den Winter an den südlichen Küstenstrichen verbringt und mit Beginn des warmen Wetters
zurück zu seinen ›yailas‹ zieht, den Zeltlagern und Weidegründen in den Bergen. Dieses stolze und freiheitsliebende
Volk ist von den modernen Einflüssen fast unberührt geblieben, und seine Lebensweise hat sich nur wenig verändert,
seit es vor nahezu tausend Jahren im Gefolge der ersten
türkischen Kriegerverbände nach Anatolien einwanderte.
Das Museum bietet einen faszinierenden Überblick über
die Gegenstände aus ihrem Lebensbereich und zeigt unter
anderem Zelte aus Ziegenhaar, kunstvolle holzgeschnitzte
Gerätschaften, darunter hölzerne Schlösser und Schlüssel für
Zelte, selbstgemachte Musikinstrumente sowie farbenfreu-
dige Kelims und Trachtengewänder.

Im Hof vor dem Museum stehen die Ruinen zweier *seldschukischer Medresen*. Der einsame Torbogen rechts, wenn
man die Moschee verläßt, ist alles, was von der Medrese des
Sultan Kaihosrau II. aus dem Jahr 1239 blieb; ihm gegenüber

## ANTALYA

finden sich die umfangreicheren Ruinen der Medrese, die Keyhusrevs Vater, Ala ed-Din Kaikobad I., zwei Jahrzehnte früher hatte bauen lassen.

Von den alten Befestigungsmauern, welche die Stadt einst zur Landseite hin schützten, sind nur vereinzelte Reste erhalten. Sie wurden in hellenistischer Zeit angelegt, und ein oder zwei der erhaltenen Türme stammen auch sicher noch aus jener Periode, der größte Teil aber geht auf eine byzantinische Erneuerung aus dem 10. Jh. zurück. In relativ gutem Zustand sind die Mauerpartien am Atatürk Bulvarı, wo auch das **Hadrians-Tor** steht. Zu beiden Seiten dieses eleganten Torbogens, der anläßlich des kaiserlichen Besuchs im Jahr 130 n. Chr. aufgestellt wurde, erheben sich Wachtürme, Reste der griechischen Stadtmauer. Das Tor besteht aus drei gleich hohen kassettierten Bogendurchgängen, deren vier Pfeilern vier korinthische Säulen auf freistehenden Postamenten vorgesetzt sind. Der Torbogen wurde vor einiger Zeit restauriert und vermittelt nun etwas vom einstigen Glanz der römischen Stadt.

Ein weiteres Erbe aus römischer Zeit ist der **Hıdırlık Kulesi**, ein eindrucksvoller Turmbau hoch oben auf dem Felsplateau neben dem Karaali-Park. Dieses römische Bauwerk ist vermutlich im 2. Jh. n. Chr. entstanden; auf dem wuchtigen viereckigen Unterbau erhebt sich der trommelartige zylindrische Oberbau, den man später mit einer kunstlos gemauerten Brüstung krönte. Über seine Bestimmung ist man sich nicht recht einig; am wahrscheinlichsten ist wohl, daß er als Mausoleum eines prominenten römischen Bürgers von Attaleia gedient hat. Dafür spricht auch, daß es Hadrians Mausoleum in Rom ähnlich ist. Bei einem Spaziergang durch den hübschen **Karaali-Park** kann man das großartige Panorama der Bucht von Antalya und der lykischen Küste genießen, über der in der Ferne die Schneegipfel des Solymos und Climax königlich aufragen.

Vom Park wandern wir zur **Altstadt** hinab, in deren windungsreichen Gassen einige der malerischen osmanischen Häuser stehen, viele offensichtlich kurz vor dem endgültigen Zusammenbruch. Eines stammt noch aus dem späten 18. Jh.

und bietet heute einer Volksschule Platz. In diesem Stadtviertel finden sich auch eine Reihe von seldschukischen und osmanischen Moscheen und Medresen. Die älteste ist die *Karatay Medresesi,* 1250 von dem Wesir Celal ed-Din Karatay gestiftet, einem der großen Bauherrn der Seldschukenzeit. Der älteste byzantinische Bau ist die *Kesik Minare Camii,* die vormalige Kirche der Panagia. Dieses einst wunderschöne Gebäude – heute in traurigem Verfall – wurde im 5. Jh. erbaut und anscheinend in eine Moschee umgewandelt, gleich als die Türken Fuß gefaßt hatten.

Im vielverzweigten Gewirr der Altstadtgassen gelangt man unweigerlich hinunter zum Hafen, einer winzigen Ankerstelle im Schatten überhängender, mit römischen Stadtmauern bekrönter Felswände. Was eigentlich wild romantisch anmuten sollte, stimmt jedoch eher melancholisch und niederschlagend, denn das ehemals herrliche Hafenviertel verfällt immer rascher ohne die Lebensfülle und Betriebsamkeit, die Antalya einst zu einem der lebendigsten Häfen am türkischen Mittelmeer machten.

Das neue **Archäologische Museum** von Antalya liegt etwas außerhalb im Westen der Stadt, dort, wo der Konyaaltı-Strand beginnt. Es ist Sammelpunkt aller Funde aus dem südwestlichen Anatolien und gibt einen hervorragenden Überblick über die kulturelle Vielfalt dieser Region. Unter den Museen im Lande steht es – nach Ankara und Istanbul – an vorderster Stelle.

Wir lassen Antalya nun hinter uns und durchqueren gen Osten die pamphylische Ebene. Nach etwa fünfzehn Kilometern erreichen wir das Dorf *Aksu,* von wo eine Abzweigung links zum alten **Perge** führt, einem wichtigen antiken Ort an der türkischen Mittelmeerküste.

Der Sage nach wurde Perge kurz nach dem Ende des Trojanischen Krieges von »buntgemischtem Gefolge« unter Führung der legendären Seher Mopsos und Kalchas gegründet. Die ersten Kolonisten waren wahrscheinlich Griechen, die unter dem Druck dorischer Einwanderer aus dem Norden um 1100 v.Chr. ihr Heimatland verließen. Perges Geschichte verlief ähnlich wie die der anderen griechischen Siedlungen in Kleinasien: Es geriet eine Zeitlang unter die Herrschaft der Lyder, Perser und Festlandsgriechen und ergab sich 333 v. Chr. kampflos Alexander dem Großen. Später waren Perge wie auch die übrigen Städte Pamphyliens Streitobjekte unter Alexanders Nachfolgern, um noch später unter dem Wechsel der Herrschaft von Römern, Byzantinern, Seldschuken und Osmanen absorbiert zu werden.

Im Unterschied zu den ionischen Kolonien an der Ägäisküste haben die Städte Pamphyliens so gut wie keine großen Denker, Künstler oder Dichter hervorgebracht, was vielleicht auf ihre Entfernung von den Zentren griechischer Kultur zurückzuführen ist. Die einzige Ausnahme – und eine sehr bedeutende zudem – war *Apollonios von Perge,* der in der Wissenschaft als bedeutendster griechischer Mathematiker nach Archimedes gilt. Apollonios kam um 260 v. Chr. in Perge zur Welt und war somit etwa 25 Jahre älter als Archimedes. In seiner Jugend besuchte er die Schule im ägyptischen Alexandria, wo er unter Euklid studiert haben mag. Später hielt er sich eine Zeitlang in Pergamon auf, als Gast König Attalos I., dem er mehrere mathematische Schriften widmete. Seine bedeutendste Arbeit war ein Traktat über Kegelschnitte, eine in der Renaissance wiederentdeckte Schrift, die von Johannes Kepler bei der Formulierung der Gesetze über die Planetenbewegungen herangezogen wurde.

Die Straße zur Ruinenstätte von Perge führt zuerst zum antiken **Theater** (D). Der ursprüngliche Bau stammt aus hellenistischer Zeit und wurde von den Römern auf eine Kapazität von 15000 Zuschauern erweitert. Die Bühnenanlage ist größtenteils erhalten, und am Südende nahe dem heutigen Eingang sind noch einige der feinen Reliefschmuckplatten zu bewundern; sie stellen vor allem Szenen aus dem Leben des Dionysos dar, des Gottes des Weins und des Theaters.

Die Autostraße macht einen Bogen um die Nordkehre des **Stadions** (E), das etwa 12000 Zuschauern Platz bot und nach jenem von Aphrodisias das besterhaltene in Anatolien ist.

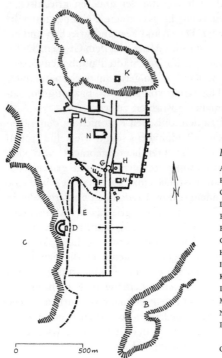

*Perge, Lageplan*

A  Akropolis
B  Iyilik Belen
C  Koca Belen
D  Theater
E  Stadion
F  äußeres Stadttor
G  altes Stadttor
H  Agora
I  Palästra
K  Nymphäum
L  Bäder (?)
M  Bäder
N  Kirchenruinen
P  Grab der Plancia Magna
Q  Gräberstraße

So gelangen wir an das äußere Stadttor (F) von Perge, das im 4. Jh. n. Chr. im Rahmen der südlichen Stadterweiterung erbaut wurde.

Hinter dem Tor sehen wir zu unserer Rechten die Ruinen einer byzantinischen Basilika (N). Dann kommen wir zu dem **alten Stadttor** (G) und den **hellenistischen Mauern;** diese umschlossen die Stadt im Osten, Süden und Westen, während im Norden der Hügel der Akropolis (A) Schutz bot. Der alte Torbau ist das eindrucksvollste Monument in Perge, zusammen mit den Verteidigungsmauern letzte Spur der hellenistischen Stadt. Alle übrigen Ruinen sind römischen und späteren Datums. Das Tor steht zwischen zwei enormen Rundtürmen und gewährt Zugang zu einem halb-elliptischen Hof aus den Jahren 120-22 n. Chr.

Anschließend an das Hofgelände beginnt die große **Kolon-nadenstraße** in nördlicher Richtung. Auf ihrem Marmorpfla-ster haben die Wagenräder deutliche Furchen hinterlassen. Die Kanalrinne, die die Straße in zwei Hälften teilt, führte früher Wasser, das aus einer Zisterne am Fuß der Akropolis kam und durch mehrere Becken geleitet wurde. Beidseitig dieser Prachtstraße stehen Postamente und Säulenbasen für Denkmale bedeutender Bürger von Perge. Dahinter befan-den sich in den Arkaden alle Läden, die zum Leben einer römischen Stadt in Kleinasien gehörten.

Rechter Hand des unteren Straßenabschnitts befindet sich ein großes freies Gelände, wo augenblicklich Archäologen arbeiten; dies war die *Agora* (H), der Markt- und Versamm-lungsplatz der römischen Stadt. Weiter oben wird die Haupt-straße rechtwinklig von einer zweiten Kolonnadenstraße gekreuzt; der westliche Arm führt zu einer gut erhaltenen *Palästra* (I), einem offenen Hof für gymnastische Übungen, dann weiter zur *Nekropole* (Q). Einige der hier geborgenen großartigen Sarkophage befinden sich im Museum in Antalya.

Die von Süd nach Nord geführte Kolonnadenstraße endet bei dem monumentalen **Nymphäum** (K), am Fuß der Akro-polis. Von hier strömte – verdeckt von einer Skulptur des liegenden Flußgottes Kestros – das Wasser in die Kanalrinne, mitten durch das antike Perge.

Als ich unlängst mit Freunden wieder auf den Quadern des Nymphäums saß, riefen wir uns in Erinnerung, wie wir den Ort 1960 bei unserer ersten Fahrt durch Anatolien erlebt hatten: Ein Bergbach floß in das Brunnenbecken, von dort sickerte das Wasser die Marmorstraße hinab und gefror zu einer dünnen Eisschicht, in deren kristallenem Glanz die umgestürzten Säulen und Kapitelle der Arkaden sich wider-spiegelten. Wir schauten unseren drei kleinen zwischen den Ruinen spielenden Kindern zu – keine Menschenseele sonst weit und breit. Die einzigen Laute, die durch die Luft zu uns drangen, waren die fröhlichen Rufe der Kinder und der

Widerhall der Ziegenglocken von den umliegenden Hügeln. Über der einst so lebendigen Stadt lag tiefe Stille – Grabesstille.

Von Perge zurück auf die Hauptstraße und weiter in östlicher Richtung: Bald ragt links ein markanter Burgberg aus der Ebene, das alte **Syllion,** früher eine Stadt Pamphiliens. Ein holpriger Feldweg führt zu dem Dorf *Kocayatak,* wo man einen Führer mieten kann. Wer Zeit genug hat, sollte diese Gelegenheit wahrnehmen, denn Syllions Ruinen sind weitläufig, eindrucksvoll und recht gut erhalten, und die herrliche Lage gewährt einen weiten Blick über die ganze Länge des pamphylischen Küstenstreifens.

Zwanzig Kilometer hinter der Abzweigung nach Perge biegen wir nach **Aspendos** ab. Es ist eine hübsche Fahrt durch das Tal des Köprü Çay, des alten Eurymedon, bei der man eine kuriose Buckelbrücke überquert, die von Seldschuken im 13. Jh. gebaut wurde.

Der Überlieferung nach war Aspendos eine der pamphylischen Stadtgründungen von Mopsos und seinem »buntgemischten Gefolge«. Während des Altertums gehörte es zu den reichen Siedlungen an dieser Küste und teilte über weite Zeitabschnitte das geschichtliche Schicksal mit Perge, nur waren hier die Bürger so unvorsichtig, Alexander auf seinem Feldzug gen Osten Widerstand zu leisten; als aber seine Armeen die Stadt zu belagern begannen, kapitulierten sie bald und mußten ihre Torheit mit höheren Tributabgaben teuer bezahlen.

Nach Aspendos kommen die Reisenden fast ausnahmslos wegen seines bedeutenden **Theaters;** es ist das großartigste der aus griechisch-römischer Zeit noch erhaltenen. Der übrige Stadtbereich ist nie systematisch erschlossen worden; die Ruinen sind von dichtem Gestrüpp überwachsen und schwer zu erreichen. Der wunderbare Erhaltungszustand des Theaters wirkt dadurch um so erstaunlicher; von geringfügigen Restaurationen abgesehen, sieht es noch genauso aus wie zur Zeit seiner Erbauung im 2. Jh. n. Chr.

Auffälligste Besonderheit der römischen Theater gegen-

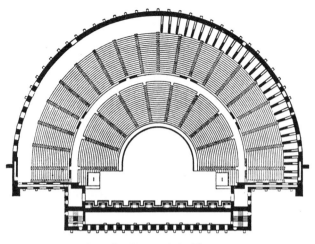

*Aspendos, Das römische Theater*

über den frühen klassischen Theatern Griechenlands ist das hinter der Bühne (meist) mehrgeschossig hochgezogene Bühnenhaus. Das beste Beispiel hierfür ist in Aspendos zu sehen; die imposante Außenfassade ist etwa 30 Meter hoch und 120 Meter breit. Vergleicht man dies – zum Beispiel mit Epidauros, dem klassischen griechischen Theater, wo der Zuschauer hinter dem Geschehen auf der Bühne in die umgebende Landschaft sah –, so ist das Theater in Aspendos ein in sich geschlossener Baukörper, bei dem die Innenfassade des Bühnenhauses, die ›scaenae frons‹, die den Blick fangende ›Kulisse‹ ist. Der Unterschied bildete sich im Hellenismus heraus durch den Wandel in der Aufführungspraxis. Die frühen griechischen Mysterienspiele, Dramen, Komödien fanden auf dem Rund der Orchestra statt (Dionysos-Theater, Athen). Nach und nach verlegte sich die Handlung auf das ›proskenion‹, das vor einem Bühnenhaus (für Garderoben und Requisiten) erhöhte Podium, ähnlich unserer Bühne. Ein immer reicher gegliederter Bühnenhintergrund wurde dann zur römischen ›scaenae frons‹.

290 DIE PAMPHYLISCHE KÜSTE

Heute geht man durch das Mittelportal des Bühnenbaus in das Theater; in römischer Zeit betraten es die Zuschauer jedoch durch zwei seitlich gelegene Zugänge, ›parodoi‹, die hier – und das ist ungewöhnlich – parallel zum Proscaenium und als überwölbte Gänge unter den beiden Enden der Zuschauermuschel ins Innere führten. Das Auditorium, hier ein exakter Halbkreis, das etwa 20000 Besuchern Platz bot, teilt ein Umgang, ›diazoma‹, in zwei Ränge, den unteren mit 21, den oberen mit 19 Sitzreihen. Die Bühne lag um eineinhalb Meter erhöht und hatte eine Tiefe von acht Metern. An der abschließenden Bühnenrückwand, ›reichgegliedert‹, betonen zwei Kolonnaden übereinander und auf vorgezogenen Postamenten die beiden Geschosse. Paarweise rahmten die Säulen Nischen ein, in denen Statuen standen. Die Nischen sind heute leer, die Statuen verschwunden. Einzig verbliebener Schmuck ist ein kleiner Giebel in der Mitte über der oberen Säulenreihe. Bacchus, von Ranken und Blumen umgeben, blickt von dem Relief als der Herr des Theaters, unter dessen göttlichem Schutz es stand. Einer Inschrift zufolge wurde der Bau unter Kaiser Marc Aurel (161-180) errichtet – und er dient heute wieder seiner Bestimmung bei Festspielen mit Aufführungen antiker Dramen.

Das *Stadion* von Aspendos liegt rechts vom Eingang des Theaters; hier haben die Archäologen noch nicht den Spaten angelegt, und die Ruinen sind in recht schlechtem Zustand. Die übrigen erhaltenen Gebäude stehen hinter dem Hügel der Akropolis, an den das Theater sich anlehnt: eine *Basilika*, dreischiffig, genutzt als Lager- und Handelsraum; und, die ehemalige Agora überschreitend, die *Markthalle*. Von beiden Gebäuden sieht man noch die Mauern, zum Teil bis zur Höhe von 17 Metern. Weiter im Norden liegen die Reste des herrlichen römischen **Aquädukts** (Taf. 14), welcher die Stadt mit Wasser von den Vorgebirgen des Taurus versorgte, der schönste noch erhaltene in Anatolien.

Zur Küstenstraße zurückgekehrt, geht es weiter gen Osten; dabei überqueren wir den *Eurymedon*. Dieser ganz unscheinbare Fluß markiert die Stelle, an der eine der entscheidendsten Schlachten des Altertums stattfand. Im Jahr

## ASPENDOS – SIDE

467 v. Chr. brach der athenische Feldherr Kimon mit einer Flotte von Knidos auf und segelte die kleinasiatische Mittelmeerküste entlang, wobei er nacheinander die einzelnen Hafenstädte aus der Hand der Perser befreite. Bei seinem Anrücken zog sich die persische Flotte in die Bucht des Eurymedon zurück, doch Kimon segelte auf das Ufer zu und ging in der Flußmündung kühn zum Angriff über. Nachdem sie die persische Flotte vollständig zerstört hatten, setzten Kimons Truppen den Flüchtigen auf dem Land nach, griffen das dort lagernde persische Landheer an und brachten auch ihm eine Niederlage bei. Nach diesem bedeutenden Doppelsieg zu Land und zu Wasser mußten die Perser ihren Traum von der Eroberung der Griechischen Welt aufgeben, und nach Jahresfrist war der lange Krieg endgültig beendet. Später wurde am Ufer ein Monument zum Andenken an jene aufgerichtet, die ihr Leben im Kampf um die griechische Unabhängigkeit gelassen hatten. In dem eingemeißelten Nachruf heißt es: »*Diese Männer hier verloren am Eurymedon einst ihre herrliche Jugend, im Ringen mit den Vorkämpfern der bogentragenden Meder, Streiter zu Fuß und auf schnellsegelnden Schiffen. Ein herrliches Denkmal ihrer Tapferkeit ließen sie zurück, als sie starben.*«

Fünf Kilometer hinter dem Eurymedon führt ein Weg landeinwärts zum Dorf *Beşkonak.* Dort mietet man sich am besten ein geländegängiges Fahrzeug, um zu den Ruinen der bedeutenden hellenistischen Stadt **Selge** zu gelangen. Die Stätte ist interessant und eindrucksvoll, aber weil ein Besuch fast einen ganzen Tag in Anspruch nimmt, lassen es die meisten Reisenden bei ihrem ersten Türkeibesuch links liegen und fahren gleich weiter nach **Side,** wohin nach weiteren 25 Kilometern auf der Hauptstraße eine rechts abgehende Nebenstraße führt. Noch bevor wir Side erreicht haben, sehen wir Teile des *römischen Aquädukts,* der über eine Entfernung von fast 25 Kilometern Wasser von den unteren Hängen des Taurus in die Stadt leitete. Dieses Bauwerk und die in den Feldern verstreut liegenden Trümmer lassen erkennen, daß die Stadt einst von großer Bedeutung war.

Die antiken Geschichtsschreiber sind einhellig der Ansicht, daß Side im 7. Jh. v. Chr. als Kolonie der äolischen Stadt Kyme gegründet wurde. Einer Überlieferung zufolge sollen die Kolonisten aus Kyme bald nach der Ankunft ihr Griechisch verlernt und die barbarische Sprache der Einheimischen übernommen haben, was darauf hindeutet, daß sie bei ihrer Landung eine ältere Siedlung einheimischer Anatolier vorfanden. Gleich den übrigen Städten Pamphyliens war Side sehr schnell nach Alexanders Eroberungszug vollständig hellenisiert, und alle Inschriften sind seit etwa 300 v. Chr. griechisch abgefaßt. Der wirkliche Aufstieg begann im 2. Jh. v. Chr., als der Sklavenhandel zur Haupteinnahmequelle der Stadt wurde. Die Küsten Pamphyliens und Kilikiens waren im Altertum als Piratennester berüchtigt, und für die Seeräuber war Side der wichtigste Hafen, um ihre menschliche Beute an Land zu bringen und zum Verkauf anzubieten. Als Pompeius im Jahr 67 v. Chr. schließlich dem Piratenunwesen ein Ende machte, kam auch der Sklavenhandel für Jahrhunderte zum Erliegen, und Sides erste Blütezeit war vorüber.

Im 2. Jh. n. Chr., in der Welt der Pax Romana, begann für Side erneut ein Aufschwung, und in den nächsten anderthalb Jahrhunderten erlangte es einen bisher nicht gekannten Reichtum und Einfluß. Von den Einkünften scheint ein großer Teil für die Ausschmückung der Stadt verwendet worden zu sein, denn die Mehrzahl der noch erhaltenen Bauwerke stammt aus dieser Periode. Mit dem Niedergang Roms aber wurde Side Opfer der einfallenden Barbaren aus dem Norden, und in der Mitte des 4. Jhs. sah sich die Stadt gezwungen, das Ende der Halbinsel, auf der sie erbaut war, mit Verteidigungsmauern zu sichern, wodurch der Stadtbereich etwa um die Hälfte verkleinert wurde. In frühbyzantinischer Zeit erlebte sie noch einmal eine Blütezeit, doch die arabischen Einfälle, die zur Mitte des 7. Jhs. begannen, brachten den Niedergang. Obwohl die Byzantiner schließlich die Araber verdrängen und die verlorenen Reichsgebiete zurückerobern konnten, erholten sich Side und viele andere Küstenstädte nie mehr ganz von den verheerenden Folgen

SIDE 293

der arabischen Invasionen. Im 10. Jh. schließlich von einer Feuersbrunst heimgesucht, war die Stadt danach tausend Jahre lang vollkommen verlassen, und der Sand, den die Südwinde landeinwärts trieben, häufte sich zu Dünen, die die Ruinen unter sich begruben. Gegen Ende des 19. Jhs. ließen sich griechisch sprechende Muslims hier nieder, Flüchtlinge aus Kreta, und gründeten den Fischerort *Selimiye;* ihre Nachkommen leben noch heute zwischen den Ruinen. In den letzten Jahren haben türkische Archäologen an der Stätte zu graben begonnen und inzwischen die meisten der noch erhaltenen Bauten freigelegt, was gelang, ohne die Dorfbewohner zu verdrängen.

Die Zufahrtsstraße führt zu dem früheren Haupttor (1) von Side, vor dem sich ein Nymphäum (2), das prächtige Brunnenhaus der Stadt aus dem 2. Jh. n. Chr., befand. Von hier sieht man den noch am vollständigsten erhaltenen Abschnitt der äußeren Befestigungsmauern (3) mit ihren Wehrtürmen; die ursprüngliche Anlage aus dem 2. Jh. v. Chr. wurde von Römern und Byzantinern erneuert.

Jenseits des Tores führt der Weg weiter über eine einstige Kolonnadenstraße (4) zum inneren Stadttor (5). Im mittleren Abschnitt befinden sich links der Straße die Ruinen zweier hellenistischer Wohnhäuser (6). Dann kommt man zu der großen **Agora** (7) des 2. Jhs. v. Chr., einem Platz, umgeben – wie oftmals – von Säulenhallen und dahinter anschließenden Läden. In der Mitte der Agora stehen Fragmente eines Rundbaus, den man für einen der Tyche, der Göttin des Glücks, geweihten Tempel hält. Möge sie hier ihre Hand im Spiel gehabt haben, wenn es um das Los der Sklaven ging.

Auf der Straßenseite gegenüber der Agora liegen **römische Bäder** (8) aus dem 5. Jh. n. Chr. Man hat sie ausgezeichnet restauriert und darin das *Museum* untergebracht. Unter den Ausstellungsstücken sind einige der feinsten römischen Skulpturen Kleinasiens zu sehen, die alle hier am Ort in den letzten Jahren gefunden wurden.

An die Westseite der Agora schließt das **römische Theater** (9) an. Es wurde im 2. Jh. n. Chr. erbaut und ist ähnlich angelegt wie jenes in Aspendos. Ein Unterschied: das Audito-

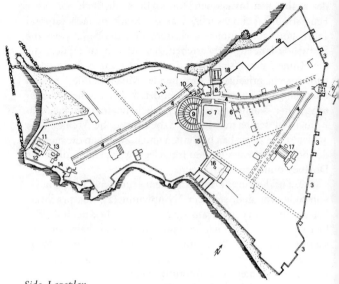

*Side, Lageplan*

1  äußeres Stadttor
2  römisches Nymphäum
3  äußere Stadtmauern
4  Kolonnadenstraßen
5  inneres Stadttor
   (Tor des Vespasian)
6  hellenistische Wohnhäuser
7  Agora
8  römische Bäder
9  Theater
10 Dionysos-Tempel
11 Athena-Tempel
12 Apollon-Tempel
13 byzantinische Basilika
14 Tempel des Men
15 Landmauer
16 Staatsagora
17 byzantinische Basilika
18 Aquädukt

rium hat man hier wieder – wie im Hellenismus – über den exakten Halbkreis hinaus verlängert, so daß die überwölbten Parodoi im stumpfen Winkel vor das Proscaenium führen. – Betrachtet man die Relieffragmente, die zwischen anderem herabgestürzten Mauerwerk in der Orchestra liegen, wird man sich vorstellen können, wie reich die Bühnenrückwand (scaenae frons) gestaltet gewesen sein muß. Wie an anderen Orten in Kleinasien hat man auch in Side in spätrömischer Zeit die Orchestra für Gladiatorenkämpfe benutzt. Im 5.

## SIDE

oder 6. Jh. wurde dann eine Freilicht-Kirche aus dem Theater, in welcher die Gemeinde auf den Zuschauerrängen dem Gottesdienst beiwohnte. Spuren von Wandmalerei sind noch in einer der beiden kleinen Kapellen zu sehen.

Von dem oberen Theaterrang hat man einen herrlichen Blick über die antike Stadt, ihre Umgebung und die goldgelben Sandstrände, die sich beiderseits des Landvorsprungs in der Ferne verlieren. Besonders stimmungsvoll wird die Szenerie bei Sonnenuntergang, wenn unten in der Orchestra der weiße Marmor der antiken Ruinen zuerst rosa und dann rot erglüht.

Das Bühnenhaus des Theaters war in die innere Stadtmauer mit einbezogen, die im 4. Jh. n. Chr. errichtet wurde, als die Bewohner von Side sich auf die Spitze der Halbinsel zurückzogen. Das **innere Stadttor** (5), durch das man heute in das Dorf Selimiye gelangt, liegt nahe dem Theater. Der monumentale Tordurchgang war in römischer Zeit wesentlich höher und breiter, der Torbogen gekrönt von einer Quadriga. Seitlich von der inneren Torseite sieht man die Reste eines eleganten Brunnens, mit dem der vergöttlichte Kaiser Vespasian (69-79 n. Chr.) geehrt wurde, dessen Standbild in der Hauptnische aufgestellt war.

Hinter dem Tor macht der Weg einen Knick am Theater vorbei, und hier stehen die Reste eines Dionysos-Tempels (10) aus spätrömischer Zeit. Der Weg, der dem Verlauf der antiken Säulenstraße folgt, führt geradewegs auf die Spitze der Halbinsel zu. In diesem Bereich hat man nicht systematisch ausgegraben, weil hier das Dorf liegt, eine sehr reizvolle kleine Siedlung an der türkischen Mittelmeerküste.

Kurz vor dem Ende der Halbinsel verläuft sich der Weg, und wenn man sich nach rechts wendet, ist man bald am alten, heute fast völlig versandeten **Hafen.** An der Südseite des Hafens befinden sich die Reste zweier nebeneinanderliegender Tempel; jener zur Linken – von der Seeseite her gesehen – war Athene (11) geweiht, und jener zur Rechten Apollon (12), beide aus dem 2. Jh. n. Chr. Die Inselspitze muß als › Heiliger Ort‹ gegolten haben, denn nahe der beiden Tempel steht auch die Ruine einer byzantinischen Basilika

(13) aus dem 5. Jh. n. Chr., und etwas entfernt am Ufer ein verfallener Tempel des Men (14), des anatolischen Mondgottes (Anfang 3. Jh. n. Chr.).

Wir gehen am südlichen Ufer wieder auf das Land zu und kommen dabei an verschiedenen römischen und byzantinischen Ruinen vorbei; wo die Halbinsel aus dem Land hervortritt, treffen die Seemauern und die Verteidigungsmauern (15) der inneren Stadt aufeinander. Jenseits letzterer landeinwärts liegen die Reste der Staatsagora (16), an deren Ostende einst eine dem vergöttlichten Kaiser geweihte Halle stand. An drei Seiten dieser Halle befanden sich Nischen, in denen Statuen aufgestellt waren. Einige werden im Museum von Side gezeigt, eine einzige steht noch an Ort und Stelle in einer Nische in der Südostecke des Gebäudes. Es ist eine ›Nemesis‹ (leider ohne Kopf), eine jener unbarmherzigen Göttinnen, die dieser herrlichen Stadt schließlich zum Verhängnis wurden.

Man verläßt Side immer nur widerstrebend, denn auch der Tourismus konnte dem Ort von seinem Zauber nichts nehmen. Wir fahren zur Küstenstraße zurück und in östlicher Richtung weiter; bald überqueren wir den Manavgat Çayı, den griechischen Melas, und gelangen in den gleichnamigen Ort *Manavgat,* der zum Verweilen lockt, denn die Lokale am Fluß bieten frische Forellen an. Vielleicht entschließt man sich dann zu einem Abstecher flußaufwärts nach *Şelale,* das wegen der **Manavgat-Wasserfälle** ein beliebtes Ausflugsziel ist.

Hinter Manavgat nähert sich die Straße bald dem Meer, und hier gibt es eine Reihe von sandigen Buchten und einsamen Stränden, die vom Tourismus noch nahezu unberührt sind. Später sehen wir die ersten Orangenhaine und Bananenplantagen, während nördlich am Horizont die schneebedeckten Gipfel des Taurus leuchten und im Süden das blaue Mittelmeer funkelt.

Eine Fahrstunde hinter Manavgat liegt links der **Şarapsa Hanı,** ein Bau des seldschukischen Sultans Ghiath ed-Din Kaihosrau II. (1236-46). Diese festungsartige Karawanserei

## ERSTER BLICK AUF ALANYA

gehörte zu der Kette von Hans an der großen Karawanenstraße zwischen der seldschukischen Hauptstadt Konya und
der damals bedeutendsten Hafenstadt Alanya. Kurz nach
der Karawanserei bekommen wir zum erstenmal Alanya zu
Gesicht. Wieder bietet sich uns einer der schönsten Blicke
an der türkischen Mittelmeerküste, mit der gezackten Silhouette der rötlichen seldschukischen Festung, die den
mächtigen Burgfelsen der Landzunge krönt. Die Griechen
nannten den Felsen Kalonoros (Schöner Berg). Er kennzeichnet die Grenze zwischen Pamphylien und Kilikien.

# 17

## Die kilikische Küste

Alanya – Anamur – Silifke – Paradieses- und Höllenschlucht
Korykos – Ayaş – Kanlıdivane – Viranşehir
Mersin – Tarsus

Die Hafenstadt **Alanya** an der Spitze der felsigen Halbinsel
vor Kalonoros hieß im Altertum **Korakesion**. In klassischer
Zeit war dies ein recht unbedeutender Ort, der den Piraten,
die entlang der Küste Pamphyliens und Kilikiens ihr Unwe-
sen trieben, als Unterschlupf diente. Der bekannteste der
lokalen Herrscher war Diodoros Tryphon, der › Wollüstige ‹,
ein Syrer, der eines Tages (um 142 v. Chr.) so mächtig geworden war, daß er gar den Thron der Seleukiden einzunehmen
versuchte; Antiochos VII. (139-129 v. Chr.) hat dies jedoch
vereitelt, und später gab er sich selbst den Tod. Die Römer
machten der Seeräuberei ein Ende, als sie ihre Herrschaft
auf die Mittelmeerküste Kleinasiens ausdehnten. In einer
blitzschnellen Aktion von drei Monaten befreite Pompeius
im Jahr 67 v. Chr. die Küste vollständig von Piraten und
vernichtete ihre Flotte in einem letzten Seegefecht vor Korakesion. Danach wurde es für die nächsten tausend Jahre
recht still um diesen Ort. Es herrschten die Römer, dann die
Byzantiner. Als deren Herrschaft in Kleinasien nach der an
die Seldschuken verlorenen Schlacht von Manzikert (1071
n. Chr.) geschwächt war, dehnten die armenischen Könige
von Kilikien ihr Reichsgebiet nach Westen aus und hielten
für 150 Jahre Korakesion in ihrer Gewalt. Im Jahr 1221
fiel die Stadt an die Seldschuken, als Sultan Ala ed-Din
Kaikobad I. (1219-1236) den letzten armenischen Fürsten aus
Korakesion vertrieb. Ala ed-Din taufte die Stadt in Anleh-
nung an seinen eigenen Namen Alaiyya, und daraus bildete
sich der heutige Name Alanya. Die Stadt blieb bis ungefähr
1300 in seldschukischen Händen und fiel nach dem Zusammenbruch des Sultanats von Rum an die karamanidischen

Emire. Bis 1471 war Alanya karamanidisch, dann eroberten osmanische Truppen unter Gedik Ahmet Paşa, einem Groß-wesir Mehmet des Eroberers, die Stadt.

Die Häuser des modernen Alanya drängen sich dicht um den Hafen und ziehen sich an der unteren Zone des südlichen Felshangs entlang. Auffälligstes Bauwerk der Unterstadt ist der Kızıl Kule, der Rote Turm (1), ein achteckiger Wehrbau von etwa 35 Metern Höhe und beinahe ebenso großem Durchmesser. Es war zweifellos der erste Bau der von Ala ed-Din begonnenen Stadtbefestigung; er sollte nicht nur das Hafenbecken schützen, sondern war zugleich der Zusam-menschluß der Landmauer mit den um die Halbinsel geführ-ten Seemauern.

Südlich des Roten Turms steht eine seldschukische Werft ›tersane‹ (2), die einzig erhaltene der Türkei. Es ist ein lang-gestreckter Gebäudetrakt mit fünf überwölbten Galerien, die zum Meer hin offen sind; hier wurden die Schiffe der seldschukischen Flotte gebaut und ausgerüstet, ausgebessert und witterungsgeschützt untergestellt. Südlich der ›tersane‹ steht ein kleinerer Turm, ›tophane‹, ehemals Munitionslager und Arsenal (3), der Schiffswerft und diese Hafenpartie bewachte; er wird auch ›Şeytan Kalesi‹ genannt, Teu-felsburg.

Die Landmauern (4) führen vom Roten Turm aus steil bergauf und haben gegen das Hinterland Schutz zu bieten. Daher sind an dieser empfindlichsten Stelle die Mauern ver-doppelt, die Türme noch massiver und häufiger als an den übrigen Abschnitten. Der Fahrweg schlängelt sich von der Unterstadt den Burgfelsen hinauf und führt durch das **Kale Kapısı,** das Haupttor (5). Die beiden Durchgänge dieses ansehnlichen Doppeltors, das eine in der Außen-, das andere in der Innenmauer, stehen versetzt zueinander, so daß man sich zweimal rechtwinklig wenden mußte. Das Außentor ist durch eine persische Inschrift in das Jahr 1226 datiert, das andere in die Jahre 1230-31.

Hinter dem Kale Kapısı läuft der Fahrweg auf die Spitze der Landzunge zu, macht dann einen scharfen Knick und führt weiter bergauf zum Eingangstor, der İç Kale (I), der

300  DIE KILIKISCHE KÜSTE

inneren Festung. Dies ist zwar der schnellste und einfachste Weg zum Felsgipfel, aber der Fußweg dorthin ist wesentlich interessanter. Wer die Zeit dazu hat, sollte seinen Wagen an der ersten Kurve in der Iç Kale stehen lassen und dann zu Fuß durch die malerische Oberstadt wandern. Der Weg führt zwischen Türmen und Mauerresten zur **Ehemediye** (E),

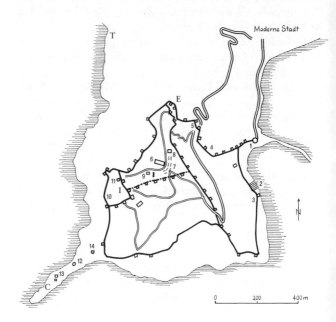

*Alanya, Lageplan*

- E Ehemediye
- I Iç Kale
- C Cılvarda Burnu
- T Tropfsteinhöhle
- 1 Roter Turm
- 2 seldschukische Werft
- 3 Arsenal
- 4 Landmauer
- 5 Haupttor
- 6 Karawanserei
- 7 Bedesten
- 8 Süleymaniye Moschee
- 9 Türbe des Akşebe
- 10 Zitadelle
- 11 byzantinische Kirche
- 12 seldschukische Münze
- 13 byzantinisches Kloster
- 14 Turm

wo sich das Leben in seldschukischer und frühosmanischer Zeit konzentrierte. Aus jener Periode stammen die Ruinen eines alten Han (6), eines Bedesten (7), einer Moschee (8) und der Grabstätte eines frommen Mannes (9); der Quelle daneben, einer Wallfahrtsstätte, werden Wunderwirkungen nachgesagt. In der Ehemedive lebt eine friedvolle Dorfgemeinschaft, die wegen ihrer Abgelegenheit von der modernen Stadt vom Zeitenwandel recht unberührt geblieben ist und in ihrem Erscheinungsbild altosmanische Züge bewahrt hat.

Die **Iç Kale** (I) liegt auf dem rechteckigen Gipfelplateau, das auf drei Seiten von überwölbten Umgängen und auf der vierten von einer Wehrmauer umschlossen ist, die über dem westlichen Steilhang des Burgberges sitzt. Innerhalb der Zitadelle (10) steht eine hübsche kleine byzantinische Kapelle (11), die auf irgendeine Weise die Jahrhunderte türkischer Herrschaft in Alanya überstanden hat. An der Nordostecke der Iç Kale kann man auf den Wehrgang der Festungsmauer und eine Plattform am äußersten Felsvorsprung steigen. Diese Terrasse wurde früher ›Adam Atacağı‹ genannt, ›Ort, wo Menschen hinabgestürzt werden‹, was der Überlieferung nach mit den Verurteilten auch geschah. Der Blick von diesem steilen Felsen ist atemberaubend.

Von der Südwestecke der Iç Kale schaut man hinunter auf die Felszunge *Cılvarda Burnu* (C), die sich vierhundert Meter weit ins Meer vorschiebt. Auf ihr stehen die Reste eines seldschukischen Baus, bei dem es sich um die ehemalige Münze (12), ›darphane‹, handeln soll, und zur Spitze hin die Ruinen einer byzantinischen Kapelle und eines Klosters (13).

Wer genügend Zeit zur Verfügung hat, sollte sich ein Boot mieten und von der Seeseite her die Felsenhalbinsel mit ihrem zu herrlichen Grotten zerklüfteten Gestein erforschen. Am Westende ist eine gewaltige *Tropfsteinhöhle* (T), ›Damlataş‹ genannt, die von dem wunderbaren Badestrand her zu erreichen ist. Die Wärme und hohe Luftfeuchtigkeit in dieser Grotte sind ideale Kurbedingungen gegen Rheuma und Arthritis, und so kommen Besucher aus allen Teilen der Türkei, um sich hier Linderung zu verschaffen.

302 DIE KILIKISCHE KÜSTE

Von Alanya fahren wir auf der Küstenstraße weiter nach
Osten. Wir kommen nun nach Kilikien, wie dieses Gebiet
im Altertum genannt wurde, das sich von Pamphylien bis
zur Grenze des heutigen Syrien erstreckt. Kilikien selbst
bestand aus zwei Regionen mit sehr unterschiedlichem Charakter. Den westlichen Teil bezeichnete man als ›Cilicia
Trachea‹, *Rauhes Kilikien:* Die Berge des Taurus reichen bis
ans Meer und lassen kaum ein Stück ebenen Bodens zur
landwirtschaftlichen Nutzung oder für Verkehrsstraßen. Der
östliche Teil hieß ›Cilicia Campestris‹, *Ebenes Kilikien:* Hier
weicht der Taurus weit hinter die Uferlinie zurück und ließ
einen breiten fruchtbaren Küstenstreifen entstehen.

Das Rauhe Kilikien ist die ärmste und am dünnsten besiedelte Region an der Südküste der Türkei. Erst vor einigen
Jahren wurde sie durch eine neue Küstenstraße dem Tourismus erschlossen. Es gibt kaum Orte nennenswerter Größe
auf der Strecke zwischen Antalya und der größeren Stadt
Mersin am Westende des Ebenen Kilikien. Dazwischen liegen
arme Küstendörfer, frühere Piratennester, die ihren bescheidenen Lebensunterhalt aus dem Meer gewinnen oder mit
dem Verkauf von Bauholz verdienen, das – wie schon im
Altertum – auf den Höhen des Taurus geschlagen wird.
Landschaftlich ist diese Gegend jedoch überwältigend: In
vielen Schleifen windet sich die Straße an der Küste entlang,
vorbei an dicht bewaldeten Vorgebirgen und an fjordartigen
Buchten, deren schroffe Klippen steil zum Meer abfallen.

Der kilikische Küstenstreifen ist mit Ruinen antiker Fe-
stungsstädte übersät, meist Gründungen aus griechischer
oder römischer Zeit, doch keine ist von großer Bedeutung.
Manche liegen auf einsamen und schwer erreichbaren Felsspitzen und werden – wenn überhaupt – nur von Archäologen besucht; andere wiederum stehen unmittelbar an der
Straße oder sind weiter unten am Strand zu sehen. Ihre Zahl
und Größe läßt deutlich werden, um wieviel dichter diese
Küste im Altertum besiedelt war als sie heute ist.

Die erste dieser antiken Stätten, **Iotape**, befindet sich 35
Kilometer östlich von Alanya. Sie war eine der drei Festungs-
städte, die der seleukidische König Antiochos IV. (175-163

## GROSSARTIGE PANORAMEN

v. Chr.) in dieser Gegend anlegen ließ; er gab ihr den Namen seiner Frau Iotape Philadelphus. Alles, was heute noch zu sehen ist, sind einige neben der Straße verstreut liegende gewaltige Säulentrommeln sowie zerfallene Befestigungsmauern und Türme auf einem Felsvorsprung über dem Meer.

Bald darauf stoßen wir auf die erste größere Siedlung östlich von Alanya, den Fischerort **Gazipaşa**. Bis vor einiger Zeit hieß dieser Ort Selinty, eine Entartung des alten *Selinus*, dessen Ruine man nach einem halbstündigen Fußmarsch in Richtung auf das Meer erreicht. Selinus wurde von Antiochos IV. um etwa dieselbe Zeit wie Iotape gegründet. Hier starb in der ersten Augustwoche des Jahres 117 n. Chr. Kaiser Trajan, und eine Zeitlang hieß die Stadt Traianopolis.

Nun verläuft die Straße etwa zwanzig Kilometer lang über Land, aber sobald wir wieder die Küste erreichen, bietet sich uns ein noch großartigeres Panorama als zuvor: Auf der einen Seite braust weit unten das Meer, auf der anderen ragen steile Felswände empor, und vor uns am nördlichen Horizont zeichnet sich die majestätische Gebirgskette des Taurus ab. Zur Rechten sieht man auf einem meerumbrandeten Vorgebirge die Ruinen von *Antiocheia am Kragos* (-Gebirge), der dritten der Stadtgründungen von Antiochos IV., die als Vorposten an dieser unwirtlichen und von Piraten heimgesuchten Küste angelegt wurden.

Dann senkt sich die Straße und überquert das Flußtal am Ende eines eindrucksvollen Fjords. Hier liegt das Dörfchen *Kaladiran*, behütet von den Ruinen eines alten Kastells auf der Felsspitze. Dies sind die einzigen Spuren des antiken Charadrus, das der Geograph Strabon als die befestigte Hafenstadt Platanistos an der zerklüfteten Küste erwähnt.

Die Straße führt zunächst wieder bergauf und dann hinunter in ein breites Tal, in dem ein Feldweg meerwärts zum alten **Anemurium** führt, das den südlichsten Punkt Kleinasiens markiert. Es ist ein höchst eindrucksvoller Ort im Rauhen Kilikien, eine riesige Geisterstadt, die noch immer von den herrlichen Ruinen der mächtigen Mauern und Türme bewacht wird und aussieht, als sei sie erst gestern geplündert und verlassen worden.

Nach einer Schleife durch das Tal erreichen wir das moderne Anamur, Nachfolgerin des antiken Anemurium. Sechs Kilometer hinter der Stadt kommen wir an der **Mamure Kalesi,** der Burg von Anamur, vorbei, der größten und besterhaltenen mittelalterlichen Festung der türkischen Mittelmeerküste, von der noch alle Wehrmauern und 36 Türme stehen. Man nimmt an, daß sie im 12. Jh. von den Königen Kleinarmeniens erbaut wurde. Als Großarmenien von Byzantinern und Türken besetzt worden war, begründeten sie im 12. und 13. Jh. in Kilikien ihre Herrschaft. Doch auch Kleinarmenien ging verloren, und seit Mitte des 14. Jhs. gehörte die Festung eine Zeitlang zum Königreich von Zypern und fiel dann nacheinander an die Seldschuken, die karamanidischen Türken und zuletzt an die Osmanen. 1840 noch einmal restauriert, war das Kastell bis zum Ende des Osmanischen Reichs besetzt.

Nach zwölf Kilometern folgt links von der Straße auf einem Felsvorsprung eine mittelalterliche Festungsanlage mit mächtigen Burgtürmen und Schildmauern. Dies ist die armenische Festung **Softa Kalesi,** die vermutlich um dieselbe Zeit wie die Burg von Anamur erbaut wurde.

Nun windet sich die Straße in solche Höhe über dem Meer, daß an klaren Tagen das nur sechzig Kilometer entfernte Zypern am Horizont zu sehen ist. Bei *Aydıncık* sind wir wieder auf einer Ebene mit dem Meeresspiegel; dieses hübsche kleine Dorf liegt am sandigen Ufer am Ausgang einer tiefeingeschnittenen Bucht. Früher hieß dieser Flecken Gilindere, eine Abwandlung des griechischen Kelenderis, dessen Ruinen sich in den Ausläufern des Gebirges oberhalb des Dorfes befinden. Es handelt sich um eine der ältesten Siedlungen im Rauhen Kilikien, sie wurde im späten 5. Jh. v. Chr. als eine Kolonie der Insel Samos gegründet.

Wir fahren nun wieder hinauf in die Berge zur letzten Etappe auf der Höhenstraße über dem Meer und nähern uns der Ostgrenze des Rauhen Kilikien, wo der Taurus seinen letzten Ausläufer ins Meer vorschiebt; die Landspitze hieß zur Osmanenzeit bei den Seeleuten **Kap Cavalieré.** Die erste Beschreibung dieser wildromantischen Küstenstrecke aus neuerer Zeit stammt aus der Feder von Sir Francis Beaufort, der in den Jahren 1811-12 die kleinasiatische Mittelmeerküste vermaß:

*»Die Halbinsel Kap Cavalieré ist das letzte und höchste der stolzen Vorgebirge, die an diesem Küstenstreifen ins Meer ragen, und senkrecht erheben sich seine weißen Marmorklippen aus der See bis in eine Höhe von sechs- oder siebenhundert Fuß … Östlich vom Kap Cavalieré weichen die hohen Berge von der Küstenlinie zurück; auf die schroffen Gestade, die uns so lange begleitet haben, folgt eine Reihe sanfterer Erhebungen; und der Charakter der Landschaft ändert sich vollständig.«*

Gleich hinter dem Kap Cavalieré senkt sich die Straße auf Meereshöhe und bringt uns in eine halbmondförmige Bucht namens *Boğsak,* wo an dem herrlichen Sandstrand ein ausgezeichnetes Motel dazu verführen mag, vor der Weiterfahrt in das Ebene Kilikien eine Pause einzulegen. Der Bucht ist eine eigenartige Insel vorgelagert, welche die Reisenden in jüngerer Zeit anscheinend übersehen haben, wohingegen Beaufort sie noch erwähnt. Sie wirkt wie eine verwunschene Insel der Toten, denn sie ist übersät mit aufgebrochenen Sarkophagen und Grabsteinen sowie den Ruinen mittelalterlicher Bauwerke, von denen eine Kapelle aus der Kreuzfahrerzeit besonders auffällt. Beaufort bemerkt dazu, daß sie zur Kreuzritterzeit als provenzalische Insel bekannt war, weil sie im 13. Jh. der provenzalischen › Nation‹ des Johanniterordens gehörte.

Das Vorgebirge, das die Bucht von Boğzak im Osten abschließt, wird beherrscht von der türkischen Festung Liman Kalesi aus dem 14. Jh. Sieben Kilometer weiter – nachdem wir die Ruinen zweier mittelalterlicher Kapellen hinter uns gelassen haben – erreichen wir den Küstenort *Taşucu,* den Hafen der Stadt Silifke. Taşucu liegt an der Spitze der kleinen Bucht *Ağa Limanı,* die in längst vergangener Zeit ein Seeräuberhort war. Und was das bedeutete, schildert ein früher Reisebericht:

*» Aus diesem Schlupfwinkel brachen einst die waffenbestückten Geschwader der Piraten auf, mit tausend Segeln, mit voller Takelage, die Segel oft purpurrot gefärbt, das Tauwerk goldge-*

*wunden, die Ruder silbern beschlagen – Zeichen der reichen Beute, die diesen Piraten in mehr als vierhundert zerstörten und geplünderten Städten in die Hände gefallen war.«*

Einige Kilometer hinter Ağa Limanı weist ein Schild den Weg links nach *Ayatekla,* wo früher die byzantinische Kirche der Heiligen Thekla stand. Bauherr dieser großen Basilika, von der noch Teile der Apsis erhalten sind, war Kaiser Zenon der Isaurier (474-91). Bevor er die Kaiserwürde empfing, hatte Zenon den Stammesverband der wilden Isaurier angeführt, der in den taurischen Bergen nördlich der kilikischen Ebene lebte und erst in frühbyzantinischer Zeit einigermaßen zivilisiert wurde.

Kurz hinter Ayatekla sehen wir **Silifke** liegen, eine mittelgroße Stadt am Ufer des Gök Su, des griechischen Kalykadnos. Die Stadt wurde zu Beginn des 3. Jhs. v. Chr. von Seleukos I. Nikator gegründet und hieß damals *Seleukeia am Kalykadnos.* Im Altertum war sie die wichtigste Stadt im Rauhen Kilikien, denn damals – wie auch heute noch – zweigte hier der Weg über den Taurus in die zentralanatolische Hochebene von der Küstenstraße ab. Trotz seiner langen Geschichte ist wenig Sehenswertes in der Stadt erhalten, außer den spärlichen Resten eines römischen Tempels und der eindrucksvollen mittelalterlichen *Zitadelle.* Den ersten Festungsbau errichteten die Byzantiner im 7. Jh. zum Schutz gegen die einfallenden Araber. 1098 bemächtigten sich die Kreuzritter der Burg, doch schon sechs Jahre später wurde sie von den Byzantinern zurückerobert, die daraufhin den Bau in seiner heutigen Form anlegten. In der Folgezeit erlebte die Burg die Eroberung durch Armenier, Byzantiner, Kreuzritter, Seldschuken und Karamaniden, bis sie 1471 endgültig in die Hände der Osmanen fiel.

Unweit der Stadt führt eine Straße nordwärts nach **Uzuncaburç,** dem alten **Diocaesarea.** Wer Zeit hat, sollte den Abstecher nach Uzuncaburç nicht scheuen, denn die Ruinen von Diocaesarea sind bei weitem die großartigsten an der ganzen kilikischen Küste, und vor allem der große *Tempel des Zeus Olbios* ist sehenswert, von dem die Peristasis mit dreißig über 12 Meter hohen Säulen erhalten ist. Das Heilig-

BRUNNEN DES WISSENS 307

tum soll Seleukos I. zu Beginn des 3. Jhs. v. Chr. errichtet
haben; es kann sich rühmen, der älteste bekannte Tempelbau
mit korinthischer Säulenordnung zu sein.

Nach Überquerung des sumpfigen Deltas des Gök Su trifft
die Straße bei Susanoğlu wieder auf das Meer (wo es an dem
schönen Badestrand ein gutes Motel gibt). Fünf Kilometer
entfernt liegt das winzige Fischerdorf **Narlı Kuyu** (Granat-
apfel-Brunnen) mit mehreren einfachen Restaurants, die auf
Pfählen ins Meer gebaut sind. In einem kleinen Schuppen
am Dorfplatz befinden sich die Überreste eines römischen
Bades aus dem 4. Jh. n. Chr. Die Bewohner nennen es ›Kızlar
Hamamı‹ (Mädchenbad), weil auf dem Mosaikboden drei
weibliche Gestalten dargestellt sind. Es soll sich dabei um
die drei Grazien handeln, die drei schönen Töchter des Zeus
aus der Verbindung mit Eurynome:

>> *Eurynome aber gebar ihm,*
*Sie, des Okeanos Tochter –*
*Wunschweckend ist ihr Aussehn –*
*Die drei schönwangigen Chariten:*
*Aglaïa (die Glänzende) und Euphrosyne (Frohsinn)*
*Und die liebliche Thalia (Festfreude).*
*Aus ihren Lidern senden sie Blicke,*
*Strömt Verlangen, das der Glieder Spannung löst;*
*Schön ist der Blick,*
*Den sie unter ihren Brauen entsenden.*<<
(Hesiod, ›Theogonie‹)

Eine moderne Hinweistafel am Badehaus behauptet, daß
dies der mythische ›Brunnen des Wissens‹ (auf türkisch
›nus‹) sei; diesen Brunnen wie auch die nahegelegene, bei
Strabon erwähnte **Korykische Höhle** hat Beaufort auf seiner
Expedition vergeblich gesucht. Wahrscheinlich ist er ohne
anzulegen an der Bucht von Narlı Kuyu vorbeigesegelt; Stra-
bons Korykische Höhle liegt nur zwei Kilometer landeinwärts. Dem Dorf direkt gegenüber führt ein Weg an den
Rand der gewaltigen Felsschlucht *Cennet Deresi* (Tal des
Paradieses). Ein bequemer Fußweg bringt uns zur Talsohle,
die etwa 75 Meter unterhalb des steilen Karstfelsens liegt,

308 DIE KILIKISCHE KÜSTE

der im hinteren Teil der Schlucht aufragt. Am Eingang einer
weiträumigen Höhle steht eine mittelalterliche armenische
Kapelle. Auf schlüpfrigem Pfad begeben wir uns etwa 70
Meter tief in den gewaltigen Höhlenraum, bis wir am Ende
das Tosen eines mächtigen unterirdischen Flusses hören. Im
Volksmund ist dies der ›Strom des Paradieses‹, der am tiefer
gelegenen Strand sich in den ›Brunnen des Wissens‹ ergießt.

Vom Parkplatz führt rechter Hand ein Fußweg zum *Ce-
hennem Deresi* (Tal der Hölle), einem schaurigen Felsspalt,
den zu betreten außer für erfahrene Bergsteiger nicht ratsam
ist. Nach christlicher und islamischer Überlieferung handelt
es sich um einen der Eingänge zur Unterwelt, und abergläubi-
sche Besucher haben an die Zweige ringsum kleine Stoffähn-
chen gebunden, um den bösen Geistern aus der Tiefe zu
wehren. Diese Stelle ist zweifellos mit dem Geburtsort des
Riesen Typhon identisch, einem der vorolympischen Gottheiten der frühen griechischen Mythologie. Ein zweiter Pfad
führt links vom Parkplatz zur *Dilek Magarası* (Höhle der
Wünsche), die ebenfalls zu dem korykischen Höhlenkom-
plex gehört. Auch hier flattern an den Bäumen vor dem
Höhleneingang Stoffetzen, die in diesem Fall jedoch nicht
als Abwehrzauber wirken sollen, sondern als Bitten an wohl-
gesonnene Erdgeister.

Fünf Kilometer hinter Narlı Kuyu erhebt sich die berühmte **Kiz Kalesi** (Mädchenburg). Eigentlich sind es zwei
Festungen, von denen eine die Vorberge am Ende einer herrlichen weißsandigen Strandzone krönt, während die andere
hundert Meter vor der Küste auf einem Inselchen im Meer
zu schwimmen scheint und sich wie das Bühnenbild für
eine mittelalterliche Romanze darbietet. Die beiden Kastelle
waren ursprünglich mit einer Mole verbunden und bildeten
die Hafenbefestigung der Stadt **Korykos.** Eine armenische
Inschrift an der Seefeste nennt als Erbauungsjahr 1151, und
die andere Burg stammt annehmbarerweise aus derselben
Zeit, das heißt, sie wurden in den frühen Jahren des Kleinar-
menischen Reiches in Kilikien errichtet.

Diese Epoche gehört zu den interessantesten der mittelalterlichen Geschichte in der Levante und ist zudem eines der

## ARMENISCHES KÖNIGREICH

wenigen erfreulichen Kapitel aus der sonst so leidvollen Vergangenheit des armenischen Volkes. Nachdem durch türkische Invasionen die Armenier aus ihrem Stammland im nordöstlichen Anatolien vertrieben worden waren, ließen sich viele der Flüchtlinge in Kilikien nieder. In der ersten Hälfte des 12. Jhs. gelang es der Dynastie der Rubeniden, in dieser Gegend einen eigenen armenischen Herrschaftsbereich zu schaffen, und um die Mitte des Jahrhunderts hatten sie sich von Byzanz praktisch unabhängig gemacht, wie die Erbauung der korykischen Burgen bezeugt. Die rubenidischen Könige konnten sich ihre Unabhängigkeit hauptsächlich durch enge Verbindungen mit den Königreichen und Fürstentümern der Lateiner an der levantinischen Küste erhalten, und sie festigten diese Beziehungen durch die Verheiratung armenischer Prinzessinnen mit fränkischen Fürsten. So kam es, daß sich im Königreich Kilikien die feinsten Elemente der armenischen Kultur mit jenen des lateinischen Europa der Frührenaissance verbanden, und eigenartig, dies führte zu einem sehr bemerkenswerten Aufblühen westeuropäischen Rittertums im südöstlichen Kleinasien. Einen Eindruck vom Hofleben in diesem armenischen Königreich aus längst vergangenen Tagen gibt ein zeitgenössischer Chronist, der beschreibt, wie »... *der König auf goldenem Sessel majestätisch und anmutig thront, umgeben von jungen Männern mit feingeschnittenen Zügen, die ihm bei den Festlichkeiten aufwarten, und von Musikantengruppen und jungen Mädchen, die auf bezaubernde Weise tanzten.*«

Zu Beginn des 14. Jhs. aber führten die Vorstöße der Mongolenhorden ins südöstliche Anatolien zum Zusammenbruch der dortigen Kreuzritterreiche, und bald sahen sich die alleingelassenen Armenier einer Vielzahl weit überlegener Feinde gegenüber, darunter Mongolen, Türken, Mamelucken und seeräuberische Sarazenen:

»*Vier grausame Bestien halten den König von Armenien in ihren Fängen: der Löwe steht für die Tartaren, die verlangen hohe Tributabgaben; der Leopard, das ist der Sultan, der täglich seine Grenzgebiete verwüstet; der Wolf, das sind die Türken, die an seiner Kraft zehren; und die Schlange verkörpert die*

*Piraten, die die Christen von Armenien um ihr Leben fürchten läßt.«* (Zeitgenössischer Chronist)

Unter dieser allseitigen Bedrängnis zogen die Armenier sich in ihre Burgen und Burgfestungen zurück, wie sie es in ähnlichen Fällen schon früher getan hatten, doch das Ende kam unaufhaltsam näher. Im Jahr 1361 eroberte König Peter I. von Zypern die korykischen Festungen, und vierzehn Jahre danach fiel ihre Hauptstadt an die Mamelucken; damit hörte das armenische Königreich von Kilikien auf zu bestehen. Bis ins erste Viertel des 20. Jhs. lebten die kilikischen Armenier unter türkischer Herrschaft, dann wurde in den letzten Jahren des Osmanischen Reichs durch Massenmord und Massendeportation fast jede Spur von ihnen ausgelöscht, einzig diese Burgen erinnern an ihr vergangenes mittelalterliches Königreich.

Die *Ruinen von Korykos* liegen weit verstreut um die Landfeste, darunter mehrere mittelalterliche Kirchen und eine Vielzahl von Felsgräbern und Sarkophagen:

*» Von Korghos (Korykos) bis Ayash und noch mehrere Meilen darüber hinaus folgt entlang der Küste eine Ruinenstätte der andern. Alle stehen sie hell vor den dunkel-bewaldeten Hügeln und lassen an ein bevölkertes und wohlbestelltes Umland denken. Doch solche Vorstellung kann den Kontrast nur steigern, wenn man sich – näherkommend – der tatsächlichen Armut, dem Verfall gegenübersieht.«* (Beaufort)

Heute ist die kilikische Küste zwar viel wohlhabender als zu Beauforts Zeiten, wenn sie auch hinter der günstiger gelegenen Ägäisküste noch weit zurückbleibt, doch die Ruinen prägen die Landschaft um Korykos heute nicht weniger als damals.

Während wir nun von hier in den Taurus fahren, werden wir an vielen antiken Städten vorbeikommen, eine jede mit großer Nekropole, die von Jahrhunderten menschlichen Daseins zeugt. – Die erste alte Stadt liegt bei *Ayaş,* einem Dorf, drei Kilometer östlich der Festungen von Korykos. Ayaş steht an der Stelle des antiken *Elaeusa,* das unter Augustus zu Ehren des Kaisers in ›Sebaste‹ (das griechische Wort für Augustus) umbenannt wurde. Die älteste Siedlung lag auf einer kleinen Insel, die heute mit der Küste verbunden ist, und die römische Stadt hat sich ihr gegenüber auf dem Festland ausgebreitet. Bemerkenswert ist hier ein *Tempel* aus römischer Zeit, außer dem Zeus-Tempel in Uzuncaburç (Diocaesarea) der einzige, der sich in der Region einigermaßen erhalten hat.

Hinter Ayaş sehen wir noch für einige Zeit rechts und links der Straße Grabmäler und Sarkophage, die von der Nekropole Elaeusa-Sebaste stammen. Vier Kilometer hinter Ayaş führt eine Nebenstraße links nach *Kanlıdivane,* einem Dorf nahe dem alten *Kanytelis.* Kanytelis ist eine größere und eindrucksvollere Ruinenstadt als Elaeusa-Sebaste, mit der es im Altertum unter gleicher Verwaltung stand.

Gleich jenseits dieser Abzweigung überquert die Hauptstraße den Lamas Çayı. Strabon betrachtete ihn als die natürliche Grenze zwischen dem Rauhen und dem Ebenen Kilikien, denn nun endet die felsige Küste, gibt dem Flachland Raum bis zu den Vorbergen des Taurus, der sich in die Ferne zurückzieht.

Jenseits des Flusses sieht man links einen römischen Aquädukt mit zwei Bogenreihen; er gehörte zu dem Bewässerungssystem, mit dessen Hilfe Wasser vom Taurus nach Kanytelis, Elaeusa-Sebaste und Korykos geleitet wurde. Nach fünf Kilometern kommt man an dem Badeort *Limonlu* vorbei, wo auf den Höhen zur Linken die Reste einer mittelalterlichen Festung stehen. Die Straße führt weiter durch Erdemli, die größte Ortschaft zwischen Silifke und Tarsus, nach Mezitli, von wo ein Weg rechts ab zum Dörfchen *Viransehir* in der Nähe des antiken **Soloi** führt. Soloi, eine der ältesten Städte in Cilicia Campestris, wurde um 700 v. Chr. von Kolonisten aus Rhodos gegründet. Im Jahr 83 v. Chr. eroberte der armenische König Tigranes der Große die Stadt und siedelte die gesamte Bevölkerung in die armenische Hauptstadt Tigranokerta, südwestlich des Van-Sees, um. Zwanzig Jahre danach wurde der Ort von Pompeius nach seinem Sieg über die kilikischen Piraten neu besiedelt und in Pompeiopolis umbenannt. Erhalten blieb aus dem alten Soloi-Pompeiopolis die herrliche, fast einen Kilometer lange *Säulenstraße;* sie führte hinunter an den Hafen, der heute fast völlig versandet ist. An dieser sehr römischen Prachtstraße stehen noch etwa zwanzig Säulen, der zehnte Teil von ehemals.

Von Soloi fahren wir zurück zur Hauptstraße und gelangen bald in die Vororte von **Mersin,** der größten türkischen Hafenstadt am Mittelmeer. Obwohl dies sehr alter Siedlungsboden ist, dessen Geschichte bis in althethitische Zeit zurückreicht, bietet das moderne Mersin keine Sehenswürdigkeiten. Die meisten Reisenden benutzen den Ort lediglich als Stützpunkt für Ausflüge an die kilikische Küste oder zur Unterbrechung der Fahrt, bevor es nach Adana und ins östliche Anatolien weitergeht.

Etwa eine halbe Autostunde hinter Mersin in Richtung Adana führt links eine Abzweigung nach **Tarsus,** das als Geburtsort des *Apostels Paulus* berühmt ist. Das bedeutendste Bauwerk aus dem antiken Tarsus ist das *Kancık Kapısı* (Tor der Wölfin), eines der Hauptstadttore aus römischer Zeit. Es wird auch manchmal als › Tor des hl. Paulus ‹ bezeichnet, ohne daß sich eine Beziehung zu dem Apostel nachweisen läßt.

Auch wenn es kaum noch antike Bauten gibt, spürt man doch, an einem sehr alten und ereignisreichen Ort zu sein. Allein schon die strategische Lage an der Küste vor der Kilikischen Pforte ließ Tarsus zu einem der großen Kreuzungspunkte im Laufe der Geschichte werden. Einige der ruhmreichen Eroberer dieser Welt sind durch seine Tore geschritten: Sanherib, Alexander der Große, Seleukos I. Nikator, Tigranes der Große, Pompeius, Hadrian, der Kalif El Maymum, Bohemund, Sultan Selim der Gestrenge...

Doch der Einzug dieser großen Männer wurde von dem einer außergewöhnlichen Frau in den Schatten gestellt, von Kleopatra, die hier an einem Herbsttag des Jahres 41 v. Chr. zu ihrem ersten Treffen mit Antonius landete. Plutarch hat uns geschildert:

»... *daß sie den Kydnosfluß in einem Schiff mit vergoldetem Heck hinauffuhr mit ausgespannten Purpursegeln, während die versilberten Ruder sich zum Schall von Flöten bewegten, die mit*

## KLEOPATRA 313

*Schalmeien und Kitharen harmonisch zusammenklangen. Sie selbst lag unter einem reich mit Gold verzierten Sonnendach, gekleidet und geschmückt wie man Aphrodite gemalt sieht, und Knaben wie gemalte Liebesgötter standen zu beiden Seiten und fächelten ihr Kühlung. Ebenso standen die schönsten Dienerinnen, gekleidet wie Nereiden und Chariten, teils an den Steuerrudern, teils bei den Tauen. Herrliche Düfte von reichlichem Räucherwerk verbreiteten sich über die Ufer. Die Menschen liefen teils gleich von der Mündung des Flusses an auf beiden Seiten mit, teils kamen sie aus der Stadt herunter, um zu schauen.«*

# 18

## Karamanien

Tarsus – Silifke – Mut – Kloster Alahan
Karaman – Konya

In Tarsus kann der Reisende für die Weiterfahrt zwischen verschiedenen Routen wählen. In diesem Kapitel wird die Strecke von der kilikischen Küste hoch durch den Taurus nach Konya im anatolischen Hochland beschrieben. Man kann sich nach Norden wenden, den Taurus an der Kilikischen Pforte überqueren und dann von Pozantı westlich über kahles Steppenland nach Konya fahren. Ich schlage aber vor, daß wir an der kilikischen Küste zurück nach Silifke fahren und von dort den direkten Weg über den Taurus nach Konya nehmen; diese Route führt durch eine besonders schöne Gebirgsgegend der Südtürkei und berührt außerdem manchen historisch interessanten Ort.

Während sich der Weg allmählich landeinwärts schlängelt, bietet sich uns ein herrlicher Blick auf die mittelalterliche Zitadelle über der modernen Stadt Silifke. Dann erklimmt die Straße die pinienbewaldeten Hügel oberhalb der Küstenebene und folgt der Schlucht des Gök Su hinauf in das Herz des Taurus.

Sieben Kilometer hinter Silifke liegt rechter Hand ein Parkplatz, von dem aus man den atemberaubenden Blick in die **Schlucht des Gök Su** genießen kann. Eine bei diesem Aussichtspunkt aufgestellte Hinweistafel in türkischer Sprache erinnert an ein geschichtliches Ereignis, das sich zu Beginn des dritten Kreuzzugs vor achthundert Jahren hier zutrug. »*Kaiser Friedrich Barbarossa, der mit dem seldschukischen Sultan Kılıç Arslan II. den friedlichen Durchmarsch durch sein Reich vereinbart hatte, ertrank im Gök Su am 10. Juni 1190, als er an der Spitze seines Heeres auf dem Weg nach Palästina war.*« Der plötzliche Tod des Kaisers dämpfte den Enthusiasmus der deutschen Ritter beträchtlich, und viele kehrten an dieser Stelle um; nur ein kleiner Teil der ursprünglich starken Ar-

## SCHLUCHT DES GÖK SU

mee zog unter dem Herzog von Schwaben weiter nach Antiocheia. Der Herzog führte den Leichnam des Kaisers mit, konserviert in einer Essigtonne, um ihn in der Kathedrale von Antiocheia beizusetzen. Einige der kaiserlichen Gebeine wurden bei der Bestattung zurückbehalten und auf den Feldzug ins Heilige Land mitgenommen, »in der vergeblichen Hoffnung«, wie Runciman in seiner ›Geschichte der Kreuzzüge‹ schreibt, »daß zumindest ein Teil Friedrich Barbarossas den Jüngsten Tag in Jerusalem würde erwarten können«.

Die Hauptstraße führt nun bergauf durch die Schlucht mit ihren imposanten Felshängen, Zinnen und Spitzen, die senkrecht neben der Straße Hunderte von Metern in die Höhe ragen. Allmählich öffnet sich das Tal und weitet sich zu einem langgestreckten Streifen Hochlands, an dessen Hügeln rechts und links wilde Olivenbäume wachsen. In der Ferne liegen Dörfer, deren sandfarbene Steinhäuser mit den dahinterliegenden ockerfarbenen Hügeln zu verschmelzen scheinen.

Die erste Stadt von nennenswerter Größe ist **Mut,** das alte **Claudiopolis,** das tief unten in einem Nebental des Gök Su liegt. Claudiopolis wurde in der Mitte des 1. Jhs. v. Chr. von Marcus Aurelius Polemo gegründet, dem Oberpriester der Tempelstadt Olba, der die wilden isaurischen Stämme des Taurus zu einem unabhängigen Königreich zusammenschloß. Das auffälligste Bauwerk der Stadt ist die mittelalterliche *Zitadelle,* eine Anlage aus byzantinischer Zeit, die im 14. Jh. von den karamanidischen Türken erneuert wurde.

Unmittelbar hinter Mut führt ein Weg links nach *Ermenek,* dem alten Germanikopolis, einer Gründung König Antiochos IV. von Kommagene aus dem 1. Jh. v. Chr.

Zwanzig Kilometer weiter steht rechts an der Straße ein Hinweisschild auf *Alahan,* das man nach zwei Kilometern bergauf über einen äußerst holprigen Feldweg erreicht. Die mühselige Fahrt lohnt sich jedoch, denn **Alahan Manistir,** das Kloster aus der Mitte des 5. Jhs., ist als früh-byzantinische Gründung einzigartig in Kilikien. Man wird dort die imponierend großartige Klosterkirche vorfinden, eine der frühesten Kuppelbasiliken. Die Lage ist herrlich: Hoch an einem Berghang über der Göksu-Schlucht blickt sie auf die umliegenden Gipfel.

Etwa zwanzig Kilometer hinter Alahan sind wir auf dem *Sertavul-Paß* (1610 Meter), und nun senkt sich die Straße in ein breites, von khakifarbenen Hügeln eingefaßtes Tal. Das Tal geht bald in eine unfruchtbare Hochebene über, wo hier und da Kamelkarawanen und grasende Herden in die Landschaft getupft sind; die einzigen menschlichen Wesen sind Hirten in ihren steifen Schaffellumhängen, deren Schnitt seit dem Altertum unverändert zu sein scheint. Hier sind wir in der weiten kargen Hochebene, die sich fast über ganz Zentralanatolien erstreckt und mit ihrem rauhen Charakter einen so starken Kontrast bildet zu den lieblichen Küstenstrichen der Ägäis und des Mittelmeers.

Der erste größere Ort hier ist **Karaman,** das frühere **Larende,** inmitten einer überraschend grünen Oase. Bereits im 4. Jh. v. Chr. war Larende die Hauptstadt von Lykaonien, der Provinz im Taurusgebiet, nördlich von Kilikien. Der türkische Name des Ortes bezieht sich auf den Turkmenen-Stamm der Karamaniden, die im Jahr 1261 die Stadt von den Seldschuken eroberten und sie eine Zeitlang zur Hauptstadt ihres Emirats machten.

In Karaman fällt als erstes die mittelalterliche *Zitadelle* auf, die von den Seldschuken im 12. Jh. erbaut und von den Karamaniden erneuert wurde. Im beschaulichen alten Stadtkern um die Zitadelle stehen einige Moscheen und fromme Stiftungen aus der Periode der Karamaniden. Sehenswert ist vor allem die **Ak Tekke,** ein ehemaliges Kloster der Mewlewi-Derwische. Die ›tekke‹ wurde 1371 gegründet und war bis zur Auflösung der Derwisch-Orden 1925 ununterbrochen in Benutzung. Auf ihrem Gelände stehen die Grabsteine mehrerer Familienangehöriger des Mewlana (›unser Herr‹) Celal ed-Din Rumi, des Gründers des Mewlewi-Ordens und großen Dichter-Philosophen des Islam. Der Mewlana kam um 1200 in Balch (im heutigen Afghanistan) zur Welt und zog mit seiner Familie 1221 nach Karaman, wo er sich sieben Jahre lang bis zu seiner endgültigen Übersiedlung nach Konya aufhielt.

## KARAMAN 317

Das älteste karamanidische Bauwerk in Karaman ist die **Yunus Emre Camii** von 1349, die in unserem Jahrhundert stark restauriert wurde. Die Moschee erhielt ihren Namen von dem mittelalterlichen türkischen Dichter *Yunus Emre,* dessen Grabmal sich angeblich hier befindet. (Es gibt mindestens ein halbes Dutzend Städte in der Türkei, die sich seiner Grabstätte rühmen.) Yunus Emre (um 1280-1320) war der erste türkische Dichter, der in der Umgangssprache seiner Landsleute schrieb, nicht in höfischem Persisch, dessen sich die meisten türkischen Poeten – bis in unsere Zeit – bedienten. Daher wurde er in Anthologien türkischer Dichtung lange Zeit vernachlässigt und bekommt erst seit einigen Jahren die Anerkennung, die ihm gebührt. Heute gilt er allgemein als der größte Dichter der türkischen Literatur, und die einfachen Leute in Anatolien können seine Gedichte auswendig, sehr wohl spürend, daß Yunus Emre über sie und für sie schrieb. Wenig weiß man von ihm und seinem Leben; einer Überlieferung zufolge war er ein armer Bauer, der als Holzträger im Dienst des Hacı Bektaş Veli stand, des Gründers des Derwisch-Ordens der Bektaşi. – Aber man muß nur in seinem Werk lesen, um zu entdecken, daß er, wie sein Zeitgenosse Petrarca, ein Dichter der Renaissance war, daß er erfüllt war von schrankenloser Liebe für die Menschen und die Welt, in der er lebte. Eine einzige Zeile nur von ihm erhellt seine Wesensart und könnte als Epitaph für ihn dienen: »Da ich euch liebe, kann mich die Hand des Todes nie erreichen.«

In der Nähe von Karaman liegen zwei interessante Stätten: Canhasan und Binbir Kilise. In *Canhasan,* zwölf Kilometer nordöstlich, reichen die frühesten Kulturschichten bis ins 6. Jt. v. Chr. zurück. Doch wie es häufig der Fall ist, kann das ungeübte Auge des Nichtarchäologen an Ort und Stelle wenig Faszinierendes entdecken. Viel besser lernt man die hier zutage gekommene Kulturstufe kennen, wenn man sich im Archäologischen Museum von Ankara die großartigen Fundstücke aus Canhasan anschaut.

Der andere Ort, **Binbir Kilise** (Tausendundeine Kirche), liegt vierzig Kilometer nördlich von Karaman an den Ausläu-

318 KARAMANIEN

fern des Kara Dağ, des Schwarzen Berges. Bei dem heutigen Dorf *Maden Şehir* war früher eine Niederlassung von Mönchen. Die vielen Kirchen und Kapellen – wenn auch nicht Tausendundeine – sind unter armenischen Baumeistern entstanden; Basiliken mit gewölbter Decke und Kirchen vom Kreuzkuppel-Typus mit hohem Tambour und zeltartigem Kuppeldach. Die ersten Untersuchungen unternahmen 1905 Sir William Ramsay und Gertrude Bell. Sie schlossen auf eine Bauzeit zwischen der Mitte des 9. Jhs. bis Ende des 11. Jhs. Heute nimmt man aufgrund vergleichender Bauforschung eine erste Bauphase schon im 5. und 6. Jh. an.

Etwa eine Autostunde hinter Karaman führt eine Abzweigung rechts nach Çumra, und von dort sind es noch zehn Kilometer bis **Çatal Höyük,** einem sehr bedeutenden archäologischen Ort der Türkei. James Mellaart entdeckte ihn 1958, und seine Ausgrabungen in den 60er Jahren haben außerordentlich viel zu unserem Wissen über die anatolischen Kulturen des Neolithikums und der Bronzezeit beigetragen. Bei der Freilegung eines der beiden Erdhügel kam man auf Schichten, die mit Hilfe von Radiokarbonmessungen in die Zeit um 6800 v. Chr. datiert werden konnten, und stieß somit auf die ältesten bisher entdeckten neolithischen Spuren in Anatolien. Mellaarts Funde haben den erstaunlich hohen Entwicklungsstand dieser anatolischen Kultur dokumentiert; es kamen dabei kunstvolle Gerätschaften, Schmuck und Skulpturen zum Vorschein und vor allem prächtige Wandmalereien, mit denen die Kultstätten ausgeschmückt waren. Aber auch hier ist am Grabungsort selber wenig zu sehen, denn die freigelegten Lehmbauten sind inzwischen durch Naturgewalten zerstört, und man wird erst im Museum in Ankara die hier beheimatete Kultur richtig schätzen lernen.

Wir kehren zur Hauptstraße zurück und fahren auf dem letzten Streckenabschnitt nach Konya durch die flache baumlose Ebene von Lykaonien, begleitet von den Schneegipfeln des Alacadağ, die im Westen herauskommen. Über die Karaman Caddesi werden wir zum Hükümet Meydanı im Zentrum von Konya geleitet.

**Konya,** das römische **Iconium,** ist eine der ehrwürdigsten Städte Anatoliens. In römischer Zeit war es die Hauptstadt der Provinz Karamania, die ungefähr mit dem Herrschaftsgebiet des karamanidischen Emirats identisch war. Die Bedeutung der Stadt beruhte damals wie heute auf ihrer Lage am Schnittpunkt verschiedener wichtiger Handels- und Verkehrswege. Das alte römische Straßennetz wurde auch von den Seldschuken und Osmanen benutzt, und die moderne Hauptverkehrsstraße durch Zentralanatolien folgt in etwa dem Verlauf der antiken Trassenführung.

Die glänzendste Zeit begann für Konya in den frühen Jahren des 12. Jhs., als es zur Hauptstadt des seldschukischen *Sultanats von Rum* erhoben wurde. Das Reich der Seldschuken umfaßte damals den größten Teil Anatoliens und erlebte unter der aufgeklärten Herrschaft der Sultane Kaika'us I. (1210-19) und Kaikobad I. (1219-36) einen bis dahin unerreichten Wohlstand. Mit der Niederlage gegen die Mongolen in der Schlacht von Kösedağ im Jahr 1242 war die Macht der Seldschuken gebrochen, und wenn ihre Sultane auch noch weitere fünfzig Jahre in Konya regierten, waren sie doch wenig mehr als Schachfiguren in den Händen jener, die untereinander um das einstige Reich kämpften. Konya fiel 1467 endgültig an Sultan Mehmet II., und zwanzig Jahre später wurde ganz Karamanien dem Osmanischen Reich angegliedert und Konya zur Hauptstadt der Provinz erklärt. Es gehört heute zu den attraktivsten und interessantesten Städten Anatoliens und ist mit vielen herrlichen Bauten aus seldschukischer Zeit geschmückt:

»*Diese seldschukische Architektur ist ein wahres Wunder! Sie ist so elegant, so hervorragend in der Form und so empfindsam in der Ausschmückung, daß ich sie höher schätze als alles, was seit der Hochblüte der französischen Gotik entstanden ist ... Konya, die Residenz der seldschukischen Sultane, steht heute noch als einzigartiges Zeugnis ihres Geschmacks und ihrer Liebe zur Schönheit und Pracht.*« (Bernard Berenson)

Die alte Stadt Iconium lag auf dem Burgberg, dort, wo sich jetzt die Gartenanlagen des Alâeddin Parkı erstrecken. Unter den Seldschuken war die Innenstadt auf der Akropolis mit einer Verteidigungsmauer geschützt, von der als einziges ein zerfallenes Fragment am nördlichen Ende des Parks erhalten ist. Dies ist der *Ala ed-Din Köşkü,* ein Wehrturm, der in der ersten Hälfte des 13. Jhs. zu einer kaiserlichen Residenz ausgebaut wurde.

Auf dem Hügel oberhalb des Köşks steht die größte seldschukische Moschee in Konya, die **Ala ed-Din Camii** (Burgmoschee). Die Bauzeit betrug mehr als siebzig Jahre. In späterer Zeit wurde sie mehrfach umgebaut und erneuert; als Ergebnis der langen Baugeschichte sehen wir heute ein Bauwerk vor uns, das in Grund- und Aufriß ungewöhnlich und unregelmäßig gestaltet ist. Die monumentale Fassade, hinter der zwei Türbendächer hervorschauen, blickt nach Norden. Der heutige Eingang zur Moschee befindet sich im Osten; von dort betreten wir eine große Halle mit einem Holzdach, getragen von 42 meist antiken Säulen, welche den Raum in sieben zur Mihrabwand parallele Gänge unterteilen. Sie geben den Durchblick frei in den westlich anschließenden, vor dem Mihrab überkuppelten Hauptraum. Den im 19. Jh. ungut restaurierten Mihrab schmücken noch die edlen seldschukischen Fayencen. Auch der *Mimbar* mit der wundervoll geschnitzten Ebenholzumkleidung ist beachtenswert. 1155 geschaffen, ist er nicht nur das älteste beschriftete und datierte seldschukische Kunstwerk, das wir kennen, sondern auch eines der schönsten. – An den Hauptraum

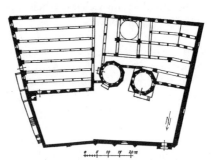

*Konya, Ala ed-Din Camii (Burgmoschee)*

## KONYA

schließt sich westlich wiederum eine Halle an, diesmal kleiner, mit vier von Säulenstützen gebildeten Durchgängen. – Außen im Hof, vor der Nordwand des Mittelbaus, stehen zwei *Türben;* die östliche, auf dekagonalem Grundriß, ist mit einem Kegeldach gedeckt, die unvollendete oktagonale Türbe im Westen von einer Kuppel gekrönt.

Es hat manche Debatte über die Abfolge der einzelnen Bauphasen gegeben. Vorherrschend war die Meinung, im überkuppelten Bereich den Kernbau der Moschee zu sehen, von Sultan Masud I. (1116-1156 n. Chr.) begonnen und seinem Sohn Kılıç Arslan II. (1156-1192 n. Chr.), der auch die dekagonale Türbe errichten ließ, zu Ende geführt.

Die zweite Bauperiode begann unter der Herrschaft von Kaika'us I. (1210-1219), der möglicherweise die Westhalle erbauen ließ, während die große Osthalle sowie die achteckige Türbe unter Ala ed-Din Kaikobad I. (1219-1236) entstanden und um 1220 vollendet wurden. In der zehneckigen Türbe finden wir die schlichten Sarkophage von acht seldschukischen Sultanen; der früheste hier bestattete Herrscher ist Kılıç Arslan II., der späteste Kaihosrau III. (1264-1283), der als letzter unabhängiger seldschukischer Sultan in Konya regierte, bevor 1277 die Mamelucken die Stadt eroberten.

Dem Ala ed-Din Köşkü gegenüber steht die **Büyük Karatay Medresesi,** eine 1251 von dem Emir Celal ed-Din Karatay gestiftete Rechtsschule. Das monumentale Eingangsportal mit kunstvoll gearbeiteten Ornamenten und Kalligraphien gilt als eine der schönsten seldschukischen Steinmetzarbeiten in der Türkei. Den großen Hauptraum mit dem Wasserbecken in der Mitte überwölbt eine hohe Kuppel von mehr als 12 Meter Durchmesser. Die Funktion der Pendentifs übernehmen hier ›türkische Dreiecke‹, ein jedes fünffach in spitzwinklige Flächen gebrochen und sich fächerartig von der Raumecke zum Kuppelrand auffaltend. Kuppel, ›türkische Dreiecke‹ und Teile der Wandflächen sind mit leuchtenden Fayencefliesen ausgekleidet. Tiefes dunkles Blau und Türkis sind die Hauptfarben, besonders eindrucksvoll für die Kuppel – Sinnbild des Himmels –, wo das hellere geometrische

Liniengeflecht vor dem tiefblauen Grund ›Sterne‹ und ›Sonnen‹ bildet. Den flachen Tambour umläuft eine kostbare ›Bordüre‹. Beliebiger Zierat, so würde man mit erstem Blick glauben, doch in kufischer Kalligraphie reihen sich hier Zitate aus dem Koran. Auch aus dem abstrakt wirkenden Dekor auf den fünffächrigen Pendentifs formen sich für den Kundigen die Namenszüge des Propheten und der ersten Kalifen in endlosem Rapport. – Heute beherbergt die Medrese ein *Museum türkischer Keramik*, dessen Fliesensammlung die Wandlungen von der seldschukischen Zeit im 13. Jh. bis zur osmanischen Zeit im 18. Jh. an ausgezeichneten Beispielen zeigt. Besonders interessant sind die frühen seldschukischen Arbeiten mit Darstellungen von Menschen, Tieren und Fabelungeheuern.

Seitlich der Haupthalle steht die *Türbe des Stifters,* eines hervorragenden Mannes der seldschukischen Geschichte: Celal ed-Din Karatay, ein Freigelassener griechischen Ursprungs, war vertrauter Berater von Kaikobad I., diente seinem Sohn Kaihosrau II. als Wesir und wirkte als Regent während des Triumvirats von Kaihosraus Söhnen Kai-

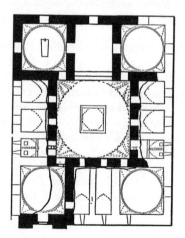

*Konya, Büyük Karatay Medresesi*
(›*Türkische Dreiecke*‹ *führen über zum Rund der Kuppel*)

ka'us II., Kılıç Arslan IV. und Kaikobad II. Das waren krisenhafte Jahre für die Seldschuken, denn die Mongolen drohten nach ihrem Sieg bei Kösedağ, das Reich im Sturm zu überfallen, doch Celal ed-Din gelang es, das Sultanat unversehrt zu erhalten, und bis zu seinem Tod im Jahr 1253 ordnete und verwaltete er weise die Staatsgeschäfte.

An der Westseite des Ala ed-Din Parkı entlang geht es zur **Ince Minare Medrese** der Medrese mit dem ›schlanken‹ Minarett (1901 schlug ein Blitz hinein, und es ist heute kaum halb so hoch wie früher). Die Medrese und die Moschee daneben, heute verfallen, wurden 1258 von dem Wesir Sahib Ata Fahr ed-Din Ali gestiftet. Die Gestaltung der *Eingangswand* ist einzigartig in ihrem dekorativen Einfallsreichtum, vollendet in der Gliederung der großflächigen Teile im Wechsel mit wie ziseliert wirkendem Reliefschmuck; am bemerkenswertesten wohl: die beiden breiten Schriftbänder, die von der Mitte des oberen Wandabschlusses aus einer hervortretenden steinernen ›Kapsel‹ über die Mitte der hohen Portalwand ›herabfallen‹ – so scheint es. Über dem Tor verschlingen sie sich zweifach, um dann einzeln an beiden Seiten des Torbogens zu enden. Alfred Renz, Kenner islamischer Baukunst, sieht die Fassade als eine »*zu Stein gewordene Erinnerung an ein fürstliches Zelt der Seldschuken mit seinen Teppichen, Schnüren, Binden … Einem Türvorhang ähnlich sind beide Seiten hochgezogen, und auch das Schriftband in der Mitte scheint mit seinem Knoten den Eingang offen zu halten.*« In der Haupthalle der Medrese ist jetzt ein *Museum* eingerichtet, in dem unter den *seldschukischen Steinarbeiten* auch einige bemerkenswerte Reliefplatten mit figürlichen Darstellungen von den Zitadellen von Konya und Karaman ausgestellt sind.

Wir gehen in derselben Richtung weiter um den Park und gelangen schließlich zur französischen Kirche an der Südecke des anschließenden Platzes. Hinter der Kirche rechts ist die *Ressam Sami Sokağı*, und bei der dritten Querstraße, wiederum rechts, findet man zur **Sırçalı Medrese,** der ›glasierten‹ beziehungsweise ›fliesenreichen‹ Medrese. Bauherr der nur noch teilweise erhaltenen Medrese aus dem Jahr

1242 war Badr ed-Din Muslih, der Hauslehrer von Ala ed-Din Kaikobad II., der sie vollständig mit Fayenceplatten auskleiden ließ, als ersten großräumigen Bau in Anatolien. Im Liwan sind noch Teile des leuchtenden blauen Wandschmukkes zu bewundern. Jetzt ist die Medrese ein *Museum für Grabmalkunst* mit Beispielen aus der Zeit der Seldschuken, Karamaniden und Osmanen, die fast alle herrliche in den Stein geschnittene Kalligraphien tragen.

Die erste Gasse links hinter der Medrese führt zu dem hübschen ehemaligen Schulgebäude *Has Bey Dar al-Huffaz,* wo die Schüler den Koran auswendig zu lernen hatten. Dieser Bau aus dem Jahr 1421 ist eines der ganz wenigen Zeugnisse karamanidischer Architektur, die es noch in Konya gibt.

Gehen wir weiter die Ressam Sami Sokağı entlang, so erblicken wir bald den **Sahib Ata-Komplex** von 1258 mit Moschee, Türbe und Konvent (›hanikah‹). Es handelt sich um eine Stiftung des Wesirs Sahib Ata Fahr ed-Din Ali, der auch die Ince Menare Medresesi erbauen ließ. Fahr ed-Din Ali war der größte Bauherr seiner Zeit, der außer den beiden Medresen in Konya zwei weitere in Sivas stiftete sowie eine Moschee in seiner Heimatstadt Kara Hisar. Er war Nachfolger Celal ed-Din Karatays als Wesir unter dem Triumvirat der Söhne Kaihosraus II. Diesen Rang hatte er auch unter Kaihosrau III. inne, bis die Mongolen ihn 1277 nach der Einnahme der Stadt enthaupteten. Celal ed-Din Karatay und er waren die bedeutendsten Wesire des seldschukischen Reichs; in ihren Händen lag das Schicksal des Sultanats von Rum während der letzten fünfzig Jahre seiner unabhängigen Existenz.

Westlich der Sahib Ata Camii befindet sich das **Archäologische Museum** mit Altertümern aus phrygischer, griechischer, römischer und byzantinischer Zeit, die alle in Konya und seiner Umgebung entdeckt wurden. Kehren wir auf der Ressam Sami Sokağı zurück zum Park und umgehen diesen weiter, gelangen wir zum *Ala ed-Din Bulvarı,* der Hauptverkehrsader von Konya. Einige hundert Meter weiter rechts steht die *Iplikci Camii* aus dem 12. Jh., die 1332 umgebaut und in unserem Jahrhundert restauriert wurde. In der Me-

KONYA                                    325

drese dieser Moschee lehrte während seiner ersten Jahre in
Konya der Mewlana Celal ed-Din Rumi, und von einem
kleinen Kuppelraum südlich der Moschee wird behauptet,
daß er der Ort seiner Meditationen gewesen sei.

So kommen wir wieder zum *Hükümet Meydanı,* dessen
Nordseite von dem gewaltigen Bau der *Şerefettin Camii*
beherrscht wird. Eine Gründung der Seldschuken, die aber
1636 neu erbaut und im 19. Jh. renoviert wurde.

Wir gehen nun in derselben Richtung die *Mewlana Caddesi* entlang, bis wir auf eine mächtige osmanische Moschee
stoßen, die *Selimiye Camii.* Von ihr ist kein Baujahr bekannt,
vermutlich aber begannen die Bauarbeiten unter Süleyman
dem Prächtigen und wurden von Selim II., dessen Namen
die Moschee trägt, abgeschlossen.

Hinter der Selimiye steht die **Mewlana Tekke,** das berühmteste Bauwerk Konyas und Reiseziel zahlloser Gläubiger
aus allen Teilen des Landes. Denn die ›tekke‹ ist nicht nur
Museum und nationales Monument, sondern auch eine der
heiligsten Stätten des Islam in der Türkei.

Mewlana Celal ed-Din *Rumi,* der Gründer des Derwisch-
Ordens der Mewlewi, begleitete seinen Vater, der einer Einla-
dung Ala ed-Din Kaikobads I. folgte, im Jahr 1228 nach
Konya. Nach dem Tod seines Vaters 1231 versammelte der
Mewlana dessen ehemalige Schüler um sich. Er fing an,
öffentlich zu reden und zu predigen, und seine Zuhörerschaft
vergrößerte sich ständig. Um die gleiche Zeit begann er mit
Meditationen und führte tiefgründige Dialoge mit verschiedenen Philosophen-Dichtern der Derwische, insbesondere
mit Çelebi Husam el-Din. Diesem widmete er sein größtes
Werk, ›Masnawi‹, eine Sammlung von mehreren tausend
Oden, in denen er von seinen mystischen Anschauungen
singt und eine ekstatische universelle Liebe predigt. Sein
zweites wichtiges Werk, ›Divani Kebir‹, enthält eine Sammlung von Gedichten und Prosastücken, wozu auch Predigten
und Briefe gehören. Einer der Übersetzer seiner Werke wür-
digte den Mewlana enthusiastisch: »*In Rumi begegnen wir
einem der größten Dichter unserer Welt. Durch die Tiefe des
Denkens, die Bildhaftigkeit seiner Vorstellung, seine unübertrof-*

*fene Kraft der Sprache ist er der herausragende Genius des islamischen Mystizismus. ... Spätere Generationen werden, wenn seine Poesie bekannter und besser zu verstehen sein wird, sich der Dichtungen dieses weisesten, tiefsinnigsten, frömmsten aller Menschen erfreuen und sie hoch schätzen.«*

Celal ed-Din Rumi wurde nach seinem Tod 1273 neben seinem Vater bestattet, und ein Jahr später errichtete man über den beiden Sarkophagen ein Mausoleum. Das ursprüngliche Grabmal hatte die charakteristischen Merkmale seldschukischer Türben, die aus einer überkuppelten Kammer und einem Liwan bestehen; 1397 setzte der Karamaniden-Emir Ala ed-Din Ali die Kuppel auf einen hohen ›gefurchten‹ (wie aus zusammengebundenen Schäften wirkenden) Tambour, auf dessen Kegeldach sich die Tambour-Furchen fortsetzen und zur Spitze verjüngen (Taf. 6). Der hellgrüne Fliesenschmuck des 19. Jhs. ersetzt gedämpftere Fayencen aus der Entstehungszeit. Die übrigen Anbauten stammen aus osmanischer Zeit, als verschiedene Sultane die

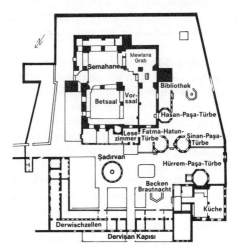

*Konya, Mewlana Tekke*

›tekke‹ umbauen und erneuern ließen und sie mit Kunstwerken und kostbarer Ausstattung versahen.

Nach dem Tod des Mewlana übernahm Çelebi Husam ed-Din die Führung des Mewlewi-Ordens, und auf ihn folgte Rumis Sohn, Sultan Veled. Der Orden gründete nach und nach Klöster innerhalb und jenseits Anatoliens, da der Mystizismus des Mewlana überall im islamischen Geistesleben an Einfluß gewann. Mehr als sechshundert Jahre lang war die ›tekke‹ in Konya ein Mittelpunkt der Kunst, Musik, Literatur und Religion, bis im Jahr 1925 die Derwisch-Orden verboten und aufgelöst wurden. Ein Jahr darauf öffnete die ›tekke‹, nun in ein Museum umgewandelt, wieder ihre Tore, und wenn auch jedes Jahr Zehntausende von Touristen durch die Räume gehen, ist sie doch nach wie vor – wenn auch inoffiziell – ein geheiligter Ort, der für die türkischen Gläubigen höchste Bedeutung hat.

Wir betreten das *Museum* durch einen hübschen Innenhof mit Blumen und einem großen ›şadirvan‹. In den Räumen zur Linken ist eine wohlbestückte Sammlung seldschukischer, karamanidischer und osmanischer Textilien und Teppiche aus dem 13. bis 18. Jh. zu sehen. Einige *Klosterzellen* sind so wiederhergerichtet wie zur Zeit der Derwische.

Rechts vom Eingang steht der *Şebil Arus-Brunnen,* das Wasserbecken der ›Brautnacht‹, womit die Nacht gemeint ist, in der Mewlana starb. Alljährlich am Todestag ihres Ordensgründers versammelten sich die Derwische um dieses Becken, nahmen ihr Nachtmahl ein und vollführten danach den ›sema‹, den ekstatischen Kreiseltanz, durch den sie in Europa als die ›tanzenden Derwische‹ berühmt wurden.

Im Hof stehen vier osmanische Türben aus dem 16. Jh. Eine fünfte befindet sich auf dem Derwisch-Friedhof, den die Türken ›Garten der Geister‹ nennen.

Die Eingangstür des Klosters öffnet sich in einen kleinen Raum, der den Derwischen früher als Leseraum diente; heute ist dort eine *Ausstellung türkischer Kalligraphie* zu sehen. Durch das ›Silbertor‹ aus dem Jahr 1599, eine fromme Gabe von Hasan Paşa, dem Sohn des berühmten Sokollu Mehmet Paşa, kommt man in die eigentliche ›tekke‹.

328                    KARAMANIEN

Der zentrale Saal heißt *Huzurı Pir* (Gegenwart des Heiligen). Auf einer erhöhten Plattform zur Linken stehen die
Sarkophage der Männer von Chorassan, jener sechs Derwische, welche die Familie des Mewlana auf ihrer Reise von
Balch nach Konya begleiteten. Am Fuß der ersten beiden
Sarkophage sieht man eine herrliche Bronzeurne, die ›Schale
des April‹, in der früher in jenem Monat das Regenwasser
aufgefangen wurde, dem man magische Heilkräfte nach-
sagte. Einer Aufschrift zufolge wurde sie dem Mewlana-
Kloster 1333 von Abu Said Bahadur, einem Khan der mongolischen Ilkhaniden, zugeeignet.

Auf der rechten Seite sind die Sarkophage der Çelebi
aufgereiht, der Nachfolger des Mewlana als Vorsteher der
›tekke‹, sowie die Sarkophage der Familienmitglieder des
Ordensgründers. Unter der grünen Kuppel stehen die Mar-
morsärge des Mewlana und seines Sohnes Sultan Veled;
und dahinter sind sein Vater und andere Blutsverwandte
beigesetzt. Dies ist der heiligste Bereich der Gedenkstätte.
Vor dem Grabmal des Mewlana drängen sich stets Scharen
anatolischer Bauern, von denen viele von religiöser Inbrunst
überwältigt offen weinen, wenn sie am Grab jenes Mannes
beten, der für sie mehr ist als ein Heiliger und fast etwas
Göttliches darstellt. Auf einer Inschrift an der Türbe liest
man die Worte des Mewlana:

*Sucht unsere Gräber nicht auf Erden*
*Unsere Gräber sind in den Herzen der Erleuchteten.*

In der Haupthalle sind in zwei Glasvitrinen Meisterwerke
seldschukischer Kalligraphie ausgestellt sowie die ältesten
erhaltenen Manuskripte des ›Masnawi‹ und des ›Divani
Kebir‹; das Exemplar des ›Masnawi‹ wurde 1278 geschrieben, nur fünf Jahre nach dem Tod des Mewlana.

Der nördliche Teil des Klosters besteht aus zwei großen
von Kuppeln überwölbten Räumen; der westliche diente
als *Moschee,* der östliche als *semahane* (Tanzraum). In der
ehemaligen Moschee sind heute alte Handschriften, Kalligraphien und Gebetsteppiche ausgestellt. In dem ›semahane‹
befindet sich eine faszinierende Sammlung von Musikinstru-
menten, die die Derwische bei ihren Zeremonien benutzten.

KONYA — MEWLANA TEKKE 329

Hier ist auch einer der kostbarsten Schätze seldschukischen Kunsthandwerks zu bewundern: ein fein geschnitzter Koranständer aus Walnußholz, 1278 geschaffen. Die Buchauflage ist mit einer Fabelszene, Löwen und doppelköpfigen Adlern bemalt, das einzige erhaltene Zeugnis seldschukischer Malerei.

An der Nordseite des ›semahane‹ liegt die Loge der Musikanten, an der Ostseite die der Honoratioren. Vor vielen Jahren saß ich hier einst mit Freunden an einem winterlichen Nachmittag. Außer uns waren nur einige am Grabmal des Mewlana betende Gläubige im Raum; als einzige Laute waren ihre gemurmelten Gebete zu hören und die klagenden Töne einer Mewlewi-Weise, die gedämpft aus einem Lautsprecher im ›semahane‹ klangen. Unwillkürlich wurden die Bilder heraufbeschworen, die frühere Reisende in der Türkei so fasziniert hatten: wie die Derwische mit ihren weiten weißen Gewändern und zylinderförmigen, leicht konischen Hüten sich ekstatisch um die eigene Achse drehten, begleitet von den überirdischen Klängen der ›ney‹, der türkischen Rohrflöte. Heute kann man dieses wundervolle Schauspiel in Konya nur während des alljährlichen Mewlana-Festivals im Dezember erleben, und da wirkt es eher wie eine Theaterdarbietung, nicht mehr wie ein religiöses Zeremoniell. So muß man denn – will man etwas von dem verschwundenen Zauber einfangen – in alten Reiseberichten nachlesen. Die früheste bekannte Beschreibung stammt aus der Feder des Engländers Samuel Purchas, der im Jahr 1613 in der Mewlewi-›tekke‹ zu Pera einer ›sema‹-Vorführung beiwohnte:

*»Plötzlich erhoben sich 25 der 52 Derwische, barfüßig, mit bloßen Beinen, legten ihre Obergewänder ab, so daß manche mit nacktem Oberkörper dastanden, und begannen langsam Schritt für Schritt sich um den Schriftgelehrten zu drehen, der sich in ihrer Mitte um sich selber drehte, und verdoppelten allmählich ihren Schwung und drehten sich mit solch unglaublicher Schnelligkeit, daß ich nicht anders konnte als sie zu bewundern. Nicht weniger erstaunlich als ihre Ausdauer sind die Bewegungen des Tanzes; bald strecken sie die Arme so weit wie möglich von sich, bald weniger weit, bald halten sie sie über*

*dem Kopf, dann wieder vollführen sie spaßhafte Gesten, als spannten sie einen Bogen und schössen mit dem Pfeil. Und manche von ihnen kreisten immer nur auf ein und demselben Fleck, andere wiederum bewegten sich von einer Ecke in die andere.«*

# 19

## Kappadokien

Konya – Sultan Hanı – Aksaray – Peristrema-Tal – Nevşehir
Kaymaklı und Derinkuyu – Ürgüp – Göreme – Kayseri

Dieses Kapitel führt uns quer über die zentralanatolische
Hochebene von Konya nach Kayseri. Zuerst geht die Fahrt
durch einen kargen, dünn besiedelten Landstrich – die einzigen Zeichen menschlicher Existenz sind vereinzelte armselige Dorfflecken mit Lehmhütten und hier und da ein Zeltlager der Nomaden: »*Dies ist Asien mit seinen grenzenlosen
Weiten und der brutalen Gleichgültigkeit gegenüber dem Leben,
der Bequemlichkeit und allen Freuden des Daseins; es ist der
alte Orient, der nach vielen tausend Jahren menschlicher Bemühungen zurückgefallen ist in seine natürliche Trostlosigkeit.*«
(Gertrude Bell)

Wir verlassen Konya auf der Hauptstraße nach Ankara,
die am Nordende des Ala ed-Din Parkı beginnt. Sechs Kilometer hinter der Stadt erblickt man links den **Horozlu Han,**
den Han mit dem Hahn. Diese kleine Karawanserei wurde
1246 bis 1249 von Asad al-Din Ruz-apa erbaut, einem Emir
des Sultans Kaika'us II. Der Horozlu Han gehört zu jenem
Dutzend Raststätten, welche die Seldschuken im 13. Jh. entlang dem Ulu Yol (Großer Weg) einrichteten, der wichtigsten
Karawanenstraße zwischen der Hauptstadt Konya und Kayseri, der zweitgrößten Stadt im Sultanat von Rum.

Zehn Kilometer hinter Konya biegen wir rechts auf die
breite Asphaltstraße nach Aksaray, die das flache Hochplateau in einer Geraden durchschneidet. Über die fast gänzlich
zerstörte Karawanserei *Akbaş Han* aus der Mitte des 13. Jhs.
gelangen wir nach ungefähr einer Stunde dann zu dem berühmten **Sultan Hanı,** der größten und prächtigsten Karawanserei in Anatolien. Diese königliche Karawanserei zwischen Konya und Aksaray geht auf Kaikobad I. zurück und

wurde 1229 fertiggestellt. Obwohl große Teile der Baustruktur zerfallen sind, ist selbst die Ruine noch eindrucksvoll; mit dem reich verzierten Portal und den mit Stützpfeilern und Wehrtürmen verstärkten mächtigen Mauern wirkt sie wie ein mittelalterlicher Festungsbau.

Durch das Portal betritt man den weiträumigen *Innenhof* mit einer verfallenen ›*mescid*‹ (Gebetsraum) in der Mitte. Sie hat die Form eines ›köşk‹ und ruht auf vier mächtigen, durch Spitzbögen verbundenen Pfeilern und ist über eine Treppe an der Ecke zu erreichen; zu ebener Erde befindet sich der ›şadirvan‹. An den Längsseiten des Hofes ziehen sich Arkaden entlang, deren Gewölbedecken größtenteils eingestürzt sind. Im ersten Raum auf der linken Seite befand sich die Küche, die folgenden zwei Räume dienten als Schlaflager, und in den Kammern zur Rechten waren Läden, Lager, Arbeitsräume und Bäder untergebracht.

Ein zweiter monumentaler Portikus führt in die große überdachte *Pfeilerhalle*, die als Stallung für die Pferde und Kamele der Karawanen diente. Dieser Raum besteht aus einem breiten Mitteltrakt, von dem auf beiden Seiten im rechten Winkel neun Schiffe abgehen; über einem Pfeilergeviert des Mittelganges erhebt sich ein achteckiger Tambour, dessen Zeltdach oben nicht geschlossen war, um Licht und frische Luft einzulassen. Die Deckengewölbe sind vielfach eingebrochen, und doch wirkt die Halle immer noch mächtig und imposant.

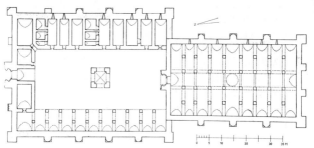

*Sultan Hanı an der Straße Konya – Aksaray*

## AKSARAY

Diese seldschukischen Hans waren weitgehend autark. Den Kaufleuten, Treibern und Lasttieren wurde hier nicht nur Nahrung und Unterkunft geboten, auch Ärzte für Mensch und Tier zählten zur Belegschaft, Köche und Bäcker sowie Handwerker und Arbeiter, wie sie für die Bedürfnisse der Reisenden und die Instandhaltung der Karawanserei nötig waren. In Kriegszeiten dienten die Karawansereien auch als Militärlager, in denen die seldschukischen Armeen bei ihrem Durchmarsch verköstigt und mit allem Nötigen ausgestattet wurden. Unter den Seldschuken mußten alle Händler im Reich eine jährliche Abgabe an den Sultan zahlen, wofür sie und ihre Tiere dann kostenlos in den Karawansereien unterkommen konnten, während sie von Ort zu Ort zogen.

Noch vierzig Kilometer, und wir erreichen die Schnellstraße Adana–Ankara, der wir drei Kilometer nordwärts folgen, um dann rechts nach **Aksaray** abzubiegen, einer größeren Stadt, die oasenartig inmitten von Pinien, Zypressen und Obstbäumen liegt und einen willkommenen Anblick bietet nach der langen Fahrt durch die steinige, eintönige Ebene.

Aksaray, eine Gründung der Hethiter, hat eine lange Vergangenheit. Jedoch gibt es nur wenige antike Monumente, und diese wenigen sind zumeist so gründlich restauriert worden, daß sie ihren ursprünglichen Charakter verloren haben. In der von den Karamaniden 1433 erbauten *Ulu Cami* steht ein herrlich geschnitzter seldschukischer Mimbar, der aus der zerstörten Moschee von Kılıç Arslan II. stammt. Zwei mittelalterliche *Medresen* sind von einigem Interesse: die Zinciriye Medresesi, ein Bau der Karamaniden aus dem Jahr 1336, und die Ibrahim Kadiroğlu Medresesi, ein seldschukischer Bau, den die Karamaniden gegen Mitte des 15. Jhs. erneuerten.

Aksaray liegt nahe der natürlichen Grenze zwischen der lykaonischen Ebene und der felsigen Erosionslandschaft des südwestlichen Kappadokien. Während des Mittelalters war Kappadokien eines der wichtigsten religiösen Zentren des Byzantinischen Reichs. Kirchen und Klöster entstanden hier in großer Zahl. Zu den Initiatoren der monastischen Bewegung gehörte *Basilius der Große* (329-79), Bischof von Caesarea (das heutige Kayseri). Dieser heiliggesprochene Geistliche formulierte die Mönchsregeln, die das Klosterleben der Ostkirchen bestimmten und später auch nach Europa gelangten, wo sie die Gedanken des hl. Benedikt nachhaltig beeinflußten und sich durch dessen Regeln auch auf das abendländische Mönchswesen auswirkten. Tausend Jahre lang blühte in Kappadokien ein reges Klosterleben, dem die turkmenisch-mongolischen Invasionen und die darauf folgende Eroberung Kappadokiens durch die Türken ein Ende bereiteten. Viele Kirchen waren aber noch bis 1923 besucht, ehe die griechischen Christen Anatoliens bei dem Völkeraustausch nach dem griechisch-türkischen Krieg deportiert wurden.

Von den Berichten vereinzelter Reisender abgesehen, blieben die Felsklöster und -kirchen Kappadokiens und ihre faszinierenden Wandmalereien der Außenwelt so gut wie unbekannt, bis im Jahr 1907 Pater Guillaume de Jerphanion der Gegend einen ersten – bahnbrechenden – Besuch abstattete. Von da an widmete er den Rest seines Lebens der Erforschung Kappadokiens und dem Studium dieser in den Fels gehauenen Kirchen und ihrer Ausschmückung; seine Forschungsergebnisse veröffentlichte er in dem maßgebenden Werk ›Une nouvelle province de l'art Byzantine: Les églises rupestres de Cappadoce‹ (Paris 1925-42). Seitdem werden Pater Jerphanions Untersuchungen von anderen Gelehrten fortgeführt und erweitert. Inzwischen ist Kappadokien weltweit bekannt, ein Reiseziel Zehntausender von Touristen, deren Invasionen die natürliche Schönheit dieser Gegend jedoch kaum beeinträchtigen können.

Die berühmtesten *Höhlenkirchen* liegen in der Umgebung von Ürgüp und Göreme, im Osten von Nevşehir. Bevor wir jedoch dorthin aufbrechen, empfiehlt sich ein Abstecher zum **Peristrema-Tal**, südöstlich von Aksaray im Vorgebirge des Hasan Dağı, mit noch nahezu fünfzig byzantinischen Klöstern und Kirchen. Diese Kirchen und ihre Fresken wurden zuerst in den 50er Jahren von Nicole und Michele Thierry bearbeitet, deren Veröffentlichung ›Nouvelles églises rupestres de Cappadoce‹ (Paris 1963) in würdiger Nachfolge von Pater Jerphanions Lebenswerk steht.

Die bequemste Anfahrt zum Peristrema-Tal führt über die Hauptstraße von Aksaray nach Nevşehir, die wir nach zwölf Kilometern verlassen, um rechts nach Ihlara abzubiegen; nach zwanzig Kilometern erreichen wir das Dorf am Eingang des Peristrema-Tals. Das Tal ist in Wirklichkeit eine etwa zehn Kilometer lange Schlucht zwischen Ihlara und Selimiye, die der von den Ausläufern des Hasan Dağı hinabstürzende Melendis in vielen Windungen durch das Vulkan- und Felsgestein gegraben hat. Die gelblichen Felswände fallen mehrere hundert Fuß steil zum steinigen Flußbett ab, das von Pappelwäldchen, Weiden und Zypressen gesäumt ist. Fast alle *Höhlenkirchen* befinden sich im oberen Abschnitt der Schlucht zwischen den Dörfern *Ihlara* und *Belisirama,* wo man einen Führer mieten kann. Mehrmals kreuzt der recht rauhe Bergpfad den Fluß durch Furten oder über improvisierte Hängebrücken – der ganze Ausflug ist ein spannendes und hochinteressantes Erlebnis.

Wieder auf der Hauptstraße in Richtung Nevşehir, treffen wir bald zur Rechten auf den **Ağzıkara Han,** eine höchst eindrucksvolle und gut erhaltene seldschukische Karawanserei. Die Anlage entspricht den beiden Sultan Hans (siehe S. 331, 332). Durch den monumentalen Eingang kommt man in den Arkadenhof mit der ›köşk‹-artigen ›mescid‹ in der Mitte und durch ein zweites Portal in die große Halle. Hier gehen vom Mitteltrakt sechs Querschiffe ab, und die durchbrochene Kuppel erhebt sich über der vierten Passage vom Eingang her gezählt. Einer Inschrift zufolge wurde die Halle 1231 während der Regierungszeit Ala ed-Din Kaikobads I. fertiggestellt, der Hof und der innere Portikus ein Jahrzehnt später.

Sieben Kilometer weiter liegt zu unserer Linken der stark zerstörte *Öresin Hanı,* eine kleine seldschukische Karawanserei aus dem späten 13. Jh. Nach weiteren dreizehn Kilometern kommen wir am **Alay Han** vorbei, von dem der vordere Portikus und die Fassade noch stehen. Dies ist die früheste seldschukische Sultanskarawanserei in Anatolien; aufgrund stilistischer Merkmale hat man sie vorläufig in das Jahr 1192 datiert, in das letzte Jahr der Herrschaft Kılıç Arslans II.

Wir passieren das Dorf Acıgöl, das in das frische Grün einer Oase eingebettet am Fuß zerklüfteter Hügel liegt, und dann ist es nicht mehr weit bis **Nevşehir,** einer reizlosen modernen Stadt im Schatten eines Burghügels, den die Ruinen einer seldschukischen Festung krönen. Im Stadtzentrum erhebt sich ein Standbild des berühmten Nevşehirli Damat Ibrahim Paşa, der um 1670 hier zur Welt kam. Ibrahim Paşa war ein Schwiegersohn (›damat‹) Ahmets III., und in den Jahren 1718 bis 1730, während der heiteren › Tulpenperiode‹, bekleidete er das Amt eines Großwesirs. Er gehörte zu den aufgeklärtesten Politikern seiner Zeit, und während seiner Amtszeit nahmen die Osmanen zum erstenmal kulturelle Kontakte zu Europa auf, vor allem zu Frankreich. Mit seiner fortschrittlichen Einstellung aber machte er sich die konservativen Gruppen der Führungsschicht zu Feinden, und schließlich wurde er gestürzt und im Jahr 1730 von den Janitscharen enthauptet.

In den vergangenen Jahren wurden südlich von Nevşehir mehrere erstaunliche *Höhlendörfer* entdeckt. Am wichtigsten sind **Kaymaklı** und **Derinkuyu** an der Strecke Nevşehir–Niğde. In dieser Gegend gibt es Dutzende solcher verborgener Zufluchtsstätten, aber bislang sind nur diese beiden für Besucher zugänglich. Sie wurden bis zu einer Tiefe von acht bis zehn Stockwerken aus dem Tuffstein gehauen, wobei die oberen Etagen offenbar als Wohnräume, die unteren als Lagerräume und Fluchtstätten dienten. Labyrinthartig laufen Tunnels in alle Richtungen, führen zu unterschiedlich großen Räumlichkeiten und verbreitern sich hier und da zu rechtwinkligen Plätzen, die an Straßenkreuzungen denken lassen. Es gibt ein Netzwerk von Luft- und Brunnenschächten, und an strategisch wichtigen Punkten konnten die Gänge von innen mit einem großen runden Stein in der Form eines Mühlrads verschlossen werden, um Eindringlingen den Zugang zu versperren. Wann diese Troglodytenstädte entstanden, weiß man nicht, aber wahrscheinlich datieren zu-

## MONDLANDSCHAFT 337

mindest Teile zurück in vorchristliche Zeit. Noch 1839 wurden sie als Zufluchtsstätten benutzt, als die einheimische Bevölkerung sich vor den unter Ibrahim Paşa anrückenden ägyptischen Truppen in Sicherheit brachte.

Östlich von Nevşehir verändert sich das Gelände abrupt und auf dramatische Weise: Wir kommen jetzt in das Zentrum der kappadokischen ›Mondlandschaft‹ (Taf. 15). Am besten erschließt sich die Gegend von **Ürgüp** aus, einem malerischen Städtchen am Fuß einer steilen Felskuppe, die von den Tür- und Fensteröffnungen der Höhlensiedlungen durchlöchert ist. Mehrere gute Hotels machen Ürgüp zum geeigneten Standort für Ausflüge in die Umgebung.

In diesem Teil Kappadokiens ist der Boden fast überall von einer tiefgehenden Schicht Tuffstein bedeckt, einer weichen Gesteinsart aus den hart gewordenen Lehm-, Asche- und Lavamassen, die einst von den heute erloschenen Vulkanen Hasan Dağı und Erciyes Dağı, den beiden großen Bergen Kappadokiens, herabströmten. Seit Urzeiten haben die Flüsse der Gegend in den weichen, porösen Stein Cañons, Schluchten, Täler und Rinnen gegraben, und die Naturelemente haben phantastische Spitzen und Wellen, Türmchen, Pyramiden, Nadeln, Stalagmiten und Kegel geformt – eine monumentale Ausstellung von Freilichtplastik in einer unglaublichen Vielfalt an Formen und Farben. Am häufigsten sind die Kegel-Varianten, oftmals mehr als dreißig Meter hoch, manche stehen in Gruppen, andere ragen wie wunderliche Obelisken einsam in die Höhe oder wirken wie die Sandburg eines Riesen. Häufig tragen sie auf ihrer Spitze Reste der Basaltschicht, die einst über dem Tuff lag; diese mächtigen Steinblöcke schützten den Tuffstein unmittelbar darunter, während er tiefer unten ausgewaschen, fortgeschwemmt wurde. Die schwarzen Basaltkapitelle, die in bedenklicher Balance die bizarren phallischen Kegel krönen, werden von der Bevölkerung als ›peri bacaları‹ bezeichnet, als Feen-Schornsteine. Die vorherrschenden Farbtöne wechseln, sind in manchen Gegenden Ziegelrot, Rostrot, Ocker oder Umbra, in anderen dominiert Aschgrau, und sogar ein salzig glitzerndes Weiß findet man; doch in dem sich wandelnden Spiel von Licht und Schatten ändert sich auch die Tönung der weichen Felsoberflächen ganz sacht und geht hier und dort in tiefes Nachtblau, intensives Lila, flüchtig sogar auch in Grün über; in der Abenddämmerung endlich liegt über dem ganzen wunderbaren Land ein schwindender Schimmer von Rosa und Gold, der bei Einbruch der Nacht zu einer Palette von zartesten Pastelltönen verblaßt.

Die Formung dieser architektonischen Traumgebilde, von der Natur begonnen, wurde von der ruhelosen Tätigkeit des Menschen zu Ende geführt; denn seit undenklichen Zeiten haben die Kappadokier diese Felskegel und Steilwände bearbeitet, haben aus dem Gestein Häuser, Vorratslager, Kirchen und Klöster gehöhlt, viele davon kunstvoll verziert und mit lebens- und phantasievollen Fresken bemalt, welche die religiösen Visionen der byzantinischen Christenheit des Mittelalters einfangen.

Ürgüp und die meisten anderen Dörfer in diesem Teil Kappadokiens wurden entweder auf der Spitze von Felsnadeln errichtet oder aus Felsvorsprüngen und gewaltigen Tuffkegeln herausgearbeitet, denen die Tür- und Fensteröffnun-

*Göreme, Übersichtsplan*

## FELSKIRCHEN

gen das Aussehen von gigantischen Bienenstöcken oder Taubenschlägen geben. Sogar die freistehenden Häuser wurden aus vulkanischem Gestein gebaut, und viele haben hübsche Arkaden und dekorierte Fassaden und Eingänge. Manche Kappadokier heute ziehen sich in die Felshöhlen zurück und leben dort wie einst die Höhlenmenschen, nur wesentlich komfortabler. Denn der scheinbar karge Boden ist unglaublich fruchtbar, und die Einheimischen ernähren sich sehr gut vom reichen Ertrag ihrer Obst- und Gemüsegärten und Weinberge. Der Wein, der hier produziert wird, ist zu Recht berühmt: Er geht etwas zu Kopf mit seinem leicht schwefeligen Aroma. Eines der Hotels in der Gegend serviert ihn in den Zimmern direkt aus der Leitung, so daß man sich die Zähne mit Wein statt mit Wasser putzen kann.

Ungefähr 150 **Felskirchen** und **Klosteranlagen** soll es hier nach Schätzungen der Wissenschaftler geben, und davon ist etwa die Hälfte mit mittelalterlichen Wandmalereien ausgeschmückt. Die meisten Reisenden besuchen aus Zeitgründen nur die bekannteren und leichter zugänglichen Kirchen, die nördlich der Hauptstraße von Nevşehir nach Ürgüp in dem Dreieck zwischen *Göreme, Üçhisar* und *Avanos* liegen. Südlich der Hauptstraße, in der Nähe von *Ortahisar,* befindet sich ein weiteres Zentrum. Ein drittes liegt im Umkreis von *Mustafapaşa* südlich von Ürgüp; und noch weiter im Süden, im *Soğanli-Tal,* findet sich eine vierte Gruppe. Wen diese Gebiete und ihre Kirchen eingehender interessieren, sei geraten, sich in Ürgüp oder einem anderen genannten Ort einen Führer zu nehmen.

Die meisten kappadokischen Felskirchen sind nach einem einfachen Schema angelegt und bestehen aus einem tonnengewölbten Schiff und einer Apsis in Hufeisenform. Häufig liegen zwei Kirchen nebeneinander, gelegentlich mit einem Säulengang als Trennung, da eine dann als Grabkapelle diente. Es gibt aber auch dreischiffige Basiliken, Kirchen in Form eines einfachen Kreuzes, nicht zu reden von den jeweiligen Varianten und Sonderformen, die durch Anpassung an gegebene Verformungen im Gestein entstanden, aus dem sie herausgearbeitet wurden. – Die Klöster reichen in

340  KAPPADOKIEN

ihrer Vielfalt von einfachen Einsiedeleien und schlichten
Andachtsstätten – häufig in die Tuffsteinkegel oder hoch
oben in die fast unzugänglichen Felswände gehauen – bis zu
vielteiligen Klosteranlagen mit Kirche, Grabkapelle, Schlafsaal, Refektorium und Vorratskammern, wobei auch jegli-
ches für liturgische und profane Zwecke notwendige Mobi-
liar aus dem anstehenden Tuffstein geformt war. Die örtli-
chen Baumeister waren bestrebt, sich an die Formen
freistehender Bauten zu halten. So wirken die Innenräume
der Kirchen mit ihren Säulen, Kapitellen, Bögen, Gewölben,
Pendentifs und Kuppeln auf den ersten Blick keineswegs
ungewöhnlich. Doch oft ist der untere Teil dieser ›tragenden‹
Elemente im Laufe der Jahrhunderte verschwunden, und da
kann es sein, daß Säulen hängen wie Stalaktiten, daß Bögen
und Decken sich frei im Raum wölben, und daß Kuppeln
ungestützt der Schwerkraft spotten oder wie von einem zau-
berischen Magnet gehalten scheinen.

Vor den **Fresken** dieser kappadokischen Kirchen steht man
in einem der umfangreichsten Museen für byzantinische Malerei. Fast die ganze Spannweite der mittelalterlichen christlichen Kunst breitet sich hier aus. Manches ist auch aus frühchristlicher oder vorikonoklastischer Zeit erhalten (um 550-
725), als man zur Ausschmückung vielfach zu Symbolen der
Heilslehre griff: das Kreuz, die paradiesische Palme, der
ewiges Leben symbolisierende Granatapfel und der Fisch,
dessen häufige Verwendung daher rührt, daß das Wort für
›Fisch‹ im Griechischen aus den Anfangsbuchstaben der
Wörter ›Jesus Christus, Sohn [Gottes], Erlöser‹ besteht. In
der ikonoklastischen Periode, die von 726 bis 843 dauerte –
mit einer kurzen Unterbrechung während der Herrschaft der

17  Ishak Paşa Sarayı im östlichen Grenzgebiet, 18. Jh.

18  Landschaft bei Sivas in Zentralanatolien

19  Der von einer römischen Brücke überspannte
     Cendere Suyu bei Kâhta in Südostanatolien

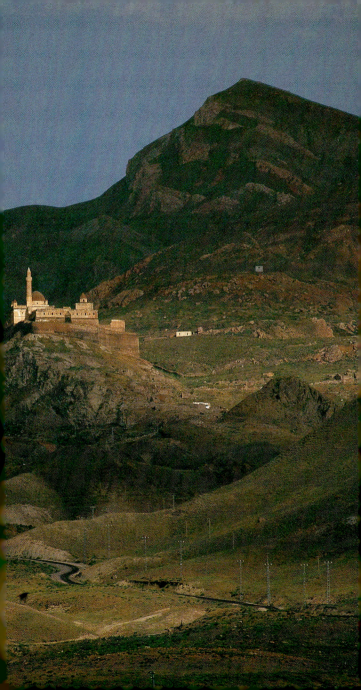

## KAPPADOKISCHE MALEREI 345

Kaiserin Eirene (797-802) – sah man alle Darstellungen der menschlichen Figur als Gotteslästerung an, man beschädigte oder zerstörte sie und übermalte sie mit gewaltigen Kreuzen oder Ornamenten wie Weinranken, Bäumen oder geometrischen Mustern. An diese Zeit schloß sich die von Pater Jerphanion ›archaisch‹ genannte Periode an (um 850-950), als die kappadokischen Künstler die Kirchenwände wieder mit figuralen Malereien schmückten, vor allem mit erzählenden Bilderzyklen der Lebensgeschichte Christi gemäß den Apokryphen. (Ein Kunsthistoriker hat diese Bilderfolgen mit Comics verglichen.) Nach einer Übergangsphase (um 950-1020) entwickelte sich die kappadokische Kunst rasch und gelangte im 11. und 12. Jh. zu ihrer höchsten Blüte. In dieser Zeit lebte auch das Mönchswesen wieder auf, und reiche byzantinische Beamte ließen eine Vielzahl von Kirchen und Klöstern errichten und von den bekanntesten Künstlern des Reichs ausschmücken. Deshalb folgen die kappadokischen Malereien dieser Zeit fast in allem dem traditionellen Kanon der byzantinischen Kunst. Die christologischen Darstellungen – der Hauptgegenstand der Kirchenmalereien – gründeten sich nun mehr auf die Evangelien und weniger auf die apokryphen Bücher; gleichzeitig wurden die früheren Bildergeschichten immer stärker von Einzeldarstellungen (Propheten, Heiligen, Kirchenvätern etc.) verdrängt. Doch auf diese Hochblüte der kappadokischen Kunst folgte ihr plötzliches Ende – selbst wenn wir ein kurzes Wiederaufleben unter den Seldschuken im 13. Jh. feststellen können. Die Malereien aus der späteren Zeit sind meist recht unbeholfen, denn nachdem Kappadokien fest in türkische Hände gefallen und von den Zentren christlicher Kunst in Byzanz und weiter im Westen abgeschnitten war, starben die lokalen Malerschulen aus, und die handwerklichen Traditionen gerieten in Vergessenheit.

Wessen Zeit knapp bemessen ist, beginnt die Rundfahrt am besten in **Göreme,** wo sich die zugänglichen **Felskirchen** am dichtesten häufen. Die wichtigsten Bauten befinden sich in einem weiten von der Natur geschaffenen Theater, von fast senkrechten Felswänden gebildet und sich öffnend auf ein grünes Tal. In der Mitte unterhalb der Felsschroffen sind mehrere eindrucksvolle Felskammern, deren doppelstöckige Portale und Arkaden mit geometrischen Mustern verziert sind. Einige davon, die als Fluchtstätten oder Einsiedlerklausen gedacht waren, lassen sich nur über halsbrecherische Stiegen oder enge Gänge erreichen, die man wie in Kaymaklı und Derinkuyu mit großen Steinen versperren konnte. Zu beiden Seiten dieser mittleren Gruppe liegen auf unterschiedlicher Höhe verschiedene Kloster- und Kirchenanlagen mit den dazugehörigen Refektorien, Küchen und Vorratsräumen, die alle aus dem Tuff gehöhlt wurden. Auf dem eingezäunten Gelände unterhalb des Parkplatzes stehen etwa zwanzig Gotteshäuser, darunter die Barbara Kilise (Kirche der hl. Barbara), Elmalı Kilise (Kirche mit dem Apfel), Çarıklı Kilise (Kirche mit den Sandalen) und die Karanlık Kilise (Dunkle Kirche) mit einem Refektorium; sie alle sind mit Wandmalereien aus dem 11. Jh. geschmückt.

Wenn wir am Parkplatz vorbeigehen, sehen wir zur Rechten die **Tokalı Kilise** (›gegürtete‹ Kirche), auch als ›Neue Kirche‹ bekannt, da um die Mitte des 10. Jhs. hinter einem schon bestehenden Raum das überwölbte ›Querschiff‹ mit drei anschließenden Chornischen aus dem Fels herausgeholt wurde, auch eine Seitenkapelle mit dreibogigem Einlaß. Die Tokalı Kilise ist nicht nur Prototyp der kappadokischen Kirchen mit Querschiff, auch ihre Fresken wetteifern mit den besten der ›archaischen‹ Periode. Um sie herum liegen mehrere Höhlenkirchen und Andachtsräume aus derselben Zeit, und in dem dahinter liegenden Tal findet sich ein weiteres halbes Dutzend.

Jenseits von Göreme liegt das Höhlendorf **Avcılar** an der Weggabelung links nach Üçhisar und rechts nach Avanos. Im Dorf kann man hoch oben an einem gewaltigen Felskegel die in den Tuffstein geschnittene Fassade einer römischen Grabstätte sehen, eine der wenigen kappadokischen Felsanlagen aus vorchristlicher Zeit.

Nicht weit von Göreme liegt an der Straße nach Avanos das Troglodytendorf **Çavuşin,** das teilweise in eine von Höhlenöffnungen durchlöcherte Gesteinswand gebaut ist. Auf

dem Felsen erhebt sich die *Kirche Johannes des Täufers* mit
eindrucksvoller Fassade und vorgestellten Säulen. Falls die
dreischiffige Basilika tatsächlich aus dem 5. Jh. stammt, wie
vermutet wird, dann ist sie das älteste christliche Heiligtum
in Kappadokien; ihre Fresken entstanden in vorikonoklastischer Zeit. Kurz hinter Çavuşin stoßen wir auf den sogenannten ›*Taubenschlag*‹, einen Kirchenbau aus dem 10. Jh.
in einem markanten Felsturm. Auf den Fresken sind auch
der byzantinische Kaiser Nikephoros II. Phokas (963-969)
und seine Gemahlin, die ungetreue Kaiserin Theophano zu
sehen. Diese ›Portraits‹ entstanden zweifellos im Jahr 964
aus Anlaß des kaiserlichen Besuchs in der kappadokischen
Heimat, bevor Nikophoros zum Feldzug gegen die Araber
aufbrach. Eine Zeitlang bestand die Hoffnung, daß es dem
Kaiser gelingen könnte, die Araber vollständig aus Kleinasien und dem Heiligen Land zu vertreiben (er hatte immer-
hin den Beinamen ›der bleiche Tod der Sarazenen‹). Doch
dann wurde er 969 von seiner Frau und ihrem armenischen
Liebhaber Johannes Tzimiskes umgebracht, der daraufhin
den Thron usurpierte und Theophano ins Kloster verbannte.

Wer noch Zeit hat, die Gegend zu Fuß zu durchwandern,
dem sei geraten, sich die verschiedenen Höhlenkirchen in
den beiden Tälern **Güllü Dere** und **Kızıl Çukur** südöstlich
von Çavuşin anzusehen. Die Wandmalereien dort entstanden
zwischen dem 7. und 10. Jh.

Hinter Çavuşin führt ein Weg rechts nach **Zilve** mit etwa
einem Dutzend nahe beieinanderliegenden Kirchen; die meisten wurden im 9. und 10. Jh. erbaut, in drei älteren aber
finden sich noch vorikonoklastische Malereien. Wenige Gegenden in Kappadokien sind so überwältigend wie diese, wo
beim Zusammentreffen eines Tales mit drei *Cañons* eine Art
naturgeschaffenes Amphitheater entsteht, dessen Stein-
wände siebartig durchlöchert sind mit den Öffnungen der
Höhlenkirchen und -wohnungen. Das Troglodytendorf
Zilve wurde vor einigen Jahren wegen Steinschlaggefahr
geräumt, aber man kann noch eine in das Gestein gehauene
Moschee besichtigen, das einzige islamische Felsheiligtum in
Kappadokien.

348 KAPPADOKIEN

Nach diesem Abstecher fahren wir auf die Hauptstraße zurück und erreichen bald die größere Ortschaft *Avanos* am Ufer des *Kızıl Irmak* (Roter Fluß). Dies ist der *Halys* der Antike, der längste Fluß Kleinasiens; er entspringt im Pontischen Gebirge, umfängt in einem großen Bogen ganz Westkappadokien, wendet sich dann nach Norden, wo er seinen Weg durch tiefe Bergschluchten sucht und dort die ehemalige Grenze zwischen Paphlagonien und dem Pontos markiert, und ergießt sich schließlich in das Schwarze Meer, den ›Pontos Euxeinos‹ der Griechen. Der türkische Name des Flusses erklärt sich aus der rostroten Farbe, die er vom rötlichen Lehmboden Kappadokiens erhält. Dieser Lehm war im Altertum als Ton für Töpfereien sehr gefragt und wurde in alle Länder am östlichen Mittelmeer exportiert. Noch heute stellt er für die Einwohner von Avanos die wichtigste Einkommensquelle dar, und in zahlreichen kleinen Brennöfen am Ort produzieren die Töpfer die recht grobe Avanos-Ware.

Über Avcilar geht es zurück nach **Üçhisar,** dem wohl malerischsten Dorf Kappadokiens – gelegen auf einem regelrechten ›Gibraltar-Felsen‹ –, auch hier die Wände von Höhlenwohnungen durchbrochen, und auf der Höhe ein mittelalterliches Kastell. Von den höhergelegenen Häusern des Dorfes aus hat man einen weiten Blick auf diesen berückendsten Teil Kappadokiens.

Von hier aus wenden wir uns zurück zur Hauptstraße Nevşehir-Ürgüp und halten vor Ürgüp vielleicht noch einmal in **Ortahisar.** Der Ort ist eine kleinere Version von Üçhisar und liegt zusammengedrängt am Fuß eines steilen Felsens, wieder von Höhlenwohnungen durchlöchert und von einer Burg gekrönt. Südlich von Ortahisar gibt es etwa ein Dutzend Höhlenkirchen mit Malereien aus dem 10. und 11. Jh.

Von Ürgüp führt ein Weg südlich nach *Damsa* und in das **Soğanli-Tal,** wo mehr als dreißig Felskirchen und -klöster mit Wandmalereien zu sehen sind, entstanden zwischen dem 9. und der zweiten Hälfte des 13. Jhs. Vermutlich werden aber die meisten Reisenden diesen Ausflug auf einen späteren Besuch verschieben – es würde den größeren Teil des Lebens

# PRESTEL-LANDSCHAFTSBÜCHER

**Syrien** — Alfred Renz
3-7913-0893-9, DM 44,–

**Toskana** — H.J. Fischer
3-7913-0759-2, DM 48,–

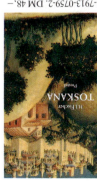

**Turkestan** — Taschkent, Buchara, Samarkand
3-7913-0044-X, DM 44,–

**Umbrien** — Art Buchs
3-7913-1031-3, DM 44,–

**Ungarn**
3-7913-0667-7, DM 44,–

**USA – Die Ostküste** — Werner Krum
3-7913-0543-3, DM 44,–

**USA – Der Westen** — Werner Krum
3-7913-0833-5, DM 48,–

**Vorarlberg und Liechtenstein**
3-7913-0851-3, DM 44,–

**Wales** — H.E. Conrad
3-7913-0594-8, DM 44,–

# PRESTEL-LANDSCHAFTSBÜCHER

Horst Krumm
**Schleswig-Holstein**

3-7913-0958-7 · DM 44,–

**CONCERTO ROMANO**

3-7913-0293-0 · DM 42,–

Reinier Peretsch
**ROM**
Eine Führung

7913-1045-3 · DM 34,–

Esther Knorr-Anders
**Salzburg**

3-7913-1172-7 · DM 48,–

Richard Zürcher
**Reisen durch die Schweiz**

3-7913-0006-7 · DM 44,–

Gottfried Fliedler
**Schweden**

7913-0043-1 · DM 44,–

FRANZ PRINZ ZU SAYN-WITTGENSTEIN
**Südtirol und das Trentino**

3-7913-0760-6 · DM 44,–

Dr. Bernd Roeck
**Spaniens Norden**

3-7913-0280-9 · DM 44,–

Gustav Faber
**Spaniens Mitte**
und Katalonien

7913-0403-8 · DM 44,–

kosten, wollte man Kappadokien so gründlich erforschen, wie es ihm gebührt.

Da wir nicht ganz so viel Zeit haben, begeben wir uns vielmehr raschest nach Kayseri. Die Straße von Ürgüp führt hinauf in zerklüftetes Hügelland und entlang einem grünen Tal. Bei dem Dorf *Akköy* sehen wir die letzten Tuffsteinkegel und Höhlenwohnungen. Hinter der Paßhöhe des Topuz Dağı (1524 Meter) ändert sich die Landschaft wiederum abrupt. Es ist das schon vertraute anatolische Steppengebiet, das sich nun vor uns ausbreitet und das nach der dramatischen Schönheit des felsigen Kappadokien öder und melancholischer als je zuvor anmutet. Im Norden türmt sich das schneebedeckte Massiv des *Erciyes Dağı* auf, des mit 3916 Metern höchsten Gipfels in Zentralanatolien – um ihn herum führt unser Weg nach Kayseri.

# Zentralanatolien I

Kayseri – Kültepe – Sivas – Tokat – Turhal – Amasya

**Kayseri,** die wichtigste Stadt Zentralanatoliens, breitet sich
in wunderbarer Lage am Fuß des Erciyes Dağı aus, des
antiken Argaeus. Ihre Bedeutung verdankt die Stadt dem
Umstand, daß sie am Schnittpunkt verschiedener wichtiger
Handelswege durch Anatolien liegt, wo die von der Ägäis-
küste gen Osten verlaufenden Straßen sich mit den nach
Norden und Süden führenden kreuzen, die am Schwarzen
Meer und am Mittelmeer enden.

Die früheste Siedlung hier hieß Mazaka und war im Altertum die Hauptstadt von Kappadokien. Der letzte König von
Kappadokien, Archelaos I. (37 v.Chr.-17 n.Chr.), der nur
noch eine Marionette Roms war, gab der Stadt zu Ehren
seines kaiserlichen Gönners, des Caesar Augustus, den Namen *Caesarea.* (Das moderne Kayseri ist lediglich eine leichte
linguistische Abwandlung des römischen Namens.) Später
wurde der Ort zur Hauptstadt der römischen Provinz Cap-
padocia Prima, und in byzantinischer Zeit war es ein wichtiger Bischofssitz, eine Zeitlang auch der des hl. Basilius des
Großen. Wegen seiner exponierten Lage auf dem Zentralplateau wurde Caesarea immer wieder von den Heeren verschiedener Nationen und Völker überfallen, die während des
Mittelalters Anatolien heimsuchten: Von den Arabern
wurde es zwischen dem 7. und 10. Jh. mehrmals geplündert,
und im Jahr 1067 bemächtigte sich ein turkmenischer Krie-
gerverband der Stadt anläßlich des ersten türkischen Vorsto-
ßes nach Zentralanatolien. Während der nächsten vierein-
halb Jahrhunderte wurde Caesarea nacheinander von Seldschuken, Mongolen, Mameluken und verschiedenen turkmenischen Emiren belagert und erobert, bis es schließlich
von Selim I. im Jahr 1515 dem Osmanischen Reich einverleibt wurde. Die meisten noch erhaltenen Baudenkmäler in

KAYSERI 351

Kayseri entstanden im 13. und 14. Jh., als Reichtum und Einfluß der Stadt auf ihrem Höhepunkt waren, zunächst unter den Seldschuken und danach hintereinander unter drei turkmenischen Dynastien, den Danişmendiden, Eretniden und Karamaniden.

*Cumhuriyet Meydanı* ist der Hauptplatz, Zentrum des modernen Kayseri. An seiner Südseite ragt die mächtige **seldschukische Festung** empor, die im Mittelalter den Bewohnern als Fluchtburg diente. Die Anlage ist in erstaunlich gutem Zustand – alle neunzehn basaltschwarzen Wehrtürme stehen noch – und gehört zu den besterhaltenen Beispielen seldschukischer Festungsarchitektur. Mit dem Bau wurde 1210 im ersten Regierungsjahr von Kaika'us I. begonnen, und 1226 wurde die Arbeit durch Ala ed-Din Kaikobad I. beendet. Sultan Mehmet II. ließ 1466 nach der Einnahme Kayseris weite Teile des Bauwerks erneuern; damals stiftete er auch die innerhalb der Zitadelle gelegene Moschee, die seinen Namen trägt.

Um den mittelalterlichen Stadtkern von Kayseri zog sich eine Verteidigungsmauer, die Justinian in der ersten Hälfte des 6. Jhs. hatte errichten lassen. Diese Mauer nahm den gleichen Verlauf wie heute die beiden Hauptdurchfahrtstraßen, die vom Cumhuriyet Meydanı wegführen: Die *Istanbul Caddesi* erstreckt sich in nordwestlicher Richtung und schließt sich an die Ausfallstraße nach Ankara an, während die *Talas Caddesi* nach Südosten verläuft. Von den byzantinischen Schutzmauern steht ein kurzer Abschnitt nahe des Talas Caddesi an der halbkreisförmig verlaufenden Verbindungsstraße der beiden Hauptstraßen.

Fast alles, was bedeutsam ist in Kayseri, liegt im mittelalterlichen Stadtbereich oder schließt sich unmittelbar an ihn an. Am malerischsten zeigt sich dieses alte Viertel nahe dem Südwesttor der Zitadelle, im Umkreis des Basars. Die ältesten Marktgebäude sind der *Bedesten* und der *Vezir Hanı,* beides osmanische Anlagen des späten 18. Jhs. Unmittelbar südlich davon finden wir die **Ulu Cami,** die vermutlich um 1140 erbaut wurde (vollendet 1205, in osmanischer Zeit mehrfach restauriert); die Moschee ist wahrscheinlich eine

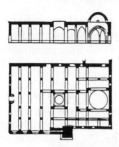

*Kayseri, Ulu Cami*

Stiftung des Emirs Yaghibasan, eines Enkels von Danişmend, dem Stammvater des gleichnamigen Herrscherhauses. Die Dynastie der Danişmendiden herrschte von etwa 1070 bis 1177 über Kappadokien, meist verbündet mit den Seldschuken, und mehrere Orte Zentralanatoliens sind noch geschmückt mit schönen Bauwerken aus jener Zeit.

Südlich der Ulu Cami stehen zwei Gebäude aus den Jahren, da Kayseri in der Hand der Karamaniden war; es handelt sich um die *Melek Gazi Medresesi* und die *Hatuniye Medresesi,* die beide aus dem Jahr 1432 stammen.

Aus osmanischer Zeit finden wir nur ein einziges wichtigeres Gebäude in Kayseri, die **Kurşunlu Cami** im *Atatürk Parkı*

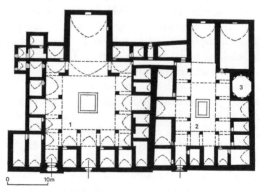

*Kayseri, Çifte Medrese*
1 Krankenhaus, 2 Medizinschule, 3 Mausoleum

## KAYSERI

an der Westseite des Cumhuriyet Meydanı. Bauherr dieser
Moschee aus dem Jahr 1585 war Kızıl Ahmet Paşa, ein
Bruder des berühmten Şemsi Paşa, die beide einer alten
seldschukischen Familie angehörten, welche unter den
Osmanen ihren Einfluß zu bewahren wußte.

Ein kurzer Gang durch die engen, verwinkelten Gassen
nördlich der Kurşunlu Cami bringt uns zur **Çifte Medrese**
(›Zwillings‹-Medrese). Sie wurde 1206 von Kaihosrau I. und
seiner Schwester Gevher Nesibe Hatun gestiftet und ist die
älteste seldschukische Medrese in Kayseri. Die Anlage bestand aus einem Hospital und einer Medizinschule, der ersten ihrer Art in Anatolien. Steht man davor, so war links das
Hospital, rechts die Medizinschule, in der die überkuppelte
Grablege (an der rechten Seitenwand) zweifellos für die Stifterin Gevher Hatun bestimmt war.

Beim Verlassen der Medrese wenden wir uns nach links,
kommen bald auf die *Istasyon Caddesi* und folgen dieser
zurück zum *Cumhuriyet Meydanı*. An diesem erhebt sich
ein weiteres edles Bauwerk der Seldschukenzeit, die **Sahibiye
Medresesi**. Es ist eine Stiftung des großen seldschukischen
Wesirs Sahib Ata Fahr ed-Din Ali aus dem Jahr 1268. Es
wird geplant, die vor einigen Jahren restaurierte Medrese in
eine Klinik oder ein Studentenheim umzuwandeln.

Wir verlassen den Platz an seinem südöstlichen Ausgang,
gehen die *Talas Caddesi* entlang und erreichen so den **Stiftungskomplex der Hvant Hatun** gegenüber der Zitadelle.
Es handelt sich hier um die früheste Moscheeanlage der
Seldschuken in Anatolien; zu ihr gehörten Medrese, Türbe,
›hamam‹ und ›çeşme‹ (Brunnen), die beiden letztgenannten
sind inzwischen fast spurlos verschwunden. Der Gesamt-
komplex wurde 1238 von Mahperi Hvant Hatun gestiftet,
der griechischen Ehefrau Ala ed-Din Kaikobads I. und Mutter Kaihosraus II. Der große zurückgesetzte Bau zur Rechten
ist die weiträumige Moschee, die mit ihren massiven Außenmauern wie eine mittelalterliche Festung wirkt, und das
kleinere Gebäude zur Linken die Medrese. In der hinteren
rechten Ecke der Medrese befindet sich die Grabtürbe der
Stifterin, die in einem Marmorsarg auf hoher Plattform be-

*Kayseri, Stiftungskomplex der Hvant Hatun
(Rekonstruktionszeichnung)*

stattet liegt. Bis vor einigen Jahren dienten die Räume als Archäologisches Museum, heute finden hier gelegentlich Kunst- und Kunsthandwerksausstellungen statt.

Um zum neuen Archäologischen Museum zu gelangen, folgen wir der *Talas Caddesi* etwa einen Kilometer und wenden uns bei dem Hinweisschild nach links. Unterwegs

## KAYSERI

kommen wir an mehreren ›kümbeds‹ vorbei, den *seldschuki-schen Grabbauten* mit dem charakteristischen Kegel- bzw. Pyramidendach. Es wird behauptet, daß diese Form auf die Königszelte der Seldschuken-Dynastie aus dem Iran zurückgeht, auffallend ist aber auch die Ähnlichkeit mit mittelalterlichen Kirchenbauten der Armenier in der Osttürkei. Das prächtigste dieser seldschukischen Grabmäler in Kayseri ist der **Döner Kümbed** auf der rechten Seite des Talas Caddesi gegenüber der Abzweigung zum Museum. Eine Inschrift besagt, daß dieses Mausoleum für die seldschukische Prinzessin Şah Cihan Hatun gebaut wurde; das Jahr der Errichtung ist nicht angegeben, aber aufgrund stilistischer Merkmale wird es in das Jahr 1276 datiert. Der zwölfseitige Bau, ohne Ziegelwerk, ganz aus Hausteinen errichtet, trägt über dem Stalaktitgesims ein Kegeldach. Zum Dekor des Grabmals gehören ungewöhnlich viele figürliche Reliefs: Dattelpalmen, ein Löwenpaar, der doppelköpfige Adler, das Wappentier der Seldschuken.

Auf der gegenüberliegenden Straßenseite, rechts an der zum Museum führenden Straße, das **Sırçalı Kümbed,** ein Grabbau aus der Mitte des 14. Jhs., als Kayseri zum Herrschaftsgebiet der türkischen Eretniden gehörte. Diese Dynastie wurde von einem türkischen Uiguren namens Eretna gegründet, der von den mongolischen Ilkhanen zum Gouverneur der Provinz Anatolien bestellt war. Als das Reich der Ilkhane zu zerfallen begann, machte sich Eretna die Gelegenheit zunutze und erklärte 1335 seinen zentralanatolischen Machtbereich zum unabhängigen Staatswesen. Nur ein halbes Jahrhundert lang konnte sich die Dynastie der Eretniden behaupten, doch in dieser kurzen Zeitspanne hinterließ sie eine Reihe schöner Bauwerke in Kayseri, Sivas und anderswo. – Ein weiteres Baudenkmal des Eretna in Kayseri ist die ungewöhnliche **Köşk Medrese** ein wenig östlich vom Museum, die mit ihrer zinnenbekrönten Außenmauer aus Haustein wie eine Miniaturfestung wirkt. Eretna ließ sie 1339 zum Andenken an seine Gemahlin Suli Paşa errichten; man nimmt an, daß er neben ihr in der Türbe bestattet liegt, die sich in der Mitte des Hofs erhebt.

356 ZENTRALANATOLIEN I

Das attraktive neue **Archäologische Museum** umgibt ein Garten, in dem eine sehr sehenswerte Sammlung früher, vor allem hethitischer Skulpturen ausgestellt ist. Die faszinierendsten Stücke, die es in den Vitrinen des Museums zu bewundern gibt, sind die großartige Keramik, Rollsiegel und Kultfigürchen aus Kültepe, einer Ausgrabungsstätte zwanzig Kilometer nordöstlich von Kayseri.

Hier in Kayseri teilte sich in seldschukischer Zeit die große Karawanenstraße: Ein Zweig führte ostwärts nach Malatya, der andere nordöstlich nach Sivas, und von dort nordwestlich weiter bis Amasya. Die heutige Reiseroute folgt dem Zweig nach Sivas und Amasya, und dabei wird Zentralanatolien in einem großen Bogen durchquert.

Wir biegen von Cumhuriyet Meydanı auf die nordöstlich verlaufende *Sivas Caddesi,* die zur Ausfallstraße nach Sivas führt. Nach wenigen Kilometern sehen wir zur Rechten das **Çifte Kümbed,** einen seldschukischen Grabbau von achteckiger Form und viereckigem Sockel. Das eingestürzte Spitzdach gibt den Blick auf die Innenkuppel frei. Laut Inschrift wurde das Grabmal 1243-44 für die Prinzessin al-Malika al-Adilyya errichtet, eine der Gemahlinnen Kaikobads I.

Etwa zwanzig Kilometer hinter Kayseri zweigt ein Weg links ab zum Dorf *Karahöyük,* in dessen Nähe **Kültepe** liegt. Der große Tumulus ist als das antike **Kaneş** (Kanisch) identifiziert, eine der wichtigsten anatolischen Siedlungen aus der Bronzezeit. Unter den Erdlagen wurden neben mehrräumigen Privathäusern auch palastartige Bauten freigelegt, außerdem eine Fülle herrlicher Töpferware und anderer Kleinkunst, die zum größten Teil in die Zeit zwischen 2000 und 1800 v. Chr. datiert werden. Auf noch interessantere Funde stießen die Archäologen in der Unterstadt, wo sich um jene Zeit assyrische Kaufleute niedergelassen hatten. Anscheinend besaßen die Assyrer verschiedene über Zentralanatolien verteilte Handelsniederlassungen (›karum‹) dieser Art, an denen sie den lokalen Herrschern – hier den Fürsten von Kaneş – Steuern entrichteten und dafür einen gewissen Schutz genossen. Die bedeutendsten Fundstücke, die man

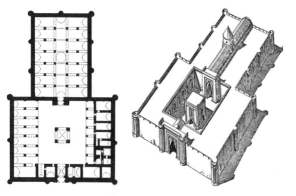

*Sultan Hanı an der Straße Kayseri – Sivas
(rechts Rekonstruktion)*

hier hob, sind jene *Tontafeln,* auf denen die assyrischen Kaufleute Einzelheiten ihrer händlerischen Tätigkeit festhielten. Dies sind die frühesten in Anatolien aufgefundenen schriftlichen Dokumente, und aus ihnen wird deutlich, daß Kaneş eines der Zentren war, von wo aus sich die mesopotamische Kultur ausbreitete und die einheimischen Volksgruppen des Zentralplateaus, zuerst die Hatti und danach die Hethiter, beeinflußte.

Etwa eine halbe Fahrstunde hinter der Abzweigung nach Kültepe liegt an der Hauptstraße Kayseri–Sivas der **Sultan Hanı,** die zweite der beiden königlichen Karawansereien dieses Namens aus der Seldschukenzeit. Daß Ala ed-Din Kaikobad I. den Han zwischen 1232 und 1236 erbauen ließ, während der vier letzten Jahre seiner Herrschaft also, ist inschriftlich bekundet. In etwas kleinerem Maßstab wiederholt dieser Han den Bauplan der älteren Karawanserei gleichen Namens zwischen Konya und Aksaray (siehe S. 331).

Die erste größere Ortschaft an der Strecke Kayseri–Sivas ist, nach etwa einer Stunde Fahrt, **Şarkışla,** berühmt als Geburts- und Wohnort des größten Volksdichters der modernen Türkei, *Aşık Veysel*. Veysel kam 1894 in der Nähe von

Şarkışla als Kind armer Bauern zur Welt und verlor früh das Augenlicht. Unverzagt lernte er die ›Saz‹ zu spielen, jenes Saiteninstrument, das so gut wie ausschließlich von anatolischen Musikanten benutzt wird. Schon bald komponierte er einfache ländliche Weisen, wie sie zum Repertoire der türkischen Barden (›aşık‹) gehören, eine Tradition, die zurückgeht auf die ›Fahrenden Sänger‹ im mittelalterlichen Anatolien. Aşık Veysels Lieder handeln von der Welt der einfachen Bauern, unter denen er lebte und deren Mühen, Sorgen und gelegentliche Freuden er teilte. Wenn er von der ersten Nachtigall im April sang, klang in seiner brüchigen, unsicheren alten Stimme jene sehnsuchtsvolle Freude und Melancholie an, die auch der Gesang der Nachtigall selbst auslöst, besonders in Anatolien, wo die stimmungsvolle Frühlingszeit nur kurz währt. Im Frühling des Jahres 1971 starb Aşık Veysel, und man trug ihn auf dem Feld zu Grabe, wo ihn seine Mutter 77 Jahre zuvor geboren hatte. In ›Kara Toprak‹ (Schwarze Erde), einem seiner letzten Lieder, sang er von seiner Liebe zu den Feldern, die ihn ein Leben lang ernährt hatten: » *Mein treues Liebchen ist die schwarze Erde, denn ob ich sie auch mit Hacke und mit Spaten verletzte, sie lächelte nur und gab mir rote Rosen; meine einzige, meine wahre Liebe ist die schwarze Erde…*«

Hinter Şarkışla steigt die Straße hinauf zu den Paßhöhen von Yassıbel und Saylar. Beide liegen mehr als 1500 Meter über dem Meeresspiegel, was kaum wahrgenommen wird, da das zentralanatolische Plateau selbst bereits sehr hoch liegt. Dahinter geht die Straße wieder hinab, führt bei Kesik Köprü über den Kızıl Irmak, stößt auf die breite Fernstraße nach Ankara und bringt uns schließlich nach **Sivas,** dem antiken **Sebasteia** Kappadokiens.

Die Stadtgeschichte von Sivas beginnt um 65 v. Chr., als Pompeius seine Herrschaft über mehrere kappadokische Grenzorte konsolidierte und an dieser Stelle die römische Stadt Megalopolis gründete. Im folgenden Jahrhundert erhielt sie den Namen Sebasteia, der sich in der türkischen Aussprache allmählich zu Sivas abschliff. Im Mittelalter teilte Sivas das Schicksal von Kayseri und anderen Orten in

SIVAS 359

Kappadokien. Unter den Seldschuken gehörte es zu den wichtigsten Städten des Sultanats von Rum und diente bisweilen als Hauptstadt. Fast alle bedeutenderen Bauwerke wurden während der Seldschukenzeit und der darauffolgenden Periode errichtet, als hier die Mongolen und danach verschiedene turkmenische Emire herrschten.

Mittelpunkt der heutigen Stadt ist der *Konak Meydanı*. Ein Monument an der Westseite erinnert an den Kongreß von Sivas im Jahr 1919, als Atatürk seine Landsleute zu jenem Unternehmen aufrief, das die Türken stolz als ihren Unabhängigkeitskrieg bezeichnen. Die meisten mittelalterlichen Bauwerke befinden sich etwas weiter südlich, zwischen dem Konak Meydanı und dem markanten Burghügel der *Toprak Kale*.

Auf der Straße, die vom Konak Meydanı nach Süden führt, treffen wir zuerst auf die **Muzaffar Büruciye Medresesi**. Diese Lehranstalt aus dem Jahr 1271 ist eine Stiftung des Ilkhaniden-Emirs Muzaffar, eines Persers aus Bürucird bei Hamadan. Es ist ein zweistöckiger Bau mit vier Liwanen, und links vom Eingangsliwan befindet sich das quadratische Grabmal des Bauherrn. Die Wände sind mit schönen Fayencemosaiken belegt; am oberen Rand sagt die Inschrift, ebenfalls in farbiger Fayence:

*» Dies ist das Grabmal des Muzaffar aus Bürucird, eines demütigen Untertanen und heimatlosen Fremden. Möge Gott ihm seine Sünden verzeihen.«*

Unmittelbar südlich davon steht das **Dar üş-Şifa des Kaika'us** I., das ›Haus für Geisteskranke‹, die größte und ehrgeizigste Hospitalanlage, die von den Seldschuken je erbaut wurde. Der Bau aus dem Jahr 1218 hat vier Liwane, einen großen Innenhof, von Arkaden eingefaßt, hinter denen sich die Schlaf- und Aufenthaltsräume anschließen. Leider ist der Bau sehr mitgenommen. Das Grabmal des Sultans lag in der Mitte des rechten Gebäudeflügels. Nur noch der zehnseitige *Tambour* läßt von dem hervorragenden Mauerwerk – einem Zusammenspiel von Ziegeln und farbig glasierter Keramik, das die Baustruktur sowohl betont wie schmückt – etwas ahnen.

360     ZENTRALANATOLIEN I

Wie die Çifte Medrese in Kayseri vereinigte das Dar üş-
Şifa des Kaika'us I. die Funktionen eines Krankenhauses und
einer Medizinschule; außerdem wurden hier die Geisteskranken gepflegt. Der unlängst wieder aufgefundenen und
veröffentlichten Stiftungsurkunde des Sultans entnehmen
wir, daß man die Geistesgestörten unter anderem mit Musik
und Hypnose zu heilen versuchte.

Auf der anderen Straßenseite gegenüber erhob sich die
**Çifte Minare Medrese,** von der nur die Fassade noch erhalten
ist. Der Name der Medrese bezieht sich auf die beiden Ziegel-
minarette neben dem monumentalen Portal. Es handelt sich
um eine Stiftung von Şams el-Din Cuwaynı, einem Wesir im
Dienst der mongolischen Ilkhane, aus dem Jahr 1271.

Etwas weiter südöstlich steht die **Ulu Cami,** die älteste der
hiesigen Moscheen. Architektonisch zeichnet sie sich durch
keine Besonderheiten aus; auch hier stehen wir wieder in
der weiträumigen Pfeilerhalle, mit der die Seldschuken die
jeweils wichtigste Moschee eines Ortes ausstatteten. Einer
kürzlich entdeckten Inschrift zufolge stammt die Moschee
aus dem Jahr 1197, als in Sivas Ketb el-Din Malıkşah
herrschte, der älteste der elf Söhne von Sultan Kılıç Arslan II.

Etwas weiter in südlicher Richtung, gegenüber der Toprak
Kale, erreichen wir das wichtigste Bauwerk von Sivas, die
**Gök Medrese.** Sie war eine von insgesamt drei Medresen
(siehe Muzaffar Büruciye Medresesi und Çifte Minare Medrese), die im Jahr 1271 vollendet wurden. Diese rege Bautätigkeit läßt erkennen, welche Bedeutung die Stadt sich in
spätseldschukischer Zeit beimaß. Bauherr der Medrese war
der berühmte Sahib Ata Fahr ed-Din Ali, dessen schöne
Stiftsgebäude in Konya und Kayseri wir bereits gesehen haben. Fahr ed-Din Ali trug zu Lebzeiten den Beinamen › Abdül
Khayrat‹ (Vater guter Taten) wegen der vielen großartigen
Bauten, mit denen er Zentralanatolien schmückte. Von all
diesen ist die Gök Medrese der prächtigste. Wie bei den
beiden anderen im Jahre 1271 erbauten, handelt es sich hier
um ein zweistöckiges Gebäude mit vier Liwanen. Die Gök
Medrese kann sich im Rahmen der seldschukischen Architektur der schönsten *Fassade* rühmen; das (mit feingegglieder-

tem Dekor) großzügig gestaltete *Portal* wird von zwei *Ziegelminaretten* flankiert. Die beiden Rundtürme an den Ecken schmücken stark plastisch hervortretende Reliefmuster. Links vom Eingang steht der erste seldschukische öffentliche Brunnen (çeşme). Tritt man durch das Portal, so liegt rechts ein überkuppelter Gebetsraum (mescid), links ein Unterrichtsraum (dershane). Hinter den Arkaden des Innenhofes waren 24 Räume für die Schüler, verteilt auf zwei Stockwerke. Besonders in den Liwanen ist noch der *Ziegel-Fayence-Dekor* – die zu Ornamenten kunstvoll versetzte, farbig glasierte Keramik im Mauerwerk – zu bewundern. Wir sind dieser Technik schon in der Medrese von Kaika'us I. begegnet; hier hält sie einen Höhepunkt innerhalb der seldschukischen Architektur fest. Der harmonische Zusammenklang aller Bauteile – die edle Steinmetzarbeit an Portal und Fassade, die handwerkliche Meisterschaft des mosaikartig gestalteten Mauerwerks (auch an den Schäften der Minarette) und der Wände – machen die Gök Medrese zur schönsten, die den Seldschuken jemals gelungen ist.

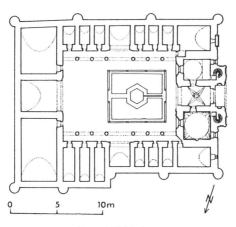

*Sivas, Gök Medrese*

362 ZENTRALANATOLIEN I

Wir verlassen Sivas und fahren etwa eine Stunde auf der Hauptstraße in Richtung Ankara, bis wir bei Yıldızlı nördlich in Richtung Tokat abbiegen. Der Weg führt hinauf zum Çamlıbel-Paß (1646 Meter) und senkt sich danach von dem öden Zentralplateau hinunter zu den üppig bewaldeten Tälern des Pontos.

Kurz vor dem Dörfchen Çamlıbel treffen wir links der Straße auf eine verfallene seldschukische *Karawanserei,* und eine zweite, der *Çiftlik Han,* liegt etwa zehn Kilometer weiter ebenfalls zur Linken. Beide gehören zu der Kette von Karawansereien, welche in den Jahren 1238-39 im Auftrag der Mutter Kaihosraus II., Mahperi Hatun, an der Strecke von Sivas nach Amasya errichtet wurden. Von hier verlief in der Seldschukenzeit die Karanwanenroute nach Nordwesten und berührte demnach Tokat nicht, während die moderne Asphaltstraße in einem großen Bogen nach Tokat führt und von dort weiter westwärts nach Amasya geht.

Von Çamlıbel aus fahren wir durch die Schlucht des Ak Su, eines Nebenflusses des Yeşil Irmak, des antiken Iris. Zehn Kilometer vor Tokat sieht man auf dem Gipfel eines steilen Felshügels namens Horoz Tepesi die Ruinen einer alten Festung liegen. Der Ort wird vorläufig als *Dadasa* identifiziert, das einer der 75 namentlich bekannten Stützpunkte war, mit denen die pontischen Könige ihr Reichsgebiet schützten.

Die moderne Stadt **Tokat** liegt am Fuße einer weiteren dieser pontischen Zitadellen und hieß im Altertum **Dazimon.** Sie bewachte den südlichen Zugang zu der Tempelstadt **Komana Pontica,** deren Überreste etwa zehn Kilometer nördlich von Tokat zu besichtigen sind. Komana Pontica war der ›Großen Anatolischen Erdmutter‹ geweiht, die man im Pontos unter dem Namen ›Ma‹ verehrte. Die Oberpriester von Komana Pontica und den anderen pontischen Heiligtümern herrschten wie regelrechte Fürsten über eine ergebene Gefolgschaft von ›Eingeweihten‹, wobei die weiblichen Dienerinnen der Göttin als Tempelprostituierte Dienst taten. Diesem Umstand ist zweifellos die große Attraktion des alle zwei Jahre abgehaltenen Festes zu Ehren der Muttergöttin in Komana Pontica zuzuschreiben, das eine Mischung aus

## TOKAT

Jahrmarkt und orgiastischer Kultfeier gewesen sein muß und bei dem eine Statue der Göttin – angeblich handelte es sich um jenes Standbild der Artemis, das Orest aus Taurien zurückgebracht hatte – in feierlicher Prozession herumgetragen wurde, begleitet von Priestern, Tempelprostituierten und ekstatischen Gläubigen, die sich selbst geißelten, mit Messern Verletzungen beibrachten und Speere in ihre Körper trieben.

Als sich das Christentum in dieser Gegend ausbreitete, starb der Kult der Erdmutter aus, ihr Heiligtum in Komana Pontica verödete, und um die Festung von Dazimon wuchs allmählich die byzantinische Stadt Tokat. In der zweiten Hälfte des 11. Jhs. eroberten die türkischen Danişmendiden die Stadt, auf sie folgten Seldschuken, Mongolen und Eretniden, bis im späteren 15. Jh. Tokat schließlich an das Osmanische Reich fiel.

Die interessantesten Bauwerke von Tokat gruppieren sich nahe beieinander unterhalb der Süd- und Osthänge des auffallenden Felsens mit den zwei Gipfeln, auf dem die Ruinen der Festung von Dazimon stehen, die von den Byzantinern und später von den Osmanen erneuert wurde. Mehrere ältere Baumonumente finden wir in der *Sulu Sokağı*, die beim Marktplatz von der Hauptstraße links abzweigt.

Gleich am Anfang der Sulu Sokağı sehen wir linker Hand den **Paşa Hamamı** aus dem Jahr 1425, dessen Bauherr Yürgüç Paşa, ein Wesir Sultan Mehmets I., war. Das Gebäude an der nächsten Straßenecke links ist die **Ali Paşa Camii,** eine osmanische Moschee von 1573. Die Türbe von Ali Paşa befindet sich in dem Friedhofsgarten östlich der Moschee; er soll ein Nachkomme von Eretna, dem Stammvater der Eretniden, gewesen sein.

Wir setzen unseren Weg entlang der Sulu Sokağı fort und finden zu unserer Rechten bald die 1234 erbaute Türbe des Abdül Kasim bin Ali al-Tuşi, der Ala ed-Din Kaikobad I. als Wesir diente. In dem Viertel hinter der Türbe, im Umkreis des *Bedesten,* sind mehrere alte Hans zu besichtigen, die alle in osmanischer Zeit errichtet wurden. Einen Besuch des alten Marktviertels sollten jene Reisenden nicht versäumen, die ein paar hübsche Kupferwaren kaufen möchten, für die Tokat seit Jahrhunderten berühmt ist. In der Sulu Sokağı und den Gassen, die zu beiden Seiten von ihr abzweigen, stehen mehrere alte ›hans‹, ›mescids‹, ›hamams‹ und Grabmäler, Bauwerke aus seldschukischer bis osmanischer Zeit.

Eine weitere Gruppe sehenswerter Gebäude umsteht den großen Platz am Fuß des steilen Osthangs des Festungshügels. Sobald man den Platz erreicht, fällt auf der linken Seite der **Voyvoda Hanı** ins Auge, ein großer Marktbau aus dem Jahr 1631, der hauptsächlich von den armenischen Kaufleuten benutzt wurde, die hier schon in den frühen Jahren der Stadtgeschichte ihre Geschäfte abwickelten. Tokat, Sivas, Kayseri, sie alle hatten bis vor einem halben Jahrhundert große armenische Gemeinden, doch geblieben sind heute nur noch einzelne, wenige Armenier.

An den ›han‹ grenzt die **Gök Medrese,** die um 1270 der berühmte seldschukische Emir Mu'in al-Din Süleyman erbauen ließ. Der zweigeschossige Bau um den Innenhof hat zwei Liwane; unten öffnen sich die Arkaden auf schlanken Säulen, oben sind es kräftige Pfeiler. Nur an wenigen Stellen sind noch Reste der türkisblauen Fliesenverkleidung erhalten, welche der Medrese ihren Namen gab (›gök‹ bedeutet ›Himmel‹). In der Gök Medrese, die heute als *Archäologisches Museum* dient, sind antike Funde aus der Umgebung ausgestellt, darunter viele aus Komana Pontica.

In der Südostecke der Medrese liegt eine Grabkammer mit mehreren Grabdenkmälern. Auch der Bauherr liegt hier bestattet, den man zu seiner Zeit ›pervane‹ (Schmetterling) nannte. Diesen merkwürdigen und ungewöhnlichen Titel verliehen die Seldschuken gelegentlich dem Kanzler und wichtigsten Ratgeber des Sultans, und da Mu'in al-Din Süleyman mächtiger war als alle anderen Inhaber dieses Amtes, war er bald unter seinem Beinamen bekannter als unter seinem eigenen. Der Sultan, unter dem der Pervane sein Amt bekleidete, war Kılıç Arslan IV., eine Marionette der mongolischen Ilkhane, und so lag alle wirkliche Macht in den Händen des Kanzlers. Dem Sultan mißfiel diese Situation außerordentlich, und schließlich kam es 1264 während eines Festbanketts zur gewalttätigen Auseinandersetzung

TOKAT 365

zwischen beiden, in deren Verlauf er erwürgt wurde, manche behaupten auf Geheiß des Pervane. Dieser übernahm nun die Regentschaft für Kılıç Arslans minderjährigen Sohn, den er als Kaihosrau III. auf den Thron setzte. Während des nächsten Jahrzehnts war der Pervane de facto Alleinherrscher im seldschukischen Reich. Im Jahr 1276 nahm er geheime Kontakte zu Baibars auf, dem Sultan der Mamelucken in Ägypten; gemeinsam entwickelten sie einen Plan, um die Mongolen aus Kleinasien zu vertreiben und den Pervane zum Sultan von Rum zu machen. Das Vorhaben ließ sich gut an: 1277 besiegten die Mamelucken die Mongolen bei Elbistan, und Baibars' Truppen nahmen Kayseri ein. Als dann aber die Mongolen westwärts zu marschieren begannen, verlor Baibars die Nerven und trat überstürzt den Rückzug nach Ägypten an. Hilflos und im Stich gelassen blieb der Pervane auf seinem Familiengut in Tokat zurück, wo er im darauffolgenden Jahr von Abaqa, dem mongolischen Ilkhan, hingerichtet wurde. Zwar konfiszierten die Mongolen allen Besitz des Pervane nach seinem Tod, doch seine Nachfolger konnten später einen großen Teil seines Herrschaftsgebietes zurückgewinnen und eine Zeitlang als Feudalfürsten des Pontos regieren.

Auf der gegenüberliegenden Seite des Platzes stehen die **Hatuniye Moschee und Medrese** aus dem Jahr 1485. Sie sind eine Stiftung Sultan Beyazıts II., der sie dem Gedächtnis seiner Mutter Gülbahar Hatun weihte. Das schöne *Portal,* mit der im Farbwechsel aus schwarzem und weißem Marmor gefügten Einfassung und der kunstvollen Stalaktiten-Nische darüber, wird als eine Arbeit des 15. Jhs. besonders geschätzt.

Wir verlassen den Meydanı auf der Straße an seiner Nordseite in Richtung Amasya. An der Ecke des ersten Häuserblocks links sieht man die *Sümbül Baba Zaviyesi,* einen kleinen Derwisch-Konvent aus den Jahren 1291-92, und etwas weiter auf derselben Straßenseite steht die verfallene Türbe des mongolischen Emirs Nur ed-Din Şen Timur von 1313. Hinter der Türbe führt eine schöne *seldschukische Brücke* aus dem Jahr 1250 über den Yeşil Irmak.

Auf der anderen Seite des Flusses geht es rechts ab nach *Niksar,* das man nicht versäumen sollte, wenn man etwas mehr Zeit zur Verfügung hat. Entschließt man sich zu diesem Abstecher, dann kommt man nach zehn Kilometern links an dem Dorf *Gümenek* vorbei, in dessen Nähe die spärlichen *Ruinen von Komana Pontica* liegen. Nach etwa einer Stunde Fahrzeit durch die landschaftlich reizvolle Gebirgsgegend erreicht man schließlich **Niksar** am Ufer des Kelkit Çayı, des antiken Lykos.

›Niksar‹ ist das sprachlich abgewandelte *Neocaesarea,* wie die Römer die alte pontische Stadt *Cabeira* nannten. Cabeira war eine der wichtigsten Festungsanlagen der pontischen Könige, deren bedeutendster, Mithradates VI. Eupator, hier einen Palast mit Jagdgehege besaß. Einige der Schlachten des energischen und ehrgeizigen Mithradates wurden in dieser Gegend des Pontos geschlagen, und mehrfach wurde er in seiner Festung Cabeira belagert, deren Ruinen auf einem Felsvorsprung oberhalb der Stadt stehen.

Die Hauptstraße verläuft in westlicher Richtung entlang dem Tal des Yeşil Irmak durch ein fruchtbares Gebiet, dessen antiker Name Dazimonitis lautete. 26 Kilometer hinter Tokat geht eine Abzweigung links zum Dorf *Pazar,* wo sich eine besonders schöne seldschukische Karawanserei befindet, der *Hatun Hanı.* Erbaut wurde er 1238-39 von der Mutter Kaihosraus II., Mahperi Hatun, und es ist bei weitem die prächtigste der Karawansereien, die sie an der Strecke von Sivas nach Amasya errichten ließ.

Noch zwanzig Kilometer, und wir erreichen *Turhal,* das mit der antiken pontischen Festungsstadt *Gaziura* identisch ist. Der Felsgipfel oberhalb der Stadt ist gekrönt von den Ruinen der Zitadelle; wie die Festungen in Tokat und Niksar wurde auch diese von den Byzantinern und später von den Türken erneuert und verstärkt.

In der Ortsmitte von Turhal führt links ein Weg nach *Zile,* das zwanzig Kilometer weiter südwestlich liegt. Es handelt sich um das alte *Zela,* eine der Festungs- und Tempelstädte der pontischen Könige, und auch hier erhebt sich hoch oben über der modernen Stadt die verfallene Zitadelle.

## SCHAUPLATZ GROSSER SCHLACHTEN    367

Die Ebene nördlich von Zela war Schauplatz zweier großer Schlachten zwischen den Römern und den Königen von Pontos. Hier gelang es Mithradates VI. Eupator im Jahr 67 v. Chr., eine römische Armee unter dem Befehl von Triarius, einem Feldherrn des Lucullus, vernichtend zu schlagen; zwanzig Jahre später wurde auf demselben Schlachtfeld Mithradates' Sohn Pharnakes von Julius Caesar besiegt und damit den langen und blutigen Mithradatischen Kriegen ein Ende gesetzt, die ein halbes Jahrhundert lang Kleinasien in Unruhe gehalten hatten. Fünf Tage nach seiner Ankunft im Pontos gelang es Caesar und seiner Armee, innerhalb von nur vier Stunden die wichtige Schlacht zu seinen Gunsten zu entscheiden. Die Schnelligkeit, mit der er den großen Sieg errungen hatte, wurde auf Tafeln verkündet, die seine Diener bei seiner Triumphprozession durch Rom ihm vorantrugen und die die lakonische Aufschrift trugen: »*Veni, vidi, vici!*« Ich kam, sah und siegte!

Zwischen Turhal und Ezinepazar verläuft die Straße nach Norden und wendet sich dann westwärts gen Amasya. Auch in *Ezinepazar* stehen Überreste einer seldschukischen Karawanserei, die Mahperi Hatun um 1238 erbauen ließ. Dies war die letzte Raststätte für die Karawanen auf der Route von Sivas nach Amasya. In jener Zeit benötigte man mit Kamelen für die Strecke von Ezinepazar nach Amasya einen ganzen Tag – mit dem Auto sind wir in einer halben Stunde dort.

# Zentralanatolien II

Amasya – Boğazkale – Yazılıkaya – Alaca Höyük

In **Amasya,** dem alten **Amaseia,** kam 64 v. Chr. *Strabon,* der berühmte Geograph des Altertums, zur Welt. Die Beschreibung, die er von seiner Geburtsstadt gibt – sie war damals Hauptstadt des Königreichs Pontos –, rühmt zu Recht die Großartigkeit ihrer Lage:

*»Meine Vaterstadt liegt in einer tiefen und großen Bergschlucht, welche der Fluß Iris durchströmt. Sie ist sowohl durch Fürsorge als durch die Natur wundervoll ausgestattet, so daß sie zugleich den Nutzen einer Stadt und einer Festung gewähren kann. Denn ein hoher, ringsum steiler und gegen den Strom jäh abfallender Felsen hat seine Mauer einerseits am Rande des Stroms, an welchem die Stadt erbaut ist, andrerseits aber eine auf beiden Seiten zu den Gipfeln aufsteigende, deren zwei sind, miteinander verwachsen und gar schön aufgetürmt. In dieser Umfassung befinden sich die königlichen Paläste und die Königsgräber.«*

Das Königreich Pontos schuf im frühen 3. Jh. v. Chr. ein Abenteurer namens Mithradates, Neffe des letzten griechischen Tyrannen der Stadt Kos. Als sein Onkel 302 v. Chr. von Antigonos hingerichtet wurde, floh Mithradates mit einigen Gefolgsleuten in die pontischen Berge, wo ihm schließlich die Einnahme der Festung Amaseia gelang. Einige Zeit später verlieh er sich den Königstitel und begründete eine Dynastie, die nach mehr als zweihundert Jahren der Herrschaft mit dem Tod von Mithradates VI. Eupator erlosch. Im Jahr 70 v. Chr., während des dritten und letzten Mithradatischen Krieges, ergaben sich die Städte Amaseia und Sinope den Armeen des römischen Generals Lucullus, und noch vor Jahresende waren die Römer die Herren über das gesamte Reichsgebiet der Könige von Pontos. Zwei Jahrzehnte später versuchte ein Sohn von Mithradates VI. na-

mens Pharnakes, das einstige Königreich seines Vaters zu-
rückzuerobern, doch mit seiner Niederlage in der Schlacht
von Zela 47 v. Chr. gegen die römischen Truppen unter Julius
Caesar hörte nach langer und wechselvoller Geschichte das
pontische Königreich endgültig auf zu bestehen.

Amasya ist einer der anmutigsten Orte in Anatolien mit
vielen Moscheen, Mausoleen und Stiftungsanlagen, welche
die türkischen Danişmendiden, die Seldschuken, Mongolen
und Osmanen hinterließen, und malerischen alten Holzhäusern an den Ufern des *Yeşil Irmak*. Der größere Teil der Stadt
liegt am rechten Ufer des Flusses, der von fünf Brücken
überspannt wird; auf der linken Seite drängen sich reizvolle
alte Wohnhäuser dicht am Fluß und am Fuß des schroffen
Berghügels. Oben auf den Bergzinnen sieht man die Ruinen
der Festungsanlage, und darunter liegen in der Felswand die
Königsgräber, von denen Strabon spricht.

Die von Tokat kommende Straße führt am rechten Ufer
des Yeşil Irmak entlang. Unmittelbar an der Stadtgrenze sieht
man die **Gök Medrese Cami,** die 1266-67 der seldschukische
Provinzgouverneur Turumtay erbauen ließ. Eine enge Gasse,
die gegenüber von Turumtays Türbe links von der Hauptstraße abgeht, führt zu einer kleinen Moscheeanlage am
Flußufer; der Bau aus dem Jahr 1468 ist eine Stiftung von
Yürgüç Paşa, der auch den Paşa Hamamı in Tokat errichten
ließ.

Parallel zur Hauptstraße läuft ein Fahrweg, an dessen
rechter Seite mehrere alte türkische Grabdenkmäler stehen.
Am ältesten ist die in die Jahre 1145-46 datierte **Türbe des
Halifet Gazi.** Halifet Gazi diente als Wesir dem Emir der
Danişmendiden in Amasya, Malik Gazi. Den Stifter hat man
in einem prächtigen Marmorsarkophag beigesetzt, der mit
Widderköpfen und Medusenhäuptern zwischen Blumenran-
ken geschmückt ist und wahrscheinlich von einer spätrömi-
schen Nekropole stammt. Etwas weiter stadteinwärts stehen
an der Hauptstraße links zwei osmanische Türben; in der
ersten, der Şehzadeler Türbesi aus dem Jahr 1410, liegen
die Söhne der Sultane Mehmet I., Beyazıt I. und Beyazıt II.
bestattet.

370  ZENTRALANATOLIEN II

Wir sind nun bei der **Külliye von Sultan Beyazıt II.** angelangt, einem eindrucksvollen Moscheekomplex inmitten eines von Mauern umschlossenen großen Gartens am Flußufer. Beyazıt löste mit der Errichtung ein Versprechen ein, das er während seiner Zeit als Thronfolger und Gouverneur von Amasya gegeben hatte. Nach der Thronbesteigung 1481 ließ er mit den Bauarbeiten beginnen, und vollendet wurde die Moschee 1486 von seinem Sohn Şehzade Ahmet, der seinen Vater als Gouverneur von Amasya ablöste.

Es folgen weiter unten an der Hauptstraße noch verschiedene alte osmanische und seldschukische Bauwerke, von denen aber keines besonders interessant ist. Statt dessen empfiehlt sich ein Spaziergang entlang der Uferpromenade auf der rechten Flußseite und über eine der fünf Brücken hinüber auf das andere Ufer.

Dort sehen wir eine von altem Mauerwerk gestützte breite Terrasse am Burgfelsen, dem von den Ortsansässigen **Kızlar Sarayı** (Mädchen-Palast) genannten einstigen Sitz der pontischen Könige, der auch byzantinischen, seldschukischen und osmanischen Herrschern als Residenz diente. Oberhalb der Terrasse finden sich drei *Felsgräber* der pontischen Könige und der Eingang in einen der drei Tunnel, die von der Zitadelle hinab zu den Zisternen führten. Vom Kızlar Sarayı gelangen wir auf steilem Pfad zu den Gräbern und weiter hinauf zur *Zitadelle*. Die Festungsmauern bauten Byzantiner oder Türken, doch sind auch noch Reste von zwei schönen hellenistischen Türmen zu sehen, wohl aus mithradatischer Zeit.

Flußabwärts steht so manch' interessanter seldschukischer und osmanischer Bau; der Flußlauf macht hier eine große S-förmige Windung und fließt zunächst in nördliche, sodann in nordöstliche Richtung. Das erste wichtigere Gebäude am rechten Ufer ist der **Timarhanı**, auch *Dar üş-Şifa* (Haus für Geisteskranke) genannt, eine Stiftung des mongolischen Ilkhans Sultan Ölceytü und seiner Gattin Yıldız Hatun von 1308-1309. Unter Ölceytüs Herrschaft (1306-1313) brachten die Mongolen den letzten Sultan der Seldschuken um und beendeten damit die lange Geschichte

VON AMASYA WESTWÄRTS     371

des Sultanats von Rum. Die traditionellen Formen seldschukischer Architektur wurden aber von den Nachfolgern übernommen, wie man an diesem Bau der Ilkhaniden sehen kann.
Hinter dem Timarhanı liegt die Mehmet Paşa Camii aus
dem Jahr 1486; ihr Bauherr war der regierende Stellvertreter
von Şehzade Ahmet, dem Sohn Beyazıts II.

Wir folgen der Biegung des Flusses und erreichen schließlich die letzte der fünf Brücken über den Yeşil Irmak, die
Kuş Köprüsü (Vogelbrücke). Etwas weiter flußabwärts erhebt sich der ansprechende Bau der **Beyazıt Camii,** die ein
Großwesir Mehmets I. zwischen 1414 und 1419 bauen ließ.

Schräg gegenüber auf der anderen Flußseite liegt die **Kapı
Ağası Medresesi** (oder Büyük Ağa Medresesi), eine Stiftung
von Hüseyin Ağa, dem Obersten der Weißen Eunuchen unter
Beyazıt II., aus dem Jahr 1488. Er ließ noch weitere öffentliche Bauten in Amasya und anderen Orten errichten, und er
war es auch, der in Istanbul die Kirche der Heiligen Sergios
und Bakchos in die Moschee Küçük Aya Sofya umwandelte.

In Amasya muß man sich entscheiden, auf welcher Route man
den restlichen Teil Zentralanatoliens durchqueren möchte.
Für Langzeiturlauber empfiehlt sich die Strecke von Amasya
nach Norden bis Samsun, und von dort entlang der Schwarzmeerküste nach Trabzon oder Rize. Von der Küste aus kann
man dann quer durch Ostanatolien zum Van-See fahren und
durch die arabischen Grenzgebiete der Türkei zurück ans
Mittelmeer. Wessen Zeit knapper bemessen ist, der fährt am
besten von Amasya nach Ankara und von dort wieder nach
Istanbul. Dieser Route widmen sich dieses und das folgende
Kapitel, während in den fünf abschließenden die lange Reise
entlang der Schwarzmeerküste und durch die östlichen und
südlichen Grenzregionen der Türkei beschrieben wird.

Der erste Streckenabschnitt unserer Fahrt westwärts nach
Ankara endet eine Stunde hinter Amasya in der großen
Industriestadt Çorum, das jedoch ohne Belang für den Rei-
senden ist. Die Staatsstraße 41 führt weiter in südwestlicher
Richtung nach *Sungurlu,* einen für archäologische Exkursio-
nen nach Boğazkale, Yazılıkaya und Alaca Höyük gut geeig-

neten Ausgangspunkt. Um die drei Grabungsstätten zu erreichen, biegen wir kurz vor Sungurlu in Richtung Yozgat ab und bald wiederum links nach Alaca Höyük; geradeaus gelangen wir nach dreizehn Kilometern nach Boğazkale; und wenn wir gut einen Kilometer hinter Boğazkale links in einen Feldweg einbiegen, erreichen wir nach weiteren vier Kilometern Yazılıkaya. Man sollte diesen Ausflug so planen, daß man Yazılıkaya zwischen 11 und 13 Uhr erreicht, dann ist das Licht für die großen Reliefs des Felsenheiligtums am günstigsten. Bricht man recht früh von Sungurlu auf, stehen für Boğazkale und Yazılıkaya der Vormittag und frühe Nachmittag zur Verfügung, und möglicherweise bleibt dann gegen Abend noch genügend Zeit, um auf dem Rückweg auch Alaca Höyük zu besuchen.

Das heutige Dorf **Boğazkale** das früher **Boğazköy** hieß, liegt nahe dem antiken **Hattuşa** (Chattusa), der Hauptstadt des *Hethiterreichs*. Die Entdeckung dieser Stadt und des großen Reichs, dessen Mittelpunkt sie war, ist eines der faszinierendsten Kapitel in der Geschichte der Archäologie. Noch vor einem Jahrhundert war über die Hethiter bis auf einige Hinweise im Alten Testament so gut wie nichts bekannt; dort werden sie im Zusammenhang mit den Volksstämmen genannt, welche die Israeliten bei ihrem Einzug in das Gelobte Land in Palästina antrafen. Später, als historische Berichte der Ägypter entziffert waren, zeigte sich, daß die Pharaonen der 18. Dynastie zu einem Land namens Kheta Beziehungen hatten, und es stand nun fest, daß die Bewohner von Kheta und die Hethiter des Alten Testaments identisch sind. Der Zusammenhang wurde zusätzlich erhärtet, seit man assyrische Keilschrift-Quellen zu lesen verstand und sich herausstellte, daß das Wohngebiet dieses Volkes als das ›Land der Hatti‹ (Chatti) bezeichnet war, das Land also jener eingesessenen anatolischen Bevölkerungsgruppe aus der Bronzezeit, von der die Hethiter ihren Namen abgeleitet haben.

Die Ruinen von Boğazköy wurden 1834 von Charles Texier entdeckt, dessen Aufsätze und gezeichnete Bestandsaufnahmen die Gelehrtenwelt zum erstenmal mit jenen charak-

## LAND DER HATTI

teristischen monumentalen Felsskulpturen bekannt machten, welche man seitdem mit dem Namen der Hethiter assoziiert. Texier schrieb seinerzeit: »*Als ich versuchte, die Stadt historisch einzuordnen, brachten mich die Großartigkeit und die Eigenart der Ruinen außerordentlich in Verlegenheit.*« Noch gegen Ende des 19. Jhs. entdeckten weitere Reisende überall in Anatolien und im nördlichen Syrien ähnliche Skulpturen und dazu sonderbare Hieroglyphen, die später als Hethitisch identifiziert werden konnten, die früheste Sprache indoeuropäischer Herkunft in Anatolien, von der man damals wußte. Die 1906 unter Leitung von Hugo Winckler einsetzende systematische Grabungstätigkeit förderte bald schon etwa 10000 assyrische Keilschrifttafeln ans Tageslicht. Die nächsten fünfzig Jahre brachten die Entzifferung der Keilschrift, ebenso wie der Hieroglyphen – jüngst wurde die erste Originalurkunde auf Metall gefunden –, und heute weiß man über die Geschichte und Kultur der Hethiter fast so viel wie über die der anderen Hochkulturen des Alten Orients.

Die ersten Spuren seßhaften Wohnens in dieser Gegend gehen bis ungefähr 2500 v. Chr. zurück. Damals entstand südöstlich von Boğazkale auf und unterhalb dem Felsplateau der Büyükkale eine Siedlung. Diese ersten Bewohner, ein hochentwickeltes bronzezeitliches Volk, hießen bei den Akkadern ›Hatti‹, und entsprechend nannten sie das gesamte anatolische Hochplateau ›Land der Hatti‹. Kaufleute aus Assyrien errichteten hier um 1900 v. Chr. eine Handelskolonie, etwa zu derselben Zeit, als sie ihr ›karum‹ in Kültepe gründeten (siehe S. 356). Um die Mitte des 17. Jhs. v. Chr. wurden die Gebiete der Hatti von einem kriegerischen Volk – eben jenen Indoeuropäern – aus Südeuropa oder dem Kaukasus erobert. Diese Eroberer, für die sich allmählich die Bezeichnung ›Hethiter‹ einbürgerte, machten Hattuşa zu ihrer Hauptstadt und übernahmen viel von der Kultur des Volkes, das sie besiegt hatten.

Weil die hethitischen Herrscher späterer Zeit ihren Stammbaum gerne auf den ersten König von Hattuşa, Labarna, zurückführten, ist es üblich, mit ihm eine Darstellung der hethitischen Geschichte beginnen zu lassen. Labarna starb um 1650 v. Chr., und ihm folgte als Herrscher sein Sohn Hattušili I. (›Mann aus Hattuša‹) Labarna. (In der Folgezeit übernahmen die Herrscher oftmals ›Labarna‹, den Namen ihres ersten Königs, als Titel.) Hier beginnt nun die *Periode des ›Alten Reiches‹*, wie Historiker diese Zeit nennen, in der sich die Hethiter nach Süden und Osten ausbreiteten und im frühen 16. Jh. v. Chr. Aleppo und Babylon einnahmen. Gegen Ende jenes Jahrhunderts gingen dem von Bürgerkriegen und inneren Wirren erschütterten Reich große Teile des eroberten Gebietes wieder verloren. König Telipinu, der 1525 den Thron bestieg, konnte im Land wieder Frieden und Ordnung herstellen und die verlorenen Teile des alten Reichsgebiets zurückgewinnen. Als er 1500 v. Chr. starb, in der heute üblichen Chronologie markiert dies das Ende des Alten Reiches, waren die Hethiter zur stärksten Macht in Anatolien geworden.

Nach Telipinus Tod herrschte im Reich fast ein Jahrhundert lang Aufruhr und Anarchie, denen Tudhaliya II. ein Ende machte, der 1400 v. Chr. den Thron bestieg und die Dynastie gründete, die während der *Periode des hethitischen ›Großreiches‹* (etwa 1430-1200 v. Chr.) herrschte. Seine größte Ausdehnung erlangte dieses unter dem Großkönig Muršili II. (1353-20 v. Chr.), als es von der Ägäis bis jenseits des Tigris und vom nördlichen Anatolien bis nach Palästina reichte. Doch um die Mitte des folgenden Jahrhunderts begann der Niedergang, da sich in Anatolien und im Osten neue aggressive Staaten herauszubilden begannen und gegen die hethitische Herrschaft stellten. Um 1200 v. Chr. setzte eine große Wanderbewegung kriegerischer Völker aus dem Westen, die sogenannte ›Ägäische Wanderung‹ ein, die auf ihrem Zug die alten Reiche der Bronzezeit, so auch das hethitische, zerstörten. Folgt man Archäologie und Legende, so waren es die Phryger, die anstelle der Hethiter die Macht an sich zogen, in den verkohlten Ruinen von Hattuša erneut siedelten und den Ort zu einer ihrer führenden Städte ausbauten.

Auch wenn nach 1200 v. Chr. das hethitische Großreich zu existieren aufgehört hatte, lebte es doch durch seine kul-

## HATTUŞA – BOĞAZKÖY 375

turellen Fähigkeiten und Leistungen fort, blieb noch für
fünfhundert Jahre – der Periode des Neu-, besser: ›Späthethitischen Reiches‹ – im südöstlichen Anatolien und in
Syrien lebendig. Sprache und Kultur der Hethiter wurden
dort in etwa einem Dutzend kleiner Fürstentümer, später
Stadtstaaten, weiter gepflegt, deren Bewohner von den
Nachbarstaaten als Hethiter bezeichnet wurden, obwohl es
sie zu guter Letzt, allem Anschein nach, als ethnischen
Stamm nicht mehr gab. Ihr bedeutendstes Erbe sind – seit
den Tagen des Großreiches – die monumentalen Steinbild-
werke an ihren Stadttoren, in ihren Heiligtümern. Außer an
Ort und Stelle, kann man großartige Beispiele, auch der
späthethitischen Epoche, in Ankara im Museum der Anatolischen Kulturen kennenlernen.

Doch zurück zur Geschichte: Die späthethitischen Klein-
staaten wurden schließlich von den Assyrern absorbiert.
Allmählich verschwanden Sprache und Kultur, und als im
6. Jh. v. Chr. zum erstenmal Griechen durch das alte Land
der Hatti zogen, wußte man in dem Gebiet, das die Hethiter
über ein halbes Jahrtausend beherrscht hatten, nicht einmal
mehr von ihrer Existenz. Zu Beginn der christlichen Zeitrechnung war Hattuşa nur mehr ein einsames Dorf im Schatten alter Festungsmauern, über dem bis zu seiner Wiederent-
deckung im 19. Jh. der Mantel des Vergessens lag.

Die **Ruinen von Hattuşa** (**Boğazköy**) liegen etwa dreihundert Meter östlich von dem Dorf Boğazkale. Man sieht eine
Ansammlung von Kalksteinblöcken, die wie in einem plan-
vollen Gitter ausgelegt zu sein scheinen und man erkannte
darin die Fundamente des **Großen Tempels,** der dem hatti-
schen Wettergott Teşub und seiner Gemahlin, der Sonnengöttin Hepat von Arinna, geweiht war. Der Bau wurde im
14. Jh. v. Chr. begonnen, vielleicht unter Şuppiluliuma 1., und
um 1250 vollendet, fast genau ein halbes Jahrhundert vor
dem Zerfall des Hethiterreichs. – Auf weitem Terrain liegen
die Grundmauern von Verwaltungs-, Vorrats- und Wirt-
schaftsgebäuden, die wie ein Kranz den Hof mit dem eigentlichen Heiligtum umschlossen. Das Haupttor (A) lag nahe
der Südostecke der Schutz- und Nutzbauten, wo einige ge-

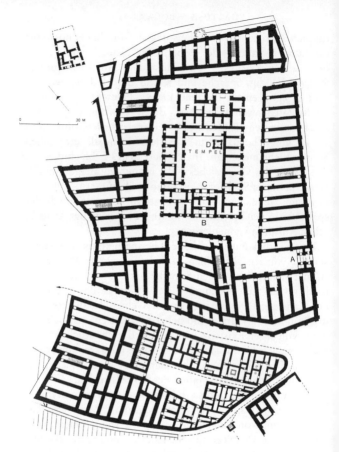

*Hattuša-Boğazköy, Großer Tempel (1. Hälfte 13. Jh. v. Chr.)*

A Haupttor
B innerer Torbau
C Tempelhof
D Heiliges Becken
E Cella des Teşup
G Haus der Dienstleistung

waltige Felsblöcke des Propylons und der Wachräume zu beiden Seiten erhalten sind. Bei religiösen Feierlichkeiten führte das hethitische Königspaar seine Untertanen in einer Prozession durch dieses Tor, weiter über den Hof und vor den Südtrakt des eigentlichen Heiligtums, in den ein eigener

## HATTUŞA – BOĞAZKÖY 377

Torbau (B) eingegliedert war. Wieder schritt man durch Portale, an Wachräumen vorbei, ehe man den gepflasterten Innenhof (C) betrat. Auch hier stehen die Grundmauern von vielen eng aneinandergereihten, schmalen Räumen an drei der Seiten; die vierte, nördliche, grenzte eine Pfeilerhalle ab. – Die Reste eines kleinen Hauses in der Nordostecke des Hofes machen aufmerksam: Hier stand, wie man glaubt, das Heilige Becken (D), bei dem das Königspaar innehielt, um sich vor Betreten des ›Allerheiligsten‹ im Heiligtum der rituellen Waschungen zu unterziehen. – Das ›Allerheiligste‹ war ein Annex an der Nordseite des Tempelhofes, den man durch besagte Pfeilerhalle betrat. Zwölf Räume hatte dieser Anbau, von denen sich zwei durch ihre Lage und Größe auszeichnen; im nordöstlichen (E) steht noch eine Basis in situ, und man nimmt an, daß sie die Kultstatue der Sonnengöttin Hepat trug; im nordwestlichen (F) galt die Verehrung dem ›Wettergott des Himmels‹ Teşup.

Da sich das Heiligtum auf einem Gelände erhob, das von Süd nach Nord abfällt, waren die Bauten im Westen, Süden und Osten wohl zweistöckig, im Norden dreistöckig. Manche Räume scheinen als Archive gedient zu haben, denn man fand Tausende von Keilschrift-Tontafeln; in anderen Räumen, den Vorratslagern, standen – und stehen noch – zahlreiche ›pithoi‹, große bauchige Tonbehälter, wie man sie ähnlich in Knossos und Mykene gefunden hat. – Der gesamte Baukomplex spiegelt wahrlich Anspruch und Macht dieses ›Großreiches‹ der Bronzezeit.

Bei neueren Ausgrabungen südwestlich des Großen Tempels, auf der Gegenseite der dortigen breiten Pflasterstraße, ist man auf einen zweiten Komplex gestoßen mit nahezu einhundert Räumen um den großen Hof. Dieses Gebäude wird als ›Haus der Dienstleistung‹ (G) bezeichnet, weil darin vermutlich das Tempelpersonal sowie Kunsthandwerker und Bauarbeiter wohnten.

Königsresidenz der Hethiter war der befestigte Burgberg **Büyükkale**, die ›Große Burg‹, wo sich einst eine Siedlung der Hatti befunden hatte. Die Straße führt vom Tempel in Serpentinen hinauf an die Südwestecke der Zitadelle; hier gingen die Stadtmauern in die mächtigen Befestigungsanlagen der Akropolis über. Die Mauerzüge der Burg und die Bauten auf der Akropolis stammen aus dem 14. und 13. Jh. v. Chr., aus der Blütezeit des Hethiterreichs. Das Haupttor lag an der Südwestecke und führte auf einen Vorhof, der die unterste Terrasse der Akropolis einnahm. Hier lagen die Verwaltungs- und Haushaltsräume des Palastes, während sich auf den höhergelegenen Ebenen die Privatquartiere der königlichen Familie befanden.

Von der Büyükkale führt der Weg weiter hinauf zu der an den Felshang gebauten Oberstadt. Schon bald sehen wir zur Linken die dürftigen Reste der **Südburg,** einer Hethiterfestung aus dem 14. Jh. v. Chr., und zur Rechten den Felsen **Nişantepe.** Auf seiner Ostseite sind zehn Zeilen einer achteinhalb Meter breiten *Hieroglyphen*-Inschrift ins Gestein geschnitten – die längste hethitische Inschrift, die je gefunden wurde. Leider sind die Bildzeichen weitgehend verwittert, lediglich der Anfang der ersten Zeile ist zu entziffern, der den Namen von König Şuppililiuma nennt.

Etwa zweihundert Meter südwestlich des Nişantepe liegt eine weitere Felsenburg, die **Sari Kale,** und dreihundert Meter entfernt in gleicher Richtung wieder eine, die **Yenice Kale.** Von beiden stehen noch Ruinen aus dem 13. Jh. v. Chr., Ummauerungen, wie aus dem Gestein hochgewachsen.

Bei Nişantepe führt der Weg südöstlich hoch zum **Königstor,** einem der drei Haupttore des Mauerrings, der in einem weiten Halbkreis die Südseite der Oberstadt schützte. Das Tor hat seinen Namen von der gebieterischen Gestalt auf dem Relief der linken inneren Torlaibung erhalten; die Platte in situ ist ein Abguß des Originals, das sich im Museum der Anatolischen Kulturen in Ankara befindet. Die Figur, die man ursprünglich für einen hethitischen Kriegerkönig hielt, hat man inzwischen › Torgott ‹ benannt. Er trägt ein kurzes Gewand und einen Spitzhelm, bestückt mit einem Horn, das ihn als Gott kennzeichnet. Mit der Stachelaxt in der einen Hand, dem Sichelschwert unter dem Gürtel, den anderen Arm in entschlossener Geste erhoben, sollte diese Gestalt offenbar den Eingang von Hattuşa schützen (siehe auch

S. 400). Das Doppeltor selbst ist eine beeindruckende Konstruktion, mit den gewaltigen paraboloiden (gekrümmten) Monolithen, die als Torpfosten dienten und noch etwa bis zur Hälfte ihrer ursprünglichen Höhe erhalten sind.

Südöstlich des Königstores, im Schutz der Mauern, befinden sich die *Ruinen von vier Tempeln.* Alle variieren den Grundriß des ›Großen Tempels‹, haben Gemeinsamkeiten wie die vielen kleineren Räume um einen Innenhof, einen Kultraum oder ›Allerheiligstes‹ im rückwärtigen Teil. Welchen Gottheiten sie geweiht waren, ist nicht bekannt; auch ob die Bauten gleichzeitig oder vor dem ›Großen Tempel‹ entstanden, scheint noch nicht schlüssig erwiesen, doch sicher nicht vor dem 14. Jh. v. Chr.

Das zweite der drei Stadttore ist das **Sphingentor** an der Südspitze der Umfassungsmauern. Sein Name bezieht sich auf die Sphingen, die zu beiden Seiten des Innentors aus dem Torpfosten hervortreten; heute ist die linke Sphinx im Archäologischen Museum in Istanbul, die rechte in den Staatlichen Museen in Berlin zu sehen; Bruchstücke einer dritten kann man noch in situ betrachten. Auch diese Torpfosten bestehen aus großen paraboloiden Steinblöcken, die zusammen einen Bogen bildeten und noch bis zur Hälfte ihrer einstigen Höhe erhalten sind. Bemerkenswert ist hier der zum Verteidigungssystem gehörende *unterirdische Gang* (›Potene‹), der rechtwinklig zur Wehrmauer unter dem Sphingentor hindurchführt. Vollständig erhalten – dank seines ›falschen Gewölbes‹ aus riesigen Steinblöcken –, folgt er in 12 Metern Tiefe unter dem Tor, und mit einer Länge von 70 Metern, der Fallinie des Geländes – eine wirklich respektable Leistung der Ingenieurskunst im 13. Jh. v. Chr. Für die Hethiter war die Potene das Ausfalltor, um während einer Belagerung herauszukommen und außerhalb der Stadtmauern den Gegner überraschend von hinten anzugreifen.

Ein drittes, das **Löwentor,** steht nahe dem Westende des Mauerzugs; wie die beiden anderen ist es ein Doppeltor mit paraboloidem Durchgang. Es erhielt seinen Namen von den beiden symbolischen Wächtern an der äußeren Torseite. Die Löwen, deren Häupter, Körper und Vorderpfoten plastisch aus den beiden Torpfeilerblöcken herausgearbeitet sind, kommen dem Eintretenden frontal entgegen, wilde Raubtiere mit aufgerissenem Maul. Sie sollten Eindringlinge schrecken und bösen Geistern den Zutritt zur Stadt verwehren. Es sind wirklich furchterregende Bestien, die etwas von der Magie und der Kriegswelt des geheimnisvollen Bronzezeitalters heraufbeschwören.

Das **Heiligtum Yazılıkaya** liegt zwei Kilometer nordöstlich von Boğazkale, weitab vom alten Stadtgebiet Hattuşas, gehörte aber seit den letzten Jahrzehnten des hethitischen Großreiches zu den wichtigen Kultstätten der Stadtbewohner. Es war ein natürliches Felsheiligtum, vor dem ein aus Mauern errichtetes Heiligtum (aus verschiedenen Bauperioden des 13. Jhs. v. Chr.) lag. Das von der Natur Gebildete besteht aus zwei senkrechten Spalten zwischen zerklüfteten hohen Felsstöcken. Links liegt die ›Große Galerie‹, rechts die ›Kleine Galerie‹. An ihren Wänden sind nahezu hundert Gestalten in Relief aus dem Gestein gemeißelt, die überwiegend der hethitischen Götterfamilie angehören.

An den Wänden der **Großen Galerie** ist eine *Götterprozession* mit 63 Figuren zu sehen, links die männlichen (1), rechts die weiblichen Gottheiten (3). Die beiden Züge treffen sich am Nordende der Galerie. Die Götter tragen Spitzhüte, kurze Gewänder oder lange Umhänge sowie die typischen hethitischen Stiefel mit aufgebogener Spitze; viele sind mit einem Sichelschwert, einer Kriegskeule oder einer einfachen Keule bewehrt. Den Rang der verschiedenen Götter in der Himmelshierarchie kann man an der Zahl der Hörner an ihrer Kopfbedeckung ablesen: Unbedeutendere Götter tragen nur eins, während mächtige Himmelsherrscher wie der Windgott oder der Wettergott mit sechs Hörnern ausgestattet sind. Die Göttinnen tragen ihr langes Haar geflochten und sind mit bodenlangen Gewändern und gegürteten Umhängen bekleidet. Die sie auszeichnende Kopfbedeckung, die die Griechen ›polos‹ genannt haben würden, ist ein hoher zylindrischer Hut mit zinnenartig endendem oberen Rand.

An der Nordwand, wo die Göttergruppen (2) zusammentreffen, sehen wir links den *Wettergott des Himmels Teşup*

*Yazılıkaya (Boğazköy), Felsenheiligtum (1250-1220 v. Chr.)*
1 Reliefs der männlichen Götter
2 Zusammentreffen des Wettergottes und der Sonnenkönigin
3 Reliefs der weiblichen Götter
4 Relief des Großkönigs Tudhaliya IV.
5 Relief der zwölf Götter
6 Relief des sog. ›Schwertgottes‹
7 Relief des Sarruma und Tudhaliya IV.
– – – – – Wasserleitung

auf den personifizierten *Götterbergen Nanni und Hazzi;* hinter ihm in ähnlicher Haltung den *Wettergott von Hattuša.* Von rechts kommt die *Sonnengöttin Hepat von Arinna* auf einem Löwen stehend ihrem Gemahl Teşup entgegen, gefolgt von ihrem Sohn *Şarruma,* der einzigen männlichen Erscheinung im Zuge der Göttinnen. Er steht ebenfalls auf einem Löwen, ist kleiner von Gestalt, wie auch die beiden ihm folgenden Göttinnen, die auf den ausgebreiteten Schwingen eines doppelköpfigen Adlers schwebend schreiten; es mögen Töchter der Hepat sein.

Das großartige einzelstehende Relief, das wir hinter dem Zug der Göttinnen sehen, ist die gut erhaltene *Darstellung eines Großkönigs* (4). Diese mit fußlangem Umhang gewandete Gestalt trägt die runde Kappe, die hethitische Könige trugen, wenn sie als oberste Priester amtierten. Der König steht auf zwei Bergen, hält in der Linken einen umgekehrten Krummstab und in der Rechten hoch empor die geflügelte Sonnenscheibe, Symbol des hethitischen Großkönigtums. Es ist Tudhaliya IV. (1250-1225 v. Chr.), wie man sicher weiß – und daher annimmt, daß dieses Felsenheiligtum in seinem Auftrag und während seiner Regierungszeit entstand.

Kürzlich wurde ein Text gefunden, der stützt, was man bisher nur annahm: daß hier das höchste religiöse Fest der Hethiter stattfand, das Neujahrsfest, das mit dem Beginn des Frühlings und der Wiederkehr der Sonne zusammentraf:

*»Zu Ehren des Wettergottes wurde zu Beginn des neuen Jahres eine große Feier von Himmel und Erde abgehalten. Alle Götter versammelten sich und betraten das Haus des Wettergottes. Wer immer unter den Göttern Zorn im Herzen hegt, soll den üblen Zorn aus seiner Seele jagen. So eßt denn und trinkt bei diesem Fest! Stillt euren Hunger und löscht euren Durst! Ehre dem König und der Königin! Ehre dem Himmel und der Erde und dem Samenkorn!«*

Auch in der **Kleinen Galerie** wird man auf erstaunliche Felsreliefs treffen. Am Eingang sehen wir wieder zwei das Heiligtum schützende Wächter, geflügelte Löwen, zugleich Dämon und Talisman in der Vorstellung der Hethiter. – An der westlichen Wand reihen sich in enger Überschneidung zwölf Götter, keine einzelnen Gestalten, eher eine *Zwölfgötter-Gruppe* (5). Eine Darstellung an der östlichen Wand dagegen gibt Rätsel auf: Der Kopf mit der Göttern eigenen Kopfbedeckung sitzt einem Leib auf, den vier Löwen bilden. Der untere Teil läuft aus in eine zweischneidige Schwertklinge mit profilierter Mittelrippe. Vielleicht hat man in dem oberen Teil den Schwertknauf zu sehen. ›*Schwertgott*‹ (6) hat man diese Gestalt bezeichnet.

Es folgt nun das Relief des Gottes *Šarruma,* der seinen Arm um die Schultern eines hethitischen Königs legt (7). Auch hier hat man in dem König Tudhaliya IV. erkannt. Die prominente Stelle, die man für dieses wundervolle Relief gewählt hat, bekräftigt einmal mehr, daß Tudhaliya IV. Stifter des Heiligtums war, zumal vieles dafür spricht, daß die Kleine Galerie als ›Grabkammer‹ der vergöttlichten hethitischen Großkönige diente. Tudhaliya IV., drittletzter Herrscher von Hattuša, wohl schon zu Lebzeiten als göttlich verehrt, starb wenige Jahre vor der Zerstörung Hattušas und dem Zusammenbruch des hethitischen Großreiches.

Wer es ermöglichen kann, sollte vor der Weiterfahrt nach Ankara die alte Stadt **Alaca Höyük** aufsuchen. Die Lage mag weniger eindrucksvoll sein als die von Boğazkale (Hattuša), doch für die Geschichte der Kunst in Anatolien hat der Ort einen besonderen Rang. – Bei der Ankunft sieht man sofort das monumentale *Sphingentor,* das Haupttor der antiken inneren Stadt. Beide Sphingen sind Originale, so auch am Sockel der rechten das Relief; es zeigt eine Göttin über dem doppelköpfigen Adler, der ein Hasenpaar in den Krallen hält. Die interessanten *Orthostatenreliefs* zu beiden Seiten vor dem Tor stammen aus der Zeit des hethitischen Großreichs (1450-1200 v. Chr.), die Ursprünge der Stadt jedoch reichen bis in das spätchalkolithische Zeitalter (um 3000 v. Chr.) zurück. Ihre größte Bedeutung scheint die Stadt in der frühen Bronzezeit (um 2500-2000 v. Chr.) erlangt zu haben, was auch ersichtlich wird, sobald man sich dem wundervollen Kunsthandwerk jener Periode zuwendet. Manches ist im Museum am Ort zu sehen, die bedeutenden Dinge aber finden wir im Museum in Ankara: ungewöhnliche, symbolträchtige bronzene Standartenaufsätze mit Hirschen, Stieren, Sonnenscheiben; goldene Kannen, Becher, Schalen; Schmuck und Zierat; Metallfigurinen schlanker Göttinnen. Jeder Gegenstand spricht von großem handwerklichen Können und sicherem künstlerischen Formgefühl, von einer hochentwickelten Kultur also, die schon tausend Jahre an diesem Ort blühte, ehe die ersten Hethiter ins Land gekommen waren.

# 22

# Ankara

Altes Parlament – Römische Thermen – Augustus-Tempel
Hacı Bayram Camii – Festung – Ala ed-Din Camii – Museum
der Anatolischen Kulturen – Stiftungsbauten der Ahi-Sekte
Ethnographisches Museum – Atatürk-Mausoleum

Nirgendwo scheint der Kontrast zwischen der alten und der
neuen Türkei augenfälliger als in Ankara, das seit Gründung
der türkischen Republik im Jahr 1923 die Landeshauptstadt
ist. Man gehe einmal den Atatürk Bulvarı entlang, die
Hauptverkehrsstraße der Neustadt (Yenişehir), wo die
palastartigen Botschaftsgebäude stehen, die eindrucksvollen
neuen Bauten des Parlaments und der verschiedenen Mini-
sterien, die Hazetepe-Universität mit der modernen Medizinischen Fakultät, die Turmbauten der Luxushotels, die teu-
ren westlichen Restaurants und Cafés ... und dann über-
quere man am Ende des Boulevards den Ulus Meydanı und
folge einer der Marktgassen, die sich hoch zur Zitadelle
ziehen: Hier ist man in eine bescheidene anatolische Klein-
stadt zurückversetzt, mit schmalen verwinkelten Sträßchen,
wo sich Bauern in Gewändern einer anderen Welt und Zeit
ein Stelldichein geben. Hier findet man Nomadenfrauen mit
archaischem Kopfputz, farbenfrohen Kleidern und Halsketten aus Goldmünzen; verwegene Gestalten in Hirtenmän-
teln, die ihre Herden vor sich hertreiben; verschleierte anatolische Erdgöttinnen, die sich lagenweise in Jacken, Tücher
und Mäntel gepackt haben; und weißbärtige Alte, die, wie
ihre Ahnen vor Jahrhunderten schon, auf schwarzen Eseln
zum Markt reiten, auf schütterem Haar noch Fragmente
eines Turbans tragen und nichts davon erfahren haben, daß
seit der republikanischen Kleiderreform vor sechzig Jahren
ihre halborientalische Kostümierung verboten ist, die vielmehr ihrerseits den Fremden in seinem seltsamen europäi-

schen Habit als Kuriosum betrachten. Und dann betritt man durch ein altes Tor den Bereich der Zitadelle, durchstreift die stillen Pflastergassen mit ihren ehrwürdigen Holzhäusern und spürt um sich die Atmosphäre einer älteren und weniger hektischen osmanischen Stadt.

Yenişehir, die Neue Stadt, hat dem Besucher nicht viel zu bieten, und deshalb beginnen wir unseren Rundgang am *Ulus Meydanı,* der als eine Art Niemandsland zwischen dem neuen und dem alten Ankara liegt. Blickt man vom Boulevard aus nach Norden, dann sieht man zur Rechten das große Reiterdenkmal Atatürks und an der linken Ecke das **alte Parlamentsgebäude,** das heute ein Museum ist. Die meisten ausländischen Besucher ignorieren das alte Parlamentsgebäude, falls sie sich seiner Existenz überhaupt bewußt sind, doch ist es interessanter als manche berühmte Sehenswürdigkeit in Ankara.

In diesem unscheinbaren kleinen Bauwerk nämlich wurde der moderne türkische Staat geboren, als dort am 23. April 1920 die große Nationalversammlung zu ihrer ersten Sitzung zusammentrat. Hier spielten sich während der nächsten dreieinhalb Jahre einige der wichtigsten Ereignisse der neueren türkischen Geschichte ab, die ihren Höhepunkt am 29. Oktober 1923 fanden, dem Gründungstag der türkischen Republik unter Atatürk als dem ersten Präsidenten und Ismet Inönü als Ministerpräsidenten. Die große Nationalversammlung tagte bis 1925 in diesen Räumen, dann zog sie in größere und eindrucksvollere Baulichkeiten an der Cumhuriyet Caddesi um (wo heute das Hauptquartier der CENTO, der Central Treaty Organization, untergebracht ist). Auf der anderen Straßenseite, gegenüber diesem Parlamentsgebäude, steht das ›**Ankara Palas‹,** das älteste Hotel der Stadt und immer noch das prächtigste, auch wenn ein Witzbold es einmal mit dem Palast eines Kurdenhäuptlings verglichen hat. Hier pflegten sich Atatürk und seine Vertrauten in den unruhigen Jahren der Republik zu treffen, zu trinken und nächtelang zu diskutieren; die Geschichten und Anekdoten jener Zeit machen noch heute an der üppig dekorierten Bar die Runde.

Den Streifzug durch das **alte Ankara** beginnen wir am besten mit einem Spaziergang entlang der *Çankırı Caddesi*, der Verlängerung des Atatürk Bulvarı, in nördlicher Richtung. Nach etwa fünf Minuten finden wir auf der linken Straßenseite die alten **römischen Thermen.** Durch das Portal blickt man auf einen großen Platz, der mit Fragmenten von Marmorsäulen, Sockeln und vereinzelten Standbildern übersät ist. Dies war die Palästra, der Übungsplatz der Ringer, ein weiträumiger säulenumstandener Vorhof nördlich der Badeanlagen. Von den Bädern sind nur die unteren Mauerteile und einige zerfallene Bögen erhalten, doch läßt sich der Gesamtplan leicht erschließen. Von der Palästra trat man in die ›frigidaria‹, die Räume zum Kaltbaden, mit einem Schwimmbad zur Linken und Umkleidekabinen zur Rechten. Daran schlossen sich mehrere ›tepidaria‹ an, Baderäume

## IN DER ALTSTADT

mit lauwarmem Wasser, die in dem Bäderkomplex den meisten Platz einnahmen, und zuletzt gelangte man in das ›caldarium‹, das Dampfbad, das sich wahrscheinlich in der hintersten linken Ecke befand. Zwischen den niedrigen Ziegelsteinstützen, die man hier noch sieht – darüber war der Fußboden ausgelegt –, konnte die Heißluft aus dem Heizraum zirkulieren und erwärmte vor allem Tepidarium und Caldarium. Anhand der hier aufgefundenen Münzen konnte man feststellen, daß die Bäder unter der Herrschaft des Caracalla (212-17 n. Chr.) erbaut wurden und dreihundert Jahre lang in Benützung waren. Hinter den Thermen finden sich verstreut einige antike Grabstelen. Auf einem der Gedenksteine läßt sich der stolze Name des Deiotarus entziffern, eines Königs der Galater (Kelten), der über die vereinigten Galaterstämme regierte, bevor die Region 25 v. Chr. als römische Provinz annektiert wurde.

In der Nähe gibt es noch weiteres aus römischer Zeit. Wir gehen auf der Çankırı Caddesi zurück und biegen an der zweiten Straßenecke links in die *Armutlu Sokak* ein. Am Ende dieser Gasse liegt ein Platz mit einer Ziegelsäule in der Mitte, die von einem römischen Kapitell bekrönt ist, und dieses wiederum von einem Storchennest. Es läßt sich zwar nicht eindeutig belegen, aber man nimmt an, daß die *Säule zu Ehren des Kaisers Julian Apostata* errichtet wurde, der im Sommer 362 durch Ankara reiste, im letzten Jahr seines kurzen, aber ereignisreichen Lebens. Vielleicht jubelten die Galater von Ankara, die Paulus viele Jahre zuvor als ungetreue Christen verurteilt hatte, über die von Julian in die Wege geleitete Neubelebung heidnischer Bräuche im römischen Reich. Mit folgenden Worten begrüßte Libanios von Antiochia die Herrschaft des Julian, seines früheren Schülers:

*» Von neuem läßt man Blut über die verlassenen Altäre fließen und ehrt die Götter mit Zeremonien, an die sich die Alten kaum erinnerten ... und die Römer können wieder Großes in Angriff nehmen.«* Julian wäre wahrscheinlich amüsiert, wenn er wüßte, daß sein Ehrenmal von den Türken das ›Minarett der Belkis, der Königin von Saba‹, genannt wird.

388 ANKARA

Wir verlassen den Platz am Nordende, wenden uns zuerst nach rechts und dann nach links in die *Bayram Sokak*. So gelangen wir bald zu den Ruinen des **Augustus-Tempels**, des eindrucksvollsten der antiken Monumente. Die Anlage wurde in den Jahren 25-20 v. Chr. erbaut, nachdem Augustus kurz zuvor Ankyra (wie es damals hieß) zur Provinzhauptstadt von Galatien erklärt und dem neugeschaffenen Kult ›Roma et Augustus‹ geweiht hatte. An der Außenwand des Tempels befindet sich eine Inschrift in griechischer und lateinischer Sprache: Es handelt sich um die berühmte ›Res Gestae Divi Augusti‹, die ›Taten des vergöttlichten Augustus‹. Sie sind der politische Rechenschaftsbericht des Kaisers, dessen Abfassung er am 11. Mai des Jahres 14 n. Chr. beendete. Die Aufzeichnungen, die man auch als ›Testament des Augustus‹ bezeichnet, wurden von Vestalinnen bis zu seinem Tod und einhundert Tage darüber hinaus verwahrt; danach wurde der Text auf Beschluß des römischen Senats auf einer Bronzetafel im Mausoleum des Kaisers in Rom angebracht, und an jedem Augustus-Tempel im ganzen Reich sollten die ›Res Gestae‹ zu lesen sein. In Rom wurde die Tafel nie aufgefunden; einzig in Ankara blieb der Wortlaut in mehr oder minder vollständiger Form erhalten – eine wichtige Geschichtsquelle für die augusteische Zeit, die die Historiker ›Monumentum Ancyranum‹ bezeichnen. Die Vorrede der ›Res Gestae‹ beginnt: »*Es folgt eine Wiedergabe der Taten des vergöttlichten Augustus, durch welche er den ganzen Erdkreis der Herrschaft des römischen Volks unterwarf...*«

Unter den vielen in der Inschrift angeführten Handlungen wird auch eine Volkszählung erwähnt, die Augustus im Jahr 8 v. Chr. befahl. Dies ist jene vom Evangelisten Lukas erwähnte Schätzung, die Maria und Joseph nach Bethlehem aufbrechen ließ.

Der Tempel des Augustus wurde etwa im 5. Jh. n. Chr. in ein christliches Gotteshaus umgewandelt; aus jener Zeit stammt die Apsis mit dem abwechselnd aus Ziegeln und Steinen gefügten Mauerwerk. In der ersten Hälfte des 15. Jhs. wurde der Bau in eine Medrese umgestaltet, die zur nahen Hacı Bayram Camii gehörte. In den Trümmern haust heute ein Stadtstreicher mit seinem Hund in einer Höhlung, wo sich einst die Krypta der byzantinischen Kirche befand.

Die **Moschee des Hacı Bayram** datiert aus dem Jahr 1427, doch wurde sie im 18. Jh. stark restauriert. Ihren Namen erhielt sie von Hacı Bayram Veli, der in einer Türbe vor der Moschee beigesetzt ist. Dieser fromme Mann gründete in Ankara den Derwisch-Orden der Bayrami und erfreute sich in der Stadt während mehr als fünfhundert Jahren größter Beliebtheit und Verehrung. Im Jahr 1647 unternahm Evliya Çelebi auf der Rückreise von einem Feldzug gegen die Perser eine Pilgerfahrt zur Türbe des Hacı Bayram und erzählt folgende Legende aus dem Leben des Heiligen:

*»In seiner Jugend wurde er einst von einer listigen Frau eingeladen, die in Liebe zu ihm entbrannt war, und die nun, um ihn zu verführen, sein Haupthaar, seinen Bart, seine Brauen und Wimpern pries. Der Heilige zog sich in eine Ecke zurück und bat Gott, ihn von diesen vier Ursachen der Sinneslust zu befreien und ihm eine häßliche Gestalt zu verleihen; daraufhin wandte er sich wieder der Frau zu, und wie er nun völlig kahl und häßlich war, entsetzte sie sich bei dem Anblick und ließ ihn von ihrer Magd aus dem Haus jagen. Deshalb tragen die Nachkommen des Heiligen, die von seiner Tochter abstammen, lediglich kurze Bärte.«*

Nach dem Besuch der Moschee gehen wir die Bayram Sokak zurück und biegen links in die nächste größere Straße ein, die *Hisar Parkı Caddesi.* Dort kommen wir zu einem Treppenaufgang, der zwischen der inneren und der äußeren Mauer der mittelalterlichen **Kale** (Zitadelle) den Burgberg hinaufführt. Der größte Teil der Verteidigungsmauern ist byzantinischen Ursprungs, jedoch unter den Türken wesentlich erneuert worden. Inschriften an den Mauern erinnern an ihre Errichtung 859 durch den byzantinischen Kaiser Michael III. ›Trunkenbold‹. Man hört auch manchmal, daß die ersten Befestigungen unter Kaiser Herakleios angelegt worden seien, möglicherweise um 630, als er die Stadt aus der Hand der Perser zurückerobert hatte. Doch tatsächlich muß dieser Burgberg seit den Anfängen der Stadtgeschichte ummauert gewesen sein, da Ankara ja an einer der großen

Durchgangsstraßen Kleinasiens von Ost nach West lag und
viele berühmte Heerführer und Herrscher hier vorbeizogen:
Kroisos und Kyros 546 v. Chr., Xerxes 481 v. Chr., Alexander
der Große 333 v. Chr., und dann kamen nacheinander Gallier, Römer, Perser, Araber, Türken, Kreuzritter und Mongolen. Einige Kilometer weiter im Nordosten der Stadt liegt
das Schlachtfeld, wo Pompeius im Jahr 63 v. Chr. Mithradates den Großen besiegte und damit Roms letzten Rivalen
endgültig beseitigte. Auf derselben Kampfstätte schlugen am
28. Juli 1403 Tamerlan und seine mongolische Horde die
Truppen Sultan Beyazıts I., des › Wetterstrahls ‹, und hielten
damit den Vormarsch der osmanischen Türken nach Europa
für einige Zeit auf, was dem Byzantinischen Reich eine Gna-
denfrist von fünfzig Jahren schenkte. Heute ist die Kale das
friedlichste und beschaulichste Stadtviertel Alt-Ankaras und
bewahrt in seinen labyrinthischen Gassen osmanische
Wohnhäuser des letzten Jahrhunderts. Hier und da bemerkt
der Spaziergänger Bruchstücke alter Säulen und Kapitelle,
die heute als Eingangsstufen, Brunnenschalen, Fensterstöcke
oder Mauerstützen dienen.

Das Haupttor der inneren Zitadelle liegt am Südende. Auf
dem Weg dorthin sieht man zur Rechten die *Ala ed-Din
Camii,* eine der drei noch erhaltenen seldschukischen Moscheen in Ankara. Sie wurde unter Sultan Izz ed-Din Kılıç
Arslan II. im Jahr 1178 errichtet, jedoch unter den Osmanen
stark restauriert. Der kunstvoll gearbeitete Mimbar stammt
aus dem frühen Bau und ist ein schönes Beispiel seldschukischer Holzschnitzkunst aus jener Zeit.

Wir treten nun durch das Südtor, ein Doppeltor, dessen
zwei massive Wehrtürme durch eine hohe Kurtine verbunden
sind. Eingelassen in dieses Mauerstück ist ein erstaunliches
Beieinander von wiederverwendeten Marmorfragmenten,
darunter auch Spolien von einem rankengeschmückten römischen Altar, der sich über vier liegenden Priapos-Gestalten
(des Gottes der Zeugungskraft und Fruchtbarkeit) erhob.
Nach einigen Schritten verlassen wir den äußeren Festungs-
bereich durch das Hisar-Tor. Dort halten wir uns rechts und
gehen die *Gözcü Sokağı* hinab; bald kommen die Kuppeln

des **Bedesten** ins Blickfeld, die zu den Wahrzeichen des alten Ankara gehören.

Er wurde in den Jahren 1464-71 von Mahmut Paşa angelegt, dem fähigsten Großwesir Mehmet des Eroberers; vor mehreren Jahren hat man das Bauwerk ausgezeichnet restauriert; heute ist in ihm das **Museum der Anatolischen Kulturen** untergebracht, das zweifellos zu den interessantesten Antiken-Museen der Welt gehört. Ein Besuch dort dürfte zum Höhepunkt einer Türkeireise werden. Die kultur- und kunstgeschichtlichen Sammlungen, die den gesamten Zeitraum vom Klassischen Altertum bis zurück zu den frühesten Anfängen menschlichen Schaffens umfassen, sind in der ungewöhnlichen Umgebung – dem alten Basar – aufs Ansprechendste ausgestellt. Jedes Stück wurde auf türkischem Boden gefunden, viele Objekte sind Entdeckungen aus jüngster Zeit, und bei allen handelt es sich um bedeutsame Funde, die unser Wissen um Anfänge und Entwicklung der nahöstlichen Zivilisation wesentlich erweitert haben.

Wir wenden uns im Eingang des Museums gleich nach rechts, da die Anordnung chronologisch voranschreitet. Beginnend am Ende der Nordhalle, sieht man linker Hand zuerst die **paläologische Sammlung** aus der Zeit um 7000 v. Chr. und früher; dazu gehören der Schädel eines Neandertalers und verschiedene primitive Steinwerkzeuge und Waffen. Die meisten Gegenstände fand man in einer Höhle in Karain, etwa 27 Kilometer nordwestlich von Antalya, wo auch die frühesten bekannten Wandmalereien Anatoliens entdeckt wurden.

Es folgt die lange Westhalle, deren erster Abschnitt **Funde des Neolithikums** (um 7000-5500 v. Chr.) zeigt. Interessant ist hier das rekonstruierte Haus aus Çatal Höyük (ehemals ein Lehmziegelbau): Man sieht hier früheste ›aufgebaute‹ – nicht auf der Drehscheibe gefertigte – Tonwaren sowie Wandmalereien, deren Zeichnung den Mustern von modernen anatolischen Kelims ähneln. Man beachte auch das Fresko mit den gegenständigen Leoparden und die beim Ritual wichtigen Stierhörner an den Wänden. Außerhalb dieses Raumes sind weitere Fresken aus Çatal Höyük zu

392 ANKARA

sehen, von denen besonders jene mit den kleinen unbeklei-
deten Jägern besticht, die einem riesigen roten Stier nachstel-
len. Anscheinend spielten diese Malereien bei dem frühana-
tolischen Jagdzauber eine Rolle. Daneben finden sich in
dieser Abteilung mehrere Lehmfigurinen der anatolischen
Erdmutter, die mit ihren gewaltigen Brüsten und dem breiten
Gesäß dem fülligen Körpertypus ähnelt, den wir auch heute
noch bei Bäuerinnen im Marktviertel der modernen Stadt
feststellen können. – Die Statuette einer sitzenden Göttin
zwischen zwei Wächterlöwen ist die früheste Darstellung
einer *Fruchtbarkeitsgöttin* als ›Herrin der Tiere‹, Vorläufe-
rin der anatolischen Kybele, der phrygischen Kubaba, der
griechischen Artemis, der römischen Diana und letztlich der
christlichen Gottesmutter.

Während wir in der Westhalle weitergehen, bewegen wir
uns auch im geschichtlichen Sinn vorwärts und gelangen als
nächstes zum **Chalkolithikum** (um 5500-3000 v. Chr.). Auch
hier sehen wir wieder zahlreiche Figurinen der Muttergöttin
sowie bemalte Tongefäße, Steinwerkzeug und Waffen. Die
meisten Gegenstände stammen aus den Fundorten Hacılar,
Canhasan, Alışar und Alaca Höyük.

In der zweiten Hälfte der Westhalle erwarten den Besucher
prachtvolle Zeugnisse der **frühen Bronzezeit** (um 3000-2000
v. Chr.). Hier stammen die meisten Objekte aus den *Königsgräbern von Alaca Höyük*. Man findet goldene Krüge, Trink-
gefäße und Schmuck; bezaubernd ein goldener, durchbrochen gearbeiteter Stirnreif – vielleicht einst das Diadem einer
anatolischen Königin. Doch die erstaunlichsten Objekte sind
hier die *bronzenen Stangenaufsätze*. Man vermutet, daß sie
auf Standarten bei Ritualen, besonders bei Begräbniszeremo-

20 Erzurum im nordöstlichen Anatolien, Çifte Minare Medrese,
   13. Jahrhundert
21 Der Van-See im Kerngebiet des Reiches Urartu
22 Seldschukische Türbe bei Van, 13. Jahrhundert

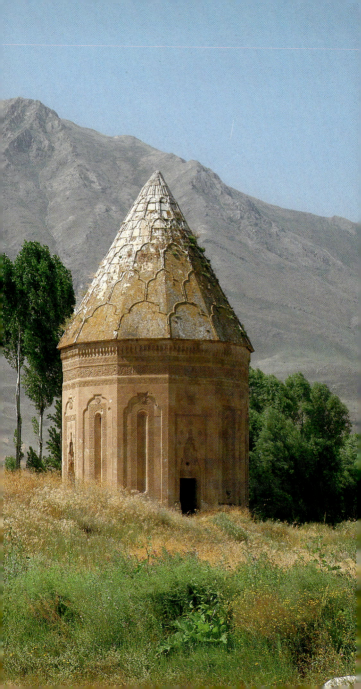

MUSEUM DER ANATOLISCHEN KULTUREN 397

nien gebraucht wurden; einige erkennt man als Sonnenschei-
ben, andere enden als Figurinen, Hirsche etwa, mit Innen-
zeichnung aus eingelegtem Silber. – Auch hier tritt die Mut-
tergöttin auf, nun schlank geworden wie zum Beispiel bei
der *Statuette aus Hasanoğlan:* Ihr Körper besteht aus Metall
(Blei, Elektron?). Kopf, Hals und die kleinen Brüste sind von
Goldblech, die Knöchel mit Golddraht umringt. In einer
Version aus Alaca Höyük erscheint sie in jener stilisierten
Violin-Form, die ihr zur Bronzezeit auch auf den ägäischen
Inseln gegeben wurde. Noch stärker abstrahiert tritt uns die
Muttergöttin – falls es sich hier überhaupt um sie handelt –
in jenen *Idolen aus Alışar* entgegen, die am hinteren Ende der
Westhalle ausgestellt sind. Diese Marmorstatuetten haben
einen flachen feldflaschenförmigen Körper mit einem, zwei
oder gar drei schlangenartigen Köpfen auf langen Hälsen –
bizarr und unheimlich in der Gestaltung, doch sie wecken
eine Einsicht in die uralten Vorstellungen hinter dieser
Fruchtbarkeitssymbolik.

Der Rundgang führt jetzt in die Südhalle, deren vordere
Hälfte Gegenstände aus dem **assyrischen Karum** (Handelskolonie) von Kültepe zeigt, die alle aus dem Zeitraum von
1950-1750 v. Chr. stammen. Zu den besonders interessanten
Exponaten gehören hier *Tontafeln mit altassyrischer Keilschrift,* der frühesten in Anatolien nachgewiesenen Schrift-
form. Die *Töpferwaren aus Kültepe* sind die ungewöhnlichsten des Museums, bemerkenswert sind vor allem die Rhyta
(Spendengefäße für Trankopfer) in Gestalt phantastischer
Vögel und Tiere. Ausgestellt sind auch die frühesten bekannten Beispiele scheibengedrehter Töpferei, die um etwa 2000
v. Chr. geschaffen wurden. Auf einem Dolch ist der Name
von Anitta eingeritzt, dem König von Kuşşara und Stammvater des althethitischen Königsgeschlechts. Anitta verfaßte
den ältesten bekannten Text in hethitischer Sprache, eine
Art ›Res Gestae‹ seiner Herrschaft, die mit den Worten
beginnt: » *Anitta, Sohn des Pitchana, König von Kuşşara; er
war geliebt von dem Wettergott des Himmels ...* « Zugleich
ist dies der Beginn der schriftlich überlieferten Geschichte
Anatoliens.

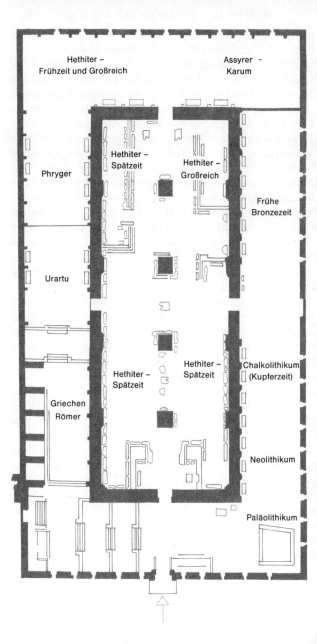

## MUSEUM DER ANATOLISCHEN KULTUREN 399

Im östlichen Teil der Südhalle sind die Funde des **althethitischen Reichs** (um 1700-1450 v. Chr.) ausgestellt. Als erstes fällt die große *Reliefvase aus Indanık* auf, die der damalige Direktor des Museums, Raci Temizer, im Jahr 1967 bei der Ausgrabung des kleinen Heiligtums dort entdeckte. Auf dem bemalten Relieffries scheint eine Prozession an der ›Heiligen Hochzeit‹ teilzunehmen: Priester, Sänger, Musikanten und Festgäste sind zu erkennen und nebenbei auch ein Akt der Sodomie. Weiter hinten in der Halle stehen zwei große Libationsgefäße in Gestalt roter Stiere; sie wurden vor einigen Jahren in Boğazkale gefunden und stellen Şerri und Hurri dar, die göttlichen Zugstiere am Himmelswagen des Wettergottes. Am Ende der Südhalle steht eine mit hethitischen Hieroglyphen beschriftete Stele, ebenfalls aus Boğazkale. Die Geschichte des althethitischen Königreichs ist fast ausschließlich mit Hilfe solcher Inschriften rekonstruiert worden. Einem der Texte des Telipinu (um 1525-1500 v. Chr.) kommt große Bedeutung zu; der hethitische König (›Labarna‹, der Beiname aller Herrscher) beginnt mit den Worten: *»Also spricht Labarna Telipinu, der Großkönig!«* Und nach einem langen und häufig spannenden Rückblick auf die Geschichte, dem Bericht der eigenen ruhmvollen Taten und schweren Schicksalsschläge schließt der alte König mit einer wehmütigen Bitte, die er als letzten Willen an seinen Sohn Mursili richtet: *»Du sollst meinen toten Leib waschen, wie die Sitte es verlangt. Drücke mich an dein Herz, umarme mich und lege mich in die Erde.«*

Von hier wenden wir uns zurück und betreten den Mittelsaal, der im wesentlichen der Ausstellung **hethitischer Großplastiken** gewidmet ist. Dabei handelt es sich überwiegend um Orthostatenreliefs, die von den Sockelzonen der Paläste, Tempel und Stadtmauern stammen. Rundplastisch, doch nicht als selbständige Skulptur, sondern aus den Baugliedern herausgearbeitet, treten zumeist grauenerregende Löwensphingen auf: Wächterfiguren an den Stadttoren, die Feinde

*Ankara, Plan des Museums der Anatolischen Kulturen*

das Fürchten lehren sollten. Die Reliefplatten und Torskulpturen stammen aus einem Zeitraum von mehr als acht Jahrhunderten, vom hethitischen Großreich (um 1450-1200 v. Chr.) bis in die späthethitische Zeit (um 1200-700 v. Chr.).

Die interessantesten Werke aus der **Zeit des Großreichs** sind die *Orthostatenreliefs aus Alaca Höyük*. Sie zeigen: König und Königin vor einem Altar und dem Stier des Wettergottes; drei schreitende Priester; zwei mit einer Leiter beschäftigte Akrobaten und einen Schwertschlucker; einen Mann mit einer Opfergabe, dem ein Lautenspieler vorangeht; Szenen also, die wohl auch bei kultischen Festen so zu sehen waren. – Das monumentale Sphingenpaar in dieser Abteilung ist eine Kopie der Figuren vom Sphingentor in Alaca Höyük. – Zu einem weiteren Werk dieser Epoche (14.-13. Jh. v. Chr.) bemühe man sich vor den Eingang zur Westhalle. Man findet dort das hervorragendste, auch besterhaltene Beispiel hethitischer Plastik; keine freistehende Skulptur – ein Hochrelief, das substilstes Wissen um die Behandlung der Reliefebenen erkennen läßt. Dargestellt ist ein Kriegergott mit Hörnerhelm und kurzem Rock, in der Rechten die Streitaxt, das Krummschwert im Gürtel. Diesem ›Torgott‹ sind wir auf einem Abguß am Königstor der Stadtmauer von Hattuşa bereits begegnet. Hier stehen wir vor dem Original des wohl schönsten Werkes aus der Zeit des hethitischen Großreiches.

Im großen Mittelraum findet man auch Skulpturen und Orthostatenreliefs aus **späthethitischer Zeit,** die vor allem von den Ausgrabungsstätten Eski Malatya und Karkemiş stammen. Die bedeutendsten Funde aus Malatya sind die Standbilder eines vollbärtigen Königs und eines Wächterlöwen sowie einige reizvolle Reliefszenen, darunter die Darstellung von König Şulumeli, der vor vier Göttern ein Trankopfer darbringt. Auf den Reliefs aus Karkemiş sehen wir Fabelwesen der hethitischen Mythologie: eine doppelköpfige Sphinx mit Menschen- und Löwenhaupt, zwei Tanzende mit Greifenköpfen sowie pferdefüßige Dämonen mit Löwen- und Stierköpfen. Voller Bewegung ist eine Schlachtszene mit Wagenkämpfern, die ihre Pfeile von einem Streitwagen aus abschließen, der von einem Kriegsroß mit gefiedertem Kopf-schmuck gezogen wird – zaudernd, wie es scheint, denn ein Gefallener liegt zwischen seinen Hufen. Die Gestaltungs-kraft dieses großen Kriegervolkes, das sich im ersten Jahr-tausend am Südostrand Anatoliens behauptete, ist bewun-dernswert.

Wir verlassen den Mittelsaal auf demselben Weg, den wir gekommen sind, und setzen unseren Rundgang in der Osthalle fort. Der erste Teil ist hier dem Volk der **Phryger** gewidmet, das nach dem Zusammenbruch des hethitischen Reichs die führende Rolle in Zentralanatolien spielte. Die meisten Objekte stammen aus den Königsgräbern von Gor-dion. Sie sind besonders interessant im Hinblick auf die spätere Entwicklung im klassischen Griechenland, da sie künstlerische, auch architektonische Elemente vorankündi-gen. Man beachte den formschönen *Bronzekessel mit den Sirenenprotomen;* ein bemaltes und gebranntes Trankopfer-gefäß (Rhyton) in Form einer Ente, das in einem Kindergrab gefunden wurde; das bronzene Schöpfgefäß (situla), das ein zähnefletschender Löwenkopf unten schließt; und eines der frühesten Gläser, eine durchsichtige Schale mit erhabenem Dekor, alles Arbeiten des 8. Jhs. v. Chr.

Die nächste Abteilung der Osthalle enthält **urartäische Altertümer.** Das fast vergessene Volk der Urartäer besaß vom 9. bis zum 7. Jh. v. Chr. ein Reich im Nordosten Anatoliens, verschwand dann vollständig aus der Geschichte und wurde erst im letzten Jahrhundert von Archäologen wiederent-deckt. Seine Burgruinen findet man auf den Felshöhen der Osttürkei, insbesondere in der Umgebung des Van-Sees, und von dort stammen auch die meisten urartäischen Fundstücke des Museums. Das bedeutendste Objekt ist der mächtige *Bronzekessel mit angesetzten Stierköpfen* auf einem Dreifuß, der in Tierhufe ausläuft. Deutlich ist eine Verwandtschaft mit dem oben erwähnten phrygischen Kessel zu erkennen – hier sehen wir ein Beispiel für die Wechselbeziehungen innerhalb der anatolischen Kulturen.

Im letzten, dem nördlichen Teil der Osthalle, treffen wir hauptsächlich auf Funde aus der klassischen **griechischen und**

**der römischen Zeit.** An der Außenwand hat man fünf der Läden aus dem Basar Mahmut Paşas erhalten und für die Ausstellung phrygischer Objekte benutzt. In einem der Stände kann man eine lebensgroße Statue der Kubaba sehen, der Schutzgöttin der Phryger; sie hält einen Vogel in der Hand, ihr Attribut als ›Herrin der Tiere‹; während zwei Musikanten ihr aufspielen, verklärt sich ihr freundliches Gesicht zu einem archaischen Lächeln. Wie stark hat sich das Bild der Erdmutter während unseres Rundgangs gewandelt, seit wir am Eingang der fülligen, frühen Gestalt zum erstenmal begegneten – und in der Tat haben wir in der Zwischenzeit ja sechs Jahrtausende eines kulturellen Fortschreitens an uns vorüberziehen lassen. Allmählich wird sich bei jedem Besucher eine gewisse Mattigkeit eingestellt haben. Da gibt es für die museumsmüden Füße keinen angenehmeren Ort als die hübsche Cafeteria am Ende der Osthalle. Hier kann man entspannen, seinen Erfrischungstrunk auf einem Tisch abstellen, dessen Platte auf einem römischen Kapitell ruht, und dem Gesang der tropischen Vögel lauschen, die zwischen den hethitischen Statuen im Hauptsaal des Bedesten im Käfig gehalten werden – ein wundervoller Ausklang des Besuchs in diesem unvergleichlichen Museum.

Beim Verlassen des Museums durch den Haupteingang halten wir uns links und biegen bei der nächsten größeren Straße, der *Saraçlar Sokağı,* wiederum links ein. Dies ist eine der Hauptgeschäftsstraßen des Marktviertels, und in den Läden zu beiden Seiten wird jede nur erdenkliche Ware feilgeboten. An der nächsten größeren Kreuzung wenden wir uns erneut nach links und gehen die *Can Sokağı* hinauf. Bald befinden wir uns auf der Höhe der **Ahi Elvan Camii,** einer der alten Moscheen in diesem Viertel. Der Bau des späten 13. Jhs. erhielt 1413 bei einer Renovierung seine heutige Gestalt. Sie ist typisch für die sogenannten ›Wald-Moscheen‹ Anatoliens, deren hölzerne Flachdecken auf einer Vielzahl eng stehender Holzsäulen ruhen, in diesem Fall auf drei Reihen mit jeweils vier Säulen. Bauherr der Moschee war ein Mitglied der Ahi-Sekte, einer mittelalterlichen Bru-

## WALD-MOSCHEEN 403

derschaft von Kaufleuten und Handwerkern, die in enger Verbindung zu verschiedenen Derwisch-Orden stand und deren Angehörige anscheinend überaus lebensfroh und gastfreundlich waren. Die Ahi-Sekte besaß im Ankara des 13. Jhs. großen politischen Einfluß, und viele der schönsten Moscheen aus jenem Jahrhundert sind Stiftungen von Sektenmitgliedern.

Wenn wir die Can Sokağı noch etwas weiter hinaufgehen, finden wir rechter Hand einen weiteren Stiftungsbau der Ahi-Sekte, die **Arslanhane Camii** (Moschee des ›Löwen-Hauses‹), erbaut 1289. In Ankara ist dies die einzige Moschee aus der Seldschukenzeit, die in ihrer ursprünglichen Form erhalten blieb. Auch sie ist eine ›Wald-Moschee‹ mit vier Reihen von je sechs Holzsäulen, die meist noch römische Kapitelle tragen. Wir sollten hier vor allem den herrlichen *Mimbar* beachten, ein kostbares Beispiel spätseldschukischer Holzschnittkunst; auch den *Mihrab* schmückt erlesener Fayence- und Stukko-Dekor in einer Art Rokokomanier. In die Außenfassade hat man eine Anzahl antiker Architekturfragmente eingebettet.

Gegenüber der Moschee liegt, nur durch eine schmale angrenzende Gasse getrennt, das Grabmal des Bauherrn Ahi Şerafeddin, der um 1292 starb. Dies ist in Ankara die einzige erhaltene seldschukische Türbe mit dem charakteristischen achteckigen Baukörper und dem Spitzdach. An der Türbe werden augenblicklich umfangreiche Restaurierungsarbeiten vorgenommen.

Bei der Arslanhane Cami wandern wir wieder bergab und finden uns bald im Zentrum des Marktviertels, am Samanpazarı Meydanı. Hier halten wir uns rechts und gehen den *Talat Paşa Bulvarı* entlang, bis wir an ein kuppelüberwölbtes Gebäude kommen, in dem das **Ethnographische Museum** untergebracht ist. Es beherbergt eine sehr sehenswerte Sammlung türkischer Volkskunst seit der Seldschukenzeit, feine Stickereien, Teppiche und Brücken, Trachten, alte Waffen, alte Manuskripte und Kalligraphien, Kleidungsstücke der Derwische, altertümliches Hausgerät und Einrichtungsgegenstände. Einige der letztgenannten Objekte hat

404 ANKARA

man benutzt, um den Empfangsraum eines altosmanischen Wohnhauses aus Ankara exemplarisch einzurichten – ein Interieur, das wesentlich bequemer und auch hübscher aussieht als die Wohnzimmer in modernen türkischen Apartments.

Glanzstücke des Museums sind die aus Moscheen in Ankara und anderen anatolischen Orten stammenden seldschukischen Holzschnitzarbeiten. Zu den schönsten Exponaten gehören sicherlich der *Sarkophag des Ahi Şerafeddin,* dessen Moschee und Türbe wir kurz vorher besucht haben, und der *Thronsessel des seldschukischen Sultans Kaihosrau III.* (1264-83); der Sessel stand ursprünglich in einer der alten Moscheen Ankaras, der Kızıl Bey Camii.

Die große Marmorplatte in der Eingangshalle des Ethnographischen Museums deckte das Grab Atatürks, in dem er nach seinem Tod 1938 und der Überführung von Istanbul nach Ankara zuerst bestattet lag, bis das eindrucksvolle Mausoleum auf der Anhöhe im Südwesten der Stadt errichtet war. Dort fand er 1953 die letzte Ruhe.

Dieses **Mausoleum Atatürks,** das die Türken als ›anıt kabir‹ (Ehrengrabmal) bezeichnen, liegt etwa drei Kilometer vom Ulus Meydanı entfernt. Es gilt als eine Art Nationalheiligtum, das man dem großen Volksführer zu Ehren errichtet hat, den seine Landsleute den ›Vater‹ der modernen Türkei nennen. In dem Atatürk-Museum daneben werden Photographien und Erinnerungsstücke aus seinem Leben gezeigt, die über die historische Erscheinung hinaus etwas von dem Menschen Atatürk deutlich werden lassen.

Atatürk wurde als Mustafa Kemal 1881 in Saloniki geboren. Bereits mit zwölf Jahren entschied er sich für eine Militärlaufbahn, und 1902, nach dem Besuch verschiedener Militärakademien, verließ er die Offiziersschule Harbiye in Istanbul im Rang eines Stabsoffiziers. In den Balkankriegen 1911 und 1912 errang er Auszeichnungen, und im Jahr 1915 befehligte er die türkischen Truppen bei der Verteidigung der Halbinsel Gallipoli; es war hauptsächlich seiner beherzten Führung zu verdanken, daß die Landung der Briten vereitelt und ihr späterer Abzug erzwungen werden konnte. Ähnlich

## ATATÜRK

bemerkenswerte Leistungen vollbrachte er an der russischen
Front und später in Palästina, wo er die türkische Armee
kämpfend nach Nordsyrien zurückzog und seine Truppen
bis zum Ende des Krieges einsatzbereit zu halten vermochte.
Er war der einzige, der aus der türkischen Niederlage im
Ersten Weltkrieg als Kriegsheld der Nation hervorging, und
als die siegreichen Alliierten begannen, das türkische Staatsgebiet untereinander aufzuteilen, stellte sich das türkische
Volk spontan und vereint unter seine Führung. Unter seinem
Oberbefehl errang die türkische Nationalarmee im Krieg
gegen Griechenland 1919-22 den Sieg, und der Versailler
Vertrag von 1923 garantierte dem türkischen Staat die Souveränität. Schon vor dem Unabhängigkeitskrieg hatten Atatürk und seine Mitstreiter den Grundstein für die neue Republik gelegt, die sich aus den Trümmern des Osmanischen
Reichs erheben sollte. 1922 wurde das Sultanat abgeschafft
und am 29. Oktober 1923 die türkische Republik ausgerufen,
mit Kemal Atatürk als erstem Präsidenten. Während der
letzten fünfzehn Jahre seines Lebens führte Atatürk seine
Landsleute auf dem Weg zu moderneren und aufgeklärteren
Lebensformen. Am 10. November 1938 starb er im Dolmabahçe-Palast in Istanbul, vom Volk tief betrauert und bis auf
den heutigen Tag verehrt.

# 23

## Westanatolien

Ankara – Gordion – Pessinus – Seyitgazi – Midas Şehir – Kütahya
Çavdarhisar – Söğüt – Bilecik – Istanbul

Von Ankara führen zwei Wege nach Istanbul. Schneller und
direkter ist die nördliche der beiden Routen über Bolu, aber
diese Überlandstraße, die Europastraße 5, ist sehr befahren
und hat eine beängstigend hohe Unfallquote, so daß man
ständig angespannt auf den mörderischen Verkehr achten
muß. Die andere, etwas längere, aber wesentlich angeneh-
mere Route führt weiter südlich über Eskişehir und durch
jene Region, die im Altertum Phrygien hieß. Wer sich zu
diesem Weg entschließt und dazu ein wenig Zeit hat, kann
auf der Rückfahrt nach Istanbul im westlichen Anatolien
manche interessanten Abstecher machen.

Der erste größere Ort liegt 76 Kilometer hinter Ankara
und heißt Polatlı. Nach weiteren siebzehn Kilometern biegen
wir bei einem Wegweiser rechts nach **Gordion** ab, einer der
berühmten archäologischen Stätten. Zwölf Kilometer nach
der Abzweigung überqueren wir den Sakarya, und unmittelbar dahinter erblicken wir rechts einen großen Erdhügel:
Hier lag die antike Hauptstadt Phrygiens.

Die Bedeutung Gordions für Phrygien ist begründet durch
seine Lage an der großen Ost-West-Straße durch Anatolien.
Die Stadt zog sich am Ufer des Sakarya (in der Antike
Sangarios) entlang, kurz nach der Einmündung des Porsuk
(des Tembris der Antike). Im Altertum lief die bequemste
Route von der nordöstlichen Ägäis und dem Marmarameer
nach Zentralanatolien entlang dem Unterlauf des Sangarios
bis zur Hochebene bei Dorylaion, dem modernen Eskişehir.
Von dort ging es in östlicher Richtung weiter durch das Tal
des Tembris, bis man bei Gordion wieder den Sangarios
erreichte; von dort folgte man wiederum in östlicher Rich-

## GORDION

tung einem Nebenfluß des Sangarios bis Ankyra. Heute folgt
die Bahn der gleichen Route, so auch die Straße, die wir für
den größten Teil dieses Kapitels befahren werden – auf den
Spuren einer Teilstrecke der persischen Königsstraße.

Ausgrabungen haben ergeben, daß die Stätte von Gordion
bereits in der frühen Bronzezeit besiedelt, war, d. h. im späten
3. Jt. v. Chr. Achtzehn verschiedene Besiedlungsschichten
wurden an dem Stadthügel festgestellt, die von der frühen
Bronzezeit über die Kulturen der Hethiter, Phryger, Perser
und Griechen bis zu den Römern reichen. Besondere Aufmerksamkeit schenkten die Archäologen der phrygischen
Periode, da die Phryger das lebenskräftige kulturelle Bindeglied zwischen den Hethitern der späteren Bronzezeit und
den Griechen und hellenisierten Anatoliern des klassischen
Altertums waren.

Vermutlich kamen die Phryger aus Thrakien, Makedonien
und vom Balkan nach Westanatolien. Um die Mitte des
9. Jhs. waren sie in Gordion bereits fest ansässig. Der Ort
wuchs später zur Hauptstadt des phrygischen Königreichs,
das den größten Teil Zentral- und Westanatoliens umfaßte.
Die phrygische Überlieferung nennt Gordios als den namen-
gebenden Gründer der Stadt. Sein Nachfolger auf dem
Thron soll der sagenhafte König Midas gewesen sein, dem
alles, was er berührte, zu Gold wurde. Eine Version des alten
Mythos weiß zudem von einem Orakelspruch: Einst werde
ein Mann mit einem Wagen kommen, der zum König der
Phryger und Schlichter ihrer Streitigkeiten bestimmt sei. Midas, ein armer Bauer, stand gerade mit seinem Ochsenkarren
vor den Toren der Stadt, als man in der Ratsversammlung die
Weissagung zu ergründen versuchte; der kinderlose König
Gordios erkannte in Midas den Retter der Stadt und ernannte ihn zu seinem Erben und Nachfolger. Aus Dankbar-
keit machte Midas seinen Karren der phrygischen Göttin
Kybele zum Weihegeschenk, und in ihrem Tempel auf der
Akropolis wurde er mehrere Jahrhunderte lang aufbewahrt.

Im späten 8. Jh. erwähnen die assyrischen Reichsannalen
von Sargon II. (722-705 v. Chr.) einen Herrscher namens
Mita von Muşki, den man als einen König Midas von Phry-

gien identifiziert hat. Die Annalen berichten weiter, daß die Assyrer die Phryger in einer Schlacht besiegten. Obwohl Midas fortan zu Tributzahlungen an Sargon gezwungen war, blieb sein Reich unangetastet. Ein Menschenalter später, um 690 v. Chr., wurde Gordion ein Opfer der plündernden und brandschatzenden Kimmerier, die um jene Zeit weite Teile Kleinasiens verwüsteten, und Midas kam entweder auf dem Schlachtfeld um oder – nach anderer Überlieferung – gab sich selbst den Tod.

Gordion aber erholte sich rasch und erblühte von neuem, auch wenn das Reichsgebiet der Phryger auf den Oberlauf des Sangarios und die umliegenden Landstriche in Westanatolien zusammengeschrumpft war. Von Herodot schließlich erfahren wir, daß der lydische König Alyattes (615–560 v. Chr.) sich die Phryger unterwarf. Nachdem Kyros der Große wiederum Alyattes' Sohn Kroisos besiegt hatte, fiel ganz Anatolien an das persische Reich, wobei Gordion als befestigte Garnison und Marktstadt an der Königsstraße nicht allzuviel seiner früheren Bedeutung einbüßen mußte. Als Befreier vom Perserjoch erschien Alexander der Große, dem sich die Stadt 333 v. Chr. widerstandslos ergab. Als dann die Gallier 278 v. Chr. in Kleinasien einfielen und Westanatolien, auch Phrygien, verwüsteten, flohen die Bewohner von Gordion aus der Stadt und suchten anderswo Schutz. Im Jahr 189 v. Chr. kam eine römische Armee unter Manlius Vulso auf dem Feldzug gegen die Gallier durch Gordion und fand es völlig verlassen. Anscheinend kehrte von den einstigen Bewohnern auch später kaum einer zurück, denn im Bereich des Stadthügels hat man aus der Zeit nach 200 v. Chr. so gut wie keine Siedlungsspuren gefunden. Die Schriftsteller der augusteischen Zeit bemerken, daß zu ihrer Zeit die einstmals berühmte Stadt Gordion nicht mehr war als ein Dörfchen, dessen kümmerliche Behausungen um den Stadthügel verstreut und zwischen den Tumuli der großen phrygischen Herrscher der Vergangenheit lagen.

Der Stadthügel, eine flache Anhöhe mit einem Durchmesser von 350 bis 500 Metern, weist Spuren menschlicher Besiedlung aus mehr als zwei Jahrtausenden auf. Die Verteidigungsmauern, mit denen die Phryger ihre Stadt umzogen hatten, wurden später von den Persern auf höherem Grund neu errichtet. Die Bevölkerungszahl dieses recht eng begrenzten Wohnbereichs dürfte nicht sonderlich groß gewesen sein, wenn man von der Vorstellung einer ›Hauptstadt‹ ausgeht. Zweifellos war die Zitadelle nur dem Königshaus, dem Verwaltungs- und Hofpersonal vorbehalten. Das einfache Volk lebte vermutlich außerhalb der Mauern und kam nur in die Stadt, um Handel zu treiben oder um in Kriegszeiten Schutz zu suchen.

Das eindrucksvollste aus phrygischer Zeit noch erhaltene Bauwerk ist der große **Torbau** an der Südostseite des Hügels.

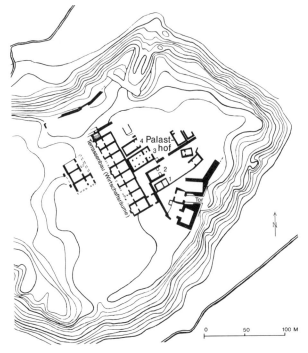

*Gordion, Plan der altphrygischen Akropolis (Ende 8. Jh. v. Chr.)*

Neun Meter breit und 23 Meter tief war der Torweg, von innen durch (heute verschwundene) Kreuzmauern gesichert, deren Durchgänge sich auf einen offenen rechteckigen Hof ausrichteten. Den Torweg flankierten zwei hohe Türme, von denen aus die Verteidiger die auf schmalem Raum zusammengedrängten Feinde unter Kreuzbeschuß nehmen konnten. Zur Mauerseite hin überwachten die Türme je einen Hof, der nördlich und südlich an den Torweg anschloß. Beide Höfe hatten die Innenseite der Stadtmauer im Rücken und öffneten sich zum Stadtbezirk. Die nördliche Hoffläche hat man freigelegt, die südliche aber unberührt gelassen, um die massive Südmauer des persischen Eingangstors zu erhalten. Anscheinend dienten die Höfe als Vorratslager, denn im Nordhof hat man gewaltige ›pithoi‹ für Wein und Getreide ausgegraben. Der zentrale Teil der Akropolis mit den Palastbauten war erneut durch einen Mauerring geschützt, dessen Einlaß um 45 Grad verschoben zur Achse des Torbaus angelegt ist. Die großen Gebäude um den Palasthof herum gehören zum Bautyp des Megaron: Eine Vorhalle öffnet sich zu dem größeren Hauptraum, in dessen ungefährer Mitte sich eine runde Herdstelle befand.

**Megaron 2** (man zählt vom Torbau aus) war vollständig mit Mosaiken ausgelegt und ist das früheste Beispiel für diese Art von Bodenschmuck, das wir kennen. Die recht gut erhaltenen Mosaiken sind aus dunkelroten, weißen und dunkelblauen Steinchen in verschiedenen geometrischen Mustern gelegt.

**Megaron 3** muß das größte und eindrucksvollste Gebäude der Akropolis gewesen sein. Alles deutet darauf hin, daß es der *Palast des phrygischen Königs* war. Hölzerne Pfostenpaare unterteilten es in einen Mittelraum und zwei Seitenflügel. Die Vorhalle stützte ein Pfostenpaar. Eine Anzahl kleinerer Löcher entlang den Seitenwänden und der Rückwand läßt darauf schließen, daß um den Hauptraum einst eine hölzerne Galerie lief. Unter dem Schutt, der den Boden des Megaron bedeckte, fand man bei den Grabungen auch verkohlte Fragmente edlen Palastmobiliars mit kunstvollen Elfenbeineinlagen.

## DER GORDISCHE KNOTEN 411

Bei **Megaron 4,** das etwas größer ist als Megaron 2, handelt es sich möglicherweise um den *Tempel der Kybele,* in dem der legendäre Ochsenkarren von König Midas stand. Somit stünden wir hier an der Stelle, wo Alexander der Große nach der Einnahme der Stadt im Jahre 333 v. Chr. den gordischen Knoten zerschlug. Diese Episode wird von Alexanders Historiographen Arrianos (um 95-175 n. Chr.) erzählt, der zuerst eine Version der Midas-Legende wiedergibt und dann berichtet, wie Alexander es mit dem kompliziert geknüpften Knoten aufnahm (es scheint sich dabei um jenen in der Seemannssprache als › Türkenbund ‹ bezeichneten Zierknoten gehandelt zu haben, bei dem die Enden des Taus in den Knoten eingeschlagen werden):

*» Von dem Karren wird noch eine andere Geschichte erzählt: Demnach ist, wer den Knoten am Joch der Deichsel aufzutrennen vermag, zum Herrscher über Asien bestimmt. Das Seil war aus der Borke der Kornelkirsche gefertigt und der Knoten so raffiniert geschlungen, daß niemand Anfang und Ende zu finden vermochte. Nun sah sich auch Alexander vor diese Aufgabe gestellt, deren Lösung ihm sehr am Herzen lag, auch wenn er damit rechnen mußte, im Fall des Mißlingens Unmut und Unruhe im Volk hervorzurufen. Was passierte, darüber gehen die Berichte auseinander; manche sagen, Alexander habe den Knoten mit dem Schwert zerschlagen und gerufen › Mir ist es gelungen! ‹; Aristobolos aber behauptet, er habe den Stift entfernt – das war eine Art Holzkeil, der durch den Deichselarm gesteckt war und den Knoten zusammenhielt – und dann das Joch von der Deichsel genommen ... Was auch immer vor sich gegangen sein mag, allgemein glaubte man, als er und seine Begleiter wieder aus der Kammer mit dem Wagen kamen, daß sich der Spruch des Orakels über die Lösung des Knotens erfüllt hätte. Hinzu kam, daß es in derselben Nacht Donner und Blitz gab – auch dies ein Zeichen des Himmels; und so konnte Alexander nach Lage der Dinge am nächsten Tag den Göttern ein Opfer bringen, welche dieses Zeichen gesandt hatten, und die Lösung des Knotens verkünden. «*

An der Rückseite der Palastbauten, sie nach Südwesten hin abgrenzend, erhob sich auf etwas höherem Terrain ein

Gebäudetrakt, den man als ›**Terrassenbau**‹ bezeichnet. Acht große Megaronbauten, jeder mit einer Grundfläche von etwa elf mal vierzehn Metern, erstreckten sich – Langseite an Langseite – in einer Reihe von mehr als 100 Metern. Nach Südwesten waren alle Megara offen zu einer Straße hin, auf deren Gegenseite ein Bau der gleichen Art lag, von dem bisher nur zwei Raumeinheiten freigelegt wurden. In diesen Trakten war zweifellos die Dienerschaft untergebracht. Doch auch hier wütete die Feuersbrunst, die um 690 v. Chr. den Palast zerstörte.

Südöstlich vom Stadthügel liegt ein Kalksteinhügel, den man **Küçük Hüyük** nennt und der mit seiner Höhe sogar die Akropolis überragt. Hier scheint sich in phrygischer Zeit ein Vorort Gordions befunden zu haben, den die Lyder zu einer befestigten Garnison für ihre Besatzungstruppen erweiterten. Die wellenartigen Ausläufer des Hügels wurden gebildet durch die Reste der zerfallenen äußeren Wehrmauer aus Lehmziegeln. Doch der eigentliche Stadtkern lag unter einer mächtigen Erdschicht und ist daher ganz gut erhalten. Bei Grabungen ergab sich, daß die Zitadelle um die Mitte des 6. Jhs. v. Chr. durch einen Brand zerstört wurde. Die Entdeckung einer großen Zahl von Pfeilspitzen innerhalb der Anlage und in den Mauern läßt vermuten, daß die Stadt belagert worden war, bevor sie von dem Großbrand eingeäschert wurde. Daraus darf man vielleicht schließen, daß die Zerstörung sich 547-46 v. Chr. ereignete, als das Heer Kyros' des Großen auf dem Feldzug gegen König Kroisos von Sardis durch dieses Gebiet marschierte. Die Erdmassen, die man über den Stadtkern häufte, sollten zweifellos die Gräber des Königs von Gordion und jener schützen, die mit ihm während der Belagerung umgekommen waren.

Weitere Tumuli hat man in dem Gebiet östlich des Dorfes *Yassi Hüyük* entdeckt, nahe dem Museum von Gordion. Der großartigste ist der **Königstumulus**; durch Erosion ist seine ursprüngliche Höhe von etwa 80 Metern auf 53 abgeflacht und der ursprüngliche Durchmesser von 250 Metern auf etwa 300 verbreitert worden. Es ist der zweitgrößte von Menschenhand angelegte Erdhügel in Anatolien und wird

## KÖNIGSTUMULUS VON GORDION

nur von jenem in Bintepe, nordwestlich von Salihli, übertroffen, den Herodot als den Tumulus von König Alyattes bezeichnet. Diese Tumuli häufte man über den Gräbern von Mitgliedern des Königshauses oder reichen Adligen auf, um die Stätten vor Grabräubern zu schützen und gleichzeitig den Verstorbenen ein weithin sichtbares Denkmal zu setzen. Im ›Königstumulus‹ war das Grab eine hölzerne Kammer. Nachdem die Gebeine und Grabbeigaben darin ihren Platz gefunden hatten, deckte man sie mit einem Giebeldach; darüber wurden reichlich Steine geschichtet, und als letztes schüttete man aus Erde oder Lehm den Tumulus auf. Um ihn, der für sich schon ein Monument ist, nicht zu zerstören, trieben die Ausgräber in Bodenhöhe einen Gang bis zur inneren Grabstätte. In der hölzernen Grabkammer fanden sie auf einer großen Liegestatt das Skelett eines Mannes von sehr kleinem Wuchs, der zur Zeit seines Todes etwa sechzig Jahre alt gewesen sein muß; wahrscheinlich waren dies die Gebeine eines phrygischen Königs. Außerdem fand man in der Grabkammer zwei kunstvoll gearbeitete hölzerne Stellwände sowie zehn Tische, beladen mit Opfergaben und Grabbeigaben; die eindrucksvolle Sammlung dieser Objekte ist heute in den Museen von Gordion und Ankara zu sehen. Da ein derartig hervorragend ausgestatteter Grabbau schwerlich nach der schauerlichen Verwüstung Gordions durch die Kimmerier 690 v. Chr. hätte angelegt werden können, ist er wohl älteren Datums. Jener König Midas, der im Kampf gegen die Kimmerier den Tod fand, war laut assyrischen Quellen im Jahr 717 v. Chr. am Leben, so daß die Grabstätte für einen seiner Vorgänger angelegt worden sein muß; berücksichtigt man zusätzlich die stilistischen Eigenheiten der im Grab gefundenen Keramik, so läßt sich der Bau dieses Königsgrabs in die Jahre zwischen 750 und 725 v. Chr. datieren.

Von den übrigen Tumuli in der Umgebung soll als interessantester das südöstlich des Museums gelegene **Prinzengrab** genannt werden. Man fand darin das Skelett eines Knaben, vier bis fünf Jahre alt, auf einer Bettstatt in einer Ecke des Raumes, bestattet etwa um 700 v. Chr. Auf dem Boden

standen viele Schalen mit allerlei Speisen. Außerdem hatten
die Hinterbliebenen dem Kind verschiedenes Spielzeug mit-
gegeben – kleine holzgeschnitzte Tiere und mehrere bemalte
Tongefäße in Tiergestalt, darunter ein niedliches Gänsepaar
mit den Schnäbeln als Ausguß.

Die nächste Ortschaft hinter Polatlı ist *Sivrihisar,* das byzantinische *Justinianopolis.* Wie schon der Name sagt, geht die
Stadt auf eine Gründung Justinians des Großen zurück, und
sie war eine befestigte Garnison an der Überlandstraße vom
Westen her nach Ancyra. Die Überreste des byzantinischen
Festungsbaus sind noch auf einem Felsvorsprung oberhalb
der Stadt zu sehen.

Kurz hinter Sivrihisar führt eine Abzweigung links nach
**Balıhisar,** dem einstigen **Pessinus.** Diese phrygische Tempelstadt regierten ein Oberpriester mit fünf phrygischen und
fünf galatischen Priestern als unabhängigen Stadtstaat. Hier
war das Hauptheiligtum der phrygischen Kybele, der
Großen Erdmutter, Herrin der Tiere, Beschützerin der Menschen, Wächterin der Toten und Mittelpunkt orgiastischer
Kulthandlungen, bei denen sich die Teilnehmer gelegentlich
selbst verstümmelten. Solche schrecklichen Riten forderten
das stets erneute Heraufbeschwören eines Dramas, mit dem
Kybele und ihr jugendlicher Geliebter Attis (im Mythos auch
Agdistis genannt) verbunden sind, eine befremdliche Geschichte. Auch Pausanias hatte von dem Mysterienkult gehört und berichtet darüber:

*»... Zeus habe im Schlafe seinen Samen fließen lassen; mit
der Zeit sei aus diesem ein Dämon entsproßt mit doppelten
Schamteilen, denen eines Mannes und denen einer Frau. Sie
gaben ihm den Namen Agdistis. Die Götter aber fesselten den
Agdistis und schnitten ihm die Schamteile des Mannes ab. Als
nun der daraus erwachsende Mandelbaum reife Früchte trug,
soll die Tochter des Flusses Sangarios von der Frucht genommen
haben; da sie dieselbe in ihren Busen steckte, war die Frucht
augenblicklich verschwunden, sie selbst aber schwanger. Nachdem sie geboren, schützte ein Bock das ausgesetzte Kind; als es
groß geworden, war es von übermenschlicher Schönheit, so daß*

*Agdistis sich in den Knaben verliebte. Den erwachsenen Attis
schicken seine Angehörigen nach Pessinus, um des Königs Tochter zu heiraten. Es wurde der Hochzeitsgesang angestimmt, als
Agdistis erschien, und in der Raserei schnitt sich Attis die Scham
ab, ebenso auch der, welcher ihm seine Tochter gegeben. Agdistis
aber bereute, was er dem Attis getan und erbat ihm von Zeus
die Gnade, daß am Körper des Attis weder etwas verwesen, noch
schwinden sollte. Dieses sind die bekanntesten Erzählungen von
Attis ...«*

Pessinus ist in den vergangenen Jahren ausgegraben worden. Der **Tempel der Kybele** aus dem 1. Jh. n. Chr. liegt frei.
Weniger seine Lage über einem hohen Hang als die vielen in
ihn eingestuften Sitzreihen sind ungewöhnlich: Sehr zweck-
dienlich, hat man die Teilnehmer an den ›Mysterien‹ im
Kultbezirk der Göttin vor Augen. – Gegenstand der Verehrung im Tempel war der ›Baitylos‹, ein schwarzer Meteorit,
Symbol der Großen Erdmutter. Er gab Anlaß zu einer recht
bezeichnenden Episode hellenistischer Diplomatie. Gegen
Ende des 3. Jhs. v. Chr. hatten die Könige von Pergamon enge
Beziehungen zur Priesterschaft von Pessinus geknüpft. König
Attalos 1. konnte sich also auf diese Freundschaft berufen,
als er im Jahr 205 v. Chr. die Priesterschaft dazu bewog,
den Baitylos nach Rom überführen zu lassen, weil – wie
er begründete – die ›Sibyllinischen Bücher‹ dies forderten.
Tatsächlich erhielt der Stein einige Jahre später einen Ehren-
platz auf dem Kapitol. Das Bündnis Pergamons mit Rom
festigte sich durch diese Vermittlung, und gleichzeitig entstanden freundschaftliche Bande zwischen Rom und Pessinus. Als Manlius Vulso 189 v. Chr. in Galatien einmar-
schierte, kamen ihm außerhalb der Stadttore von Pessinus
in langer Prozession die Priester des Kybele-Tempels entgegen und verkündeten, daß die Große Erdmutter der römischen Armee den Sieg voraussage.

Von Sivrihisar kommend, erreichen wir nach 57 Kilometern Hamidiye, und wer sich die Zeit nehmen kann, sollte
sich zu diesem interessanten Umweg entschließen: In Hamidiye fahren wir links ab und kommen in Kürze nach Mahmudiye, wo wir wiederum rechts abbiegen nach **Seyitgazi,** das

26 Kilometer entfernt in südwestlicher Richtung liegt. Der Name des Ortes erinnert an Seyit Battal Gazi, Anführer einer jener arabischen Heerscharen, welche im 8. Jh. Kleinasien überfielen. Hier am Ort ist ein *Moscheekomplex,* der um sein mutmaßliches Grabmal angelegt ist. Wie es heißt, soll Seyit Battal bei der Belagerung der Stadt Akoenos, dem heutigen Afyon, gefallen sein. Neben ihm bestattete man eine byzantinische Prinzessin, die aus Liebe zu ihm gestorben war. In einem Traum offenbarte sich der Mutter von Sultan Ala ed-Din Kaikobad I. der Ort von des Helden letzter Ruhestatt, und am folgenden Tag schon fand sie Battals und der Prinzessin Särge in einem christlichen Konvent. Sogleich ließ sie mit dem Bau der Türbe für Battal beginnen, die in der Folgezeit eines der bekanntesten islamischen Heiltümer in Anatolien wurde. Auch der Gründer des Bektaşi-Ordens, Hacı Bektaş, ließ hier eine ›tekke‹ (Derwischkloster) errichten. Unter Sultan Selim I. (1512-1520) wurden Türbe und ›tekke‹ restauriert und um eine Moschee sowie eine Armenküche (›imaret‹) erweitert, so entstand der eindrucksvolle Gebäudekomplex, den wir heute vor uns sehen. Bei einem Besuch der Grabstätte fällt sofort der Sarkophag von Seyit Battal Gazi mit seiner Länge von siebeneinhalb Meter ins Auge, der symbolisch der Bedeutung des hier bestatteten Kriegers und Heiligen Ausdruck verleihen sollte. Daneben steht ein normal bemessenes Grabmal, unter dem sich die sterblichen Reste jener byzantinischen Prinzessin befinden sollen, deren Liebestod anatolische Romanzen des Mittelalters beschwört.

Seyitgazi ist ein guter Ausgangspunkt für eine Fahrt zu den weiter südlich gelegenen faszinierenden Felsmonumenten aus phrygischer Zeit, von denen die bekanntesten in der Umgebung des phrygischen Yazılıkaya liegen. Von Seyitgazi fahren wir dreißig Kilometer in Richtung Süden bis Çukurca. Von dort geht es südostwärts durch das Tal des Doğanlı nach **Yazılıkaya** mitten in der phrygischen Hochebene. Die Einwohner des Dorfes sind Tscherkessen. Ihre Häuser stehen dichtgedrängt am Fuß des ungewöhnlichen Burgfelsens, der bei den Türken *Midas Şehir* (Stadt des Midas) heißt.

## YAZILIKAYA IN PHRYGIEN

Entdeckt wurde die ›Stadt des Midas‹ im Jahr 1800 von einer europäischen Reisegruppe. Einer der Mitentdecker, Captain Leake, verfaßte 1824 einen Bericht über jene Expedition. Wie alle späteren Reisenden war er zutiefst beeindruckt von der großen und überaus kunstvoll aus dem Stein geschnittenen Fassade. Oberhalb des Dorfes, bei dem Felsvorsprung unter der Nordostecke der Akropolis steht man ihr gegenüber:

»*Der Fels, der zu diesem einzigartigen Monument geformt wurde, ragt wohl mehr als einhundert Fuß aus der Ebene empor; rückwärts und an einer der Seiten beließ man den Naturzustand; der mit Ornamenten bearbeitete Teil [die Fassade] mißt etwa sechzig Fuß im Quadrat und wird oben von einer Art Giebel abgeschlossen, über dem sich zwei Voluten treffen. Die Ornamentlinien graben nirgendwo mehr als drei bis vier Zentimeter aus dem Gestein, außer in der unteren Zone, deren wesentlich tiefere Einschnitte einen Altar vortäuschen. Es ist jedoch nicht*

Yazılıkaya (Phrygien), Das sogenannte ›Grab des Midas‹

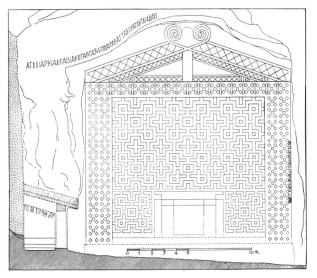

*ausgeschlossen, daß sich dahinter der Eingang zu einer Grab-
kammer verbirgt, wo die sterblichen Überreste jener Person
aufbewahrt sind, der zu Ehren dieses großartige Werk geschaffen
wurde.«*

Soweit Leake, der auch versuchte, die phrygischen Lettern
der Inschrift zu entziffern und glaubte, an einer Stelle »dem
König Midas« zu lesen. Daher hielt er das Felsenmonument
für die Grablege von König Midas aus der Gordios-Dynastie.
Bei späteren Untersuchungen stellte sich aber einwandfrei
heraus, daß es sich hier nicht um eine Grabstätte, sondern
um ein Heiligtum der phrygischen Göttin Kybele handelt,
deren Kultstatue in der portalartigen Nische der Anlage
aufgestellt war. Das ›Grab des Midas‹ – wie es dennoch
weiterhin genannt wird – ist in das letzte Drittel des 8. Jhs.
v. Chr. datiert und stammt somit aus derselben Zeit wie der
Königstumulus von Gordion.

Archäologische Untersuchungen und Grabungen in der
›Stadt des Midas‹ und an anderen Stellen auf der Hochebene
haben viele weitere Felsen-Heiligtümer, Altäre, Grabstätten,
auch Gipfelburgen zum Vorschein gebracht aus jener Periode, in der das alte Königreich Phrygien auf der Höhe
seines Wohlstandes und seiner Macht stand. Auch aus der
ersten Hälfte des 6. Jhs. v. Chr. hat man Felsbauten entdeckt,
als Phrygien unter lydischer Oberherrschaft noch einmal
auflebte. An berühmten Orten in dieser Gegend sind außer
Midas Şehir noch *Arslan Kaya* und *Arslan Taşı* zu erwähnen;
beide liegen südwestlich von Yazılıkaya im Tal des Köhnüş.
Wer sich hier noch etwas länger aufhalten kann, sollte sich
im Dorf einen Führer nehmen und mit ihm das phrygische
Hochland erkunden, wo diese und noch weitere außergewöhnliche Baudenkmäler jenes untergegangenen Königreichs zu finden sind.

Von Seyitgazi können wir direkt nach *Eskişehir* fahren,
ohne zur Hauptstraße zurückzukehren. Für den Touristen
ist die Industriestadt Eskişehir nur wegen der Waren aus
Meerschaum interessant, der hier abgebaut und von den
lokalen Handwerkern zu kunstvoll geformten Tabakspfeifen
und anderen Gegenständen verarbeitet wird.

## ZEUS-TEMPEL BEI ÇAVDARHISAR 419

Auch ein Abstecher nach **Kütahya** lohnt sich. Seit dem 16. Jh. ist der Ort wegen seiner feinen Keramikfliesen berühmt, die seinerzeit nur von den Fayencen aus Iznik an Schönheit übertroffen wurden. Was heute dort produziert wird, ist zwar mit den Erzeugnissen der Osmanenzeit nicht zu vergleichen, aber es ist das Beste, was auf diesem Gebiet in der Türkei hergestellt wird, und es lassen sich immer einige hübsche Stücke finden.

Die interessanten Bauten in Kütahya wurden zumeist während der Herrschaft der Germiyaniden errichtet, eines kurdisch-türkischen Volksstammes, den die Seldschuken um 1275 aus Westanatolien hierher umsiedelten. Nachdem die Germiyaniden sich im Jahr 1302 der Stadt bemächtigt hatten, erhoben sie Kütahya zur Hauptstadt des Emirats, das über einen großen Teil des alten Phrygien herrschte. Zwar verloren sie die Stadt vorübergehend an die Osmanen und an die Mongolen, konnten sie aber stets wieder zurückgewinnen, bis im Jahr 1428 sich die Osmanen hier endgültig einrichteten. Das älteste Gebäude aus germiyanidischer Zeit ist die *Vacidiye Medrese*, gebaut 1414 unter Omar ben Savcı als Observatorium und Lehrstätte für Mathematik und Naturwissenschaften. Heute beherbergt die Medrese das *Museum* des Ortes, wo türkisches Kunsthandwerk und Kütahya-Keramik aus allen Perioden ausgestellt sind.

Das wichtigste Bauwerk in der Umgebung von Kütahya ist der Zeus-Tempel bei Çavdarhisar. Am besten gelangt man dorthin, wenn man von Kütahya aus die Asphaltstraße nach Südwesten in Richtung Izmir nimmt und nach 47 Kilometern rechts nach Emet abbiegt. Dabei überquert man den Orhaneli Çayı, den Rhyndakos der Antike, den hier zwei von der Landbevölkerung noch benutzte römische Brücken überspannen. Links der Straße liegt das Dörfchen **Çavdarhisar**, und daneben finden wir den prachtvollen *Zeus-Tempel von Aizanoi*, das besterhaltene römische Heiligtum in Kleinasien, und andere Ruinen der römischen Siedlung.

Sehr eindrucksvoll steht er in der flachen, öden Landschaft und überragt in einsamer Größe die um ihn gescharten Häuser der modernen Siedlung. Vermutlich entstand der Tempel unter der Regierung Kaiser Hadrians und wurde um 125 n. Chr. fertiggestellt. Der Stylobat mit einem Umfang von etwa 33 mal 37 Metern steht auf einer erhöhten Plattform, die sich auf einer gewaltigen rechteckigen Terrasse erhebt und zu der an der Ostseite Stufen hinaufführen. Die Säulenstellung des Peripteros mit acht Säulen an den Schmalseiten und fünfzehn an den Langseiten entspricht den Maßverhältnissen eines ionischen Dipteros; da aber nur ein Säulenkranz um die Cella gelegt ist, der Abstand von ihm zur Cella doppelt so weit ist wie eine Interkolumne, ist es ein ›Pseudo-Dipteros‹. Der Naos hat Propylon und Opisthodom. Vor dem Pronaos stehen – wie bei einem ›Prostylos‹ – vier Säulen, die beiden äußeren in Flucht mit den vorgezogenen Cellaseitenwänden, den Anten; hingegen stehen im Opisthodom nur zwei Säulen, diese zwischen den Anten (›distylos in antis‹). Zudem gibt es hier einen gewölbten Raum unter dem Naos, über eine Treppe vom Opisthodom aus erreichbar. In diesem unterirdischen Heiligtum wurde der phrygischen Göttin Kybele gehuldigt, deren orgiastischer Kult auch nach Ausbreitung des Christentums in ihrer alten Heimat anscheinend noch längere Zeit fortbestand.

Von Eskişehir folgen wir der Hauptstraße in nordwestlicher Richtung bis Bozüyük, wo es an einer Gabelung links weiter nach Bursa geht; wir aber nehmen die rechte Abzweigung nordwärts über Bilecik und Adapazarı nach Istanbul. Der unfruchtbaren, monotonen Steppenlandschaft wenden wir endgültig den Rücken und nähern uns auf windungsreicher Straße langsam dem Meer, während die üppig grünenden Hügel des antiken Bithynien, der schönsten Gegend Anatoliens, sich rechts und links des Weges entlangziehen.

Am Wegrand laden nun häufiger einfache Teehäuser zu einer Unterbrechung der Fahrt ein, und in manchen der Gartenlokale werden frische Sakarya-Forellen serviert. Kurz vor Bilecik kommen wir durch **Küplü,** eines der hübschesten Dörfer Westanatoliens, dessen Häuser – altertümliche Bauten der Osmanenzeit aus verwittertem Holz und pastellfarbig getünchtem Stein – beschaulich an den grünen Hängen des herrlichen Flußtals liegen.

## GRÜNDUNG DER OSMANEN-DYNASTIE   421

Kurz hinter Küplü biegen wir rechts auf eine Nebenstraße nach **Söğüt** ab, einem kleinen Ort im bithynischen Hügelland, der ersten Hauptstadt der osmanischen Türken. Die Osmanli – wie die türkische Form für ›Osmanen‹ oder ›Ottomanen‹ lautet – sind Nachkommen des kleinen turkmenischen Stammes der Ogusen, die aus Zentralasien nach Westanatolien wanderten. Ertuğrul Gazi war ihr Anführer, als der seldschukische Sultan Ala ed-Din Kaikobad I. (1219-1236) ihnen als seinen Vasallen das Gebiet um Söğüt überließ. Nach dem Tod Ertuğruls, der 1281 starb, übernahm sein jüngster Sohn Osman Gazi (1281-1324) die Führung, begründete ein eigenes Emirat und fortan auch eine Dynastie, die seinen Namen trugen.

Nur zwei sehr unbedeutende Bauwerke in Söğüt erinnern daran, daß hier die Geschichte des Osmanischen Reichs begann. Als erstes werden wir uns die *Ertuğrul Gazi Mescidi* ansehen. An dieser Stelle soll ursprünglich eine von Ertuğrul errichtete Moschee gestanden haben, das jetzige Gebäude aber ist eine Stiftung von Sultan Abdül Aziz (1861-76), dem diese symbolische Annäherung an seinen großen Krieger-Ahnen wohl wichtig war in einem Stadium seines eigenen und des Osmanischen Reichs Niedergang. Das zweite erwähnenswerte Bauwerk ist die *Türbe Ertuğrul Gazis,* die zwar renoviert und umgebaut wurde, aber mit einiger Gewißheit birgt der Sarkophag noch die Gebeine des ersten Gazi. Einer Überlieferung zufolge lag auch Osman Gazi zunächst hier bestattet, doch nachdem sein Sohn die Stadt Bursa erobert hatte, ließ er den Vater, dessen letztem Willen gemäß, dort in der Burgfeste beisetzen.

Wir kehren von Söğüt wieder auf die Hauptstraße zurück und sind bald in dem hübschen alten Städtchen **Bilecik,** das wie Küplü eine Reihe gediegener osmanischer Häuser besitzt, unten Mauerwerk, oben aus Holz und stets inmitten blühender Gärten. Bei der Einfahrt in den Ort erblicken wir rechter Hand in einer Schlucht die *Orhan Gazi Camii,* eine der frühesten noch erhaltenen osmanischen Moscheen. Das genaue Datum des Bauabschlusses läßt sich nicht mehr feststellen, doch wahrscheinlich stammt sie aus der ersten Hälfte des 13. Jhs. Die beiden Minarette sind Anbauten aus dem späten 19. Jh.; vom ursprünglichen Minarett ist in einiger Entfernung noch der von einem Fels aufragende Stumpf zu sehen.

Hinter Bilecik geht es auf kurvenreicher Strecke bergab und dann dem Tal des Sakarya entlang – es folgt ein hübsches Dorf nach dem anderen in beglückender Umgebung. Kurz hinter Osmaneli führt eine Abzweigung links nach Iznik; wer mit der Fähre von Yalova nach Istanbul übersetzen möchte, muß hier abbiegen. Und das sollte man auch unbedingt tun, denn das letzte Stück der Hauptverbindung Ankara–Istanbul (die E 5) ist ab Adapazarı die unangenehmste und gefährlichste Strecke in der ganzen Türkei. Wieviel geruhsamer ist es doch, noch einmal das bezaubernde Bithynien zu durchqueren, an Iznik und seinem See vorbeizufahren und schließlich in Orhangazi nach Yalova abzubiegen. Besonders im Frühling ist diese idyllische Gegend überwältigend, wenn die historische Landschaft mit ihren blütenschweren Obstbäumen und bunten Feldblumen in einen einzigen großen Garten verwandelt ist, und man fragt sich, warum die Osmanen nicht ihre Schwerter ablegten und sich zufrieden mit diesem anatolischen Arkadien beschieden, wo sie zumindest eine Zeitlang mit ihren Nachbarn glücklich in Eintracht gelebt hatten.

# 24

## Die Schwarzmeerküste

Amasya – Sinop – Samsun – Giresun
Trabzon – Rize – Hopa

Wie bereits angekündigt, sind die letzten fünf Kapitel dieses
Buches der Fahrt durch die ungeheuer weiträumigen Ostgebiete der Türkei gewidmet. Der erste Abschnitt führt uns
über die Pontischen Berge bis Sinop und Samsun am Schwarzen Meer und dann an der Küste entlang weiter nach Osten
bis Trabzon und an die russische Grenze.

Wir beginnen unsere Reise in Amasya und fahren zunächst
nördlich in Richtung Samsun, bis wir 46 Kilometer hinter
Amasya Havza erreichen. Von hier kann man, wenn man
rechts auf die Staatsstraße 45 abzweigt, direkt nach Samsun
durchfahren. Wer von Sinop aus die Strecke an der Schwarzmeerküste entlangfahren möchte, muß einen Umweg in Kauf
nehmen und links in die Staatsstraße 40 einbiegen. Eine
Reiseroute, die zwar länger und unwegsamer, dafür landschaftlich aber viel reizvoller ist und die wir daher vorziehen.

Nördlich von Havza verläuft die Staatsstraße 40 durch
eine Region, die im Altertum Paphlagonien hieß. Hinter
Vezirköprü begleitet uns der Kızıl Irmak bis zum Zusammenfluß mit dem Tök Irmak, dem antiken Amnias. Weiter geht
es den Gök Irmak entlang bis *Durağan,* wo die verfallene
seldschukische Karawanserei **Durak Han** steht. Das Bauwerk wurde einer Inschrift zufolge zur Regierungszeit von
Sultan Ghiath ed-Din Kaihosrau III. im Jahr 1226 vollendet;
Bauherr war der berühmte Pervane (siehe S. 364), der damals
fast als Souverän über diesen Teil des rumseldschukischen
Reichs herrschte. Auch nach seiner Enthauptung durch die
Mongolen im Jahr 1278 blieb die Herrschaft über Paphlagonien noch für längere Zeit in den Händen seiner Söhne und
Nachkommen, die von der Hauptstadt Sinop aus regierten.

424 DIE SCHWARZMEERKÜSTE

Hinter Durağan fahren wir noch dreißig Kilometer weiter durch das Tal des Gök Irmak, dann biegen wir rechts nach **Sinop** ab. Der pittoreske Burgberg im Südwesten mit dem verfallenen byzantinischen Kastell von *Boyabat* ragt weit aus der Ebene von Kaz Dere (Gans-Tal) mit ihren Reisfeldern empor. Auf diesen Feldern errang Mithradates Eupator im Jahr 88 v. Chr. in der Eröffnungsschlacht des Ersten Mithradatischen Krieges einen großen Sieg über König Nikomedes von Bithynien und die römischen Truppen unter Marius.

Der Weg nach Sinop steigt bald in bewaldetes Hügelland, wo wir im Westen den Gipfel des Çangal Dağ (1605 Meter) sehen, und nach geraumer Zeit überqueren wir den *Damaz-Paß* (1280 Meter). Hier empfängt uns eine wilde, gewaltige alpine Landschaft mit herrlichen Tannen- und Buchenwäldern, welche die umliegenden Höhen bis zu den höchsten Gipfeln bedecken. Schließlich öffnet sich das Bergland und gibt den Blick frei auf die Schwarzmeerküste; weit in der Ferne erkennen wir am Ende einer gewaltigen Landzunge die schmale, nach Osten weisende Spitze von **Kap Sinop,** dem nördlichsten Punkt Anatoliens.

Strabon, der berühmte Geograph des Altertums, wuchs im Pontos auf und hat uns eine Beschreibung von Sinope – wie der Ort damals hieß – hinterlassen:

*»Dann folgt Sinope ... die bedeutendste der dortigen Städte. Ihre Gründer waren Milesier, und als sie sich eine Flotte geschaffen hatte, beherrschte sie das Meer an der bithynischen Küste ... Lange Zeit hindurch ein selbständiger Staat, behauptete sie doch ihre Freiheit nicht für immer, sondern wurde durch Belagerung erobert und zuerst dem Pharnakes, dann dessen Nachfolgern bis auf den Eupator herab und [zuletzt] den Römern, als sie jenen gestürzt hatten, dienstbar. Eupator aber war daselbst sowohl geboren als erzogen; deshalb ehrte er sie ausnehmend und erhob sie zur Hauptstadt seines Reichs. Sie ist aber sowohl durch die Natur als durch weise Fürsorge trefflich ausgestattet, denn sie liegt auf dem Halse einer Halbinsel, und zu beiden Seiten der Landenge sind Häfen, Schiffsstände und bewundernswürdige Thunfischfänge ... Die Halbinsel ist ringsum von Felsenufern mit starker Brandung umgeben ... Die Stadt selbst ist*

*gut ummauert und durch einen Übungsplatz [Gymna ion], einen Markt und Säulengänge herrlich geziert.*«

Von der Stadtanlage des Mithradates Eupator sind nur die Ruinen der Burgfestung und der Wehrmauern quer über den Isthmus erhalten; ursprünglich in hellenistischer Zeit errichtet, haben Römer, Byzantiner, Genuesen und Türken diese Bauwerke immer wieder erneuert und verstärkt. Besonders eindrucksvoll sind die Mauerreste am Hafen auf der Südseite der Halbinsel, die uns einen Eindruck vom Stadtbild zu Zeiten des Eupators vermitteln. Von diesem Hafen nämlich brach Mithradates im Jahr 73 v. Chr. mit seiner großen Flotte auf, um Bithynien zu unterwerfen, und hierher kehrte er einige Monate später als schiffbrüchiger Flüchtling zurück. Auch seine letzte Reise endete schließlich in diesem Hafen: 63 v. Chr. hat man den Leichnam des Feldherrn nach Sinope überführt, um ihn in den pontischen Königsgräbern beizusetzen.

Kurz bevor die Hauptstraße *Sarkarya Caddesi* auf das Rathaus stößt, sehen wir auf der linken Seite das wichtigste Bauwerk der Stadt aus osmanischer Zeit. Die **Ulu Cami** oder Ala ed-Din Camii ist eine Stiftung des Pervane Mu'in al-Din Süleyman von 1267-68 und wurde später zweimal restauriert. Sehenswert ist vor allem der *Mimbar* mit den kunstvoll geschnitzten geometrischen Mustern.

Eine angenehme zweistündige Fahrt trennt Sinop von Samsun. Meist fährt man unmittelbar am Meer entlang, außer bei der Durchquerung des breiten Flußdeltas, das der Kızıl Irmak, der antike Halys, mit seinem Schwemmland weit ins Schwarze Meer vorgeschoben hat. Die pontische Riviera ist ein recht schmaler Küstenstreifen, im Süden von Gebirgen begrenzt; nur zweimal verbreitert er sich: an den Mündungsdeltas des Kızıl Irmak und des Yeşil Irmak, des antiken Iris, der sich östlich von Samsun in das Schwarze Meer ergießt. Nebelverhangene Bergzüge bilden an der Landspitze eine imposante Kulisse und reichen mit ihren dichtbewaldeten Ausläufern gelegentlich direkt an das Meer; in solchen Fällen sucht sich die Straße ihren Weg entweder ›en corniche‹ oder schlängelt sich kurvenreich an

426 DIE SCHWARZMEERKÜSTE

Landzungen und Buchten entlang, deren Strände mit feinem basaltschwarzen Sand bedeckt sind.

**Samsun,** das **Amisos** der Antike, wurde um die Mitte des 8. Jhs. v. Chr., etwa zur gleichen Zeit wie Sinope, von ionischen Siedlern aus Phokäa gegründet. Von den beiden Hafen- und Handelsstädten erlangte Amisos rasch größere Bedeutung, denn es lag am Ende der wichtigsten Transportroute vom anatolischen Binnenland zum Schwarzen Meer und war auf dem Landweg leichter und direkter zu erreichen als Sinope. Zur Zeit der pontischen Könige zählte es mit Sinope zu den größten Städten, und auch hier ließ Mithradates Eupator herrliche öffentliche Gebäude, Tempel, Paläste und Befestigungsanlagen errichten. Alle diese Bauwerke sind aber spurlos verschwunden, und der Besucher wird in Samsun nur einige recht uninteressante Gebäude aus den Anfangsjahren des Osmanischen Reichs finden.

Hinter Samsun durchschneidet die Hauptstraße das Delta des Yeşil Irmak und erreicht das Meer wieder kurz hinter **Terme,** einem kleinen Hafenort an den Ufern des Terme Çayı. Aufgrund der lautlichen Verwandtschaft glaubt man, in Terme das antike **Themiskyra** und im Terme Çayı den Thermodon wiedergefunden zu haben. Das Mündungsdelta zwischen dem Iris und dem Thermodon, einst ebenfalls als Themiskyra bezeichnet, war seit jeher das fruchtbarste und üppigste Gebiet der gesamten Schwarzmeerküste.

Das sagenumwobene Themiskyra galt im Altertum als die Heimat der Amazonen, über die Strabon in seinen ›Geographika‹ folgendes zu berichten weiß:

*»Thermiskyra aber, die Ebene um den Thermodon und die darüber liegenden Berge schreiben alle den Amazonen zu ... [Ihre Nachbarn] behaupten, daß sie ... alle Geschäfte für sich allein verrichten, sowohl in bezug auf den Ackerbau und die Gärtnerei als auf die Viehzucht, besonders die Pferde, daß aber die stärksten häufig der Jagd obliegen und sich in den Kriegsgeschäften üben. Allen werde schon als Kindern die rechte Brust ausgebrannt, damit sie den Arm ungehindert zu jeder Verrichtung gebrauchen können, besonders aber zum Wurfspießwerfen; sie bedienen sich aber auch des Bogens, der Streitaxt und des*

*Schildes und machen sich aus den Fellen wilder Tiere Helme,*
*Mäntel und Gürtel. Zwei bestimmte Monate aber haben sie*
*im Frühling, in welchen sie das nahe, sie von den Gargariern*
*trennende Gebirge besteigen. Aber auch jene besteigen es nach*
*alter Sitte, um mit den Weibern zu opfern und ihnen der Kinder-*
*zeugung wegen beizuwohnen, und zwar blindlings und im dun-*
*keln, wie gerade einer eine findet; und nachdem sie geschwän-*
*gert haben, entlassen sie dieselben. Alle Mädchen nun, welche*
*diese gebären, behalten sie für sich, die Knaben hingegen bringen*
*sie jenen zur Erziehung. Jeder aber nimmt sich eines jeden wohl-*
*wollend an, weil er ihn bei der Ungewißheit für seinen Sohn*
*hält.«*

Hinter Terme verläuft der Weg an der Küste entlang und
erreicht nach zwanzig Kilometern das Hafenstädtchen *Ünye,*
das alte Oinoe. Nach weiteren zwanzig Kilometern sind wir
in *Fatsa,* einem malerischen Hafen an der Stelle des antiken
Phadisane, und wieder sechs Kilometer dahinter liegt *Bola-*
*mon,* das Polemion des Altertums; in allen drei türkischen
Ortsnamen klingen die alten griechischen Bezeichnungen
noch an. Nun folgt die Straße in großem Bogen der Uferlinie
einer breiten Landzunge; dabei passieren wir Yasun Burnu
(Jasonium Promontorium) und Cam Burnu (Kap Vona) und
fahren dann am Rand der weiten Bucht ›Genetes Liman‹
weiter, die im Altertum als Hafen des Zeus Genetaios bekannt war. Bald sehen wir die große und sehr hübsch gelegene Hafenstadt *Ordu* vor uns, wo einst das antike Kotyora
lag. Auch diese Städte haben in ihren modernen Namen
einen Anklang an die klassischen Bezeichnungen behalten,
unter denen sie den Reisenden und Seefahrern der Antike
bekannt waren, und deren Ursprünge sich in den legendären
Zeiten Jasons und der Argonauten verlieren.

Der nächste größere Hafen an der Küste ist das hübsche
Städtchen **Giresun,** das sich am Fuß eines felsigen Vorgebir-
ges entlangzieht, auf dessen Rücken eine verfallene byzanti-
nisch-genuesische Zitadelle steht. Häufig wird Giresun mit
dem antiken Kerasus gleichgesetzt, doch spricht mehr dafür,
daß hier *Pharnakia* lag, eine der Stadtgründungen des bedeutenden pontischen Königs Pharnakes I. (185-170 v. Chr.).

428  DIE SCHWARZMEERKÜSTE

Die Gegend ist weithin berühmt für ihre ›findık‹, das sind Haselnüsse, die in Riesenmengen von Giresun und anderen Hafenstädten der Gegend exportiert werden. Auch die Süß- oder Vogelkirsche wächst entlang der Küste im Überfluß – von hier soll der römische General Lucullus den Kirschbaum nach Europa gebracht haben.

Etwa sechs Kilometer hinter Giresun liegt vor der Küste das Inselchen Giresun Adası. Es handelt sich um die antike Insel Aretias, einstmals berühmt wegen ihres von den Amazonenköniginnen Otrere und Antiope gestifteten Ares-Tempels.

**Tirebolu,** das antike Tripolis, ist nach 50 Kilometern der nächste größere Ort an der Küste. Mit der halbmondförmigen Bucht und den Ruinen eines genuesischen Kastells aus spätbyzantinischer Zeit bietet es das typische Bild einer Hafenstadt am Schwarzen Meer.

Fünf Kilometer hinter Tirebolu führt eine Brücke über den Harşit Çayı, ein Wildwasser, das hoch in den pontischen Bergen entspringt. Der Blick von der Küste aus geht in ein rauhes romantisches Flußtal, hinter dem sich bis weit an den Horizont die Silhouetten dichtbewaldeter Bergketten türmen, deren Vorgebirge dicht mit Kirsch- und Maulbeerbäumen bestanden sind. Dies ist vielleicht der reizvollste Abschnitt der Küste: Die Straße führt uns durch üppig grünes Hügelland, das von zahlreichen Schluchten eingeschnitten ist, und durch das grüne Zweigwerk hoher Bäume und das dichte Unterholz schimmern die leuchtend blauen Fluten des Schwarzen Meeres.

Nach 64 Kilometern Fahrt erreichen wir Görele (im Altertum Philokaleia) und nach weiteren fünfzehn Kilometern das Dorf *Eynesil* nahe den Ruinen des antiken *Koralla.* Die Burgruine von Koralla liegt auf einer Felsspitze, die ›Görele Burnu‹ (Görele-Spitze) genannt wird, worin man unschwer den klassischen Namen wiedererkennen kann. In dem ›Büyük Liman‹, der Großen Bucht, zwischen diesem Vorgebirge und dem nächsten kommen wir an dem Dorf *Vakfıkebir* vorbei, in dessen Nähe das antike *Kerasus* lag. Am Ostzipfel des Büyük Liman liegt *Fener Burnu,* der antike *Hieron*

*Oros* (Heiliger Berg), der den Seeleuten des Pontos Euxeinos seit den Tagen Jasons und der Argonauten ein Wegzeichen war.

Nach Umrunden der Landspitze fahren wir durch *Akçakale,* das alte *Kordyle,* dessen Festung die Herrscher von Trapezunt im 13. Jh. erbauen ließen. Der nächste Ort ist Akçaabat, bei den Griechen des Altertums als Hermonassa, in neuerer Zeit als Platana bekannt.

So gelangen wir nach **Trabzon,** dem *Trapezos* der Antike und früheren Reisenden als das sagenumwobene **Trapezunt** ein Begriff. Die Stadt wurde im 8. Jh. v. Chr. als eine Kolonie Sinopes gegründet und war bereits ein blühender Ort, als Xenophon mit den zehntausend griechischen Söldnern auf dem abenteuerlichen Rückmarsch aus Persien hier Station machte. Wir erfahren von Arrianos, der unter Hadrian Gouverneur der pontischen Provinz war und die Stadt in dieser Eigenschaft besuchte, daß sie die bedeutendste des gesamten Schwarzmeergebietes war. Hadrian ließ einen künstlichen Hafen anlegen, und da hier außerdem die große Karawanenstraße endete, die von Asien durch das Pontos-Gebirge ans Schwarze Meer führte, wetteiferte sie als wichtige Hafen- und Handelsstadt bald mit Sinope und Amisos. Auch in frühbyzantinischer Zeit konnte der Ort sich seines Wohlstands rühmen, und Justinian ließ die hellenistischen Stadtmauern verstärken und innerhalb des Festungsbereichs einen Palastbau errichten.

Die wahre Blütezeit Trapezunts aber begann im Jahr 1204, als Alexios Komnenos das Byzantinische Reich von Trapezunt gründete. Alexios war ein Sohn von Manuel Komnenos und der Enkel von Kaiser Andronikos I., der 1185 in Konstantinopel vom Mob abgesetzt und brutal ermordet worden war. Sein ältester Sohn Manuel starb an den Folgen einer Blendung, und dessen Söhne Alexios und David brachten sich schließlich bei ihrer Tante väterlicherseits in Sicherheit, bei der Königin Thamar von Georgien. Nach der lateinischen Eroberung Konstantinopels im Jahr 1204 eroberte Alexios mit Hilfe der georgischen Truppen die Städte Trapezunt, Oinoe und Sinope, während sein Bruder David, der Großkomnene, Paphlagonien unter seine Gewalt brachte und die Grenzen seines Reichs im Westen bis nach Herakleia Pontica (das heutige Ereğli) erweiterte. Das waren die Anfänge der Dynastie der Groß-Komnenen, die – soweit es das Byzantinische Reich von Trapezunt betrifft – zweieinhalb Jahrhunderte bestand und das Byzantinische Reich von Konstantinopel unter den Palaiologen um acht Jahre überlebte. In den letzten Jahren der Großkomnenen war ihr Reichsgebiet durch Eroberungen der Türken auf wenig mehr als die Stadt Trapezunt und die östliche Schwarzmeerküste der heutigen Türkei zusammengeschrumpft. Das Ende kam im Frühjahr 1461, als Trapezunt von einer gewaltigen Land- und Seestreitmacht unter dem Befehl Sultan Mehmets II. belagert wurde. Kaiser David Komnenos erkannte die Aussichtslosigkeit jeden Widerstandes und übergab die Stadt dem Eroberer – das letzte griechische Reich des Mittelalters hörte auf zu bestehen.

Trabzon – dieser Name bürgerte sich allmählich ein – blieb auch unter den Osmanen eine wichtige Stadt und machte im ersten Jahrhundert nach der Eroberung Konstantinopels Edirne den Rang der zweiten Reichshauptstadt streitig. Selim der Gestrenge war vor seiner Thronbesteigung 1512 Gouverneur von Anatolien und machte Trabzon zu seiner Residenzstadt; sein Sohn, der spätere Süleyman der Prächtige, kam hier zur Welt und verließ die Stadt erst 1520, um in Istanbul die Sultanswürde zu empfangen. Schwere Schäden erlitt die Stadt im Ersten Weltkrieg, als sie von den Russen beschossen und okkupiert wurde, und 1923 mußte im Rahmen des Minderheitenaustauschs der zahlenstarke christliche Bevölkerungsteil die Stadt verlassen. In den letzten Jahren hat sich Trabzon aber wieder erholt, ist stark gewachsen und gilt heute als die wichtigste Stadt an der türkischen Schwarzmeerküste.

Berühmt ist in Trabzon die großartige Kirche der **Hagia Sophia,** drei Kilometer westlich vom Stadtzentrum, die von einer hohen Terrasse herunter auf das Schwarze Meer blickt. Manuel I. (1236-1269) ließ sie errichten. Vor noch nicht allzu

*Trapezunt, Hagia Sophia*

langer Zeit befand sich der Bau in erbarmungswürdigem Zustand und drohte zusammenzustürzen. 1957 begann Professor Talbot Rice mit einer Gruppe von Experten in einem mühevollen Prozeß, die Fresken, soweit noch vorhanden, freizulegen, zu reinigen und den Bau nach Möglichkeit zu restaurieren. Nach Abschluß aller Arbeiten ist die Hagia Sophia mit ihren unschätzbaren Kunstwerken als nationales Kulturgut heute der Öffentlichkeit zugänglich und läßt wieder etwas aufklingen von der vergangenen Hoheit des Kaiserreiches von Trapezunt.

Der Grundriß der Kirche entspricht ungefähr einem Kreuzkuppelbau, in dem vier Säulen die Kuppel auf hohem Tambour tragen. Im östlichen Teil sind die schmalen Seitenflügel tonnengewölbt; an sie schließen die beiden halbrunden Seitenapsiden an: die nördliche, ›Prothesis‹ genannt, die südliche, das ›Diakonikon‹, die Sakristei. Die große, im Innenraum halbrunde Mittelapsis umgeben die Außenmauern mit fünffach gebrochenen Wandflächen. – Im westlichen Teil sind die Seitenflügel kreuzgewölbt. Der Narthex hinter der Westwand hat hier einen Obernarthex, diesmal keine Empore, sondern eine Kapelle. Dem Narthex, wie auch den

432   DIE SCHWARZMEERKÜSTE

Portalen an der Nord- und Südseite sind ausladende Vorhallen mit jeweils dreibogigen Arkadenöffnungen vorgesetzt. Die dortigen Säulenpaare mit ihren Kapitellen sind wiederverwendet aus Bauten vom 5. Jh. n. Chr. und später. Dies gilt auch für die vier herrlichen Säulen und Kapitelle aus prokonnesischem Marmor, die die Kuppel stützen. Auf dem Fußboden ist an dieser Stelle noch etwas von dem einst kunstvollen Belag aus ›opus alexandrinum‹ zu sehen. Für die Steinschnitt-Muster sind neun verschiedenfarbige Marmor- und Gesteinsarten verwendet worden. – Doch zurück zu den Vorhallen, der südlichen im besonderen, wo ein Relieffries – aus den Quadern des Mauerwerks herausgeschnitten – Szenen aus der Schöpfungsgeschichte schildert. Sie muten fremdartig an und gehören durch ihre Erzählfreude und Darstellungskraft doch zum Sehenswertesten dieser Kirche. Auf dem Schlußstein des Bogens darüber erkennt man den einköpfigen Adler, das Wappentier der Komnenen.

Die **Wandmalereien,** die einst die Innenwände der Südhalle schmückten, sind heute fast völlig verschwunden. In der nördlichen Vorhalle sind sie an der Nordwand noch gut erhalten und zeigen acht in sich abgeschlossene Szenen aus dem Alten Testament. In der westlichen Vorhalle findet sich neben zwei Heiligen ebenfalls eine Darstellung aus dem Alten Testament.

Der *Narthex* ist mit einer Bilderfolge neutestamentarischer Begebenheiten geschmückt, welche das Wunderwirken Christi zum Thema haben. Das Deckengewölbe sitzt recht tief auf den Wänden auf und wird von breiten Rippen in drei Zonen unterteilt. In der nördlichen und südlichen Zone sind jeweils fünf Szenen dargestellt, die zur Mitte zu von einem breiten Dekorband abgegrenzt werden. Die mittlere ist als Kreuzgewölbe konstruiert; Streifen mit geometrischen Mustern betonen die Grate. Aus den Kreuzzwickeln blicken zwei Cherubim (mit vier Flügeln) und zwei Seraphim (mit sechs Flügeln) herab: Gesandte der Engelschöre um den himmlischen Thron. Die Fresken an der Narthex-Südwand zeigen Szenen des Jüngsten Gerichtes, fragmentarisch die Gestalt Christi und die Heiligen Sergios und Bakchos.

## TRABZON – HAGIA SOPHIA 433

Im *Kircheninnern* haben 25 Fresken des Evangelienzyklus', im Chorraum mehrere Bildstreifen mit Apostelszenen die Zeitläufe überdauert. Am Deckengewölbe vor der Apsis ist die Himmelfahrt Christi, in der Apsiswölbung Maria, thronend zwischen Erzengeln dargestellt. Den Kuppelraum nimmt Christus als ›Pantokrator‹ ein (nur noch Kopf und Schultern sind erhalten). Darunter steht der lange griechische Text aus Psalm 102, Vers 20-22: *»Denn er schaut von seiner heiligen Höhe, und der Herr sieht vom Himmel auf die Erde, daß er das Seufzen der Gefangenen höre und losmache die Kinder des Todes, auf daß sie zu Zion predigen den Namen des Herrn und sein Lob zu Jerusalem.«*, und unter diesem wiederum ein Fries mit Engelsgestalten von überirdischer Schönheit.

Vor der südlichen Seitenapsis, gerade außerhalb des Diakonikons, ist ein Teil des Bodens ungepflastert und verweist offensichtlich auf eine einstige Grabstätte; möglicherweise lag hier Kaiser Manuel Komnenos begraben, dem wir diesen prächtigen Kirchenbau und seine wundervolle Ausschmückung verdanken.

Auch in dem *Glockenturm* westlich der Hagia Sophia finden wir verschiedene Wandmalereien, die jedoch wesentlich dürftiger sind als jene im Hauptgebäude. Der Glockenturm wurde 1443 erbaut, bare achtzehn Jahre vor dem Ende des komnenischen Reichs; der kulturelle Niedergang von Trapezunt läßt sich an dem Nachlassen der Qualität seiner Kunstwerke ablesen, die in ihrer besten Zeit denen aus der spätbyzantinischen Blütezeit Konstantinopels kaum nachgestanden hatte.

Auf dem Weg zur Altstadt von Trabzon kommen wir an einer gefälligen osmanischen Moschee vorbei, deren Vorplatz im Schatten einer gewaltigen Platane liegt. Die **Gülbahar Hatum Camii** stiftete Sultan Selim der Gestrenge im Jahr 1514 zu Ehren seiner Mutter Ayşe Hatun, der Gemahlin Sultan Beyazıts II. Sie erhielt in reiferen Jahren den Beinamen Gülbahar (Frühlingsrose), den auch Beyazıts Mutter getragen hatte. Die jüngere Gülbahar war eine in Trapezunt geborene Prinzessin Maria aus dem Herrscherhaus der Komnenen, die Beyazıt bei einem Feldzug im Pontos kennengelernt und geheiratet hatte. Später, als ihr Sohn Selim seinen Gouverneursposten in Trapezunt antrat, folgte sie ihm in ihre alte Heimatstadt und wirkte dort mit vielen guten Werken als Wohltäterin. Nach ihrem Tod 1512 ließ Selim, der gerade Sultan geworden war, ihr diese Moschee errichten und ihren Leichnam in der prächtigen Türbe daneben beisetzen.

Hier mögen wir einen Augenblick verweilen und die berühmten **Stadtmauern von Trapezunt** betrachten, die vor uns aufragen. Die mauerumzogene innere Stadt hatte drei Umwallungen. Der am tiefsten gelegene Mauerzug umfaßte ein großes rechteckiges Areal, das im Norden an das Meer grenzte. Südlich davon befand sich auf höherem Gelände der zweite Mauerring, der im Osten und Westen an tiefen Schluchten entlangführte. Innerhalb dieses Areals steigt das Gelände in mehreren Terrassen an, so daß den dritten und höchsten Teil zu beiden Seiten steile Abgründe, und im Süden und Norden massive Verteidigungsmauern schützten. Die innere Zitadelle war somit fast uneinnehmbar und daher der geeignete Ort für den Palast und die wichtigsten Verwaltungsgebäude des Reiches der Großkomnenen von Trapezunt. Das alte efeuüberwachsene Mauerwerk wirkt auch heute noch wehrhaft und mächtig. Zinnen und vorspringende Türme prägen die Silhouette des modernen Stadtbildes.

Auf einem alten osmanischen Viadukt gelangen wir über die Schlucht und schreiten durch die Mauern in die *Altstadt*. Bald befinden wir uns vor der **Fatih Camii** (Orta Hisar Cami), der einstigen Kirche der *Panagia Chrysokephalos* (›Maria mit dem goldenen Haupt‹). Der Überlieferung zufolge soll sie von Konstantin dem Großen gegründet worden sein. Der Bau in seiner heutigen Gestalt stammt aus dem 10. oder 11. Jh. und war die Metropolitankirche der Komnenen während der letzten zwei Jahrhunderte ihrer Herrschaft; sie war auch ihre Grabkirche.

Etwas höher liegt das Rathaus, wo wir uns nach rechts in die *Kale Sokağı* wenden; sie führt durch einen alten Torbau hindurch in die **Zitadelle**. Hinter dem Tor wenden wir uns sogleich nach rechts zum westlichen Mauerabschnitt, der einen überwältigenden Blick auf die tiefer gelegenen Stadtteile bietet. In der Südwestecke der inneren Festung soll sich der Goldene Palast der Komnenen befunden haben, nur noch einige verfallene Bögen und Mauerteile sind erhalten.

Von der gegenüberliegenden Wehrmauer aus sieht man jenseits der Felsschlucht die **Eugenioskirche,** dem Schutzheiligen von Trapezunt geweiht. Es war wohl der älteste christliche Bau der Stadt; die Umwandlung in die Kreuzkuppelkirche, die wir heute sehen, nahm man Ende des 13. Jhs. vor. Danach wurde aus ihr die *Yeni Cuma Cami,* die ›Neue Freitagsmoschee‹, weil Sultan Mehmed II. sie am ersten Freitag nach der Eroberung Trapezunts als Moschee einrichten ließ und dort sein erstes Gebet in der Stadt verrichtete. Unmittelbar darauf, wie sein griechischer Biograph Kritoboulos überliefert, schritt er »… *hinauf zum Kastell und dem Palast, besichtigte und bewunderte die Wehrhaftigkeit des einen und die Großartigkeit des anderen, und fand die Stadt in jeder Weise bemerkenswert«.*

Es gibt in Trabzon noch weitere Kirchen aus byzantinischer Zeit, doch sind sie zumeist in derart schlechtem Erhaltungszustand, daß sie außer für Spezialisten kaum von Interesse sind. Den meisten Besuchern wird es genügen, das alte Stadtviertel zu durchstreifen und die Atmosphäre dieses geschichtsträchtigen Ortes in sich aufzunehmen.

*»Noch schimmern die Türme von Trapezunt, der sagenumwobenen Stadt, an einem fernen Horizont, von Toren und Wällen umgeben, ein Ort von lichthellem Zauber. Dieses Bild habe ich von ihnen, und so sehr ich mich um eine gewisse Distanz bemühe, wird es das wohl immer bleiben. Im Herzen der Stadt aber liegt der Schlüssel zu ihrer Vergangenheit, liegen die unauslöschlichen Spuren geschichtlicher Ereignisse, und diese Welt ist mir stets fremd geblieben, sie liegt meiner eigenen zu fern.«* (Rose Macaulay, ›The Towers of Trebizond‹)

Östlich von Trabzon verändert sich die Landschaft langsam und kaum spürbar; die Pontischen Berge in der Ferne scheinen höher, stärker zerklüftet und waldreicher, die Küsten-

436 DIE SCHWARZMEERKÜSTE

ebene wird schmaler und tiefer grün, die Luft heißer und feuchter. Auch die Menschen, die hier an der Ostküste des Schwarzen Meers leben, sind von anderem Schlag: Es sind größtenteils Lasen, Angehörige einer freiheitsliebenden kaukasischen Volksgruppe und zweifellos Nachkommen jener rauhen Gebirgsstämme dieses Landstrichs, von denen die alten Griechen berichten. Sie sind aufgeweckt, fleißig, intelligent und höchst aggressiv, gute Freunde, aber gefürchtete Gegner. Gelegentlich an Festtagen sieht man sie in ihren eleganten Volkstrachten, die stolzen Männergesichter gerahmt von den herabfallenden Quasten ihrer schwarzen Kopftücher. Die Arme einander auf die Schultern gelegt, vollführen sie ihren lebhaften Volkstanz, den ›choron‹, zu wilden und uralten Weisen, gespielt auf einem selbstgebauten Dudelsack. »*In dieser Gegend sind das Wetter und die Luft so angenehm, daß auch die Bewohner lustige, fröhliche Gesellen sind, die an nichts anderes denken als an Essen und Trinken, Spaß und Unterhaltung. Sinnenfreude und Müßiggang geben ihnen die rote Hautfarbe und den hellhäutigen Frauen ihre Schönheit – ein jeder ein Mond oder Teil der Sonne ...*, ergänzt Evliya Çelebi im 17. Jh. das Bild der Einheimischen des Pontos.

Die Fahrt von Trabzon nach Rize, auf der wir durch mehrere freundliche Orte und Fischerdörfer kommen, ist bequem und dauert ungefähr eine Stunde. Nach 46 Kilometern erreichen wir das Dorf *Sürmen Kastil,* wo am Straßenrand ein ungemein schönes altes Osmanenhaus steht. Es wurde um das Jahr 1800 von der Familie Yakupoğlu errichtet, die zu jener Zeit die lokalen ›Derebeyler‹ waren, die ›Herren des Tals‹.

Rize ist eine reizvolle Hafenstadt auf bewaldetem Hügelrücken, dessen Ausläufer zu beiden Seiten des Ortes bis an das Meer reichen und eine breite halbmondförmige Bucht bilden. Die Küstenlandschaft in der Umgebung von Rize ist eine einzige große Teeplantage; der Tee ist die wichtigste Handelsware und Einkommensquelle der gesamten Region. In den Anbaugebieten sind zum größten Teil Lasen tätig,

## IM SAGENHAFTEN LAND KOLCHIS

deren Dörfer im Hinterland völlig verschieden sind von denen in weniger begünstigten Teilen Anatoliens. Ihre aus Holz und Stein solide gebauten Wohnhäuser sind stets von Gärten umgeben, und ein einziges Dorf dehnt sich oft kilometerlang über Hügel und Täler aus, weil die unabhängigen Bewohner nicht an ein armseliges enges Dorf gefesselt sein wollen; sie brauchen Raum zum Atmen, um sich frei zu fühlen. Das wichtigste Gebirgsdorf der Lasen ist Çamlıhemşin; die Straße dorthin führt östlich von Rize die Küste entlang noch über Pazar hinaus und steigt dann etwa zwanzig Kilometer weit in das Gebirge. Der Weg ist schlecht und schwierig, doch hat man dann einmal erfahren, wie die Leute in einem Dorf des Pontos leben, sind alle Mühen vergessen.

Die letzte Hafenstadt an der türkischen Schwarzmeerküste ist **Hopa,** wo die Straße hoch in das Gebirge nach Artvin abbiegt und von dort entweder nach Kars oder Erzurum führt. Wir sind am Endpunkt unserer Fahrt entlang der türkischen Schwarzmeerküste angelangt, denn die verbleibenden dreißig Kilometer bis zur sowjetischen Grenze führen größtenteils durch militärisches Sperrgebiet und können nur mit besonderer Genehmigung befahren werden.

Hopa hieß im Altertum Apsyrtos, nach Medeas Bruder, dessen angebliche Grabstätte Reisende der Antike noch besuchen konnten. Das erinnert uns daran, daß wir uns im sagenhaften Land Kolchis befinden, mit dessen Erwähnung Strabon seine Beschreibung der Südküste des Pontos Euxeinos beschließt:

*»Welche Berühmtheit dieses Land einst hatte, beweisen die Fabeln, welche andeuten, daß Jason auf seinem Heldenzuge sogar bis Medien vorgedrungen sei. ... Dort sollen die Gießbäche auch Gold hinabführen und die Barbaren es in durchlöcherten Trögen und zottigen Fellen auffangen; woher sich auch die Fabel vom goldnen Vließe schreiben soll.«*

# 25

# Das nordöstliche Anatolien

Trabzon – Maçka – Sumela – Kopdaği-Paß
Erzurum – Kars – Ani

Um von der Küste des Schwarzen Meers nach Ostanatolien
zu gelangen, nehmen die meisten Reisenden die breite
Asphaltstraße (E 390) von Trabzon über Gümüşhane nach
Erzurum. Dies war der erste Abschnitt der langen Karawanenroute vom Pontos Euxeinos nach Persien, und auch heute
wieder ist die Strecke eine der Hauptverbindungen zwischen
den beiden Gebieten.

Von Trabzon steigt die Straße durch das grüne und fruchtbare Tal des Değirmendere, den an mehreren Stellen Buckel-
brücken überspannen, Relikte aus den Tagen der Kamelkarawanen. In *Maçka,* dreißig Kilometer südlich von Trabzon,
machten die vom Schwarzen Meer kommenden Karawanen
zum erstenmal Rast. Wer einen Abstecher zum großen Kloster von **Sumela** machen möchte, muß in Maçka links abbiegen. Der Weg folgt dem Lauf des Altındere in einem noch
grüneren und schöneren Tal als jenem des Değirmendere.
Nach 23 Kilometern biegt man in die letzte Kurve, und
plötzlich liegt die gewaltige weißgetünchte Klosterruine vor
einem, nahezu dreihundert Meter über dem rauschenden
Gebirgsfluß und einen Anblick bietend, wie man ihn vielleicht eher in der Traumwelt Tibets erwarten würde.

In byzantinischer Zeit war Sumela das größte und wichtigste Mönchszentrum in Kleinasien. Die erste Kapelle sollen
385 n. Chr. zwei griechische Mönche angelegt haben, Barnabas und sein Neffe Sophronios. Im Traum erschien Barnabas
die Heilige Jungfrau und beauftragte ihn, ihrem vom Apostel
Lukas gemalten Ikonenbild ein Heiligtum in den pontischen
Bergen zu bauen. Von Athen, wo man den beiden Mönchen
die Ikone übergeben hatte, segelten sie nach Trapezunt und

## KLOSTERANLAGE VON SUMELA 439

beginnen dort den Aufstieg in das Hinterland auf der Suche nach jener Stelle, die Barnabas im Traum gewiesen worden war. Hier, wo unterhalb des Gipfels des gewaltigen schwarzen Felsens eine Felshöhle liegt, auf deren geschützten Vorhof ein Bächlein ständig lebenspendendes Wasser rieseln läßt, fanden sie den verheißenen Ort. In der Höhle errichteten die beiden Mönche um die Ikone ein kleines Heiligtum und nannten es ›Panagia tou Melas‹ (Maria vom Schwarzen Felsen), woraus der pontische Dialekt zuerst Soumelas und nochmals vereinfacht Sumela machte. In der justinianischen Zeit soll ein Kloster gegründet worden sein, doch haben sich davon keine Spuren erhalten. Wie auch immer die Vorgeschichte gewesen sein mag: Im 14. Jh. stand der Klosterort bereits in so hohem Ansehen, daß Alexios III. Komnenos sich 1349 hier zum Kaiser von Trapezunt krönen ließ.

Die Klosterbauten stehen an der Kante eines schmalen langgestreckten Grünstreifens, an dessen Rückseite die Felswände senkrecht aufsteigen. Der einzige Zugang befindet sich am Südende und führt über einen langen engen Treppenaufgang an den Bögen eines osmanischen Aquädukts vorbei. Hinter der Eingangspforte liegt die Unterkunft des Wächters, der noch vor nicht allzu langer Zeit die Besucher mit einem Glas Ouzo, Oliven und Käse zu empfangen pflegte, wie es auch auf dem Berg Athos Sitte ist. Gegen Norden zu liegt ein um zwei Meter gesenkter kleiner Hof. Der große Innenhof liegt noch einmal fünfzehn Meter tiefer, ungefähr auf derselben Höhe wie die Terrasse vor dem Kloster; zu diesem Hof gelangt man über eine lange Treppe, von der an der Ostseite die Wohn- und Gasträume abgehen. An seiner Westseite liegen die Höhlenkirche, die Bibliothek und einige unbedeutendere Gebäude. Es folgen nordöstlich weitere Schlafräume, dazwischen drei Kapellen. Hier stoßen wir auf die ältesten Baureste, in einer der Kapellen auch auf Fresken-Fragmente aus dem 14. Jh., die vielleicht noch unter Alexios III. entstanden sind. Nördlich vom Haupthof setzt sich der von außen sichtbare Klostertrakt über 35 Meter lang auf dem schmalen Sims der Felsterrasse fort, vom steilen Abgrund nur durch einen engen Steg getrennt.

## DAS NORDÖSTLICHE ANATOLIEN

Die Hauptkirche besteht aus zwei Teilen, einer großen Höhle, die eine Mauer schließt, und einem kleineren Heiligtum in Form einer überlängten Apsis, das diese Mauer mitbenutzt. Die kleine Kirche stammt aus dem Jahr 1710, als das Kloster fast völlig renoviert und neuerbaut wurde; die Fresken, die heute zu sehen sind, wurden um 1740 geschaffen. Die Höhlenkirche dagegen ist wesentlich älter. Freskenreste dort werden in das 12. Jh. datiert.

Die Klosterbauten sind heute sehr zerfallen. Schwere Schäden richtete ein Großbrand kurz nach der Auflassung des Klosters im Jahr 1923 an, als die pontischen Griechen Kleinasien verlassen mußten; ein großer Teil der Zerstörung ist jedoch dem Vandalismus späterer Besucher zuzuschreiben, die in dem alten Gemäuer wüteten. Dennoch – die Großartigkeit der Lage des alten Klosters an steiler Felswand ist eindrucksvoll wie eh und je.

Wir kehren nach *Maçka* zurück und setzen unseren Weg nach Erzurum fort. Bald finden wir uns in den dichten Wäldern an den Nordhängen des Pontischen Gebirges und sehen im Süden die erhabenen Gipfel des Zigana Dağ (3063 Meter) aufragen. Vierzig Kilometer hinter Maçka überqueren wir den *Zigana-Paß* (2025 Meter), und abrupt enden die dunklen pontischen Wälder: Wir haben die kargen Höhen des ostanatolischen Hochplateaus erreicht, dessen eintönige Weite hier und da von kleinen immergrünen Baumgruppen belebt wird.

Irgendwo in dieser Gegend – der genaue Ort ist nicht bekannt – erblickten Xenophon und seine zehntausend Söldner auf dem abenteuerlichen Rückmarsch aus Persien zum erstenmal wieder den Pontos Euxeinos:

*»... er bestieg sein Pferd, nahm Lykos und die Reiterei mit und sprengte der Kolonne entlang zu Hilfe. Und bald schon hörten sie, wie die Soldaten ›Das Meer! Das Meer!‹ rufen und wie das Wort von Mann zu Mann weitergegeben wird. Da nun liefen alle, auch die Nachhut, und trieben die Lasttiere und Pferde an. Als nun alle die Höhe erreicht hatten, umarmten sie einander unter Tränen, sogar Obersten und Hauptleute.«* (Xenophon, Anabasis)

## ÜBER DEN VAVUK-PASS

Die erste größere Stadt hinter dem Zigana-Paß ist *Torul*. Rechts der Straße sehen wir die Ruinen des antiken Kastells Ardasa Kale, die in schwindelnder Höhe auf einem Felsen sitzen. Nun fahren wir in die südöstlich verlaufende Schlucht des Harşit Çayı und erreichen *Gümüşhane*. Der Name bedeutet wörtlich ›Silberhaus‹ oder ›Münzstätte‹ und weist auf die alten Silberminen dieser Gegend hin, die auch Marco Polo in seiner Reisebeschreibung erwähnt.

Wir folgen weiter dem Taleinschnitt des Harşit Çayı und sehen nach etwa zwanzig Kilometern bei *Kale* rechts der Straße eine Festungsruine, Kovkalesi, die romantisch auf einen schmalen Felsgrat gebaut ist. Die Straße wird hier zum Hohlweg, dessen Seitenwände etwa siebzig Meter schroff emporragen, und steigt das Dumadek Dere hinan, bis am *Vavuk-Paß* (1910 Meter) die höchste Stelle dieses Gebirgszugs erreicht ist.

Sechzig Kilometer hinter der Paßhöhe liegt **Bayburt,** eine Garnisonsstadt am Ufer des Çoruh, des alten armenischen Lykos. Eine der eindrucksvollsten und besterhaltenen Festungsanlagen Anatoliens beherrscht das Stadtbild. Das ursprüngliche Kastell erbauten die Bagratiden, jene Dynastie, welche vom 9. bis zum 11. Jh. Armenien regierte; eine Inschrift im Mauerwerk vermerkt jedoch, daß der Bau zwischen 1200 und 1230 im Auftrag von Mugit al-Din Toğrul Şah, dem damaligen Fürsten der saltukidischen Türken, vollständig neu erbaut wurde.

Wir bewegen uns noch einige Zeit durch das Tal des Çoruh und folgen dann einem seiner Nebenflüsse bis zur Quelle an den Hängen des Dümlü Dağ (2600 Meter), der die große Wasserscheide zwischen dem Schwarzen Meer und dem Persischen Golf darstellt. Immer weiter bergauf führt der Weg bis zum *Kopdağı-Paß* (2390 Meter), der in früheren Zeiten berüchtigt war, als hier ganze Karawanenzüge eingeschneit wurden und in der Eiseskälte erfroren.

Jenseits der Paßhöhe bietet sich ein großartiges alpines Panorama: Im Osten liegen die Karapazarı-Berge, im Südosten erstreckt sich die Palandöken-Kette. Beide Höhenzüge werden von mehreren Dreitausendern gekrönt. Nun windet

442     DAS NORDÖSTLICHE ANATOLIEN

sich die Straße hinunter in das Tal des Karasu, des nördlichsten Zuflusses des Euphrat, und bald passieren wir *Aşkale,* ein großes Dorf mit einer verfallenen byzantinischen Festung. Allmählich wird das Karasu-Tal breiter und öffnet sich zu der weiten *Hochebene von Erzurum,* der ›Erzurum Ovası‹, die im Süden an die Dumanlı-Berge grenzt, im Osten an den Palandöken-Gebirgszug und im Norden an die Gavur Dağları (Berge der Ungläubigen). Hier richten sich die Bewohner ihr Dasein ganz anders ein als in Westanatolien, besonders im Sommer, wenn die Stammesverbände der Kurden und Yürüks ihre ›yaila‹, Sommerlager, über das Gebiet verstreut aufschlagen. Die seßhaften Kurden leben in primitiven Steinbauten, deren Räume – um die Wärme besser zu halten – oft unterirdisch angelegt sind, eine Eigenart, die schon Xenophon auffiel, als er um 400 v. Chr. durch diese Gegend kam. Hier auch begegnet man – was heute in der Türkei selten geworden ist – Bauersleuten, die unter der Woche noch ihre farbenfrohen Trachten tragen, die bei weitem anziehender sind als die sonst in Anatolien üblich gewordene ›moderne‹ langweilig-unscheinbare Kleidung.

Am Ostrand der Hochebene liegt **Erzurum,** die größte und wichtigste Stadt Ostanatoliens. Die früheste Siedlung an dieser Stelle hieß Camacha, die man gegen Ende des 4. Jhs. in Theodosiopolis umbenannte, zu Ehren Theodosios' des Großen, der eine Neugründung als Festungsstadt vornahm. Der heutige Name bürgerte sich zur Zeit der ersten türkischen Okkupation ein, am Anfang des 12. Jhs. ›Erzurum‹ leitet sich wahrscheinlich von ›Arz er Rum‹ ab, Land von Rom, wie die Seldschuken den byzantinischen Herrschaftsbereich nannten. Seit jeher die bedeutendste Stadt im ostanatolischen Grenzgebiet, wurde es wegen seiner strategisch wichtigen Lage nacheinander von Armeniern, Persern, Römern, Byzantinern, Türken und Mongolen besetzt und schließlich noch von den Russen, die sich der Stadt zweimal im 19. Jh. und zuletzt im Jahr 1916 bemächtigten. So trägt Erzurum seit jeher den für eine grenznahe Garnisonstadt bezeichnenden improvisierten Charakter, und wir werden einen nüchternen, farblosen Ort vorfinden, etwa 2000 Meter hoch auf dem abweisenden, unfruchtbaren ostanatolischen Hochplateau, umgeben von einem Kranz von Dreitausendern.

Die Fernstraße, in die Stadt einmündend, führt auf die *Cumhuriyet Caddesi*. Bald sehen wir zur Linken den Minarettstumpf der **Yakutiye Medresesi**. Diese wurde 1310 von Qaca Yakut erbaut, der unter der Herrschaft des mongolischen Ilkhaniden Ölceytü (1306-13) Emir von Erzurum und Bayburt war, und ist dem Sultan und seiner Gemahlin Bulgan Hatun zugeeignet. Die mit einem konischen Dach versehene Türbe hinter der Medrese war als Grabmal des Emirs gedacht, doch scheint er anderswo bestattet worden zu sein, denn in dem Bauwerk fanden sich keine Grabreste.

Kurz bevor die breite Hauptstraße endet, sehen wir linker Hand die beiden wichtigsten Bauten der Stadt, die Ulu Cami und dahinter die Çifte Minare Medrese, auch Hatuniye Medrese genannt.

Die aus Steinquadern gebaute **Ulu Cami** ist ein gewaltiges, aber sehr schlichtes Bauwerk ohne den üblichen Innenhof; im Hauptsaal finden wir den für die großen Moscheen der frühseldschukischen Zeit typischen Säulenwald. Der Stifter der 1179 vollendeten Ulu Cami war Abu l'Fath Muhammed, Enkel von Ali ibn Saltuk, Stammvater und Namensgeber der turkmenischen Saltukiden, der Erzurum eroberte und eine über hundert Jahre regierende Dynastie gründete.

Die **Çifte Minare Medrese** (Taf. 20) erhielt ihren Namen wegen der schlanken gefurchten ›Zwillings-Minarette‹, welche das Portal flankieren. Sie ist in Anlage und Ausstattung der Gök Medrese von Sivas verwandt, und lange wurde

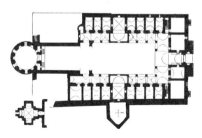

*Erzurum,*
*Çifte Minare Medrese*

444 DAS NORDÖSTLICHE ANATOLIEN

darüber diskutiert, welche der beiden die ältere ist. Neuere Untersuchungen deuten darauf hin, daß der Bau nicht vor 1291 entstand – also mindestens zwanzig Jahre jünger ist als die Gök Medrese – und daß die Stifterin die mongolische Prinzessin Hüdavend Padişah Hatun war. Sie hat nachweislich von 1285 bis 1291 in Erzurum gelebt und die Stadt verlassen, als ihr Gemahl Prinz Keyhato zum Oberhaupt der Ilkhaniden wurde und seine Residenz nach Täbriz verlegte.

Auf den Anhöhen gegenüber der Çifte Medrese und Ulu Cami liegt die mittelalterliche **Zitadelle** von Erzurum; mehrere griechische Inschriften belegen den byzantinischen Ursprung der Anlage, aber unverkennbar haben die Osmanen vieles erneuert. An der Westflanke der Festung erhebt sich ein auffälliger *Glockenturm,* vielleicht das bekannteste Wahrzeichen von Erzurum; er ist ein umgebautes Minarett, das ›Tepsi Minare‹. Daneben steht die kleine *Kale Mescidi,* die ›Kleine Burg-Moschee‹, ein ungewöhnliches Bauwerk in Form eines überkuppelten Mausoleums, dessen Mihrab überraschenderweise in einem alten Turm der Zitadelle liegt. Minarett und Mescid stammen aus dem 12. Jh., als in Erzurum die Saltukiden herrschten.

Nicht weit von der Ulu Cami entfernt steht eine Gruppe von ›drei Grabmälern‹, die **Uç Kümbed.** Als Bau ist die *Sultan-Saltuk-Türbe* eindrucksvoll, zugleich ist sie die größte. Der untere Teil ist ein Oktogon, dessen Seiten jeweils mit dreieckigen Aufsätzen – giebelartig – enden. Auf dem

23 Nemrut Dağı, Hierothesion des Antiochos I. von Kommagene, Ostterrasse

24 Nemrut Dağı bei Sonnenaufgang, Westterrasse

25 Die seit der Antike als Badebecken dienenden Felsstufen von Pamukkale

Oktogon sitzt ein Rundbau. (Sehr interessant die Tier- und Menschenkopf-Friese an den Rundbogenfenstern, wahrscheinlich überbrachte Symbolzeichen des turkochinesischen Tierzyklus.) Den oberen Rundbau deckt ein ›gewölbtes‹ Zeltdach, ein wenig an eine Kuppel erinnernd. Inschriften sind nicht vorhanden, doch in der lokalen Überlieferung gilt die Türbe als Stiftung eines Saltukiden-Emirs, möglicherweise aus der Zeit der Mescid in der Zitadelle, das heißt aus der Mitte des 12. Jhs. Die beiden anderen Türben wurden wahrscheinlich im späten 12. oder frühen 13. Jh. errichtet.

Auch aus osmanischer Zeit haben sich verschiedene Bauwerke in Erzurum erhalten, von denen das wichtigste die **Lala Mustafa Paşa Camii** von 1563 ist; der Großwesir, der sie stiftete, eroberte acht Jahre später Zypern.

Erzurum verlassen wir auf der Straße, die ostwärts nach Kars und an die sowjetische Grenze führt. Vierzig Kilometer hinter Erzurum erreichen wir die erste größere Stadt, Pasinler. In der Nähe liegt das Dorf *Hasankale,* das seinen Namen von dem einst gewaltigen Festungsbau bekommen hat, der vom Gipfel eines Felsens aus das weite Flachland gegen Süden bewachte. Die Wehranlage, ursprünglich ein Werk der armenischen Bagratiden, gehörte später zur Festungskette des gefürchteten Uzun Hasan, der in der Mitte des 15. Jhs. der Anführer des mächtigen Turkmenenstammes der Akkoyunlu (Weiße Hammel) war, welcher zu jener Zeit den größten Teil Ostanatoliens beherrschte. Während des gesamten 15. Jhs. bekämpften sich die Akkoyunlu mit den turkmenischen Karakoyunlu (Schwarze Hammel), deren Gebiet im Süden an das ihre grenzte.

Bei Çobandede überqueren wir einen Nebenfluß des Aras auf einer alten *osmanischen Brücke,* die manche für ein Werk Sinans halten. Die schöne Steinkonstruktion mit sechs eleganten Bögen und einer Länge von 220 Metern ist der feinste alte Brückenbau in der Türkei, der heute noch benutzt wird.

Ab Çobandede läuft die Straße am linken Ufer des Aras (des früheren Araxes) entlang, der in den Bingöl-Bergen

450    DAS NORDÖSTLICHE ANATOLIEN

südlich von Erzurum entspringt und nach mehr als tausend Kilometern sehr viel weiter östlich in das Kaspische Meer mündet.

Kurz hinter Horosan, das 27 Kilometer von Çobandede entfernt liegt, verlassen wir die E 23, die weiter in den Iran führt, biegen links ab und fahren im Flußtal bis nach Karakurt. In Karakurt trennen wir uns vom Aras und fahren zuerst nördlich bis Sarıkamış und von dort nordöstlich Richtung Kars. Bald sehen wir linker Hand die *Kümbed Kilise,* eine verfallene armenische Kirche aus dem 10. Jh.; sie erinnert uns daran, daß wir uns dem Gebiet nähern, das einst das Königreich Armenien war.

Über ein Hochland mit sanften Hügeln, das fast zweitausend Meter über dem Meeresspiegel liegt und zu den besten Weidegründen in Ostanatolien gehört, geht es nach **Kars.** Kars ist eine nichtssagende Stadt an den Ufern des windungsreichen Kars Çayi, beherrscht von einer mittelalterlichen *Festung* auf einer Anhöhe im Norden. Angelegt wurde sie von dem König der Bagratiden, Abbas I. (928-52), der Kars zur armenischen Hauptstadt ausbaute. Noch in demselben Jahrhundert wurde die königliche Residenz nach Ani verlegt, und Kars blieb die zweitwichtigste Stadt bis zum Ende der armenischen Herrschaft. Während der folgenden tausend Jahre wurde die Stadt von sämtlichen Armeen belagert, die durch die klassische Einfallschneise zwischen Armenien und dem Transkaukasus marschierten, von den Seldschuken, Byzantinern, Georgiern, Mongolen, Türken und Russen. Die denkwürdigste Belagerung in neuerer Zeit fand während des Krimkrieges statt, als die türkischen und britischen Soldaten der Garnison unter General Sir Fenwick Williams mehr als fünf Monate lang dem Angriff der zahlenmäßig überlegenen russischen Truppen tapfer Widerstand leisteten, bevor sie schließlich am 28. November 1855 kapitulierten. 1877 eroberten die Russen ein weiteres Mal die Stadt und hielten sie noch 1920 besetzt, als Verbände der türkischen Nationalarmee unter General Kazim Karabekir die Stadt einnahmen. Dem Rückzug der russisch-armenischen Armee aus Kars schlossen sich die meisten der hier ansässigen Armenier an und verließen das Land, in dem sie seit dem Altertum gelebt hatten, vielleicht für immer.

Die einzigen historischen Bauten in Kars sind die Zitadelle und die ehemalige *Apostelkirche*. Von König Abbas I. errichtet, war sie Metropolitan-Kirche bis zur osmanischen Eroberung und wurde dann in eine Moschee umgewandelt. Während der russischen Besetzung diente sie wiederum als Kirche, nach 1920 als Moschee und beherbergt nun seit ihrer Säkularisation vor einigen Jahren das lokale *Museum*.

Für die meisten Reisenden ist Kars nur Zwischenstation auf dem Weg zu den fünfzig Kilometer östlich gelegenen **Ruinen von Ani,** zu denen eine Landstraße führt. Da Ani sich direkt an der sowjetischen Grenze befindet, braucht man eine Besuchserlaubnis vom Emniyet Müdürlüğü (Sicherheitsamt) und bekommt außerdem eine Polizeieskorte mit. Das Touristenbüro am Ort ist bei der Abwicklung der Formalitäten sehr hilfsbereit und organisiert auch Gruppenausflüge zu der Ruinenstätte.

Während wir über das wellige Hochland von Kars in Richtung auf die russische Grenze zufahren, sehen wir schon von weitem die mächtigen Mauern und Türme von Ani wie die Fata Morgana einer mittelalterlichen Geisterstadt vor uns liegen. Es ist in der Tat ein gespenstischer Ort: Seit sechshundert Jahren verlassen – verfallene Mauerpartien und Ruinen von einem halben Dutzend Kirchen sind das einzige, was blieb von der Hauptstadt eines Königreichs, die einst 100000 Seelen zählte.

Obwohl Ani bereits armenische Festungsstadt war, fiel ihr erst in der zweiten Hälfte des 10. Jhs. geschichtliche Bedeutung zu. Damals verlegten die Bagratiden-Könige ihre Residenz von Kars hierher. Die Bagratiden, sie sich von den israelitischen Königen David und Salomo ableiteten, gehörten zu einem Zweig des Königshauses der Araskiden, der Nachfolger der früharmenischen Dynastien der Artaxiaden und Orontiden. Die Herrschaft der Araskiden endete im Jahr 428 n. Chr., nicht lange, nachdem Byzantiner und Perser das armenische Reich untereinander aufgeteilt hatten. Spä-

452 DAS NORDÖSTLICHE ANATOLIEN

ter, als ganz Ostanatolien unter arabischer Herrschaft stand,
lebte der armenische Staat nur in der Form halbautonomer
Fürstentümer (›nakharars‹) weiter, zu denen die Bagratiden
zählten. Allmählich gelang es diesen, sich eine Vormachtstellung zu sichern und sich zu Herrschern über das Gebiet um
den Berg Ararat und das Tal des Araxes zu machen; im Jahr
862 verlieh der Kalif von Baghdad ihrem Oberhaupt Aşot
dem Großen den Titel eines ›Prinzen der Prinzen von Armenien, Georgien und den Ländern des Kaukasus‹. Auf Betreiben des Katholikos von Armenien begruben die armenischen
Adligen ihre internen Rivalitäten und erklärten Aşot zu ihrem Oberhaupt und König, worauf Araber wie Byzantiner
seine Königswürde anerkannten und ihm goldene Kronen
übersandten. Ein Enkel von Aşot dem Großen, König Aşot II.
der Eiserne (914-28), vertrieb die muslimischen Eroberer und
begründete die armenische Oberherrschaft über das östliche
Anatolien und die transkaukasischen Gebiete. Unter seinen
Nachfolgern erlebte das armenische Reich seine Blütezeit:
Aşots Bruder Abbas I. (928-52) errichtete seine Residenz in
Kars; Abbas' Sohn Aşot III. der Barmherzige (952-77) verlegte die Hauptstadt nach Ani am Handelsweg von Dwin
nach Trapezunt; und die Söhne Aşots III., Sembat II. der
Eroberer (977-89) und Gagik I. (989-1020), verstärkten die
Festungsanlagen von Ani und ließen in der Stadt Paläste,
öffentliche Bauten, besonders aber Kirchen errichten, wes-
halb die Hauptstadt bei den zeitgenössischen Chronisten
›Stadt der tausendundeinen Kirche‹ hieß.

Die lange Regierungszeit Gagiks I. sah die Bagratiden auf
dem Höhepunkt ihrer Macht; nach seinem Tod 1020 aber
setzte der rasche Niedergang ein. Die Streitigkeiten zwischen
seinen Söhnen Johannes Sembat III. und Aşot IV. dem Tapferen führten zur Teilung des Königreichs, das bereits durch
muslimische und byzantinische Überfälle stark geschrumpft
war. Johannes Sembat III. vermachte sein Erbteil, zu dem
auch Ani gehörte, dem Kaiser Basileios II., und nach seinem
Tod im Jahr 1040 annektierte Byzanz auch das übrige Armenien zum größten Teil. Doch unter der Führung des Prinzen
Vahram Pahlavuni, der die Unterstützung von Adel und

## ANI – GESCHICHTE

Armee für den Herrschaftsanspruch von Johannes Sembats Neffen und Nachfolger Gagik II. gewinnen konnte, kämpften die Armenier noch weitere zwei Jahrzehnte, 1045 aber dankte Gagik II. zugunsten des byzantinischen Kaisers Konstantin IX. Monomachos ab, und auch der letzte Widerstand brach zusammen, als Prinz Vahram in der Schlacht gegen den Emir von Dvin 1047 den Heldentod fand. Byzanz aber konnte sich nicht lange an der Annexion Armeniens erfreuen, denn seit 1045 wurden die Ostgebiete von seldschukischen Türken bedrängt. 1064 fiel Ani an den seldschukischen Sultan Alp Arslan, der sieben Jahre später die Byzantiner bei Manzikert schlug und damit ihrer Herrschaft über Ostanatolien für immer ein Ende machte.

Für kurze Zeit wendete sich das Schicksal noch einmal zugunsten der Armenier im Zusammenhang mit dem Aufstieg der Georgier, der unter König David IV. (1089-1125) begann und unter Königin Thamar (1184-1213) seinen Höhepunkt erlebte. Nachdem sie sich selber vom seldschukischen Joch befreit hatten, marschierten die Georgier nach Armenien und befreiten die nördlichen, mittleren und östlichen Provinzen des alten Königreichs einschließlich Kars und Ani. Über diese Reichsgebiete herrschten dann Feudalfürsten armenisch-georgischer Abstammung, von denen die mächtigsten die Zakhariaden waren, deren Lehen Ani und das Gebiet um den Ararat einschloß. In der zweiten Hälfte des 12. und der ersten Hälfte des 13. Jhs. war Armenien politisch so gut wie unabhängig und auch wirtschaftlich durchaus noch stark. Die neue Oberschicht stiftete in Ani zahlreiche Gotteshäuser und Klosteranlagen. Sogar nach der mongolischen Eroberung Armeniens im Jahr 1236 bewahrten sich die Feudalherren einen Teil ihrer Unabhängigkeit, und die Zakhariaden herrschten in Ani noch bis in die Mitte des 14. Jhs. 1319 aber erschütterte ein schreckliches Erdbeben die Gegend; wie wir von armenischen Chronisten wissen, setzte damit ein Exodus der Bewohner ein. Die späteste Inschrift aus Ani trägt die Jahreszahl 1348. Danach legte sich Stille über die Stadt, bis sie in der ersten Hälfte des 19. Jhs. von westlichen Reisenden wiederentdeckt wurde.

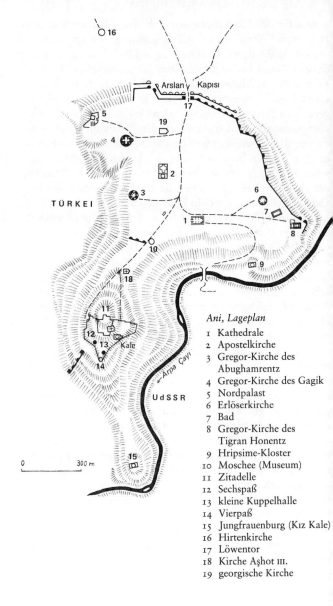

*Ani, Lageplan*

1. Kathedrale
2. Apostelkirche
3. Gregor-Kirche des Abughamrentz
4. Gregor-Kirche des Gagik
5. Nordpalast
6. Erlöserkirche
7. Bad
8. Gregor-Kirche des Tigran Honentz
9. Hripsime-Kloster
10. Moschee (Museum)
11. Zitadelle
12. Sechspaß
13. kleine Kuppelhalle
14. Vierpaß
15. Jungfrauenburg (Kız Kale)
16. Hirtenkirche
17. Löwentor
18. Kirche Aşot III.
19. georgische Kirche

## RUINENSTADT ANI

Der Engländer Wilbraham notierte nach einem Besuch im Jahr 1837: »*Die formlosen Erdhügel von Babylon wirken wie ein Skelett, die menschenleere Stadt Ani aber erscheint wie ein Leichnam, dem zwar der Odem entflohen, dessen einstige Gestalt aber noch zu erkennen ist.*«

Die Ruinen von Ani stehen auf einem weitflächigen Felsplateau, das im Osten mit der Schlucht des türkisch-russischen Grenzflusses *Arpa Çay* endet, im Westen mit dem Einschnitt des *Alaca Çay*. Die Flüsse vereinen sich unterhalb der befestigten Felsspitze am schmalen Südende des Plateaus, während der breite, gegen Nordosten gerichtete Teil des Plateaus von zwei Seitentälern begrenzt wird, welche in die Schluchten der beiden Hauptflüsse übergehen. Dort, an der empfindlichsten Stelle des Terrains, finden sich auch die einzigen noch erhaltenen Teile der doppelten Verteidigungsmauern mit ihren massiven runden und rechteckigen Türmen. Die Mauerzüge ließ König Sembat II. Ende des 10. Jhs. errichten, und unter seinem Sohn Gagik I. wurden sie erneuert und verstärkt.

An diesem Mauerabschnitt führten ursprünglich vier Tore in die Innenstadt. Heute betritt man die Ruinenstadt durch das **Arslan Kapısı** (Löwentor), dem der schreitende Löwe auf einem Relief an der Innenwand des Torbaus den Namen gibt (17). Durch das innere Tor gelangen wir zu der nördlichen Unterstadt. Unser Pfad folgt wohl dem Verlauf einer früheren Hauptstraße, denn er führt quer über das Plateau geradewegs zur Zitadelle (11), die sich auf einer Felskuppe am Südende erhebt. Vermutlich handelt es sich um jenen Festungsbau, der diese strategisch wichtige Stelle bewachte, bevor Ani im Jahr 961 zur armenischen Residenzstadt aufstieg.

Etwa 150 Meter vom Eingangstor entfernt sehen wir die Ruinen einer georgischen Kirche (19) aus dem Jahr 1218, an der sich einige schöne Reliefs mit biblischen Darstellungen finden. Hundert Meter westlich stehen die Fundamente einer Kirche, die wahrscheinlich Gagik I. im Jahr 998 *zu Ehren von Gregor dem Erleuchter* (4) errichten ließ. Die Ruinen

456 DAS NORDÖSTLICHE ANATOLIEN

dreier Gregor-Kirchen finden sich heute noch in Ani; sie
alle waren jenem heiliggesprochenen armenischen Fürsten
geweiht, welcher zu Anfang des 4. Jhs. sein Volk zum Christentum bekehrte.

Etwa vierhundert Meter vom Löwentor entfernt steht die
stark zerstörte **Apostelkirche** (2). Laut Inschrift wurde der
Bau im Jahr 1031 errichtet und mit Schenkungen der Adelsfamilien der Pahlavuni und Zakhariaden bedacht.

Der Weg führt uns als nächstes zum **Cami Minaresi,** einem
alleinstehenden Minarett, dessen dazugehörige Moschee
verschwunden ist. Ein Pfad rechts bringt uns zur zweiten
**Gregorkirche** (3), einem ansehnlichen Bauwerk mit Blick
auf die Alaca-Schlucht. Bauherr dieser Kirche war Prinz
Abughamrentz; sie entstand vor 994.

Wir gehen nun wieder zurück, am Minarett vorbei und
zur Ostseite des Plateaus; zur Rechten sehen wir am Rand
der zum Arpa abfallenden Schlucht eine *Moschee* (10) mit
hexagonalem Minarett. Der kufischen Inschrift am Minarett
ist zu entnehmen, daß die Moschee 1074 vom ersten muslimischen Herrscher in Ani gestiftet wurde, von Menüçahir,
einem Sohn des seldschukischen Emirs Abulsevar.

Etwas südöstlich des einsamen Minaretts erhebt sich die
**Kathedrale** (1) von Ani, eindrucksvoll und recht gut erhalten.
Der Bau wurde 989 von Sembat II. in seinem letzten Lebensjahr begonnen und 1001 von König Gagik I. und Königin
Katramida vollendet. Der Bauplan stammt von dem berühmten armenischen Architekten Trdat (Tiridates), den Kaiser
Basileios II. nach Konstantinopel rief, um die 989 nach einem
Erdbeben gefährdete Kuppel der Hagia Sophia vor dem Einsturz zu bewahren. Trdats Entwurf ist eine Variante des in
ein Rechteck eingeschriebenen Kreuzes. Von außen verbergen die massiven Quadermauern die Gliederung des Innenraumes. Der streng rechteckige Baukörper läßt nur durch
zwei tief eingezogene Nischen an der Ostseite auf die dahinterliegende Apsis schließen. Würde sich der Querarm des
Kreuzes nicht im Kreuzfirst des Daches und den hochgezogenen Giebeln an der Nord- und Südseite zeigen, wären es
auch hier nur je zwei Nischen, die seine Enden andeuten. –

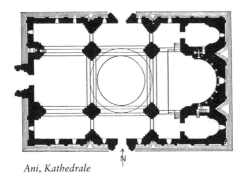

*Ani, Kathedrale*

In die Außenwände kaum eingetiefte Blendarkaden umziehen den ganzen Bau – ein zurückhaltender, eleganter Schmuck, der die Strenge der Konzeption mildert. Durch drei Portale – im Norden, Süden und Westen – tritt man in den Innenraum. Die (eingestürzte) Kuppel ruhte auf den leicht zugespitzten Bögen über den vier massiven Bündelpfeilern, zwischen denen sich Haupt- und Seitenarme kreuzten.

Etwa 300 Meter östlich der Kathedrale steht die **Erlöserkirche** (6), eine weitere Stiftung der frommen Pahlavuni-Familie. Die Inschrift berichtet, wie Prinz Aplgharib Pahlavuni 1034 im Auftrag des Königs Johannes Sembat III. nach Konstantinopel reiste, um ein Stück vom Kreuz Christi zu erwerben; nach der Rückkehr ließ er diese Kirche erbauen und bestimmte, daß hier allnächtlich bis zur Wiederkunft Christi Gebete gesprochen werden sollten.

Die dritte **Gregorkirche** (8), die 250 Meter östlich der Erlöserkirche liegt, erhebt sich hoch über dem schwindelerregenden Abgrund der Arpa-Schlucht. Sie ist wesentlich kleiner als die Kathedrale, ähnelt ihr aber in der Anlage; da von ihr noch der hohe Tambour sowie ein Teil des Kegeldaches erhalten sind, kann man sich das ursprüngliche Aussehen der Kathedrale geistig vor Augen stellen. Das Innere der Kirche befindet sich in recht gutem Erhaltungszustand, sogar Wände und Decken schmückende Fresken sind noch zu sehen: Eine Darstellung des thronenden Christus finden wir in der Apsiswölbung, darunter die Apostel, zum ›Abendmahl‹ versammelt. Der Kuppelraum ist ›Christi Himmelfahrt‹ vorbehalten, der aus dem Kreis der Propheten (im Tambour) entschwebt. An den Seitenwänden berichten Bildzyklen aus dem Leben Jesu und der Gottesmutter, während an der Westwand Begebenheiten aus dem Leben des hl. Gregor geschildert werden. – Inschriften an der Außenwand halten fest, daß die Kirche 1215 erbaut wurde und daß der Stifter ein Adliger namens Tigran Honentz war, der sich von dieser frommen Tat erhoffte, daß sie seinem Haus und dem Geschlecht der Zakhariaden, den damaligen Herrschern von Ani, ein langes Bestehen sichere.

Weiter heißt es in der Inschrift, daß zu der Zeit, als Tigran Honentz den Baugrund für seine Kirche erwarb, sich darauf bereits eine *Marienkirche* befand. Damit ist zweifellos jenes verfallene Kapellchen gemeint, das etwas weiter unten in der Arpa-Schlucht auf einem senkrecht zum Fluß abfallenden Felsen steht; mag sein, daß es zu dem einstigen **Hripsime-Kloster** (9) gehörte.

Doch alle Schönheit hier in dieser kargen, wilden Landschaft stimmt auf irgendeine Weise traurig, wenn der Blick von den verfallenden Monumenten dieser einstmals überaus glanzvollen Stadt hinüber auf die andere Seite der Felsschlucht gleitet, wo ein abweisender Streifen Niemandsland die Grenze zur Sowjetunion markiert. Beim Anblick dieser öden, unzugänglichen Gegend mag man sich einige Zeilen aus der Threnodie (Klagegesang) des Aristakes von Lastivert ins Gedächtnis rufen, mit denen er vor neunhundert Jahren den Niedergang von Ani beklagte:

»*Wo sind die Throne unserer Könige? Sie sind nirgends zu sehen. Wo sind die Legionen, die in dichter Reihe wie dunkle Wolkentürme vor den Königen Aufstellung nahmen, farbenreich wie die Blumen im Frühling und prächtig in ihrer Kriegerrüstung? Sie sind nirgends zu sehen. Wo ist der große und wunderbare Patriarchenthron? Heute steht er leer, seines Inhabers beraubt, allen Schmuckwerks entkleidet, von Staub und Spinnweben bedeckt, während der Thronerbe sich in einem fremden Land befindet, gefangen und eingekerkert. Die Gebete und Gesänge der Priester sind verstummt. Die Kerzen der präch-*

*tigen Kandelaber sind verlöscht, die Dochte gestutzt, der Duft
des Weihrauchs ist verflogen, der Altar des Herrn unter Staub
und Asche begraben ... Wenn wir dieses Schicksal erleben mußten, weil wir sündhaft waren, dann erzählt davon dem Himmel
und allen, die in ihm fortdauern, erzählt es den Bergen und den
Hügeln der dichten Wälder, damit auch sie alle unser Ende
beweinen.«*

# 26

## Die östlichen Grenzgebiete

Kars – Aras-Tal – Doğubayazıt – Ararat – Ishak Paşa Sarayı
Van-See – Van – Toprakkale – Hakkâri-Berge
Achtamar – Tatvan – Ahlat

Von Ani kehren wir nach Kars zurück und fahren von dort auf schon bekannter Strecke in Richtung Erzurum bis Ladikars, wo wir links nach Iğdır und Doğubayazıt abzweigen. Dieser Weg führt uns in südlicher Richtung auf das *Aras-Tal* zu, in dem wir dann gen Osten in Richtung sowjetische Grenze weiterfahren. Diese Strecke am Aras entlang ist von grandioser Schönheit, denn der Fluß hat sich ein tiefes Tal geschnitten, und der Nordhang, der Abschluß der nordöstlichen anatolischen Hochebene, wird von schroff aus der Talsohle bis in große Höhe aufragenden Felswänden gebildet.

Die Straße folgt diesem Cañon bis zur Grenze, wo sich der Aras mit dem Arpa vereint. Einige Kilometer nördlich des Zusammenflusses liegt das Dorf *Pakran;* dort befand sich die antike armenische Stadt *Bagaran,* Hauptstadt des Bagratiden-Reichs unter Aşot ı. dem Großen (856-90). Tausend Jahre früher erhob sich an gleicher Stelle die Tempelstadt der Orontiden, der Herrscher über Armenien in griechischer Zeit. Leider ist ein Besuch der Anlage gegenwärtig nicht möglich, weil sie so nahe an der Grenze zur Sowjetunion liegt.

Die Straße verläuft weiter durch das Aras-Tal, das nun von zwei Bergstöcken flankiert wird, die zum Grenzgebirge zwischen Nordostanatolien und dem Transkaukasus gehören: Gegen Norden auf sowjetischem Boden steht der *Alagöz Dağı* (4094 Meter), gegen Süden der *Ağrı Dağı* (5137 Meter), besser bekannt als *Ararat.* Die Gipfel liegen gut hundert Kilometer Luftlinie auseinander, doch ragen sie so hoch aus dem umliegenden Land empor, daß man sie, bei leichter Kopfdrehung, beide mit einem Blick erfassen kann.

## DER ARARAT

In Iğdır wenden wir uns nach rechts und verlassen das Tal
des Aras, der auf seinem Weg nach Südosten die Grenze
zwischen der Sowjetunion und dem Iran markiert, so wie er
vorher jene zwischen der Türkei und der Sowjetunion bildete. Wir umfahren die Westflanke des Ararat, überqueren
den 2138 Meter hohen Çengel-Paß und erreichen schließlich
die kurdische Siedlung **Doğubayazıt,** den besten Ausgangspunkt für eine Besteigung des Ararat. Aber auch Nicht-
Bergsteiger sollten hier Rast machen, um in Ruhe die Herr-
lichkeit des legendären Berges in sich aufnehmen zu können.

Von Doğubayazıt aus wird der Horizont bis zum Nordwesten von den Zinnen des Ağrı Dağı beherrscht, mit der
ewig schneebedeckten Bergkuppe des **Großen Ararat,** der
322 Meter höher ist als der höchste Berg Europas, der Mont-
blanc, und südöstlich davon jenseits des Sattels der pyrami-
denförmigen Spitze des **Kleinen Ararat** (3925 Meter). Das
abrupte Ansteigen des Ararat aus der ihn umgebenden Ebene
– ein Höhenunterschied von mehr als viertausend Metern
von der Talsohle des Aras bis zum höchsten Gipfelpunkt
– ist vielleicht einmalig auf der Welt und trägt viel zur
imponierenden Majestät des Berges bei und zur Großartigkeit des ganzen Panoramas. Da wundert es kaum, wenn man
diesen erhabenen Berg für den Landeplatz der Arche Noah
hielt und für die Stätte, von der aus sich die Menschheit ein
zweites Mal über den Erdball ausbreitete. So steht es in der
Schöpfungsgeschichte zu lesen:

»*Da gedachte Gott an Noah und an alle Tiere und an alles
Vieh, das mit ihm in dem Kasten war, und ließ Wind auf Erden
kommen, und die Wasser fielen; und die Brunnen der Tiefe
werden verstopft samt den Fenstern des Himmels, und dem
Regen vom Himmel ward gewehrt; und das Gewässer verlief
sich von der Erde immer mehr und nahm ab nach hundertfünfzig
Tagen. Am siebzehnten Tage des siebenten Monats ließ sich der
Kasten nieder auf das Gebirge Ararat.*«

Die sagenumwobene Landung Noahs an diesem Ort war
bereits vor der Entstehung des Christentums Teil der armenischen Überlieferungen, und nach der Christianisierung der
Armenier wurde am Jakobsbrunnen, einem Heiligtum am

462 DIE ÖSTLICHEN GRENZGEBIETE

Nordosthang des Großen Ararat, ein vorgebliches Stück der Arche gezeigt. Von der Erwartung getrieben, auf dem Berggipfel das Wrack der Arche liegen zu sehen, haben sich in den letzten 150 Jahren viele Reisende hierher begeben, und manche gläubige Seele hat vom Aufstieg das, was sie für Fragmente der Arche hielt, zurückgebracht oder berichtet, daß sie sie unter Gletschereis verborgen liegen gesehen hätte. Einer dieser phantasiebegabten Besucher, der englische Gelehrte James Bryce, hat uns eine der packendsten Beschreibungen von der Besteigung des Berges hinterlassen, den er am 11. September 1876 erklomm. Bewegt spricht er von dem, was er sah und fühlte, als er von der einsamen Höhe auf die Welt zu seinen Füßen niederblickte:

»*In einem einzigartigen Rundblick schien sich unter mir die frühe Wiege der Menschheit auszubreiten, von Mesopotamien im Süden bis zu den hochragenden Wänden des Kaukasus gegen den nördlichen Horizont, der Grenze der Zivilisation während so langer Zeitalter. Falls hier tatsächlich der Mensch erstmals Fuß auf die entvölkerte Erde gesetzt haben sollte, dann kann man sich vorstellen, wie die Stämme von diesen heiligen Berghöhen aus sich entlang der großen Flußläufe bis zum Schwarzen und zum Kaspischen Meer ausgebreitet haben und weiter über die Ebenen Assyriens bis zu den Gestaden des Südlichen Ozeans, von wo sie zu anderen Inseln und Kontinenten aufbrachen. Kein großartigerer Fleck Erde läßt sich als Ausgangspunkt für die Geschichte der Menschheit denken.*«

Sechs Kilometer östlich von Doğubayazıt steht eines der ungewöhnlichsten Bauwerke in der Türkei, der **Ishak Paşa Sarayı** (Taf. 17). Die merkwürdige Palastanlage wurde gegen Ende des 18. Jhs. errichtet und steht auf einem terrassenartigen Absatz, der über den Rand einer tiefen Schlucht hinausragt, welche sich zur Ebene am Fuß des Ararat hin öffnet. Bauherren waren die Fürsten der Çıldıroğlu, die damals unter osmanischer Oberherrschaft Ostanatolien und die transkaukasischen Gebiete regierten. Sie werden ethnisch den Georgiern, den Armeniern oder auch den Kurden zugerechnet, möglicherweise waren sie eine Mischung aus diesen drei Volksgruppen. Der Palast wird Ishak Paşa zugeschrie-

## PALAST DES ISHAK PAŞA       463

ben, der 1789 zum Wesir ernannt wurde, aber wahrscheinlich
wurde mit den Bauarbeiten bereits unter seinem Vater Beylül
Paşa begonnen; für die Fertigstellung jedenfalls war sein
Sohn Mahmut Paşa verantwortlich. Ishak Paşas eigene
Machtbasis war stark genug, daß er weitgehend unabhängig
vom Sultan regieren konnte, und von dieser uneinnehmbaren
Bergfestung aus kontrollierte er den einträglichen Karawa-
nenverkehr auf der Verlängerung der zentralasiatischen Sei-
denstraße, die über weite Strecken denselben Verlauf nahm
wie die moderne Fernverkehrsstraße in den Iran. Von den
ungeheuren Reichtümern, die er ansammelte, verwandte er
einen großen Teil für die Errichtung des Palastes, der eine
Kombination aus Burgfestung und orientalischem Lustschloß darstellt. Stilistisch läßt er sich keiner bestimmten
Richtung zuordnen, vereinigt vielmehr imitierende Elemente
seldschukischer, neugeorgischer, neuarmenischer und barok-
ker osmanischer Baukunst, wirkt aber trotz dieser eigenwilli-
gen Stilanleihen überaus gefällig und originell.

Jenseits der Schlucht, dem Palastbau gegenüber, sehen wir
eine auf hohen Fundamenten über dem Abgrund errichtete
Moschee, hinter der sich auf einem Felsvorsprung die *Ruinen
einer alten Festung* erheben. Die Moschee ist möglicherweise
eine Stiftung Selims des Gestrengen aus dem Jahr 1514, als
der Sultan sich auf dem Feldzug gegen Shah Ismail von
Persien befand. Am 23. August jenes Jahres wurden die Perser in der Schlacht von Çaldıran, dreißig Kilometer südlich
von Doğubayazıt, von den Truppen des Sultans entscheidend
geschlagen, und dadurch fielen die großen Provinzen Diyarbakır und Kurdistan endgültig an das Osmanische Reich.

Aufgrund der Inschriften an den Mauern hält man die
Festung für urartäischen Ursprungs, doch später waren hier
auch Seldschuken und Osmanen tätig. Noch bis in das letzte
Jahrhundert wußte man, von einigen Hinweisen in der Bibel
abgesehen, kaum etwas über das Volk der Urartäer, seitdem
aber haben Archäologen viele ihrer ehemaligen Städte und
Festungen freigelegt. Die Ergebnisse dieser Ausgrabungsar-
beiten haben dazu geführt, daß man ihre Schrift zu entziffern
vermochte. Eine Rekonstruktion ihrer Geschichte gelang,

464 DIE ÖSTLICHEN GRENZGEBIETE

und viele ihrer wunderbaren Kunstgegenstände fanden einen Platz in den großen Museen der Welt. Das Wort ›Urartu‹ bewahrt das Alte Testament in der abgeschliffenen Form ›Ararat‹, woraus in lateinischer Umschrift ›Armenia‹ wurde. Geschichtlich greifbar werden die Urartäer im 13. Jh. v. Chr., als ihr Name in den Annalen des assyrischen Königs Salmanassar I. (1274-45 v. Chr.) auftaucht.

Die meisten **urartäischen Stätten** in der Türkei liegen südlich des Ararat in dem Gebiet um den Van-See (Van Gölü), wo die Hauptstadt ihres Königreichs lag. Da es keine guten Straßen gibt, die von Doğubayazıt die russische Grenze entlang nach Süden führen, müssen wir, um nach Van zu gelangen, zuerst westwärts zurück bis *Ağrı* fahren und dort gen Süden nach *Patnos* abbiegen. Während wir auf Patnos zufahren, erhebt sich vor uns die herrliche schneebedeckte Gipfelkrone des *Süphan Dağı* (4434 Meter), des zweithöchsten Berges der Türkei und kaum weniger imposant als der Ararat. Von Patnos geht es weiter in südöstlicher Richtung, und bei Erciş erreicht die Straße nach Van das Seeufer.

Für jene Reisenden, die Zeit haben, die Gegend zu erforschen, empfehlen sich auf diesem letzten Streckenabschnitt verschiedene Abstecher zu urartäischen Orten; zwei liegen in der Nähe von Patnos, zwei weitere dicht bei Erciş. *Erciş* in seiner heutigen Gestalt ist eine verhältnismäßig neue Siedlung, die entstand, nachdem infolge eines plötzlichen Ansteigens des Wasserspiegels im Jahr 1838 der ältere Ort am Seeufer überschwemmt wurde. Im Mittelalter hieß die Ortschaft Arjeş, und Marco Polo erwähnt sie als eine der drei großen Städte Armeniens; nach der Erstürmung durch die Georgier im Jahr 1209 jedoch sank sie zu einem unbedeutenden Ort herab. Vor einigen Jahren entdeckte man in der Umgebung eine Keilschrifttafel mit dem Namen des Königs Argişti (713-685 v. Chr.); aus der lautlichen Verwandtschaft von Orts- und Personennamen dürfen wir wohl schließen, daß die Stadtgründung auf jenen König zurückgeht.

Hinter der Ortsausfahrt von Erciş sehen wir zur Rechten die *Kadem Hatun Paşa Türbesi* von 1458, das Mausoleum der Mutter eines Emirs der Karakoyunlu. Der Weg führt um

## KÖNIGREICH URARTU 465

die Nordostecke des Sees, überquert bei *Bendimahi* einen
Flußlauf und folgt dann dem Ostufer. Zwischen Erciş und
Bendimahi hat man vier Stätten aus urartäischer Zeit entdeckt; drei von ihnen liegen nahe der Uferstraße und sind
leicht zu finden.

Fünfundzwanzig Kilometer hinter Bendimahi kommen
wir durch *Timar;* vom Ufer aus sehen wir das Inselchen *Adır
Adası* mit den Ruinen eines mittelalterlichen armenischen
Klosters. Einige Kilometer weiter stehen am Strand die Reste
des arabischen Kastells *Amik Kalesi.* Die Straße entfernt sich
nun vom See und führt in leichtem Bogen nach Süden; nach
geraumer Zeit kommt der gewaltige Felshügel von Van im
Südosten des Sees in Sicht.

Die moderne Stadt **Van** liegt in einiger Entfernung vom
Seeufer. Hier erstreckte sich einst die Gartenvorstadt des
antiken **Tuşpa,** der Hauptstadt des Königreichs Urartu.

Der Staat Urartu entwickelte sich gegen Ende des 9. Jhs.
v. Chr. recht schnell zu einer bedeutenden Macht, als Assyrien, von ständigen Kriegszügen und inneren Unruhen geschwächt, sich gegen den Aufstieg seines Rivalen nicht zu
wehren vermochte. Am Ende des 9. Jhs. begannen die Urartäer ihr Reichsgebiet zu vergrößern und schickten Armeen
durch ganz Ostanatolien und den Transkaukasus. Die glanzvollste Zeit Urartus begann unter König Menua (um 810-786
v. Chr.), als es der größte und mächtigste Staat im westlichen
Asien wurde. Wie zahlreiche Inschriften am Fels von Van
und anderswo belegen, ließ Menua in allen Teilen seines
Herrschaftsgebietes Städte und Festungen anlegen, Paläste
und Tempel, Kanäle, Aquädukte und Bewässerungsanlagen,
Gärten, große Landgüter und Weinberge; unter ihm erblühte
das Land, wo einst der Garten Eden gelegen haben soll.

Menuas Sohn Argişti I. (um 786-64 v. Chr.) setzte die Expansion des Reichs von Urartu fort, das sich schließlich bis
zum Mittelmeer erstreckte; urartäische Kunstwerke erreichten nun Phrygien, Griechenland und Italien. Das Schicksal
wendete sich in der nächsten Generation unter Argiştis Sohn
Sarduri II. (um 764-35 v. Chr.), als die Assyrer wieder mächtiger wurden und ihre ehemaligen Besitzungen zurückerobern

466 DIE ÖSTLICHEN GRENZGEBIETE

konnten. Im Jahr 743 besiegte der assyrische König Tigletpilesar III. die Truppen von König Sarduri II., und acht Jahre
später marschierte er zum Van-See und belagerte die Burgfestung. In den Reichsannalen des assyrischen Königs findet
sich für das Jahr 735 v. Chr. der Eintrag: »*Ich umzingelte
Sarduri von Urartu in Turuşpa [Tuşpa], der Hauptstadt. Vor den
Toren der Stadt richtete ich ein großes Blutbad an und ließ der
Festung gegenüber mein königliches Standbild aufstellen.*«

Die wehrhafte Zitadelle auf dem Fels von Van widerstand
der Belagerung, doch die Unterstadt und die Gartenvorstadt
wurden bei den assyrischen Angriffen auf Urartu zerstört.
Der Sieg Tigletpilesars III. über Sarduri war der Anfang vom
Ende Urartus, auch wenn die Urartäer noch ein ganzes Jahrhundert lang in Kämpfen mit den Assyrern ihre Gebiete zu
verteidigen suchten. Die unablässigen Kriegszüge schwäch-
ten beide Staaten und zehrten an ihren Abwehrkräften gegen
neu aufsteigende Mächte, unter denen besonders die Meder
im westlichen Asien eine wachsende Bedrohung darstellten.
Mit dem Fall von Ninive im Jahr 612 v. Chr. endete das
assyrische Reich, und etwa zwanzig Jahre später fiel Urartu
an die Meder. Die spätesten urartäischen Bauten wurden um
590 v. Chr. errichtet; archäologische Grabungen bei Van und
an anderen Stätten haben gezeigt, daß sie ausnahmslos durch
Feuer und Schwert zerstört wurden.

In Ostanatolien und Transkaukasien folgten auf die Urartäer die Armenier, deren erstes Königreich im 4. Jh. v. Chr.
von den Orontiden gegründet wurde. Schon unter den Armeniern war Van eine wichtige Stadt, und sie blieb dies auch
in griechischer und byzantinischer Zeit. Im 10. Jh. gründeten
die Artzruni von Vaspurakan, Gegenspieler der Bagratiden,
ein unabhängiges armenisches Königreich mit Van als
Hauptstadt. Gagik Artzruni, der als erster die Königswürde
trug, gründete eine Dynastie, die eineinhalb Jahrhunderte
das Gebiet um den Van-See regierte. Dieses Königreich endete auf die gleiche Weise wie jenes der Bagratiden: 1021
vermachte der letzte König, Senekerim Johannes von Vaspurakan, sein Reich den Byzantinern, die es fünfzig Jahre darauf nach der Schlacht von Manzikert an die Seldschuken

## ALTSTADT VON VAN

verloren. Im Unterschied zu Ani blieb Van noch bis in dieses Jahrhundert ein namhafter Ort mit überwiegend armenischer Bevölkerung. Während des Ersten Weltkriegs aber wurden die alten Stadtteile unterhalb des Felsens dem Erdboden gleichgemacht, und die armenischen Bewohner kamen um oder flohen.

Die Altstadt von Van ist nie wieder aufgebaut worden, und nur einige wenige Ruinen sind noch aus der mehr als dreitausendjährigen Siedlungsgeschichte erhalten. Eines der älteren Bauwerke in der Unterstadt ist das Minarett der Großen Moschee, die Yusuf, der Emir der Karakoyunlu, zwischen 1389 und 1400 erbauen ließ. Nicht weit davon stehen zwei recht hübsche Türben, die wie durch ein Wunder von den Verwüstungen verschont geblieben sind.

Von der **Zitadelle** auf dem Van-Felsen haben sich noch größere Teile der antiken Mauern und Türme erhalten; hier finden sich Baureste aus allen Epochen, von der urartäischen über die mittelalterlich-armenische bis hin zu denen der Seldschuken und Osmanen. In die Mauersteine sind viele interessante Schrifttafeln eingelassen. Die älteste datiert aus der Zeit König Sarduris I. von Urartu, und dreihundert Jahre jünger ist ein Gedenkstein, auf dem die Eroberung der Stadt durch Xerxes (485-65 v. Chr.) festgehalten ist. Viele Inschriften aus urartäischer Zeit wurden in den sogenannten Höhlen von Khorkor entdeckt, die anscheinend als Grabstätten der frühen Könige Urartus gedient haben.

Von der Zitadelle genießt man einen herrlichen Blick auf den **Van-See** (Taf. 21), in dessen Wassern am nördlichen Ufer sich die ebenmäßig schneebedeckte Bergkuppe des Süphan Dağı spiegelt. Mit einer Fläche von 3764 Quadratkilometern ist dies bei weitem das größte Binnengewässer der Türkei und etwa siebenmal so groß wie der Bodensee. Hohe Konzentration von Natrium und Kalium in Chlorid- und Sulfidbindung im Wasser hinterlassen nach dem Baden ein nicht unangenehmes Gefühl auf der Haut. Vor allem aber besticht die Schönheit des Sees, der überwältigende Reiz dieses tiefblauen Binnenmeers mit der erhabenen Gipfelkette der ostanatolischen Berge als Umkränzung.

468    DIE ÖSTLICHEN GRENZGEBIETE

Einer der wichtigsten urartäischen Orte auf türkischem Boden befindet sich drei Kilometer nordöstlich vom modernen Stadtzentrum an der Straße, die über Özalp in den Iran führt. Rechter Hand, etwa siebzig Meter hoch auf einem abgeflachten Hügel, liegt **Toprakkale** (›Erdburg‹). Bei genauerer Besichtigung wird man feststellen, daß der Hügel tatsächlich aus den Resten der massiven Lehmziegelmauern des Festungsgürtels und der darin zusammengefallenen Bauten besteht. Bei Grabungen hat sich herausgestellt, daß es sich um einen alten Verteidigungsbau handelt, mit dessen Errichtung die Könige von Urartu zu Anfang des 7. Jhs. v. Chr. begannen.

Wer sich etwas länger in dieser Gegend aufhalten kann, sollte von Van in die *Hakkâri-Berge* fahren, eine abgelegene Gebirgszone von wilder Schönheit im Südosten des Landes – für Fremde seit noch nicht allzu langer Zeit zugänglich. Die erste größere Siedlung auf dem Weg dorthin ist *Güzelsu,* überragt von den mächtigen Anlagen der *Hoşap Kale* (Burg und Palast Mahmudiye); den trutzigen Festungsbau aus dem 15. Jh. ließ Sarı Süleyman Bey 1643 vollständig erneuern. Unterhalb des Burgfelsens fließt der Hoşap, den eine hübsche doppelbogige Brücke aus Hausteinen überspannt; eine Aufschrift in der Mitte besagt, daß sie im Jahr 1500 von einem gewissen Zeynel Bey errichtet wurde. Man darf wohl annehmen, daß diese beiden Beys lokale Militärmachthaber und Raubritter waren, befinden wir uns hier doch im Herzen des alten Kurdistan.

Wir kommen als nächstes durch den größeren Ort Başkale und folgen dann dem wilden Felstal des Großen Zab, einem Nebenfluß des Tigris. Am rechten Ufer des Zab entlang geht es immer tiefer in das kurdische Bergland, bis wir **Hakkâri** erreichen, die Kreisstadt der Region.

Hier befinden wir uns in einer ganz anderen Welt, einer Hochgebirgslandschaft mit ungeheuren Bergen, darunter Viertausender, die von der übrigen Türkei fast völlig abgeschnitten ist. Noch bis vor sechzig Jahren lebten im Hakkâri-Gebiet nestorianische Christen, Mitglieder einer Kirche, die

## KURDEN IN DEN HAKKÂRI-BERGEN 469

sich im 5. Jh. vom Patriarchat in Konstantinopel losgesagt hatte; sie wurden kurz nach dem Ende des Ersten Weltkriegs verfolgt, umgebracht oder flohen aus dem Land. Heute leben hier nur Kurden, deren nomadische Lebensweisen sich seit den Tagen Urartus nicht wesentlich geändert haben. Hartnäckig seine Selbständigkeit verteidigend, ist dies ein Bergvolk mit eigener Sprache und Kultur und einem Hang zu Räuberei und Rebellion, das rasch mit Sack und Pack und Vieh hoch in die Berge flüchtet, sobald türkische Polizei- oder Militärstreifen im Anmarsch sind, das treue Freundschaft gewährt, aber Feinde grausam verfolgt, das von der verstädterten Bevölkerung der Westtürkei mit Herablassung betrachtet wird, doch tüchtig und fleißig ist und schöpferisch begabt. Für Fremde, seien sie Türken oder Ausländer, haben sie eine Benennung, mit der seit zweitausend Jahren in Kurdistan alle Eindringlinge bedacht wurden: Sie werden schlicht und verächtlich Rumi genannt, Römer also.

Von Van aus fahren wir entlang dem Seeufer nach Süden. Nach 32 Kilometern überqueren wir den Şemiran Suyu (die Wasser der Semiramis), einen großen Bewässerungskanal, der im 8. Jh. v. Chr. von König Menua aus Urartu angelegt wurde. Nach weiteren acht Kilometern erreichen wir die kleine Ortschaft *Gevaş* am südöstlichen Ende des Van-Sees. Außerhalb des Ortes führt ein Weg von der Hauptstraße zu dem Gevaş Iskelesi, dem Anlegeplatz der Fährboote zur Insel Achtamar. Kurz davor sehen wir von der Straße aus die *Halime Hatan Türbesi,* das sehr hübsche Mausoleum einer Prinzessin der Karakoyunlu von 1358.

Die Insel **Achtamar** ist ungefähr drei Kilometer vom Ufer entfernt. An der Westspitze ragt kühn ein grauer Kalksteinfelsen aus dem Wasser, der steil zum flachen Ostteil der Insel abfällt, wo die unvergleichliche Heiligkreuzkirche steht.

Während des frühen Mittelalters diente die Insel hauptsächlich als Zufluchtsort für die armenische Bevölkerung am Van-See. Im 2. Jahrzehnt des 10. Jhs. erklärte König Gagik I. Artzruni die Insel zu einer seiner Hauptresidenzen, ließ Verteidigungsanlagen errichten und auf dem Gipfel des Westhügels einen Palast bauen. Für die **Kirche zum Heiligen Kreuz** wird allgemein eine Bauzeit von 915 bis 921 angenommen. Das Mauerwerk des verhältnismäßig kleinen Baus (14,8 mal 11,5 Meter) besteht aus sorgfältig gefügten rosafarbenen Sandsteinplatten, die einem Kern aus zu einer Masse verbundenem Steinschutt vorgeblendet sind. Die Kirche ist im Grundriß als Zentralbau angelegt, wie er in Armenien spätestens seit dem 7. Jh. üblich war. Der quadratische Innenraum, von einer Kuppel auf hohem Tambour gekrönt, öffnet sich an den Seiten zu vier halbrunden Exedren und in den Diagonalen zu vier Nischen in Form von Dreiviertelzylindern. Kuppel und Tambour werden von den vier Bögen der Exedren und den vier Pendentifs über den Nischen getragen, die sich ihrerseits jeweils auf zwei Pilaster vor starkem Mauerwerk stützen. An die Nischen im östlichen Kirchenteil schließen sich schmale Seitenräume an, die sich jedoch nicht zum Altarraum öffnen. Dieser liegt um vier Stufen erhöht über dem Niveau des Kirchenraumes. Zudem verlängert

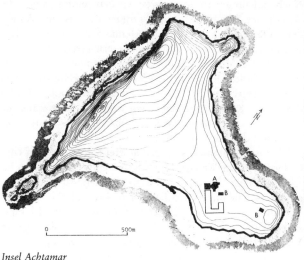

*Insel Achtamar*
A Kirche zum Heiligen Kreuz, B Kapellen

INSEL ACHTAMAR
471

ihn ein Gewölbejoch zwischen Zentralraum und Apsis. Auf
gleiche Weise ist auch die westliche Exedra mit dem Hauptportal nach außen vorgeschoben. Eine Art Mittelachse zieht
somit durch den Zentralraum. In der Südkapelle befand sich
über dem Seitenportal die Königsempore; sie war über eine
Außentreppe zu erreichen, die im 18. Jh. während der Errichtung des Glockenturms abgerissen wurde. Der helle Innenraum empfängt sein Licht durch acht Fenster im Tambour
und sechzehn weitere Öffnungen in den Exedren und Nischen. Von außen gibt sich die Gliederung des Innenraumes
nur teilweise zu erkennen. An der Ost- und Westseite umgeben gerade Mauerflächen rechtwinklig den Bau. Beide Fassaden weisen tiefe keilförmige Einbuchtungen auf; jene an
der Westfassade markieren die Breite der dahinterliegenden
Exedra, jene an der breiteren Ostfassade artikulieren die
Gliederung in Apsis und Seitenkammern dahinter. Die Süd-
und Nordseiten dagegen sind äußerst lebendig, da die Außenmauern den Einziehungen und Ausbuchtungen der Nischen und Seitenexedren folgen und dem Wechselspiel von
Licht und Schatten immer neue Flächen bieten.

Das reizvollste Element der Kirche von Achtamar ist jedoch der reiche und ornamentale **Reliefschmuck der Außenwände.** Wo das Kegeldach auf dem hohen Tambour aufsitzt,
läuft ein Hochrelieffries mit Tierdarstellungen: Löwen,
Füchse, Hunde, Hasen, Gazellen und ein Pferd jagen einander in schnellem Gang, gelegentlich von Vögeln und Men-
schenköpfen unterbrochen. Ein plastisches Bogenmuster
umzieht die untere Tambour-Zone. Wiederum Tierfriese finden sich unter den Dächern an den Kreuzarmen; außer den
bereits erwähnten erkennt man hier auch Ochsen, Panther,
Steinböcke und Schlangen, deren Abfolge von kämpfenden
oder gegenständigen Tierfiguren aufgelockert und von floralen Motiven und menschlichen Gesichtern unterbrochen
wird. Ein Meter tiefer sitzt der sogenannte ›Weinranken-
fries‹, eine phantastische Folge, die Menschen, Vierbeiner,
Vögel bei den verschiedensten Tätigkeiten zwischen Trauben
und Laubwerk zeigt – Breughelsche Szenen als Reliefband
um den Kirchenbau. Ungefähr ein Meter über der Erde be-

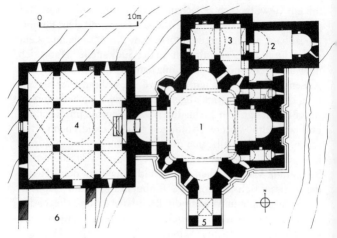

*Achtamar, Kirche zum Heiligen Kreuz*

1 Kirche
2 Oratorium
3 kleine Vorkirche
4 Zamatun (Vorhalle)
5 Glockenturm
6 Reste des Klostergebäudes

findet sich ein weiteres Ornamentband, mit Pinienzapfen und Palmetten.

Die Wandflächen zwischen dem Weinranken- und dem Palmettenfries schmücken die so gerühmten – und rühmenswerten – großfigurigen Reliefs: Begebnisse aus dem Alten und Neuen Testament, Heilige, Propheten, Könige, verschlüsselte und auch zu deutende Embleme. Vier Szenen sind besonders bemerkenswert. An der Westseite über dem Hauptportal und jeweils zu seiten des Mittelfensters bringt König Garik I. als Stifter das Modell seiner Kirche Christus dar, der es segnet. An der Südseite erfreuen uns mehrere Szenen aus dem Leben des Jonas; eine zeigt, wie die Gefährten Jonas aus dem Boot in den Rachen eines überaus vergnügten Walfischs werfen. (Wir sind vertrauter mit der Vorstellung, daß ein vergnügter Jonas dem Rachen des Räubers entkommt.) Am östlichen Teil der Südseite ist die anschauliche Darstellung Davids mit der Schleuder, im Begriff den

## INSEL ACHTAMAR 473

Riesen Goliath zu töten. Den stärksten Eindruck hinterläßt vielleicht das Relief an der Nordseite, links des Fensters: Adam und Eva stehen rechts und links vom Baum der Erkenntnis und essen von der verbotenen Frucht – den vollen Hüften und hängenden Bäuchen nach zu schließen, dürften sie sich im Garten Eden gut genährt haben.

Die Innenwände der Kirche waren einst vollständig mit *Fresken* ausgemalt; zwar ist vieles davon verschwunden und der Rest häufig stark verblaßt und schlecht erhalten, aber das ursprüngliche Dekorschema läßt sich noch gut erkennen: unter der Kuppel entfaltet sich ein Zyklus aus dem Paradies; die erste Szene stellte Adam beim Betreten des Gartens Eden dar, die letzte die Vertreibung der beiden Sünder. In den hohen Nischenräumen und an den Pilastern befanden sich in drei Zonen übereinander Kirchenväter, Heilige, Bischöfe. – Verschlungene Pflanzenornamente bedeckten die Wandzwickel zwischen Exedren und Nischen. Die Bildzyklen der Evangelien schmückten die übrigen Wandflächen der Kirche.

Spurlos verschwunden ist jener Palast auf Achtamar, den Gagik errichten ließ, der im Jahr 908 hier zum König von Vaspurakan gekrönt wurde. Der Chronist Thomas Artzruni hat uns eine Schilderung jenes Ereignisses hinterlassen:

*»Auf einem Roß mit Goldgeschirr sitzend, leuchtete er wie die Sonne neben den Sternen; Soldaten in großer Zahl, von Kopf bis Fuß gerüstet, standen ihm zur Linken und Rechten; die Waffen klirrten, die Trompeten schmetterten, die Hörner dröhnten, die Flöten trillerten, die Leiern gaben wohllautenden Klang; Psalterspieler und Bannerträger gingen ihm voran und folgten ihm, und die Truppen des königlichen Heeres stimmten einen Ruf an, der die Erde erschütterte. Unter solchem Gepränge empfing er die Würden.«*

Mit der Fähre lassen wir uns zur Gevaş Iskelesi zurückbringen und fahren dann weiter am Südufer des Sees entlang nach *Tatvan,* einer Stadt am Südwestzipfel des Van-Sees. Hier werden die Reisenden, die mit der Bahn in den Iran fahren, auf einem Fährschiff nach Van übergesetzt, und so-

474 DIE ÖSTLICHEN GRENZGEBIETE

mit kommen wir in den unerwarteten Genuß, in einem sauberen und komfortablen Hotel der Denizcilik Bankası, der türkischen Schiffahrtsgesellschaft, unterkommen zu können.

Tatvan liegt am Fuß des *Nemrut Dağı* (3050 Meter), einem der beiden berühmten Berge dieses Namens in Ostanatolien. Wem es die Zeit erlaubt, der sollte den Aufstieg zum **Nemrut Gölü** wagen, einem spektakulären Kratersee in 2400 Metern Höhe, südlich vom Hauptgipfel des Nemrut Dağı. Mit einem Durchmesser von sieben Kilometern ist dies einer der größten Kraterseen der Welt. Im Norden ragt die Kraterwand siebenhundert Meter über dem Ufer des Sees empor, der die westliche Hälfte des Kraterbeckens füllt; den östlichen Teil überziehen alte Lavaflüsse, die mit Bimsstein bedeckt und mit spitzen Felsnadeln wie mit Stacheln gespickt sind – ein unvergeßlicher Anblick.

Eine andere empfehlenswerte Tour von Tatvan aus führt zu den Ruinen von **Ahlat**, die etwa vierzig Kilometer entfernt an der nördlichen Uferstraße liegen. Ursprünglich war Ahlat eine wichtige armenische Stadt, fiel in der Mitte des 8. Jhs. in die Hände der Araber und wurde anschließend eine Beute der Byzantiner, Seldschuken, Ayubiden, Kharizmiden, Kurden, wiederum der Seldschuken, dann der Mongolen, Akkoyunlu und Karakoyunlu und zuletzt der Osmanen. Unter den Osmanen verlor der Ort an Bedeutung, und heute steht er gänzlich verlassen, nachdem sich die Einwohner etwas weiter östlich am Seeufer einen neuen aufgebaut haben.

Was die Anzahl und Vielfalt der Grabbauten betrifft, so wird Ahlat nur noch von Kayseri übertroffen. Etwa ein Dutzend Türben, von denen manche verfallen, andere in ausgezeichnetem Zustand sind, haben sich aus vorosmanischer Zeit erhalten. Während wir auf das alte Ahlat zufahren, sehen wir zur Rechten am Uferrand die *Ulu Türbe*. Sie wurde 1273 errichtet und besteht aus einem zylindrischen Baukörper von beinahe sieben Metern Durchmesser, der sich auf einem quadratischen Unterbau mit abgeflachten Ecken erhebt und von einem Kegeldach über einem Stalaktitengesims gekrönt wird. Das Eingangstor liegt an der Ostseite, die drei übrigen Seiten sind von Fensteröffnungen durchbrochen, zwischen die man rundbogige Blindnischen in die Wand gesetzt hat. Eine ebensolche Anlage, wenn auch in kleinerem Maßstab, finden wir bei zwei weiteren schönen Grabstätten aus dieser Zeit, die man als *Çifte Türbe* (Iki Türbe) bezeichnet; sie wurden 1279 bzw. 1281 für die Familienmitglieder zweier seldschukischer Emire gebaut. Die *Erzen Hatun Kümbeti,* der schöne Grabbau einer Prinzessin der Karakoyunlu aus dem Jahr 1396, gleicht auffallend dem Grab der Halime Hatun in Gevaş. Einen anderen Bautyp verkörpert die *Bayındır Türbesi* von 1492, in der ein Emir der Akkoyunlu bestattet liegt. Hier öffnet sich der zylindrische Baukörper der Türbe an seiner Südseite zu einem dekorativen Portikus mit etwas schwerfälligen, aber reizvollen Säulen. – Osmanischen Ursprungs ist die am Seeufer gelegene Festung aus dem 16. Jh.

Ein besonders gespenstischer Ort dieser Geisterstadt ist der große *islamische Friedhof,* ein wahrer Steinwald von bemoosten Grabstelen, von denen manche noch seldschukischen Datums sind und viele herrlich gearbeiteten Reliefschmuck mit kalligraphischem und floralem Dekor tragen. Es gibt sicher nur wenige Friedhöfe, über denen ein solch elegischer Zauber liegt.

Dreißig Kilometer östlich von Ahlat liegt *Adilcevaz,* eine kleinere Ortschaft am See direkt unterhalb des Süphan Dağı. Nahe dem Ufer stehen die Ruinen eines seldschukischen Kastells, und gegen Westen erkennt man auf einem Felsplateau die Zyklopenmauern einer antiken urartäischen Festung namens *Kefkalesi.* Archäologische Untersuchungen haben ergeben, daß dies zur urartäischen Zeit eine bedeutende Siedlung war, vielleicht identisch mit der Stadt Quallania, die in den Reichsannalen des Königs Sargon von Assyrien erwähnt wird.

Auf der verbleibenden Strecke am Nordufer zwischen Adilcevaz und unserem Ausgangspunkt Erciş gibt es kaum mehr Interessantes zu sehen. Es ist deshalb ratsam, nach Tatvan zurückzukehren und sich in dem ausgezeichneten Hotel der Denizcilik Bankası auszuruhen, um gestärkt den langen Rückweg nach Westen antreten zu können.

# 27

## Die arabischen Grenzgebiete

Tatvan – Bitlis – Silvan – Diyarbakır – Mardin – Hasankeyf
Urfa – Sultantepe – Sumatar Harabesi – Harran

Zwölf Kilometer westlich von Tatvan gabelt sich die
Hauptstraße; hier müssen wir uns entscheiden, welcher Weg
uns von Ostanatolien zurück in die Westtürkei bringen soll.
Die rechte Abzweigung ist bequemer und führt mehr oder
minder direkt durch das mittlere Ostanatolien nach Kayseri,
vorbei an den Städten Muş, Bingöl, Elazığ und Malatya. Die
linke, südliche Abzweigung ist zwar umständlicher, zugleich
aber viel interessanter, weil sie in die Nähe der faszinierenden
alten Städte und Stätten im arabischen Grenzland der Türkei
führt; deshalb folgen wir hier dieser längeren Route.

Nach der Gabelung geht es südwärts durch das *Güzel
Dere* (Schönes Tal). Links der Straße steht der zerstörte
Pabsin Hanı, eine seldschukische Karawanserei aus dem
13. Jh.; und bald darauf kommen wir nach **Bitlis,** dessen
Häuser an die steilen Talhänge von vier Flüssen gebaut sind,
die sich hier zum Bitlis Suyu vereinen, einem Nebenfluß des
Tigris. Die Altstadt liegt in dem engen Cañon, den die beiden
nördlichen Flußarme kurz vor ihrem Zusammenfluß bilden.
Hier finden wir die beiden wichtigsten Baudenkmäler der
Stadt, die *Ulu Cami* und die *Zitadelle*. Die Ulu Cami gehört
zu den ältesten seldschukischen Großmoscheen in Anatolien; das Jahr ihrer Erbauung ist nicht bekannt, doch er-
wähnt eine Inschrift Renovierungsarbeiten des Jahres 1150.
Die einzige Besonderheit am Außenbau ist das konische
Dach über dem Mihrab.

Hinter Bitlis folgen wir in südöstlicher Richtung dem Tal
des Bitlis Suyu; jetzt beginnt die lange Fahrt vom ostanatolischen Hochland hinab in die mesopotamische Ebene.

Knapp 52 Kilometer hinter Bitlis passieren wir das Dorf
Baykan, nach weiteren 63 Kilometern die Stadt Besirhan.

## SILVAN                                                              477

Bald erreichen wir den Batman Suyu, einen weiteren Neben-
fluß des Tigris, und überqueren ihn bei der Brücke von
Malabadı (Malaberd), einer wunderbaren seldschukischen
Konstruktion von 1147-48.

Nochmals zwanzig Kilometer, und wir kommen nach **Silvan,** das früher als Mayyafarikin bekannt war. Manche For-
scher vermuten, daß hier die antike Hauptstadt *Tigranokerta* lag, die im 1. Jh. v. Chr. der armenische König Tigranes
der Große gründete, ein Schwiegersohn von Mithradates
Eupator. Außer einigen in der Nähe gefundenen Münzen
mit dem Bildnis des Tigranes gibt es für diese Vermutung
aber keinerlei konkrete Belege, und von der Stadt, die Ninive
und Babylon an Schönheit übertroffen haben soll, ist keine
Spur mehr zu finden. Um das Jahr 400 n. Chr. wurde die
Stadt wiederaufgebaut und › Martyropolis ‹ getauft, zu Ehren
einer Anzahl heiliggesprochener christlicher Märtyrer, deren
Gebeine aus Persien überführt und hier in einem Sanktua-
rium aufbewahrt wurden. Unter Justinian dem Großen (527-
65) umgab man die Stadt mit einer mächtigen Verteidigungsmauer und erhob sie zur Garnisonstadt, welche die Grenz-
mark zwischen dem Byzantinischen Reich und Persien bewachen sollte. Von dieser Befestigungsanlage sind noch einige
Turmbauten und Teile der Verbindungsmauer westlich der
Altstadt zu sehen, wo die Straße von Bitlis unter einem
alten Stadttor hindurchführt. Der bedeutendste Bau aus dem
islamischen Mittelalter ist die überaus prunkvolle *Ulu Cami*
aus den Jahren 1152-57, eine Stiftung des artukidischen
Emirs Najm al-Din Alpi.

Ungefähr eine Fahrstunde hinter Silvan führt die Straße
hinab in eine ebene Steppenlandschaft, und vor uns taucht
**Diyarbakır** auf, eine große, von dunklen Basaltmauern umgürtete Stadt auf einem Felsplateau oberhalb des Tigris. Es
ist einer der ältesten Siedlungsorte in Südanatolien, seit der
Bronzezeit bewohnt und von allen Feldherren umkämpft,
die je durch dieses Gebiet marschierten. Im Altertum hieß
der Ort Amida. Im Jahr 297 n. Chr. wurde er dem Römischen
Reich einverleibt. Ein halbes Jahrhundert später ließ Kaiser
Konstantin den Ort mit Befestigungsanlagen schützen, die

478  DIE ARABISCHEN GRENZGEBIETE

ähnlich wie die heute erhaltenen verliefen und von verschiedenen byzantinischen Herrschern erneuert und verstärkt
wurden, besonders von Justinian. 636 fiel die Stadt in die
Hände der Araber und wurde dem Stamm der Beni Bakr
zugesprochen, auf den der heutige Ortsname zurückgeht:
Diyarbakır, ›Stadt der Bakr‹. Die alte Ortsbezeichnung lebte
fort in ›Kara Amid‹ (Schwarzes Amida), was auf die gewaltigen Basaltmauern, die den islamischen Belagerern so impo-
nierten, anspielte. Nacheinander regierten hier die arabischen Omaijaden und Abbasiden, die kurdischen Marwanis,
die turkmenischen Artukiden, die ›Weißen‹ und die
›Schwarzen Hammel‹, und sogar die Perser konnten sich
kurz des Ortes bemächtigen, bevor er von Selim dem Gestrengen 1515 endgültig für die Osmanen erobert wurde.

Die **Stadtmauern** von Diyarbakır gehören zu den ältesten
und gewaltigsten Anlagen dieser Art in Anatolien, und die
zahlreichen eingelassenen Inschriften und Reliefplatten vermitteln einen Überblick über die mittelalterliche Steinmetzkunst, der in seiner Reichhaltigkeit eines Museums würdig
ist. Die Mauern haben sich in ihrer Gesamtlänge von fünfein-
halb Kilometern fast vollständig erhalten, nur zwei kurze
Partien wurden in diesem Jahrhundert zerstört. Die ursprüngliche Anlage war mit 78 Wehrtürmen verstärkt, von
denen bis auf fünf alle mehr oder minder gut erhalten sind.
Die erste Umwallung war ein Werk der Römer, doch diese
wurde nach der seldschukischen Einnahme 1088 von Sultan
Malik Şah vollständig erneuert. Eine weitere Erneuerung
fand unter dem artukidischen Emir al Malik al-Salih Mah-
mud im Jahr 1208 statt, der an strategisch wichtigen Stellen
massive Bastionen als zusätzliche Verstärkung konstruieren
ließ.

Von Bitlis kommend, fährt man in Diyarbakır rechts neben dem **Harput-Tor** ein, einem der vier Hauptzugänge der
mittelalterlichen Stadt. Dieses noch erstaunlich gut erhaltene
Tor nannten die Araber ›Bab el Armen‹ (Armeniertor), vielleicht weil es zum armenischen Stadtviertel führte. Hinter
dem Harput-Tor beginnt die *Izzet Paşa Caddesi*. Diese muß
seit römischer Zeit die Hauptstraße des Ortes gewesen sein,

DIYARBAKIR 479

und noch heute gibt sie einem das Gefühl, sich in einer muselmanischen Provinzhauptstadt zu befinden. In den belebten Gassen des Marktviertels ist ein buntes, lautstarkes Sprachgemisch aus Türkisch und Kurdisch mit gelegentlichem Arabisch und Syrisch dazwischen zu hören: Hier strömen wie schon seit Jahrhunderten die Bauern aus allen Teilen des südöstlichen Anatolien zusammen.

Am Anfang der Hauptstraße sehen wir rechts die **Peygamber Cami,** ein osmanisches Bauwerk von 1524. Sie ist eine der sieben osmanischen Moscheen in Diyarbakır aus dem 16. Jh., von denen die meisten innerhalb des ersten Jahrzehnts nach der Eroberung der Stadt durch Selim den Gestrengen 1515 errichtet wurden.

Kurz hinter der Peygamber Cami führt links ein Weg zur inneren **Zitadelle,** wahrscheinlich jene Festung, die in der Mitte des 4. Jhs. Konstantios, der Sohn und Nachfolger Konstantins des Großen, im damaligen Amida errichten ließ. Eine Mauer mit achtzehn Türmen, die sich alle in Teilen noch erhalten haben, trennt Burg und Stadt. Innerhalb der Umfassungsmauern findet man Reste des pentagonalen Burggrabens und am südöstlichen Ende die *Burgmoschee,* ein Bauwerk der Artukiden von 1160. Bei Ausgrabungen 1961-62 stieß man auf die Grundmauern des ehemaligen Palastbaus der Artukiden, der in der ersten Hälfte des 13. Jhs. entstand.

Wir begeben uns nun zurück auf die Izzet Paşa Caddesi und finden uns nach etwa dreihundert Metern auf der linken Straßenseite vor einem schönen *Han,* den ein Großwesir von Sultan Mehmet III., Hasan Paşa, in den Jahren 1575-76 errichten ließ. Unweit davon liegt der Hauptplatz des Ortes, an dessen Westseite die **Ulu Cami** steht. Hier haben wir die früheste seldschukische Sultansmoschee in Anatolien vor uns, einen Bau aus den Jahren 1091-92, den Sultan Malik Şah drei Jahre nach der Eroberung Diyarbakırs erbauen ließ.

Wir betreten die Moschee an der Ostseite durch ein großes rundbogiges Portal; darüber befindet sich eine Inschrift und ein Relief mit zwei Löwen, die zwei Stiere angreifen. Hinter dem Portal und der Ostarkade öffnet sich ein weiter rechteckiger *Innenhof* mit dem ›şadirvan‹ in der Mitte. Linker Hand befindet sich die große Gebetshalle. Das hohe Mittelschiff läßt an eine Kathedrale denken, das rechteckige Minarett an einen Campanile. Die West- und Ostseite des Hofes begrenzen zweigeschossige Arkaden. Die Säulen an der (älteren) Westseite, Spolien eines römischen Baus, stützen hier nicht die Bögen; sie stehen schmückend vor dem Mauerwerk in zwei Reihen übereinander. Im Obergeschoß befanden sich mehrere Räume. – In der nordwestlichen Hofecke liegt eine kleine ›mescid‹ und in der nordöstlichen hinter Arkaden mit antiken Säulen die *Masudiye Medrese*. Diesen Anbau, mit einem Mihrab aus schwarzem Basalt im Innern, ließ der artukidische Emir Sökmen II. (1198-1223) vornehmen.

In der *Gebetshalle,* einem quergestellten langseitigen Rechteckbau, führt ein kurzer hoher Mittelteil auf den Mihrab zu; zu beiden Seiten liegen die Querflügel, durch jeweils zwei Reihen mit je sechs Pfeilern unterteilt; auch hier sind die Stützen zum Teil Spolien von antiken Bauten. Die Gesamtwirkung ist überwältigend, und man fühlt sich an die

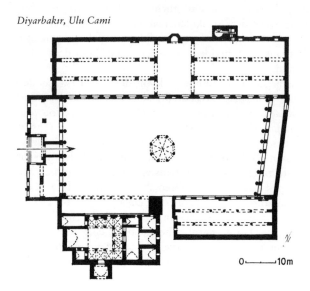

Diyarbakır, Ulu Cami

## DIYARBAKIR 481

Große Moschee in Damaskus erinnert, die offenbar der Ulu Cami als Vorbild diente.

Durch ein Tor an der Südwestecke des Hofes kommen wir auf die Straße, wenden uns gleich nach links und sehen dann vor uns an der nächsten Straßenecke die **Zinciriye Medrese,** eine mittelalterliche Theologenschule, die 1198 in den ersten Jahren der Herrschaft des Emirs Sökmen II. entstand; heute ist darin das *Archäologische Museum* untergebracht.

Wir kehren wieder zur Izzet Paşa Caddesi zurück und stehen bald an der großen Kreuzung mit der in ost-westlicher Richtung verlaufenden Hauptstraße, welche die beiden Stadttore Yeni Kapı und Urfa Kapı verbindet. Linker Hand sehen wir die **Kasım Padişah Camii,** die ein Emir der Akkoyunlu kurz vor der osmanischen Eroberung der Stadt erbauen ließ. Auf der rechten Straßenseite wie auch in verschiedenen von ihr abzweigenden Gassen gibt es noch mehrere Moscheen aus der Osmanenzeit. Etwa auf halbem Weg kommen wir rechts an der *Kara Cami,* der Schwarzen Moschee vorbei, und gleich dahinter steht die *Safa Cami,* als deren Bauherr Uzun Hasan (1435-78) gilt, der große Stammesführer der ›Weißen Hammel‹. Kurz bevor die Straße am Urfa-Tor endet, steht auf der rechten Seite die osmanische *Melek Paşa Camii* von 1591, deren Stifter zu jener Zeit Gouverneur von Diyarbakır war.

Nun gehen wir zur Kreuzung zurück und weiter die Izzet Paşa Caddesi entlang; bald erblicken wir rechts die 1572 errichtete **Bayram Paşa Camii.** In seiner ›History of Ottoman Architecture‹ nennt Godfrey Goodwin diesen Bau »*... die bedeutendste osmanische Moschee in Diyarbakır ... Sie ist wirklich die Krönung aller in den Reichsprovinzen errichteten Moscheebauten und besticht ebenso durch die Ausschmückung wie durch ihre Proportionen, die den Regeln des strengen Baustils dieser Region folgen*«.

Am Ende der Izzet Paşa Caddesi steht links vom Mardin-Tor der prächtige *Deliller Hanı,* der vermutlich aus dem 16. oder 17. Jh. stammt. Links davon in einer Nebenstraße sehen wir die **Hüsrev Paşa Camii,** die Hüsrev um 1520 als Gouverneur von Diyarbakır erbauen ließ. Ihm gebührt auch die

Ehre, Sinans erster Mäzen gewesen zu sein: Der große Architekt errichtete den ersten Moscheebau seiner langen Bautätigkeit in den Jahren 1536-1537 in Aleppo, als Hüsrev dort Gouverneur war.

Von Diyarbakır geht es in südöstlicher Richtung auf die syrische Grenze zu; die Strecke führt durch das Hügelland zwischen dem Tigris-Tal und der mesopotamischen Ebene. Nach 94 Kilometern biegen wir links in Richtung Mardin ab, während die Hauptstraße nach dreißig Kilometern den Grenzort Nusaybin erreicht.

Mardin liegt auf dem letzten Ausläufer einer Hügelkette, die zum ›fruchtbaren Halbmond‹ hinabführt, und macht viel stärker den Eindruck einer arabischen als einer türkisch-anatolischen Stadt. Die Häuser stehen am Südhang eines Hügels, welcher über die kahlen Weiten Nordsyriens schaut; von Osten nach Westen dehnt sich die Stadt über eine Länge von rund zweieinhalb Kilometern aus, während sie sich nur etwa fünfhundert Meter weit den Hügel hinauf und hinab erstreckt. Die Wohnhäuser sind durchwegs aus Stein gebaut, treppenartig eines über das andere gesetzt und reich mit Bögen und Arkaden geschmückt.

Der Hügel kulminiert in einer steilen und felsigen Kuppe, deren flaches Gipfelplateau von den Wehrmauern einer mittelalterlichen Zitadelle umzogen ist. Kaum eine andere Festung in Anatolien wirkt so uneinnehmbar wie diese, die erfolgreich den Angriffen von Heerführern wie Saladin, Tamerlan und Selim dem Gestrengen widerstand. Trotz seiner strategisch wichtigen Lage war der Ort, der im Altertum Marida hieß, während der römischen und byzantinischen Zeit relativ unbedeutend. Nach der Eroberung durch die Araber im Jahr 640 geriet er anschließend in die Hände derselben Eroberer wie das nördliche Diyarbakır. Diesem Umstand ist es zu verdanken, daß wir in Mardin Bauten aus allen Perioden des türkischen Mittelalters finden.

Die Straße von Diyarbakır nähert sich von Norden der Stadt und führt dann durch die westlichen Vororte in das Zentrum. Schon aus der Ferne sieht man linker Hand auf

MARDIN 483

einem Felsrücken die Reste der *Telhan Kalesi,* einem Vorwerk im äußeren Mauerring, der sich um die unteren Stadtbereiche zog und bis an die Burgmauern reichte.

Bevor wir in die Stadt fahren, können wir im Südwesten ein wichtiges Bauwerk ansehen. Die **Kasım Padişah Medresesi** stiftete ein Emir der Akkoyunlu um das Jahr 1550. Zum Vorbild nahm sich der Bauherr eine frühere Medrese, die Isa Bey, einer seiner Vorgänger, ebenfalls in Mardin hatte errichten lassen und die heute noch zu sehen ist.

Sobald wir Mardin erreicht haben, biegen wir nach links in die Hauptstraße ein, die auf halber Höhe quer zum Hang die Stadt in ihrer gesamten Länge von Osten nach Westen durchzieht. Nach etwa sechshundert Metern sehen wir zur Rechten die 1371 gegründete *Latifiye Cami.* Wir stoßen bald auf den zentralen Platz, den *Cumhuriyet Meydanı,* und fahren auf der anderen Seite in der gleichen Richtung weiter wie bisher. So gelangen wir zur **Ulu Cami,** die zwischen 1176 und 1186 von Emiren der Artukiden erbaut wurde. Einige formale Elemente sind hier entwickelt worden, die man in Mardin auch bei späteren Moscheebauten aufgriff; als auffallendstes Merkmal: das gerippte Kuppeldach über der aus Trompen hochgezogenen Kuppel. Leider wurde das Gebäude während des Kurden-Aufstandes 1832 durch eine Explosion stark beschädigt und hat bei der anschließenden Renovierung viel von seinem ursprünglichen Aussehen verloren.

Wir kehren zur Hauptstraße zurück und gehen ein kurzes Stück in Richtung Osten. Ein Treppenaufgang neben dem Hotel Başak führt hoch zur Zitadelle. Schließlich errreichen wir oberhalb der letzten Häuserzeile den bedeutendsten Bau in Mardin, die **Isa Bey Medrese.** Entwurf und Ausführung sind recht unüblich, doch das Resultat ist originell und großartig, besonders die Südfassade.

Westlich der Medrese führt ein Pfad zur **Festung** hinauf. Man tritt dort durch ein Bogenportal, über dem sich eine Inschrift und ein Relief mit zwei Löwen befindet. Die Inschrift erwähnt namentlich Osman Bahadır, den Stammvater der › Weißen Hammel ‹, und seinen Sohn Hamza Bahadır;

die Tafel wurde wahrscheinlich kurz nach der Eroberung Mardins durch die Akkoyunlu im Jahr 1431 angebracht. Innerhalb der Festung sind die Ruinen der Moschee sehenswert und ein Bau, der vermutlich die fürstliche Residenz aus der Zeit der Akkoyunlu war. Von den Wehrmauern hat man einen großartigen Blick auf Mardin und die mesopotamische Tiefebene im Süden.

Wer etwas mehr Zeit hat, sollte sich zu einem Ausflug zum **Tur Abdin** entschließen, einem Plateau im Grenzgebiet der Türkei an der Nordostspitze Syriens. Dies war in frühbyzantinischer Zeit ein Zentrum der monastischen Bewegung und christlichen Gelehrsamkeit. Auch heute gibt es hier noch einige Klöster, in denen Mönche leben und arbeiten. Die beiden bekanntesten sind das ›Safran-Kloster‹, *Deir es Safaran,* fünf Kilometer östlich von Mardin, und *Mar Gabriel,* 25 Kilometer östlich von *Midyat,* einem Ort auf halbem Weg zwischen Mardin und dem Grenzort Cizre am Dreiländereck der Türkei, Syrien und des Irak. Deir es Safaran ist der Sitz des Patriarchen der syrisch-orthodoxen Kirche, wenn auch seit sechzig Jahren kein Patriarch mehr auf türkischem Boden residiert hat. Die Angehörigen dieser Kirche sind syrisch sprechende Christen und werden Jakobiten genannt, nach Jakob Baradai (um 490-578), der mit Unterstützung der Kaiserin Theodora zum Bischof von Syrien geweiht worden war. Im 6. Jh. sagte sich Baradai vom Patriarchat in Konstantinopel los, weil er eine monophysitische Doktrin vertrat, das heißt, er betonte die göttliche Natur Christi stärker als die menschliche. Als der Südosten Anatoliens dem Byzantinischen Reich verlorenging, führte das auch zum bleibenden Bruch mit der griechisch-orthodoxen Kirche, denn während diese Gebiete zuerst an die Perser, dann an die Araber und schließlich an die Türken fielen, bildeten die Jakobiten und die anderen Ostchristen 1400 Jahre lang eine Diaspora inmitten der islamischen Welt. Noch zu Beginn dieses Jahrhunderts führten sie ein von der Außenwelt fast unbemerktes Dasein; dann wurde in den zwanziger Jahren bei den Massakern und Massenumsiedlungen in Anatolien ihre Zahl grausam dezimiert. Heute leben noch ungefähr vierzigtausend jakobitische Christen in der Türkei, die Hälfte davon in Midyat und den umliegenden Ortschaften des Tur Abdin. Sie zelebrieren in ihren alten Kirchen und Klöstern den Gottesdienst wie seit 1400 Jahren und halten die Messe auf Aramäisch, der Sprache Christi.

Von Midyat empfiehlt sich ein Umweg nach **Hasankeyf,** einem Ort 44 Kilometer weiter nördlich am linken Ufer des Tigris. Das Dorf leitet seinen Namen von der mittelalterlichen Stadt Hisn Kayfa ab, deren weiträumige Ruinen auf der gegenüberliegenden Flußseite zu besichtigen sind. Noch früher befand sich hier das antike Cepha, eine wichtige Grenzstadt in dem Gebiet zwischen Persien und dem Byzantinischen Reich. Die Araber eroberten die Stadt im Jahr 640, zur gleichen Zeit wie Mardin, und auf sie folgten die verschiedenen schon genannten islamischen Erobererdynastien (siehe S. 478). Noch im Mittelalter war es eine ansehnliche Siedlung, verfiel dann aber in osmanischer Zeit zu einem armseligen Dorf. Doch erwähnenswert sind die byzantinische *Festung,* ein *artukidischer Palastbau,* verschiedene alte Moscheen, eine Türbe sowie die eindrucksvollen Überreste der *Brücke über den Tigris,* die von früheren Reisenden als die prächtigste ihrer Art in ganz Anatolien geschildert wurde.

Wir verlassen Mardin und fahren auf der von Diyarbakır kommenden Hauptstraße etwa zwanzig Kilometer in südlicher Richtung bis zu der Abzweigung nach Urfa. Wir befinden uns nun auf der Europastraße 24 und passieren nach einer Weile das Dorf *Kızıltepe.* Hier lag die mittelalterliche Stadt Dunyasir, von der nur die zerstörte artukidische Ulu Cami und zwei Türben noch zu sehen sind.

Der nächste größere Ort – 37 Kilometer von Kızıltepe entfernt – ist *Viranşehir,* das antike Constantina, an das die mächtigen, eindrucksvollen basaltenen Verteidigungsmauern und -türme von etwa zwei Kilometer Länge erinnern. Sie sind römischen Ursprungs und wurden im 6. Jh. von Justinian erneuert.

Von Viranşehir sind es neunzig Kilometer bis **Urfa,** einer

486     DIE ARABISCHEN GRENZGEBIETE

mittelgroßen Stadt am Rand der mesopotamischen Ebene, vor den Ausläufern des anatolischen Anti-Taurus. Auf einem Höhenrücken im Südwesten erheben sich in beherrschender Lage die Ruinen einer antiken Festung. Schon in der Bronzezeit, als die Huritter, ein indoeuropäischer Stamm, in diesem Gebiet Fuß gefaßt hatten, war hier ihre Hauptstadt Hurri. Doch deren Schicksal verliert sich im Dunkel der Zeiten. Die eigentliche Stadtgeschichte beginnt erst in griechischer Zeit. Im späten 4. Jh. v. Chr. wurde hier von Veteranen aus den Armeen Alexanders des Großen eine neue Siedlung gegründet und in Erinnerung an ihre mazedonische Heimatstadt *Edessa* getauft. Im frühen 3. Jh. v. Chr. erhob Seleukos I. Nikator, einer der Diadochen nach Alexanders Tod, den Ort in den Rang einer Stadt und gab ihr den Namen Antiocheia; um sie von der berühmten Trägerin gleichen Namens am Orontes zu unterscheiden, fügte er ihr den Beinamen ›die Halbbarbarische‹ hinzu. Doch ›Edessa‹ blieb, auch während des Mittelalters, die volkstümliche Bezeichnung.

In der Frühzeit des Byzantinischen Reichs wurde Edessa zu einem weithin geachteten Mittelpunkt der Theologie und der Gelehrsamkeit, spielte eine bedeutende Rolle bei der Ausbreitung des Christentums und dem Tradieren des klassischen griechischen Geistesgutes. Viele griechische Schriften zur Wissenschaft und Philosophie wurden hier in die syrische Sprache übertragen, gelangten in dieser Form an die islamischen Hochschulen und wurden dort in das Arabische übersetzt. Zu Beginn der Renaissance fanden die Texte ihren Weg nach Europa, wurden erneut übersetzt – diesmal aus dem Arabischen in das Lateinische – und trugen wesentlich zur Wiederbelebung der Studien im Abendland bei.

Bald nach ihrem Sieg über die Byzantiner am Yarmuk im Jahr 636 eroberten die Araber Edessa. Den Byzantinern gelang 1032 die Rückgewinnung der Stadt, aber schon 1087 fiel sie an die Seldschuken, die sie einem armenischen Feudalherrscher namens Thoros überließen. Als in den ersten Februartagen des Jahres 1098, zu Beginn des Ersten Kreuzzuges, Balduin von Flandern mit achtzig Waffengefährten durch das Stadttor einzog, bereiteten die Bewohner ihm

EDESSA – URFA                                         487

einen begeisterten Empfang und ernannten ihn zu Thoros'
Mitregenten. Vier Tage später wurde Thoros vom Mob gestürzt und Balduin zum Herrscher ausgerufen. So entstand
die sogenannte ›Grafschaft Edessa‹, der erste von mehreren
Feudalsitzen der Kreuzfahrer, die um jene Zeit im Nahen
Osten gegründet wurden. Die kurze Geschichte dieser Herrschaft endete am Weihnachtsabend des Jahres 1144, als die
Stadt von den Truppen des seldschukischen Gouverneurs
von Mossul eingenommen wurde, von Imad al-Din Zengi,
der das Herrscherhaus der Zengi begründete. Nach seinem
Tod 1146 konnte der frühere Herr von Edessa, Graf Jocelin
de Courtenay, die Stadt für einige Tage zurückgewinnen;
dann eroberte sie Zengis Sohn und Nachfolger Nur al-Din,
tötete die männlichen Christen, machte Frauen und Kinder
zu Sklaven und plünderte und verwüstete die Stadt. Im Westen wurde der Fall von Edessa mit Entsetzen registriert und
war für Papst Eugen III. Anlaß, 1147 zum Zweiten Kreuzzug
aufzurufen. In der päpstlichen Bulle forderte er die Ritter-
schaft des christlichen Europa auf, »... *sich tapfer zu rüsten
gegen die unzähligen Ungläubigen, die nun triumphieren, da
sie uns eine Niederlage zufügen konnten ... die Ostkirche zu
verteidigen ... aus ihren Händen die vieltausend Gefangenen zu
befreien, die unsere Brüder sind*«.
Doch der Zweite Kreuzzug nahm einen anderen Verlauf,
und Edessa blieb in islamischer Hand. 1234 fiel die Stadt an
den seldschukischen Sultan Ala ed-Din Kaikobad und 1260
an den mongolischen Khan Hulagu. So blieb die ›Heilige
Stadt Edessa‹ vom übrigen Teil der christlichen Welt abgeschnitten und verschwand so gut wie vollständig aus der
Geschichte, bis Reisende aus dem Westen sie im 19. Jh. wie-
derentdeckten.
Trotz dieser langen ereignisreichen Vergangenheit gibt es
in Urfa nur wenige ältere Bauwerke. An erster Stelle ist die
**Zitadelle** auf der felsigen Anhöhe im Südwesten der Stadt
zu nennen. Die Wehranlage, die sich heute zeigt, wurde zum
großen Teil während des türkischen Mittelalters gebaut. Ihre
Ursprünge aber reichen zweifellos bis in hellenistische Zeiten
zurück, so die beiden Säulen mit korinthischen Kapitellen in

**488**　　DIE ARABISCHEN GRENZGEBIETE

der Mitte der Festung; sie werden von den Einheimischen als › Thron des Nimrod‹ bezeichnet.

Zu Füßen der Zitadelle gegen Norden entspringt eine heilige Quelle, welche die Griechen › **Kallirhoe**‹ nannten. Sie speist das große rechteckige Wasserbecken, das etwa siebzig Meter von der Zitadelle entfernt liegt. An der Nordseite des Beckens steht der schöne Bau der *Abdürrahman Medresesi* aus dem späten 17. Jh. An der Westseite erhebt sich die *Makham al-Khalil Medresesi* von 1211-12, die mehrfach restauriert wurde.

In dem Weiher und in den zu- und abführenden Wassern schwimmen › heilige‹ Karpfen. Viele lokale Legenden ranken sich um sie, in denen Abraham auf diese oder jene Weise eine wichtige Rolle spielt. Deshalb hat sich bei den Türken die Bezeichnung › Birket Ibrahim‹ (Abrahams Teich) eingebürgert.

Eine weitere Sehenswürdigkeit in Urfa ist die **Ulu Cami,** deren gewaltiges Minarett zu den Wahrzeichen der Stadt gehört. Der Bauherr dieser Moschee aus der Mitte des 12. Jhs. war Nur al-Din, Sohn und Nachfolger von Zengi, und sein Vorbild war die Große Moschee von Aleppo, die sein Vater gestiftet hatte.

Südlich von Urfa liegen verschiedene sehenswerte Orte. Um dorthin zu gelangen, nehmen wir die Straße nach Akçakale, dem Grenzübergang von der Türkei nach Syrien.

Fünfzehn Kilometer südlich von Urfa biegen wir links in einen Feldweg ein und fahren auf einen weit aus der Ebene emporragenden Erdhügel zu, an dessen Rückseite das Dörfchen **Sultantepe** liegt. Archäologische Grabungen haben am Hügel von Sultantepe Zeugnisse assyrischer Besiedlung aus dem 8. und 7. Jh. v. Chr. zutage gefördert. Am interessantesten war die Entdeckung einer Unmenge von Tontafeln mit assyrischen und sumerischen Schriftzeichen, deren Entzifferung unser Wissen über die Kultur und Geschichte Assyriens beträchtlich erweitert hat. Diese › Bibliothek‹ enthielt epische Dichtungen (einschließlich eines Fragments des Gilgamesch-Epos), Weissageliteratur, literarische Texte und Gebete, historische und wirtschaftliche Aufzeichnungen und Briefe,

Schriften zur Medizin und Mathematik – darunter das
Übungsheft eines Schülers aus dem Jahr 750 v. Chr. – sowie
Texte zur Astronomie und Astrologie. Beschrieben wurden
die Tafeln zwischen 750 und 610 v. Chr. Dann plötzlich endet
alles, zwei Jahre nach der Zerstörung Ninives und dem
Ende des assyrischen Reichs. Einiges aus diesem Fund ist im
Museum der Anatolischen Kulturen in Ankara ausgestellt.

Wir verlassen Sultantepe und fahren auf der Straße weiter,
auf der wir gekommen sind. Nach ungefähr zehn Kilometern
erreichen wir **Sumatar Harabesi,** eine Wasserstelle, um die
herum meist die Zeltlager nomadischer Schafhirten aufgeschlagen sind. Hier sollte man sich einem Führer anver-
trauen, der den Weg zu den außergewöhnlichen vorchristlichen Kultstätten in der Umgebung kennt.

Ziel ist ein Hügel, etwa 50 Meter hoch, um den im Westen
und Norden acht Ruinengruppen liegen. Sie ordnen sich
etwa zu einem Halbrund, das sich in einer Distanz von vier-
bis achthundert Metern auf die Erderhebung hinorientiert.
Sechs der verfallenen Bauten haben eines gemeinsam, eine
unterirdische Kammer, deren Eingang sich ebenfalls auf den
Hügel ausrichtete. Es war offenbar eine Art ›Heiliger Berg‹,
Zentrum eines Kultes.

An der höchsten Stelle, der Nordseite des Hügels, sind
zwei Gestalten in den Fels geschnitten, daneben mehrere
syrische Inschriften. Durch diese – und auch andere Inschriften – stellte sich heraus, daß hier ein *Heiligtum der Sabier*
war, eines Volkes, das die Araber des Mittelalters als Glau-
bensgemeinschaft ansahen, ähnlich den Juden oder den
Christen. Aus arabischen Quellen weiß man, daß die Sabier
den Sonnengott Helios verehrten, den Mondgott Sin und
fünf weitere Planetengötter; aufgrund dessen haben Alter-
tumswissenschaftler den mittleren Hügel als ein Heiligtum
des Helios bezeichnet und die anderen Ruinen als Tempel
der Götter des Mondes und der anderen Planeten. Die Him-
melsgötter der Sabier wurden hier und in der nahegelegenen
Stadt *Harran* verehrt, wo das Zentrum des Kults lag, der
während des Mittelalters bis in das 12. Jh. im arabischen
Raum recht verbreitet war. In den Augen der strenggläubigen

490 DIE ARABISCHEN GRENZGEBIETE

Christen und Muslims waren die Sabier Heiden, die gottlose und barbarische Rituale praktizierten; die schauerliche Beschreibung, die Jakob von Sarug, ein syrischer Dichter und Kirchenschriftsteller um die Wende des 5. zum 6. Jh., gibt, macht dies deutlich:

> *»Auf Felsspitzen hatte Satan den Göttinnen Paläste errichtet, und an hochgelegenen Plätzen Tempel für die Götzen ... Auf einem Hügel wurden dem Satan Schlachtopfer gebracht, auf einem anderen stand ein Hermes geweihter Altar; einem Tal gab man den Namen des Herakles. ... Keinen Hügel gab es, der nicht vom Blut der Opfer getränkt war, und keine hochgelegene Stätte, wo nicht Trankopfer dargebracht wurden. Knaben wurden in großer Zahl geopfert, und Jungfrauen schlachtete man für die weiblichen Götzen und für die Sonne, den Mond und die anderen Himmelskörper.«*

Von Sumatar Harabesi kehren wir über Sultantepe zur Hauptstraße zurück und fahren weiter gen Süden. Noch achtzehn Kilometer sind es bis zur Abzweigung nach **Harran**. Wir durchqueren hier die steinige Ebene von Jullab, ein trostloses ebenes Gelände, in welchem hier und da markante Hügelkuppen aufragen, Schuttberge antiker Niederlassungen. Öfter findet man neben diesen Hügeln Dörfer, und die Bewohner schöpfen ihr Wasser aus demselben Bach, Brunnen oder Teich – je nach Jahreszeit –, der einst schon die ersten Siedler bewogen hatte, sich hier niederzulassen. Die modernen Dörfer in der Tiefebene, wo halbseßhafte arabische Nomaden wohnen, sehen einander sehr ähnlich; meist bestehen sie aus einer Gruppe von Lehmziegelbauten, deren einfache kuppelförmige Dächer von weitem wie riesige Bienenstöcke wirken. Ihre Bauform, die ›Bienenkorb‹- oder ›Trulli‹-Häuser, findet man im gesamten türkisch-syrischen Grenzbereich. Seit biblischer Zeit haben sich die Lebensformen dieser Gemeinschaften kaum wesentlich geändert; ganz allmählich geben die Nomaden ihr Wanderdasein auf und siedeln sich hier am Rand der mesopotamischen Tiefebene an, wie einst Abraham und seine Familie, als sie vor viertausend Jahren nach Harran kamen. So heißt es im 1. Buch Mose:

# HARRAN

» *Da nahm Tharah seinen Sohn Abram und Lot, seines Sohnes Haran Sohn, und seine Schwiegertochter Sarai, seines Sohnes Abram Weib, und führte sie aus Ur in Chaldäa, daß er ins Land Kanaan zöge; und sie kamen gen Haran und wohnten daselbst.* «

Die Steinmauern, die früher die Stadt Harran schützten, liegen heute in Ruinen, die Hauptzugänge aber sind noch zu erkennen. Am wenigsten zerstört ist das **Aleppo-Tor** an der Westseite, mit einer Inschrift, die Saladin und das Jahr 588 des islamischen Kalenders (d. i. 1192 n. Chr.) erwähnt, das vorletzte Lebensjahr jenes großen kurdischen Krieger-Fürsten.

Das bedeutendste Monument in Harran ist die Zitadelle **Qal'at** in der Südostecke der Verteidigungsmauern. Zu erwähnen ist außerdem die zerfallene **Ulu Cami** nördlich des Hügels mitten in der Stadt. Sie war einst als ›Cami al-Firdaus‹, Paradies-Moschee, bekannt, die wohl Marwan II. (744-750) bauen ließ. Er war der letzte Kalif der Omaijaden, der gegen Ende seines Lebens Harran zur Residenzstadt machte. Ihre heutige Gestalt erhielt die Moschee unter Saladin (1138-93).

Der Hügel im Stadtzentrum markiert die Lage der ursprünglichen Siedlung, die im Altertum als *Karrhai* bekannt war. Sie war eine der ältesten Städte in Anatolien, und ihren Namen finden wir in mesopotamischen, römischen und mittelalterlichen Chroniken. Der Name bezeichnet auch die Schlacht (von Karrhai), die 53 v. Chr. in der Nähe stattfand; die Parther schlugen hier ein römisches Heer unter General Licinius Crassus vernichtend – nach Worten eines Chronisten » *die schwerste und beschämendste Niederlage, welche die römischen Truppen je erlitten* «. Auf einer in Mari gefundenen Tontafel ist ein Friedensvertrag festgehalten, der um 2000 v. Chr. im Tempel des Mondgottes Sin zu Harran geschlossen wurde. Das war der erste einer Reihe ähnlicher Verträge aus dem 2. Jh. v. Chr., die von verschiedenen Herrschern des Nahen Ostens im *Tempel des Sin* besiegelt wurden und in denen jedes Mal mit Ehrfurcht der ›große Gott zu Harran‹ angerufen wurde. Diesen Tempel haben die assyrischen Herrscher der ersten Hälfte des 1. Jhs. instand gehalten,

492 DIE ARABISCHEN GRENZGEBIETE

und er blieb ein vielbesuchtes Heiligtum bis in römische,
ja mittelalterliche Zeiten. – Im Jahr 217 n. Chr. ist Kaiser
Caracalla hier ermordet worden, nachdem er im Tempel von
Sin seinen Geburtstag gefeiert hatte, und im Jahr 363 n. Chr.
erwies Kaiser Julian Apostata – ein Jahr vor seinem Tod –
dem Mondgott hier seine Reverenz.

Dem Kult der Planetarischen Götter huldigten die Sabier
bis in das frühe Mittelalter. In arabischen Quellen finden
wir den Sin-Tempel noch im 12. Jh. erwähnt. Doch im Jahr
1260 wurde Harran von den Mongolen zerstört und danach
nie wieder aufgebaut. Nur wenige, meist Angehörige arabischer Nomadenstämme hausten zwischen den Ruinen, wie
auch heute noch – nun aber in den ›Bienenstock‹-Lehmhäu-
sern, die sich am Südostrand der alten Stadt zusammendrän-
gen. Kaum jemandem dort mag bewußt sein, welche historischen Wogen über dieses Gebiet gebrandet sind. – In der
Genesis heißt es zum Aufbruch Abrahams aus diesem altehr-
würdigen Ort:

*» Also nahm Abram sein Weib Sarai und Lot, seines Bruders*
*Sohn, mit aller ihrer Habe, die sie gewonnen hatten, und die*
*Seelen, die sie erworben hatten in Haran; und zogen aus, zu*
*reisen in das Land Kanaan.«*

# 28

## Südanatolien und das Hatay-Gebiet

Urfa – Birecik – Karkemiş – Gaziantep – Adıyaman – Nemrut Dağı
Antakya – Daphne – Iskenderun – Toprakkale – Ceyhan – Karatepe
Yılan Kalesi – Adana – Tarsus

Von Urfa verläuft die breite Europastraße 24 westwärts nach
Gaziantep mehr oder weniger parallel zur syrischen Grenze.
Nach 84 Kilometern sehen wir am linken Euphrat-Ufer die
Stadt **Birecik**, das alte *Apameia*. Seit den Zeiten der Seleukiden war dies ein strategisch wichtiger Brückenkopf, denn
die Stadt liegt an einem Engpaß des Euphrat, welcher von
hier ab schiffbar ist. Die fränkischen Kreuzritter tauften den
Ort Berthe, und die Grafschaft von Edessa besaß hier eine
wichtige Festung. Auf einem Hügel im Nordwesten der Stadt
sieht man noch die Ruinen des mittelalterlichen Kastells, das
die Kreuzritter im 12. Jh. teilweise erneuerten.

Birecik ist eine der beiden letzten Brutstätten des *kahlen
Ibis* auf der Welt, jenes noblen Kuriosums der Vogelwelt, das
vom Aussterben bedroht ist. Im Juli verläßt der kahle Ibis
Birecik und fliegt nach Marokko zu seinem einzigen Winter-
quartier, von wo er Mitte Februar zurückkehrt in seine hei-
matlichen Gefilde am Euphrat. Seit alters bedeutet die Rückkehr des Vogels für die Ortsbewohner das Ende des Winters
und den Beginn des Frühlings und ist deshalb schon immer
Anlaß zu Freudenfesten gewesen, wie sie in der Türkei nirgendwo ihresgleichen haben. Die türkischen Naturschützer
versuchen diese aussterbende Vogelart zu erhalten, da es
bereits 1973 nicht mehr als 25 Brutpaare gab und sich ihre
Zahl von Jahr zu Jahr verringert. Manch alter Dorfbewohner ist besorgt, daß der Frühling sich nicht einstellt, sollten
die kahlen Ibisse – seine Herolde – nicht an den Euphrat
zurückkommen.

494 SÜDANATOLIEN UND DAS HATAY-GEBIET

Von Birecik sind es fünfzehn Kilometer in westlicher Richtung bis zur Abzweigung linker Hand nach dem Grenzort *Jerablus*. Der Ort liegt unweit der Ruinen des alten **Karkemiş**, für dessen Besuch man wegen der nahen Grenze eine Erlaubnis der Polizeibehörden benötigt und eine Militäreskorte mitbekommt. Karkemiş war der berühmteste der neuhethitischen Nachfolgestaaten von Hattuşa im anatolischen Raum, erreichte den Höhepunkt seiner Macht in der Mitte des 8. Jhs. v. Chr. und wurde schließlich im Jahr 717 v. Chr. von dem assyrischen König Sargon II. erobert. Kurz vor dem Ersten Weltkrieg wurde hier erstmals wissenschaftlich gegraben. Sir Leonhard Woolley, Gertrude Bell, D. C. Hogarth und T. E. Lawrence gehörten zu der archäologischen Prominenz, die Karkemiş erforschten. Weil sie so abgelegen ist, suchen nur wenige Reisende diese antike Stätte auf, und die meisten Touristen müssen sich mit von hier stammenden Großplastiken und Orthostatenreliefs im Museum von Ankara zufriedengeben.

Auf die Hauptstraße zurückgekehrt, haben wir noch 48 Kilometer bis **Gaziantep** zurückzulegen, das mit mehr als 300 000 Einwohnern die sechstgrößte Stadt der Türkei ist, außerdem das Zentrum des türkischen Pistazienanbaus. Der Ort liegt in einer weiten Ebene zwischen zwei Hügeln; der östliche ist eine künstliche Erdaufschüttung, der *Tell Halaf*, auf dessen Gipfel die Ruinen einer Zitadelle stehen. Grabungsfunde am Tell Halaf haben gezeigt, daß die Stätte bereits in der ersten Hälfte des 4. Jts. besiedelt war. Während des türkischen Mittelalters hieß der Ort Antep; die Vorsilbe Gazi (Kämpfer für den Glauben) erhielt er auf Beschluß der Großen Nationalversammlung, nachdem die republikanisch gesonnenen Einwohner die Stadt 1920-21 zehn Monate lang erfolgreich gegen französische Belagerer verteidigt hatten. Trotz der langen Siedlungsgeschichte gibt es hier keine anderen historischen Monumente zu sehen als die Festung auf dem Tell Halaf. Das *archäologische Museum* jedoch lohnt einen Besuch; dort ist ausgestellt, was am Tell Halaf und an anderen hethitischen und neuhethischen Stätten in der Umgebung ausgegraben wurde.

## KÖNIGREICH KOMMAGENE    495

Von Gaziantep empfiehlt sich ein Ausflug zum **Nemrut Dağı** mit dem phantastischen Grabheiligtum von König Antiochos von Kommagene. Der beste Ausgangspunkt für die Bergtour ist *Adıyaman,* das 191 Kilometer nordöstlich von Gaziantep liegt; mit einem Führer und einem geländegängigen Fahrzeug, die man beide am Ort mieten kann, macht man sich auf den Weg zum Nemrut Dağı und zu den anderen Stätten des Königsreichs von Kommagene.

Nach dem Zusammenbruch des Seleukidenreichs im 1. Jh. v. Chr. entwickelte sich Kommagene zu einem unabhängigen Staatswesen. Gründer dieses Reichs war Mithradates I. Kallinikos, der im Jahr 80 v. Chr. Arsameia am Nymphaios, das heutige Eski Kâhta, 69 Kilometer nordöstlich von Adıyaman, zu seiner Hauptstadt machte. Seine größte Zeit erlebte das Königreich unter der Herrschaft von Antiochos I. Theos Epiphanes (64-32 v. Chr.), Sohn und Nachfolger von Mithradates. Im Jahr 64 v. Chr. schloß Pompeius einen Bündnisvertrag mit Antiochos, und bis zu seiner Annektierung durch Vespasian 72 n. Chr. existierte Kommagene als Pufferstaat zwischen Rom und dem Partherreich. Strabon noch beschreibt Kommagene als »ein überaus fruchtbares, wenngleich kleines Gebiet«, doch haben Dürrezeiten und Bodenerosion über die Jahrhunderte diese Gegend in eine karge, baumlose Landschaft verwandelt. In römischer Zeit war es das wohlhabendste der kleinen Fürstentümer in den östlichen Flußmarschen, reich an Nutzhölzern und Viehherden, und es kontrollierte den bedeutenden Brückenkopf Samosata am Euphrat, wo verkehrsreiche Heer- und Handelsstraßen zusammentrafen.

Vierzig Kilometer östlich von Adıyaman kommen wir durch das Dorf **Kâhta,** das manche Reisenden Adıyaman als Ausgangspunkt für eine Tour auf den Nemrut Dağı vorziehen, weil es näher liegt. Hier zu übernachten, wo es einige Schlafquartiere gibt, hat den Vorteil, daß man am nächsten Tag schon sehr früh am Morgen mit dem Aufstieg beginnen kann. Auch auf dem Berggipfel gibt es einfache Unterkünfte für jene, die lieber am Spätnachmittag aufsteigen, um am nächsten Morgen schon früh oben zu sein. Auf jeden Fall

496 SÜDANATOLIEN UND DAS HATAY-GEBIET

sollte man sich bei Sonnenaufgang auf dem Gipfel einfinden, um die einzigartigen Monumente in ihrer ganzen Großartigkeit sehen zu können.

Elf Kilometer hinter Kâhta erhebt sich der **Karakuş-Tumulus**, die Grabanlage der Königinnen und Prinzessinnen von Kommagene. Um den Hügel sind Gedenksäulen in drei Gruppen aufgestellt, von denen manche noch Fragmente der Bekrönung tragen. Der Name des Tumulus (Karakuş bedeutet Schwarzer Vogel) rührt von der Adler-Plastik auf einer der Säulen her.

Nach acht Kilometern erreichen wir das Ufer des Cendere Suyu (der antike Chabinas), der an dieser Stelle von einer römischen Brücke überspannt wird (Taf. 19). Vier Gedenksäulen, zwei an jedem Brückenende, standen ursprünglich hier, und drei von ihnen sind tatsächlich noch erhalten. Den lateinischen Inschriften ist zu entnehmen, daß vier Städte des Reichs von Kommagene diese Brücke zu Ehren des Kaisers Septimius Severus (194-211) errichten ließen. Die vier Säulen standen: für den Kaiser selbst, für seine Gemahlin Julia Domna, für seine Söhne Caracalla und Geta. Vermutlich war die verschwundene Säule Geta gewidmet und wurde entfernt, als Caracalla im Jahr 212 seinen Bruder umbrachte.

Sieben Kilometer jenseits der Brücke erreichen wir das Kurdendorf **Eski Kâhta** am Ufer des Kâhta Cayı, des alten Nymphaios. Oberhalb des Dorfes erhebt sich die *Yeni Kale* (Neue Burg), eine von den Mamelucken im 14. Jh. erbaute Festung, wohl an der Stelle einer älteren armenischen Burganlage. Auf der anderen Flußseite liegt das Felsmassiv von *Eski Kale* (Alte Burg), auf dem die Ruinen von *Arsameia am Nymphaios* liegen, der alten Reichshauptstadt von Kommagene. Die Archäologen konnten auf der Eski Kale Reste von Befestigungsanlagen freilegen, die Grundmauern eines Palastes mit Marmorboden sowie das *Hierothesion des Mithradates I Kallinikos*. Eine herrliche, aus diesem Grabheiligtum geborgene Reliefplatte ist inzwischen in situ wieder aufgestellt; darauf ist die königliche Gestalt des Mithradates zu sehen, der die ihm von Herakles gereichte Hand ergreift. In unmittelbarer Nähe befindet sich die längste je entdeckte

## AUF DEM GIPFEL DES NEMRUT DAĞI 497

Inschrift in griechischer Sprache; sie besagt, daß das Hierothesion zu Ehren des Mithradates errichtet wurde, und nennt als Bauherrn »... *den großen König Antiochos, Gott, Gerechter, Epiphanes, Verehrer Roms und Griechenlands, Sohn des Königs Mithradates und der Königin Laodike, der Tochter von Antiochos Epiphanes*«.

Bei dem letztgenannten Antiochos Epiphanes handelt es sich um den 94 v. Chr. ermordeten letzten König der Seleukiden Antiochos VIII. ›Grypos‹. Über ihn führt sein Namensvetter Antiochos von Kommagene seinen Stammbaum bis auf Seleukos I. Nikator zurück, den Gründer des Seleukidenreichs. Da er sich zudem väterlicherseits mit Dareios dem Großen verwandt wähnte, konnte Antiochos von Kommagene sich als den Erben zweier großer Dynastien des Ostens und Westens betrachten und als Nachfolger ihrer vergöttlichten Könige.

Wir verlassen Eski Kâhta, überqueren den Kâhta Cayı und folgen dem Weg, der sich in vielen Windungen am Südhang der Ankar Dağlari entlangzieht und dann hinaufführt zum Gipfel des Nemrut Dağı (2200 Meter). Hier bietet sich uns ein Blick, der überwältigend ist wie kaum ein anderer in ganz Anatolien: das **Hierothesion des Antiochos von Kommagene** (Taf. 23 und 24).

Gigantische Häupter, herabgestürzt von Götterstatuen, liegen über den monumentalen Königstumulus verstreut auf der den Winden und Wettern ausgesetzten Höhe. Der konische Grabhügel ist daher aus faustgroßem Splittergestein aufgeschichtet, etwa 50 Meter hoch und 150 Meter im Durchmesser. Von Norden her war der Zugang; im Osten und Westen sind Terrassen angelegt. Die **Ostterrasse,** zur aufgehenden Sonne gerichtet, war die bevorzugte des Heiligtums; auf hochgestuftem Unterbau und am weitesten zur Ostkante vorgeschoben, steht der große *Feueraltar.* An der Nord- und Südseite war er mit Orthostaten verkleidet. An der Nordseite waren diese einst mit Reliefdarstellungen von Antiochos' kaiserlichen Vorfahren aus Persien und an der Südseite mit Darstellungen seiner königlichen Vorfahren aus Griechenland geschmückt. Leider sind nur Fragmente dieser Figuren erhalten, die Antiochos als »die heldenhaften Angehörigen meiner Ahnen« bezeichnete.

Die Ostterrasse grenzt gegen die Bergseite ein zweigestuftes Podium ab, auf dem fünf *monumentale Sitzstatuen* thronen (Taf. 23), rechts und links von je einem Adler und einem Löwen eingerahmt. Hier sind Götter aus dem griechischen und persischen Pantheon versammelt, die göttlichen Ahnen des vergöttlichten Antiochos, von denen ein jeder mehrere mythologische Gestalten in sich vereinte: zur Linken der Sonnengott, eine Verschmelzung von Apollon, Mithras, Helios und Hermes; neben ihm Tyche, die Schicksalsgöttin, der als einziger Skulptur noch das Haupt auf den Schultern sitzt; in der Mitte des Podiums Zeus-Ahurmazda; neben ihm der als Theos Epiphanes (der offenbare Gott) vergöttlichte

*Nemrut Dağı, Hierothesion des Antiochos I. von Kommagene (Mitte 1. Jh. v. Chr.)*

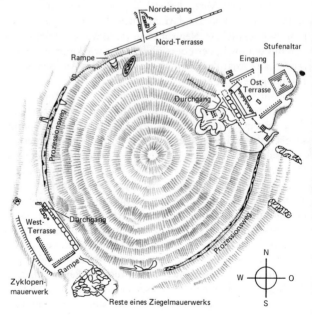

## HIEROTHESION DES ANTIOCHOS

Antiochos; den Abschluß bildet Herakles-Artagnes-Ares. Am Thronsessel des Antiochos hält die Inschrift in den Worten des Königs seine Absicht fest:

> *Als ich die Anlage dieses Hierothesions unzerstörbar durch die Schädigungen der Zeit in nächster Nähe der himmlischen Throne zu errichten beschloß, in welchem ... die gottgeliebte Seele ... durch die unermeßliche Zeit ruhen soll, da nahm ich mir vor, auch diesen heiligen Ort zur gemeinsamen Thronstätte aller Götter zu machen.*

Die **Westterrasse** (Taf. 24) ist ganz ähnlich angelegt, nur steht hier kein Feueraltar, und die Götter sitzen in anderer Reihenfolge. Wiederum sind die Häupter der Götter zu Boden gestürzt und liegen über die Terrasse verstreut. Sie wurden vor einigen Jahren aufgerichtet und bieten nun einen höchst imposanten Anblick, ist doch jeder Kopf mehr als mannshoch. Auf beiden Terrassen zeigen die Monumentalskulpturen Antiochos als bartlosen jungen Mann, der Alexander dem Großen recht ähnlich sieht und mit der Herrschermiene eines Gottkönigs auftritt, der über ein himmlisches und ein irdisches Reich regiert. Es wird angenommen, daß Antiochos unter dem Tumulus bestattet liegt, ohne daß die Archäologen bisher auf die Grabkammer gestoßen sind.

Nach Gaziantep zurückgekehrt, fahren wir auf der E 24 westwärts in Richtung Adana. Nach 75 Kilometern biegen wir von dieser Straße ab und folgen der linken Abzweigung, der Verbindungsstraße Maraş–Antakya in Richtung Süden. So gelangen wir in das *Hatay,* jene Region der Türkei am Mittelmeer, wo die nordsyrische Grenze ein Stück vom Meer zurückweicht. Nach hundert Kilometern fahren wir an der Abzweigung nach Iskenderun vorbei, der wir erst nach unserer Rückkehr aus Antakya folgen werden.

Vier Kilometer hinter der Abzweigung führt rechts eine Asphaltstraße zu der wenige Kilometer westlich gelegenen *Burg Bağras.* Die Festung wurde wahrscheinlich von den Byzantinern im 10. Jh. erbaut; 1097, während der Belagerung von Antiocheia fiel sie an die Kreuzritter. Danach befand sie sich nacheinander in den Händen von Sarazenen, Kreuzfah-

##### 500 SÜDANATOLIEN UND DAS HATAY-GEBIET

rern, Armeniern und Mamelucken, bis sie schließlich 1516 von Selim dem Gestrengen für die Osmanen erobert wurde.

Zur Hauptstraße zurückgekehrt, setzen wir unseren Weg nach Süden fort und fahren dabei am Ostufer des Amik-Sees entlang. Am Südende der Ebene von Amik erreichen wir schließlich **Antakya**, das antike **Antiocheia am Orontes** und eine der geschichtsträchtigsten Städte der Türkei. Die moderne Stadt entwickelte sich vorwiegend am linken Flußufer. Sie bedeckt weniger als die Hälfte der südlichen antiken Stadtausdehnung. Im Osten erhebt sich ein Berg, den die Griechen Sipylos (Silpios) nannten; auf seinem Gipfel können wir Reste der alten Verteidigungsmauern besichtigen und eine Ahnung von der gewaltigen Ausdehnung der alten Stadt bekommen.

Antiocheia und ihre Schwesterstadt Seleukeia Pieria waren Gründungen von Seleukos I. Nikator, ein Jahr nach seinem Sieg bei Ipsos 301 v. Chr. über Antigonos den Einäugigen. Durch diesen Sieg fielen Syrien und Mesopotamien an das Reich von Babylon, das damit ein ungeheuer weites und vielgestaltiges Gebiet umfaßte. Die alte Residenz Seleukeia am Tigris wurde aufgegeben und eine neue Hauptstadt im Zentrum des Reiches gegründet.

Den ersten Schritt zur Befestigung der syrischen Küste unternahm Seleukos mit dem Bau der Hafenstadt *Seleukeia Pieria* unmittelbar nördlich der Orontes-Mündung. Einen Monat nach der Einweihung (300 v. Chr.) begann er 30 Kilometer landeinwärts mit der Grundlegung von Antiocheia am Orontes. Bis zur Ermordung des alten Königs im Jahr 281 v. Chr. blieb Seleukeia Pieria die Reichshauptstadt, dann verlegte sein Sohn und Nachfolger Antiochos I. Soter die Residenz nach Antiocheia. Zweihundert Jahre lang war dies der Mittelpunkt des Seleukidenreichs, das in seiner Glanzzeit die Gebiete der heutigen Türkei und des Iran umfaßte. Mit der Eroberung Syriens durch Tigranes den Großen 83 v. Chr. brach der Seleukidenstaat zusammen, zwanzig Jahre später wurde er vom Römischen Reich annektiert. Pompeius erklärte 64 v. Chr. Antiocheia zur Hauptstadt der Provinz Syrien, und während der nächsten drei Jahrhunderte war Antiocheia nach Rom und Alexandria die bedeutendste Stadt der griechisch-römischen Welt und mag zeitweilig eine halbe Million Einwohner gehabt haben.

Viele römische und byzantinische Herrscher schmückten die Stadt mit großartigen öffentlichen Bauwerken und Anlagen. In frühbyzantinischer Zeit war Antiocheia, hat man Größe und glanzvolles Erscheinen im Auge, ein ernsthafter Rivale für Konstantinopel, und was das Geistesleben betraf, so mag sie ihm den Rang abgelaufen haben. Allerdings war die Lage der Stadt in zweierlei Hinsicht unglücklich gewählt und das führte später ihren Niedergang herbei. Zum einen wurde sie mehrmals Opfer verheerender Erdbeben. Zum zweiten war die Stadt schwer zu verteidigen, und als die Kräfte Roms nachzulassen begannen, kam es immer häufiger zu Überfällen von Feinden aus dem Süden und Osten. In der Mitte des 3. Jhs. n. Chr. wurde sie zweimal von den Persern erobert und geplündert; beim zweiten Mal zerstörte eine Feuersbrunst den größten Teil der Stadt. Im Jahr 540 wurde Antiocheia ein weiteres Mal von den Persern erobert und niedergebrannt, woraufhin Justinian die Stadt in verkleinertem Umfang wieder aufbauen ließ. Zu Anfang des 7. Jhs. fielen die Perser über Kleinasien und Syrien her und führten beinahe den Zusammenbruch des Byzantinischen Reichs herbei. Im Jahr 611 geriet die Stadt in persische Hände, 628 wurde sie von den Byzantinern zurückerobert. 638 aber brachten die Araber den byzantinischen Truppen am Yarmuk eine vernichtende Niederlage bei und konnten noch im selben Jahr ganz Syrien, einschließlich Antiocheias, erobern. Bis 969 blieb es in arabischer Hand, dann fiel es an Nikephoros II. Phokas, den ›bleichen Tod der Sarazenen‹. Danach war mehr als hundert Jahre lang hier eine byzantinische Grenzgarnison stationiert, die 1084 von den Seldschuken überrannt wurde. Nach langer und blutiger Belagerung gelang im Jahr 1098 den Kreuzrittern unter Bohemund die Einnahme der Stadt, die nun zur Hauptstadt der ›fränkischen Grafschaft‹ von Antiocheia erklärt wurde. Bis 1268 stand sie unter lateinischer Herrschaft, dann wurde sie von den Mamelucken unter Baibars vollständig zerstört. Von diesem

502  SÜDANATOLIEN UND DAS HATAY-GEBIET

Schicksalsschlag erholte sich Antiocheia nie mehr; Reisende aus osmanischer Zeit beschreiben es als ein armseliges größeres Dorf von mehreren hundert Häusern, verstreut zwischen den Ruinen der antiken Stadt.

Nach dem Ersten Weltkrieg gehörte Antiocheia zu dem vom Völkerbund Frankreich zugesprochenen Mandatsgebiet des Hatay, das 1939 nach einer Volksabstimmung der türkischen Republik angegliedert wurde. Seither hat sich Antakya – wie es inzwischen genannt wird – nach Jahrhunderten des Verfalls und der Verwahrlosung wieder erholt und macht heute den Eindruck einer freundlichen und relativ wohlhabenden Provinzstadt. In dem von vielen Katastrophen heimgesuchten Ort ist keines der einst berühmten Bauwerke mehr erhalten, und wenig nur deutet noch darauf hin, daß wir uns hier in einer der großen Städte der Antike befinden.

Ausgrabungen in den dreißiger Jahren haben ergeben, daß die Hauptstraße *Kurtuluş Caddesi* dem Verlauf der berühmten *Kolonnadenstraße* des antiken Antiocheia folgt. Mit einer Länge von zwei römischen Meilen, einer Breite von nahezu zehn Metern, mit Kolonnadengängen auf beiden Seiten und Triumphbögen an beiden Enden und mit einem Nymphäum am Hauptforum war dies wahrscheinlich die früheste und imposanteste der monumentalen römischen Prachtstraßen. Die Kolonnaden ließ vermutlich König Herodes von Judea im Jahr 30 v. Chr. errichten, im Zusammenhang mit dem triumphalen Empfang, den die Stadt Augustus bereitete, der ein Jahr zuvor in der Schlacht von Actium Antonius und Kleopatra besiegt hatte.

Bei den erwähnten Ausgrabungen in Antiocheia und Umgebung kamen auch viele herrliche Mosaikfußböden zum Vorschein, besonders im alten Vorort Daphne. Diese sind heute im *Archäologischen Museum* von Antakya zu besichtigen, wo noch weitere Fundstücke aus dem Hatay-Gebiet ausgestellt sind. Bei den Bodenmosaiken handelt es sich um Arbeiten aus dem 2. bis 6. Jh. n. Chr. Sie schließen eine empfindliche Lücke in unserer Kenntnis der Mosaikkunst in spätrömischer Zeit.

## DIE HEILIGEN QUELLEN VON DAPHNE 503

Das antike **Daphne** liegt in der Nähe des Dorfes *Harbiye,* acht Kilometer südlich von Antakya an der Straße nach Syrien und dem Libanon. Einen Kilometer südlich vom Dorf finden wir die Quellen und Wasserfälle, um derentwillen Daphne zu antiker Zeit in aller Welt verehrt war. Es wird niemanden überraschen, daß sich um diesen bezaubernden und heiligen Ort zahlreiche Legenden knüpfen. So heißt es, daß hier Daphne von Apollon verfolgt wurde. Daher führte man Pilger zu jenem Lorbeerbaum (›daphne‹ ist das griechische Wort für Lorbeer), in den sich die Nymphe verwandelt haben soll. Hier stand auch die Trauerzypresse, in die der Jüngling Kyparissos verwandelt wurde, der aus Schmerz über die unabsichtliche Tötung seines Lieblingshirschs gestorben war. Und weiter heißt es, daß die Götter für das Urteil des Paris dieses Tal gewählt hätten, weil es an Schönheit nicht zu übertreffen war. Die heiligen Quellen wurden angeblich von Nymphen bewohnt; an der der Nymphe Kastalia zugesprochenen befand sich einst ein Orakel des Apollon. Von diesen und anderen Mythen und Legenden angeregt, ließ Seleukos hier ein *Apollon-Heiligtum* errichten, das zum Schmuckstück seines Reiches wurde, das Mittelpunkt der vor den Toren der Stadt gefeierten religiösen und volkstümlichen Feste war, die im Altertum von aller Welt wahrgenommen wurden. Die seleukidischen Herrscher und später auch die römischen Kaiser ließen hier zahlreiche Tempel und Paläste erbauen, denen die byzantinischen Kaiser Kirchen und Klöster hinzufügten, so daß dieser Ort zeitweilig nicht weniger bedeutend war als Ephesos. Wahrscheinlich fand in Daphne im Jahr 40 v. Chr. die Hochzeit von Antonius und Kleopatra statt, und hier empfing Antonius König Herodes, um ihn als Herrscher über Judea zu bestätigen. Auch wurden die Olympischen Spiele von Antiocheia hier abgehalten, die an die Wettkampftradition des antiken Olympia anknüpften und die sich mit ihren athletischen und kulturellen Wettkämpfen zu den berühmtesten Festspielen der römischen Welt entwickelten. All dies aber fand ein Ende, als über Daphne die gleichen Katastrophen hereinbrachen, von denen Antiocheia heimgesucht und zerstört wurde, und heute

504 SÜDANATOLIEN UND DAS HATAY-GEBIET

sind von dem großen Heiligtum nur mehr einige einsame
Säulen geblieben. Die lieblichen Quellen und munteren Wasserfälle jedoch sprudeln weiter, beschattet von Lorbeerbäu-
men und Trauerzypressen – für die Bewohner von Antakya
ein beliebtes Ausflugsziel.

Das antike **Seleukeia Pieria** liegt in der Nähe von Samandağ, einem Küstenort 28 Kilometer südwestlich von Antakya. Genauer wird die Stätte durch das Dorf *Mağarcık* markiert, das über den langen Badestrand nördlich der Orontes-
Mündung blickt. Auch in Seleukeia sind die Spuren der
Vergangenheit zum größten Teil verschwunden, erhalten
sind einige verfallene Mauerpartien und Tore sowie einige
sehr bemerkenswerte Kanalbauten und unterirdische Was-
serleitungen. Wir müssen ein wenig unsere Phantasie an-
strengen, um uns dies als eine der größten und wichtigsten
Mittelmeerstädte der Antike vorzustellen.

Auf dem Rückweg von Samandağ nach Antakya sehen
wir im Süden den Berg liegen, den man im Altertum den
**Berg der Wunder** nannte. Auf der Spitze stehen die Ruinen
zweier Kirchen, die dem Heiligen Symeon Stylites dem Jüngeren geweiht waren, der 521 im Alter von sieben Jahren
auf eine Säule kletterte und den Rest seines Lebens dort oben
mit Fasten und Beten verbrachte. Die Inspiration dazu (und
seinen späteren Namen) empfing dieser asketische Heilige
von Symeon Stylitis dem Älteren, dem ersten berühmten
Säulenheiligen, der um 390 n. Chr. zur Welt kam. Als er 27
Jahre alt war, stieg er in einem Ort etwa fünfzig Kilometer
östlich von Antiocheia auf seine erste Säule und verbrachte
den Rest seines Lebens (er starb 459 n. Chr.) in Askese auf
einer Reihe von Säulen, von denen jede folgende höher war
als die vorhergehende. Wie sich allmählich die Nachricht
von seinem sonderbaren Tun ausbreitete, kamen immer
mehr Pilger aus allen Teilen der Christenwelt, um Symeon
auf der Säule zu sehen, und von seinem Hochsitz aus gewann
der fromme Mann einen gewaltigen Einfluß, dem sich gelegentlich sogar Kaiser und Patriarchen beugen mußten. Nach
dem Erdbeben von 458 schlugen die Einwohner von Antiocheia ihre Lager am Fuß seiner Säule auf und flehten den

Heiligen fünfzig Tage lang an, Gott um ihre Erlösung zu bitten; als er im Jahr darauf starb, sahen sie darin ein Zeichen göttlicher Mißbilligung und glaubten sich dem Ende der Welt nahe.

Das bekannteste Baudenkmal ganz in der Nähe von Antiocheia ist die **Peterskirche**; um dorthin zu gelangen, verlassen wir Antakya in Richtung Aleppo und biegen zwei Kilometer hinter der Stadtgrenze nach rechts ab. Die Kirche liegt in einer Grotte an einem Hügel, der einen Blick über die Felder und Obstplantagen am linken Orontes-Ufer gewährt.

Die Kirche in ihrer heutigen Form wurde im 13. Jh. von Kreuzrittern errichtet; der Überlieferung nach befand sich an ihrer Stelle eine der frühesten christlichen Stätten von Antiocheia, die der *Apostel Petrus* selber gegründet haben soll. Nachweislich hielt sich Petrus zwischen 47 und 54 n. Chr. in Antiocheia auf und rief hier mit Paulus und Barnabas die erste christliche Gemeinschaft ins Leben. Diese Gemeinde bestand aus Juden und Nichtjuden und war ein Vorbild für den ökumenischen Charakter des frühchristlichen Kirchenlebens. Zeitgenössische Berichte sprechen davon, daß die Anhänger Christi zuerst in Antiocheia als ›Christen‹ bezeichnet wurden, und in der Apostelgeschichte lesen wir, wie diese Anhänger sich in den Privathäusern der Stadt trafen, um zusammen zu sein und die Lehre Jesu Christi zu verbreiten, das Brot zu brechen und gemeinsam zu beten.

Ungefähr hundert Meter von der Kirche entfernt sieht man ein merkwürdiges in den Felsen gearbeitetes Relief; es ist das große Brustbild einer verschleierten Frau, über deren rechter Schulter eine kleinere gewandete Figur steht. Ioannes Malalas, ein Chronist aus dem 6. Jh., nennt diese Darstellung die ›Charoneia‹ und weiß eine seltsame Geschichte zu ihrer Entstehung zu erzählen. Danach soll Antiochos IV. (175-163 v. Chr.) während einer Epidemie die Darstellung in Auftrag gegeben haben, um die Götter zu versöhnen. Der Name des Reliefs bezieht sich vermutlich auf Charon, jenen Fährmann der griechischen Mythologie, welcher die Seelen der Toten in der Unterwelt über den Styx setzte.

506   SÜDANATOLIEN UND DAS HATAY-GEBIET

Nach unserem Besuch in Antakya nehmen wir den Weg zurück nach Norden und biegen am Wegweiser nach Iskenderun ab, einer Strecke folgend, die im Altertum ›Portae Syriae‹ (Syrische Pforten) hieß; eine Festung bewacht diesen antiken Verbindungsweg zwischen dem Mittelmeer und der Ebene von Amik. Hinter der Paßhöhe geraten wir in die kleine Ortschaft Belen, wo man angenehm essen kann, bevor man sich Iskenderun anschaut.

Iskenderun, das antike **Alexandretta,** liegt am Ende einer tiefen Bucht in der Nordostecke des Mittelmeers. Der Name des Ortes (›Iskenderun‹ ist die türkische Form für Alexander) leitet sich von der älteren Hafenstadt Alexandria bei Issos ab, einer Gründung Alexanders des Großen nach seinem Sieg in der Schlacht von Issos im Jahr 333 v. Chr. Der Hafen verlor durch den Aufstieg des nahen Seleukeia Pieria bald sehr an Bedeutung. Nach dem Ersten Weltkrieg wurde Iskenderun die Hauptstadt des Sançak von Alexandrette, des französischen Mandatsgebiets, das mit dem Hatay 1939 dem türkischen Staatsgebiet angegliedert wurde. In den letzten Jahren hat es sich sehr vergrößert und ist nun der wichtigste Mittelmeerhafen der Türkei. Die moderne Stadt ist für den Reisenden uninteressant, aber die *Uferpromenade* lädt ein zu kurzer Rast, bevor wir zur Weiterfahrt aufbrechen. Und es ist wundervoll, die blauen Fluten des Mittelmeers wiederzusehen, nachdem man Hunderte von Kilometern durch die steinigen Weiten Ostanatoliens gefahren ist.

Zehn Kilometer nördlich von Iskenderun kommen wir durch **Saraseki.** Hier stehen am Meer die Ruinen der Festung *Kız Kalesi* (Mädchenburg) und der zerfallene Turm des ›Baba Yunus‹ (Vater Jonas). Der Turm scheint aus seleukidischer Zeit zu stammen, und sein Name erklärt sich aus der lokalen Überlieferung, daß hier an dieser Stelle der Walfisch Jonas schließlich ausspie.

Neun Kilometer weiter liegt das Dorf **Yakacık,** das alte **Payas,** von Gärten umgeben am Rand der Bucht. Südlich des Dorfes finden wir in den Olivenhainen zahlreiche umgestürzte Säulen und behauene Steine, die Reste der seleukidischen Stadt *Baiae.* Das zerstörte Kreuzfahrerkastell am Ufer stammt aus dem Anfang des 13. Jhs. und wurde von den Osmanen erneuert. Auch die Ruinen einer Moschee und einer Karawanserei finden sich hier, die Süleyman der Prächtige um die Mitte des 16. Jhs. errichten ließ. Zu jener Zeit war Payas ein wichtiger Hafen und Endstation der Karawanenroute von Mesopotamien zum Mittelmeer.

Nicht weit hinter Yakacık verlassen wir das Meer und fahren direkt nach Norden. Vor uns liegt die *Ebene von Issos,* wo im Frühherbst des Jahres 333 v. Chr. Alexander der Große die Perser unter Dareios III. besiegte und sich damit den Weg nach Südsyrien freikämpfte.

Fünfzig Kilometer hinter Iskenderun kommen wir an eine Kreuzung, wo es rechts nach *Yeşilkent* geht. Hier stehen neben der Straße die Ruinen eines Aquädukts und weiterer Bauwerke, die als Überreste der seleukidischen Stadt *Epiphania* identifiziert wurden. Im Jahr 175 v. Chr. wurde dieser Ort von König Antiochos IV. Epiphanes gegründet, der brillantesten und schillerndsten Persönlichkeit aus der Dynastie der Seleukiden, den man zu Lebzeiten ›Antiochos den Wahnsinnigen‹ nannte.

Wir fahren wieder auf die Hauptstraße und erreichen bald eine Gabelung; rechts geht es nach Osmaniye und Gaziantep, links nach Ceyhan und Adana. Wir halten uns links und stoßen auf die rechte Nebenstraße zu dem Dorf **Toprakkale,** über dem sich auf der Spitze eines mächtigen Hügels gewaltige Befestigungsanlagen erheben. Erwähnt wird die Festung zuerst in der Zeit von Nikephoros II. Phokas (963-69), der sie als Stützpunkt bei seinem Feldzug gegen die Araber benutzte. Im 12. Jh. geriet sie nacheinander in die Hände der Byzantiner, Armenier und Kreuzritter; im Jahrhundert darauf wurde sie von den Mamelucken erobert und zerstört und danach nicht wieder aufgebaut.

Wieder auf der Europastraße 24 von Gaziantep nach Adana fahren wir nun westwärts durch die weite *kilikische Ebene.* Dieses Gebiet gehört zu den Kernlanden, von denen die anatolische Kultur ihren Ausgang nahm: Ein 1951 von der British School of Archaeology in Ankara veröffentlichter Bericht verzeichnet in der Region zwischen Toprakkale und

508   SÜDANATOLIEN UND DAS HATAY-GEBIET

Mersin 150 antike Stätten, die aus dem Zeitraum vom Neolithikum über das Chalkolithikum und die Bronze- und Hethiterzeit bis in das klassische Altertum stammen. Das ausgedehnte Flachland entstand aus den alluvialen Ablagerungen der beiden großen Ströme Kilikiens, des Ceyhan und des Seyhan. Der Ceyhan entspringt im Antitaurus, der ›Cilicia Campestris‹, das ›Ebene Kilikien‹, nach Norden abgrenzt, während der Seyhan vom Taurusgebirge herabfließt. Bei den arabischen Geographen hießen sie die ›Flüsse des Paradieses‹.

Als Ausgangspunkt für Ausflüge in die Umgebung eignet sich der Ort **Ceyhan** etwas südlich der Straße Gaziantep-Adana am linken Ufer des gleichnamigen Flusses. Zwei lohnende Ziele sind die Ortschaften **Anazarbus** und **Karatepe**, die beide über die von Ceyhan nordwärts nach Kozan und Kadirli verlaufende Straße zu erreichen sind. Anazarbus war die letzte Hauptstadt des armenischen Königreichs Kilikien vor seiner endgültigen Auflösung im Jahr 1375 (siehe S. 309); wer genug Zeit hat, sollte sich unbedingt die ausgedehnte Ruinenstätte ansehen. Die Grabungen bei Karatepe sind als die neuhethitische Stadt *Asitwanda* identifiziert worden, eine Gründung aus dem 12. Jh. v. Chr. Eine Anzahl monumentaler Skulpturen und Orthostatenreliefs wurden restauriert und am Ort wieder aufgestellt, und so empfängt den Besucher hier eines der ungewöhnlichsten Freilichtmuseen der Türkei. Beide Stätten lassen sich bequem auf einer Tagestour von Ceyhan aus erreichen.

Ein weiterer interessanter Abstecher führt zu der **Yılan Kalesi** (Schlangenburg). Sie steht am rechten Ufer des Ceyhan etwa sechs Kilometer außerhalb der Stadt an der alten Straße von Ceyhan nach Misis. Der seltsame Name der Burg geht auf eine uralte türkische Legende zurück, wonach sie einst der Palast des Schlangenkönigs war. Eine gründliche wissenschaftliche Untersuchung der Yılan Kalesi steht noch aus, doch soll sie im späten 12. Jh. von König Leo II. von Klein-Armenien erbaut worden sein. Hoch auf dem Gipfel eines dramatischen Felsens oberhalb des Ceyhan gelegen, gehört sie mit ihren zerfallenen Mauerzügen und Türmen zu den eindrucksvollsten mittelalterlichen Festungsanlagen in Kilikien.

Wir können auf dieser alten Straße weiter nach *Misis* fahren, das ebenfalls am rechten Ufer des träge fließenden Ceyhan liegt. Im Altertum befand sich hier die Stadt *Mopsuestia,* die bei den Kreuzrittern als ›Mamistra‹ bekannt war. Der alte Stadtname geht auf die Überlieferung zurück, daß sie von Mopsos gegründet wurde, einem der drei legendären Seher der griechischen Antike, der nach der Zerstörung Trojas die Überlebenden seines ›buntgemischten Gefolges‹ hierher nach Kilikien führte.

Von Misis kehren wir für die letzte Strecke unserer Reise auf die Hauptstraße zurück und fahren nach **Adana,** das mit fast einer halben Million Einwohner die viertgrößte Stadt der Türkei ist. Sie liegt am Ufer des Seyhan, genau in der Mitte des weiten kilikischen Deltas. Der fruchtbare Boden der Ebene hat Adana zur reichsten Provinzstadt der Türkei gemacht. Ihre geschichtlichen Anfänge liegen im 1. Jh. v. Chr., und wie die meisten Städte der Türkei wurde sie von allen Heeren umkämpft, die durch Anatolien zogen. Auch hier finden wir in der modernen Stadt nur wenig historisch Interessantes, dafür gibt es aber in dem sehenswerten *Museum* eine reichhaltige Sammlung von Objekten, die bei den vielen Ausgrabungen in der kilikischen Ebene zum Vorschein kamen. – Seit dem Altertum führt die *Taş Köprü* über den Seyhan, eine Brücke, die Hadrian erbauen und Justinian restaurieren ließ. Von den Bauten aus türkischer Zeit ist vor allem die **Ulu Cami** aus dem Jahr 1507 zu nennen, deren Stifter Halil Bey Emir der türkischen Ramazanoğlu war, der Herrscher Kilikiens, bevor Selim der Gestrenge im Jahr 1516 die Region für die Osmanen eroberte. Die Fayencen in der Moschee und in der Türbe Halil Beys gehören zu den feinsten keramischen Arbeiten, die wir in der Türkei finden, und brauchen einen Vergleich mit jenen in der Rüstem Paşa Camii in Istanbul keineswegs zu scheuen.

Von Adana erreichen wir in Kürze Tarsus, das auch diesmal wieder – wie schon bei der Route entlang der Küste von ›Cilicia Trachaea‹, dem ›Rauhen Kilikien‹ – unsere Endsta-

##### 510   SÜDANATOLIEN UND DAS HATAY-GEBIET

tion ist, zugleich Ausgangspunkt für den Rückweg nordwärts durch die Kilikische Pforte und über den Taurus nach Zentralanatolien, dann über die Hochebene weiter nach Ankara und Istanbul – die lange Fahrt durch ein geschichtsträchtiges und ganz außergewöhnliches Land neigt sich dem Ende.

# Anhang

# Zur türkischen Sprache
## und Aussprache

In diesem Führer wird durchwegs die heutige türkische Schreibweise dort wiedergegeben, wo es sich um türkische Eigennamen oder um spezifisch türkische Begriffe handelt. Die moderne türkische Sprache ist streng logisch und phonetisch konstruiert, und die wenigen Buchstaben, die sich in Schreibweise oder Aussprache vom Deutschen unterscheiden, sind weiter unten aufgeführt. Die türkischen Buchstaben haben nur einen einzigen Lautwert, und keiner ist völlig stimmlos; die Wörter werden nur leicht und meist auf der letzten Silbe betont, doch sollte man in einem Wort jede Silbe deutlich artikulieren und fast gleich stark betonen.

Die türkische Aussprache der Konsonanten ähnelt weitgehend der deutschen, bis auf die folgenden Besonderheiten:

c  wie dsch, also cami (Moschee) wie ›Dschami‹;
ç  wie tsch, also çorba (Suppe) wie ›Tschorba‹;
ğ  ist fast stimmlos und dient zur Verlängerung des vorangehenden Vokals;
ş  wie sch, also çeşme (Brunnen) wie ›Tscheschme‹;
j  steht für ein weiches g wie in ›Garage‹.

Die Vokale, auch die Umlaute ö und ü werden wie im Deutschen ausgesprochen. Bei i wird unterschieden zwischen i mit Punkt und ohne Punkt:

ı  gleicht unserem ausklingenden e, wie Wille (türkisch transkribiert: Willı)
iy gleicht deutschem j, wie Boje.

# Praktische Hinweise

### Klima

Die Türkei ist ein sehr großes Land, und die Unterschiede in Topographie und Klima sind gewaltig; deshalb hängt die Frage nach der besten Reisezeit davon ab, in welche Gegend man fahren möchte. Istanbul und das westliche Anatolien erfreuen sich eines sehr gemäßigten Klimas; die Sommer sind selten drückend heiß, und im Winter fällt das Thermometer kaum unter den Gefrierpunkt, nur die anhaltenden Regenfälle mitten im Winter können sehr verdrießlich sein. Die Ägäisküste hat – außer in den regnerischen Wintermonaten – das beste Klima überhaupt, und an der subtropischen Mittelmeerküste kann man neun Monate im Jahr baden. An der Schwarzmeerküste

## PRAKTISCHE HINWEISE

ist es schwül und regnerisch – das ist der Preis, den man für die üppigen Wälder jener Gegend zahlen muß. Das zentralanatolische Hochland weist viele verschiedene Klimazonen auf, die desto extremer werden, je weiter nach Osten man sich begibt. Die sehr starken Schneefälle in den Gebirgen Ostanatoliens machen dort das Reisen im Winter so gut wie unmöglich, und im Südosten des Landes kann es im Sommer unerträglich heiß werden. Allgemein gesagt ist für den größten Teil der Türkei der späte Frühling und frühe Sommer die beste Reisezeit, wenn sogar die kargen Steppen Zentralanatoliens von einem grünen Schimmer überzogen sind und farbenprächtige Blumen zwischen den antiken Ruinen blühen. Im schönen alten Istanbul aber ist jede Jahreszeit gut zu ertragen, denn falls es im Sommer zu heiß werden sollte, setzt man sich in ein Straßenlokal am Bosporus und läßt sich von den Schwarzmeer-Winden kühlen, und wenn im Winter der ständige Regen melancholisch und mutlos stimmt, kann man in einen Hamam entfliehen und dort einen Nachmittag ›verdampfen‹ wie ein Sultan, oder wenigstens fast wie einer.

### Museen, Moscheen und antike Stätten

In Istanbul und in anderen Großstädten sind die Museen täglich außer montags von 9 bis 17 oder 17.30 Uhr geöffnet, aber es gibt Ausnahmen (siehe unten). Die archäologischen Stätten sind gewöhnlich von 9 Uhr bis etwa eine Stunde vor Sonnenuntergang geöffnet; viele Stätten sind jedoch nicht umzäunt und also jederzeit zu besichtigen. Die Moscheen öffnen ihre Tore zum ersten der fünf Tagesgebete kurz vor Sonnenaufgang und schließen sie nach dem Abendgebet, etwa eine Stunde nach Sonnenuntergang. Außer in Istanbul und in anderen Großstädten, wo die größeren auch zwischen den Gebetszeiten offenbleiben, sind die Moscheen normalerweise geschlossen. Bei der Besichtigung einer Moschee empfiehlt es sich, Zurückhaltung walten zu lassen und passende Kleidung zu tragen (Frauen sollten Kopf und Schulter bedecken); vor dem Betreten zieht man die Schuhe aus und vermeidet es, die Gläubigen bei ihrer Andacht zu stören.

Die Öffnungszeiten der wichtigsten Museen in Istanbul:
Aya Sofya (Hagia Sophia): Öffnungszeiten wie oben
Aya Irene (Hagia Eirene): Öffnungszeiten wie oben
Topkapı Sarayı: täglich außer dienstags; 9.30-17.00
Yerebatan Saray: täglich außer dienstags; sonst wie oben
Mosaikenmuseum: montags und dienstags geschlossen; sonst wie oben
Archäologisches Museum: Öffnungszeiten wie oben
Museum Altorientalischer Kunst: montags und dienstags geschlossen; sonst wie oben

514 PRAKTISCHE HINWEISE

Museum für Türkische und Islamische Kunst: Öffnungszeiten wie
oben
Fethiye Camii (Pammakaristos-Kirche): täglich außer mittwochs;
9.30-16.30 Uhr
Kariye Camii (Chora-Kirche): täglich außer dienstags; im Winter
9-17 Uhr, im Sommer 8.30-17.15 Uhr
Rumeli Hisarı: täglich außer montags; 9.30-17.30 Uhr

*Verkehrsmittel (für nichtmotorisierte Reisende)*

Das Liniennetz der nationalen Luftfahrtgesellschaft Türk Hava Yol-
ları (THY) verbindet mehr als zwanzig Städte in der Türkei. Die
Flüge sind nicht teuer und verkehren häufig. Es ist die beste Art des
Reisens, wenn man an abgelegenere Orte in der Osttürkei wie etwa
Van gelangen möchte.

Die Passagierschiffe der nationalen Schiffahrtsgesellschaft Denizi-
lik Bankası verkehren regelmäßig entlang den Küsten des Schwarzen
Meeres, der Ägäis und des Mittelmeeres; außerdem unterhält die
Gesellschaft Fährboote auf dem Bosporus, dem Marmarameer und
dem Van-See.

Die Eisenbahnverbindung mit Europa, die Route des berühmten
Orientexpreß', endet am Sirkeci-Bahnhof in Istanbul. Wer mit der
Bahn weiter nach Anatolien fahren möchte, muß mit der Fähre zum
Bahnhof Haydarpaşa auf der asiatischen Seite übersetzen. Dort gibt
es mehrmals am Tag einen Expreßzug nach Ankara; besonders zu
empfehlen ist der Nachtzug, weil er noch den Service und Komfort
der ›guten alten Zeit‹ bietet. Von Ankara aus gibt es zwei Linien
durch Anatolien in die Ostgebiete, die eine endet in Kars, die andere
führt nach Tatvan und von dort mit der Fähre nach Van.

Mit dem Bus kann man alle Städte und größeren Orte in der
Türkei erreichen. Zwischen den Großstädten verkehren auch besonders geräumige Pullmanbusse, die zwar etwas teurer sind, aber dafür
sicherer und bequemer. Der Bus ist zweifellos das beste Verkehrsmittel, um Land und Leute kennenzulernen, da unter den Mitreisenden
sich Personen aus allen Schichten der Bevölkerung befinden, so auch
ab und zu ein Zigeuner mit seinem Tanzbären.

Taxis gibt es in allen größeren Orten, und es empfiehlt sich, den
Preis vorher auszuhandeln. (Die ortsüblichen Tarife erfährt man am
besten beim Hotelportier.) Der ›dolmuş‹ (Sammeltaxi), bei dem man
einen festen Preis pro Kopf zahlt, verkehrt auf festgelegten Routen.
Ausflüge mit Reise- oder Minibussen kann man bei den meisten
Reiseagenturen in Istanbul, Ankara, Izmir und den großen Ferienorten buchen.

In den Verkehrsämtern bekommt man kostenlos Straßenkarten
der Türkei, die zuverlässig sind und den neuesten Stand wiederge-

ben; darauf sind Asphaltstraßen in Schwarz eingezeichnet, geschotterte oder anders befestigte Straßen in Rot und Nebenstraßen zweiter Ordnung in Orange. Fast alle Routen, die in diesem Führer beschrieben werden, sind asphaltiert, und bei den wenigen Ausnahmen findet sich ein entsprechender Hinweis.

## Unterkunft

Istanbul und die anderen Großstädte der Türkei verfügen über ein reiches Angebot an Unterkünften, das von Luxushotels bis zu schlichten Herbergen reicht. Darüber hinaus wurde in den letzten Jahren an der Ägäis- und Mittelmeerküste sowie bei den wichtigsten archäologischen Stätten eine große Zahl von Motels und Pensionen gebaut. Die meisten Unterkünfte werden in dem Hotelführer der Türkei aufgeführt, den man kostenlos in jedem Fremdenverkehrsamt erhält. Generell sind die türkischen Hotels sauber und erschwinglich; es ist allerdings ratsam, je weiter man nach Osten fährt, eine um so bessere Kategorie zu wählen. In Anatolien zahlt man in den einfacheren Unterkünften lediglich den Preis für das Bett, in dem man schläft. Wenn man ein Privatzimmer haben möchte, kann es deshalb passieren, daß man für sämtliche Betten in dem Zimmer zahlen muß; andernfalls muß man die Nacht eventuell in Gesellschaft des Zigeuners und seines Tanzbären aus dem Bus verbringen. In Ferienorten wie Side und Bodrum bieten auch Privatleute Zimmer an, was es anderswo in Anatolien nicht gibt.

## Die türkische Küche

Die türkische Küche zählt zu den großen Küchen der Welt, und an Vielfalt und Qualität sind ihr nur wenige ebenbürtig. Zum weltstädtischen Charakter von Istanbul gehört es, daß die Stadt besonders reich mit guten Lokalen für jeden Geschmack und jeden Geldbeutel ausgestattet ist, und man findet dort alles, von den einfachen Garküchen der Arbeiter bis zu Luxusrestaurants mit den feinsten türkischen und westlichen Gerichten.

Ein türkisches Mahl beginnt normalerweise mit kalten Vorspeisen (›soğuk meze‹), die zur Auswahl auf einem Tablett an den Tisch gebracht werden. Als nächsten Gang gibt es warme Vorspeisen (›sıcak meze‹), die wohl den gastronomischen Träumen eines Feinschmeckers entsprungen sind. Falls von diesem Vorspiel noch nicht gesättigt, können wir Fleisch (›et‹) oder Fisch (›balık‹) wählen, die meist hinter der Glasscheibe einer Kühltruhe dargeboten werden (wo auch Leckerbissen wie Schafshirn und Hoden zu finden sind). Die Türken trinken zum Essen – und nicht nur aus Verdauungsgründen – meist ›rakı‹, ein starkes Getränk auf Anis-Basis, gewöhnlich zur Hälfte mit Wasser verdünnt; vorsichtigen Reisenden sei der

516 PRAKTISCHE HINWEISE

einheimische Wein (›şarap‹) empfohlen, der immer sauber und kräftig ist. Auch türkisches Bier (›bira‹) ist gut zu trinken, und an manchen Orten – in Istanbul zum Beispiel in der Blumenpassage – wird ein deutschstämmiges Bier in Riesengläsern, den ›Argentiniern‹, serviert. *Afiyet olsun* – Guten Appetit!

## Läden und Märkte

Der berühmteste Markt der Türkei ist der Kapalı Çarşı, der Gedeckte Basar in Istanbul, aber auch in Bursa, Edirne und in anderen Städten gibt es interessante Marktviertel voll bunten Treibens. Im Kapalı Çarşı und den umliegenden Gassen findet man vor allem Gegenstände, die ungewöhnlich und typisch türkisch sind. Die Spezialitäten des Gedeckten Basars sind: Kupfer- und Messingwaren, Schmuck, türkische Stickereien, Orientteppiche, Kelims, Töpferwaren, Glaswaren, Keramik, Antiquitäten sowie Produkte aus Alabaster, Onyx, Meerschaum, Leder und Wildleder. Viele Läden weisen auf einem Schild darauf hin, daß sie nur zu Festpreisen verkaufen, aber auch in den gediegensten Geschäften ist es oft möglich, auf gut-orientalische Manier in freundlichster Weise den Preis auszuhandeln, wozu der Inhaber meist türkischen Kaffee oder Tee in kleinen Gläsern herbeibringen läßt.

## Feiertage

An den folgenden nationalen Feiertagen sind die meisten Geschäfte, Ämter, Banken und Museen für einige Stunden oder ganztägig geschlossen:

1. Januar: Neujahr
23. April: Tag der nationalen Souveränität und Tag der Kinder
1. Mai: Frühlingstag
19. Mai: Tag der Freiheit und Souveränität
30. August: Siegertag
29. Oktober: Jahrestag der Gründung der Türkischen Republik
10. November: Todestag Atatürks.

Außerdem werden verschiedene islamische Feiertage begangen, die nach dem Mondkalender berechnet werden und deshalb jedes Jahr elf Tage früher stattfinden. Im Fastenmonat Ramadan nimmt man nichts Festes zu sich, solange die Sonne scheint. Unmittelbar darauf folgt Şeker Bayram, das Zuckerfest, eine ähnlich freudige Zeit wie Ostern, und vierzig Tage darauf wird Kurban Bayram gefeiert, das Opferfest, zu dem ein jeder, der es bezahlen kann, für seinen Erstgeborenen einen Widder schlachtet und den Tag über feiert.

# Glossar

Hier sind verschiedene Termini und türkische Wörter aufgeführt, die im Text häufiger vorkommen. In den Klammern ist jene Form angegeben, die ein Wort annehmen muß, wenn es durch ein vorangehendes Substantiv modifiziert wird; z. B. Yeni Cami, die Neue Moschee, aber: Sultan Ahmet Camii, die Moschee von Sultan Ahmet.

*ada (adası)*  Insel

*ağa*  Herr; ursprüngl. militärischer Rang

Agora  Marktplatz; der weltliche Mittelpunkt der griechischen Stadt in der Antike

Ambo, -nen  erhöhte Lesepulte zur Verkündigung von Epistel und Evangelium in frühchristlichen Basiliken, später abgelöst durch die Kanzel

Anastasis  Auferstehung Christi, verbunden mit dem Abstieg in die Vorhölle und der Befreiung der dort Harrenden

*avlu*  Vorhof einer Moschee

*ayazma*  heilige Quelle

*bedesten*  Lagerhalle, -hof mit umliegenden Läden

*burnu*  Landspitze, Kap

Bouleuterion  Senatsgebäude antiker griechischer Städte

*bulvar (bulvarı)*  Boulevard, Hauptverkehrsstraße

*cami (camii)*  Moschee

*çarşı (çarşısı)*  Markt oder Basar

Cavea  Zuschauerbereich eines griechischen Theaters

*çayevi*  Teehaus

Cella  Hauptraum eines griechischen Tempels

*çeşme (çeşmesi)*  Straßen-, Trinkbrunnen

*çifte*  doppelt, Zwillings-

*dağ (dağı)*  Berg

*dar-üş sifa*  Hospital für Geisteskranke

*deniz*  Meer

*dere (deresi)*  Fluß oder Tal

*dershane*  Unterrichtsraum einer Medrese

Diazoma (Pl. Diazomata)  Umgang zwischen den Sitzreihen eines griechischen Theaters

Dipteros  von zwei Säulenreihen umgebene → Cella mit mindestens acht Säulen an den Schmalseiten

Emir  ursprünglich hoher Verwaltungsbeamter, nach dem 10. Jh. Fürstentitel

518                                       GLOSSAR

Eskarpe  äußere Grabenböschung bei Festungsbauten
*eski*  alt
Exedra  halbkreisförmige Erweiterung (Nische)
*eyvan*  (siehe: Liwan)
*geçit (geçti)*  See
*gök*  Himmel (blau)
*göl (gölü)*  See
*hamam (hamamı)*  Hamam, türkisches Badehaus
*han*  Herberge für Kaufleute und Reisende, Karawanserei
*hisar (hisarı)*  Festung, Burg
*hüyük*  Tumulus
*imam*  Vorbeter, religiöses Oberhaupt einer Gemeinde,
     Geistlicher
*imaret*  Armenküche
*iskele*  Anlegestelle
*kale (kalesi)*  Festung, Burg
*kapı (kapısı)*  Tür, Tor
*karum*  assyrische Handelsniederlassung
*kervansaray*  Karawanserei, Rasthaus für Karawanen
*kibla*  Gebetsrichtung
*kilise (kilisesi)*  Kirche
*köprü (köprüsü)*  Brücke
*körfez*  Bucht, Golf
*köşk*  Kiosk, Pavillon
*köy*  Dorf
Kontereskarpe  innere Grabenböschung bei Festungs-
     bauten
*kuba*  das Freitagsgebet
*külliye (külliyesi)*  Baukomplex: Moschee, religiöse und
     philantropische Einrichtungen
*kümbed*  seldschukischer Grabbau
*kürsü*  Sitz des Imam in der Moschee beim Zitieren aus
     dem Koran
*kütüphane*  Bibliothek
Kurtine  Verbindungsmauer zwischen zwei Bastionen
     oder flankierenden Mauern
*liman (limanı)*  Hafen
Liwan *(eyvan,* Iwan) gewölbte Raumeinheit, die sich zum
     Innenraum oder Hof öffnet
*mahfil*  erhöhte Bühne für die Vorbeter und Vorsänger in
     der Moschee
Maria Hodegetria  Maria die ›Wegführerin‹, wie sie der
     Apostel Lukas gemalt haben soll
*medrese (medresesi)*  islamische Rechts- bzw. Theologie-
     schule

## GLOSSAR

**Megaron**  rechteckiger Raum mit Vorhalle
*mektep (mektebi)* osmanische Grundschule
*mescid* kleine Moschee oder Gebetsraum
*meydan (meydanı)* öffentlicher Platz, Ortszentrum
*meyhane* Weinschänke
*mihrab* nach Mekka ausgerichtete Gebetsnische
*mimbar* Kanzel in der Moschee
*müezzin* Gebetsrufer, der die Gläubigen vom Minarett einer Moschee aus zum Gebet auffordert
Naos  Kirchenraum zwischen Vorhalle und Altarraum
Narthex  Vorhalle einer Kirche
    Esonarthex  innere Vorhalle
    Exonarthex  äußere Vorhalle
*nehir (nehri)* Fluß
*oda (odası)* Raum, Kammer
Opisthodum  rückwärtiger Teil der → Cella
Orchestra  Tanzplatz des griechischen Theaters
Orthostaten  (meist) hochkant stehende Quadern der untersten Lage eines Mauerwerks
*ova (ovası)* Ebene
Pantokrator  Christus als Allherrscher
Parodoi  Seiteneingänge zwischen Bühne und Sitzreihen des antiken Theaters
*pazar (pazarı)* Basar, Markt
Pronaos  Vorhalle der → Cella
Peripteros  von einer Säulenreihe umgebene → Cella
Peristasis  Säulenring um die → Cella
Peristyl  Säulenhalle um offenen Innenhof
*şadirvan* Brunnen einer Moschee für die rituellen Waschungen
*saray (sarayı, seraie)* Palast
*sebil* Straßenbrunnen zur freien Benutzung der Passanten
*şehir (şehri)* Stadt, Ort
*şerefe* Umgang, Balkon bei einem Minarett
*sokak (sokağı)* Gasse
Stoa  Säulenhalle mit geschlossener Rückwand
Stylobat  oberste Fläche beim Unterbau des griechischen Tempels
*su (suyu)* Fluß, Bach (für Fluß wird auch das Wort *çay* verwendet. Es bedeutet auch: Tee)
*tabhane* Unterkunft für reisende Derwische, Hospital
*tepe* Erhebung, Hügel
*tekke* Derwischkloster
Temenos  umgrenzter griechischer Tempelbezirk

## GLOSSAR

Theotókos   die ›Gottesgebärerin‹

*türbe (türbesı)*   osmanischer Grabbau

*ulema*   höhere Geistlichkeit

*ulu*   groß

*verde antico*   durch Serpentineinschlüsse grüngesprenkelter Ophikalzitmarmor

*vezir*   (Wesir) hoher Staatsbeamter; Großwesir, oberster Regierungsbeamter

*yalı*   Sommervilla am Ufer des Meeres oder des Bosporus

*yeni*   neu

*yivli*   gefurcht, gekehlt

*yol*   Weg, Straße

*zaviye*   Unterkunft für Wanderderwische

# Zeittafel

## vor Christus

*Paläolithikum* (vor 7000 v. Chr.)
?-7000 Höhlensiedlungen von
Karain; primitive Steinwerkzeuge
und -waffen

*Neolithikum* (um 7000-5000)
um 7000 erste Besiedlung von Hacılar; früheste Spuren von landwirt-
schaftlicher Nutzung in Anatolien
um 6500-5500 Çatal Hüyük wird
erster kultureller Mittelpunkt Anatoliens; früheste bekannte Kultstätten, Töpfereien, Fresken und Sta-
tuetten

*Chalkolithikum* (um 5500-3000)
um 5500 kunstvoll bemalte Töpfereien und Figurinen in Hacılar und
Çatal Hüyük
um 5000-3000 früheste Siedlungen in
Alaca Hüyük, Alişar, Canhasan
und Beycesultan

*Frühe Bronzezeit* (um 3000-2000)
um 3000 erste Besiedlung Trojas
um 2500-2000 Blütezeit der Kultur
der Hatti

*Späte Bronzezeit* (um 2000-1200)
um 1950 assyrische Handelskolonie
in Kültepe; erste schriftliche Aufzeichnungen in Anatolien
um 1900 Hethiter gründen Hattusa
um 1700-1450 Althethitisches Reich
um 1450-1200 Hethitisches Großreich
um 1260 Zerstörung Trojas
um 1200 Zerstörung Hattusas

*Anatoliens Dunkle Zeit* (um
1200-700)
um 1200-1100 Gründung neuhethiti-
scher Staaten in Karkemiş, Karatepe und Zincirli

um 1100-1000 Wanderung der Griechen an die anatolische Ägäisküste
um 900 Aufstieg der urartäischen
Kultur in Ostanatolien
um 900-800 kultureller Aufstieg der
Phryger, Lyder, Karer und Lyker in
Westanatolien
um 800 Gründung des Panionischen
Bundes und Aufstieg der griechischen Kultur in Westanatolien
717 Karkemiş und andere neuhethitische Staaten fallen an die Assyrer
um 700 Kimmerier zerstören die meisten Städte Westanatoliens

*Archaische Zeit* (um 700-479)
um 700 Homer in Smyrna geboren
um 667 Gründung von Byzanz
um 650-600 Milet gründet Kolonien
in Sinope, Amisos und Trapezunt
um 600-500 Anfänge griechischer
Naturwissenschaft und Philosophie in Ionien
561-546 Herrschaft des lydischen
Königs Krösus
546 Krösus wird von Kyros dem Großen besiegt; Ionien gerät unter persische Herrschaft
512 Dareios erobert Byzanz
499 Aufstand der ionischen Städte
gegen die Perser
494 ionischer Aufstand wird nieder-
geschlagen und Milet zerstört
490 Perser bei Marathon geschlagen
480 Xerxes fällt in Griechenland ein;
Niederlage der Perser bei Salamis
479 Niederlage der Perser bei Plataä
und Mycale; Perser ziehen sich aus
Griechenland zurück, die ionischen
Städte erlangen wieder ihre Freiheit

*Klassische Zeit* (479-323)
478 ionische Städte treten dem Deli-
schen Bund bei

## ZEITTAFEL

431 Beginn des Peloponnesischen Krieges

404 Ende des Peloponnesischen Krieges

401 Heimkehr von Xenophon und seinen Zehntausend

386 Ionien fällt wiederum an die Perser

356 Alexander der Große geboren

336 Alexander wird König von Mazedonien

334 Alexander überschreitet den Hellespont und besiegt die Perser am Granikos

323 Tod des Alexander

*Hellenistische Zeit* (323-130)

323 Beginn der Diadochenkämpfe zwischen Alexanders Nachfolgern

318-317 Antigonos beherrscht Kleinasien

301 Schlacht von Ipsos und Tod des Antigonos; Lysimachos herrscht über Anatolien, Seleukos erobert Nordsyrien

300 Gründung von Antiochia

281 Schlacht von Kurupedion; Seleukos besiegt Lysimachos und besetzt Anatolien; Ermordung des Seleukos

276-275 Gallier (Kelten, Galater) fallen in Anatolien ein und werden von Antiochos besiegt

261-241 Herrschaft von Eumenes I. und Aufstieg Pergamons

230 Bündnis zwischen Rom und Pergamon; Sieg der Pergamener über die Gallier

223-187 Herrschaft von Antiochos III. dem Großen

188 Vertrag von Apameia beendet seleukidische Herrschaft in Anatolien; Ausbreitung des Königreichs von Pergamon

133 Tod von Attalos III. von Pergamon; vermacht sein Königreich der Stadt Rom

*Römische Zeit*
(130 v. Chr. - 330 n. Chr.)

130 Etablierung römischer Provinzen in Asien

100 Mithradates VI. Eupator wird Alleinherrscher des pontischen Königreichs

88 Aufstand Kleinasiens gegen Rom; Mithradates fällt in Griechenland ein

83 Ende des seleukidischen Reichs

80 Gründung des Königreichs von Kommagene

74 Tod des Nikomedes von Bithynien; Rom erbt sein Königreich

64 Ende der Mithradatischen Kriege; Rom beherrscht den größten Teil Anatoliens

40 Hochzeit von Antonius und Kleopatra in Antiochia

30 triumphaler Einzug von Augustus in Antiochia nach seinem Sieg über Antonius und Kleopatra bei Actium

*nach Christus*

40-56 Missionsreisen des Paulus; in Antiochia wird die erste ökumenische christliche Gemeinde gegründet

72 Rom annektiert das Königreich von Kommagene

114 Rom annektiert Armenien

196 Septimius Severus erobert Byzanz

263-270 Einfall der Goten in Kleinasien

313 Edikt von Mailand; Duldung der christlichen Religion im Römischen Reich

324 Konstantin besiegt Licinius und wird Alleinherrscher des Römischen Reichs; beginnt mit dem Aufbau der neuen Hauptstadt Byzanz

330 Konstantinopel wird Hauptstadt des Römischen Reichs

*Byzantinische Zeit* (330-1453)

392 Edikt des Theodosios I. verbietet Heidentum

527-565 Regierungszeit von Justinian dem Großen; Höhepunkt byzantinischer Macht

## ZEITTAFEL

626 Awaren und Slawen belagern Konstantinopel

628 Herakleios besiegt die Perser und rettet das byzantinische Reich

636 Araber besiegen die Byzantiner am Yarmuk und stoßen nach Kleinasien vor

677 Angriff der arabischen Flotte auf Konstantinopel

717-718 Araber belagern Konstantinopel

726-780 erste ikonoklastische Periode

813 Bulgaren belagern Konstantinopel zum ersten Mal

831-843 zweite ikonoklastische Periode

923 Bulgaren erobern Adrianopel und belagern Konstantinopel

963-969 Nikephoros Phokas besiegt die Araber und gewinnt Kilikien und Zypern zurück

1054 Spaltung der griechischen und römischen Kirche

1071 Byzantiner besiegen die Seldschuken bei Manzikert; Türken fallen in Anatolien ein

1071-1283 Sultanat von Rum; seldschukische Vormacht in Anatolien

1096 Beginn des Ersten Kreuzzugs; zum ersten Mal betreten lateinische Armeen Anatolien

1176 Seldschuken bringen den Griechen bei Myriokephalon vernichtende Niederlage bei; Byzanz verliert damit die letzte Gelegenheit, die Türken aus Kleinasien zu vertreiben

1203 Beginn des Vierten Kreuzzugs; Lateiner greifen Konstantinopel an

1204 Lateiner plündern Konstantinopel; Teilung des Byzantinischen Reichs; Nikäa wird zur byzantinischen Hauptstadt der Laskariden; Gründung des komenischen Reichs von Trapezunt

1240 erstes Auftreten osmanischer Türken in Westanatolien; Invasion der Mongolen in Ostanatolien

1242 Mongolen besiegen die Seldschuken bei Kösedağ und beenden seldschukische Macht in Anatolien

1261 Rückeroberung Konstantinopels durch Michael VIII. Palaiologos und Erneuerung des Byzantinischen Reichs

1324 Tod von Osman Gazi, Gründer des osmanischen Herrscherhauses

1326 Osmanen unter Sultan Orhan erobern Brussa (Bursa) und errichten dort ihre erste Hauptstadt

1354 Kronprinz Süleyman führt erstmals türkische Truppen auf europäischen Boden

1363 Türken unter Murat I. erobern Adrianopel und errichten dort später ihre zweite Hauptstadt

1389 Türken besiegen die Serben bei Kosowo

1396 Beyazıt I. besiegt die Kreuzritter bei Nikopolis

1397 erste türkische Belagerung Konstantinopels

1402 Tamerlan besiegt die Türken bei Ankara und nimmt Beyazıt I. gefangen; mongolische Invasion Anatoliens

1422 zweite türkische Belagerung Konstantinopels

1444 schwere Niederlage der Kreuzritter durch die Türken bei Warna

1448 Türken besiegen die Ungarn in der zweiten Schlacht bei Kosowo

1453 Türken unter Mehmet II. erobern Konstantinopel; Konstantin XI., letzter Kaiser von Byzanz, fällt in der Schlacht; neuer Name der Stadt wird Istanbul

### Osmanische Zeit (1453-1923)

1453 Istanbul wird Hauptstadt des Osmanischen Reichs, zu dem der größte Teil Griechenlands, der südliche Balkan und das westliche Anatolien gehören

1517 Selim I. erobert Kairo und nimmt den Kalifentitel an; inzwischen gehören zum Osmanischen Reich außerdem Südeuropa,

Ostanatolien, Syrien, Palästina,
Ägypten und Algerien

1520-1566 Regierungszeit von Süleyman dem Prächtigen; Höhepunkt
der osmanischen Macht

1571 Türken erobern Zypern; christliche Mächte besiegen die türkische
Flotte in der Schlacht von Lepanto

1578-1666 ›Die Herrschaft der
Frauen‹; durch schwache Sultane
gerät die eigentliche Reichsmacht
in die Hände ihrer Frauen und
Großwesire

1666-1812 periodische Kriege zwischen Osmanen und europäischen
Mächten; das Osmanische Reich
verliert weite Teile Südeuropas

1821 Beginn des griechischen Unab-
hängigkeitskrieges

1826 Mahmut II. vernichtet das
Corps der Janitscharen

1832 Griechenland erhält Unabhängigkeit; Ibrahim Paşa aus Ägypten
fällt in Anatolien ein

1839-1876 Tanzimat-Periode; Pro-
gramm für Reformierung des
Osmanischen Reichs

1877 erstes türkisches Parlament eta-
bliert; ein Jahr später von Sultan
Abdül Hamit II. aufgelöst

1908 verfassungsmäßige Regierung
und Parlament wiedereingeführt

1909 Abdül Hamit abgesetzt

1912-1913 Balkankriege; Türken verlieren Mazedonien und Teile von
Thrakien

1914 Kriegseintritt der Türkei auf
seiten Deutschlands

1915 Türken vereiteln alliierte Landung auf der Halbinsel Gallipoli

1918 türkischer Waffenstillstand;
Istanbul von englischen und französischen Truppen besetzt

1919 Kongreß von Sivas; türkische
Nationalisten unter Führung Atatürks beginnen für nationale Souveränität zu kämpfen; griechische
Truppen landen in Smyrna

1920 Große Nationalversammlung
der Türkei mit Atatürk als Präsidenten einberufen; Vormarsch griechischer Truppen in Kleinasien

1922 Türken besiegen die Griechen
und vertreiben sie aus Kleinasien;
Ende des Sultanats

1923 Vertrag von Lausanne erklärt
die Türkei zum souveränen Staat,
regelt Grenzverlauf und bestimmt
Minderheitenaustausch zwischen
der Türkei und Griechenland

*Türkische Republik*
(seit 1923)

1923 Gründung der Türkischen Republik mit Atatürk als erstem Präsidenten

1924 Abschaffung des Kalifats

1925-1938 Atatürks Reformpro-
gramm zur Modernisierung der
Türkei

1945 Kriegseintritt der Türkei auf
seiten der Alliierten

1946 Türkei gehört zu den Grün-
dungsmitgliedern der Vereinten
Nationen

1950 zu den Streitkräften der
Vereinten Nationen, die im Korea-
Krieg kämpfen, gehört auch ein
türkisches Truppenkontingent

1973 zum 50. Jahrestag der Gründung der Türkischen Republik
wird die Europa und Asien verbindende Brücke über den Bosporus
dem Verkehr übergeben

# Byzantinische Kaiser

| | |
|---|---|
| Konstantin der Große | 324-37 |
| Constantius | 337-61 |
| Julian Apostata | 361-63 |
| Jovian | 363-64 |
| Valens | 364-78 |
| Theodosios der Große | 379-95 |
| Arkadios | 395-408 |
| Theodosios II. | 408-50 |
| Markian | 450-57 |
| Leon I. | 457-74 |
| Lon II. | 474 |
| Zenon | 474-91 |
| Anastasios | 491-518 |
| Justin I. | 518-27 |
| Justinian der Große | 527-65 |
| Justin II. | 565-78 |
| Tiberios II. | 578-82 |
| Maurikios | 582-602 |
| Phokas | 602-10 |
| Herakleios | 610-41 |
| Konstantin II. | 641 |
| Herakleionas | 641 |
| Konstantin III. | 641-68 |
| Konstantin IV. | 668-85 |
| Justinian II. | 685-95 |
| Leontios | 695-98 |
| Tiberios III. | 698-705 |
| Justinian II. (noch einmal) | 705-11 |
| Philippikos Bardanes | 711-13 |
| Anastasios II. | 713-15 |
| Theodosios III. | 715-17 |
| Leon III. | 717-41 |
| Konstantin V. | 741-75 |
| Leon IV. | 775-80 |
| Konstantin VI. | 780-97 |
| Eirene | 797-802 |
| Nikephoros I. | 802-11 |
| Staurakios | 811 |
| Michael I. | 811-13 |
| Leon V. | 813-20 |
| Michael II. | 820-29 |
| Theophilos | 829-42 |
| Michael III. | 842-67 |
| Basileios I. | 867-86 |
| Leon VI. | 886-912 |

## BYZANTINISCHE KAISER

| | |
|---|---|
| Alexander | 912-13 |
| Konstantin VII. | 913-59 |
| Romanos I. (Mitkaiser) | 919-44 |
| Romanos II. | 959-63 |
| Nikephoros II. Phokas | 963-69 |
| Johannes I. Tzimiskes | 969-76 |
| Basileios II. | 976-1025 |
| Konstantin VIII. | 1025-28 |
| Romanos III. Argyros | 1028-34 |
| Michael IV. | 1034-41 |
| Michael V. | 1041-42 |
| Theodora und Zoë | 1042 |
| Konstantin IX. | 1042-55 |
| Theodora (noch einmal) | 1055-56 |
| Michael VI. | 1056-57 |
| Isaak Komnenos | 1057-59 |
| Konstantin X. Dukas | 1059-67 |
| Romanos IV. Diogenes | 1067-71 |
| Michael VII. Dukas | 1071-78 |
| Nikephoros III. | 1078-81 |
| Alexios I. Komnenos | 1081-1118 |
| Johannes II. Komnenos | 1118-43 |
| Manuel I. Komnenos | 1143-80 |
| Alexios II. Komnenos | 1180-83 |
| Andronikos I. Komnenos | 1183-85 |
| Isaak II. Angelos | 1185-95 |
| Alexios III. Angelos | 1195-1203 |
| Isaak Angelos (noch einmal) | 1203-04 |
| Alexios IV. Angelos (Mitkaiser) | 1203-04 |
| Alexios V. Dukas | 1204 |
| * Theodor I. Laskaris | 1204-22 |
| * Johannes III. | 1222-54 |
| * Theodor II. Laskaris | 1254-58 |
| * Johannes IV. | 1258-61 |
| Michael VIII. Palaiologos | 1261-82 |
| Andronikos II. Palaiologos | 1282-1328 |
| Andronikos III. Palaiologos | 1328-41 |
| Johannes V. Palaiologos | 1341-91 |
| Johannes VI. Kantakuzenos (Mitkaiser) | 1341-54 |
| Andronikos IV. Palaiologos (Mitkaiser) | 1376-79 |
| Johannes VII. (Mitkaiser) | 1390 |
| Manuel II. Palaiologos | 1391-1425 |
| Johannes VIII. Palaiologos | 1425-48 |
| Konstantin XI. Dragases | 1449-53 |

* herrschten in Nikäa während der lateinischen Besetzung Konstantinopels

# Osmanische Sultane

| | |
|---|---|
| Orhan Gazi | 1324-59 |
| Murat I. | 1359-89 |
| Beyazıt I. | 1389-1403 |
| (Interregnum | 1403-13) |
| Mehmet I. | 1413-21 |
| Murat II. | 1421-51 |
| Mehmet II. der Eroberer | 1451-81 |
| Beyazıt II. | 1481-1512 |
| Selim I. der Gestrenge | 1512-20 |
| Süleyman I. der Prächtige | 1520-66 |
| Selim II. | 1566-74 |
| Murat III. | 1574-95 |
| Mehmet III. | 1595-1603 |
| Ahmet I. | 1603-17 |
| Mustafa I. | 1617-18 |
| Osman II. | 1618-22 |
| Mustafa I. (noch einmal) | 1622-23 |
| Murat IV. | 1623-40 |
| Ibrahim | 1640-48 |
| Mehmet IV. | 1648-87 |
| Süleyman II. | 1687-91 |
| Ahmet II. | 1691-95 |
| Mustafa II. | 1695-1703 |
| Ahmet III. | 1703-30 |
| Mahmut I. | 1730-54 |
| Osman III. | 1754-57 |
| Mustafa III. | 1757-74 |
| Abdül Hamit I. | 1774-89 |
| Selim III. | 1789-1807 |
| Mustafa IV. | 1807-08 |
| Mahmut II. | 1808-39 |
| Abdül Mecit I. | 1839-61 |
| Abdül Aziz | 1861-76 |
| Murat V. | 1876 |
| Abdül Hamit II. | 1876-1909 |
| Mehmet V. | 1909-18 |
| Mehmet VI. | 1918-22 |
| Abdül Mecit (II.), | 1922-24 |
| (nur noch Kalif, nicht mehr Sultan) | |

# Literatur in Auswahl

Akurgal, Ekrem: *Ancient Civilizations and Ruins of Turkey.* Istanbul 1978
Akurgal, Ekrem und Max Hirmer: *Die Kunst der Hethiter.* München 1961
Aslanapa, Oktay: *Turkish Art and Architecture.* London 1971
Bean, George E.: *Kleinasien,* 4. Bde. (Die ägäische Türkei von Pergamon bis Didyma; Die türkische Südküste von Antalya bis Alanya; Jenseits des Mäander, Karien mit dem Vilayet Mugla; Lykien). Stuttgart 1978
Bittel, Kurt: *Die Hethiter.* München 1976
– *Hattusha, the capital of the Hittites.* New York 1970
Blegen, Carl: *Troy and the Trojans.* London 1963
Cook, John: *The Greeks in Ionia and the East.* London 1962
Dimitrou, Sokratis und Gerhard Klammet: *Die türkische Westküste.* Stuttgart 1982 (1976)
Dörner, F. K.: Kommagene, ein wiederentdecktes Königreich. Bundholzen u. Böblingen 1971
Freely, John und Hilary Sumner-Boyd: *Istanbul.* München 1975
Gruben, Gottfried und Max Hirmer: *Die Tempel der Griechen.* München 1980 (1966)
Haynes, Sybille: *Zwischen Mäander und Taurus* (Archäologische Reise in Kleinasien). München 1977
Hell, Vera: *Türkei I* (Istanbul und die vordere Türkei). Stuttgart 1978
Hell, Vera und Hellmut: *Türkei II* (Nordtürkei, Osttürkei, Südosttürkei). Stuttgart 1981
Inalcik, Halil: *The Ottoman Empire* (1300–1600). London 1975
Koenigs, Wolf: *Türkei* (Die Westküste von Troja bis Knidos). Zürich–München 1984
Krautheimer, Richard: *Early Christian and Byzantine Architecture.* London 1965
Kühnel, Ernst: *Die Kunst des Islam.* Stuttgart 1962
Mellaart, James: *Çatal Hüyük.* Bergisch Gladbach 1967
Nersessian, Sirapie der: *The Armenians.* London 1979
Ostrogorsky, Georg: *Geschichte des byzantinischen Staates.* München 1963
Renz, Alfred: *Geschichte und Stätten des Islam.* München 1977
– *Land um den Ararat.* München 1983
Runciman, Steven: *Byzantine Civilization.* London 1933
Standford, J. Show und Ezel Kural: *History of the Ottoman Empire and Modern Turkey,* 2 Bde. London 1976/77
Stark, Freya: *Ionia, a Quest.* London 1954
– *The Lycian Shore.* London 1956
– *Alexander's Path.* London 1958
Talbot-Rice, David: *Byzantinische Kunst.* München 1959
Wagner, Jörg und Gerhard Klammet: *Göreme.* Stuttgart 1982
– *Die türkische Südküste.* Stuttgart 1982

# Register

Abbas I., Bagratide, armen. König 450-452

Abbasiden, arab. Dynastie 478

Abdül Aziz, Sultan 117, 421

Abdül Hamit II., Sultan 117

Abdül Mecit I., Sultan 19, 30, 117, 118

Abu l'Fath Muhammed, Saltukide 443

Abu Said Bahadur, Khan der Ilkhaniden 328

Abydos 157, 158

Abraham 490-492

Achilleion 166

Achtamar, Insel 469-473

Ada, Königin von Alinda 253, 254

Adana 509

Adilcevaz 475

Adıyaman 495

Adramyttion 177

Adrianopel siehe Edirne

Ağzıkara Han 335

Ahi-Sekte 402, 403

Ahlat 474, 475

Ahmet I., Sultan 54

Ahmet III., Sultan 31, 40, 114

Aigospotamoi 157

Aizanoi 419, 420

Akçay 177

Ak Han 278

Akkoyunlu, Turkmenenstamm 449, 474, 478, 481, 483, 484

Aksaray 333

Alabanda 253, 254

Alaca Höyük 383, 391, 392, 397, 400

Ala ed-Din Kaikobad siehe Kaikobad

Alahan Manistir 315

Alanya (Korakesion) 298-301

Alay Han 335

Alçıtepe 159

Alexander der Große 46, 159, 160, 199, 204, 232, 246, 253, 254, 266, 280, 285, 288, 312, 390, 408, 411, 506, 507

Alexander, byzant. Kaiser 25

Alexandretta 506

Alexandria Troas 168, 169

Alexios I. Komnenos, byzant. Kaiser 131

Alexios I. Komnenos, Kaiser von Trapezunt 429

Alexios III. Komnenos, Kaiser von Trapezunt 438

Aliağa 195

Alinda 253, 254

Alısar 392, 397

Alkaios, Lyriker 196

Alp Arslan, seldschuk. Sultan 453

Altınkum 237

Alyattes, König von Lydien 408, 413

Amasya (Amaseia) 368-371

Amazonen 426, 427

Amida 477

Amik Kalesi 465

Amisos 426, 429

Anadolu Hisarı 118

Anadolu Kavağı 120

Anakreon, griech. Dichter 207, 208

Anamur (Anemurium) 304

Anastasios, oström. Kaiser 47, 63

Anaxagoras, griech. Denker 208, 209

Anaximander, griech. Denker 235

Anaximenes, griech. Denker 235

Anazarbus 508

Andriake 264

Andronikos I. Komnenos, byzant. Kaiser 202

Andronikos III., byzant. Kaiser 104

Äneas 177

Anemurium 303

Ani 450-453, 455-459

Anitta, König von Kuşşara 397

Ankara 15, 384-404, Taf. 10
    Altes Parlamentsgebäude 385
    Ankara Palas, Hotel 385
    Augustus-Tempel 388
    Bedesten 391
    Kale 389, 390
    Mausoleum Atatürks 404

# REGISTER

### noch Ankara
Moscheen
Ahi Elvan Camii 402
Ala ed-Din Camii 390
Arslanhane Camii 403
Hacı Bayram 389
Museen
M. der Anatolischen Kulturen
391-402
Ethnographisches M. 403, 404
Römische Thermen 386, 387
Antakya (Antiocheia) 500-505
Antalya (Attaleia) 281-284
Antandros 177
Anthemios von Tralleis, Mathematiker 19, 268
Antigonos der Einäugige, makedon. König 126, 168, 199, 368, 500
Antiocheia (Edessa) siehe Urfa
Antiocheia am Kragos 303
Antiocheia am Orontes 500-502
Antiochos I. Soter, Seleukide, syrischer König 183, 252, 500
Antiochos III., Seleukide, syrischer König 261
Antiochos IV., Seleukide, syrischer König 302, 303, 505, 507
Antiochos VII., Seleukide, syrischer König 298
Antiochos VIII. Grypos, Seleukide, syrischer König 497
Antiochos, König von Bithynien 126
Antiochos I. Theos Epiphanes, König von Kommagene 495
Antiochos IV., König von Kommagene 315
Antiphellos 263
Antonius Pius, röm. Kaiser 205, 221
Antonius, Marcus A. 312, 503
Äolien, Äoler 164, 179, 195, 198
Aperlae 264
Aphrodisias 270-273
Apollonios von Perge, Mathematiker 285
Araber 292, 306, 347, 350, 390, 416, 452, 465, 474, 478, 482, 484, 485, 486, 501, 507
Ararat, Berg 452, 453, 460-462
Araskiden, armen. Dynastie 451
Archelaos I., König von Kappadokien 350

Argišti I., König von Urartu 465
Argišti II., König von Urartu 464
Aristakes von Lastivert 458
Aristoteles 170
Arkadios, oström. Kaiser 46, 221
Armenier, Armenien 298, 304, 306, 308-310, 364, 442, 450-459, 464, 466, 474, 500, 507
Arnavutköy 118
Arrianos, Flavius 159, 160, 411, 429
Arsameia am Nymphaios 495, 496
Artemisia, Herrscherin von Halikarnassos 246
Artukiden, turkmen. Dynastie 478, 479, 483
Artzruni von Vaspurakan 466
Artzruni, Thomas 473
Asad al-Din Ruz-apa, seldschuk. Emir 331
Askale 442
Aşot I. der Große, König von Armenien 452, 460
Aşot II., König von Armenien 452
Aşot III., König von Armenien 452
Aşot IV., König von Armenien 452
Aspendos 288-290, Taf. 14
Assos 169-171
Assyrer 356, 357, 373, 375, 397, 408, 465, 488, 491
Atatürk, Kemal A. 112, 117, 385, 404, 405
Attaleia 281-284
Attaliden, Herrscher von Pergamon 182, 183, 185, 187
Attalos I., König von Pergamon 183, 285, 415
Attalos II., König von Pergamon 185, 281
Attalos III., König von Pergamon 185, 275
Augustus, röm. Kaiser 388, 502
Aurelian, röm. Kaiser 144
Avcılar 346
Awaren 145
Ayas (Elaeusa) 310, 311
Ayatekla 306
Aydın 268
Aydıncık (Kelenderis) 304
Aydiniden, turkmen. Stamm 224
Ayubiden 474
Ayvacık 171
Ayvalık 178

## REGISTER 531

Babaeski 144
Badr ed-Din Muslih 324
Bafa-See 240
Bagaran 460
Bağras, Burg 499
Bagratiden, armen. Dynastie 441,
  449-452, 460, 466
Baibars, Sultan der Mamelucken
  365, 501
Balat 236
Balduin von Flandern, Kreuzritter
  486, 487
Balıhisar (Pessinus) 414, 415
Baradai, Jakob 484
Basileios I., byzant. Kaiser 24
Basileios II., byzant. Kaiser 452, 456
Basilius der Große, Bischof von
  Caesarea 334, 350
Bass, George 249
Bayburt 441
Bayraklı 198, 199
Bayrami, Derwisch-Orden der 389
Beaufort, Sir Francis 305, 310
Bebek, Bucht 118
Behram Kale 169
Bektaşi, Derwisch-Orden der 416
Bell, Gertrude 318, 331, 494
Beni Bakr, arab. Stamm 478
Berenson, Bernard 319
Bergama 182, 193; siehe auch
  Pergamon
Beyazıt I., Sultan 119, 131, 133, 134,
  135, 140, 210, 390
Beyazıt II., Sultan 71, 72, 152, 365,
  370
Beykoz 119
Binbir Kilise 317, 318
Bintepe 413
Birecik (Apameia) 493
Bithynien 420-422, 425
Bitlis 476
Blegen, Carl William 162, 165
Bodrum (Halikarnassos) 245-249
Boğazkale (Boğazköy) 372-383, 399
Bohemund, Kreuzritter 312, 501
Bolayır 155
Bosporus 13, 115-120
Boyabat 424
Brutus, Marcus Iunius 258
Bryce, James 462
Bulgaren 145
Bursa 132-141
  Bedesten 135

noch Bursa
  Eski Kaplıca Hamam 138
  Hauptmarkt 134
  Koca Han 135
  Moscheen
    Beyazıt I. 140, 141
    Muradiye 136
    Murat I. Hüdavendigar
      136-138
    Orhan Gazi Camii 134
    Ulu Cami 133
    Yeşil Cami 138, 139
  Murat II., Mausoleum 136
  Museen
    Archäologisches M. 138
    für Türkische und Islamische
      Kunst 140
  Orhan Gazi, Grabmal 135
  Osman Gazi, Grabmal 135
  Sipahilar Çarşısı 135
  Yeni Kaplıca Hamam 138
  Yeşil Türbe 140
Buruncuk 196
Byzantiner 126, 132, 135, 145, 147,
  154, 196, 206, 215, 229, 244, 285,
  292, 293, 298, 306, 315, 363, 366,
  370, 389, 425, 427, 442, 444, 450-
  453, 466, 474, 478, 486, 499, 501,
  503, 507
Byzanz 14
Byzas aus Megara 14

Caesar, Gaius Julius 367, 369
Caesarea 350
Çaldıran 463
Çamlıbel 362
Çamlıhemşin 437
Çanakkale 161
Çandarlı 193, 194
Canhasan 317, 392
Caracalla, röm. Kaiser 387, 492
Çardak 279
Casanova, Giacomo 110
Çatal Höyük 318, 391
Cavalieré, Kap 304, 305
Çavdarhisar 419, 420
Çavuşin 346, 347
Celal ed-Din Karatay, turkm. Emir
  284, 321-324
Celal ed-Din Rumi, Mewlana 316,
  325, 326, 328
Çelebi, Evliya 28, 30, 80, 114, 138,
  389, 436

Çelebi, Hasan, Kalligraph 77
Çelebi Husam ed-Din 325, 327
Çeşme 210
Ceyhan 508
Choniates, Niketas, byzant. Historiograph 28
Chrysopolis 113
Cicero, Marcus Tullius 167
Çifte Kümbed 356
Çildiroğlu, Fürsten der 462
Çine 253
Claudiopolis 315
Claudius, röm. Kaiser 131
Çobandede 449
Çorlu 144
Crassus, Licinius 491

Dandolo, Enrico, Doge 26
Danişmendiden, turkm. Dynastie 351, 352, 363, 369
Daphne 503, 504
Dardanellen (Hellespont) 157-161, 166
Dareios III., pers. König 507
David IV., König von Georgien 453
David Komnenos, Kaiser von Trapezunt 430
Davut Ağa 150
Dazimon 362, 363
Değirmendere 210
Deiotarus, König der Galater 387
Deir es Safaran, Kloster 484
Demre 263
Derinkuyu 336
Derwisch-Orden siehe Bayrami, Bektaşi u. Mewlewi
Didyma 237-239
Diocaesarea 306
Diodoros Tryphon, Herrscher von Korakesion 298
Diogenes Laertius, Historiker 195
Diokletian, röm. Kaiser 126
Diyarbakır 477-481
Doğubayazıt 461
Domitian, röm. Kaiser 278
Donizetti Paşa 112
Dörpfeld, Wilhelm 162
Durak Han 423

Edessa 486
Edirne (Hadrianopolis, Adrianopel) 132, 137, 144-154
Bedesten 146

noch Edirne
Brücken
des Eroberers 151
des Mihal Gazi 154
Süleymans des Prächtigen 151
Kavaflar Arasta 150
Kule Kapısı 147
Markt des Semiz Ali Paşa 147
Moscheen
Beyazıt II. 152, 153
Eski Cami 146
Mihal Gazi 154
Muradiye 150, 151
Murat I. Hüdavendigar 153
Samelek Paşa 154
Selemiye 148-150, Taf. 5
Üç Şerefeli Cami 147, 148
Museen
für Altertümer 150
für Archäologie und Ethnographie 150
Rüstem Paşa, Karawanserei 146
Sarayiçi 151
Sokollu Mehmet Paşa Hamamı 154
Edremit (Adramyttion), Golf und Stadt 172, 177
Eğrıdır 279
Eirene, byzant. Kaiserin 126, 345
Elaeusa 310, 311
Elaius 159
El Maymum, Kalif 312
Emin Nureddin Osman Efendi 90
Emre, Yunus 317
Engländer 450
Ephesos 215-230
Archäologisches Museum 229
Arkadiané 221
Artemis-Tempel 217
Ayasoluk-Hügel 224, 229
Bibliothek des Celsus 221
Hadrian-Tempel 222, Taf. 11
Handelsagora 221
Isa Bey Camii 224
Johannes-Basilika 224, 229
Magnesia-Tor 224
Marienkirche 220
Marktbasilika 223
Nymphäum des Trajan 223
Odeion 223
Prytaneion 223
Staatsagora 223
Stadion 220

# REGISTER 533

*noch Ephesos*
   Straße der Kureten 222
   Theater 221
   Thermen der Scholastika 222
   Vedius-Gymnasium 219
Epiphania 507
Erciş 464
Eretna, türk. Uigure 355
Eretniden, turkmen. Dynastie 351, 355, 363
Erim, Kenan 270
Ermenek (Germanikopolis) 315
Ertuğrul Gazi, Anführer der Ogusen 421
Erythrä 210
Erzurum 442-444, 449, *Taf. 20*
Eski Foça (Phokäa) 195
Eskihisar (Stratonikeia) 252
Eski Kâhta 495, 496
Eski Kale 496
Eski Malatya 400
Eskişehir 418
Esmahan Sultan 61, 62
Eudoxos, Astronom und Mathematiker 251
Eumenes I., Dynast von Pergamon 183
Eumenes II., König von Pergamon 183, 185, 186, 187, 189, 205, 275
Euromos 242, 243
Eurymedon, Fluß 288, 290, 291
Eyüp Ensari 112
Ezinepazar 367

Fahr ed-Din *siehe* Sahib Ata
Faustina II., Gemahlin Kaisers Marc Aurel 199
Fellows, Sir Charles 259
Fethiye (Telmessos) 256, 257
Feyzullah Efendi 92
Fossati, Gaspari u. Giuseppe, Architekten 19, 25, 110
Friedrich I. Barbarossa, röm.-deutscher Kaiser 314

Gagik I. Artzruni, König von Vaspurakan 466, 469, 473
Gagik I., König von Ani 452, 455, 456
Gagik II., König von Armenien 453
Galater 387
Galen, griech.-röm. Arzt 191, 192
Gallier 390, 408

Gallipoli, Halbinsel 155-160
Gazanfer Ağa 91
Gaziantep 494
Gazipaşa 303
Gaziura 366
Gedik Ahmet Paşa, Großwesir 299
Gelibolu (Gallipoli) 155
Gemlik 131
Genuesen 194, 196, 210, 231, 425, 427, 428
Georgier 450, 453, 464
Germiyaniden, kurd.-türk. Volksstamm 419
Geyre (Aphrodisias) 270-273
Ghiat ed-Din *siehe* Kaihosrau
Giresun 427
Gök Su, Fluß 314
Goodwin, Godfrey 481
Gordion 401, 406-413
Göreme 345, 346, *Taf. 15, 16*
Goten 126, 145, 219
Gregor der Erleuchter, armen. Fürst 455, 456
Grelot, franz. Reisender 15
Groß-Komnenen, byzant. Dynastie 430
Gryneion 194
Güllük 245
Gümüşhane 441
Gümüşlük 250
Gyges, König von Lydien 203, 210
Gyllius, Petrus 18

Hacı Bayram Veli 389
Hacı Bektaş 416
Hacılar 279, 392
Hadrian, röm. Kaiser 128, 129, 145, 186, 262, 283, 312, 420, 429, 509
Hakkâri 468
Halikarnassos 243-246
Halys, Fluß 348, 425
Hamdi Bey 45
Hamitoğlu-Emire 281
Hamlin, Cyrus 118
Hammer-Purgstall, Josef von 109, 117
Hanfmann, G. M. A. 204
Hannibal 262
Harran 489-492
Hasankale 449
Hasankeyf (Cepha) 485
Hasan Paşa, Großwesir 327, 479
Hasköy 17

## REGISTER

Hatay 499, 502
Hatti 357, 372, 373
Hattuşa 372, 374-383
Hattuşili I. Labarna, hethit. Groß-
  könig 374
Hattuşili III., hethit. Großkönig 44
Hatun Hanı 366
Havsa 144
Hayreddin, Baumeister 152
Hellespont siehe Dardanellen
Herakleia am Latmos 241, 242
Herakleios, byzant. Kaiser 389
Hermeias, Eunuch, Tyrann von
  Atarneus 169, 170
Herodes, König von Judea 502, 503
Herodes Atticus 168
Herodot 158, 179, 195, 198, 203,
  245, 258, 408, 413
Herostratos 217
Hesiod 307
Hethiter 333, 357, 372-383, 399-401
Hierapolis 275, 277, 278
Hisarlık (Troja) 162
Hogarth, D. C. 494
Homer 162, 164-167, 177, 196, 198,
  199, 212, 230, 238, 239, 256, 258,
  266, 272
Hopa (Apsyrtos) 437
Horozlu Han 331
Hüdavend Padişah Hatun 444
Hulagu, mongol. Khan 487
Huritter, indoeuropäischer Stamm
  486
Hüseyin Ağa 371
Hüsrev Paşa 481, 482

Iasos 243
Ibrahim der Wahnsinnige, Sultan
  37, 38, 47
Ibrahim Paşa 59
Ibrahim der Trunkenbold, Kunst-
  glaser 77
Iconium 319
Ida 171, 172, 177
Ildır (Erythrä) 210
Ilıca 210
Ilkhaniden, mongol. Dynastie 355,
  360, 364, 370, 371, 444
Ilyas Bey, Prinz der Menteşe 236,
  237
Imad al-Din Zengi seldschuk.
  Anführer 487
Ince Liman, Bucht 157

Indanık 399
Inönü, Ismet 385
Ionien, Ionier 179, 195, 198, 203,
  207, 208, 210, 214, 215, 231
Iotape 302, 303
Ipsos 168, 500
Irene, byzant. Kaiserin 27, 28
Isaurier, Stamm im Taurus 306, 315
Ishak Paşa, Çildiroğlu 462, 463
Ishak Paşa Sarayı 462, Taf. 17
Isidoros von Milet, Geometer u.
  Baumeister 19, 236
Iskenderun (Alexandretta) 506
Issos, Ebene von 507
Istanbul 13-117, 127
  Alay Köşkü 47
  Amcazade Hüseyin Paşa, külliye
    91
  At Meydanı 55, 57
  Balat 95
  Bedesten 74
  Beyazıt Meydanı 71
  Beyazıt-Turm 75
  Beyoğlu 107, 109
  Binbirdirek Sarnıcı, Zisterne 59,
    60
  Blachernenviertel 105
  Bosporus 13, 14, 115-117
  Çağaloğlu Hamamı 18
  Carşamba 93
  Çemberlitaş Hamamı 69
  Çinili Kösk 47
  Çorlulu Ali Paşa, külliye 70
  Divan Yolu 67-70
  Edirne-Tor 105
  Eminönü 15
  Eyüp 112, 113
  Fener 95
  Feyzullah Efendi, Medrese des 92
  Galata 13, 107, 109
  Galatabrücke 13, Taf. 3
  Galatasaray Lisesi 110, 111
  Galataturm 109
  Gedeckter Basar 72-74
  Gewürzbasar 16
  Goldenes Horn 13, 14
  Haseki Hürrem, Hamam der 53
  Hippodrom 55, 57-59
  Istiklâl Caddesi 109
  Judenviertel 17
  Kabasakal Sokağı 60
  Kapalı Çarşı 72-74
  Karaköy siehe Galata

## REGISTER

*noch Istanbul*
Kara Mustafa Paşa von Merzifon, külliye 70
Kirchen byzant.
  Chora (Kariye Camii) 95-104
  Hagia Eirene 43, 44
  Hagia Sophia 18-28
  Kyriótissa (Kalenderhane Camii) 83, 84
  Muchliótissa (Maria der Mongolen) 95
  Pammakaristos (Fethiye Camii) 94
  Polyeuktos 91
  Sergios und Bakchos 63-65
  Theodosius 29
Kirchen kath.
  Antonius von Padua 110
  Maria Draperis 110
Kiz Kulesı (Mädchenturm) 113, Taf. 1
Kiz Tası 92
Koca Sinan Paşa, külliye 70
Konstantinssäule 69, 70
Köprülü külliyesi 69
Mauern
  Konstantinische 14
  Seemauern 30, 65
  Severianische 14, 18
  Theodosianische 65, 105
Moscheen
  Atik Ali Paşa Camii 70
  Atik Valide Camii 114
  Beyazidiye 71, 72
  Blaue Moschee 53-55, Taf. 2
  Burmalı Cami 90
  Eyüp Ensari Camii 112
  Fatih Camii 92
  Fethiye Camii 94
  Firuz Ağa Camii 67
  Iskele Camii 114
  Kalenderhane Camii (Kyriótissa-K.) 83, 84
  Kariye Camii (Chora-K.) 95-104
  Kılıc Ali Paşa Camii 115, 116
  Mihrima Camii 106
  Molla Çelebi Camii 117
  Nusretiye Cami 117
  Rüstem Paşa Camii 16
  Şehzade Camii 89, 90
  Selim I. Camii 93
  Şemsi Ahmet Paşa Camii 114

*noch Istanbul*
  Sokollu Mehmet Paşa Camii 60-62
  Süleymaniye 75-77
  Stiftungsbauten 79-81
  Sultan Ahmet Camii *siehe* Blaue Moschee
  Yeni Cami 15, 16, 17
  Yeni Valide Camii (Üsküdar) 114
Museen
  M. für Altorientalische Kunst 44, 45
  Archäologisches M. 45-47
  Armee-M. 112
  Atatürk-M. 112
  Mosaiken-M. 60
  M. für Türkische und Islamische Kunst 80
  M. für Türkisches und Islamisches Kunsthandwerk 59
  Stadtmuseum 91
Paläste
  Antiochos 67
  Beylerbey 117
  Blachernen (Tekfur Saray) 66, 105
  Bukoleon 65, 66
  Dolmabahçe 30, 117
  Großer P. 60, 65, 66
  Ibrahim Paşa 59
  Tekfur Saray *siehe* Blachernen
  Topkapı Saray 30-44, 47, 48, 111
    Erster Hof 31, 34
    Zweiter Hof 34, 35
    Dritter Hof 36-38
    Vierter Hof 38
    Harem 37-42
  Venezia 110
Pera *siehe* Beyoğlu
Prinzeninseln 114, 115
Sahaflar Çarşısı 72
Stambul 13
Stoa Basilike 18, 48
Theodosiusbogen 71
Tiryaki Çarşısı 79
Türben
  Beyazit II. 72
  Eyüp Ensari 112
  Ibrahim 28
  Mahmut II. 67
  Mehmet III. 28

**536** REGISTER

*noch Istanbul*
  Mehmet, Prinz 90
  Murat III. 28
  Mustafa I. 28
  Roxelane 77, 78
  Selim I. 93
  Selim II. 28
  Sinan 81
  Süleyman 77, 78
  Üsküdar 113, 114
  Valensaquädukt 90, 91
  Yerebatan Sarayı 18, 48
  Zincirli Han 74, 75
  Zisterna Basilike 18
  Zisterne des Aspar 93
Izmir (Smyrna) 197-199, 201, 210,
  *Taf. 4*
Iznik (Nikäa) 16, 125-131
Izz ed-Din *siehe* Kaika'us

Jakob von Sarug 490
Jakobiten 484
Jerphanion, Guillaume de 334, 345
Jocelin de Courtenay, Kreuzritter
  487
Johannes, Evangelist 204, 217, 224,
  274
Johannes II. Komnenos, byzant.
  Kaiser 27, 28, 147
Johannes Sembat III., König von Ar-
  menien 452, 457
Johannes Tzimiskes, byzant. Kaiser
  347
Johanniterorden 246, 247, 249, 305
Julian Apostata, röm. Kaiser 387,
  492
Justinian der Große, oström. Kaiser
  18, 19, 60, 63, 65, 126, 138, 229,
  351, 414, 429, 477, 478, 485, 501,
  509
Justinianopolis 414

Kabaağaç, Cevat Şakir 249, 250
Kâhta 495, *Taf. 19*
Kaihosrau I. (Ghiat ed-Din), seld-
  schuk. Sultan 281, 353
Kaihosrau II. (Ghiath ed-Din), seld-
  schuk. Sultan 280, 282, 296, 322
Kaihosrau III. (Ghiat ed-Din), seld-
  schuk. Sultan 321, 324, 365, 404,
  423
Kaika'us I. (Izz ed-Din), seldschuk.
  Sultan 319, 321, 351

Kaika'us II. (Izz ed-Din), seldschuk.
  Sultan 278, 322, 323
Kaikobad I. (Ala ed-Din), seld-
  schuk. Sultan 282, 283, 298, 299,
  319, 321, 322, 325, 331, 335, 351,
  356, 357, 421, 487
Kaikobad II. (Ala ed-Din), seld-
  schuk. Sultan 323, 324
Kaladiran (Charadrus) 303
Kale 441
Kaneş 356
Kanlıdivane (Kanytelis) 311
Kappadokien 333-350, 352, 358,
  *Taf. 15, 16*
Karäer-Sekte 17
Karahisarı, Ahmet, Kalligraph 77
Karain-Höhle 280, 391
Karakoyunlu, Turkmenenstamm
  449, 464, 467, 474, 478
Karaman (Larende) 316, 317
Karamaniden, turkmen. Stamm
  und Dynastie 298, 299, 304, 306,
  315, 316, 324, 333, 351, 352
Karamanien 314-330
Kara Mustafa Paşa von Merzifon
  70, 71, 154
Karatepe 508
Karien, Karer 215, 240-254
Karkemiş 400, 494
Karrhai 491
Kars 450-452
Kaş (Antiphellos) 263
Kaymaklı 336
Kayseri (Caesarea) 350-356
Kelenderis 304
Kemalpaşa (Nymphäum) 202
Kemer 267
Kerb el-Din Malıkşah 360
Khäräi, lykischer König 259
Kharizmiden 474
Kıcıl Ahmet Paşa 353
Kılıç Ali Paşa 116, 117
Kılıç Arslan II., seldschuk. Sultan
  314, 321, 333, 336
Kılıç Arslan IV., seldschuck. Sultan
  323, 364
Kilikien 302-313, 507-510
Kilitbahir 158
Kimmerier 217, 408
Kimon, athen. Feldherr 291
Kirkgöz Han 280
Kızıltepe 485
Klaros 211, 212

## REGISTER

Klazomenä 208
Klein-Armenien 298, 304, 306, 308-310, 508
Kleopatra, ägypt. Königin 312, 503
Knidos 250, 251
Koca Sinan Paşa 70
Kolchis 437
Kolophon 210-212
Komana Pontica 362, 363, 366
Kommagene 495-499, *Taf. 23, 24*
Konstantin d. Gr., röm. Kaiser 14, 55, 58, 59, 60, 65, 70, 126, 145, 434, 477
Konstantin VII. Porphyrogennetos, byzant. Kaiser 59
Konstantin IX. Monomachos, byzant. Kaiser 453
Konstantinopel 14, 15
Konstantios, oström. Kaiser 479
Konya (Iconium) 319-329
  Ala ed-Din Köşkü 320
  Archäologisches Museum 324
  Büyük Karatay Medresesi 321
  Has Bey Dar al-Huffaz 324
  Ince Minare Medresesi 323
  Mewlana Tekke 325-329, *Taf. 6*
  Moscheen
    Ala ed-Din Camii 320, 321
    Iplikçi Camii 324, 325
    Sahib Ata-Komplex 324
    Selimiye Camii 325
    Şerefettin Camii 325
  Sirçali Medrese 323, 324
Köprülü, Familie 69, 91
Korakesion 298
Korykische Höhle 307, 308
Korykos 308-310
Kösedağ 319, 323
Kotyora 427
Kreuzritter 26, 125, 127, 133, 145, 249, 281, 306, 309, 314, 390, 486, 487, 493, 499, 501, 505, 506, 507
Kritias, griech. Schriftsteller 207
Kroisos, König von Lydien 203, 215, 390, 408
Krum, Bulgarenkhan 145
Küçüksu 118
Kültepe 356, 357, 373, 397
Kumkale (Achilleion) 166
Küplü 420
Kurden 469, 474
Kuşadası 230, 231
Kütahya 419

Kyme 195
Kynossema 158
Kyros der Große, König der Perser 203, 258, 390, 408

Labarna, König von Hattusa 373
Laodikeia 274
Lapseki (Lampsakos) 157
Larende 316
Larisa 196
Lasen, kaukasische Volksgruppe 436, 437
Laskariden, byzant. Dynastie 127, 202
Lasos von Hermione 190
Lawrence, Thomas Edward 494
Leake, William Martin 417, 418
Leo I. der Große, byzant. Kaiser 93
Leo II., König von Klein-Armenien 508
Letoon 262
Libanios von Antiochia, Redner 387
Licinius, röm. Kaiser 145
Limyra 264
Loti, Pierre 113
Love, Iris 251
Lucullus, Lucius Licinius 368, 428
Lüleburgaz 144
Lydien, Lyder 203, 215, 285, 412, 418
Lykien 255-267
Lysimachos, thrakischer König 126, 168, 182, 183, 199, 216

Mäander, Fluß 231, 234, 240, 268
Macaulay, Rose 435
Maçka 438
Mahmut I., Sultan 18
Mahmut II., Sultan 41, 68, 75, 117
Mahmut Paşa, Großwesir 391
Mahmut Paşa, Çildiroğlu 463
Mahperi Hvant Hatun, Gemahlin des Sultans Kaikobad I. 353, 362, 366, 367
Malabadı 477
Malik Şah, seldschuk. Sultan 478, 479
Mamelucken 309, 310, 321, 351, 365, 496, 500, 501, 507
Mamure Kalesi 304
Manavgat-Wasserfälle 296
Manlius Vulso 408, 415

# REGISTER

Manuel I., Kaiser von Trapezunt 430
Manzikert 298, 453, 466
Marc Aurel, röm. Kaiser 290
Marcian, oström. Kaiser 92
Mardin 482-484
Mardyas, Fluß 252, 253
Mar Gabriel, Kloster 484
Maria Dukaina 96
Marius, Gaius 424
Marmaris 255, 256
Marwan II., Kalif der Omaijaden 491
Marwanis, kurd. Dynastie 478, 491
Masud I., seldschuk. Sultan 321
Mausolos, pers. Satrap von Karien 243, 244, 246, 253
Meder 466
Mehmet I., Sultan 135, 138, 140, 146
Mehmet II. der Eroberer, Sultan 30, 35, 47, 66, 92, 105, 112, 119, 151, 158, 319, 351, 430, 435
Mehmet Ağa, Baumeister 54
Mehmet Bey, Hamitoğlu-Emir 282
Mellaart, James 318
Menteşe, turkm. Emirat der 236, 244, 245
Menua, König von Urartu 465, 469
Mermnaden, altlyd. Adelsgeschlecht 203
Mersin 312
Metochites, Theodoros 96, 101, 104, 105
Mewlewi, Derwisch-Orden der 282, 316, 325, 327, 329, 330
Michael III. der Trunkenbold, byzant. Kaiser 24, 389
Midas, König von Phrygien 407, 418
Midyat 484, 485
Mihrimah, Tochter Süleymans des Prächtigen 78, 114
Milas (Mylasa) 243, 244
Milet 235, 236
Misis 509
Mithradates I. Kallinkos von Kommagene 495, 496
Mithradates I., König von Pontos 368
Mithradates VI. Eupator, König von Pontos 366-368, 390, 424-426
Mongolen 126, 196, 309, 319, 323, 324, 334, 350, 359, 363, 365, 369,

370, 390, 419, 423, 442, 450, 453, 474, 487, 492
Muğla 255
Mu'in al-Din Süleyman, seldschuk. Emir (Pervane) 364, 365, 423, 425
Murat I., Sultan 130, 137, 138, 145, 171, 281
Murat II., Sultan 136, 147, 150, 151
Murat III., Sultan 40, 62, 94
Murat IV., Sultan 37, 38
Murşili II., hethit. Großkönig 374
Musa Çelebi 146
Mustafa Sa'i, Dichter 82
Mut (Claudiopolis) 315
Muzaffar, Ilkhaniden-Emir 359
Mylasa 243, 244
Myra 263, 264, Taf. 13
Myrina 194, 195
Myrina, Amazonenkönigin 195

Najm al-Din Alpi, artukid. Emir 477
Namık Kemal, Dichter 155
Namurtköy 195
Narlı Kuyu 307
Nelson, Horatio, Viscount 255
Nemrut Dağı (Kommagene) 495, 497-499, Taf. 23, 24
Nemrut Gölü, See 474
Nero, röm. Kaiser 220
Nevşehir 336
Nevşehirli İbrahim Paşa 90, 336, 337
Newton, Sir Charles 246
Nikäa siehe İznik
Nikephoros I., byzant. Kaiser 145
Nikephoros II. Phokas, byzant. Kaiser 347, 501, 507
Nikolaus, Bischof von Myra 262, 263
Nikomedes I., König von Bithynien 126
Nikomedes IV., König von Bithynien 424
Niksar 366
Nilufer Hatun, Gemahlin Orhan Gazis 130
Notion 212
Nur al-Din, seldschuk. Anführer 487, 488
Nur Banu, Valide Sultan 69
Nymphäum 202
Nysa 268-270

# REGISTER

Oinoe 427, 430
Ölceytü Ilkhanide, mongol. Sultan 370, 443
Olympos 265
Olympos, bithynischer 142
Omaijaden, arab. Dynastie 478
Ordu (Kotyora) 427, *Taf. 9*
Orhan Gazi, Sultan 127, 129, 130, 131, 134
Orontiden, armen. Dynastie 451, 460, 466
Osmanen 17, 38, 131, 133, 135, 155, 210, 244, 285, 299, 304, 306, 363, 369, 419, 421, 430, 444, 463, 474, 478, 500, 507, 509; *siehe auch* Türken
Osman Gazi 133
Osmanisches Reich 15, 30, 145, 146, 153, 319, 350, 363, 463
Ovid 262

Pahlavuni, armen. Adelsfamilie 456, 457
Pahlavuni, Vahram, armen. Prinz 452, 453
Pakran 460
Pamphylien 281-297
Pamukkale (Hierapolis) 274, 275, 277, 278, *Taf. 25*
Panaya Kapulu 230
Paphlagonien 423, 430
Parther 491, 495
Patara 262, 263
Patnos 464
Paulus, Apostel 171, 217, 221, 262, 274, 312, 387, 505
Pausanias 194, 214, 215, 237, 414, 415
Payas 506
Peçin Kale 245
Pergamon 182-193
   Archäologisches Museum 193
   Asklepieion 190-193
   Athena Polias Nikephoros, Temenos 185, 186
   Bibliothek 186
   Demeter-Heiligtum 190
   Dionysos-Tempel 187
   Eumeneïsches Tor 189
   Gymnasienkomplex 189, 190
   Hera-Heiligtum 190
   Kızıl Avlu (Rote Halle) 182
   Königspaläste 185

*noch Pergamon*
   Königstor 185
   Obere Agora 187
   Theater 186, 187, *Taf. 12*
   Trajaneum 186
   Untere Agora 189
   Zeusaltar 187
Perge 284-287
Perikle, König von Limyra 265
Peristrema-Tal 334, 335
Perser 126, 157, 196, 203, 206, 211, 235, 238, 258, 285, 291, 389, 390, 408, 409, 442, 451, 463, 478, 484, 501, 507
Pervane (Mu'in al-Din Süleyman) 364, 365, 423, 425
Pessinus 414, 415
Peter I., König von Zypern 310
Petrus, Apostel 505
Pharnakes I., König von Pontos 427
Pharnakes, König des Bosporan. Reiches 367, 369
Phaselis 266
Philetairos, Statthalter von Pergamon 182, 183, 190
Philippikos Bardanes, byzant. Kaiser 155
Philippus, Apostel 277, 278
Philon von Byzanz 219, 246
Phokäa 195, 196, 426
Phrygien, Phryger 374, 401, 402, 406-409, 416-418
Pinara 257, 258
Pindar, Lyriker 255, 256
Pitane 194
Plinius der Jüngere 131
Plutarch 46, 208, 209, 258, 259, 312
Polemo, Marcus Aurelius, isaurischer König 315
Polo, Marco 441, 464
Pompeius, Gnäus P. Magnus 292, 298, 311, 312, 358, 390, 495, 500
Praxiteles, Bildhauer 250, 251
Priene 231-233
Prokop von Kaisareia 13, 23
Prusias I., König von Bithynien 132
Psellos, Michael, byzant. Historiograph 27
Purchas, Samuel 329
Pytheos, ostion. Architekt 231, 232, 246

Qaca Yakut, Emir von Erzurum 443

540 REGISTER

Raimond de Aguilers, Kreuzritter 125
Ramsay, Sir William 318
Ramses ii., Pharao 44
Renz, Alfred 323
Rice, Talbot 431
Rize 436
Römer 183, 185, 196, 206, 217, 258, 262, 281, 283-285, 293, 298, 350, 367, 369, 390, 408, 415, 419, 424, 425, 442, 477, 478, 491, 495, 500
Roxelane, Gemahlin Süleymans des Prächtigen 53, 59, 78, 79
Rubeniden, armen. Dynastie 309
Rum, Sultanat 319, 324, 359, 371
Rumelien, Sultanat 127
Rumeli Hisarı 119
Rumeli Kavağı 120
Russen 145, 210, 442, 450
Rüstem Paşa 16, 79, 138

Sabier 489, 490, 492
Safiye, Valide Sultan 15
Sagalassos 279
Sahib Ata Fahr ed-Din Ali, seldschuk. Wesir 323, 324, 353, 360
Saladin, Sultan von Ägypten u. Syrien 482, 491
Saltukiden, türk. Dynastie 443, 444
Şams el-Din Cuwayni, Wesir 360
Samsun (Amisos) 426
Sanherib, König von Assyrien 312
Şarapsa Hanı 296
Saraseki 506
Sarazenen 309, 499
Sardis 203-206
Sarduri ii., König von Urartu 465, 466
Sargon ii., assyr. König 494
Sarı Süleyman Bey 468
Sarıyer 120
Sart (Sardis) 202, 203
Schliemann, Heinrich 162, 164
Sebasteia 358
Şehzade Ahmet, Gouverneur von Amasya 370
Selçuk 222-224, 229, 230
Seldschuken 126, 131, 278, 281, 285, 298, 299, 304, 306, 316, 319, 325, 333, 345, 350-353, 355, 359, 360, 362, 363, 369, 370, 403, 442, 450, 453, 463, 466, 474, 478, 486, 487, 501

Seleukeia am Kalykadnos 306
Seleukeia Pieria 500, 504
Seleukos i. Nikator, König von Syrien 183, 238, 306, 307, 312, 486, 500, 503
Selge 291
Selim i., Sultan 93, 94, 312, 350, 416, 430, 433, 434, 463, 478, 479, 482, 500, 509
Selim ii., Sultan 62, 79, 148, 325
Selimiye (Side) 293-296
Selinus 303
Sembat ii., König von Ani 452, 455, 456
Senekerim Johannes, König von Vaspurakan 466
Septimius Severus, röm. Kaiser 14, 55, 277, 496
Sestos 157
Seyit Battal Gazi, arab. Heerführer 416
Seyitgazi 415, 416
Side 291-296
Siğacik 207
Sigeion, Kap 166
Silifke (Seleukeia am Kalykadnos) 305, 306
Silvan 477
Simeon Stylites, Säulenheiliger 504
Sinan, Baumeister 16, 28, 40, 53, 61, 75, 78, 81, 82, 89, 90, 106, 114, 116, 129, 143, 144, 146, 147, 148, 151, 450, 482
Sinope 368, 424, 425, 429, 430
Sivas (Sebastaia) 358-361, *Taf. 18*
Sivrihisar 414
Skopas, Bildhauer 246
Smyrna *siehe* Izmir
Softa Kalesi 304
Soğanli-Tal 348
Söğüt 421
Sökmen ii., artukid. Emir 480, 481
Sokollu Mehmet Paşa 61, 62, 144
Soloi 311, 312
Strabon 195, 196, 215, 269, 303, 307, 311, 368, 424, 437, 495
Stratonikeia 252
Striker, Lee 84
Sultan Hanı 331, 332, 357
Sultantepe 488, 489
Süleyman der Prächtige, Sultan 53, 59, 61, 78, 89, 93, 129, 138, 143, 325, 430, 507

## REGISTER

Süleyman, Emir 146
Süleyman Paşa 151, 155
Sumatar Harabesi 489
Sumela, Kloster von 438-440
Şuppiluliuma I., hethit. Großkönig
   375
Syllion 288

Tacitus 211, 212
Tamerlan (Timur Lenk) 127, 129,
   134, 204, 237, 390, 482
Tarabaya 119
Tarsus 312
Taş Kule 195
Taşucu 305
Tatvan 473, 474
Telipinu, hethit. Großkönig 374,
   399
Telmessos 256, 257
Temaşalik Burnu (Gryneion) 194
Temizer, Raci 399
Teos 207
Terme 426
Termessos 280
Texier, Charles 372, 373
Thales von Milet 235
Thamar, Königin von Georgien 453
Theaitetos, Mathematiker 251
Themiskyra 426
Theodor I. Laskaris, Kaiser von
   Nikaia 127
Theodora, Gemahlin Kaiser Justi-
   nians I. 57, 138, 484
Theodosios I. der Große, röm. Kai-
   ser 58, 71, 442
Theodosius II., oström. Kaiser 19,
   65, 96, 105, 220
Theophano, Gemahlin Kaisers
   Nikephoros II. Phokas 347
Theophilos, byzant. Kaiser 65
Theophrastos 170
Thierry, Nicole und Michele 334
Thukydides 260, 261
Thutmosis III., Pharao 58
Tigletpilesar III., König von Assy-
   rien 466
Tigranes d. Gr., armen. König 311,
   312, 477, 500
Tigranokerta 311, 477
Tirebolu 428
Tokat (Dazimon) 362-365, 369
Toprakkale (Kilikien) 507
Toprakkale (Van-See) 468

Torul 441
Trabzon (Trapezos, Trapezunt)
   429-435
Trajan, röm. Kaiser 186, 303
Tralleis 268
Trapezunt siehe Trabzon
Trdat, armen. Architekt 456
Troas 167-172, 177
Troja 162-167
Tudhaliya II., hethit. König 374
Tudhaliya IV., hethit. Großkönig
   382, 383
Tur Abdin 484, 485
Turgutlu 202
Turhal (Gaziura) 366
Turhan Hadice, Mutter Sultan
   Mehmets IV. 15
Türken 15, 113, 126, 127, 132, 145,
   155, 196, 229, 309, 310, 334, 366,
   370, 389, 390, 425, 430, 442, 450
Turkmenen 334, 350, 359
Tuşpa 465, 466

Üçhisar 348
Urartu, Urartäer 401, 463-466, 468,
   475
Urfa (Edessa) 485, 486
Ürgüp 337-339, Taf. 16
Uzuncaburç (Diocaesarea) 306
Uzun Hasan, Anführer der turkm.
   Akkoyunlu 449, 481

Valens, röm. Kaiser 90, 126, 145
Valentinian I., röm. Kaiser 126
Valide Sultan Nurbanu 114
Van 465-467, Taf. 22
Van-See 467, Taf. 21
Veled, Sultan 327, 328
Vergil 177
Vespasian, röm. Kaiser 262, 295,
   495
Veysel, Aşık 357, 358
Via Egnatia 143, 144
Viranşehir 485

Whittemore, Thomas 20
Winckler, Hugo 373
Wood, J. T. 219
Woolley, Sir Leonhard 494

Xanthos 258-262
Xenophanes, griech. Dichter
   211-213

Xenophon 429, 440, 442
Xerxes, pers. König 158, 390, 467

Yaghibasan, turkm. Emir 352
Yahya Kemal Beyatli, Lyriker 71
Yakacık (Payas) 506
Yazılıkaya (Boğazkale) 372
Yazılıkaya (Phrygien) 416-418
Yeni Foça 195
Yılan Kalesi 508
Yoros, Burg 120

Yürgüç Paşa, Wesir 363, 369
Yürük, Nomadenvolk 282

Zakhariaden, armen.-georg. Fürstenhaus 453, 456, 458
Zela 366
Zenon der Isaurier, byzant. Kaiser 306
Zilve 347
Zoë, byzant. Kaiserin 27
Zypern, Königreich 304

# Nachweis der Übersetzungen

ALKAIOS, Lieder, übers. von M. Treu. München 1952
ANAKREON, aus: H. Fränkel, Dichtung und Philosophie des frühen Griechentums. New York 1951
ANONYM, aus: Griechische Grabgedichte, hrsg. von W. Peek. Berlin 1960
CHONIATES, N., Johannes Komnenos, übers. von F. Grabler. Graz 1958
HERODOT, Historien, übers. von A. Horneffer, hrsg. von H. W. Haussig. Stuttgart 1955
HESIOD, Theogonie, übers. von W. Marg. Zürich 1970
HOMER, Ilias, übers. von H. Voß/H. Rupé. Berlin o. J.
–, Odyssee, übers. von H. Voß/E. R. Weiß. Berlin o. J.
–, Hymnen, hrsg. von A. Weiher. München 1951
KALLIMACHOS, aus: Griechische Lyriker, hrsg. von K. Hoehn. Zürich 1949
KRITIAS von Athen, aus: Fragmente der Vorsokratiker, hrsg. von H. Diels. Hamburg 1957
PAUSANIAS, Beschreibung Griechenlands, übers. von E. Meyer. Berlin [1910], Zürich 1954
PINDAR, Oden, übers. von L. Wolde. München 1958
PLUTARCH, Große Griechen und Römer, übers. von K. Ziegler. Zürich 1954
PSELLOS, K., Chronographia, übers. von E. R. A. Sewter. London 1966
STRABON, Geographika, übers. von A. Forbiger., 3. Aufl., Berlin-Schöneberg [1930]
TACITUS, Annalen, übers. von A. Horneffer. Stuttgart 1964
THUKIDIDES, Geschichte des Peleponnesischen Krieges, übers. von P. Landmann. Zürich 1960
VERGIL, Aeneis, übers. u. hrsg. von J. Götte. 6. Aufl. München–Zürich 1983
XENOPHANES, aus: H. Fränkel, Dichtung und Philosophie des frühen Griechentums. New York 1951
XENOPHON, Anabasis, übers. u. hrsg. von W. Müri. München 1954

## Abbildungsnachweis

Die Farbaufnahmen stammen von Gerhard Klammet, Ohlstadt: 2, 5, 11, 12, 13, 14, 15, 16, 25; Reinhold Lang, München: 9, 20, 21, 24; Werner Neumeister, München: 1, 3, 4, 6, 7, 8, 17, 18, 19, 22, 23.

Pläne und Grundrisse wurden folgenden Werken entnommen: E. AKURGAL, Ancient Civilizations and Ruins of Turkey, Istanbul 1969 (S. 220); O. ASLANAPA, Turkish Art and Architecture, London 1971 (S. 130, 141); W. BACHMANN, Kirchen und Moscheen in Armenien und Kurdestan, Leipzig 1913 (S. 443); G. E. BEAN, Kleinasien, Bd. I, Stuttgart 1969, Bd. II, Stuttgart 1979 (S. 163, 202, 209, 232, 300); K. BITTEL, Die Hethiter, München 1976 (S. 376, 381); K. W. BLOHM, Städte und Stätten der Türkei (S. 128); P. DEMARGUE, Fouilles de Xanthos, Bd. I, o. O. 1958 (S. 260); S. DER NERSESSIAN, Church of the Holy Cross, Cambridge Mass. 1965 (S. 472); W. V. DIEST, Nysa ad Maeandrum, Berlin 1913 (S. 269); K. ERDMANN, Anatolische Karawansaray, Berlin 1961 (S. 357); J. FREELY, The Companion Guide to Turkey, London 1979 (S. 168, 289); A. GABRIEL, Monuments Turcs d'Anatolie, Paris 1934 (S. 352, 354); –, Voyages archéologiques dans la Turquie orientale, 2 Bde., Paris 1940 (S. 137); –, Phrygie IV, Paris 1965 (S. 417); TH. GOELL, in: National Geographic, 1961 (S. 498); F. KEIL und H. HÖRMANN, Forschungen in Ephesos IV/3,4, Wien 1951 (S. 229); H. KNACKFUSS, Didyma, 1940 (S. 237); W. KÖNIGS, Türkei, Zürich–München 1984 (S. 271); KONYA MÜZESI, Karatay Medresesi, Rehberi (S. 322); K. GRAF LANCKORONSKI, Städte Pamphiliens und Pisidiens I u. II, Wien 1890 (S. 276); A. M. MANSEL, Die Ruinen von Side, Berlin 1963 (S. 294); L. PARVILLÉ, Architecture et décoration Turque au XV siècle, Paris 1875 (S. 139); A. M. SCHNEIDER, Byzanz, Berlin 1936 (S. 21); H. SUMNER-BOYD u. J. FREELY, Istanbul, München 1975 (S. 76, 89, 97, 98, 102, 148); D. TALBOT-RICE, The church of Hagia Sophia at Trebizond, Edinburgh 1968 (S. 431); T. TALBOT-RICE, Die Seldschuken, Köln 1963 (S. 361); R. TEMIZER, Museum of Anatolian Civilization, Ankara [1973] (S. 398); U. VOGT-GÖKNIL, Türkische Moscheen, Zürich 1953 (S. 152).

Weitere Pläne zeichneten Astrid Fischer, München (S. 156, 200, 218, 300, 338, 386), und Eugen Sporer, München (S. 32-33, 56, 68, 73, 108, 116). Die Vorlagen für die Wiedergaben S. 184, 188, 191, 216 stammen vom Deutschen Archäologischen Institut, Berlin, weitere aus dem Archiv des Verlags.

Die Abbildungen auf Seite 1 und 511 zeigen ein hethitisches Siegel, etwa 17. Jh. v. Chr. (Boston, Museum of Fine Arts), und ein Detail eines späthethitischen Orthostatenreliefs in Karatepe vom Ende des 8. Jhs. v. Chr.: zwei Ziegen beidseitig eines Lebensbaumes.

# Dank

IN DEN JAHREN des Reisens und Forschens, die diesem Buch vorausgingen, erhielt ich großzügige Hilfe und anregende Ermutigung von vielen Freunden, vor allem von meinen Kollegen an der Bosporus-Universität in Istanbul. Insbesondere möchte ich meinen Dank Dr. Aptullah Kuran aussprechen, dem Rektor der Universität, der mir viele Fragen zur osmanischen Architektur beantwortete, sowie Godfrey Goodwin, dem Begleiter und Führer bei meinen ersten Streifzügen durch Istanbul. Auch Mary Hoffman gilt mein Dank, der Bibliothekarin der Universität, die stets bereit war, mir das einzigartige Quellenmaterial der Nahost-Sammlung der Van-Millingen-Bibliothek zugänglich zu machen, sowie weiteren Kollegen und Freunden, die mir sehr mit Information zur Geschichte, Kunst, Architektur und Archäologie der Türkei geholfen haben: Professor Bahadır Alkım, Dr. Robert Betts, Dr. Robert Hardy, Professor Heath Lowry, Professor Bruce McGowan, Mr. Dimitri Nesteroff, Professor Lee Striker und den verstorbenen Professor Lee Fonger, ehemals Bibliothekar der Universität. Herzlich danke ich sodann William Macomber, dem früheren Botschafter der Vereinigten Staaten von Amerika in der Türkei, und seiner Frau Phyllis, deren liebenswürdige Gastfreundschaft in Ankara die Abfassung des Kapitels über jene Stadt zu einer besonderen Freude machte.

Am meisten jedoch stehe ich in der Schuld des verstorbenen Professor Hilary Sumner-Boyd, dessen Tod im Jahr 1976 Istanbul eines seiner angesehensten Gelehrten beraubte. Professor Sumner-Boyd war in den Jahren, da wir gemeinsam die Bauwerke Istanbuls erforschten, zugleich Mentor und Kollege, und von ihm habe ich viel über die Altertümer der Stadt gelernt. Was immer an diesem Buch Lobenswertes gefunden werden mag, soll seinem leuchtenden Vorbild zur Ehre gereichen.